U0331124

杜威全集

1882—1953

国家出版基金项目
NATIONAL PUBLICATION FOUNDATION

复旦大学杜威与美国哲学研究中心　组译

杜威全集

索引卷

1882—1953

朱华华　翻译整理

华东师范大学出版社

《杜威全集》(1882—1953)
索引卷

主　　编　乔·安·博伊兹顿(Jo Anm Boydston)

编　　辑　安妮·夏普(Anne S. Sharpe)

副 编 辑　哈莉雅特·弗斯特·西蒙(Harriet Furst Simon)

助理编辑　芭芭拉·莱文(Barbara Leving)

《杜威全集》中文版编辑委员会

主　编　刘放桐

副主编　俞吾金　童世骏　汪堂家（常务）

编辑委员会（按姓氏笔画排序）

万俊人	冯　俊	江　怡	孙有中
刘放桐	朱志方	朱杰人	张国清
吴晓明	陈亚军	汪堂家	沈丁立
赵敦华	俞吾金	韩　震	童世骏

目　录

中文版序

　　《杜威全集》中文版终于由华东师范大学出版社出版了。作为这一项目的发起人,我当然为此高兴,但更关心它能否得到我国学界和广大读者的认可,并在相关的学术研究中起到预期作用。后者直接关涉到对杜威思想及其重要性的合理认识,这有赖专家们的研究。我愿借此机会,对杜威其人、其思想的基本倾向和影响,以及研究杜威哲学的意义等问题谈些看法,以期抛砖引玉。考虑到中国学界以往对杜威思想的消极方面谈论得很多,大家已非常熟悉,我在此就主要谈其积极方面,但这并非认为可以忽视其消极方面。

一、杜威其人

　　约翰·杜威(John Dewey,1859—1952)是美国哲学发展中最有代表性的人物。他不仅进一步阐释并发展了由皮尔士创立、由詹姆斯系统化的实用主义哲学的基本理论,而且将其运用于社会、政治、文化、教育、伦理、心理、逻辑、科学技术、艺术、宗教等众多人文和社会科学领域的研究,并在这些领域提出了重要创见。他在这些领域的不少论著,被西方各该领域的专家视为经典之作。这些论著不仅对促进这些领域的理论研究起到过重要的作用,在这些领域的实践中也产生过深刻的影响。杜威由此被认为是美国思想史上最具影响的学者,甚至被认为是美国的精神象征;在整个西方世界,他也被公认是 20 世纪少数几个最伟大的思想家之一。

　　杜威出生于佛蒙特州伯灵顿市一个杂货店商人家庭。他于 1875 年进佛蒙特大学,开始受到进化论的影响。1879 年,他毕业后先后在一所中学和一所乡村学校教书。在这期间,他阅读了大量的哲学著作,深受当时美国圣路易黑格尔学派刊物《思辨哲学杂志》的影响。1882年,他在该刊发表了《唯物主义的形而上学假定》和《斯宾诺莎的泛神论》两文,很受鼓舞,从此决定以哲学为业。同年,他成了约翰·霍普金斯大学的哲学研究生,在此听了皮尔士的逻辑讲座,不过当时对他影响最大的是黑格尔派哲学家莫里斯(George Sylvester Morris)和实验心理学家霍尔(G. Stanley Hall)。两年后,他以《康德的心理学》论文取得哲学博士学位。

1884年,杜威到密歇根大学教哲学,在该校任职10年(其间,1888年在明尼苏达大学)。初期,他的哲学观点大体上接近黑格尔主义。他对心理学研究很感兴趣,并使之融化于其哲学研究中。这种研究,促使他由黑格尔主义转向实用主义。在这方面,当时已出版并享有盛誉的詹姆斯的《心理学原理》对他产生了强烈的影响。杜威对心理学的研究,又促使他进一步去研究教育学。他主张用心理学观点去进行教学,并认为应当把教育实验当作哲学在实际生活中的运用的重要内容。

1894年,杜威应聘到芝加哥大学,后曾任该校哲学系主任。他在此任教也是10年。1896年,他在此创办了有名的实验学校。这个学校抛弃传统的教学法,不片面注重书本,而更为强调接触实际生活;不片面注重理论知识的传授,而更为强调实际技能的训练。杜威后来所一再倡导的"教育就是生活,而不是生活的准备"、"从做中学"等口号,就是对这种教学法的概括。杜威在芝加哥时期,已是美国思想界一位引人注目的人物。他团聚了一批志同道合者(包括在密歇根大学就与他共事的塔夫茨、米德),形成了美国实用主义运动中著名的芝加哥学派。杜威称他们共同撰写的《逻辑理论研究》(1903年)一书是工具主义学派的"第一个宣言"。此书标志着杜威已从整体上由黑格尔主义转向了实用主义。

从1905年起,杜威转到纽约哥伦比亚大学任教,直到1930年以荣誉教授退休。他以后的活动也仍以该校为中心。这一时期不仅是他的学术活动的鼎盛期(他的大部分有代表性的论著都是在这一时期问世的),也是他参与各种社会和政治活动最频繁且声望最卓著的时期。他把两者有机地结合在一起。他对各种社会现实问题的评论和讲演,往往成为他的学术活动的重要组成部分。从1919年起,杜威开始了一系列国外讲学旅行,到过日本、墨西哥、俄罗斯、土耳其等国。"五四"前夕,他到了中国,在北京、南京、上海、广州等十多个城市作过系列讲演,于1921年7月返美。

杜威一生出版了 40 种著作，发表了 700 多篇论文，内容涉及哲学、社会、政治、教育、伦理、心理、逻辑、文化、艺术、宗教等多个方面。其主要论著有：《学校与社会》(1899 年)、《伦理学》(1908 年与塔夫茨合著，1932 年修订)、《达尔文主义对哲学的影响》(1910 年)、《我们如何思维》(1910 年)、《实验逻辑论文集》(1910 年)、《哲学的改造》(1920 年)、《人性与行为》(1922 年)、《经验与自然》(1925 年)、《公众及其问题》(1927 年)、《确定性的寻求》(1929 年)、《新旧个人主义》(1930 年)、《作为经验的艺术》(1934 年)、《共同的信仰》(1934 年)、《逻辑：探究的理论》(1938 年)、《经验与教育》(1938 年)、《自由与文化》(1939 年)、《评价理论》(1939 年)、《人的问题》(1946 年)、《认知与所知》(1949 年与本特雷合著)等等。

二、杜威哲学的基本倾向

杜威在各个领域的思想都与他的哲学密切相关，这不只是他的哲学的具体运用，有时甚至就是他的哲学的直接体现。我们在此不拟具体介绍他的思想的各个方面和他的哲学的各个部分，仅概略地揭示他的哲学的基本倾向。杜威哲学的各个部分，以及他的思想的各个方面，大体上都可以从他的哲学的基本倾向中得到解释。这种基本倾向从其积极意义上说，主要表现为如下三点。

第一，杜威把对现实生活和实践的关注当作哲学的根本意义所在。

在现代西方各派哲学中，杜威哲学最为反对以抽象、独断、脱离实际等为特征的传统形而上学，最为肯定哲学应当面向人的现实生活和实践。如何通过人本身的行为、行动、实践(即他所谓的以生活和历史为双重内容的经验)来妥善处理人与其所面对的现实世界(自然和社会环境)，以及人与人之间的关系，是杜威哲学最为关注的根本问题。杜威哲学从不同的角度来说有着不同的名称，例如，当他强调实验和探究的方法在其哲学中的重要意义时，称其哲学为实验主义(experimentalism)；当他谈到思想、观念的真理性在于它们能充当引起人们的行动的工具时，称其哲学为工具主义(Instrumentalism)；当他谈到经验的存在论意义，而经验就是作为有机体的人与其自然环境的相互作用时，称其哲学为经验自然主义(empirical naturalism)。贯彻于所有这些称呼的概念是行动、行为、实践。杜威哲学的各个方面，都在于从实践出发并引向实践。这并不意味着实践就是一切。实践的目的是改善经验，即改善人与其自然和社会环境的关系，一句话，改善人的生活和生存条件。

杜威对实践的解释当然有片面性。例如,他没有看到人类的物质生产活动在人的实践中的基础作用,更没有科学地说明实践的社会性;但他把实践看作是全部哲学研究的核心,认为存在论、认识论、方法论等问题的研究都不能脱离实践,都具有实践的意义,且在一定意义上是合理的。

值得一提的是:与胡塞尔、海德格尔等人通过曲折的道路返回生活世界不同,与只关注逻辑和语言意义分析的分析哲学家也不同,杜威的哲学直接面向现实生活和实践。杜威一生在哲学上所关注的,不是去建构庞大的体系,而是满腔热情地从哲学上探究人在现实生活和实践各个领域所面临的各种问题及其解决办法。在杜威的全部论著中,关于政治、社会、文化、教育、心理、道德、价值、科学技术、审美和宗教等多个领域的具体问题的论述占了绝大部分。他的哲学的精粹和生命力,大多是在这些论述中表现出来的。

第二,杜威的哲学改造适应和引领了西方哲学由近代到现代转向的潮流。

19世纪中期以来,西方哲学发展出现了根本性的变更,以建构无所不包的体系为特征的近代哲学受到了广泛的批判,以超越传统的实体性形而上学和二元论为特征的现代哲学开始出现,并越来越占主导地位。多数哲学流派各以特有的方式,力图使哲学研究在不同程度上从抽象化的自在的自然界或绝对化的观念世界返回到人的现实生活世界,企图以此摆脱近代哲学所陷入的种种困境,为哲学的发展开辟新道路。西方哲学由近代到现代的这种转折,不能简单归结为由唯物主义转向唯心主义、由进步转向反动,而是包含了哲学思维方式上一次具有划时代意义的转型。它标志着西方哲学发展到了一个新的、更高的阶段。杜威在哲学上的改造,不仅适应了而且在一定意义上引领了这一转型的潮流。

杜威曾像康德那样,把他在哲学上的改造称为"哥白尼革命"(Copernican revolution)。但他认为康德对人的理智的能动性过分强调,以致使它脱离了作为其存在背景的自然。而在他看来,人只有在其与自然的相互作用中才有能动作用,甚至才能存在。哲学上的真正的哥白尼革命,正在于肯定这种交互作用。如果说康德的中心是心灵,那么杜威的新的中心是自然进程中所发生的人与自然的交互作用。正如地球或太阳并不是绝对的中心一样,自我或世界、心灵或自然都不是这样的中心。一切中心都存在于交互作用之中,都只具有相对的意义。可见,杜威所谓哲学中的哥白尼革命,就是以他所主张的心物、主客、经验自然等的交互作用,或者说人的现实生活和实践来既取代客体中心论,也取代主体中心论。他也是在这种意义上,既反对忽视主体的能动性的旧的唯物主义,又反对忽视自然作为存在的根据和作用的旧的唯心主义。

不是把先验的主体或自在的客体,而是把主客的相互作用当作哲学的出发点;不是局限于建构实体性的、无所不包的体系,而是通过行动、实践来超越这样的体系;不是转向纯粹的意识世界或脱离了人的纯粹的自然界,而是转向与人和自然界、精神和物质、理性和非理性等等都有着无限牵涉的生活世界,这大体上就是杜威哲学改造的主要意义;而这在一定程度上,也正是多数西方哲学由近代到现代转向的主要意义。杜威由此体现和引领了这种转向。

第三,杜威的哲学改造与马克思在哲学上的革命变更存在某些相通之处。

西方哲学从近代到现代的转向与马克思在哲学上的革命变更的政治背景大不相同,二者必然存在原则性区别;但二者发生于大致相同的历史时代,具有共同的历史和文化背景,因而又必然存在相通之处。如果我们能够肯定杜威的哲学改造适应并引领了西方哲学从近代到现代转向的潮流,那就必须肯定杜威的哲学改造与马克思在哲学上的革命变更必然同样既有原则区别,又有相通之处。后者突出地表现在,二者都把实践当作哲学的根本意义而加以强调。马克思正是通过这种强调而得以超越旧唯物主义和唯心主义辩证法的界限,把唯物主义和辩证法有机地统一起来,建立了唯物辩证法。杜威在这些方面与马克思相距甚远。但是,他毕竟用实践来解释经验而使他的经验自然主义超越了纯粹自然主义和思辨唯心主义的界限,并由此提出了一系列超越近代哲学范围的思想。

杜威的经验自然主义并不否定自然界在人类经验以外自在地存在,不否定在人类出现以前地球和宇宙早已存在,而只是认为人的对象世界只能是人所遭遇到(经验到)的世界,这在一定程度上类似于马克思所指的与纯粹自然主义的自在世界不同的人化世界,即现实生活世界。杜威否定唯物主义,但他只是在把唯物主义归结为纯粹自然主义的唯物主义的意义上去否定唯物主义。杜威强调经验的能动性,但他不把经验看作可以离开自然(环境)而独立存在的精神实体或精神力量,而强调经验总是处于与自然、环境的统一之中,并与自然、环境发生相互作用。这与传统的唯心主义经验论也是不同的,倒是与马克思关于主客观的统一和相互作用的观点虽有原则区别,却又有相通之处。

杜威是在黑格尔影响下开始哲学活动的。他在转向实用主义以后,虽然抛弃了黑格尔的绝对唯心主义,甚至也拒绝了黑格尔的辩证法,但是在他的理论中又保留着某些辩证法的要素。例如，他把经验、自然和社会等都看作是统一整体，其间都存在着多种多样的联系；他在达尔文进化论的影响下，明确肯定世界（人类社会和自然界）处于不断进化和发展的过程之中。他所强调的连续性（如经验与自然的连续、人与世界的连续、身心的连续、个人与社会的连续等等）概念，在一定程度上就是统一整体的概念、进化和发展的概念。这种概念虽与马克思的辩证法不能相提并论，但毕竟也有相通之处。

三、杜威哲学的积极影响

杜威实用主义哲学对现实生活和实践的强调，对西方哲学从近代到现代转向的潮流的适应和引领，特别是它在一些重要方面与马克思哲学的相通，说明它在一定程度上体现了时代精神发展的要求。正因为如此，它必然是一种在一定范围内能发生积极影响的哲学。

实用主义在美国的积极影响，可以用美国人民在不长的历史时期里几乎从空地上把美国建设成为世界的超级大国来说明。实用主义当然不是美国唯一的哲学，但它却是美国最有代表性的哲学。实用主义产生以前的许多美国思想家（特别是富兰克林、杰斐逊等启蒙思想家），大多已具有实用主义的某些特征，这在一定意义上为实用主义的正式形成作了思想准备。实用主义产生以后，传入美国的欧洲各国哲学虽然能在美国哲学中占有一席之地，其中分析哲学在较长时期甚至能在哲学讲坛上占有支配地位；但是，它们几乎都毫无例外地迟早被实用主义同化，成为整个实用主义运动的组成部分。当代美国实用主义者莫利斯说：逻辑经验主义、英国语言分析哲学、现象学、存在主义同实用主义"在性质上是协同一致的"，它们"每一种所强调的，实际上是实用主义运动作为一个整体范围之内的中心问题之一"。[1] 就实际影响来说，实用主义在美国哲学中始终占有优势地位。桑塔亚那等一些美国思想家也承认，美国人不管其口头上拥护的是什么样的哲学，但是从他们的内心和生活来说都是实用主义者。只有实用主义，才是美国建国以来长期形成的一种民族精神的象征。而实用主义的最大特色，就是把哲学从玄虚的抽象王国转向人所面对的现实生活世界。实用主义的主旨

---

[1] Morris, Charles W. *The Pragmatic Movement in American Philosophy*. New York: George Braziller, 1970, p. 148.

就在指引人们如何去面对现实生活世界,解决他们所面临的各种疑虑和困扰。实用主义当然具有各种局限性,人们也可以而且应当从各种角度去批判它,马克思主义者更应当划清与实用主义的界限;但从思想理论根源上说,正是实用主义促使美国能够在许多方面取得成功,这大概是一个不争的事实。

在美国以外,实用主义同样能发生重要的影响。与杜威等人的哲学同时代的欧洲哲学尽管不称为实用主义,但正如莫利斯说的那样,它们同实用主义"在性质上是协同一致的"。如果说它们各自在某些特定方面、在一定程度上体现了现代西方社会的时代特征,实用主义则较为综合地体现了这些特征。换言之,就体现时代特征来说,被欧洲各个哲学流派特殊地体现的,为实用主义所一般地体现了。正因为如此,实用主义能较其他现代西方哲学流派发生更为广泛的影响。

杜威的实用主义在中国也发生过重要的影响。早在"五四"时期,杜威就成了在中国最具影响的西方思想家。从外在原因上说,这是由于胡适、蒋梦麟、陶行知等他在中国的著名弟子对他作了广泛的宣扬;杜威本人在"五四"时期也来华讲学,遍访了中国东西南北十多个城市。这使他的思想为中国广大知识界所熟知。然而,更重要的原因是:他在理论中所包含的科学和民主精神,正好与"五四"时期中国先进知识分子倡导科学和民主的潮流相一致。另外,他的讲演不局限于纯哲学的思辨而尤其关注现实问题,这也与中国先进分子的社会改革的现实要求相一致。正是这种一致,使杜威的理论受到了投入"五四"新文化运动和社会改革的各阶层人士的普遍欢迎,从而使他在中国各地的讲演往往引起某种程度的轰动效应。杜威本人也由此受到很大鼓舞,原本只是一次短期的顺道访华也因此被延长到两年多。胡适在杜威起程回国时写的《杜威先生与中国》一文中曾谈到:"我们可以说,自从中国与西方文化接触以来,没有一个外国学者在中国思想界的影响有杜威先生这样大的。我们还可以说,在最近的将来几十年中,也未必有别个西洋学者在中国的影响可以比杜威先生还大的。"①作为杜威的信徒,胡适所作的评价可能偏高。但就其对中国社会的现实层面的影响来说,除了马克思主义者以外,也许的确没有其他现代西方思想家可以与杜威相比。

尽管杜威的实用主义与马克思主义有原则区别,但"五四"时期中国马克思主义者对杜威及其实用主义并未简单否定。陈独秀那时就肯定了实用主义的某

---

① 引自《胡适哲学思想资料选》(上),上海:华东师范大学出版社,1981年,第181页。

些观点,甚至还成为杜威在广州讲学活动的主持人。1919 年,李大钊和胡适关于"问题与主义"的著名论战,固然表现了马克思主义与实用主义的原则分歧,但李大钊既批评了胡适的片面性,又指出自己的观点有的和胡适"完全相同",有的"稍有差异"。他们当时的争论并未越出新文化运动统一战线这个总的范围,在倡导科学和民主精神上毋宁说大体一致。毛泽东在其青年时代也推崇胡适和杜威。

"五四"以后,随着国内形势的重大变化,上述统一战线趋向分裂。20 世纪30 年代后期,由于受到苏联对杜威态度骤变的影响,中国马克思主义者对杜威也近乎全盘否定了。20 世纪 50 年代中期,为了确立马克思主义在思想文化领域的主导地位,从上而下发动了一场对实用主义全盘否定的大规模批判运动。它在一定程度上达到了预期的政治目的,但在理论上却存在着很大的片面性。当时多数批判论著脱离了杜威等人的理论实际,形成了一种对西方思潮"左"的批判模式,并在中国学术界起着支配作用。从此以后,人们在对杜威等现代西方思想家、对实用主义等现代西方思潮的评判中,往往是政治标准取代了学术标准,简单否定取代了具体分析。杜威等西方学者及其理论的真实面貌就因此而被扭曲了。

对杜威等西方思想家及其理论的简单否定,势必造成多方面的消极后果。其中最突出的有两点:一是使马克思主义及其指导下的思想理论领域在一定程度上与当代世界及其思想文化的发展脱节,使前者处于封闭状态,从而妨碍其得到更大的丰富和发展;二是由于扭曲了马克思主义哲学和现代西方哲学的关系,忽视了二者在某些方面存在的共通之处,在批判杜威哲学等现代西方哲学的名义下扭曲了马克思主义哲学一些最重要的学说,例如关于真理的实践检验、关于主客观统一、关于个人与社会的关系等学说都存在这种情况。这种理论上的混乱导致实践方向上的混乱,甚至在一定程度上导致实践上的挫折。

需要说明的是:肯定杜威实用主义的积极作用并不意味着否定其消极作用,也不意味着简单否定中国学界以往对实用主义的批判。以往被作为市侩哲学、庸人哲学、极端个人主义哲学的实用主义不仅是存在的,而且在一些人群中一直发生着重要的影响。资产阶级庸人、投机商、政客以及各种形式的机会主义者所奉行的哲学,正是这样的实用主义。对这样的实用主义进行坚定的批判,是完全正当的。但是,如果对杜威的哲学作具体研究,就会发觉他的理论与这样的实用主义毕竟有着重大的区别。杜威自己就一再批判了这类庸俗习气和极端个人主义。如果简单地把杜威哲学归结为这样的实用主义,那在很大程度上就是把杜威所批判的哲学当作是他自己的哲学。

四、杜威哲学研究在当代中国的积极意义

改革开放以来,中国政治和思想文化上的"左"的路线得到纠正,哲学研究出现了求真务实的新气象,包括杜威实用主义在内的现代西方哲学研究得到了恢复和发展。以1988年全国实用主义学术讨论会为转折点,对杜威等人的实用主义的全盘否定倾向得到了克服,如何重新评价其在中国思想文化建设中的作用的问题也越来越受到学界的关注,对杜威等人的实用主义的研究由此进入了一个新阶段。"五四"时期,由于杜威的学说正好与当时中国的新文化运动相契合,起过重要的积极作用;今天的中国学界,由于对马克思主义哲学和现代西方哲学都已有了更为全面和深刻的理解,对杜威的思想的研究也会更加深入和具体,更能区别其中的精华和糟粕,这对促进中国的思想文化建设会产生更为积极的作用。

对杜威哲学的重新研究在当代中国的积极意义,至少包括如下三个方面:

第一,有利于对马克思主义哲学有更为全面和深刻的理解。

这是因为,杜威哲学和马克思的哲学虽有原则性区别,但二者在一些重要方面有相通之处。这主要表现在二者都批判和超越了以抽象、思辨、脱离实际等为特征的传统形而上学;都强调对现实生活和实践的关注在哲学中的决定性作用;都肯定任何观念和理论的真理性的标准是它们是否经得起实践的检验;都认为科学真理的获得是一个不断提出假设、又不断进行实验的发展过程;都认为社会历史同样是一个不断发展的过程,社会应当不断地进行改造,使之越来越能符合满足人的需要和人的全面发展的目标;都认为每一个人的自由是一切人取得自由的条件,同时个人又应当对社会负责,私利应当服从公益;都提出了使所有人共同幸福的社会理想,等等。在这些方面将马克思主义与杜威的实用主义作比较研究,既能更好地揭示它们作为不同阶级的哲学的差异,又能更好地发现二者作为同时代的哲学的共性,从而使人们既能更好地划清马克思主义和实用主义的界限,又能通过批判地借鉴后者可能包含的积极成果来丰富和发展马克思主义。

第二,有利于对中国传统文化的批判继承。

杜威哲学和中国传统文化有着两种不同的联系。以儒家为代表的中国传统文化是一种前资本主义文化,没有西方资本主义文化的理性主义特质,不会具有因把理性绝对化而导致的绝对理性主义和思辨形而上学等弊端;但未充分经理性思维的熏陶又是中国传统文化的缺陷,不利于自然科学的发展,更不利于人的个性的发展和自由民主等意识的形成。正因为如此,以儒家为代表的中国传统文化往往被历代封建统治阶级神圣化和神秘化,成为他们的意识形态,后者阻碍了中国科学技术的发展、人民的觉醒和社会历史的进步。"五四"新文化运动的主要矛头就是针对儒家文化作为封建意识形态的方面,以此来为以民主和科学精神为特征的新文化开辟道路。杜威哲学正是以倡导民主和科学为重要特征的。杜威来到中国时,正好碰上"五四"新文化运动,他成了这一运动的支持者。他的学说对于批判作为封建意识形态的儒学,自然也起了促进作用。

但是,儒家文化并不等于封建文化;孔子提出的以"仁"为核心的儒学本身并不是统治阶级的意识形态。直到汉武帝实行"罢黜百家,独尊儒术"的政策以后,儒学才取得了独特的官方地位,由此被历代封建帝王当作维护其统治的精神工具。即使如此,也不能否定儒学在学理上的意义。它既可以被封建统治阶级所利用,又能为广大民众所接受,成为他们的生活信念和道德准则。历代学者对儒学的发挥,也都具有这种二重性。正因为如此,儒学除了被封建统治阶级利用外,还能不断发扬光大,成为中华民族宝贵的思想文化遗产。儒学所强调的"以人为本"、"经世致用"、"公而忘私"、"以和为贵"、"己所不欲,勿施于人"等观念,具有超越时代和阶级的普世意义。新文化运动的代表人物并不反对这些观念,而这些观念与杜威哲学的某些观念在一定程度上是相通的。杜威哲学在"五四"时期之所以能为中国广大知识分子接受,在一定程度上正是因为中国文化传统中已有与杜威哲学相通的成分。正因为如此,研究杜威的实用主义思想,对于更清晰地理解儒家思想,特别是分清其中具有普世价值的成分与被神圣化和神秘化的成分,发扬前者,拒斥后者,能起到促进作用。

第三,有利于促进对各门社会人文学科的研究。

杜威的哲学活动的一个突出特点,是他非常自觉地超越纯粹哲学思辨的范围而扩及各门社会人文学科。我们上面曾谈到,在杜威的全部论著中,关于政治、社会、文化、教育、道德、心理、逻辑、科学技术、审美和宗教等各个领域的具体问题的论述占了绝大部分。他不只是把他的哲学观点运用于这些学科的研究，而且是通过对这些学科的研究更明确和更透彻地把他的哲学观点阐释出来。反过来说，他对这些学科的研究都不是孤立地进行的，而是通过其基本哲学观点的具体运用而与其他相关学科联系起来，从而把对这些学科的研究形成为一个有机整体，并由此使他对这些学科的研究可能具有某些独创意义。

例如，杜威极其关注教育问题并在这方面作了大量论述，除了贯彻他对现实生活和实践的重视这个基本哲学倾向、由此强调在实践中学习在整个教学过程中的决定作用以外，他还把教育与心理、道德、社会、政治等因素紧密地结合在一起，从而使教育的内容更加丰富、全面。他的教育思想也由此得到了更为广泛的认同，被公认为是当代西方最具影响的教育学家。值得一提的是：无论在中国还是在苏联，杜威在教育上的影响几乎经久不衰。即使是在政治和意识形态影响极为深刻的年代，杜威提出的许多教育思想依然能不同程度地被人肯定。陶行知的教育思想在中国就一直得到肯定，而陶行知的教育思想被公认为主要来源于杜威。

我们这样说，并不是全盘肯定杜威。无论是在哲学和教育或其他方面，杜威都有很大的局限性，需要我们通过具体研究加以识别。但与其他现代西方哲学家相比，杜威是最善于把哲学的一般理论与其他人文社会学科密切结合起来、使之相互渗透和相互促进的哲学家，这大概是不可否认的事实。在这方面，很是值得我们借鉴。

五、关于《杜威全集》中文版的翻译和出版

要在中国开展对杜威思想的研究，一个重要的条件是有完备的和翻译准确的杜威论著。中国学者早在"五四"时期就开始从事这方面的工作。当时杜威在华的讲演，为许多报刊广泛译载并汇集成册出版。"五四"以后，杜威的新著的翻译出版仍在继续。即使是杜威在中国受到严厉批判的年代，他的一些主要论著也作为供批判的材料公开或内部出版。杜威部分重要著作的英文原版，在中国一些大的图书馆里也可以找到。从对杜威哲学的一般性研究来说，材料问题不是主要障碍。但是，如果想要对杜威作全面研究或某些专题研究，特别是对他所涉及的人文和社会广泛领域的研究，这些材料就显得不足了。加上杜威论著的原有中译本出现于不同的历史年代，标准不一，有的译本存在不准确或疏漏之

处,难以为据。更为重要的是,在杜威的论著中,论文(包括书评、杂录、教学大纲等)占大部分,它们极少译成中文,原文也很难找到。为了进一步开展对杜威的研究,就需要进一步解决材料问题。

2003 年,在复旦大学举行的一次大型实用主义国际学术讨论会上,我建议在复旦大学建立杜威研究中心并由该中心来主持翻译《杜威全集》,得到与会专家的赞许,复旦大学的有关领导也明确表示支持。2004 年初,复旦大学正式批准以哲学学院外国哲学学科为基础,建立杜威与美国哲学研究中心,挂靠哲学学院。研究中心立即策划《杜威全集》的翻译。华东师范大学出版社朱杰人社长对出版《杜威全集》中文版表示了极大的兴趣,希望由该社出版。经过多次协商,我们与华东师范大学出版社达成了翻译出版协议,由此开始了我们后来的合作。

《杜威全集》(*Collected works of John Dewey*)由美国杜威研究中心(设在南伊利诺伊大学)组织全美研究杜威最著名的专家,经 30 年(1961—1991)的努力,集体编辑而成,乔·安·博伊兹顿(Jo Ann Boydston)任主编。全集分早、中、晚三期,共 37 卷。早期 5 卷,为 1882—1898 年的论著;中期 15 卷,为 1899—1924年的论著;晚期 17 卷,为 1925—1953 年的论著。各卷前面都有一篇导言,分别由在这方面最有声望的美国学者撰写。另外,还出了一卷索引。这样共为 38卷。尽管杜威的思想清晰明确,但文字表达相当晦涩古奥,又涉及人文、社会等众多学科;要将其准确流畅地翻译出来,是一项极其庞大和困难的任务,必须争取国内同行专家来共同完成。我们旋即与中国社会科学院哲学研究所、北京大学、清华大学、中国人民大学、北京师范大学、南京大学、浙江大学、武汉大学、北京外国语大学,以及华东师范大学和上海社会科学院哲学研究所等兄弟单位的专家联系,得到了他们参与翻译的承诺,这给了我们很大的鼓舞。

《杜威全集》英文版分精装和平装两种版本,两者的正文(包括页码)完全相同。平装本略去了精装本中的"文本的校勘原则和程序"等部分编辑技术性内容。为了力求全面,我们按照精装本翻译。由于《杜威全集》篇幅浩繁,有一千多万字,参加翻译的专家有几十人。尽管我们向大家提出在译名等各方面尽可能统一,但各人见解不一,很难做到完全统一。为了便于读者查阅,我们在索引卷中把同一词不同的译名都列出,读者通过查阅边码即原文页码不难找到原词。为了确保译文质量,特别是不出明显的差错,我们一般要求每一卷都由两人以上参与,互校译文。译者译完以后,由复旦大学杜威与美国哲学研究中心初审。如无明显的差错,交由出版社聘请译校人员逐字逐句校对,并请较有经验的专家抽查,提出意见,退回译者复核。经出版社按照编辑流程加工处理后,再由研究中心终审定稿。尽管采取了一系列较为严密的措施,但很难完全避免缺点和错误,我们衷心地希望专家和读者提出意见。

复旦大学杜威与美国哲学研究中心的工作是在哲学学院和国外马克思主义与国外思潮创新基地的支持下进行的,学院和基地的不少成员参与了《杜威全集》的翻译。为了使研究中心更好地开展工作,校领导还确定研究中心与美国研究创新基地挂钩,由该基地给予必要的支持。《杜威全集》中文版编委会由参与翻译的复旦大学和各个兄弟单位的专家共同组成,他们都一直关心着研究中心的工作。俞吾金教授和童世骏教授作为编委会副主编,对《杜威全集》的翻译工作作出了重要的贡献。汪堂家教授作为常务副主编,更是为《杜威全集》的翻译工作尽心尽力,承担了大量具体的组织和审校工作。华东师范大学出版社与我们有着良好的合作,编辑们怀着高度的责任心兢兢业业地在组织与审校等方面做了大量的工作,在此一并表示衷心的感谢。

刘放桐

2010 年 6 月 11 日

前　言

　　本卷是 37 卷本《杜威全集(1882—1953)》的总索引,是一个索引集合,包括各分卷的目录索引、标题索引和主题索引。在标题索引和主题索引中,使用如下缩写来代表全集的三个系列:E:《早期著作(1882—1898)》(5 卷);M:《中期著作(1899—1924)》(15 卷);L:《晚期著作(1925—1953)》(17 卷)。各个索引条目按照其所在系列和卷号来编排;系列和卷号用粗体表示,页码[①]用正常字体表示。例如,**E5**:202;**M2**:53;**L15**:192。

　　目录索引涵盖了每一分卷的目录内容,按时间前后顺序排列,以卷为单位,是对早期、中期和晚期诸卷的一个概览。再版于《实验逻辑论文集》、《达尔文对哲学的影响及其他关于当代思想的文章》、《苏俄和革命世界印象:墨西哥——中国——土耳其》、《哲学与文明》以及《人的问题》等著作集中的单篇文章,仍旧以其首次出版的日期为编排依据。

　　标题索引用《全集》通用的缩写标题与关键词来表示,并按字母顺序排列。已经在上文提到的著作集中发表过的文章,被归在那些著作集的标题之下。具有同一个关键词的所有标题以该关键词为主条目,按下列顺序缩进:第一,关键词被前置以便于检索的标题;第二,关键词之后跟有连词或介词的标题;第三,关键词被作为形容词使用的标题。如果分项中的第一个修饰语涉及不止一个标题,那么它后面跟的是一个冒号;否则,则是逗号。例如:

　　Activity,**M6**:361

---

① 本卷索引提到的页码均为英文原版书页码,即中文版《杜威全集》各卷的边码。——译者

Good of，**M14**：193

Growth in，**L11**：243

And the Training of Thought，**M6**：304；**L8**：281

Movement，**L9**：169

或者

Education，**M6**：425

Aims in，**M9**：107

Elementary：Aim of History in，**M1**：104；Federal

Aid to，**M10**：125；Psychology of，**M1**：67

Public，on Trial，**M10**：173

这个顺序与弥尔顿·托马斯(Milton Halsey Thomas)著的《约翰·杜威：百年纪念文献目录》(*John Dewey：A Centennial Bibliography*，Chicago：University of Chicago Press，1962)格式相似。

主题索引包含了所有分卷中的索引信息，并有所扩充。增加的主要有：各卷导言的作者姓名；杜威评论或引用过的著作的作者姓名，附录内容的作者姓名，以及相关的出版信息。在主条目中，为避免混淆，为所有具有相同姓氏的作者列出了名字的首字母；在分项中，只有当相同的姓氏可能引起混淆时，才列出作者名字的首字母。除一般的交叉引用以外，杜威在《逻辑：探究的理论》一书的索引中列出的交叉引用也已被保留，与晚期著作中的《逻辑》(*Logic*：L12)相对应。

在主题索引中，有三处与各分卷索引不同的形式变动。第一，在《全集》所贯穿的71年中，杜威对几个单词的拼写发生了变化；每一卷的索引都指出了其中的差异，比如："aesthetic/esthetic"，"scepticism/skepticism"，以及"subject matter/subject-matter"。这些多样化的拼写形式在总索引中被统一为单一形式，以便与不同时代各个分卷的拼写形式相区别。第二，各分卷索引中大量的分项在可能的情况下，合并在更具包容性的条目中。第三，在分卷索引中对同一个主题词的独立引用，如果在三页以上且页码连续，比如"34，35，36，37"，在总索引中改为"34—37"。

《杜威全集》的累积主题索引(Cumulative Suject Index)，是在索引软件"CINDEX"的帮助下制作完成的。CINDEX 的程序由南卡罗来纳大学

(University of South Carolina)的大卫·切斯纳特（David R. Chesnutt）设计，琼·穆斯泰因（Jean W. Mustain）编写。该软件在本索引的准备方面起到了至关重要的作用。

在索引准备和制作过程中，除了 CINDEX 所涉及的之外，工作的复杂性超乎我们想象。37 卷本的《杜威全集》的编辑历经 21 年，集结数十位编者的努力，索引的编制理念和方法各有不同，因而，简单地把 37 卷独立索引的数据输入电脑，并让电脑程序将数据归类，这样是不可能做出一个清晰明了的累积主题索引的。

简而言之，为主题索引所做的准备过程必定包含以下步骤：将 37 卷本《杜威全集》各卷的索引资料按照 CINDEX 软件的结构化文件模式要求，输入电脑，形成一个数据文件，并对照原始的纸质索引进行校对。准备阶段的结构化文件索引的编辑工作包括核对交叉出现与模棱两可的条目。接下来，独立的结构化文件在南伊利诺伊大学卡本代尔分校（The Southern Illinois University at Carbondale）的主机电脑上合并。合并了的索引数据得到进一步的编辑和核对，各卷之间有所区别的主条目和分项则被进行规范化处理，然后生成另一个合并的索引。在每一个阶段，杜威研究中心的同仁们都做了大量编辑工作，他们合并重复的条目，简化数量过多的分项，重组信息，以及解决在编辑过程中出现的各种问题。最后，由三位编者对数据进行编辑、修正，将编辑性的修改合并进来。

在这整个过程中，准备和组织材料、输入数据、合并、分类、编辑、修改、核对、进一步修改以及校对，这每一步的背后，都凝结着无数人所慷慨给予我们的大量可贵的支持和帮助。《亨利·劳伦斯论集》（*The Papers of Henry Laurens*）的编辑大卫·切斯纳特，以及纽贝里图书馆（Newberry Library）的馆长（曾经是《托马斯·杰斐逊论集》（*The Papers of Thomas Jefferson*）的编辑）查尔斯·卡伦（Charles T. Cullen），都向我们提供了关于如何使用 CINDEX 的宝贵的意见和建议。为了使大批量的数据整合成为可能，南伊利诺伊大学计算机事务中心的克拉伦斯·博伊金斯（Clarence Boykins）对原有程序作了出色的修改，为我们的工作提供了大力支持。杜威研究中心的干事戴安娜·迈尔科特（Diane Meierkort）和贾尼丝·丹利（Janice Danley）一直是值得信任的协助者。在此，我们对他们所给予此项工作的支持和帮助谨致谢忱！

《杜威全集》(1882—1953)各卷目录

早期著作（1882—1898）

晚期著作（1925—1953）

《杜威全集》(1882—1953)标题索引

系列号和卷号用粗体表示

E：早期著作，1882—1898

M：中期著作，1899—1924

L：晚期著作，1925—1953

Absolutism：Social，**M13**：311，社会绝对主义

to Experimentalism, From，**L5**：147，从绝对主义到实验主义

Abstract：Concrete and，**M6**：391，具体与抽象

From the Concrete to the，**L8**：293，从具体到抽象

Abstraction，**M6**：359，抽象

Academic Freedom，**M2**：53；**M6**：460，学术自由

Social Significance of，**L11**：376，学术自由的社会主义

Statement on，**L14**：374，论学术自由

Academic Wrong, Righting an，**L11**：530，纠正一个学界错误

Acceptance, Art of, and the Art of Control，**L4**：60，承受的艺术和控制的艺术

Accommodation，**M6**：359，适应

Acheson, Dean, Critics of，**L17**：140，艾奇逊先生的批评者们

Action, Organic, Perception and，**M7**：3，知觉与有机体行为

Active, Flexible Personality，**L11**：548，积极的, 有弹性的个性

Activity，**M6**：361，活动

Good of，**M14**：193，活动之善

Growth in，**L11**：243，在活动中成长

and the Training of Thought，**M6**：304，活动与思维训练；**L8**：281，活动与思维训练

Movement，**L9**：169，活动运动

Adams, Henry, Education by，**M13**：272，通过亨利•亚当斯受到教育

Adaptation，**M6**：364，调适

Addams, Jane, Realism of，**L15**：192，简•亚当斯的现实主义

Adjustment，**M6**：365，调整

Administration, Real Test of the，**L9**：282，行政机关的考验

Administrative Statesmanship, Toward，**L11**：345，行政才能探讨

Aesthetic Element in Education，**E5**：202，教育中的审美因素

Aesthetic Experience as a Primary Phase and as an Artistic Development，**L16**：395，作为一个初始阶段和作为一种艺术发展的审美经验

Affective Thought，**L2**：104，有情感地思考

Affirmation and Negation，**L12**：182，肯定与

否定

Afterword to Morrison, Charles Clayton, *The Outlawry of War*，**L3**：348，《战争的非法化》跋语

Agent and His Sphere of Action，**E4**：228，行动者及其行动领域

Aid for the Spanish Government，**L11**：527，援助西班牙政府

Aims：Natural Development and Social Efficiency as，**M9**：118，以自然发展和社会效能为目标

Nature of，**M14**：154，目标的本性

and Ideals of Education，**M13**：399，教育的目标与理念

in Education，**M9**：107，教育的各种目标

Alfange, Dean, Endorsement of，**L17**：133，赞同丁·阿尔范吉

Altruism and Egoism，**M6**：366，利他主义与利己主义

Ambiguity of "Intrinsic Good,"，**L15**：42，"内在的善"的模糊性

America：Democracy and，**L13**：173，民主与美国；Why I Selected，**L15**：367，我为什么选择"民主与美国"

Higher Learning in，**L11**：402，"美国的高等教育"

Japan and，**M11**：150，日本和美国

No Half-Way House for，**L9**：289，美国还有很长的路要走

Parting of the Ways for，**M13**：159，美国在岔路口

Pragmatic，**M13**：306，实用主义的美国

What It Will Fight For，**M10**：271，美国人为什么而战？

What War Means to It，**L17**：123，关于"战争对美国意味着什么"

and Chinese Education，**M13**：228，美国与中国人的教育

and the Far East，**L2**：173，美国和远东

by Formula，**L5**：50，程式化之"美国"

in the World，**M11**：70，世界中的美国

American Association of University Professors，**M10**：371，美国大学教授协会

[Announcement]，**M10**：373，来自美国大学教授协会下属的大学伦理委员会的声明

Annual Address of the President to the，**M8**：104，美国大学教授联合会主席的年度讲演

Introductory Address to the，**M8**：98，在美国大学教授联合会上的开场讲演

[Report]，**M10**：374，美国大学教授联合会下属的大学伦理委员会的报告

American Background，**L13**：99，美国背景

American Civilization, Critique of，**L3**：133，对美国文明的一个批评

American Committee for the Defense of Leon Trotsky, Declaration of Purposes by the，**L11**：303，列夫·托洛茨基案美国辩护委员会目的声明

American Education：Organization in，**M10**：397，美国教育组织

Past and Future，**L6**：90，美国的教育：过去和未来

and Culture，**M10**：196，美国的教育和文化

American Federation of Teachers：Message to the，**L17**：83，致美国教师联合会的信

Statement，**L17**：520，美国教师联合会声明

American Ideals，**L9**：87，美国的理想

American Intellectual Frontier，**M13**：301，美国思想边界

Americanism and Localism，**M12**：12，美国精神与地方主义

American National Life, Philosophy and，**M3**：73，哲学和美国的国家生活

American Opportunity in China，**M11**：228，美国在中国的机会

American Prophet, Great，**L9**：102，一个伟

大的美国先知

American Youth, Beware of Wallace Bearing Gifts, **L15**：242，美国青年们，小心华莱士带来的礼物

America's Public Ownership Program, **L9**：285，美国公有制计划

America's Responsibility, **L2**：167，美国的责任

Analogy, **M6**：369，类推

Analysis and Synthesis, **M6**：370，分析与综合

Analysis of Reflective Thought, **M13**：61，对反思性思维的一个分析

Angle of Reflection, **E3**：195，评论视角

Angora, the New, **M15**：134，安卡拉，新首都

Animal Experimentation, Ethics of, **L2**：98，动物实验的伦理学

Antecedents and Stimuli of Thinking, **M2**：316，思想的前情和刺激

Anthropology and Ethics, **L3**：11，人类学和伦理学

Anthropology and Law, **E4**：37，人类学与法学

Anti-Intellectualism, Some Implications of, **M6**：86，反理智论的若干推论

Anti-Naturalism in Extremis, **L15**：46，极端的反自然主义

Apostles of World Unity：XVII — Salmon O. Levinson, **L5**：349，世界大同的倡导者之十七——萨尔蒙·O·莱文森

Appearance, Empirical Account of, 参见 Appearing and Appearance

Appearing and Appearance, **L3**：55，显现和现象

Appreciation and Cultivation, **L6**：112，欣赏和修养

Approbation, the Standard and Virtue, **L7**：235，认可、标准和美德

Art：By Nature and by, **L15**：84，本质的与技艺的

Naturalism in, **M2**：142，自然主义（艺术中的）

and Civilization, **L10**：329，艺术和文明

as Our Heritage, **L14**：255，我们的艺术遗产

in Education, **M6**：375；教育中的艺术，and Education in Art, **L2**：111，教育中的艺术和艺术中的教育

Art as Experience, **L10**，作为经验的艺术

Art Exhibition, Forms of, Report on, **L17**：128，在宾夕法尼亚艺术博物馆就"艺术表现之诸形式"作的报告

Arts：Common Substance of the, **L10**：191，各门艺术的共同主旨

Decorative, Educational Function of a Museum of, **L11**：520，装饰艺术博物馆的教育功能

Philosophy of the, **L13**：357，艺术哲学

Varied Substance of the, **L10**：218，各门艺术的多样主旨

and Sciences, St. Louis Congress of the, **M3**：145，圣路易斯艺术和科学大会

Atom, Split, Dualism and the, **L15**：199，二元论与原子裂变

Attention, **L17**：269，注意力

Development of, **M1**：97，注意力的发展

Aubrey, Edwin Ewart, and Henry Nelson Wieman, Reply to, **L9**：294，对埃德温·尤尔特·奥布里和亨利·尼尔森·威曼所写的信的回应

Austin, John, His Theory of Sovereignty, **E4**：70，奥斯丁的主权论

Authorities, Conflict of, **L4**：40，权威的冲突

Authority：Subjection to, **M5**：305，服从权威

and Social Change, **L11**：130，权威和社会变化

Autocracy under Cover, **M11**：241，伪饰下的专制政治

Ayres, C. E., *The Theory of Economic Progress*, Comment on, **L15**：359, 论 C·E·艾尔斯的《经济进步理论》

Bagley, William, Letter to, **M8**：414, 给威廉·巴格利及《学校与家庭教育》全体编辑的信

Balch, Emily Greene, Tribute to, **L17**：149, 艾米丽·格林·巴尔齐

Baldwin, James Mark, Reply to, **E5**：399, 对鲍德温社会性解释的反驳：一个答复

Balz, Albert G. A., Dewey's Reply to, **L16**：280, 杜威给阿尔伯特·G·A·鲍茨的回信

Banking Crisis, **L9**：254, 银行业危机

Barnes Foundation, Dedication Address of the, **L2**：382, 在巴恩斯基金会上的献词

Becker, Frank, Statement on Retirement of, **L17**：527, 弗兰克·贝克退休声明

Beers, Clifford, Tribute to, **L17**：146, 克利福德·比尔斯

Behavior, Unit of, 参见 Reflex Arc Concept in Psychology

Belief, Science, and the Public, **M15**：47, 科学、信念与公众

Beliefs and Existences, **M3**：83, 信念和存在（信念和实在）

Beliefs and Realities, 参见 Beliefs and Existences

Bell, Daniel, and Karl Polanyi, Comment on, **L15**：361, 评贝尔和波拉尼

Benda, Julien, William James' Morals and His, **L15**：19, 威廉·詹姆斯的道德与朱利恩·本德的道德

Bergson, Henri, **M12**：221, 第三讲：昂利·柏格森
　　and Herbert Spencer, **M10**：67, 斯宾塞和柏格森

Between Two Worlds, **L17**：451, 在两个世界之间

Birth Control, Education and, **L6**：146, 教育与生育控制

Birth Control Bill, Senate, **L6**：388, 参议院的生育控制法案

Black, Dora W., "American Policy in China," Rejoinder to, **M13**：409, 回复《美国的中国政策》

Bode, Boyd H., An Appreciation, **L15**：326, 赞博伊德·博德

Body: Soul and, **E1**：93, 心灵与身体
　　and Mind, **L3**：25, 身与心

Bolshevism in China, **M12**：253, 布尔什维克主义在中国

Borah, William E., Lobby Challenges His Opposition to Reconsideration of Interallied Debts, **L6**：364, 游说团敦促博拉参议院反对重新考虑盟国间债务

Bourne, Randolph, Reply to, **M11**：353, 答一位评论者

Breakdown of the Old Order, **L6**：161, 旧秩序的瓦解

Brief Studies in Realism, **M6**：103, 对实在论的简短研究

Brief Studies in Realism III, **L17**：415, 对实在论的简短研究 III

Brigham Young Academy, Educational Lectures before, **L17**：211, 在杨百翰学院作的教育学讲座

Brookwood Labor College：Funds for, **L6**：327, 为布鲁克伍德职业学院筹款
　　Help for, **L6**：328, 为布鲁克伍德职业学院助一臂之力

Brown, William Montgomery, Fundamental Modernist, **L2**：163, 布朗主教：一个基础主义的现代主义教徒

Butler, Nicholas Murray, Introduction of, **M3**：325, 对演讲者的介绍

Calculation, Deliberation and, **M14**：139, 思虑与计算

Canton，Impressions from，**L17**：29，广州印象

Cardozo，Benjamin Nathan，To Replace，**L6**：323，接替法官卡多佐

Causation，**M6**：379，因果关系

and Sequences，**L12**：437，因果关系和承继性

Censorship，**L5**：417，审查

Not Wanted，**L14**：373，不受欢迎的审查制度

Challenge of Democracy to Education，**L11**：181，民主对教育的挑战

Challenge to Liberal Thought，**L15**：261，对自由主义思想的挑战

Challenge to Philosophy，**L10**：276，对哲学的挑战

Chaos in Moral Training，**E4**：106，德育中的混乱

Character，**M6**：381，性格

Conduct and，**M5**：221，行为与品格

Some Elements of，**L17**：336，构成性格的一些因素

and Conduct，**M14**：33，性格与行为

Training for Youth，**L9**：186，年轻人的性格培养

Characteristics and Characters：Kinds and Classes，**L11**：95，特征和特性：种类和类

Chase，Daniel，Reply to，**L5**：390，体育运动兄弟联合会

Cheating，Comments on，**E4**：369，论作弊

Chicago，University of：Organization and Curricula of Its College of Education，**M3**：327，(芝加哥大学)教育学院的组织和课程

Significance of the School of Education，**M3**：273，教育学院的意义

Chicago，University of，School of Education，**M2**：67，芝加哥大学教育学院；**M3**：342，教育学院

Bulletin of，**M2**：72，芝加哥大学教育学院公报

Chicago Experiment，The Theory of the，**L11**：202，《杜威学校》：附录2

Child：School and the Life of the，**M1**：21，学校与儿童生活

and the Curriculum，**M2**：271，儿童与课程

Child Health and Protection，**L17**：511，儿童的健康与保护

Schools and the White House Conference on，**L6**：131，学校与白宫会议

Childhood，Early，Reasoning in，**M7**：369，幼儿的推理

Child Relief Steps Urged on Congress，**L5**：432，敦促国会救济儿童

Children，Government and，**L11**：268，政府和儿童

Child's New World，Dewey Describes，**L6**：137，杜威描绘儿童的新世界

Child-Study：Criticisms Wise and Otherwise on Modern，**E5**：209，对当代儿童研究的明智和非明智的批评

Interpretation Side of，**E5**：211，对儿童研究的解释

Kindergarten and，**E5**：207，幼儿园和儿童研究

Lectures to the Federation for，**M7**：377，在儿童研究联合会上的演讲

Results of，Applied to Education，**E5**：204，应用于教育的儿童研究结论

China：American Opportunity in，**M11**：228，美国在中国的机会

Bolshevism in，**M12**：253，布尔什维克主义在中国

Consortium in，**M13**：86，银行团在中国

Divided，**M13**：127，分裂的中国

Federalism in，**M13**：149，联邦制在中国

Four Principles for，**M13**：194，对中国的四条原则

Hinterlands in，**M13**：121，中国内地

Industrial，**M12**：71，工业中国

International Duel in，**M11**：192，在中国进

Cultural Freedom，Committee for，**L14**：365，文化自由委员会

Culture：American Education and，**M10**：196，美国的教育和文化

Crisis in，**L5**：99 文化危机

Free，Science and，**L13**：156，科学和自由文化

Freedom and，**L13**：63，《自由与文化》

In Behalf of，**M15**：316，为了文化

Politics and，**L6**：40，政治和文化

and Culture Values，**M6**：404，文化与文化价值

and Human Nature，**L13**：80，文化与人性

and Industry in Education，**M3**：285，教育中的文化和工业

and Professionalism in Education，**M15**：193，文化与教育中的职业精神

Culture-Epoch Theory，**M6**：408，文化纪元理论

Interpretation of the，**E5**：247，文化纪元论的阐释

Curriculum：Play and Work in the，**M9**：202，课程中的游戏与工作

Reorganization of the，**M8**：248，课程重组

School，Psychological Aspect of the，**E5**：164，学校课程的心理学维度

for the College of Liberal Arts，Conference on，Statements to the，**L6**：414，在文科学院课程研讨会上的发言

Custom，**M6**：413，惯例

and Habit，**M14**：43，风俗与习惯

and Morality，**M14**：54，风俗与道德

Cut-and-Try School Methods，**M7**：106，试验性的学校教育方法

Cyclopedia of Education，**M6**：357，《教育百科全书》第一、二卷词条；**M7**：207，《教育百科全书》第三、四、五卷词条

Darwin，Charles，Influence of，on Philosophy，**M4**：3，达尔文主义对哲学的影响

Darwin，Charles，Influence of，on Philosophy and Other Essays in Contemporary Thought，**E5**：3；**M1**：113，107，128，158；**M4**：3，15，31，50；**L17**：39，《达尔文对哲学的影响》

Data and Evidence，Control of，**L8**：248，控制数据和证据

Data and Meanings，**M2**：337，与料和意义

Debts，People's Lobby Asks Special Session on，**L9**：269，人民游说团要求就债务问题举行专项会议

Debts Cut，Urges Tax on Rich to Meet，**L6**：337，敦促向有钱人课税以削减偿付债务

Deduction，**M6**：414，演绎

Induction and，**M6**：242；**M7**：239；**L12**：415，归纳和演绎

Definition，**M6**：415，定义

Case of，**L16**：154，定义的情况

Conception and，**L8**：235，概念与定义

Deliberation：Nature of，**M14**：132，思虑的本性

and Calculation，**M14**：139，思虑与计算

Democracy：Basic Values and Loyalties of，**L14**：275，民主的基本价值和忠诚

Challenge of，to Education，**L11**：181，民主对教育的挑战

Christianity and，**E4**：3，基督教与民主

Creative，The Task Before Us，**L14**：224，创造性的民主——我们面对的任务

Education，and Socialized Economy，**L13**：304，教育、民主和社会化经济

Ethics of，**E1**：227，民主伦理学

Future of，**L11**：532，民主的未来

Industrial，Need of an Industrial Education in an，**M10**：137，工业民主社会中实业教育的需要

Industrial Education and，**M7**：104，工业教育与民主

Joins the Unemployed，**L6**：239，民主站在失业者一边

Philosophy and, **M11**：41，哲学和民主

Totalitarian Economics and, **L13**：116，极权主义经济与民主

What Is It? **L17**：471，什么是民主？

and America, **L13**：173，民主与美国；Why I Selected, **L15**：367，我为什么选择"民主与美国"

and Education, **M6**：417；**M8**：388，民主与教育；in the World of Today, **L13**：294，当今世界的民主和教育

and Educational Administration, **L11**：217，民主和教育管理

and Human Nature, **L13**：136，民主与人性

and Loyalty in the Schools, **M10**：158，学校中的民主和忠诚

in a World of Tensions，**L16**：399，为《紧张世界中的民主》撰写的文章

in Education, **M3**：229，教育中的民主

Is Radical, **L11**：296，民主是激进的

Democracy and Education，**M9**，《民主与教育》

Democratic Conception in Education, **M9**：87，教育中的民主概念

Democratic Ends Need Democratic Methods for Their Realization, **L14**：367，民主的目的需要通过民主的手段才能实现

Democratic Faith and Education, **L15**：251，民主信念与教育

Democratic State, **L2**：282，民主国家

Democratic Way, Class Struggle and the, **L11**：382，阶级斗争与民主道路

Demonstration, **M6**：418，演证

Dennett, Mary Ware, *The Sex Side of Life*, In Defense of, **L17**：127，为玛丽·韦尔·丹内特的《生命中的性存在》辩护

Desire：Good and, **M5**：241，幸福与行为：善和欲望

and Intelligence, **M14**：171，欲望与理智

Determination of Ultimate Values or Aims, **L13**：255，终极价值或终极目的取决于

Determinism, **M6**：419，决定论

Development, **M6**：420，发展

of American Pragmatism, **L2**：3，美国实用主义的发展

Dewey, John, Labor ResearchFund, Message to Friends of the, **L14**：311，给约翰·杜威劳动研究基金朋友们的话

Dewey School：Appendix 2, **L11**：202，《杜威学校》：附录 2；Introduction, **L11**：，191，《杜威学校》：导论；Statements, **L11**：193，《杜威学校》：陈述

Dialectic, **M6**：422，辩证法

Dictionary of Philosophy and Psychology，**M2**：139，《哲学与心理学辞典》条目撰稿

Didactics, **M6**：423，教授法

Dilemma of the Intellectualist Theory of Truth, **M4**：76，理智主义真理理论的困境

Disarmament, China and, **M13**：156，中国与裁军

Discipline, **M6**：423，纪律，训练

Interest and, **M9**：131，兴趣与规训

Discontent, Dewey Is Impressed by, **L6**：438，杜威教授对不满现状者印象深刻

Discrediting of Idealism, **M11**：180，理想主义的不可信

Dualism, **M6**：424，二元论

Duality and, **M10**：64，二元性和二元论

Realism without Monism or, **M13**：40，并无一元论或二元论的实在论

and the Split Atom, **L15**：199，二元论与原子裂变

Dualistic Science, Is Logic a? **E3**：75，逻辑是二元论的科学吗？

Duality and Dualism, **M10**：64，二元性和二元论

Duties and Responsibilities of the Teaching Profession, **L5**：326，教育行业的职责

Duty, Place of, in the Moral Life, **M5**：305，义务在道德生活中的位置：服从权威

Dynamic, **M6**：424，动态的

新社会理想

and Our Present Social Problems，**L9**：127，教育和我们当前的社会问题

and Philosophy, Greetings to the Conference on，**L17**：88，致乌尔班纳研讨会的信

and Social Change，**L11**：408，教育与社会变革

and Social Direction，**M11**：54，教育和社会导向

and the Health of Women，**E1**：64 教育与女性健康

and the Social Order，**L9**：175，教育和社会秩序

as a Necessity of Life，**M9**：4，教育作为生活的必需

as a Religion，**M13**：317，作为一种宗教的教育

as a Social Function，**M9**：14，教育作为一种社会功能

as a University Study，**M4**：158，作为一门大学学科的教育

as Conservative and Progressive，**M9**：75，教育作为保守力量和进步力量

as Direction，**M9**：28，作为指导的教育

as Engineering，**M13**：323，作为工程技术的教育

as Growth，**M9**：46，教育作为成长

as Natural Development，**M8**：211，作为自然生长的教育

as Politics，**M13**：329，作为政治的教育

by Henry Adams，**M13**：272，通过亨利·亚当斯受到教育

for a Changing Social Order，**L9**：158，面向不断变化的社会秩序的教育

for a New and Better World，**L17**：475，为了一个新的和更好世界的教育

from a Social Perspective，**M7**：113，从社会的角度看教育

through Industry，**M8**：365，借助劳动的教育

vs. Trade-Training，**M8**：411，教育与行业培训

Educational Administration, Democracy and，**L11**：217，民主和教育管理

Educational Articulation, General Principles of，**L5**：299，教育衔接的一般性原则

Educational Balance, Efficiency and Thinking，**L17**：77，教育平衡、效率与思想

Educational Confusion, Way Out of，**L6**：75，摆脱教育困惑的出路

Educational Ethics (Syllabus)，**E5**：291，教育伦理学：六次讲座内容纲要

Educational Frontier，**L8**：41，给《教育前沿》写的文章

Educational Function of a Museum of Decorative Arts，**L11**：520，装饰艺术博物馆的教育功能

Educational Ideal, Our, in Wartime，**M10**：178，战时我们的教育理想

Educational Lectures before Brigham Young Academy，**L17**：211，在杨百翰学院作的教育学讲座

Educational Methods, Influence of the High School upon，**E5**：270，高中对于教育方法的影响

Educational Principles Involved，**L17**：67，教育的原则

Educational Psychology (Syllabus)，**E5**：303，教育心理学：十二次讲座内容纲要

Educational Readjustment, Industry and，**M8**：353，工业与教育的重新调整

Educational Renaissance, Mexico's，**L2**：199，墨西哥的教育复兴

Educational Situation，**M1**：257，《教育现状》

Educational Values，**M7**：362；**M9**：240，教育的价值

Education Development Act of 1947, Implications of，**L15**：281，《1947 年教育发展法案》的含义

Educator, History for the，**M4**：192，对教育

者而言的历史

Efficiency, Educational Balance, and Thinking, **L17**：77，教育平衡、效率与思想

Effort, **M6**：434，努力

Psychology of, **E5**：151，努力心理学

Ego as Cause, **E4**：91，作为原因的自我

Egoism, Altruism and, **M6**：366，利他主义与利己主义

Election, After It, What? **L6**：253，大选以后——怎么办?

Elementary Course of Study, Place of Manual Training in the, **M1**：230，手工训练在初等学校课程中的地位

Elementary School Record,《初等学校纪要》**M1**：222，第四组，发明与职业的历史发展，225，第五组和第六组的总介绍

Empiricus, Sextus, **L4**：x, xix, xx，恩披里柯，塞克斯都

Emerson, Ralph Waldo — Philosopher of Democracy, **M3**：184，爱默生——民主的哲学家

Emotion, Theory of, **E4**：152，论情绪

Empirical, Experience and the, **M6**：445，经验与经验的

Empiricism, Immediate, **M3**：168，直接经验主义

Postulate of, **M3**：158，直接经验主义的预设

Empiricisms, Empirical Survey of, **L11**：69，经验主义的经验考察

Encyclopaedia and Dictionary of Education, **M13**：397，投给《教育百科辞典》的稿件

Encyclopaedia of the Social Sciences, **L8**：1，给《社会科学百科全书》写的文章

Encyclopaedia of the Social Sciences, On, **L17**：125，关于《社会科学百科全书》的通信

End in Education, **M6**：436，教育的目的

Ends：Means and, **L13**：349，手段和目的

the Good and Wisdom, **L7**：184，目的、善和智慧

Energies, Organization of, **L10**：167，能量的组织

Engineering, Education as, **M13**：323，作为工程技术的教育

Enlistment for the Farm, **M10**：296，为农庄征募

Environment and Organism, **M6**：437，环境与机体

Epistemological Realism, 参见 Brief Studies in Realism

Epistemology, **M6**：440，认识论

Concept of the Neutral in Recent, **M10**：49，当前认识论中的中立概念

Equality：Liberalism and, **L11**：368，自由主义与平等

Individuality, and Superiority, **M13**：295，个体性、平等与优越

Escape from Peril, **L4**：3，逃避危险

Esipov, Boris Petrov, and N. K. Goncharov, *I Want to Be Like Stalin*, Comment on, **L15**：373，评《我要像斯大林一样》

Essays in Experimental Logic（1916），《实验逻辑论文集》（1916）

M1：151，逻辑思维的几个阶段；**M2**：298，思想与题材的关系，316，思想的前情和刺激，337，与料和意义，351，思想的对象；**M4**：78，事实对观念的控制，91，观念的逻辑特性，98，实用主义所说的"实践的"是什么意思；**M6**：103，对实在论的简短研究；**M8**：14，实践判断的逻辑，83，作为一个逻辑问题的世界存在；**M10**：319，《实验逻辑论文集》序言，320，《实验逻辑论文集》引言，366，对《实验逻辑论文集》中"实践的"一词的补充注释

Esthetic, 参见 Aesthetic

Ethical Principles Underlying Education, **E5**：54，构成教育基础的伦理原则

Ethical Subject-Matter and Language, **L15**：127，伦理主题与语言

Ethical Theory, Nature of, **E4**：223，伦理学

的本质

Ethics（1908），**M5**，《伦理学》（1908）

Ethics（1932），**L7**，《伦理学》（1932）

Ethics，**M3**：40，伦理学

Anthropology and，**L3**：11，人类学和伦理学

Educational（Syllabus），**E5**：291，教育伦理学：六次讲座内容纲要

Evolution and，**E5**：34，进化和伦理学

Historical Method in，**L17**：351，伦理学中的历史方法

Metaphysical Method in，**E5**：25，伦理学中的形而上学方法

Outlines of a Critical Theory of，**E3**：237，《批判的伦理学理论纲要》

Psychological Method in，**M3**：59，伦理学中的心理学方法

Study of（Syllabus），**E4**：219，《伦理学研究》（教学大纲）

Teaching，in the High School，**E4**：54，中学伦理学教学

and International Relations，**M15**：53，伦理与国际关系

and Physical Science，**E1**：205，伦理学和物理学

and Politics，**E4**：371，伦理学和政治学

in the University of Michigan，**E3**：48，密歇根大学的伦理课程

of Animal Experimentation，**L2**：98，动物实验的伦理学

of Democracy，**E1**：227，民主伦理学

Evaluation，**L12**：161 评估

Events and Meanings，**M13**：276，事件与意义

Events and the Future，**L2**：62，事件和未来

Evidence，**M6**：442，证据

Evolution，**M6**：443，进化

and Ethics，**E5**：34，进化和伦理学

Evolutionary Method as Applied to Morality，**M2**：3，应用于道德的进化论方法

Example to Other Nations，As an，**L3**：163，

"作为别国的一个榜样"

Excluded Middle，Sphere of Application of the，**L5**：197，排中律的适用范围

Existence：Applicability of Logic to，**L5**：203，逻辑对存在的适用性

Ideas and Consciousness，**L1**：226，存在、观念和意识

Knowledge and，**L17**：361，知识与存在

Meaning and，**L3**：82，意义与存在

Value and Criticism，**L1**：295 存在、价值和批评

as Precarious and as Stable，**L1**：42，存在是动荡的和稳定的

of the World as a Logical Problem，**M8**：83，作为一个逻辑问题的世界存在

Existences：Beliefs and，**M3**：83，信念和存在（信念和实在）

Objects，Data，and，**M4**：146，对象、材料与存在

Experience，**L13**：61，经验

Aesthetic，as a Primary Phase and as an Artistic Development，**L16**：395，作为一个初始阶段和作为一种艺术发展的审美经验

Conduct and，**L5**：218，行为方式与经验

Consciousness and，**M1**：113，"意识"与经验

Criteria of，**L13**：17，经验标准

Having an，**L10**：42，具有一则经验

Individuality and，**L2**：55，个性和经验

Knowledge and Value，**L14**：3，经验、知识和价值

Nature and Art，**L1**：266，经验，自然和技艺

Nature in，**L14**：141，经验中的自然

Need of a Theory of，**L13**：11，需要一种经验理论

Problem of，**L17**：429，关于经验的问题

Pure，and Reality，**M4**：120，纯粹经验与实在：一个否认

Reality as, **M3**：101，作为经验的实在

Sensation and, **E1**：313，感觉与经验

Valid Knowledge and the Subjectivity of, **M6**：80，有效知识与"经验的主观性"

and Objective Idealism, **M3**：128，经验和客观唯心主义

and Philosophic Method, **L1**：10，365，经验与哲学方法

and Reason, Changed Conceptions of, **M12**：124，变化了的经验和理性的概念

and the Empirical, **M6**：445，经验与经验的

and Thinking, **M9**：146，经验和思维

Experience and Education, **L13**：1，《经验与教育》

Experience and Nature, **L1**，《经验与自然》

Experiment, Chicago, The Theory of the, **L11**：202，芝加哥实验的理论

Experiment, Great, and the Future, **L3**：242，伟大的实验与未来

Experimentalism, From Absolutism to, **L5**：147，从绝对主义到实验主义

Experimental Theory of Knowledge, **M3**：107，知识的实验理论

Experimentation, Logic of, **M6**：453，实验逻辑

Experiment in Education, **M6**：451，教育实验；**M10**：121，教育中的实验

as Natural Development, **M8**：222，作为自然生长教育的实验

Explanation, **M6**：455，说明

of Our Lapse, **M10**：292，对我们退步的解释

Expression：Act of, **L10**：64，表现的行为

Imagination and, **E5**：192，想象力与表达

Expressive Object, **L10**：88，表现性的对象

External Object, **M6**：457，外在对象

Fact, **M6**：457，事实

Facts：Control of Ideas by, **M4**：78，事实对观念的控制

Interpretation of, **M6**：259，判断：事实的解释

Faculty Share in University Control, **M8**：109，学院在大学管理中的作用

Fairhope （Ala.） Experiment in Organic Education, **M7**：387，杜威教授关于费尔霍普（阿拉巴马）的有机教育实验的报告

Faith and Its Object, **L9**：21，信仰及其对象

Far East, America and the, **L2**：173 美国和远东

Far Eastern Deadlock, **M13**：79，远东的僵局

Far Eastern Republic, **M13**：240，远东共和国：西伯利亚与日本

Farm, Enlistment for the, **M10**：296，为农庄征募

Farm Backing, Dewey for, **L5**：447，杜威支持农民

Farm Processing and Other Consumption Taxes Must Be Repealed, **L9**：273，农产品加工税及其他消费税必须废除

Federal Aid to Elementary Education, **M10**：125，初等教育的联邦资助

Federal Government and Unemployment, **L6**：377，联邦政府与失业

Federation for Child Study, Lectures to the, **M7**：377，在儿童研究联合会上的演讲

Feeling：Aesthetic, **E2**：267，美感

Formal, **E2**：228，形式化情感

Introduction to, **E2**：215，情感导论

Knowledge and the Relativity of, **E1**：19，知识和感觉的相对性

Personal, **E2**：281，个人情感

Sensuous, **E2**：218，感觉情感

Feelings：Intellectual, **E2**：256，理智感

Qualitative, Development of, **E2**：239，性质化情感的发展

Fiat Justitia, Ruat Coelum, **M10**：281，即使天塌下来，也要伸张正义

Fighting For, What Are We? **M11**：98，我们

为何而战？

Force, Violence and Law, **M10**：211，力量、暴力和法律

Force and Coercion, **M10**：244，力量和强迫

Foreword to

Form：Natural History of, **L10**：139，形式的自然史

Substance and, **L10**：111，主旨和形式

and Content, **M6**：458，形式与内容

and Matter, **L12**：369，形式与质料

Formal Functions and Canons, **L12**：327，形式功能与准则

Four Factors in Natural Growth, **M8**：236，自然生长的四个因素

Four-Power Pact, Few Second Thoughts on, **M13**：213，关于《四国条约》的几点事后思考

Fourteen Points and the League of Nations, **M11**：135，十四条和国际联盟

Freedom, **L11**：247，自由

Academic, **M2**：53；**M6**：460，学术自由；Social Significance of, **L11**：376，学术自

由的社会意义；Statement on, **L14**：374，论学术自由

Idea of, **E3**：340，自由的观念

Nature of, **L13**：39，自由的性质

Philosophies of, **L3**：92，自由的哲学

Problem of, **L13**：65，自由问题

Professorial, **M8**：407，教授的自由

What Is It? **M14**：209，自由是什么?

and Individuality, **M8**：294，自由与个性

and Responsibility, **E4**：337，自由和责任

in New Schools, How Much? **L5**：319，新式学校存在多少自由?

in Relation to Culture, Social Planning, and Leadership, **L6**：142，关于"自由与文化、社会规划和领导能力关系"的讨论

in Workers' Education, **L5**：331，劳工教育的自由度

of Thought and Work, **M12**：8，思想与工作的自由

of Will, **M6**：464，意志自由

Freedom and Culture, **L13**：63，《自由与文化》

Freight Increase, Dewey Opposes Blanket, **L6**：368，杜威总干事反对一揽子运费上涨

French Literature, Contemporary, Lesson of, **E3**：36，当代法国文学的教训

Froebel, Friedrich Wilhelm, His Educational Principles, **M1**：81，福禄培尔教育原理

Full Warehouses and Empty Stomachs, **L6**：341，丰实的仓库和饥饿的胃

Function, **M6**：466，功能

Fundamentals, **M15**：3，基础

Future: Events and the, **L2**：62，事件和未来

Great Experiment and the, **L3**：242，伟大的实验与未来

Present and, **M14**：182，现在与未来

of Democracy, **L11**：532 民主的未来

of Liberalism, **L11**：258，289，自由主义的未来、自由主义的将来

of Pacifism, **M10**：265，和平主义的未来

of Philosophy, **L17**：466，哲学的未来

of Radical Political Action, **L9**：66，激进整治行动的未来

Galton, Francis, His Statistical Methods, **E3**：43，高尔顿的统计方法

Generalization, **M7**：209，普遍化

General Propositions, **L12**：244，一般命题

Kinds, and Classes, **L11**：118，通称命题、种类和类

Geography and History, Significance of, **M9**：215，地理与历史的重要意义

Geometry, Psychological and the Logical in Teaching, **M3**：216，几何学教育中的心理学和逻辑学

George, Henry, Appreciation of, **L3**：359，赞亨利·乔治

German Philosophy and Politics, **M8**：135，421，《德国的哲学与政治》

Germany, On Understanding the Mind of, **M10**：216，论理解德国精神

Gifford Lectureship, Syllabus for, **L4**：251，吉福德自然神学讲座大纲

Goals, Setting New, at Seventy, **L6**：403，70岁设立的新目标

God, Obligation to Knowledge of, **E1**：61，认识神的义务

Goncharov, N. K., and Boris Petrov Esipov, *I Want to Be Like Stalin*, Comment on, **L15**：373，评《我要像斯大林一样》

Good, **E3**：249，善

Construction of, **L4**：203，善的构成

Intrinsic, Ambiguity of, **L15**：42，"内在的善"的模糊性

Uniqueness of, **M14**：146，善的独特性

and Desire, **M5**：241，善和欲望

Government and Children, **L11**：268，政府和儿童

Great American Prophet, **L9**：102，一个伟大的美国先知

Great Community, Search for the, **L2**：325，

Hitler, Adolf, His One-World of National Socialism, **M8**：421，希特勒国家社会主义的世界大同

Hoarding, Only Way to Stop, **L6**：379，遏制货币囤积的唯一途径

Hobbes, Thomas, Motivation of His Political Philosophy, **M11**：18，霍布斯政治哲学的动机

Hocking, William Ernest, "Political Philosophy in Germany," Reply to, **M8**：418，对威廉·欧内斯特·霍金的"德国的政治哲学"的回答

Holmes, Oliver Wendell, and the Liberal Mind, **L3**：177，霍尔姆斯大法官与自由主义心灵

Hook, Sidney, Education for Modern Man, Comment on, **L15**：372，评《现代人的教育》

Hoover, Herbert：Asks Him to Act on Unemployment，**L5**：436，要求胡佛总统对失业问题采取行动

Dewey Calls on Him to Recognize Government Responsibility for Unemployment，**L6**：372，杜威总干事呼吁胡佛承担政府对失业者的责任

His Policies Help Property Owners Chiefly，**L9**：277，总统的政策主要帮助产权者

Key to His Keynote Speech，**L6**：357 胡佛主旨演讲的玄机

and the Special Session，**L6**：345，总统和特别会议

Hope, Basis for, **L14**：249，希望的基础

House Divided against Itself, **L5**：45，一座自我分裂的房屋

How, *What*, and *What For* in Social Inquiry, **L16**：333，社会探究中的"如何"、"什么"与"为何"

How Is Mind to Be Known? **L15**：27，心灵如何被认知

How Reaction Helps, **M12**：17，保守派运动是如何发挥作用的

How the Mind Learns, **L17**：213，大脑是如何学习的？

How They Are Voting, **L11**：526，他们如何投票

How We Think（1910），**M6**：177，《我们如何思维》（1910）

How We Think（1933），**L8**：105，《我们如何思维》（1933）

Hughes, Charles Evans, His Campaign, **M10**：252，休斯的竞选活动

Human, Morals Are, **M14**：204，道德是人的道德

Human Abode of the Religious Function, **L9**：40，宗教功能的属人栖所

Human Being, Unity of the, **L13**：323，人的统一性

Human Contribution, **L10**：250，人类的贡献

Human History, Crisis in, **L15**：210，人类历史上的危机

Humanism：Naturalism and, **M9**：286，自然科目和社会科目：自然主义和人文主义

Religious, Mystical Naturalism and, **L11**：84，神秘自然主义和宗教人本主义

What It Means to Me, **L5**：263，人文主义之我见

and Naturalism, **M7**：213，人文主义和自然主义

Humanities，**M7**：218，人文学科

Human Nature, **L6**：29，人性

Changing, **M14**：76，改变人性

Contrary to, **L14**：258，"背离人性"

Culture and, **L13**：80，文化与人性

Democracy and, **L13**：136，民主与人性

Does It Change? **L13**：286，人的本性是变的吗？

Human Nature and Conduct，**M14**，《人性与行为》

Hunger, Drive against, **L9**：307，对抗饥饿的动力

Hutchins, Robert Maynard, His Proposals to

Remake Higher Education，**L11**：397，哈钦斯校长改造高等教育的建议

Hypothesis，**M7**：218，假设

I Believe，**L14**：91，我相信

Idea：Inclusive Philosophic，**L3**：41，兼容的哲学思想

  Innate，**M7**：251，天赋观念

  and Ideation，**M7**：221，理念与思维过程

Ideal and the Real，Changed Conceptions of the，**M12**：139，变化了的理想与现实的观念

Idealism，**M7**：224，唯心主义

  Discrediting of，**M11**：180，理想主义的不可信

  Objective，Experience and，**M3**：128，经验和客观唯心主义

  Realism and，**M4**：116，关于实在论和唯心论的讨论

  and Realism in Education，**M7**：228，教育中的理念论和实在论

Ideals：American，**L9**：87，美国的理想

  Formation and Growth of，**E3**：354，理想的形成和发展

  Moral Struggle or the Realizing of，**E3**：372，道德斗争或各种理想的实现

  Will as the Source of，and of Their Realization，**E2**：357，意志是观念及其实现的来源

Ideas：Control of，by Facts，**M4**：78，事实对观念的控制

  Logical Character of，**M4**：91，观念的逻辑特性

  Play of，**L4**：112，观念的作用

  and Meanings，**L8**：221，理解：观念与意义

  at Work，**L4**：87，观念在工作中

Ill Advised，**M10**：370，欠考虑的建议

Illiteracy Problem，Our，**L5**：311，我们的文盲问题

Illusory Psychology，**E1**：168，"虚幻的心理学"

Imagination，**E2**：168，想象；**L17**：242，现象

  and Expression，**E5**：192，想象力与表达

Imitation，**M7**：234，模仿

Immediate Empiricism，**M3**：168，直接经验主义

  Postulate of，**M3**：158，直接经验主义的预设

Immediate Knowledge，**L12**：142，直接知识

  Concerning Alleged，of Mind，**M11**：10，关于心灵的所谓直接知识

Immediate Quality，Valuation Judgments and，**L15**：63，价值判断与直接的质

Immortality，On，**L17**：126，关于不朽

Immutable，Philosophy's Search for the，**L4**：21，哲学对于常驻性的寻求

Imperative Need：A New Radical Party，**L9**：76，迫切的需要：一个新型的激进政党

Imperialism Is Easy，**L3**：158，帝国主义不难

Importance，Significance，and Meaning，**L16**：318，重要性、意义与含义

Impressions of Soviet Russia and the Revolutionary World，Mexico — China — Turkey（1929），《苏俄和革命世界印象：墨西哥——中国——土耳其》

  M12：71，工业中国；**M13**：72，中国是一个国家吗？；**M15**：128，神权国家的世俗化，134，安卡拉，新首都，139，土耳其的悲剧；**L2**：194，墨西哥的教会和国家，199，墨西哥的教育复兴，来自一个墨西哥人的笔记本，206；**L3**：158，帝国主义不难，203，苏俄印象 I. 列宁格勒提供的线索，208，苏俄印象 II. 处于流变中的国家，215，苏俄印象 III. 建设中的新世界，224，苏俄印象 IV. 俄国的学校在做什么，233，苏俄印象 V. 新时代的新学校，242，苏俄印象 VI. 伟大的实验与未来

Impulse：Plasticity of，**M14**：69，冲动的可塑性

  and Conflict of Habits，**M14**：88，冲动以及

各种习惯之间的冲突

and Thought, **M14**：117，冲动与思想

Impulses：Sensuous, **E2**：299，感觉冲动

  and Change of Habits, **M14**：65，冲动与习惯的改变

  and the Will, **E1**：327，冲动与意志

Individual：Social Organization

  and the, **M5**：383，社会组织与个体

  and the World, **M9**：300，个体与世界

Individualism, *Old and New*, **L5**：41，《新旧个人主义》

Individualism, Toward a New, **L5**：77，向新个人主义迈进

Individuality, **M7**：237，个性

  Equality and Superiority, **M13**：295，个体性、平等与优越

  Freedom and, **M8**：294，自由与个性

  Mediocrity and, **M13**：289，平庸与个体性

  Time and, **L14**：98，时间与个体性

  and Experience, **L2**：55，个性和经验

  in Education, **M15**：170，教育中的个性

  in Our Day, **L5**：111，今日之个性

Induction and Deduction, **M6**：242；**M7**：239；**L12**：415，归纳和演绎

Industrial Education：Need of an, in an Industrial Democracy, **M10**：137，工业民主社会中实业教育的需要

  Policy of, **M7**：93，一种工业教育的方针

  Some Dangers in the Present Movement for, **M7**：98，当前工业教育改革中存在的一些危险

  Wrong Kind, A, **M8**：117，职业教育——一种错误的类型

  and Democracy, **M7**：104，工业教育与民主

Industry：Education through, **M8**：365，借助劳动的教育

  and Educational Readjustment, **M8**：353，工业与教育的重新调整

  and Motives, **M13**：281，工业与动机

Infancy, Early, Principles of Mental Develop-

ment as Illustrated in, **M1**：175，心理发展的原则——以婴儿早期为例

Infancy, Theory of, in Education, **M7**：245，教育中的幼年理论

Infant Language, Psychology of, **E4**：66，婴儿语言的心理学

Inference, **M7**：248，推理

  Systematic, **M6**：242，系统的推论

  Understanding and, **L12**：142，理解与推论

  and Testing, Examples of, **L8**：187，推理和检验的案例

Inflation, Wild, Would Paralyze Nation, **L9**：267，通货膨胀失控可能致使国家瘫痪

Inflationary Measures Injure the Masses, **L9**：265，通货膨胀措施损害公众

Influence of Darwin on Philosophy, **M4**：3，达尔文主义对哲学的影响

Influence of Darwin on Philosophy and Other Essays in Contemporary Thought (1910)，《达尔文对哲学的影响》

  E5：3，知识问题的意义；**M1**：113，"意识"与经验；**M3**：83，信念和存在（信念和实在），107，知识的实验理论，128，经验和客观唯心主义，158，直接经验主义的预设；**M4**：3，达尔文主义对哲学的影响，15，自然及其善：一场对话，31，智力与道德，50，真理的理智主义标准；**L17**：39，《达尔文对哲学的影响》前言

Information, **M7**：249，知识

Initiative, **M7**：251，主动性

Innate Idea, **M7**：251，天赋观念

Inquiry：Existential Matrix of, **L12**：30，48，探究的存在母体

  Pattern of, **L12**：105，探究的模式

  and Indeterminateness of Situations, **L15**：34，境遇的探究与境遇的不确定性

Instincts：Classification of, **M14**：92，本能的分类

  No Separate, **M14**：104，没有单独的本能

Instruction, Education and, **M6**：434，教育与

教导

Instrumentalism, Reply to Professor Royce's Critique of, **M7**：64,对罗伊斯教授的工具主义批判的答复

Intellectual and Practical Studies, **M9**：271,智性科目和实践科目

Intellectual Authority, Seat of, **L4**：136,理智权威的所在

Intellectual Frontier, American, **M13**：301,美国思想边界

Intellectualist Criterion for Truth, **M4**：50,真理的理智主义标准

Intellectualist Theory of Truth, Dilemma of the, **M4**：76,理智主义真理理论的困境

Intellectual Obligation, Supreme, **L9**：96,知识分子的最高责任

Intellectuals, Religion and the, **L16**：390,"宗教与知识分子"

Intelligence：Crucial Role of, **L11**：342,智力的关键作用

　　Desire and, **M14**：171,欲望与理智

　　Habit and, **M14**：121,习惯与理智

　　Naturalization of, **L4**：156,智慧的自然化

　　and Morals, **M4**：31,智力与道德

　　and Power, **L9**：107,智力和权力

Interaction and Transaction, **L16**：96,相互作用与交互作用

Interest, **M7**：252,兴趣

　　Many-Sided, **M7**：275,多种兴趣

　　Public, Case of the Professor and the, **M10**：164,教授和公共利益的案例

　　and Discipline, **M9**：131,兴趣与规训

　　in Relation to Training of the Will, **E5**：111,与意志有关的兴趣

Interest and Effort in Education, **M7**：151,《教育中的兴趣与努力》

International Cooperation or International Chaos, **L11**：261,国际合作还是国际混乱

International Duel in China, **M11**：192,在中国进行的国际对决

International Organization：Are Sanctions Necessary to? **L6**：196,国际组织必须进行制裁吗?

　　Democratic versus Coercive, **L15**：192,民主的国际组织对强制的国际组织

International Relations, Ethics and, **M15**：53,伦理与国际关系

International Symposium on Scholasticism, **L2**：388,经院哲学

Interpretation of Savage Mind, **M2**：39,原始心灵释

Introduction, General, to Groups V and VI, **M1**：225,第五组和第六组的总介绍

Introduction to

　　Alexander, F. Matthias, *Constructive Conscious Control of the Individual*, **M15**：308,《对个体建构性的有意控制》导言

　　— *Man's Supreme Inheritance*, **M11**：350, F·马赛厄斯·亚历山大《人的高级遗传》一书的序言

　　— *The Use of the Self*, **L6**：315,《自我的运用》序言

　　American Journal of Economics and Sociology, **L14**：362,《美国经济与社会学杂志》导言

　　Barnes, Roswell P., *Militarizing Our Youth*, **L3**：346,《武装我们的青年》导言

　　Benson, Jean, *Looking Forward*, 1933, **L17**：45,《展望,1933》导言

　　Bingham, Alfred Mitchell, and Selden Rodman, eds., *Challenge to the New Deal*, **L9**：296,《新政的挑战》序言

　　Bliss, Henry Evelyn, *The Organization of Knowledge and the System of the Sciences*, **L5**：404,为布利斯著《知识组织与学科体系》所作的序

　　Chatterji, Jagadish Chandra, *India's Outlook on Life*, **L6**：321,《印度的生命观》引言

　　Cowdry, Edmund Vincent, ed., *Problems*

of Ageing，**L14**：341，《老龄化问题》导言

Cowles，Edward Spencer，*Don't Be Afraid!* **L15**：365，介绍《不要恐惧!》

de Lima，Agnes，et al.，*The Little Red School House*，**L15**：303，《小红校舍》序言

Dewey，John，and Horace M. Kallen，eds.，*The Bertrand Russell Case*，**L14**：357，《伯特兰·罗素案件》序言

Directory of the Trades and Occupations Taught at the Day and Evening Schools in Greater New York，**M7**：205，《大纽约地区日校和夜校职业教育指南》序言

Dorner，Alexander，*The Way beyond "Art" — The Work of Herbert Bayer*，**L15**：312，《超越"艺术"之路——赫伯特·拜尔的作品》

Eastman，Max，ed.，*Selected Poems of Claude McKay*，**L17**：58《克劳德·麦凯诗选》介绍

Edwards，Anna Camp，and Katherine Camp Mayhew，*The Dewey School*，**L11**：191，《杜威学校》导论

Hart，Joseph Kinmont，*Inside Experience*，**L3**：342，《经验之中》导言

Hillyer，Mary W.，*Looking Forward*，1934，**L17**：46，《展望，1934》导言

— *Looking Forward*，1935，**L17**：47，《展望，1935》导言

— *Looking Forward*，1936，**L17**：48，《展望，1936》导言，

Hindus，Maurice，*Humanity Uprooted*，**L5**：407，为欣德斯著《颠倒人寰》所作的序

Hook，Sidney，*The Metaphysics of Pragmatism*，**L3**：338，《实用主义的形而上学》导言

Hughes，Percy，*The Center，Function and Structure of Psychology*，**L17**：42《心理学的核心、功能与结构》简介

James，William，*Talks to Teachers on Psychology*，**L14**：337，《与教师谈心理学》导言

King，Irving Walter，*The Psychology of Child Development*，**M3**：299，欧文·W·金所著《儿童发展心理学》之引言

Klyce，Scudder，*Universe*，**M13**：412，《宇宙》的第一导言

Lafferty，Theodore T.，*Studies in Philosophy*，**L6**：311，《哲学研究》导言

Laidler，Harry W.，*Looking Forward*，1937，**L11**：517，《展望，1937》导言

— *Looking Forward*，1938，**L11**：519，《展望，1938》导言

League for Industrial Democracy，*Looking Forward*：*Discussion Outlines*，**L17**：44，《展望：讨论大纲》导言

McGraw，Myrtle Byram，*Growth*：*A Study of Johnny and Jimmy*，**L11**：510，《成长：琼尼和吉米研究》导言

McKay，Claude，*Selected Poems of Claude McKay*，ed. Max Eastman，**L17**：58，《克劳德·麦凯诗选》介绍

Mayhew，Katherine Camp，and Anna Camp Edwards，*The Dewey School*，**L11**：191，《杜威学校》：导论

Mudge，Isadore Gilbert，ed.，*A Contribution to a Bibliography of Henri Bergson*，**M7**：201，《亨利·柏格森书目》序言

Sheffield，Alfred Dwight，ed.，*Training for Group Experience*，**L5**：412，为谢菲尔德编《集体经验的训练》所作的序

Tenenbaum，Samuel，*William Heard Kilpatrick*，**L17**：52，《威廉·赫德·基尔帕特里克：教育中的开拓者》介绍

Unemployment Insurance，**L6**：399，《失业保险》导言

Welling，Richard，*Self Government and Politics in School*，**L11**：516，《学校中的

自治和政治学》导言

Intuition，**E2**：204，知识的发展阶段：直觉；**M7**：260，直觉

Intuitionalism，**E4**：123，直觉主义

Inventions and Occupations, Historical Development of，**M1**：222，第四组，发明与职业的历史发展

Investigating Education，**L14**：370，教育调查

Irrationality, Cult of，**M11**：107，对非理性的膜拜

Irrepressible Conflict，**L6**：149，"无可压抑的冲突"

Isolation，**M7**：261，孤立

James, William，**M6**：91,98，威廉·詹姆斯；**M12**：205，三位当代哲学家：威廉·詹姆斯、昂利·柏格森和伯特兰·罗素

His Morals and Julien Benda's，**L15**：19，威廉·詹姆斯的道德与朱利恩·本德的道德

Vanishing Subject in the Psychology of，**L14**：155，詹姆斯心理学中消失的母体

and the World Today，**L15**：3，威廉·詹姆斯与当今世界

as Empiricist，**L15**：9，经验主义者威廉·詹姆斯

in Nineteen Twenty-Six，**L2**：158，威廉·詹姆斯在 1926 年

Japan：Liberalism in，**M11**：156，日本的自由主义

Public Opinion in，**M13**：255，日本的公众舆论

Siberia and，**M13**：240，远东共和国：西伯利亚与日本

and America，**M11**：150，日本和美国

Jefferson, Thomas：Presenting，**L14**：201，关于托马斯·杰斐逊

Statement on，**L15**：366，谈杰斐逊

Jobless — A Job for All of Us，**L6**：153，失业问题——我们大家的责任

John Dewey Labor Research Fund, Message to Friends of the，**L14**：311，给约翰·杜威劳动基金研究会朋友们的话

Johnson, Alvin, Tribute to，**L17**：147，阿尔文·约翰逊

Judgment，**M6**：259，判断：事实的解释；**M7**：262，判断

Construction of，**L12**：123，判断的建构

Continuum of，**L12**：244，判断的连续性

Function of Propositions of Quantity in，**L12**：200，判断中量化命题的功能

Further as to Valuation as，**L15**：73，关于价值判断的进一步论述

Its Place in Reflective Activity，**L8**：210，判断在反思性活动中的地位

Memory and，**L17**：323，记忆与判断

as Requalification，**L12**：182，作为再次评定的判断

as Spatial-Temporal Determination，**L12**：220，判断中量化命题的功能

Judgments of Practice，**L12**：161，实践的判断

Logic of，**M8**：14，实践判断的逻辑

Justice, Psychology and，**L3**：186，心理学与正义

Juvenile Reading，**L5**：394，儿童读物

Kahn, Sholom J.，"Experience and Existence in Dewey's Naturalistic Metaphysics," Comment on，**L16**：383，评卡恩的《杜威自然主义形而上学中的经验与存在》

Kallen, Horace M.，"What Pragmatism Means for the Social Sciences," Comment on，**L11**：563，评卡伦的《实用主义对社会科学意味着什么》

Kant, Immanuel：after Two Hundred Years，**M15**：8，康德诞辰两百年祭

and Philosophic Method，**E1**：34，康德和哲学方法

Kindergarten and Child-Study，**E5**：207，幼儿

织化的事实

Liberty and Social Control, **L11**：360，自由与社会控制

Linguistic Sign or Name, What Is It to Be a? **L16**：297，何谓语言符号？何谓名称？

Linguistic Signs, Thought, and Meaning, Peirce's Theory of, **L15**：141，皮尔士论语言符号、思想及意义

Linville, Henry, Pension Fund, **L11**：380，亨利·林维尔的退休基金

Live Creature, **L10**：9，活的生灵

　and "Ethereal Things," **L10**：26，活的生灵和"以太物"

Lobby Inquiry Opens Tomorrow, **L5**：429，游说团体调查明日开始

Localism, Americanism and, **M12**：12，美国精神与地方主义

Locke, John：Substance, Power and Quality in, **L2**：141，约翰·洛克哲学中的实体、力量和属性

　and Gottfried Wilhelm Leibniz, Their Innate Ideas, **E1**：299，洛克与莱布尼茨——天赋观念

Logic, **L8**：3，逻辑

　Applicability of, to Existence, **L5**：203，逻辑对存在的适用性

　Concerning Novelties in, **M10**：98，关于逻辑学中的新事物

　Is It a Dualistic Science? **E3**：75，逻辑是二元论的科学吗？

　Needed Reform of, **L12**：86，逻辑学必要的改革

　and Natural Science, **L12**：369，逻辑与自然科学

　of Inquiry and Philosophies of Knowledge, **L12**：506，探究的逻辑与关于知识的哲学

　of Judgments of Practice, **M8**：14，实践判断的逻辑

　of Verification, **E3**：83，确证的逻辑

Logic：The Theory of Inquiry, **L12**，《逻辑：探究的理论》

Logical, Psychological and the, **M6**：224，心理方面和逻辑方面

　in Teaching Geometry, **M3**：216，几何学教育中的心理学和逻辑学

Logical Character of Ideas, **M4**：91，观念的逻辑特性

Logical Conditions of a Scientific Treatment of Morality, **M3**：3，对道德进行科学研究的逻辑条件

Logical Form, Psychological Process and, **L8**：171，心理过程和逻辑形式

Logical Method and Law, **M15**：65，逻辑方法与法律

Logical Objects, **M10**：89，逻辑的对象

Logical Problem, Existence of the World as a, **M8**：83，作为一个逻辑问题的世界存在

Logical Reconstruction, Significance of, **M12**：156，逻辑改造的意义

Logical Subject-Matter, Problem of, **L12**：9，逻辑的主题问题

Logical Theory：Present Position of, **E3**：125，逻辑理论的当代定位

　Studies in, **M2**：293，逻辑理论研究

Logical Thought, Some Stages of, **M1**：151，逻辑思维的几个阶段

Logical Topics, Notes upon, **M3**：62，关于逻辑问题的笔记

Lost Individual, **L5**：66，失落的个人

Lovejoy, Arthur O., Reply to, **M15**：83，对洛夫乔伊"我们应该加入国际联盟吗"的回应

McGilvary, Evander Bradley：Reply to His Questions, **M4**：143，对麦吉尔夫雷教授的问题的回应，146，对象、材料与存在：对麦吉尔夫雷教授的回应

　Response to, **M7**：79，答麦吉尔夫雷教授

Maeterlinck, Maurice, His Philosophy of Life, **M6**：123，梅特林克的人生哲学

Man and Mathematics, **L15**：376，人与数学

Mann, Horace, Today, **L11**：387，霍拉斯·曼在今天

Manual Training, Place of, in the Elementary Course of Study, **M1**：230，手工训练在初等学校课程中的地位

Manufacturers' Association and the Public Schools, **L3**：280，制造商协会与公立学校

Many-Sided Interest, **M7**：275，多种兴趣

Marsh, James, and American Philosophy, **L5**：178，詹姆斯·马什和美国哲学

Martineau, James, His Theory of Morals, **L17**：3，马廷诺博士的道德理论

Materialism, **M7**：275，唯物主义

    Metaphysical Assumptions of, **E1**：3，唯物论的形而上学假定

Materialists, Are Naturalists? **L15**：109，自然主义者是唯物主义者吗?

Material Phenomena and Their Reality, **E1**：355，物质现象及其实在

Mathematical Discourse, **L12**：391，数学论说

Mathematics, Man and, **L15**：376，人与数学

Matter：Form and, **L12**：369，形式与质料

    and Its Relation to Spirit, **E1**：342，物质及其与精神的关系

Mead, George Herbert, as I Knew Him, **L6**：22，我所认识的乔治·赫伯特·米德

Meaning, **M6**：271，意义：或看法与理解

    Assertion and Proposal, **L9**：303，意义、断言和建议

    Importance, Significance, and, **L16**：318，重要性、意义与含义

    and Existence, **L3**：82，意义与存在

    and Progress of Morality, **L17**：393，道德的意义和发展

    of Purpose, **L13**：43，目的的意义

    of Value, **L2**：69，价值的含义

Meanings：Data and, **M2**：337，与料和意义

    Events and, **M13**：276，事件与意义

    Ideas and, **L8**：221，理解：观念与意义

    Terms or, **L12**：347，词项与意义

Means and End of Mental Training, **M6**：224，心智训练的手段和目的：心理方面和逻辑方面

Means and Ends, **L13**：349，手段和目的

Mediocrity and Individuality, **M13**：289，平庸与个体性

Megan, Charles P., "Parochial School Education," Reply to, **M8**：416，对查尔斯·P·梅根的"教会学校教育"的回答

Meiklejohn, Alexander：Dewey vs., **L15**：333，杜威答米克尔约翰

    Rejoinder to, **L15**：337，答米克尔约翰

Memory, **E2**：154，知识的发展阶段：记忆

    and Judgment, **L17**：323，记忆与判断

Men, Younger, Are Key, **L11**：529，青年是关键的

Mental Development, **M1**：192，心理发展

    Principles of, as Illustrated in Early Infancy, **M1**：175，心理发展的原则——以婴儿早期为例

Mental Training, Means and End of, **M6**：224，心智训练的手段和目的：心理方面和逻辑方面

Metaphysical Assumptions of Materialism, **E1**：3，唯物论的形而上学假定

Metaphysical Inquiry, Subject-Matter of, **M8**：3，形而上学探究的主题

Metaphysical Method in Ethics, **E5**：25，伦理学中的形而上学方法

Metaphysics, **M7**：276，形而上学

    Tradition, and Morals, **M15**：14，传统、形而上学与道德

Method, **M7**：277，方法

    Nature of, **M9**：171，方法的本质

    Problem of, **L2**：351，方法问题

    Scientific, **M7**：335，科学方法；**L12**：415，科学方法：归纳和演绎

    Supremacy of, **L4**：178，方法之上

    Working, in Social Psychology, **L17**：422，

作为道德理想的自我实现

Morality：Custom and，**M14**：54，风俗与
道德

 Evolutionary Method as Applied to，**M2**：
3，20，应用于道德的进化论方法

 Logical Conditions of a Scientific Treatment
of，**M3**：3，对道德进行科学研究的逻辑
条件

 Meaning and Progress of，**L17**：393，道德
的意义和发展

 Realized，or the Virtues，**E3**：382，实现了
的道德或诸德性

 Religion and，in a Free Society，**L15**：170，
自由社会的宗教与道德

 and Moral Sense，**M7**：285，道德和道德感

 Is Social，**M14**：216，道德是社会的道德

Moral Judgment and Knowledge，**L7**：262，道
德评价和知识

Moral Knowledge，**M5**：278，道德知识

Moral Life：Place of Duty in the，**M5**：305，
义务在道德生活中的位置

 Place of Reason in the，**M5**：278，理性在道
德生活中的位置

 Place of Self in the，**M5**：328，自我在道德
生活中的位置

Moral Motive，Green's Theory of the，**E3**：
155，格林的道德动机理论

Moral Philosophy，**E4**：132，道德哲学

Moral Principles in Education，**M4**：265，教
育中的道德原则

Morals：Doctor Martineau's Theory of，**L17**：
3，马廷诺博士的道德理论

 Intelligence and，**M4**：31，智力与道德

 Social Institutions and the Study of
(Syllabus)，**M15**：229，大纲：社会制度
与道德研究

 Theories of，**M9**：356，各种道德理论

 Three Independent Factors in，**L5**：279，道
德的三个独立要素

 Tradition，Metaphysics，and，**M15**：14，传
统、形而上学与道德

 and the Conduct of States，**M11**：122，道德
和国家行为

 Are Human，**M14**：204，道德是人的道德

Moral Self，**L7**：285，道德自我

Moral Significance of the Common School
Studies，**M4**：205，公立学校课程的道德
意义

Moral Situation，**M5**：187，道德情景

Moral Struggle or the Realizing of Ideals，
E3：372，道德斗争或各种理想的实现

Moral Theory：Nature of，**L7**：162，道德理
论的性质

 Problems of，**M5**：197，道德理论的问题

 Types of，**M5**：207，道德理论的类型

 and Practice，**E3**：93，道德理论与实践

Moral Training，Chaos in，**E4**：106，德育中
的混乱

Morris，Charles W.，Rejoinder to，**L15**：
331，答查尔斯·莫里斯

Morris，George Sylvester：Estimate of，
M10：109，乔治·西尔威斯特·莫里斯：
一种评价

 The Late，**E3**：3，已故的莫里斯教授

Moscow Film Again Attacked，**L15**：351，关
于莫斯科影片的再批评

Moscow Trials，**L11**：326，莫斯科审判

Motives，Industry and，**M13**：281，工业与
动机

Münsterberg，Hugo，Rejoinder to，**M3**：
151，对明斯特贝格的反驳

My Pedagogic Creed，**E5**：84，我的教育信条

Mystical Naturalism and Religious
Humanism，**L11**：84，神秘自然主义和宗
教人本主义

Naive Realism *vs.* Presentative Realism，参见
Brief Studies in Realism

Names：Firm，Search for，**L16**：6，探寻稳固
的名称

然和理性

in Experience，**L14**：141，经验中的自然

Necessity，**M2**：149，必然性

Need for a New Party，**L6**：156，需要一个新的政党

Need for a Philosophy of Education，**L9**：194，教育哲学的必要性

Need for a Recovery of Philosophy，**M10**：3，哲学复兴的需要

Need for Orientation，**L11**：162，定向之需要

Need for Social Psychology，**M10**：53，社会心理学的需要

Need of an Industrial Education in an Industrial Democracy，**M10**：137，工业民主社会中实业教育的需要

Negation，Affirmation and，**L12**：182，肯定与否定

Negro Conference，National，Address to，**M4**：156，在全国黑人大会上的致辞

Neo-Criticism，**M2**：153，新批判主义

Neo-Humanism，**M7**：290，新人文主义

Neo-Platonism，**M2**：153，新柏拉图主义

Neo-Pythagoreanism，**M2**：153，新毕达哥拉斯主义

Nescience，**M2**：153，无知论

Neutral，Concept of the，in Recent Epistemology，**M10**：49，当前认识论中的中立概念

New Deal，Real Test of the，**L9**：259，新政的真正考验

New Deal Program Must Be Appraised，**L9**：280，"新政"需受评估

New Era，New Schools for a，**L3**：233，新时代的新学校

New Paternalism，**M11**：117，新的家长制

New Psychology，**E1**：48，新心理学

New World in the Making，**L3**：215，建设中的新世界

New York and the Seabury Investigation，**L9**：346，纽约和西伯里调查

Nexus，**M2**：154，连结

Nihilism，**M2**：154，虚无主义

Nisus，**M2**：155，奋斗

Noetic，**M2**：155，理智

No Matter What Happens — Stay Out，**L14**：364，"无论发生什么——置之度外"

Nominalism，**M2**：156，唯名论

Non-Being，**M2**：156，非有

Non-Ego，**M2**：158，非我

Noology，**M2**：158，精神论

Norm and Normative，**M2**：159，规范和规范性的

Norris，George William，Dewey Asks Him to Lead New Party，**L5**：444，杜威请求诺利斯领导新党

Noss，Theodore B.，"What Our Schools Owe to Child Study，" Discussion of，**M2**：102，有关西奥多·B·诺斯《我们的学校应把什么归功于儿童研究》一文的讨论

Noumenon，**M2**：160，本体和本体的

Nous，**M2**：161，奴斯

Nullibrists，**M2**：163，取消主义者

Number，**M2**：163，数

Psychology of，**E5**：424，数字心理学；Some Remarks on the，**E5**：177，有关数字心理学的一些评论

Object，**M2**：164，对象／对象性的

Expressive，**L10**：88，表现性的对象

External，**M6**：457，外在对象

and Subject，**M7**：291，客体和主体

Objectivism，**M2**：165，客观主义

Objectivism-Subjectivism of Modern Philosophy，**L14**：189，现代哲学的客观主义与主观主义

Objects：Logical，**M10**：89，逻辑的对象

of Thought，**M2**：351，思想的对象

of Valuation，**M11**：3，评价的对象

Objects，Data，and Existences，**M4**：146，对象、材料与存在：对麦吉尔夫雷教授的回应

Philosophy's Search for the Immutable, **L4**：21, 哲学对于常驻性的寻求

Phoronomy, **M2**：202, 动学

Physical and Social Studies, **M9**：286, 自然科目和社会科目：自然主义和人文主义

Physics Teaching in Secondary Schools, Purpose and Organization of, **M4**：198, 中学物理教学的目标和组织

Plan for Organization of Work in a Fully Equipped Department of Pedagogy, **E5**：443, 设施完善的教育学系组织工作计划

Plan of Organization of the University Primary School, **E5**：223, 大学附属小学的组织计划

Plato, **M7**：312, 柏拉图
   Socratic Dialogues of, **L2**：124, 柏拉图的"苏格拉底的对话"

Play, **M7**：318；**M8**：275, 游戏
   and Work in the Curriculum, **M9**：202, 课程中的游戏与工作
   of Ideas, **L4**：112, 观念的作用

Plenum, **M2**：203, 充实

Pleroma, **M2**：203, 充满性

Plexus, **M2**：203, 编结

Pluralism, **M2**：203；**M7**：324, 多元论

Plurality, **M2**：205, 多元性
   Unity and, **M2**：261, 统一性及多元性

Pneuma, **M2**：205, 普纽玛

Pneumatology, **M2**：206, 灵物学

Poetry and Philosophy, **E3**：110, 诗歌与哲学

Polanyi, Karl, and Daniel Bell, Comment on, **L15**：361, 评贝尔和波拉尼

Poles in the United States, Confidential Report of Conditions among the, **M11**：259, 有关美国波兰人状况的秘密报告

Policies for a New Party, **L6**：173, 新的政党的政策

Polish Conditions：Preliminary Confidential Memorandum on, **M11**：248, 有关美国波兰人状况预估的秘密备忘录

Second Preliminary Confidential Memorandum on, **M11**：255, 有关美国波兰人状况预估的第二份秘密备忘录

Political Action, Radical, Future of, **L9**：66, 激进政治行动的未来

Political Combination or Legal Cooperation? **M15**：105, 政治联合还是法律合作？

Political Interference in Higher Education and Research, **L6**：118, 高等教育和研究中的政治干预

Political Philosophy, Motivation of Hobbes's, **M11**：18, 霍布斯政治哲学的动机

Political Science as a Recluse, **M11**：93, 隐士式的政治科学

Politics：Education as, **M13**：329, 作为政治的教育
   Ethics and, **E4**：371, 伦理学和政治学
   Is There Hope for? **L6**：182, 政治还有希望吗？
   New, Needed, **L11**：274, 需要——一种新政治
   and Culture, **L6**：40, 政治和文化

Posit, **M2**：207, 设定

Positive, **M2**：208, 实证的

Positivism, **M2**：208；**M7**：324, 实证主义

Possibility, Impossibility, and Possible, **M2**：210, 可能性, 不可能性和可能的

Postulate of Immediate Empiricism, **M3**：158, 直接经验主义的预设

Postulations, **L16**：74, 假设

Post-War Mind, **M11**：112, 战后的心态

Power, Intelligence and, **L9**：107, 智力和权力

Practice：Moral Theory and, **E3**：93, 道德理论与实践
   Theory and, **M7**：354, 理论和实践

Pragmatic Acquiescence, **L3**：145, 实用主义的默认

Pragmatic America, **M13**：306, 实用主义的美国

值判断与直接的质,73,关于价值判断的进一步论述,84,本质的与技艺的,101,关于价值的一些问题,《人的问题》前言,153,《人的问题》导言154,对科学的反抗,188,民主信念与教育,251,对自由主义思想的挑战,261,人文学院的问题,276

Problems of Men and the Present State of Philosophy,**L15**:154,人的问题及哲学的现状

Problems of Moral Theory,**M5**:197,道德理论的问题

Problems of Philosophic Reconstruction (Syllabus),**M11**:341,"哲学改造问题"的八篇演讲大纲

Process,**M7**:331,过程

Professional Organization of Teachers,**M10**:168,教师的专业组织

Professional Spirit among Teachers,**M7**:109,教师的职业精神

Professor and the Public Interest,Case of the,**M10**:164,教授和公共利益的案例

Professorial Freedom,**M8**:407,教授的自由

Progress,**M7**:331;**M10**:234,进步
Unity and,**L9**:71,统一与进步

Progressive Education and the Science of Education,**L3**:257,进步教育与教育科学

Progressives,Dewey Raps,on Parley Eve,**L6**:440,杜威在会谈前夕申斥进步人士

Progressive Schools,Why Have Them? **L9**:147,为什么有进步学校?

Progressive Senators,Challenge to,to Act for Relief,**L6**:355,敦促进步主义参议院就救济法案采取行动

Property,**M2**:215,特性

Proposition,**M7**:333,命题

Propositions:General Theory of,**L12**:283,命题的一般理论
Generic and Universal,**L12**:263,类属命题与全称命题
Ordered in Sets and Series,**L12**:310,集合与序列中的有序命题
Warranted Assertibility,and Truth,**L14**:168,命题、有理由的断言与真理
of Quantity,Their Function in Judgment,**L12**:200,判断中量化命题的功能

Prospects for a Third Party,**L6**:246,第三政党的前途

Prosperity Dependent on Building from Bottom Up,**L6**:383,繁荣有赖于从地基上造起大厦

Psychological and the Logical,**M6**:224,心智训练的手段和目的:心理方面和逻辑方面
in Teaching Geometry,**M3**:216,几何学教育中的心理学和逻辑学

Psychological Aspect of the School Curriculum,**E5**:164,学校课程的心理学维度

Psychological Doctrine and Philosophical Teaching,**M7**:47,心理学原理与哲学教学

Psychological Method in Ethics,**M3**:59,伦理学中的心理学方法

Psychological Process and Logical Form,**L8**:171,反思性思维的过程和结果:心理过程和逻辑形式

Psychological Standpoint,**E1**:122,心理学立场

Psychologism,**M2**:215,心理主义

Psychology,**E2**,《心理学》

Psychology:Educational (Syllabus),**E5**:303,教育心理学:十二次讲座内容纲要
Illusory,**E1**:168,"虚幻的心理学"
New,**E1**:48,新心理学
Reflex Arc Concept in,**E5**:96,心理学中的反射弧概念
Science and Method of,**E2**:7,心理学科学和方法
Social,Working Method in,**L17**:422,社会心理学的工作方法
and Justice,**L3**:186,心理学与正义
and Pedagogy,Modern,Religious Education

Religion：Education as a, **M13**：317,作为一种宗教的教育

　　Some Thoughts concerning, **L17**：374,关于宗教的一些想法

　　and Morality in a Free Society, **L15**：170,自由社会的宗教与道德

　　and Our Schools, **M4**：165,宗教与我们的学校

　　and the Intellectuals, **L16**：390,宗教与知识分子

　　at Harvard, **L17**：135,对《宗教在哈佛》的评论

　　in the Soviet Union, **L5**：355,苏联的宗教信仰

　　versus the Religious, **L9**：3,宗教与宗教性的

Religions and the "Religious," **L9**：293,宗教与"宗教性的"

Religious Education as Conditioned by Modern Psychology and Pedagogy, **M3**：210,以现代心理学和教育学为条件的宗教教育

Religious Emotion, Place of, **E1**：90,宗教情感的地位

Religious Function, Human Abode of the, **L9**：40,宗教功能的属人栖所

Religious Humanism, Mystical Naturalism and, **L11**：84,神秘自然主义和宗教人本主义

Religious Problem, One Current, **L11**：115,当今的一个宗教问题

Renan, Ernest：His Loss of Faith in Science, **E4**：11,勒南丧失对科学之信仰

　　Two Phases of His Life, **E3**：174,勒南一生中的两个阶段

Reply to Some Criticisms, **L5**：210,对一些评论的回应

Response, Stimulus and, **M7**：346,刺激和反应

Response at 70th Birthday Celebration, **L5**：418,答谢辞

Response at 90th Birthday Celebration, **L17**：84,约翰·杜威的回应

Responsibility, Freedom and, **E4**：337,自由和责任

Review of

　　Abell, Walter, *Representation and Form*, **L11**：487,评沃尔特·阿贝尔著《表现与形式：表现艺术的美学价值研究》

　　Adams, George Burton, *Civilization during the Middle Ages*, **E4**：200,评乔治·B·亚当斯著《中世纪文明》

　　Adler, Mortimer, *Dialectic*, **L3**：311,评摩蒂默·阿德勒著《辩证法》

　　Allen, Carleton Kemp, *Law in the Making*, **L3**：326,评卡乐登·肯普·艾伦著《制定中的法律》

　　Ayres, C. E., Science：*The False Messiah*, **L3**：305,评C·E·艾尔斯著《科学：假的弥赛亚》

　　Baker, James Hutchins, *Elementary Psychology*, **E3**：190,评J·H·贝克尔著《基础心理学》

　　Baldwin, James Mark, *Social and Ethical Interpretations in Mental Development*, **E5**：385,评詹姆斯·马克·鲍德温著《心理发展中的社会和伦理的解读：一种社会心理学研究》,402

　　Barnes, Harry Elmer, *World Politics in Modern Civilization*, **L5**：382,评巴恩斯著《现代文明中的世界政治》

　　Beard, Charles A., and Mary R. Beard, *America in Midpassage*, **L14**：283,评查尔斯·A·比尔德和玛丽·R·比尔德著《途中的美国》

　　Benedict, Wayland Richardson, *World Views and Their Ethical Implications*, **M3**：310,评本尼迪克特著《不同的世界观及其伦理含义》

　　Bergson, Henri, *The Two Sources of Morality and Religion*, **L11**：428,评亨

利·柏格森著《道德与宗教的两个起源》

Bernard, John H. , and John P. Mahaffy, *Kant's Critical Philosophy for English Readers*, **E3**：184，评伯纳德和马哈菲著《写给英文读者的康德的批判哲学》

Bingham, Alfred M. , *Insurgent America*, **L11**：438，评宾汉姆著《叛乱的美国》

Bonar, James, *Philosophy and Political Economy in Some of Their Historical Relations*, **E4**：214，评詹姆斯·鲍纳尔著《哲学与政治经济学的若干历史关系》

Bosanquet, Bernard, *A History of Aesthetic*, **E4**：189，评伯纳德·鲍桑奎著《美学史》

— Science and Philosophy and Other Essays, **L3**：294，评《科学与哲学及其他论文》

Brameld, Theodore B. H. , *A Philosophic Approach to Communism*, **L9**：244，评西奥多·B·H·布拉梅尔德著《共产主义的哲学进路》

Bryant, Sophie, *Studies in Character*, **E5**：350，评布赖恩特著《对性格的研究》

Buchanan, Scott, *Possibility*, **L3**：311，评斯科特·巴克南著《可能性》

Caird, Edward, *The Critical Philosophy of Immanuel Kant*, **E3**：180，评爱德华·凯尔德著《伊曼努尔·康德的批判哲学》

Carus, Paul, *A Primer of Philosophy*, **E5**：342，评保罗·卡洛斯著《哲学入门》

Catlin, G. E. G. , *The Science and Method of Politics*, **L3**：318，评卡特林著《科学与政治方法》

Church, Alfred John, *The Story of the Odyssey*, **E3**：193，评邱奇牧师著《〈奥德赛〉的故事》

Cohen, Morris R. , *Reason and Nature*：*An Essay on the Meaning of Scientific Method*, **L6**：299，评莫里斯·R·柯恩著《理性和自然——论科学方法的意义》

Conant, Levi L. , *The Number Concept*, **E5**：355，评李维·L·科南特著《数字概念：它的起源和发展》

Counts, George S. , *School and Society in Chicago*, **L5**：371，评乔治·S·康茨康茨著《芝加哥的学校与社会》

— *The Soviet Challenge to America*, **L6**：263，评乔治·S·康茨著《苏联对美国的挑战》

Dallin, David J. , and Boris I. Nicolaevsky, *Forced Labor in Soviet Russia*, **L15**：295，评戴维·J·达林与鲍里斯·I·尼古拉耶夫斯基著《苏联的强迫劳动》

Davies, Joseph E. , *Mission to Moscow*, **L15**：289，评约瑟夫·E·戴维斯著《赴莫斯科的使命》

Deussen, Paul, *The Elements of Metaphysics*, **E5**：342，评保罗·杜森著《形而上学纲要》

Dimnet, Ernest, *The Art of Thinking*, **L3**：316，评恩斯特·丁纳特著《思考的艺术》

Dopp, Katharine Elizabeth, *The Place of Industries in Elementary Education*, **M3**：307，评凯瑟琳·伊丽莎白·多普著《工业在初等教育中的地位》

Eastman, Max, *The Enjoyment of Poetry*, **M7**：149，评马克斯·伊斯特曼著《诗歌的乐趣》

Eddy, Sherwood, *The Challenge of Russia*, **L6**：263，评舍伍德·艾迪著《俄国的挑战》

Elliot, Hugh S. R. , *Modern Science and the Illusions of Professor Bergson*, **M7**：135，评休·艾略特著《现代科学与柏格森教授的幻觉》

Erdmann, Johann Eduard, *A History of Philosophy*, **E3**：185，评埃尔德曼著《哲学史》

Fiske, John, *The Idea of God as*

Affected by Modern Knowledge，**L17**：93，评约翰·费斯克著《现代知识影响下的上帝观念》

Flexner, Abraham, *Universities：American, English, German*，**L17**：110，评亚伯拉罕·弗莱克斯纳著《现代大学论：英美德大学研究》

Flint, Robert, *History of the Philosophy of History*，**E4**：200，评罗伯特·弗林特著《历史哲学史》

Frankfurter, Felix, ed., *Mr. Justice Brandeis*，**L9**：237，评费利克斯·法兰克福特编《贾斯蒂斯·布兰代斯》

Gauss, Christian, *Life in College*，**L6**：259，评克里斯蒂安·高斯著《大学生活》

Hall, G. Stanley, *Founders of Modern Psychology*，**M7**：137，评斯坦利·霍尔著《现代心理学的奠基人》

Hallis, Frederick, *Corporate Personality：A Study in Jurisprudence*，**L6**：268，评弗雷德里克·哈利斯著《共同人格：法学研究》

Hans, Nicholas, *History of Russian Educational Policy*，**L6**：291，评尼古拉斯·汉斯著《俄罗斯教育政策史》

Harris, William Torrey, *Psychologic Foundations of Education*，**E5**：372，评威廉·哈里斯著《教育的心理学基础》

Hartshorne, Charles, and Paul Weiss, eds., *Collected Papers of Charles Sanders Peirce*, vol. 1, **L6**：273; vol. 5, **L11**：421; vols. 1 - 6, **L11**：479，评查尔斯·哈茨霍恩、保罗·韦斯编《查尔斯·桑德斯·皮尔士文集》

Heard, Gerald, *The Emergence of Man*，**L6**：278，评杰拉尔德·赫德著《人的出现》

Hill, David J., *Genetic Philosophy*，**E5**：342，评大卫·希尔著《发生哲学》

Hocking, William Ernest, *Man and the State*，**L3**：318，评威廉·恩斯特·霍金著《人与国家》

Hoernlé, Alfred, *Idealism as a Philosophy*，**L3**：294，评阿尔弗雷德·霍恩尔著《作为一种哲学的唯心主义》

Hunt, Frazier, *The Rising Temper of the East*，**M13**：345，评弗雷泽·亨特著《东方人增长着的怒气》

James, William, *Essays in Radical Empiricism*，**M7**：142，评威廉·詹姆斯著《彻底经验主义文集》

— *The Principles of Psychology*，**M1**：321，威廉·詹姆斯的《心理学原理》，**L15**：18，谈《心理学原理》

Johnson, Francis Howe, *What Is Reality?* **E3**：192，评弗朗西斯·霍尔·约翰逊著《实在是什么?》

Johnson's Universal Cyclopaedia, vols. 1 - 5, **E5**：347，评《约翰逊通用百科全书》

Kallen, Horace M., ed., *The Philosophy of William James*，**L2**：158，评霍拉斯·卡伦编《威廉·詹姆斯的哲学》

Kidd, Benjamin, *Social Evolution*，**E4**：200，评本杰明·基德的《社会进化》

Krabbe, Hugo, *The Modern Idea of the State*，**L17**：101，评 H·克拉勃著《近代国家观念》

Ladd, George T., *Elements of Physiological Psychology*，**E1**：194，评拉德教授著《生理心理学基础》

Lamont, Corliss, *The Illusion of Immortality*，**L11**：425，评柯利斯·拉蒙特著《永生之幻觉》

Lapp, John A., and Carl H. Mote, *Learning to Earn*，**M10**：303，评约翰·A·拉普和卡尔·H·莫特著《学会获利》

Lewis, Mary H., *An Adventure with Children*，**L3**：330，评玛丽·H·刘易斯著《与孩子们的一场冒险》

Lippmann, Walter, *An Inquiry into the*

Principles of the Good Society，**L11**：489，评沃尔特·李普曼著《良好社会的原则研究》

—— *The Phantom Public*，**L2**：213，评《幻影公众》

—— *Public Opinion*，**M13**：337，评《公众舆论》

Love，Mary C.，*Human Conduct and the Law*，**L17**：108，评玛丽·C·洛夫著《人类行为和法律》

Lowie，Robert H.，*The Origin of the State*，**L3**：324，评罗伯特·H·洛伊著《国家的起源》

Macintosh，Douglas Clyde，*Social Religion*，**L14**：286，评道格拉斯·克莱德·麦金托什著《社会宗教》

Macintosh，Douglas Clyde，Henry Nelson Wieman，and Max Carl Otto，*Is There a God?* **L9**：213，223，评麦金托什、威曼和奥托著《存在一个上帝吗?》

Mahaffy，John P.，and John H. Bernard，*Kant's Critical Philosophy for English Readers*，**E3**：184，评马哈菲和伯纳德著《写给英文读者的康德的批判哲学》

Mannheim，Karl，*Man and Society in an Age of Reconstruction*，**L14**：293，评卡尔·曼海姆著《重建时代的人和社会》

Marot，Helen，*Creative Impulse in Industry*，**M11**：333，评海伦·马罗著《工业的创造性冲动》

Mead，George Herbert，*Mind，Self and Society*，**L11**：450，评乔治·米德著《心灵、自我和社会》

—— *Movements of Thought in the Nineteenth Century*，**L11**：450，评《19 世纪思想运动》

Meiklejohn，Alexander，*The Experimental College*，**L6**：295，评亚历山大·米克尔约翰著《实验学院》

Merriam，Charles Edward，*The Making of Citizens：A Comparative Study of Methods of Civic Training*，**L17**：112，评查尔斯·爱德华·梅里亚姆著《造就公民：公民训练法的比较研究》

Müller，F. Max，*Three Lectures on the Vedanta Philosophy*，**E5**：342，评马克斯·缪勒著《关于印度吠檀多哲学的三次讲座》

Münsterberg，Hugo，*The Eternal Values*，**M6**：167，评胡戈·明斯特尔贝格著《永恒价值》

National Service Handbook，**M10**：315，评《国家服务手册》

Nichols，Herbert，and William E. Parsons，*Our Notions of Number and Space*，**E5**：342，评赫伯特·尼科勒斯和威廉·E·帕森斯著《我们的数字观和空间观》

Noble，Edmund，*Purposive Evolution：The Link between Science and Religion*，**L3**：299，评埃德蒙·诺布尔著《有目的进化：科学和宗教之间的衔接》

Nock，Albert Jay，*The Theory of Education in the United States*，**L6**：286，评艾伯特·杰伊·诺克著《美国的教育理论》

Ogden，C. K.，and I. A. Richards，*The Meaning of Meaning*，**M15**：223，评奥格登和理查兹著《意义的意义》

Ormond，Alexander T.，*Basal Concepts in Philosophy*，**E5**：342，评亚历山大·奥蒙德著《哲学基本概念》

Otto，Max Carl，*The Human Enterprise：An Attempt to Relate Philosophy to Daily Life*，**L14**：289，评马克斯·C·奥托著《人类的事业：将哲学和日常生活联系起来的愿望》

Otto，Max Carl，Henry Nelson Wieman，and Douglas Clyde Macintosh，*Is There a God?* **L9**：213，223，评马克斯·C·奥托、亨利·尼尔森·威曼和道格拉斯·克莱德·麦金托什著《存在一个上

of George Santayana，**L14**：295，评保罗·阿瑟·席尔普主编《乔治·桑塔亚那的哲学》

Schinz, Albert, *Anti-pragmatisme*，**M4**：245，评艾伯特·欣兹著《反实用主义》

Schütze, Martin, *Academic Illusions in the Field of Letters and the Arts*，**L8**：360，评马丁·舒茨著《文学和艺术领域中的学术幻觉》

Sherrill, Charles Hitchcock, *Prime Ministers and Presidents*，**M13**：345，评查尔斯·希区柯克·谢里尔著《首相们和总统们》

Sidgwick, Arthur, and Eleanor M. Sidgwick, *Henry Sidgwick*，**M4**：242，评 A·西季威克和 E·M·西季威克编著《亨利·西季威克传记》

Simmel, Georg, "Moral Deficiencies as Determining Intellectual Functions," **E4**：197，评戈尔戈·席美尔著《道德缺陷决定智力功能》

Slesinger, Zalmen, *Education and the Class Struggle*，**L11**：485，评扎尔曼·斯莱辛格著《教育与阶级斗争：自由主义教育者的社会改造纲领的批判考察》

Smith, T. V., *The Promise of American Politics*，**L17**：115，评 T·V 史密斯著《美国政治的承诺》

Spender, Stephen, *Forward from Liberalism*，**L11**：496，评斯蒂芬·斯本德著《从自由主义向前走》

Spengler, Oswald, *Man and Technics*，**L6**：280，评奥斯瓦尔德·斯宾格勒著《人与技术》

Stanley, Hiram Miner, *Studies in the Evolutionary Psychology of Feeling*，**E5**：358，评 H·M·斯坦利著《情感的进化心理学研究》

Sterrett, James MacBride, *Studies in Hegel's Philosophy of Religion*，**E3**：187，评斯代尔雷特著《黑格尔宗教哲学研究》

Studies in Philosophy and Psychology，**M4**：217，评《哲学和心理学研究》

Sully, James, Studies of Childhood，**E5**：367，评詹姆斯·苏立著《儿童期研究》

Tugwell, Rexford G., *The Industrial Discipline and the Governmental Arts*，**L8**：364，对雷克斯福德·特格韦尔著《工业规律和管理艺术》的评论

Van Norden, Charles, The Psychic Factor，**E5**：342，评查尔斯·冯·诺顿著《心灵因素》

Wallace, William, trans., *Hegel's Philosophy of Mind*，**E5**：342，评华莱士译《黑格尔的精神哲学》

Wallas, Graham, *The Art of Thought*，**L2**：231，评格雷厄姆·华莱士著《思想的艺术》

Ward, Lester Frank, *The Psychic Factors of Civilization*，**E4**：200，评莱斯特·F·沃德著《文明中的心理因素》

Watson, John, *Hedonistic Theories from Aristippus to Spencer*，**E5**：350，评约翰·华生著《从阿瑞斯提普斯到斯宾塞的快乐主义理论》

Weeks, Raymond, *Boys' Own Arithmetic*，**L2**：386，评雷蒙德·威克斯著《男孩的算术》

Weiss, Paul, and Charles Hartshorne, eds., *Collected Papers of Charles Sanders Peirce*, vol. 1, **L6**：273; vol. 5, **L11**：421; vols. 1 - 6, **L11**：479，评查尔斯·哈茨霍恩、保罗·韦斯编《查尔斯·桑德斯·皮尔士文集》

Welling, Richard, *As the Twig Is Bent*，**L17**：523，评理查德·韦林著《嫩枝弯曲时》

Wells, H. G., *God the Invisible King*，**M10**：310，评赫伯特·乔治·威尔斯著

Speculation，**M2**：247，反思

Speech Reaction，Knowledge and，**M13**：29，知识与言语反应

Spencer，Herbert：Philosophical Work of，**M3**：193，赫伯特·斯宾塞的哲学工作

and Henri Bergson，**M10**：67，斯宾塞和柏格森

Spinoza，Benedict，Pantheism of，**E1**：9，斯宾诺莎的泛神论

Spirit，Matter and Its Relation to，**E1**：342，物质及其与精神的关系

Spiritual Nature，What Is the Demonstration of Man's？**L17**：15，什么是人类精神本性的证明？

Splitting Up the School System，**M8**：123，分隔学校体系

Sportsmanship Brotherhood，**L5**：390，体育运动兄弟联合会

State：Democratic，**L2**：282，民主国家

Discovery of the，**L2**：259，发现国家

Political，Civil Society，and the，**M5**：404，市民社会与政治国家

or City Control of Schools？**M8**：128，学校的管理权归州还是市？

States，Morals and the Conduct of，**M11**：122，道德和国家行为

Statistical Methods，Galton's，**E3**：43，高尔顿的统计方法

Statue of Condillac，**M2**：248，孔狄亚克雕像

Steps to Economic Recovery，**L9**：61，经济复苏的步骤

Stimulus and Response，**M7**：346，刺激和反应

Student Revolt：Sequel of the，**M12**：22，学潮的结局

in China，**M11**：186，中国的学生反抗

Studies，Intellectual and Practical，**M9**：271，智性科目和实践科目

Studies in Logical Theory，**M2**：293，《逻辑理论研究》

Study of Ethics（Syllabus），**E4**：219，《伦理学研究》（教学大纲）

Subject，**M2**：248，主体、主体的；**M7**：347，主体

Object and，**M7**：291，客体和主体

Subjectivism，**M2**：252，主观主义

Subject-Matter：Nature of，**M9**：188，教材的本质

Progressive Organization of，**L13**：48，进步教材的组织

of Metaphysical Inquiry，**M8**：3，形而上学探究的主题

Substance，**M2**：252，实体

and Form，**L10**：111，主旨和形式

Substantiality Theory or Substantialism，**M2**：253，实体论

Suffrage，Professor for，**M7**：409，教授呼吁参政权

Sui Generis，**M2**：254，独特的

Summary of Progress Made，**L16**：275，对所取得的进展的总结

Summists，**M2**：254，综合论家

Superficial Treatment Must Fail，**L9**：261，表面功夫注定失败

Superstition of Necessity，**E4**：19，对必然性的迷信

Supreme Intellectual Obligation，**L9**：96，知识分子的最高责任

Syllogism，**M7**：349，三段论

Syncretism，**M2**：255，汇合主义

Synthesis，Analysis and，**M6**：370，分析与综合

System，**M2**：255；**M7**：351，体系

Systematic Method，**L8**：248,259，系统方法

Tabula Rasa，**M2**：256，白板说

Taxation：Congress Faces Its Test on，**L9**：256，国会面临税收制度之考验

as a Step to Socialization，**L11**：265，税收是走向社会化的第一步

完整思维行为的分析

Conscription of，**M10**：276,思想的征召

Context and，**L6**：3,语境和思想

Empirical and Scientific，**L8**：268,经验思维和科学思维

Impulse and，**M14**：117,冲动与思想

Liberal，Challenge to，**L15**：261,对自由主义思想的挑战

Native Resources in Training，**L8**：140,思维训练中的天赋资源

Need for Training，**M6**：192,思维训练的必要性

Objects of，**M2**：351,思想的对象

Qualitative，**L5**：243,质化思维

Training of：Activity and the，**M6**：304，**L8**：281,活动与思维训练；Language and the，**M6**：314，**L8**：301,语言与思维训练；Natural Resources in the，**M6**：204,思维训练的自然资源；Recitation and the，**M6**：338,复述与思维训练；**L8**：326,讲课与思维训练；School Conditions and the，**M6**：216,学校条件与思维训练；**L8**：156,学校情境与思维的训练

Values，Liking，and，**M15**：20,价值、喜好与思想

What Is It? **M6**：182,什么是思维

and Work，Freedom of，**M12**：8,思想与工作的自由

Thought and Its Subject-Matter：Antecedent Conditions and Cues of the Thought-Function，参见 Antecedents and Stimuli of Thinking

Content and Object of Thought,参见 Objects of Thought

Datum of Thinking,参见 Data and Meanings

General Problem of Logical Theory,参见 Relationship of Thought and Its Subject Matter

Relationship of，**M2**：298,思想与题材的关系

Time and Individuality，**L14**：98,时间与个体性

Tolstoi，N. Lyof，Art of，**L17**：381,托尔斯泰的艺术

Tomorrow May Be Too Late：Save the Schools Now，**L9**：386,到明天就太晚了：拯救学校从现在开始

Totalitarian Economics and Democracy，**L13**：116,极权主义经济与民主

Trade-Training，Education vs. ，**M8**：411,教育与行业培训

Tradition，**M7**：356,传统

Metaphysics，and Morals，**M15**：14,传统、形而上学与道德

Transaction，Interaction and，**L16**：96,相互作用与交互作用

Transactions as Known and Named，**L16**：110,作为被认知与被命名者的交互作用

Transcendent，**M2**：257,超验/先验

Transcendentalism，**M2**：258,先验主义；**M7**：357,先验论

Transient，**M2**：258,过渡

Treaty［of Washington］，Three Results of，**M13**：212,（华盛顿）条约的三个结果

Trial Group of Names，**L16**：257,一组试验性的名称

Trotsky，Leon：American Committee for the Defense of，Declaration of Purposes by，**L11**：303,列夫·托洛茨基案美国辩护委员会目的声明

Commission of Inquiry：Introductory Statement of the，**L11**：306,调查委员会首次陈述；Summary of Findings of，**L11**：321,调查结果摘要

Inquiry，Significance of the，**L11**：330,托洛茨基案调查的重要意义

Truth，**M7**：358,真理

Dilemma of the Intellectualist Theory of，**M4**：76,理智主义真理理论的困境

Intellectualist Criterion for，**M4**：50,真理

的理智主义标准

Problem of, **M6**：12,真理问题

Propositions, Warranted Assertibility, and, **L14**：168,命题、有理由的断言与真理

Short Catechism concerning, **M6**：3,关于真理的简短问答集

Is on the March, **L11**：310,"真相即将揭开"

Tufts, James Hayden, **L15**：324,詹姆斯·海登·塔夫茨

Tribute to, **L5**：424；**L15**：321,献给詹姆斯·海登·塔夫茨的颂词

Turkey：Foreign Schools in, **M15**：144,在土耳其的外国学校

Problem of, **L2**：189,土耳其问题

Turkish Education：Preliminary Report on, **M15**：301,关于土耳其教育的预备报告

Report and Recommendation upon, **M15**：273,关于土耳其教育的报告与建议

Turkish Tragedy, **M15**：139,土耳其的悲剧

Tychism, **M2**：259,偶成论

Types of Philosophic Thought（Syllabus）, **M13**：349,课程大纲：哲学思想的各种类型

Ubication, **M2**：259,所在

Underground Burrows, **M13**：197,地洞

Underlying Philosophy of Education, **L8**：77,作为基础的教育哲学

Understanding, **L8**：221,235,理解

Conceptions and, **M6**：271,意义：或看法与理解

and Inference, **L12**：142,理解与推论

and Prejudice, **L5**：396 理解与偏见

and Reason, **M2**：259,知性和理性

Unemployed：Asks Federal Fund to Aid, **L5**：434,要求联邦政府出资援助失业者

Democracy Joins the, **L6**：239,民主站在失业者一边

Dewey Opposes Community Chest Drives for, **L6**：374,杜威总干事反对社区福利基金主导失业救济

and Underpaid Consumers Should Not Pay Billion Dollar Subsidy to Speculators, **L9**：249,失业与低收入消费者不应向投机者提供高额补贴

Unemployment：Asks Hoover to Act on, **L5**：436,要求胡佛总统对失业问题采取行动

Church Leaders Ask Church Act on, **L6**：381,教会领袖要求教会应对失业

Dewey Calls on Hoover to Recognize Government Responsibility for, **L6**：372,杜威总干事还有胡佛政府承担政府对失业者的责任

Federal Government and, **L6**：377,联邦政府与失业

Joint Committee on, Demands Congress Act, **L6**：390,失业问题的联合委员会要求国会采取行动

Aid, Wagner Called "Keyman" on, **L6**：384,称瓦格纳为失业救助的"要人"

Committee Asks Adequate Relief, **L9**：271,失业委员会要求充足的救济

Unification of Knowledge, **M2**：261,知识统一

Unitarianism, **M2**：261,一位论

United, We Shall Stand, **L11**：348,联合起来,我们屹立不倒

United Command, Dewey Hails Editorial on, **L17**：130,杜威向"统一命令"的社论致意

United States, Incorporated, **L5**：58,公司化之美国

Unit of Behavior, 参见 Reflex Arc Concept in Psychology

Unity and Plurality, **M2**：261,统一性及多元性

Unity and Progress, **L9**：71,统一与进步

Unity of Science as a Social Problem, **L13**：271,作为社会问题的科学统一

Unity of the Human Being, **L13**：323，人的统一性

Universal，**M2**：263，共相及普遍性；**M7**：360，普遍性

Universal Military Training，**M10**：377，普遍的军事训练

Universal Postulate，**M2**：265，普遍公设

Universals, What Are They? **L11**：105，什么是共相?

Universal Service as Education，**M10**：183，作为普遍服务的教育

Universe，**M2**：265，全域

University Control, Faculty Share in，**M8**：109，学院在大学管理中的作用

University Elementary School，**M1**：317，大学初等学校

　　Three Years of the，**M1**：57，大学初等学校的三年

University Primary School, Plan of Organization of the，**E5**：223，大学附属小学的组织计划

University School，**E5**：436，大学的附属学校

Unknowable，**M2**：266，不可知者

Unthinkable，**M2**：266，不可思议者

Urbana, Ill., Conference, Greetings to，**L17**：88，致乌尔班纳研讨会的信

Utah, University of, Situation at the，**M8**：409，犹他大学的形势

Utilitarianism，**M7**：360，功利主义

Utopian Schools, Dewey Outlines，**L9**：136，杜威概述乌托邦的学校

Vacuum，**M2**：267，虚空

Validity，**M7**：362，有效性

Valuation: Objects of，**M11**：3，评价的对象

　　and Experimental Knowledge，**M13**：3，评价与实验知识

　　　as Judgment, Further as to，**L15**：73，关于价值判断的进一步论述

　　　Judgments and Immediate Quality，**L15**：63，价值判断与直接的质

Value: Experience, Knowledge and，**L14**：3，经验、知识和价值

　　Field of，**L16**：343，"价值"领域

　　Meaning of，**L2**：69，价值的含义

　　Objective Reference and Criticism，**L2**：78，价值、客观指称和批评

　　Some Questions about，**L15**：101，关于价值的一些问题

　　of Historical Christianity，**L17**：529，历史上基督教的价值

Values: Educational，**M7**：362；**M9**：240，教育的价值

　　Liking, and Thought，**M15**：20，价值、喜好与思想

　　Problem of，**M7**：44，价值问题

　　Valuations, and Social Facts，**L16**：310，价值、价值评估与社会事实

　　or Aims, Ultimate, Determination of，**L13**：255，终极价值与终极目的取决于

Virtue and the Virtues，**E4**：351，美德和诸种美德

Virtues，**M5**：359，美德

　　Realized Morality or the，**E3**：382，实现了的道德或诸德性

Vladeck, Baruch Charney: Dewey Supports，**L5**：443，杜威支持弗拉德杰克

　　and Harry W. Laidler，**L6**：326，弗拉德克和莱德勒

Vocational Aspects of Education，**M9**：316，教育的职业方面

Vocational Education: Modern Trend toward，**M10**：151，现代职业教育趋势对大学中专业学习和非专业学习的影响

　　Place of，**M10**：144，学会获利：职业教育在公共教育综合方案中的位置

　　in the Light of the World War，**M11**：58，世界大战中应运而生的职业教育

　　under "Unit" or "Dual" Control, Should Michigan Have? **M7**：85，密歇根州应当

杜威全集(1882－1953)主题索引

系列符号和卷数用粗体表示

E：Early Works，1882 - 1898

M：Middle Works，1899 - 1924

L：Later Works，1925 - 1953

Abbey，Edwin Austin，**L10**：239，艾比，埃德温·奥斯丁

Abbott，Grace，**L17**：517,573，艾伯特，格蕾丝

Abelard，Peter：阿波拉尔/阿贝拉德，彼得

 realism of，**M2**：221，阿波拉尔的实在论

 on reason and ethics，**M5**：141，阿贝拉德论理性与伦理学

Abell，Walter，**L11**：487 - 488，阿贝尔，沃尔特

Abercrombie，Lascelles，艾伯拉克朗比，阿塞尔斯

 on inspiration，**L10**：72n，355，艾伯拉克朗比论灵感

 on words，**L10**：246 - 247，艾伯拉克朗比论语词

Aborigine：原住民

 customs and attitudes of，**M2**：42 - 51，原住民的习俗和态度

About：关指

 knowledge as，**L12**：153 - 154，知识作为关指

 double meaning of，**L12**：167 - 168，180，468，关指的双重意义

Absentmindedness，**M14**：121，心不在焉

Absolute，**L12**：44,216 - 217，绝对

 relative correlated with，**E1**：22 - 26，与绝对相关的相对

Royce on，**M1**：xi，xii，250,256，罗伊斯论绝对

Bradley on，**M4**：55 - 58，布拉德雷论绝对的

in German philosophy，**M8**：182,419，德国政治哲学中的绝对的概念

Fichte on，**M8**：187，费希特论绝对

space and time，**L14**：105，绝对空间、绝对时间

ends，**L14**：121 - 122，绝对目的

vs. experimental，**L14**：317，绝对与实验相对

unknowableness of，**L17**：94,482，绝对的不可知性

Absolute being：绝对存有

Royce on，**M2**：128 - 131,134 - 137，罗伊斯论绝对存有

Absolute experience，**L1**：55 - 57，绝对经验

Royce on，**M2**：123 - 124，罗伊斯所界定的绝对经验

Absolute idea：绝对理念

history as evolution of，**M10**：224，历史作为一种绝对理念之内在演化

Absolute idealism，**M7**：xiv，284；**M9**：309，

绝对唯心主义；**M13**：478n，绝对观念论；
M15：337，绝对唯心主义；**L12**：524 - 526，
绝对唯心论

Absolute object：绝对客体

 in sensationalist theory, **E1**：25 - 29，感觉
论中的绝对客体

Absolute rational whole，绝对理性的整体

 Royce on, **M10**：80，罗伊斯论绝对理性的
整体

Absolute reality, **M3**：124，**M12**：92,94，绝
对实在

Absolute reason, **L13**：148 - 149，绝对理性

 Fichte on, **M8**：188，费希特论绝对理性

Absolutes：绝对体、绝对

 of Newton, **L4**：115,116,120，牛顿的绝
对体

 Barry on, **L4**：128n，巴里论绝对体

 in formation of values, **L4**：207,211，价值
形成中涉及的绝对体

 of physics, **L16**：61,346，物理学中的绝对

 in normative theory, **L16**：338,453，规范
理论中的绝对

 restrict inquiry, **L16**：339,355,455，绝对
限制探究

 in politics, **L16**：362，政治学中的绝对

Absolute spirit, **M8**：430；**L13**：148 - 149，
绝对精神

Absolute truth, **M7**：xv，绝对真理

 vs. experience, **L14**：321 - 322，绝对和经验

Absolute unity，绝对统一

 Fichte on, **M8**：172，费希特论绝对统一

Absolute whole, **M7**：187，绝对整体

 Hegel and Froebel on, **M9**：62 - 65,73，黑
格尔和福禄培尔论绝对整体

 Absolutism, **M6**：175；**M7**：423；**M12**：
135,189；**L7**：54；**L13**：241，绝对主义；
L17：xxxii，绝对论

 medieval and modern, **M3**：90，中世纪的和
现代的绝对主义

 related to justice, **M10**：xxxviii, 281 -

284，绝对主义和正义相关

 Royce's transition to, **M10**：84，罗伊斯向
绝对论的转变

 Kant and, **M12**：136，康德与绝对主义

 in method, **L2**：357 - 361，方法中的绝对
主义

 objective or realistic, **L13**：117,120，"客观
的绝对主义"或"现实主义的绝对主义"

 theological form of, **L13**：122，神学形式

 truth in, **L13**：131,257，绝对真理

 physical, **L13**：184，物质绝对主义

 pragmatic critique of, **L15**：xxvii-xxix, 3 -
6,24 - 26，实用主义对绝对主义的批评

 moral, **L15**：58,59,172 - 181,236,267 -
268,271，道德上的绝对主义

 social, **L15**：162 - 163,24，社会方面的绝
对主义

 and fanaticism, **L17**：xxiv，绝对论与狂热

Absolutistic theory, **L16**：348 - 349，绝对主
义理论

Absorption, **L8**：345，吸收

Abstinence：节制

 Emerson on, **L7**：210，爱默生谈到节制

Abstract：抽象

 transition to, **M6**：286 - 292，上升到抽象；
L8：293 - 300，过渡到抽象

 in *Cyclopedia of Education*, **M6**：391 -
392，抽象（《教育百科全书》）

 value of, **L8**：276 - 277，抽象的价值

 as terminology, **L16**：93n，抽象作为术语

Abstract art, **L10**：99,156,256,316 - 317，
"抽象的"艺术

Abstract intellectualism，抽象的理智主义

 related to individualism, **M9**：307 - 308，抽
象的理智主义与个人主义有关

Abstraction, **M12**：166 - 167,179；**M13**：
418；**L1**：151 - 152；**L11**：97 - 99,113,
121；**L12**：25 - 26,120,135,137 - 138,
254,257 - 258,302 - 304,307,309,329,
338,349 - 351,354,393 - 394,400 - 401,

411 - 413,438,抽象。另见 Hypothesis；
Universal proposition

process of, **E2**：180 - 181；**E3**：148 - 149；
E5：261,383,抽象的过程

feeling as, **E3**：258,作为抽象的情感

D. Phillips on, **E5**：182,菲利普斯对抽象
的使用

in *Cyclopedia of Education*, **M6**：359,抽
象(《教育百科全书》)

in science, **M9**：233 - 236；**L4**：196 - 197；
L5：7 - 12；**L16**：252 - 253,抽象在科学
中的作用

in Locke's theories, **M9**：276,洛克理论中
的抽象

Dewey's use of, **L4**：xii,杜威对抽象的使用

in Greek philosophy, **L4**：xiv,希腊哲学中
的抽象

role of, **L4**：90n；**L16**：285 - 286,292,
361,446,抽象的作用

transition to, **L4**：123,125,127,过渡到
抽象

positive phase of, **L4**：132,抽象的积极的
一面

as precondition of method, **L4**：173 - 175,
190,237,抽象作为方法的先决条件

in art, **L10**：60,73,100 - 101,127,214,
220,264,289,艺术中的抽象

and conception, **L12**：462 - 464,468,抽象
与概念

knowledge involves, **L16**：14n,知识涉及
抽象

of Quine, **L16**：49 - 50,蒯因的抽象

levels of, **L16**：103n,抽象层次

in mathematics, **L16**：276,431,数学中的
抽象

Academic art：学院派艺术

cause of, **L10**：xxi,113,143,147,157,
163,183,270,273,293,学院派艺术的
原因

praised, **L10**：315,受赞扬的学院派艺术

Academic degrees, **L15**：278,学士学位

Academic freedom, **M8**：102；**L2**：58 - 60；
L5：331 - 345；**L9**：206 - 207；**L11**：376 -
379,570 - 572；**L13**：xiii,9,24,52；**L14**：
xix,374,431,学术自由

nature of, **M2**：xix,62 - 64,学术自由的本
质

restriction of, **M2**：55 - 58,学术自由之
束缚

Butler's denial of, **L14**：xix,374,431,巴
特勒对学术自由的否认

Harper on, **M2**：60 - 61,哈珀论学术自由

in *Cyclopedia of Education*, **M6**：460 -
464,学术自由(《教育百科全书》)

related to academic tenure, **M8**：106 - 108,
学术自由与终身教授制的关系

Dewey on, **M8**：407 - 408,杜威关于学术
自由

at University of Utah, **M8**：409 - 410,犹
他大学的学术自由

related to Russell, **L14**：231,237,246,
248,357 - 359,与罗素相关的学术自由

Academicians, **L10**：305,学究

*Academic Illusions in the Field of Letters
and the Arts* (Schütze), **L8**：360 - 363,
《文学和艺术领域中的学术幻觉》；**L10**：
320n,365,《学术幻想》(舒茨)

Academic tenure：终身教授制

academic freedom related to, **M8**：106 -
108,终身教授制与学术自由的关系

Academy：学院、学园

as preparatory school, **E5**：271,学院预备
学校

Plato's founding of, **M7**：313,柏拉图学园

Accident：偶然、偶性

in history, **M14**：9,73,117,历史中的偶然

in consequences, **M14**：36,38,143 - 145,
164 - 166,174,209 - 212,后果中的偶然

logical, **L12**：94 - 95,138 - 141,201,逻辑
偶性

Accommodation：适应、迁就调和

　in *Cyclopedia of Education*，**M6**：359 -
　　361,365,适应(《教育百科全书》)

　in habituation，**M9**：52,54 - 56,对熟习的
　　迁就调和

Accuracy：准确性、精确性

　in language，**L16**：446,语言中的准确性

　requires attention，**L17**：304,精确性需要
　　注意力

　of visualists，**L17**：329,视觉派的精确性

Accurate：准确

　as name，**L16**：259,准确作为名称

Achan：亚干

　as example of group morality，**M5**：23 -
　　24,34,62,100；**L7**：23,32,57,91,亚干
　　作为群体道德的典型事例

Acheson, Dean，**L17**：140 - 141,561,562,艾
　　奇逊,迪安

Achievement，**M12**：191,成就

　concept of，**L7**：203,成就概念

　education related to，**L17**：72 - 73,与成就
　　相关的教育

　importance of，**L17**：205,成就的重要性

Acknowledgment：认可

　as recognition，**L12**：154 - 155,作为承认
　　的认可

Acquaintance，**M8**：25,相识；**L1**：248 - 249,
　　熟识

　as knowledge，**L12**：153 - 155,亲知的知
　　识；**L15**：31,习知的知识

Acquisition，**M14**：82 - 84,99 - 102,获得

Act：行动、行为

　Baldwin on，**E5**：416,鲍德温论行动关系

　related to judgment，**M3**：12 - 20,行动与
　　判断相关；**M13**：13,20 - 22,行为与判断
　　相关

　moral, as social，**M9**：367 - 370,道德行
　　为,作为社会的

　Bain on，**M10**：108n,贝恩论行为的属性

　related to meaning，**M13**：63,384,395,与

意义相关的行为

　related to function，**M13**：70,与功能相关
　　的行为

　and language，**M13**：383,行为与语言

　motor-affective，**M15**：21 - 22,339 - 340,
　　情感驱动的行为和判断

　conformity of，**M15**：347,行为的符合

　individual and，**L2**：247,249,个人与行为

　inseparable from product，**L16**：155 - 157,
　　160,与结果不可分的行为

　involved in valuing，**L16**：345,352,涉及评
　　价的行为

Action，**M12**：125 - 126；**L1**：126,215,237,
　　255,263,319；**L4**：44,58,85；**L11**：212,
　　501 - 502；**L15**：xxviii-xxix,176 - 177,活
　　动、动作、行动、行为。另见 Operations，**L12**

　reflex，**E1**：98 - 100,反射活动；**L17**：192 -
　　196,反射动作

　purposive，**E1**：100 - 103,目的性活动

　moral，**E1**：209 - 210,340 - 341,道德活
　　动；**E2**：343 - 346,349 - 356,道德行为；
　　E4：60,道德行动

　self and，**E1**：334 - 337,自我与行为；**E4**：
　　51n,204 - 206,自我与行动；**L7**：288 -
　　290,292,306；**L16**：130,155,231 - 232,
　　自我与行为

　as contingent，**E1**：335 - 336,偶然活动

　ethical，**E2**：349 - 352,伦理行为

　religious，**E2**：361,宗教行为

　related to knowledge，**E3**：230 - 231；**E5**：
　　21 - 22,行动与知识的关系；**M7**：6,行为
　　与知识的关系；**M9**：340,行动与知识的
　　关系；**M13**：52,行为与知识的关系；**L3**：
　　38,51 - 52；**L4**：155,164,170 - 172,
　　224 -226；**L8**：86 - 90,92 - 94,97,行动
　　与知识的关系；**L17**：48,158,行为与知
　　识的关系

　character as motive of，**E3**：259,驱动行为
　　举止的品格

　in sensori-motor circuit，**E5**：97,在感知-

运动回路中的行动

and emotion, **E5**：324,行动和情绪；**L11**：38,213,244,行动和情感

and volitional consciousness, **E5**：361,行动自主的意识

Bergson on, **M7**：3,15,柏格森论行为；**M10**：69-70,柏格森论行动

consequences of, **M9**：356,359,370,行为后果；**M12**：173-174,行动的结果；**L4**：3-4,189-191,210,219-223,227；**L12**：53-60；**L13**：59,105,130,238,256-257,行动的结果

as instrumental, **M10**：45,行动作为工具

Spencer on, **M10**：69-70,斯宾塞论行动

Peirce on, **M10**：74,77；**L11**：424,皮尔士论行动

necessities of, **M13**：49,行动的必然性

influences affecting, **M13**：330,对行为的影响；**L4**：43,88-89,120-121,125-129,133-135,211,230,249,对行动的影响；**L7**：293,295-296,对行为的影响；**L13**：43,45,94,100,108,129,161-162,192,222,250,258,283,对行动的影响；**L17**：86,对行为的影响

direct, **L2**：255,直接行动

and freedom, **L3**：xxvii-xxviii, 106-107,行动与自由；**L17**：384,行为与自由

and behavior, **L3**：32-33,行动和行为

cultural, **L10**：329,351,与文化有关的行动；**L12**：48-65,文化行为

and choice, **L3**：97,101,104；**L17**：339,行为与选择

analysis of, **L4**：xiii, xv,分析行动

realm of, **L4**：6-7,18,21,24-27,169,234,行动的范围

function of, **L4**：26,82,107,237,239,241,243,24,行动的功能；**L7**：240,294,316,行为的功能；**L16**：92,245,336,行动的功能

methods of, **L4**：29,30,行动的方法

related to values, **L4**：35-36,207,210,215；**L8**：91,102-103,行动与价值的关系

nature of, **L4**：70,71,157-160,178-187,190,195；**L16**：xxviii, 66-68,98,140,328,332,行动的本质

kinds of, **L4**：196,200,201,237；**L16**：101,112-114,行动的种类

related to philosophy, **L5**：141-143,行动与哲学的关系

public vs. private, **L7**：336-337,公对私

part of esthetic experience, **L10**：xvii, xxvi, 27,29,45-47,51-56,128,178,207,213,260-261,265-268,273,281,283,294,作为审美经验的部分的行动

biological, **L12**：30-47,生物学行为

as close of inquiry, **L12**：66-67,145-147,166-167,170-171,作为探究终点的行为

pure, **L12**：78,92,95-96,483-484,纯粹行为

general, **L12**：248-250,269-270,一般行为

fair vs. unfair, **L13**：33-34,公平的行为与不公平的行为

rule-of-thumb, **L13**：131-132,按照老经验而行动

group, **L13**：206,团体的(集团的)行动

Bentley on, **L16**：xxiii,本特利关于行动

as name, **L16**：71,259,行动作为名称

Maxwell on, **L16**：100,麦克斯韦关于行动

Osborn on, **L16**：116n,奥斯本关于行动

inner life vs. outward, **L17**：81,内部生命与外部行为相对

unity as, **L17**：157,作为行为的统一体

physical basis of mental, **L17**：190-192,心智行为的物理基础

ideo-motor, **L17**：201,263,332,念动行为

ideal of, **L17**：396,行为的理想

quality of, **L17**：410,行为的性质

Action Francaise, L' (Paris), **L15**：387 – 388,《法兰西行动》(巴黎)

Active：主动

  in child development, **E5**：91,儿童发展中的主动

Activist party (Polish), **M11**：265,275,298, 波兰行动主义政党

Activity：主动性、活动

  and passivity, **E1**：338;**M9**：345,主动性与被动性

  as object of desire, **E3**：254 – 255;**E4**：47; **E5**：439,作为欲望之对象的活动

  related to pleasure, **E3**：256 – 257,活动与快乐的关系

  capacity as, **E4**：46,49,50,潜质作为活动

  unconscious, **E4**：235;**L17**：154 – 155,无意识活动

  external vs. internal, **E5**：121,外部活动与内部活动;**L9**：169 – 171;**L13**：39 – 41,104,外在活动与内在活动;**L17**：156 –157,159,外部活动与内部活动

  in education, **E5**：144;**M9**：207 – 208; **L9**：169,173 – 174,179;**L15**：304,教育中的活动

  modes of, **E5**：230 – 231,人类活动的模式

  of child, **M1**：210 – 211,231;**M6**：363, 387;**L11**：193 – 195,200,213,243 – 245,儿童的活动

  in forming judgments, **M3**：12 – 13,活动在形成判断中被使用

  related to thought, **M6**：304 – 313;**M9**：152 – 153,161,271 – 275,,356 – 360; **L8**：281 – 292,活动和思维的关系

  and observation, **M6**：329 – 330;**L8**：317, 活动与观察

  in *Cyclopedia of Education*, **M6**：361 – 364,活动(《教育百科全书》)

  unified vs. divided, **M7**：472,统一活动与分散活动的对比

  Froebel on, **M8**：276 – 277,福禄培尔关于活动

  freeing of, **M9**：112,主动性的释放

  extension of meaning of, **M9**：215 – 218,各种活动的意义的扩展

  imagination in, **M9**：245 – 246,活动中的想象

  in modern theory, **M9**：275 – 280,近代理论中的主动性

  related to environment, **M9**：283,与环境相关的各种活动

  industrial, as cultural, **M9**：298,工业的,真正文化的各种活动

  individual vs. group, **M9**：311,个体活动和群体活动

  as impulsive, **M14**：84 – 86,110,144,155 – 156,202,冲动活动

  pure, **L4**：15,17,75,237,纯粹的活动

  organization of, **L8**：152 – 154,活动的组织

  desire vs. social value in, **L9**：172 – 173; **L10**：330 – 331,活动中的欲望和社会价值

  allied with God, **L9**：432 – 434,436,与上帝联合的活动

  in esthetic experience, **L10**：66 – 68,71, 73,79,161,218,227,233,260,261,278, 283 – 288,291,活动在审美经验中的作用

  distance, **L12**：35 – 38,活动距离

  intelligent, **L13**：45,57,59,理智活动

  experimental, **L13**：131,实验活动

  evoked by signs, **L13**：198,200 – 201,由符号引起的活动

  as end, **L13**：209,234 – 236,作为期望结果的活动;**L17**：383,484,活动作为目的

  continuity of, **L13**：244,活动的连续性

  artistic, **L15**：315 – 317,艺术活动

  as name, **L16**：115n,259,381,439,活动作为名称

  harmonious vs. wasteful, **L17**：153,和谐

的活动与浪费的活动相对

coordination of, **L17**：153 – 154，活动的协作

division of, **L17**：155，活动的分工

unity of, **L17**：157，活动的统一

learning by physical, **L17**：217，通过身体活动来学习

as test, **L17**：470，作为测试的活动

Act of 1857（Great Britain），**L7**：446，1857年法案（英国）

Acton, John Emerich Edward Dalberg Acton, **L1**：333 – 35，360，阿克顿，约翰·艾默瑞奇·爱德华·达尔贝格

Actor, **L10**：86，162，205，263，演员

role of, **L16**：101n, 108，185，213，240，行动者的作用

as name, **L16**：104，114n, 146，259 – 260，行动者作为名称

rejected view of, **L16**：105，122，130，行动者的被摒弃的观点

mind as, **L16**：124，理智作为行动者

related to action, **L16**：155，231 – 232，行动者与行动的关系

hypostatized, **L16**：156，行动者的实在化

Actual：实际的、物质的、实在、现实

vs. ideal, **E3**：259，实际的与理想的之间；**L7**：13，120 – 121，物质的和理想的对比；**L17**：155，实在与理想相对

Hitler on, **M8**：430，希特勒关于现实

Hegel on, **L4**：51，黑格尔论现实

defined, **L4**：239 – 248，被定义的现实

God as union of ideal and, **L9**：xvi-xvii, 34 – 36，435 – 439，上帝作为理念和事实的结合

Actuality, **L1**：109，实在；**L12**：94n, 111，138，182 – 183，252，271，288，337 – 339，385 – 388，396，现实

related to potentiality, **E1**：319，现实性与可能性；**L12**：132，164，238，332，476，现实与潜能；**L16**：426，现实性与潜在性

related to experience, **L16**：461，现实与经验的关系

Actualization：现实化

vs. potentiality, **L16**：434 – 435，现实化与潜在性相对

Adair v. U. S., **L7**：395 – 397，美国阿代尔案

Adams, George B., **E4**：200，213，亚当斯，乔治·B

Adams, George Plimpton, **L5**：147n; **L9**：xiin，亚当斯，乔治·普林顿

Adams, Henry, **M12**：13，亚当姆斯，亨利；**M13**：272 – 274; **L6**：297 亚当斯，亨利；**L10**：37，354，亚当姆斯，亨利

Adams, Henry Carter, **M5**：550，亚当斯，亨利·卡特

Adams, James Truslow, **L6**：93，亚当斯，詹姆斯·特拉斯洛

Adams, John, **M13**：298 – 299，303; **L13**：68，108，401; **L14**：203，208 – 210，218; **L17**：148，亚当斯，约翰

Adamson, Robert, **E1**：xxviii，亚当森，罗伯特

on psychology, **E1**：147 – 148，亚当森关于心理学

on definition, **L16**：163，168，181n，亚当森关于定义

Adamson law, **L7**：400，亚当森法

Adaptation, **M13**：378; **L11**：502，适应

in *Cyclopedia of Education*, **M6**：359，364 –365，调适（《教育百科全书》）

related to environment, **M9**：52，对环境的适应

related to religion, **L9**：11 – 14，与宗教相关的调试

esthetic, **L10**：119 – 122，140，176，审美的适应

rudiments of social, **L17**：260，社会适应的基本原理

Adams, Jane, **L3**：279; **L5**：xi, 418，419，421; **L6**：125; **L7**：315; **L15**：xxiii, 509;

L17：517,573,亚当斯,简

on group loyalty, **M5**：136,亚当斯论群体
忠诚

on peace, **M10**：266 - 267；**L15**：192 -
198；**L17**：149,亚当斯关于和平

Added determinants, **L12**：321,增加的决定
因素

Addis, Charles, **M13**：87,阿迪斯,查尔斯

Addition：添加

summative, **L12**：336 - 340,概括性添加

*Addresses on Fundamental Features of the
Present Age*（Fichte）, **M8**：180,《现时代
的基本特征的演讲集》(费希特)

Addresses to the German Nation（Fichte）,
M8：174,181,《对德意志民族的演讲》(费
希特)

Adelard of Bath, **L14**：394,巴斯的阿德拉德

"Adjusting Men to Machines"（D. Bell）,
L15：225 - 226,361,《使人适应于机器》
(贝尔)

Adjustment：适应、调节、调整

moral sense of, **E3**：313 - 314,适应的道德
意义

related to environment, **E5**：51,对环境的
适应；**M9**：51 - 52,调节与环境有关；
M10：8,9,调整与环境有关

in *Cyclopedia of Education*, **M6**：365 -
366,调整(《教育百科全书》)

James on, **L14**：165,詹姆斯论调整

Adkins v. Children's Hospital, **L7**：400,美
国阿德金案

Adler, Felix, **E3**：93；**M6**：xii；**L13**：295,
402；**L15**：xxix,阿德勒,费利克斯

Adler, Mortimer, **M13**：391；**L3**：311,314 -
315,阿德勒,莫提默/摩蒂默

Administration：行政、管理、政府部门

school, **M9**：104,171,368,行政学校

possibilities of intelligent, **L13**：313,理智
管理的可能性

qualities of good, **L17**：69 - 70,良好的政
府部门的性质

of education, **L17**：71,179,教育部门

Administration Group：政府当局

in Teachers Union, **L9**：323 - 326,335,
336,342,教师工会中的组织

charges against, **L9**：326 - 330,控告政府
当局

Administrators：管理者

qualities for school, **L17**：71,学校管理者
的性质

Adolescence（G. Hall）, **L11**：243《青春期》
(霍尔)

Adolescence, **M6**：231；**L8**：185,青春期

interest in, **E5**：311,对青春期阶段的兴趣

stages of, **M1**：215 - 221,青少年时期

emotions during, **L17**：345,青春期时的
情绪

Adolescence and High School Problems（R.
Pringle）, **M1**：xvn,《青少年和高中学校问
题》(普林格)

Adrian, Edgar, **L13**：327,阿德里安,埃德加

Adults：成年人、成人

education for, **L9**：100,184 - 185,191；
L11：61,165,175,176,232,347,509,
519,543；**L17**：45 - 47,成人教育

in utopian schools, **L9**：136 - 137,乌托邦
学校中的成年人的角色

related to child, **L11**：209,213,成人与儿
童的关系

Adventures of Ideas（Whitehead）, **L8**：355 -
359,《观念的冒险》；**L11**：147n, 148n,
152n；**L14**：124 - 140,189 - 190,190n,《观
念的历险》(怀特海)

Adventure with Children, An（M. Lewis）,
L3：330 - 331,《与孩子们的一场冒险》(刘
易斯)

Aeschylus, **E3**：118；**E4**：225；**M5**：130；
L7：97,101,121,埃斯库罗斯

Aesthetic Experience, *The*（Buermeyer）,
L10：321n,《审美经验》(布尔迈耶)

Aesthetics, 参见 Esthetics

Affection: 情感、爱好

Kant on, **M5**: 314 - 316, 康德论情感

in child development, **L6**: 141, 情感在儿童发展中的作用

development of, **L17**: 344 - 345, 爱好的培养

"Affective Thought," **L2**: xxi, 《有情感地思考》; **L6**: 330, 332, 493, 496, 498, 《情感性思想》

Affectivity: 情感作用

and integration with environment, **L2**: 105, 106, 情感作用与环境融为一体

Affecto-motor theory, **M15**: 21 - 22, 25, 339 - 340, 343, 348, 情感驱动理论

Affirmation, **L12**: 198, 肯定。另见 Agreement, **L12**; Ground, **L12**; Identity, **L12**; Inclusion, **L12**

and assertion, **L12**: 123, 肯定和断言

nature of, **L12**: 263, 423 - 424, 肯定的本质

negation-, **L12**: 427, 459, 肯定和否定

and judgment, **L14**: 175, 确定和判断

AFL, 参见 American Federation of Labor

Africa, **L15**: 61, 308, 非洲

totem group in, **M5**: 26; **L7**: 26, 非洲图腾族群

Against Method (Feyerabend), **L8**: xivn, 《反对方法》(费耶阿本德)

Agassiz, Louis, **E5**: 265; **L17**: 204, 阿加西兹, 路易斯

Age: 年龄

as division in primitive societies, **M5**: 36 - 37; **L7**: 35 - 36, 原始社会的年龄划分

Ageing: 老年化

problems of, **L14**: 341 - 350, 老年化的问题

Agent: 行动者

related to valuing, **L16**: 6, 345, 348, 与评价的关系

Aggregates: 聚合

and collections, **L12**: 203 - 204, 208 - 210, 360 - 363, 409 - 410, 聚合和集合的关系

Agitation: 煽动

Russian definition of, **L17**: 495, 俄国人对煽动的定义

Agnosticism, **E4**: 6; **M13**: 417; **L4**: 154; **L9**: xx, 57, 不可知论

criticized, **E1**: 206 - 207, 被批评的不可知论

in philosophy, **E3**: 125, 哲学中的不可知论

in science, **E3**: 141, 科学中的不可知论

equivalent to nescience, **M2**: 153 - 154, 不可知论等同于无知论

growth of, **M10**: 24, 不可知论的发展

Agnostic positivism, **M10**: 38, 不可知的实证主义

Agreement, **L12**: 184, 263, 428, 一致; **L16**: 399, 同意

of consequences, **L12**: 25 - 26, 52 - 53, 57 - 60, 477, 结果一致

Agricultural Adjustment Administration (AAA): 农业调整管理局(农业部 3A 机构)

on dollar distribution, **L9**: 83 - 84, 农业部 3A 机构关于美元的分配的报告

on parity prices, **L9**: 84 - 85, 农业部 3A 机构关于评价价格的报告

Agricultural instinct: 农艺本能

in education, **E5**: 250 - 251, 教育中的农艺本能

Agricultural societies, **L14**: 204, 农业学会

Agriculture, **L10**: 152; **L11**: 10, 16, 169, 228, 256, 262; **L13**: 164, 319; **L16**: 405。另见 Farmers

helps war effort, **M10**: 296 - 300, 农业在战争中提供帮助

methods of, **M11**: 63, 农业方法

in Japan, **M11**: 161 - 166, 日本农业

in China, **M11**: 216 - 217, 中国农业

of opium, **M11**：238, 鸦片种植

of Poles, **M11**：285, 294, 波兰人的农业

need for organization in, **L9**：249, 农业中组织的需要

Russian study of, **L17**：502-503, 俄国人对农业的研究

Agriculture, Department of, **L6**：361; **L9**：85, 农业部

Agriculture Adjustment Act, **L11**：373, 农业调整法

Aid: 资助

federal, to education, **L9**：392-393, 联邦资助教育

Aidos, **L7**：122, 羞耻心

Aids to Reflection (Coleridge), **L5**：148, 178, 180, 181,《对沉思的援助》（柯尔律治）

Aiken, Henry, **L15**：127n, 艾肯, 亨利

"Aim and Progress of Psychology, The" (Kantor), **L16**：130n,《心理学的目的和发展》（坎特）

Aims, **L13**：223, 目标。另见 Ends; Purpose

nature of, **M9**：107-111, 目标的本质

criteria of good, **M9**：111-113, 182-183, 好目标的标准

educational, **M9**：113-117, 目标在教育中的应用; **M13**：320, 399-400, 教育的目标

vocational, **M9**：318-321, 职业的目标

deliberation about, **M13**：12, 对目标的沉思

growth as, **M13**：402, 404, 作为目标的成长

and consequences, **M14**：155-160, 168-170, 目标和后果

development of, **L7**：185, 目的发展

social, **L13**：304, 社会目标

unity of, **L13**：340, 目标的统一

importance of, **L17**：279, 283, 目标的重要性

Albania, **M15**：380, 阿尔巴尼亚

Albertus Magnus, Saint, **M2**：240, 大阿尔伯特; **L14**：394, 阿尔伯图斯·马格努斯, 圣

Alcmaeon of Croton, **M12**：xiii, 克罗顿的阿尔克麦翁

Alcohol: 酒

Russian problem with, **L17**：506, 俄国的酒问题

Alcott, Louisa May, **M7**：358, 奥尔科特, 路易莎·梅

Aldrich, Virgil C., **L16**：210n, 阿尔迪许, 维吉尔·C

Alertness: 敏锐

importance of, **L17**：280-282, 敏锐的重要性

Aleuts: 阿留申

tribal regulation of, **L3**：13-14, 阿留申部落的规矩

Alexander, F. Matthias, **M14**：23n, 28n; **L1**：225n, 229n, 亚历山大, F·马赛厄斯

on conscious control, **M11**：x, 350-355, 359-360; **L6**：315-320, 亚历山大对有意识的控制手段的主张

contrasted with Coué, **M15**：45-46, 亚历山大同库埃相比较

method of, **M15**：308-315, 杜威了解亚历山大的方法

Alexander, Georgia, **M8**：208, 亚历山大, 乔治娅

Alexander, Hartley Burr: 亚历山大, 哈特利·伯尔

on Carus Foundation, **L1**：393-395, 亚历山大论卡鲁斯基金会

Alexander, Samuel, **M12**：xxx, 亚历山大, 萨缪尔

on rightness, **E4**：246, 亚历山大论公正

on moral progress, **M5**：385, 亚历山大论道德进步

on poetry, **L10**：70, 355, 亚历山大论诗

Alexander of Hales, **M2**：240, 哈勒的亚历山大

Alexander the Great，**M8**：194；**M10**：237；**L8**：23；**L15**：207，亚历山大大帝

Alexandria, Egypt，**L8**：5,24,357,359,埃及亚历山大

Alexandrian civilization，**L10**：331,亚历山大时期的文明

Alfange, Dean，**L17**：133,560,阿尔范吉,丁

Algonquin Indians，**M7**：400,阿尔冈昆人

Alienation，**L15**：169,异化

All,所有的。另见 Universal proposition，**L12**
　　ambiguity of term，**L11**：120-121,"所有"一词的歧义性
　　meanings of，**L12**：193-194,200,254-258,296,325-326,"所有"的意义
　　as qualitative，**L12**：203,204,207-209,作为性质上的"所有"

"Alleged New Discovery in Logic, An"（D. Robinson），**M10**：415-430,《逻辑学中一个所谓的新发现》（罗宾逊）

Allen, Carleton Kemp，**L3**：326-329,艾伦,卡乐登·肯普

Allen, Devere，**L6**：249,艾伦,德弗雷

Allen, Florence，**L5**：353；**L8**：16,艾伦,弗洛伦斯

Allen, Ira，**L14**：266,艾伦,艾拉

Allies，**M12**：35,63,66，**M15**：129,联盟。另见 Great Powers
　　conceptions about，**M11**：xi-xii,127,158,159,177-179,365,协约国的概念
　　relation with U. S. ，**M11**：107,182,229,协约国和美国的关系
　　in WWI，**M11**：109-110,129,230,战时的协约国
　　in Siberia，**M11**：167,协约国在西伯利亚
　　China's relation with，**M11**：186,190,199-202,229,协约国和中国的关系
　　at peace conference，**M11**：198,和会上的协约国
　　and Polish question，**M11**：267-302,316,320-324,330,402,协约国和波兰问题

in peacetime，**M15**：106-107,联盟在和平时期的作用
and World Court，**M15**：390,联盟和永久国际正义法庭

Allotment plan：分配计划
　　for farmers，**L9**：249-250,农民的分配计划

All Our Years（Lovett），**L14**：431,《我们所有的岁月》（洛文特）

Allport, Gordon W. ，**L14**：5,15,38-41,奥尔波特,戈登·W

Alogism：非逻辑主义
　　Royce's rejection of，**M10**：80,罗伊斯对非逻辑主义的拒斥

Alsace-Lorraine，**M11**：136；**M12**：60,阿尔萨斯-洛林（法国东北部地区）

Alter, Victor，**L15**：350,奥尔特,维克托

Alternation：析取
　　logical，**L12**：337-339,逻辑析取

Althusius, Johannes，**L2**：39,40,阿尔图休斯,约翰尼斯

Altman, Jules，**L16**：5,阿特曼,贾尔斯

Altruism，**M14**：92-93,97,202,利他主义
　　and egoism，**E3**：285,307-308,利他主义与利己主义
　　criticism of，**M5**：347-351,对作为道德动机的利他主义的批评
　　in *Cyclopedia of Education*，**M6**：366-369,利他主义（《教育百科全书》）
　　theory of，**L7**：292-298,利他主义理论
　　dangers of，**L7**：294,301,314-315,利他主义的危险

Ambition，**L7**：73,雄心壮志

Ambrose, Saint，**L7**：137,安布罗斯,圣

America in Midpassage（C. Beard and M. Beard），**L14**：283-285,《途中的美国》（C·比尔德和M·比尔德）

American Association for the Advancement of Science，**M6**：69n；**M8**：105；**L6**：118n,美国科学发展协会

Dewey addresses，**L17**：xvii-xviii,杜威在美国科学进步协会演讲

American Association of School Administrators，**L13**：281n,美国学校管理者协会

American Association of Teachers Colleges，**L9**：158n,美国教师教育学院协会

American Association of University Professors（AAUP），**M8**：98-108,409,美国大学教授联合会；**M9**：xiv；**M10**：ix,xxxix,165,371-372,450-452,美国大学教授协会；**L6**：xxii,120,122,503,美国大学教授联合会；**L14**：274,美国高校教授协会；**L15**：xviii,美国大学教授联合会

  Dewey president of，**M2**：xix,杜威作为美国大学教授协会首任主席

  Committee on Academic Freedom and Tenure，**M10**：370,学术自由与终身教职委员会

  Committee on University Ethics，**M10**：373-376,大学伦理委员会

American Association of University Women，**L6**：342,美国大学妇女联合会；**L17**：553,全美高校女性联盟

American Bar Association，**M8**：102,美国律师协会

American Chemical Society，**L6**：120,美国化学学会

American Civil Liberties Union，**L9**：87；**L15**：356,美国公民自由权利同盟

  Dewey in，**M10**：ix,xxxix,杜威在美国民权联盟的活动

American College of Physicians，**L13**：323n,美国物理学院

American Commission plan，**M13**：129,美国委员会方案

American Committee for the Defense of Leon Trotsky，**L11**：310n,321n,托洛茨基案美国辩护委员会。另见 Commission of Inquiry into the Charges Made against Leon Trotsky in the Moscow Trials

Declaration of Principles of，**L11**：303-305,托洛茨基案美国辩护委员会的原则声明

function of，**L11**：306-307,598-599,托洛茨基案美国辩护委员会的职能

criticism of，**L11**：334,托洛茨基案美国辩护委员会的批评

American Committee for the Outlawry of War，**M15**：xiv,103；**L5**：352；**L8**：14,15,17,美国战争非法化委员会

American Commonwealth，*The*（Bryce），**L11**：184,《美利坚联邦》(布赖斯)

American dream，**L11**：535,536,547,美国梦

American Education Fellowship，**L17**：88,558,美国教育协会

American Education Past and Future，**L6**：xxii,《美国的教育：过去和未来》

American Farm Bureau Federation，**L9**：250,273,美国农业事务联合会

American Federationist，**L5**：333,《美国联邦主义者》

American Federation of Labor（AFL），**M10**：169,170,美国劳工联盟；**L5**：317,331-345,372,373,392；**L6**：172,236,251；**L7**：429；**L9**：250,252；**L11**：349,351,美国劳工联合会；**L14**：375,美国劳动者联盟；**L15**,美国劳工联合会：240,245；**L17**：83,美国劳工联盟

  and AFT，**L9**：123-124,335,美国劳工联合会与教师联合会

  and crisis in education，**L9**：124-125,130n,美国劳工联合会与教育中的危机

  opposes sales taxes，**L9**：273,美国劳工联合会反对营业税

American Federation of Teachers（AFT），**M10**：168n,美国教师联盟,370,全美教师联盟；**L5**：331-333,336；**L6**：433-435；**L9**：112,114；**L11**：161,349,351,美国教师联合会

  Dewey's membership in，**L3**：269-275,杜

威作为美国教师联合会的会员

activities of，**L3**：271 - 273，美国教师联合
会的活动

solidarity of，**L3**：279，美国教师联合会的
团结

role of，in improving education，**L9**：122，
125 - 126，美国教师联合会在促进教育
发展方面的作用

Dewey on，**L9**：123 - 124，杜威关于教师联
合会

and AFL，**L9**：123 - 124，335，美国教师联
合会和美国劳工联合会

and Teachers Union，**L9**：318，320n，329，
美国教师联合会和教师工会

25th anniversary of，**L14**：375，美国教师
联盟 25 周年

goal of，**L17**：83，美国教师联合会的目的

revokes local charters，**L17**：520，美国教师
联合会撤销地方许可证

communism within，**L17**：520 - 521，美国
教师联合会里面的极权主义

American Friends of Spanish Democracy，
L11：527，西班牙民主美国朋友会

American Hebrew，**L5**：396 - 397，《美国西
希伯来人》

American Historical Review，**M11**：314，《美
国历史评论》

American Indians，参见 Indians，North American

American Institute of Architects，**L9**：262，美
国建筑师协会

Americanism，**L5**：330，美国主义

characteristics of，**L5**：50 - 57，美国主义的
特点

European view of，**L5**：50 - 52，101，109，
欧洲对美国主义的看法

judicial supremacy of，**L17**：118，美国主义
中的司法至上

Americanization，**M12**：12 - 16，美国化

American Journal of Economics and Sociology，
L14：362 - 363，《美国经济学与社会学杂
志》

American Labor party，**L17**：133，560，美国
工党

American Legion，**L6**：236，美国军团；**L11**：
576，美国退伍军人协会

American Liberty League，**L9**：88 - 89，美国
自由联盟

American Medical Association，**M8**：102，美
国医学协会

American Newspaper Guild，**L11**：352，604，
美国报业公会

American Peace Commission（Commission of
Inquiry），**M11**：401 - 403，美国和平委员
会（调查委员会）

American Peace Mobilization，**L15**：348，美国
和平动员会

American Philosophical Association，**M7**：
44n，47n；**M10**：79，447；**L3**：41n；**L5**：
210n，461n，477n，487n；**L11**：xxiv，
289n；**L14**：431；**L15**：154，324，美国哲学
协会、美国哲学学会

Münsterberg lauded at，**M1**：xiii，杜威在美
国哲学协会致辞中对明斯特伯格的颂扬

American Psychological Association，**M3**：
351n；**M7**：47n，美国心理学协会

Dewey president of，**M1**：ix，131n，美国心
理学协会的主席杜威

founding of，**M10**：53，美国心理学协会的
成立

American Revolution，**L6**：463；**L7**：148 -
150；**L15**：217，252，美国革命

American Road to Culture，*The*（Counts），
L9：177，《美国通往文化之路》（康茨）

American Society of Civil Engineers，**L6**：
120，美国土木工程师协会

American Sociological Society，**L15**：225，美
国社会学学会

American Sociology and Pragmatism（J.
Lewis and R. Smith），**L6**：xiii，《美国的社
会学与实用主义（刘易斯与史密斯）

American Teacher，**L9**：329，《美国教师》

American Telephone and Telegraph，**L5**：59，美国电报电话公司

America's Social Morality（Tufts），**L15**：322，325，《美国社会的道德》（塔夫茨）

Ames，Adelbert，Jr.，**L15**：xxiii，310 - 311，510，艾姆斯，小阿德尔伯特

Ames，Edward Scribner，**M5**：ix；**L15**：321n，埃姆斯，爱德华

Ames，Van Meter，**L6**：311，艾姆斯，范米特

Amherst College，**L15**：324，阿姆斯特学院

Amiel，Henri Frédéric，**E4**：193 - 194，爱弥尔；**M4**：44，242，埃米尔

Amity：和睦
  Bentham on，**M5**：265 - 266，边沁论和睦

Among Cannibals（Lumholtz），**M2**：46n，《在食人族中间》（拉姆荷尔兹）

Among Congo Cannibals（J. Weeks），**L3**：82，《在刚果食人族中间》（威克斯）

Amos，**M5**：91，96；**L7**：83，84，88，阿莫斯、阿摩斯

Amoy（Xiamen），China，**L6**：205，厦门，中国

Amsterdam，Netherlands，**L10**：117，358，阿姆斯特丹美术馆

Amusements：娱乐
  rival political interests，**L2**：321 - 322，竞争的政治利益

Analogy，logic of：类推的逻辑
  in *Cyclopedia of Education*，**M6**：369 - 370，类推的逻辑（《教育百科全书》）

Analogy of Religion，Natural and Revealed，The（J. Butler），**L5**：147，150；**L9**：xii，422，《自然宗教与启示宗教之类比》（巴特勒）

Analysis，**M14**：128 - 129；**L4**：74，99，139；**L10**：vii 分析。另见 Data，**L12**；Elimination，**L12**；Selection，**L12**
  and synthesis，**E3**：78 - 80；**L13**：56 - 57，分析与综合

related to thought，**M6**：266 - 270；**L8**：216 - 220；**L10**：308 - 309，313 - 317，分析和思维的关系

scientific method，**M6**：297 - 298；**L8**：272 - 275，分析与科学方法

in *Cyclopedia of Education*，**M6**：370 - 375，分析（《教育百科全书》）

importance of，**L7**：xxxiii；**L17**：290 - 291，分析的重要性

generalized，**L8**：242，概括的分析

of Cassirer，**L16**：115n，卡西尔的分析

Moore on，**L16**：205 - 207，摩尔关于分析

in semiotic，**L16**：232，符号学中的分析

of activity，**L17**：156 - 157，对活动的分析

facts as，**L17**：157，158，作为分析的事实

excess of，**L17**：292，过多的分析

Analysis of Knowledge and Valuation，An（C. Lewis），**L5**：xxix，《对知识的评价与分析》（刘易斯）

Analytical Psychology（Witmer），**M2**：119，《分析心理学实用手册》（魏特默）

Analytic logic，**M10**：335，分析逻辑

Analytic realism，**M8**：68；**M10**：90，分析实在论

Analytic-synthetic distinction，**L16**：xxxiii，分析-综合的区分

Analytic Theory of Heat，The（Fourier），**L15**：xvii，《热的解析理论》（傅立叶）

Anarchism，**M7**：419；**M12**：247；**L2**：252，无政府主义

Anarchy，**L11**：459 - 460，无政府
  and democracy，**L15**：205，**L7**：xviii，无政府与民主
  as threat，**L16**：399，无政府的威胁

Anarchy，State，and Utopia（Nozick），**L2**：xxxv，《无政府、国家和乌托邦》（诺奇克）

Anatolia，Turkey，**M15**：134，137，139 - 140，146，293，土耳其的安纳托利亚

Anaxagoras：阿那克萨戈拉、阿那克萨哥拉
  on nous，**M2**：161 - 162，阿那克萨戈拉论

奴斯

on vacuum, **M2**：267,阿那克萨戈拉论虚空

atheism of, **L17**：182,阿那克萨哥拉的无
神论

Anaximenes, **M2**：205,阿那克西米尼

Ancestors：祖先

group importance of, **M5**：25；**L7**：26,祖
先的群体重要性

worship of, **M5**：35 - 36；**L7**：34 - 35,56,
祖先崇拜

Anchises, **M5**：36；**L7**：34,安喀塞斯

And, **L12**：335 - 338,438 - 439,并且

Andersen, Hans Christian, **M8**：241,安徒
生,汉斯·克里斯蒂安

Anderson, Benjamin M. , Jr. , **L6**：360,安德
森,小本杰明·M

Andover Theological Seminary, **L5**：178,安
多弗神学院

Andronicus of Rhodes, **M2**：186,安德罗尼柯
作为逍遥学派人

Anesthetic：反审美

cause of, **L10**：46,47,84,156,202,267,反
审美的原因

Anfu Club（China）, **M12**：65 - 69,255；
M13：122,124,135,139,145,安福（安徽）
俱乐部、安福系

opposes student movement, **M13**：100,安
福系反对学生运动

overthrow of, **M13**：149 - 150,安福系的倒
台

Anfu party, **L2**：183,安福派

Angell, James Rowland, **M5**：ix,安杰尔,詹
姆斯·罗兰；**L5**：xi, 419,420,安吉尔,詹
姆斯·R；**L7**：430,安杰尔,詹姆斯·罗兰

on moral conduct, **M5**：14,安杰尔论道德
行为中的良知

at University of Chicago, **L16**：xiv,芝加哥
大学的安吉尔

Angell, Norman, **M11**：182；**L2**：33n,安吉
尔,诺曼

Angelus（Millet）, **L17**：245,《晚祷》（米勒）

Angelus Silesius, **M2**：216,西勒修斯

Anger, **E4**：172 - 173,183 - 184；**M14**：65 -
66,106,愤怒

Anglo-Japanese alliance：英日同盟

renewal of, **M13**：77,91,125 - 126,177,英
日同盟的恢复

meaning of, **M13**：121,英日同盟的意义

viewpoints toward, **M13**：177 - 179,191,
219,对英日同盟的看法

end to, **M13**：212 - 215,英日同盟的终结

Angora（Ankara）, Turkey, **M15**：128,134,
135,282,418,419,安哥拉（安卡拉）,土
耳其

compared with Constantinople, **M15**：136 -
138,安卡拉与君士坦丁堡相比较

Animal art, **L10**：317n,动物艺术

"Animal Faith and the Art of Intuition"（S.
Lamprecht）, **L14**：306,《动物信念和直觉
的艺术》（兰普雷克特）

Animals, **M12**：81 - 82,232 - 234,245,动物

training of, **M9**：16,动物训练

experimentation with, **L2**：98 - 100,利用
动物的科学实验

responsibility toward, **L2**：100 - 102,对动
物的责任

similar to man, **L10**：39,40,243,与人相似
的动物

behavior of, **L16**：144,147,230n, 321,325 -
327,472 - 473,动物的行为

as ancestor, **L16**：412,414,动物作为祖先

Animism, **M2**：181；**M9**：221,万物有灵论；
L1：142 - 143,243,262,泛灵论；**L5**：226,
230；**L14**：193 - 194,383,万物有灵论

of primitive mind, **M2**：43,原始人的万物
有灵论

Animosity：敌意

as reason for sanctions, **L6**：216,敌意作为
制裁的理由

Ann Arbor Railroad Co. et al. v. United

States et al., **L6**：371,安阿伯铁路有限公司等诉美国等案

Anselm, Saint, **M2**：168-169,安瑟伦

Anstruther-Thomson, C., **L10**：357,安斯特拉瑟-汤姆森

Antecedent conditions：前情、前件
　affect moral validity, **M2**：xii,影响道德有效性的前情
　fallacy regarding, **M2**：10-11,关于前件的谬误
　positive aspects of, **M2**：13,前件的积极方面
　Dewey's view of, **M2**：14-15,杜威有关前件的观点

Antecedent objects, **L5**：xxvii-xxviii,先在对象

Antecedents：先在
　knowledge as disclosure of, **L4**：18,56,58,150-154,157,160,164-166,193,196,232,236,知识当作对先在的解释
　in science, **L4**：101,102,138,144,147,186,200,219,230,科学中先在的作用
　determine validity of ideas, **L4**：110,116,117,132,133,先在决定观念有效性
　determine values, **L4**：206,211,217,219,240,242,246,先在决定价值

Anthropocentrism, **L14**：143,人类中心主义
　Cohen on Dewey and, **L14**：380-381,科恩论杜威和人类中心主义

Anthropologist, **L10**：330,人类学家

Anthropology（Kant）, **L5**：179,《人类学》（康德）

Anthropology, **L1**：37-43,118,287-288；**L6**：xvi,37-38,278-279；**L16**：63n,人类学
　related to ethics, **L3**：xxiii-xxiv,11,14,16,19,人类学同伦理学的关系
　laws of uniformity in, **L5**：170-171,人类学中的统一规律
　related to religion, **L9**：3,与宗教相关的人类学
　research in, **L13**：85,人类学研究
　cultural, **L13**：248,文化人类学
　and war, **L14**：320,330,431,人类学和战争

"Anthropology and Ethics," **L7**：xv,《人类学和伦理学》

"Anthropology and Law," **L14**：xxii,《人类学和法学》

Anthropomorphism, **L17**：93,神人同形同性论
　Fiske on, **L17**：94,96-97,费斯克论神人同形同性论

Anticipation, **L10**：142-143,149；**L15**：37-38,预期
　as quality of experience, **M10**：10,期望作为经验的支配性特征
　intellectual, **M13**：53,思想上的预期
　in knowledge, **M13**：457,467,468,知识中的预期

Anti-clerical legislation, **L2**：194-196,反教权立法

Antigone（Sophocles）, **M2**：145,《安提戈涅》；**L7**：103,122,《安提歌涅》（索福克勒斯）

Anti-Imperialist League, **L15**：22,反对帝国主义同盟主义

Anti-intellectualism：反理智论、反理智主义
　pragmatism as, **M6**：86-90,作为反理智论的实用主义
　Dewey accused of, **M9**：xx-xxiv,杜威被控诉为"反理智主义"

Anti-Intellectualism in American Life（Hofstadter）, **M9**：xx,《美国生活中的反理智主义》（霍夫施塔特）

Antin, Mary, **M10**：184,安廷,玛丽

"Anti-Naturalism in Extremis," **L15**：xiii,《极端的反自然主义》

Antinomianism, **L1**：118,唯信仰论

Antinomy, **L13**：110,二律背反

Antioch（Antakaya），Turkey，**L8**：357，安提阿，土耳其

Antioch College，**L6**：419，503，安蒂奥克学院；**L11**：226n，567n，580，安提阿学院

Anti-pragmatisme（Schinz），**M4**：245－249，《反实用主义》（欣兹）

Anti-pragmatists，**M8**：48，反实用主义

Antiquity，**M12**：97－98，古代

Anti-Saloon League，**L6**：236，反酒吧联盟

Anti-Semitism，**M8**：188；**L13**：301；**L15**：388，反犹太主义

    in Poland，**M11**：262，264，278，280－282，308，波兰的反犹主义

Antisocial nature：反社会性

    denial of man's，**M9**：28，人的反社会性受到否定

    of gangs，**M9**：91，反社会性团伙或派别

Antisthenes，**L2**：125，128－129，安提西尼

Antithesis：对立

    principle of，**E4**：165－169，情绪中的对立原则

Anti-War Pact：《反战公约》

    violations of，**L6**：450，467，470－471，484，违背《反战公约》

    international obligations under，**L6**：452，454，460，462，473，476，《反战公约》中的国际义务

    China and，**L6**：458，中国与《反战公约》

Anwhei faction（China），**M12**：69－70，安徽党（中国）

Apata，Peru，**L15**：510，阿帕塔，秘鲁

Apathy：冷漠、漠不关心

    related to moral theory，**M5**：202，与道德理论相关的冷漠

    and politics，**L6**：182－183，185，188，漠不关心与政治

Apologetics，**L9**：26，27，37，217；**L14**：326，护教学

"Apologia Pro Mente Sua"（Santayana），**L14**：295；**L15**：423，《向您辩解》（桑塔亚那）

Apologists：护教士

    purpose of，**L17**：96，护教士的目的

    on Christianity，**L17**：374，基督教护教士

Apology（Plato），**M12**：xii；**L11**：xxvi；**L16**：471，《申辩篇》（柏拉图）

A posteriori，**M8**：158，后天经验事实

    as philosophical issue，**M10**：14，后天的作为哲学的主题

    Russell on，**M10**：93，罗素论后天的

Apostles Creed，**L2**：165，使徒信经

Appearance，**L1**：17，52，53，111－113，325，344，外观、表现；**L4**：19，24，247，现象

    separated from philosophy，**M10**：46，哲学从问题的呈现中分离出来

    defined，**L3**：55－59，现象的定义

    and intellectual significance，**L3**：60－61，现象和理性意义

    as sign，**L3**：62－63，69－70，作为符号的现象

    misconstruction of nature of，**L3**：63－64，67，71，对现象本质的误解

    and reality，**L14**：25，26，196－197，表象和实在；**L17**：367n，表象与现实

Appearance and Reality（F. Bradley），**M1**：256，《表象和实在》；**M3**：171n，《现象和实在》；**M4**：54－55；**M7**：xiv，《现象与实在》（布拉德雷）

"Appearing and Appearance，" **L3**：xix-xx，《显现和现象》

Appellate Division：上诉庭

    of New York State courts，**L9**：376－377，纽约州法院上诉庭

Apperception：统觉

    theory of，**E2**：78－82；**E5**：297，统觉论

    organs of，**E2**：112，统觉的器官

    dependent on adjustment，**E2**：123－125，统觉依赖于调节

    related to retention，**E2**：130－133，统觉与保持的关系

and conception，**E2**：180，统觉和概念

connected with qualitative feeling，**E2**：239 -240，统觉与性质化情感的连接

Herbart's theory of，**M9**：76，赫尔巴特关于统觉的理论

Appetite，**M14**：7，110，188；**L11**：73，意欲

related to energy，**E5**：129，欲望与能量的关系

and action，**L13**：162，欲望与行动

Appliances：用具

in inquiry，**L16**：327 - 330，探究中的用具

Application，**L1**：147，325 - 326，应用、运用；**L12**：373 - 375；**L16**：91 应用。另见 Operations，**L12**；Reference，**L12**

in science，**L1**：119，128 - 131，科学上的应用

as name，**L16**：260，应用作为名称

processes of，**L16**：308，应用的过程

Appraisal，**L8**：220；**L16**：311，评估、评价、鉴定

valuation as，**L13**：195，209 - 211，216，223 -224，评价作为鉴定

related to prizing，**L13**：212 - 213，与珍视相关的鉴定

of propositions，**L13**：222，237，对命题的鉴定

of means and ends，**L13**：229，对手段和目的的鉴定

of desires and ends-in-view，**L13**：233，238，对欲望和所期待的结果的鉴定

Appreciation，**M8**：25，鉴赏力；**L1**：70，80，110，121，150，159 - 160，267 - 268，278，281 - 282，298 - 300，感激、评价、欣赏；**L12**：176 - 179，欣赏。另见 Consummation，**L12**

related to values，**M7**：45 - 46；**L8**：195，评价与价值的关系

in education，**M9**：242 - 258；**L6**：112 - 113，117，教育中的欣赏

Prall on，**M15**：26，340，343，普劳尔论评价

esthetic，**L1**：159 - 160，267 - 268，278，281 -282；**L2**：111 - 115；**L6**：40，45 - 46，113；**L10**：60 - 61，181 - 182，190，203，261，280，304，审美的欣赏

related to criticism，**L1**：298 - 300；**L10**：312，320，328，欣赏与批评有关

objects of，**L4**：177，238，欣赏的对象

achievement of，**L4**：209，214，236，241，达到欣赏

in thinking，**L8**：340 - 341，欣赏在思维中的作用

Apprehension，**M12**：161 - 162，领会；**L2**：74n；**L13**：194；**L16**：192，理解

immediate，**L12**：92 - 94，142 - 160，168 - 170，183，418 - 419，直接理解

realistic，**L12**：168，493 - 494，实在论的理解

vs. comprehension，**L14**：53 - 54，把握与理解

perceptual and conceptual，**L17**：416n，知觉的和概念的领会

Apprenticeship：学徒训练

earliest form of，**M9**：10，学徒训练的最早期形式

as vocational education，**M9**：321，学徒训练作为早期职业教育

Approbation，**E4**：292 - 295，认可

in moral theory，**L5**：285 - 288；**L7**：237，253 - 255，259 - 260，309，道德理论中的认可

as concept，**L7**：182，235，作为中心概念的认可

and standards，**L7**：238 - 240，246，265，认可和标准

utilitarian theory of，**L7**：242 - 243，认可的功利主义理论

as social，**L7**：288 - 289，302 - 303，社会认可

motive of，**L17**：3，赞美的动机

A priori，**M7**：286，297；**M8**：200；**L1**：148；**L5**：xxviii-xxix，215，257n，471 - 476；**L12**：xvii，xix，18，23，28，31，47，50，106，147，155，156，389，464，497 - 498，503，522 -524，先天、先验

    Kant on，**M8**：157 - 160，康德哲学强调先天

    as philosophical issue，**M10**：14，先天的作为哲学的主题

    related to pragmatism，**M10**：44，先天与实用主义相关

    Russell on，**M10**：93，罗素论先天的

    necessity of，**L17**：481，先天东西的必然性

Apriorism，**M7**：459，先验论

    British empiricism as，**M10**：48，英国经验论作为一种先验论

Aptitude：天资

    disclosure of，**L17**：512 - 513，天资的显露

Apuleius, Lucius，**M2**：249，阿普列尤斯

Aquinas, Saint Thomas，参见 Thomas Aquinas, Saint

Arabia：阿拉伯

    customs of，**M5**：33；**L7**：32，阿拉伯风俗

Arabs，**L8**：6，阿拉伯人

Arbitration：仲裁

    prevents war，**M15**：124，仲裁在阻止战争时的作用

Arbitration, Permanent Court of，参见 Hague Tribunal

Architectonic，**L10**：233，235，建筑的

Architects，**L10**：231，建筑师

Architecture，**E2**：274 - 275；**L9**：262；**L16**：397，建筑

    Byzantine and Turkish，**L2**：191，拜占庭和土耳其式的建筑

    in Leningrad，**L3**：215，列宁格勒的建筑

    as expression of purpose，**L7**：125 - 126，作为目地表达的建筑

    Roman，**L7**：126，罗马建筑

    nature of，**L10**：13，36，37，58，111 - 115，130，136，147，162 - 163，168，173 - 174，180 - 189，193，200，201，207 - 208，214 - 217，222 - 226，233 - 238，242 - 245，258，270，272，300，303，321，建筑的本性

    transmits civilization，**L10**：331 - 334，344 -348，建筑传承文明

Architecture of Humanism, The (G. Scott)，**L10**：133n，《人文主义的建筑学》（斯科特）

Archiv für Rechts-und Sozialphilosophie，**L14**：xxiv，《法哲学-社会哲学文汇》

Are Sanctions Necessary to International Organization? (Foreign Policy Assn.)，**L6**：196n，450n，《国际组织必须进行制裁吗？》（外交政策协会）

Argumentation，**M12**：97，132 - 133，争论，论证；**L11**：515，论证

Argumentation and Public Discussion (Pellegrini and B. Stirling)，**L11**：515，《论证与公共讨论》（佩勒格林尼和斯特灵）

Aristippeans，**L2**：133，亚里斯卜派

Aristippus，**E5**：352，353，阿瑞斯提普斯；**M2**：245，亚里斯提卜

Aristo，**M2**：186，阿里斯顿

Aristocracy，**M12**：239 - 240，贵族统治；**L7**：73，贵族；**L13**：108，贵族形式

    and peasantry，**E3**：178 - 179，贵族阶层与农民阶层

    and democracy，**M13**：xii，297 - 300，贵族统治与民主；**L13**：295，贵族形式与民主

    in U. S.，**M13**：290，美国的贵族统治

    intellectual，**M13**：290，297，302 - 303，思想上的贵族统治

Aristophanes，**L7**：98，阿里斯多芬尼斯；**L17**：182，阿里斯托芬

Aristotelian logic，**M7**：352，438；**M8**：xi，79；**L5**：166 - 167，244；**L8**：6 - 7；**L12**：49，85，130，387；**L16**：65，145，185，亚里士多德的逻辑

    fundamental truths in，**M1**：162，164 - 165；**M2**：196 - 197，亚里士多德逻辑中

的基本真理

compared with scientific method, **M1**：172 - 174,相对于科学方法的亚里士多德逻辑

induction and deduction in, **L12**：xxiv, 416 - 420,亚里士多德逻辑中的归纳和演绎

related to modern logic, **L12**：86 - 102,与现代逻辑相关的亚里士多德逻辑

definition in, **L12**：91,139 - 140,239,357,亚里士多德逻辑中的定义

immutable objects in, **L12**：133,亚里士多德逻辑中的不变对象

predication in, **L12**：139 - 141,285,亚里士多德逻辑中的谓述

fixed species in, **L12**：182 - 183,260,亚里士多德逻辑中的固定种

affirmation and negation in, **L12**：198,亚里士多德逻辑中的肯定与否定

quantity in, **L12**：201 - 202,亚里士多德逻辑中的量

kinds in, **L12**：252 - 254,亚里士多德逻辑中的种类

theory of syllogism in, **L12**：323；**L16**：270,亚里士多德逻辑中的三段论

three canons of, **L12**：342 - 345,亚里士多德逻辑中的三个定律

term in, **L12**：347,亚里士多德逻辑中的词项

Aristotelian physics, **L16**：98, 104 - 105, 371,亚里士多德的物理学

Aristotle, **E1**：xxxiii；**E3**：91；**E4**：130, 171n, 214, 215, 216, 371；**E5**：141, 212, 213, 400；**M4**：24；**M5**：518；**M7**：xxii, 299；**M8**：174；**M12**：xii, xvii, xxvii, 87, 89, 90, 111；**M15**：200, 335, 336；**L1**：53, 55, 58, 96, 162, 166, 178, 192, 335；**L2**：xxiv, 78 - 79, 86, 128, 241；**L3**：7, 56；**L4**：xix；**L5**：157, 230；**L6**：31；**L7**：104, 166, 266；**L9**：240, 241, 243；**L10**：vii；**L11**：xxii, 565；**L13**：58, 136, 160, 268；**L14**：109, 123, 140, 193, 299, 304, 387, 391, 392,

394, 400；**L16**：124；**L17**：5, 405,亚里士多德

on body and soul, **E1**：112, 114, 115,亚里士多德论身体和心灵

on matter, **E1**：166, 348；**M7**：292,亚里士多德论物质

on government, **E1**：230；**M11**：27；**L2**：215, 321,亚里士多德论政治

on class system, **E1**：247 - 248,亚里士多德论阶级制度；**M3**：286 - 287,亚里士多德论等级系统；**M4**：33 - 34,亚里士多德论阶级制度

influence of, **E1**：257, 272, 280 - 281, 314, 319, 427；**E4**：137 - 138；**M10**：109 - 111；**L5**：184 - 189；**L6**：276；**L11**：401；**L14**：299, 304；**L17**：433,亚里士多德的影响

Scholastics on, **E3**：148 - 150,经院学者对亚里士多德的处理

and intuitionalism, **E4**：123, 125,亚里士多德与直觉主义

on morality, **E4**：124；**M5**：16 - 17, 41；**L5**：498；**L7**：209,亚里士多德论道德

related to Stoics, **E4**：139,亚里士多德与斯多葛学派的关系

on art, **E4**：191 - 192；**L1**：76 - 79, 86, 90,亚里士多德和艺术

and acts, **E4**：228；**M5**：187 - 188, ,亚里士多德和行为

on concept of mean, **E4**：245；**M5**：126 - 127,亚里士多德和"中庸"

philosophy of, **E5**：8 - 9；**L1**：33, 47 - 48；**L8**：30 - 32,亚里士多德的哲学

on metaphysics, **M2**：14 - 15；**M7**：277；**M8**：xi,亚里士多德的形而上学

on nature and experience, **M2**：144 - 148；**M3**：142；**M7**：287 - 288；**M9**：271 - 272, 287；**M11**：344 - 345；**M12**：125 - 126；**M13**：362, 367, 368, 370n, 371, 389；**L7**：111 - 112, 130；**L11**：71 - 75,

83,亚里士多德论自然和经验

on necessity, **M2**：151,亚里士多德论必
然性

on noetic, **M2**：156,亚里士多德论理智

on non-being, **M2**：157,亚里士多德论
非有

on opinion, **M2**：173,亚里士多德论意见

on organism, **M2**：178,亚里士多德论有
机体

on passion, **M2**：186,亚里士多德论激情

on reality, **M2**：220‒221；**M3**：393；**M7**：
225；**M10**：345；**M12**：140‒141,亚里
士多德论实在

on subject-matter, **M2**：249；**M6**：379,亚
里士多德论题材

on unity, **M2**：262‒263,亚里士多德论统
一性

on vacuum, **M2**：268,亚里士多德论虚空

on ethics, **M3**：48‒49；**M10**：416；**L1**：
323；**L15**：265,417,亚里士多德论伦
理学

on man, **M3**：89,亚里士多德关于人

on intelligence, **M3**：90,亚里士多德论
理智

attitude toward work, **M3**：292,亚里士多
德论对于工作的态度

on species, **M4**：5,亚里士多德论种；**L4**：
130 亚里士多德的"类"

on state and individual, **M4**：32‒33；**M5**：
120‒122,亚里士多德论国家和个体

on good, **M5**：118‒119,126,293；**M11**：
387；**M14**：26；**L7**：109‒110,117,121,
271,287,亚里士多德论善

on high-mindedness, **M5**：127n,亚里士多
德论高尚

on ideal, **M5**：130；**M14**：200,201,亚里士
多德论理想

on means and ends, **M5**：255；**M14**：154；
L1：277；**L4**：194,225,亚里士多德论手
段和目的

on intelligent action, **M5**：278n,亚里士多
德论智力行为

on justice, **M5**：374,408,亚里士多德论
正义

on truth, **M6**：33,35n；**L1**：123,亚里士多
德论真理

and activity, **M6**：361,亚里士多德论活动

on similarity, **M6**：388,亚里士多德论相似
性

on evolution, **M6**：443‒444,亚里士多德
的发展理论

on knowledge, **M7**：116‒117,354‒355；
M10：360,368；**M11**：342；**M12**：143；
M14：130；**L4**：xv, 14,32；**L11**：404,
405；**L16**：157‒160,亚里士多德论
知识；

on mind, **M7**：215,亚里士多德论心智

on education, **M7**：271‒272；**M9**：261‒
263；**M13**：400,亚里士多德论教育

on science, **M7**：313；**L8**：33；**L15**：84,
93,190,267‒268；**L17**：352,565,亚里
士多德论科学

on syllogism, **M7**：349‒351,亚里士多德
的三段论观念

on state, **M7**：407；**M12**：104；**L2**：39,
40,238‒239；**L7**：112,120,130；**L14**：
400,亚里士多德论国家

on existence, **M8**：xi, 6n‒7n,亚里士多德
论存在

on mechanical occupation, **M9**：264,亚里
士多德论机械的职业

on slavery, **M9**：297；**M12**：177‒178,
189；**M13**：289；**M14**：78；**L6**：32‒33；
L13：287,亚里士多德论奴隶制

on Plato's theory of moral virtue, **M9**：
364‒365,亚里士多德论柏拉图道德德
性理论

Dewey's reply to D. Robinson on, **M10**：
100‒101,杜威对罗宾逊论亚里士多德
的答复

on liberty, **M11**：20,亚里士多德论自由

Bacon's charge against, **M12**：96 - 100,培根对亚里士多德的质疑

on potentiality, **M12**：112,113；**L5**：252,289,亚里士多德论潜能

on change, **M12**：141,亚里士多德论变化

on excellence, **M14**：122；**L7**：118,亚里士多德论优秀

on objects, **L1**：138,亚里士多德论客体

on individualism, **L2**：34；**L7**：111 - 119,132,391,亚里士多德论个人主义

vs. Plato, **L2**：131；**L8**：23 - 24,26,亚里士多德与柏拉图

on reasoning, **L4**：x, xxi, 145n,亚里士多德论推理

First Philosophy of, **L4**：12 - 13,亚里士多德的第一哲学

on social arts, **L4**：61,亚里士多德论社会艺术

forms of, **L4**：74,亚里士多德的"形式"

on substance, **L4**：96,亚里士多德论实体

on bliss, **L4**：220,亚里士多德论快乐

on hypotheses, **L5**：456,亚里士多德论假设

on poetry, **L6**：17,亚里士多德论诗歌

as church philosopher, **L6**：426,亚里士多德作为教会哲学家

on eudaimonia, **L7**：197,亚里士多德论幸福

on friendship, **L7**：450,亚里士多德论友谊

attitude toward, **L8**：xivn,亚里士多德的态度

on universal, **L8**：4 - 5；**L11**：107,亚里士多德论共相

on politics, **L8**：36；**L13**：73,118,亚里士多德论政治

Whitehead on, **L8**：359,怀特海论亚里士多德

on esthetics, **L10**：xvii, xviii, xxv, 47, 102n, 192, 225, 231, 288 - 290, 293, 321,357,363,亚里士多德论美学

on method, **L11**：128 - 129,亚里士多德论方法

on authority, **L11**：134,亚里士多德论权威

Hutchins on, **L11**：391,393 - 395,400,407,592 - 595,哈钦斯论亚里士多德

on taxes, **L13**：290,亚里士多德论税收(在本书中,杜威并没有讲过亚里士多德论"税收"(taxes)的问题,讲的是亚里士多德论"利息"——译者)

Cohen on, **L14**：387,391 - 392,394,398,科恩论亚里士多德

on accidental qualities, **L15**：43,亚里士多德论附属的质

anti-naturalism of, **L15**：46,56,234 - 235,亚里士多德的反自然主义

Dubislav on, **L16**：161n,杜比斯拉夫关于亚里士多德

essences of, **L16**：180,亚里士多德主义的本质

tradition of, **L16**：253,388,亚里士多德主义的传统

Arithmetic,算术。另见 Mathematics

Fine on, **E5**：427,法恩的算术观点

teaching of, **M1**：47；**L17**：295,算术教学

Dewey-McLellan method of, **L5**：461,杜威-麦克莱伦算术教学法

imagination in, **L17**：246 - 249,算术中的想象力

attention in, **L17**：276 - 277,算术中的注意力

Grube on, **L17**：291,563 - 564,葛禄博论算术

errors in, **L17**：303,算术中的错误

Herbartians on, **L17**：310,赫尔巴特派论算术

in Germany, **L17**：311,德国的算术

Armaments：军备

discussed at Washington Conference, **M13**：

173－174,204－205,"太平洋会议"上讨论的军备问题

Armenia, **M11**：245,309,亚美尼亚

Armenians：亚美尼亚人

    in Turkey, **M15**：132,139－142,144－145,147－148,在土耳其的亚美尼亚人

Armory exhibition（New York City）,**L10**：306－307,军械库展览会(纽约市)

Arnauld, Antoine, **L12**：xi,阿尔诺,安托万

Arnold, Matthew, **M7**：290,322；**L1**：159,362；**L6**：289；**L7**：170；**L9**：36－37；**L15**：156,169,阿诺德,马修

    on poetry, **E3**：110－111；**L10**：304－305,349,365,阿诺德论诗

    sense of isolation in, **E3**：115－117,阿诺德的离群索居

    compared with Stoics, **E3**：117－118,被比作斯多葛派的阿诺德

    compared with Browning, **E3**：119－123,被比作罗伯特·勃朗宁的阿诺德

    on education, **M1**：23；**M6**：70－71；**M13**：329,阿诺德论教育

    skepticism of, **M2**：233,阿诺德的怀疑论

    on two selves of men, **M5**：306,阿诺德论人的两个自我

    on culture, **M6**：405－406；**M10**：403；**M13**：400,阿诺德论文化

    on religious experience, **L9**：xiv-xv, xvii-xviii, xxiv-xxv, xxvii,阿诺德谈及宗教体验

    on Marcus Aurelius, **L9**：xxxi-xxxii,阿诺德谈及马可·奥勒留

    on art, **L10**：53,355,阿诺德论艺术

    on life, **L10**：342,366,阿诺德论生活

Art, **M11**：xiv；**M12**：98,139,200－201,228；**M13**：209－210；**M14**：111－113,180；**L4**：15,21,76,218；**L8**：xviii,62,88,艺术,技艺。另见 Esthetics；Fine art；Works of art

    freedom in, **E2**：269－270,艺术中的自由；**L11**：61,艺术表达的自由

related to science, **E3**：123,317－320；**M1**：54；**L4**：61,128,165；**L6**：67；**L7**：72－73；**L15**：85－89,艺术与科学、艺术科学

purpose of, **E3**：234－235；**L4**：108,119,188,194；**L10**：323－325,347－352；**L17**：540－541,艺术的目的

Bosanquet on, **E4**：190,鲍桑奎的艺术定义

Plato and, **E4**：191,192,196,柏拉图和艺术

Plotinus on, **E4**：192,普罗提诺对艺术所下的定义

Christian thought on, **E4**：192－193,基督教的艺术思想

teaching of, **E5**：xciv-xcvi,95,337；**M1**：52－53,261－282；**M4**：206－208；**L11**：195,503－504,556；**L17**：245,286,288-289,艺术教学

children's, **M1**：29－30；**L11**：244,246,儿童的艺术本能

and experience and nature, **M2**：ix；**M13**：365；**L1**：266－294；**L6**：331－333,493-499；**L10**：11－18,25,26,艺术与经验,以及艺术与自然

primitive, **M2**：48－49；**L11**：244,522,原住民艺术,原始艺术

ethics as, **M3**：42,作为技艺的伦理学

links leisure and industry, **M3**：293,艺术作为悠闲和工业之纽带

Santayana on, **M4**：237－239；**M6**：375；**M10**：307,桑塔亚那论艺术

F. Schiller on, **M5**：45；**L7**：42,席勒论艺术

social, **M5**：48－49；**L4**：32,61；**L7**：45－47,社会艺术

and individualism, **M5**：78－80；**L5**：89；**L7**：72－73；**L14**：36－38,113－114,艺术对于个人主义、艺术中的个人主义

attitudes toward, **M5**：145 - 146,对艺术不同的道德态度

useful vs. fine, **M7**：xxviii-xxix；**M9**：242 - 244；**L10**：xi, xxxii, 33 - 34,265,343 - 344,实用科学对美术

influence of, **M7**：40 - 43；**L7**：41 - 42, 45 - 46,147 - 148；**L12**：77 - 80；**L13**：69 - 70,169 - 171,366 - 367,艺术的影响

as exemplifying ideal of interest, **M9**：142 - 143,213 - 214,作为兴趣的理想的印证

in education, **M9**：246 - 247；**M11**：66, 81；**L2**：xx-xxi, 111 - 115,375 - 377；**L5**：6 - 7,艺术与教育

Aristotle's conception of, **M9**：262,亚里士多德的美术观

localism in, **M12**：15 - 16,艺术中的地方性

military, **M12**：88,军事技艺

of educational engineering, **M13**：325 - 326,教育工程的技艺

useful, **M13**：362 - 364,有用的技艺；**L1**：101 - 111,119,120,271,282 - 283,290 - 291,好的、优秀的艺术或技艺

habits as, **M14**：15 - 16,47 - 48,51,118,作为技艺或艺术的习惯

Turkish schools for, **M15**：295,土耳其艺术学校

and judgment, **M15**：340,艺术和判断

Greek, **L1**：76 - 81；**L4**：73,122,203；**L7**：97 - 98,100,126；**L8**：3 - 4；**L10**：31 - 32,古希腊的艺术观念

as criticism of life, **L1**：159,作为生活评论的艺术

romantic, **L1**：282,浪漫主义艺术

nature of, **L2**：107 - 108；**L6**：15,492 - 494；**L10**：viii-xxxiii, 11 - 13,30 - 41, 49,68,73 - 74,83 - 91,107 - 111,118, 121,122,133,138 - 139,146 - 151,153 - 157,166,168,181,187 - 189,191 - 217, 256,258,264,272,284 - 285,295 - 301, 327；**L13**：358 - 360；**L15**：xxiii, 85, 97 - 98,100,313 - 314；**L16**：327,330, 366,369 - 370,372,395 - 398,417 - 418,464,艺术的性质

biological conceptions in, **L2**：109 - 110,生物学方面的审美反应

in Mexico, **L2**：202,205,208 - 209,墨西哥的艺术

of communication, **L2**：349 - 350；**L10**：274 - 275,291,作为交流的艺术

African, **L2**：384,非洲的艺术

medicine as, **L3**：26,医学的技艺

gains security, **L4**：3 - 4,7,8,24,69,艺术获得安全

as value, **L4**：26,212,；**L8**：85 - 86,艺术作为价值

liberal and mechanical, **L4**：37,60 - 61, 65,214,215,文艺与工艺

ideals in, **L4**：211,241,艺术中的理想

methods of, **L4**：223,230,237,艺术的方法

appreciation of, **L6**：40,45 - 46,113,艺术的欣赏

as aspect of culture, **L6**：42,艺术作为文化的一个方面

historical place of, **L6**：43,艺术的历史地位

Tate on, **L6**：330 - 34,492 - 501,泰特论杜威的艺术观

order in, **L7**：42,艺术中的秩序

Roman, **L7**：125 - 26,罗马艺术

power of, **L8**：348；**L10**：9,24,101,138, 204 - 205,233,235,243,249,307,315, 328,艺术的力量

related to activity, **L10**：53 - 54,178,189 - 190,218,227,233,248,261；**L15**：315 - 317,艺术与活动有关

as unifying, **L10**：142,204,252 - 253,264, 272 - 275,作为统一性的艺术

influences on，**L10**：163，255，268，304，
319 - 321，对艺术的影响

variety in，**L10**：218 - 249，300 - 303，307 -
308，314 - 317，艺术的多样性

as make-believe，**L10**：279 - 281，284，作为
假扮的艺术

as play，**L10**：281 - 285，作为游戏的艺术

as representation，**L10**：288 - 290，作为再
现的艺术

as mode of knowledge，**L10**：293 - 295，作
为知识模式的艺术

transmits civilization，**L10**：329 - 348，艺术
传承文明

mysticism in，**L11**：85，艺术中的神秘主义

tradition of，**L11**：117，523 - 524，艺术
传统

Abell vs. Barnes on，**L11**：487 - 488，阿贝
尔针对巴恩斯论艺术

decorative，**L11**：520 - 525，装饰艺术

and religion，**L13**：70，艺术与宗教

movement in，**L13**：365，艺术中的运动

vision of future in，**L14**：113 - 114，在艺术
中对未来的洞察

Jefferson on，**L14**：208，杰斐逊论艺术

significance of，**L14**：255 - 257；**L16**：372，
407；**L17**：344，艺术的价值

C. and M. Beard on，**L14**：283 - 285，C·
比尔德和 M·比尔德论艺术

Rice on，**L15**：419 - 422，423 - 424，424，赖
斯论艺术

philosophy as，**L16**：369，哲学作为艺术

Romanell on，**L16**：466 - 467，罗曼内尔论
艺术

Art as Experience，**M1**：xi；**M7**：xi；**M12**：
xv；**M15**：x；**L12**：372n；**L14**：x，34，35，
38，and n；**L15**：98，509，《作为经验的艺
术》

Kaplan on，**L10**：vii-xxxiii，卡普兰论《作为
经验的艺术》

contributions to，**L10**：7 - 8，353，360，对

《作为经验的艺术》一书的帮助

Croce on，**L15**：97，439 - 443，克罗齐论
《作为经验的艺术》

Rice on，**L15**：421 - 422，赖斯论《作为经验
的艺术》

on esthetic experience，**L16**：395 - 397，
465 - 467，《作为经验的艺术》中的审美
经验

"Art as Our Heritage，" **L14**：xix，《我们的艺
术遗产》

Artefacts：人工制品

in inquiry，**L16**：326 - 327，探究中的人工
制品

role of，**L16**：330，人工制品的作用

Art historians，**L10**：293，艺术史家

Arthur，James，**L14**：98n，阿瑟，詹姆斯

Arthurdale，W. Va.：阿瑟戴勒，W·瓦

school at，**L14**：351，353，在阿瑟戴勒的
学校

Articles of Confederation，**L6**：463，464，《邦
联条例》

Articulation，**L5**：506，衔接

methods for achieving，in school，**L5**：
299 - 310，学校教育实现衔接的方法

of facts and ideas，**L13**：50，事实与观念的
连接

Artificiality：人为、做作

in education，**L13**：15，39 - 40，教育中的人
为因素

in German schools，**L17**：311，德国学校中
的做作

Art in Education：教育中的艺术

in *Cyclopedia of Education*，**M6**：375 -
379，教育中的艺术（《教育百科全书》）

"Art in Education — and Education in Art，"
L2：xxi，《教育中的艺术——和艺术中的
教育》

Art in Painting，*The*（A. Barnes），**L10**：
98，122n，178n，361，《绘画中的艺术》；
L11：487 - 488，《绘画艺术》；**L17**：128，

《绘画中的技艺》(巴恩斯)

Artisans, **M12**：86 - 88,116,143；**L10**：343；**L16**：471,工匠、艺术家

    tradition of, **L2**：57 - 58,艺术的传统

    discipline of, **L2**：128 - 131,艺术的训练

    influence of mass production on, **L5**：60, 批量生产对手艺人的影响

    Socrates on, **L16**：376,苏格拉底关于工匠

Artistic：艺术的

    interest, **E4**：301n,艺术兴趣

    vs. esthetic, **L10**：xxix, 53 - 61,125,355, 艺术的和审美的

    achievement of, **L10**：69,76,78,141,266, 艺术的成就

Artistic expression：艺术表达

    teaching of, **E5**：192 - 201,艺术表达的教学

Artists, **L13**：171；**L15**：313,艺术家

    teachers as, **M6**：355；**L8**：348 - 349,教师是艺术家

    in corporate society, **L5**：60 - 61,艺术家在公司化社会的角色

    creative process of, **L10**：xiii, xxiii, xxvii-xxxi, 33,38,52 - 58,60,73,74,80 - 81, 89,92 - 101,110 - 112,116 - 117,123, 126n, 187 - 188,200,203 - 210,219, 243,307 - 308,328,艺术家的创作过程

    criticized, **L10**：13,305,315 - 316,332,对艺术家的批评

    nature of, **L10**：15,21,229 - 231,303,343 - 344,艺术家的本性

    interests and attitudes of, **L10**：134,143 - 144,151,157,163,165,178,193 - 194, 250,260,263,267 - 275,284 - 288,291 - 294,298,309 - 310,316 - 317,320 - 327,337,347,艺术家的兴趣和态度

    technique of, **L10**：145 - 149,艺术家的技巧

    balance in, **L13**：365,艺术家的平衡

    individuality of, **L17**：128,艺术家的个性

Art of Henri-Matisse，*The*（A. Barnes）, **L10**：98n, 123n, 178n,《亨利-马蒂斯的艺术》(巴恩斯)

Art of Renoir，*The*（A. Barnes and de Mazia）, **L11**：501,《雷诺阿的艺术》(巴恩斯和梅齐亚)

Art of Thinking，*The*（Dimnet）, **L3**：316 - 317,《思考的艺术》(丁纳特)

Art of Thought，*The*（Wallas）, **L2**：xxii, 160,231 - 234,404,《思想的艺术》(华莱士)

Art product：艺术产品

    nature of, **L10**：xv-xvi, xxi-xxiii, xxix, 143,174,177,181,183,186,195,208, 210,305,308,艺术产品的本性

    related to experience, **L10**：9 - 12,15,17, 艺术产品与经验的关系

    role of, **L10**：33 - 34,55,111 - 114,127, 221,330,334,艺术产品的作用

    vs. work of art, **L10**：167,218,艺术作品

Arts and crafts：艺术和技艺

    as rationalizing agencies, **M5**：44 - 45,作为理性化动力的艺术和技艺

Asceticism, **M7**：212,禁欲主义

    as end, **L7**：203 - 208,212,作为目的的禁欲主义

    result of, **L7**：448,禁欲主义的结果

Ascoli, Max, **L11**：563,阿斯科利,麦克斯

Ashmead, Warren G., **L9**：353,阿什米德, 沃伦·G

Asia, **M12**：227；**L15**：61,208,370,亚洲

    as Yellow Peril, **M12**：35,亚洲黄祸

    national consciousness of, **M12**：35 - 37,亚洲的民族意识

Asia Minor, **M15**：136,139,144；**L8**：20,小亚细亚

As I See It（N. Thomas）, **L9**：69,《依我所见》(托马斯)

Aspect：方面

    as name, **L16**：5n, 73n, 83n - 84n, 259 -

260,作为名称方面

Asserted universality, **L9**：419,主张普遍性

Assertibility,参见 Warranted assertibility

Assertion, **L12**：109 - 111,137,283；**L16**：40,断言。另见 Warranted assertion

 vs. proposal of Carnap, **L9**：304,卡纳普哲学中的断言与建议

 and affirmation, **L12**：123,断言和肯定

 and judgment, **L14**：175,断言和判断

Assimilation：同化

 school causes, **M2**：84 - 86,学校在带来同化方面的能力

 in thought, **L5**：261,同化在思维中的作用

Associated Charities, **E4**：56,联合慈善会

Associated Press, **L11**：127,271,美联社

Association, **M6**：388,联想；**L3**：43 - 44,联合

 in British psychology, **E1**：183 - 184,英国心理学中的联想

 traits of, **E2**：83 - 99,104,106 - 107,联想或联合的特征；**L2**：250 - 251,协会的特征

 in psychical life, **E2**：101 - 103,联想或联合在心理活动中

 unconscious cerebration in, **E2**：104,联想或联合中的无意识思维

 and attention, **E2**：117,联想或联合和注意

 in recollection, **E2**：156,159 - 160,回忆中的联想或联合

 in intellectual feeling, **E2**：258,理智感中的联想或联合

 related to motor impulses, **E2**：326 - 328,运动冲动中的联想效应

 as universal fact, **L2**：249 - 250,257,330,348,协会作为普遍的事实

 revolt against, **L2**：290,296 - 297,反叛协会

 economic, **L2**：300 - 302,经济协会

 and democracy, **L2**：325,协会和民主

 vs. community, **L2**：330 - 331,协会与共

同体

 domination by, **L2**：356,协会的一种主导形式

 territorial and functional, **L2**：468,范围和功能

 of ideas, **L5**：255 - 262；**L17**：330 - 332,观念的联想

 formation of, **L7**：299,324 - 325,424 - 425,联合的形成

 and individuality, **L13**：181,个体的协合

 Lewis on, **L16**：37,刘易斯关于联系

 Hume on, **L16**：305,休谟关于联系

 related to habit, **L17**：204 - 206,与习惯相关的联想

Associationalism, **M2**：245,联想主义

 and relativity of knowledge, **E1**：19 - 20,联想主义与知识相对性

Associational psychology, **L5**：169；**L10**：104 - 107,联系的心理学

Associationism：联想主义

 James on, **L14**：156,158,詹姆斯论联想主义

Association of American Medical Colleges, **L6**：120,美国医学院联合会

Association of American Universities, **M8**：109n；**M10**：151n；**L6**：120,美国大学联合会、美国大学协会

Association of Collegiate Alumnae：高校女校友协会

 reports on women, **L17**：8 - 9,553,高校女校友协会关于女性的报告

Association of Commerce, **L5**：372,373,商业协会

Assumption of the Virgin（Titian）, **L10**：97；**L13**：363,《圣母升天》(提香/提申)

As the Twig Is Bent（Welling）, **L17**：523,《嫩枝弯曲时》》(韦林)

Astronomy, **M12**：116 - 117,122 - 123,144 - 145,237,262,264；**L15**：268 - 269,天文学

 Cohen on, **L14**：388,科恩论天文学

rise of, **L16**：159,289,338 - 340,369,414,453,455,天文学的兴起

nature of, **L16**：316,355 - 357,363 - 364,372,天文学的本质

impact of, **L16**：408 - 409,天文学的影响

revolution in, **L17**：456,天文学的革命

Asymmetry：非对称

of terms, **L12**：332 - 333,词项的非对称

As You Like It（Shakespeare）, **L10**：102；**L17**：563,《皆大欢喜》（莎士比亚）

Ataraxy：静心

related to moral theory, **M5**：202,与道德理论相关的静心

Atatürk, Kemal, **M15**：xix,阿塔库尔卡,基马尔

Atheism, **M7**：353；**M11**：21,无神论

aggressive, **L9**：xvii,xxx,36,进攻性的无神论

Athens, Greece, **M12**：86 - 87,90,258；**L2**：125,126；**L8**：3,4,6,20,21；**L14**：316；**L15**：263 - 265,266,希腊雅典

responsibility in, **E4**：38 - 39,在雅典的责任

community of, **E4**：139,雅典共同体

art in, **L10**：10,13,114 - 115,252,321,331,雅典的艺术

education in, **L17**：175 - 177,雅典的教育

culture in, **L17**：227,雅典的文化

morality in, **L17**：394,雅典的道德

Atlantic Charter, **L15**：174 - 175,509,大西洋宪章

Atlantic Monthly, **M15**：xvii,115,381,《大西洋月刊》

Atlantic Ocean, **L8**：117,大西洋

Atomic bomb, **L16**：365,原子弹

threat of, **L15**：199 - 205,原子弹的威胁

Atomic individualism, **L5**：152,原子个人主义

Atomicity：原子性

vs. continuity, **L14**：134,与连续性相对的原子性

Atomic realism, **L12**：150 - 153,原子实在论

Atomism, **M6**：175,原子论

logical, **M10**：13；**M12**：236,逻辑的原子论

defined, **M12**：xiv,确定的原子论

ethical, **M14**：167,伦理原子主义

Greek, **L14**：193,希腊原子主义

Dewey opposes, **L17**：xxx,杜威反对原子主义

Atomistic pluralism, **M7**：349；**M10**：107,原子论多元主义

Atomists, **L2**：139,原子论者

on necessity, **M2**：151,原子论者论必然性

on non-being, **M2**：157,原子论者论非有

on vacuum, **M2**：267,原子论者论虚空

Atoms：原子

Leibniz on, **E1**：359 - 360,莱布尼茨论原子

lack individuality, **L14**：103,原子缺乏个体性

Atonement, **M8**：151,赎罪

meaning of, **E4**：367,赎罪的意义

Attachment：附属物

political need of, **L2**：322,368 - 369,政治对附属物的需求

"Attack on Western Morality, The"（Benda）, **L15**：19,《抨击西方道德》(本德)

Attention, **M7**：452；**M13**：339,注意力；**L1**：235；**L10**：268,注意

and association, **E2**：117,注意和联想

and activity, **E2**：118 - 130,181；**E4**：93,注意和活动

nature of, **E2**：129 - 130；**E5**：163；**L17**：272 - 273,注意的本质

division of, **E5**：118 - 120,注意的分散

and effort, **E5**：163,注意和努力

and interest, **E5**：320 - 321,注意和兴趣；**M7**：253 - 254,注意力与兴趣

and emotion, **E5**：323,注意和情绪

non-voluntary，voluntary，and reflective，**M1**：100 - 103，自发注意、随意注意、反省注意；**M4**：201 - 203，非自愿的、自愿的和反思的注意

in children，**M3**：254；**L11**：213，儿童的注意力

importance of，**L17**：201 - 202，283，注意力的重要性

and habit，**L17**：207 - 209，注意力与习惯

directed by teacher，**L17**：266 - 267，270 - 271，由教师引导的注意力

related to mind，**L17**：269，274 - 275，与心智相关的注意力

end needed for，**L17**：271 - 272，注意力所需的目的

in manual work，**L17**：278 - 279，手工功课的注意力

concentration of，**L17**：280 - 281，332，注意力的集中

related to accuracy，**L17**：304，328，与精确性相关的注意力

Attitude，**L15**：128 - 129，210，态度。另见 Habit

formation of，**M6**：223；**L8**：136 - 139，164 -165；**L13**：19，21 - 22，29，96 - 97，185 - 186，266，284，310；**L17**：456，态度的形成

logic in，**M6**：268；**L8**：218 - 219，态度的逻辑

denotation of，**M13**：4，态度的涵义

motor-affecto，**M13**：27，情感驱动的态度

in education，**M13**：328；**L9**：159 - 160，教育中的态度

toward race，**L7**：66，对待种族和肤色的态度

in judgment，**L7**：242，评价的态度

of corporations，**L7**：425，公司的态度

change in，**L7**：446 - 450，态度的变化；**L17**：457，514，态度的改变

importance of，**L8**：134 - 135，态度的重要性

of artist，**L8**：348，艺术家的态度

religion vs. religious，**L9**：xxvi，12 - 13，16 - 20，30 - 31，56，423 - 425，429 - 430，434，436，宗教与宗教的态度

secular vs. religious，**L9**：44 - 45，世俗与宗教的态度

scientific，**L9**：99 - 100；**L13**：271 - 275，279 - 280，科学态度

effect of education on，**L11**：233，550，教育对宗教的影响

of pupils，**L13**：6，35，学生的态度

in democracy，**L13**：100，153 - 154，379，民主态度

absolutistic，**L13**：117，绝对主义的态度

causes development，**L17**：401，态度导致成长

realistic，**L17**：452，现实主义态度

Attributes，**L12**：259n，296 - 298，354，357 - 358，属性

in Spinoza's *Ethics*，**E1**：11 - 15，斯宾诺莎《伦理学》中的属性

Aubrey，Edwin Ewart，**L9**：294，426n，435 - 438，奥布里，埃德温·尤尔特

Augustan Age，**L5**：100，奥古斯都年代

Augustine，Saint，**M7**：339；**M8**：142；**M12**：144；**L7**：135；**L8**：24，357；**L9**：71；**L11**：xvn；**L14**：xix，圣奥古斯丁

on ontological argument，**M2**：168 - 169，奥古斯丁论本体论证明

on state，**M5**：141，圣奥古斯丁论国家

on divine will，**M7**：292 - 293，圣奥古斯丁论神圣意志的至高无上

moral theory of，**L15**：47，54 - 55，圣奥古斯丁的道德理论

Aurelius，Marcus，**E3**：118，奥勒留，马可；**M11**：45；**M12**：140，奥勒留，马库斯；**L7**：119，127，奥勒留，马可；**L9**：xxxi-xxxii，奥里利厄斯，马库斯

Austen，Jane，**L10**：176，奥斯丁，简

Austin, J. L., **L3**：xix，xxxii，奥斯丁，J·L

Austin, John, **E1**：229，236；**E4**：xxi，70 -
90；**L3**：326，327；**L6**：269，270；**L8**：35；
L14：xxii，120，奥斯汀，约翰

Austin, Mary, **M13**：323，奥斯丁，玛丽

"Austin's Theory of Sovereignty," **L14**：
xxii，《奥斯汀的主权论》

Australia：澳大利亚

  aborigines of, **M2**：42，澳大利亚原住民

  corroboree of, **M2**：48 - 49，澳大利亚狂欢
    会；**L7**：46，56，澳大利亚土著歌舞会

  class system of, **M5**：26 - 28，35；**L7**：26 -
    27，33，澳大利亚等级制度

  customs of, **L7**：33 - 34，52，55 - 56，59，
    60，澳大利亚风俗

*Australia, from Port Macquarie to Moreton
Bay* (Hodgkinson), **M2**：45n，《澳大利亚：
从麦考里港到莫瑞顿湾》(霍奇金森)

Austria, **M15**：93，123，316，380，394，402，奥
地利

  folk-psychologist school of, **M10**：57，奥地
    利的"民族心理学"学派

  Poland's relation with, **M11**：xiv，251，
    262 -264，266，268 - 274，277，278，282，
    284，285，289，294，297，327 - 330，奥地
    利和波兰的关系

Austria-Hungary, **M11**：xii-xiii，266，273，奥
匈帝国

Authoritarianism, **M12**：239，权威主义

Authoritative discipline, **M8**：295，权威纪律

Authority, **M12**：106 - 107，160，191 - 192；
M14：4 - 5，47 - 48，52，56 - 58，131，162，
222；**L4**：76，110，245；**L13**：154，权威

  in intellectual matters, **E3**：125，目前权威
    的失序状态

  of state, **M5**：31 - 32；**L7**：30 - 31，国家权
    威

  of group, **M5**：55；**L7**：50 - 52，群体权威

  in Israel, **M5**：93；**L7**：86，以色列的权威

  in Greece, **M5**：109 - 117；**L7**：99 - 108，

希腊的权威

  and freedom, **M9**：314 - 315，348 - 349；
    L11：130 - 131，136 - 145，权威和自由

  seat of, **M12**：171，权威的地位

  final, **M12**：172，最后的权威

  and tradition, **L2**：58，59；**L15**：189 - 190，
    366，传统权威

  conflict of, **L4**：40 - 59，247，权威间的
    冲突

  imposition from, **L4**：155，182，248，249，
    由权威强加

  of science, **L4**：157，科学的权威

  means of gaining, **L4**：200，201，获得权威
    的方法

  religious, **L4**：203 - 205；**L7**：135 - 137，
    413；**L10**：332；**L15**：230 - 231，235，宗
    教权威

  for values, **L4**：210，215 - 222，225 - 227，
    250，价值的权威

  Roman, **L7**：130 - 134，罗马权威

  of law, **L7**：182，216，220，227，法的权威

  moral, **L7**：215 - 216，226 - 227，329 -
    330；**L15**：173 - 177，201 - 202，道德
    权威

  in marriage, **L7**：458，婚姻中的权威

  role of, in criticism, **L10**：303 - 305，309，
    权威在批评中的作用

  and individual, **L11**：132 - 141，权威和个
    体性；**L13**：33 - 34，295，权威和个体

  historical concepts of, **L11**：133 - 137，历
    史上的权威概念

  scientific vs. religious, **L11**：454 - 463，科
    学权威对宗教权威

  of teacher, **L13**：xiv，58，教师的权威

  source of, **L13**：8，148；**L16**：353，362 -
    363，369，373，392，400，权威的来源

  culture identified with, **L13**：83 - 85，文化
    原因与权威原因的等同

  of truth, **L13**：127，157，绝对真理的权威

  methods of, **L13**：187，权威主义的方法

of ideas，**L13**：258，权威的各种观念

of printed word，**L13**：393，书面材料上的证据

in medieval society，**L15**：265－267，中世纪社会中的权威

standards provide，**L16**：338,453，标准给与权威

restricts inquiry，**L16**：339,455，权威限制探究

liberals on，**L17**：442，自由派论权威

good vs. bad，**L17**：443，好的权威对坏的权威

"Authority and Social Change," **L11**：xvi，《权威与社会变化》

Autobiography (J. S. Mill)，**L9**：23，《自传》（约翰·穆勒）

Autobiography of a Philosopher，*The* (G. Palmer)，**L6**：271，《一个哲学家的自传》（帕尔默）

Autocracy：独裁

aim of education in，**M9**：320，独裁统治中的教育目标

Automatic arts，**L10**：231－232，自动艺术

Automatism，**M7**：203，柏格森论机械行为主义

Autonomy，**M12**：249，自治

Kant on，**L7**：155，康德论自治

of logical theory，**L12**：28－29,158n，逻辑理论的自主性

industrial，**L13**：313－314，个体权威

Auto-suggestion：自我暗示

related to cure，**M15**：43,44，自我暗示，也可参看治疗

Averroës：阿威罗伊

on nature，**M2**：147，阿威罗伊论自然

pantheism of，**M2**：183,242，阿威罗伊论泛神论

Awareness，**L1**：143，意识到

as fact，**M4**：125－137，作为一个事实的知道

as attention，**M4**：138－142,314，作为注意的觉识

related to consciousness，**M7**：80－81，452－453，作为意识因素的觉知；**L17**：549，与意识相关的觉察

Woodbridge on，**L17**：549，伍德布里奇论觉察

Axiom，**L4**：xix-xx，113,145n；**L12**：23－26,401－404，公理

as postulate，**L11**：155，公理是假定

as self-evident truth，**L12**：18,144，作为自明真理的公理

vs. observation，**L16**：48，公理对观察

Einstein on，**L16**：76n，爱因斯坦关于公理

as foundation，**L16**：165n，观察作为基础

Axis，**L15**：207,354，轴心国

need to defeat，**L17**：524,525，打败轴心国的需要

Ayer, Alfred J.，**L13**：196－197,402；**L14**：xv；**L16**：166，艾耶尔，阿尔弗雷德

Ayres, Clarence Edwin，**L2**：272n；**L5**：86；**L15**：xv，8，艾尔斯，克拉伦斯·埃德温

on science，**L3**：305－310，艾尔斯关于科学

on industrial revolution，**L9**：50，艾尔斯关于工业革命

on economics，**L15**：89n，108n，359－360，448n，502－506，艾尔斯论经济学

on future，**L17**：87，艾尔斯论未来

Babbitt, Irving，**L5**：xxx，xxxi，264,265，白璧得

Background，背景

mind forms，**L10**：269,270，心灵形成背景

Back to Methuselah (Shaw)，**L14**：347，《回到玛土撒拉》（肖）

Backus, Burdette，**L11**：583n，巴库斯，布德蒂

Bacon, Francis，**E1**：48,268,269,271,275，305；**M1**：159；**M3**：132n；**M4**：254；**M6**：175；**M7**：120,345；**M8**：144；**M10**：3；

M11：43；M13：497,498；M15：318,327；
L1：14；L2：20,389；L3：3；L5：xxx，
xxxi,154,264,265；L6：59,426；L8：8，
31；L12：44；L13：166,402；L15：13,93；
L17：411,培根,弗朗西斯/弗兰西斯

and empiricism, E1：35,培根与经验论；
  L14：390,392,培根的经验方法

on science, M1：171；M6：207,446；M9：
  291 – 292；L7：144,145；L8：143；L11：
  393；L13：161 – 163,培根论科学

on controlling nature, M5：154；M7：390，
  培根论控制自然

on fallacious belief, M6：198；L8：131 –
  132,,培根论达到错误信念的根源

realism of, M7：231,培根的实在论

system of induction of, M7：240 – 241,培
  根的归纳体系

on progress, M7：332,培根论进步

on experience, M9：275；M12：126,135 –
  136；L11：76；L14：191；L17：437，
  566,培根论经验

on knowledge, M9：301；M12：95 – 98，
  103,108；M13：310；L11：141,培根论
  知识

on common law, M11：28,培根论习惯法

idealism of, M11：344,培根的观念论

on truth, M13：307,培根论真理

on ethics, L7：15,培根论伦理

on beauty, L10：144,359,培根论美

on inquiry, L11：52,53,培根论求知的方
  法；L14：69,培根论探究的技术

Dewey compared with, L11：xvn,杜威与
  培根比较

Cohen on, L14：407,科恩论培根

Bacon, Roger, M5：153；M6：446；L1：14，
  15,81；L6：426；L7：144；L8：xvii；L11：
  76,培根,罗杰/罗吉尔/罗杰尔

Badia, Miquely, Collection（Cooper Union
  Museum），L11：520,巴蒂亚物品（库珀联
  合会博物馆）

Badness：恶

  as potential, E3：379 – 380,作为潜在的恶

Bagehot, Walter, M11：145；L7：43,51,白
  哲特/白芝浩,沃尔特

  on cooperation, M5：45n,白芝浩论合作

  on primitive society, M5：56,白芝浩论原
    始社会中的运气

Bagley, William C.：巴格利,威廉·C

  on Dewey's educational philosophy, M8：
    414 – 415,465 – 470,巴格利论杜威的教
    育哲学

Bailey, Benjamin, L10：39,贝利,本杰明

Bain, Alexander, E1：110；E3：85；M3：55；
  M5：388；M6：93,300 – 301；M10：417；
  L1：158；L2：7n；L8：276,贝恩,亚历
  山大

  on mind, E1：133 – 134,140,贝恩论精神

  theory of obligation of, E3：328 – 330；E4：
    330 – 335,贝恩论道义理论

  on emotion, M3：139,贝恩论分子运动

  on happiness, M5：242,贝恩论幸福的不
    言自明特点

  on social good, M5：261,贝恩论社会的善

  on duty, M5：321 – 323,贝恩论义务

  on knowledge, M6：112,贝恩论知识

  on nature of act and thought, M10：108n，
    贝恩论行动和思想的属性

  G. Morris on, M10：112,G·莫里斯论贝
    恩

  on pleasure, L7：191 – 192,贝恩论快乐

Baker, J. H., E3：190 – 192,贝克尔,J·H

Baker, Oliver Edwin, L6：361,贝克,奥利
  弗·埃德温

Bakewell, Charles Montague, M15：336,贝
  克维尔,查尔斯·蒙塔古

  on Dewey's empiricism, M3：168 – 170，
    390 – 392,贝克韦尔论杜威的直接经验
    主义

  on knowledge experience, M3：181 – 183，
    贝克韦尔论知识经验

Bakmetiev, Boris, **L17**：509,572,巴克梅杰夫,鲍里斯

Balance：平衡

as esthetic quality, **E5**：202；**L10**：20,22, 51－52,55,66,75,120,160－161,177, 183－185,189,208,217,261,作为审美性质的平衡

of sexes, **L17**：24,两性的平衡

lack of, **L17**：458－459,平衡的缺乏

Balance of power, **M11**：101,137,392,力量平衡

Balch, Emily Greene, **L17**：149－150,巴尔奇,艾米丽·格林

Baldwin, James Mark, **E4**：187；**E5**：xiii, 350；**M2**：ix,141n；**M10**：71n,74；**L16**：20n, 43,163,297n,鲍德温,詹姆斯·马克

on social psychology, **E5**：lxxxvi-xciv, 385－422,鲍德温论社会心理学

on reactive consciousness, **E5**：100－101, 鲍德温论反应的意识

on effort, **E5**：160,鲍德温的努力理论

works on *Johnson's Cyclopaedia*, **E5**：348－349,鲍德温对《约翰逊百科全书》的贡献

on Tarde's theory of society, **M7**：236,鲍德温对塔德社会理论的改进

Tarde's influence on, **M10**：54,塔尔德对鲍德温的影响

Baldwin, Roger N., **L9**：206；**L15**：xxv,鲍德温,罗杰·N

Baldwin, William A., **M15**：187,鲍尔温,威廉姆·A

Balfour, Arthur James, **M10**：83；**M12**：3；**M13**：198,202,273,贝尔福,亚瑟·詹姆斯

Balkan States, **M11**：136；**M15**：139,143；**L6**：461,468n,巴尔干半岛各国

Baltic Sea, **M11**：266,波罗的海

Baltic States, **L15**：296,324,波罗的海诸共和国

Balz, Albert G. A.：鲍茨,阿尔伯特·G·A

Dewey's reply to, **L16**：xxxiin,5,280－294, 杜威给鲍茨的回复

on doctrine of possibility, **L16**：423－442, 杜威关于可能性理论

Balzac, Honoré de, **M5**：145,175－176,巴尔扎克,奥诺雷·德

Banfi, Antonio, **L14**：308,班菲,安托尼奥

Bank of the United States v. Deveaux, **L2**：36n,《美国银行诉迪维尤克斯案》

Banks, **L9**：285：银行

related to China, **M13**：124,160－161,中国银行

in economic crisis, **L9**：114－115,经济危机中银行的角色

F. Roosevelt and, **L9**：254,255,罗斯福与银行

moratorium on, **L9**：254,269,银行的延期偿付

People's Lobby on crisis in, **L9**：254－255, 人民游说团催促解决银行危机

programs urged by, **L9**：275,银行催促的计划

vs. congressional measures, **L9**：288,银行与议会的措施

"Baptism"（McKay）, **L17**：59－60,"洗礼"（麦凯）

Barbarians：野蛮人

culture of, **M9**：288－289；**L17**：436,野蛮人的文化

attitude of, toward mind, **M9**：301,野蛮人对待心灵的态度

Lenin's semi-Asiatic, **L17**：498,569－570, 列宁的半亚细亚野蛮人

Barcelona, Spain：巴塞罗那,西班牙

labor conventions at, **M15**：400,巴塞罗那劳工大会

Barclay, Thomas, **M11**：133,巴克利,托马斯

Bargaining power：协商能力

in industry, **L7**：392－401,企业中的协商能力

Barker, Ernest, **L2**：40,42,巴克,恩斯特

Barkley, Alben W., **L6**：346,巴克利,艾尔本·W

Barnard, H. E., **L17**：511,519,572,573,巴纳得,H·E

Barnard, Henry, **M1**：xvii,伯纳德,亨利；**M3**：230；**L9**：167,390；**L13**：297,巴纳德,亨利

Barnes, Albert C., **L2**：114,115；**L6**：xii,333,499；**L8**：363；**L15**：99 – 100；**L17**：128,巴恩斯,艾伯特·C/阿尔伯特·C

  in Polish study, **M11**：xiv-xv, 259 – 260, 395,398,399,401n, 403 – 405,巴恩斯在波兰研究中的作用

  on art, **L2**：108 – 110；**L10**：98,99,122,123,178n, 205,224 – 225,358；**L11**：487 – 488,501,巴恩斯论艺术

  contributes to *Art as Experience*, **L10**：xxxvii, 7 – 8,353,360,巴恩斯对《作为经验的艺术》的贡献

  interest in Russell case, **L14**：357,巴恩斯对罗素案件的兴趣

Barnes, Earl, **M1**：214,巴尼斯,伊尔

Barnes, Harry Elmer, **L2**：40n, 42；**L5**：382 – 383,巴恩斯,哈利·埃尔默

Barnes, Roswell P., **L3**：346,巴恩斯,罗斯威尔·P

Barnes Foundation (Merion, Pa.), **L2**：55n, 104n, 114, 115, 382 – 385；**L10**：8,356, 361；**L11**：501,505；**L14**：xxi, 357,巴恩斯基金会

Barnwell Address, **L6**：99 – 111,90n,巴恩韦尔演讲

Baroque art, **L10**：157,290,巴洛克艺术

Barras, Charles M., **L17**：555,巴拉斯,查尔斯·M

Barrie, James Matthew, **L10**：xvii,巴利爵士,詹姆斯·马修

Barry, Frederick, **L4**：78 – 79, 122 – 123, 128n,巴里,佛雷德里克

Bartlett, A. C., **M1**：317,巴特莱特,A·C

Bartley, Samuel Howard, **L16**：140n,巴特利,塞缪尔·霍华德

Basal Concepts in Philosophy (Ormond), **E5**：342,345 – 346,《哲学基本概念》(奥蒙德)

Baseness, **E3**：376 – 377,卑劣性

"Basis for Hope, The," **L14**：xviii,"希望的基础"

Bates, Henry M., **L6**：120 – 21,贝茨,亨利·M

Baudelaire, Charles, **E3**：37,波德莱尔,查尔斯

Bawden, H. Heath, **L15**：305,307,鲍登,H·希思

Bayer, Adam, **L9**：361,拜尔,亚当

Bayer, Herbert, **L15**：xxiii, 312,拜尔,赫伯特

Bayle, Pierre, **E1**：303,421,培尔,皮埃尔

Baylis, Charles A., **L16**：38n,贝里斯,查尔斯

Beals, Carleton, **L11**：313 – 314；**L13**：347,395,404；**L15**：493,499,比尔斯,卡尔顿

Beard, Charles A., **M5**：419n；**M6**：xii,比尔德,查尔斯；**L3**：115n；**L6**：xvi, xx；**L11**：250,603；**L14**：283 – 285,比尔得,查尔斯

  resigns from Columbia University, **M10**：xxxiv, 165,166,比尔德从哥伦比亚大学辞职

  on civics textbooks, **M10**：194,比尔德关于公民学的教科书

Beard, Mary R., **L14**：283 – 285,比尔得,玛丽·R

Beatification, **L10**：157,受福

Beati possidentes, **L9**：205,"有产者是幸福的"

Beauty, **L11**：107；**L15**：123 – 124；**L17**：344,美

  sensuous element in, **E2**：269,美的感觉

元素

universality of，**E2**：270 - 272，美的普遍性

and harmony，**E2**：273，美与和谐

in art，**E4**：190 - 191；**L13**：360,366，艺术中的美

Greek idea of，**L7**：102，希腊美的观念

quality of，**L10**：xiv，xx，xxiii，40 - 41，83,112,119 - 120,135 - 136,144,166，174,189,203,227,253 - 257,265,271，289,299,300,344，美的性质

function of，**L10**：295 - 297，美的功能

Beauty and Ugliness（Paget and Anstruther-Thomson），**L10**：357，《美和丑》（佩吉特和安斯特拉瑟-汤姆森）

Beck，James Montgomery，**L2**：179,403，贝克，詹姆斯·蒙哥马利

Becker，Carl L.，**L14**：371，贝克尔，卡尔·L

Becker，Frank，**L17**：527 - 528，贝克，弗兰克

Becoming：生成

and future，**L2**：65 - 66，生成和未来

Beebe，William，**L16**：147，比伯，威廉

Beers，Clifford，**L17**：146,562，比尔斯，克利福德

Beethoven，Ludwig van，**L10**：117,212,227；**L13**：292,358，贝多芬，路德维希·凡

Beginnings，**L1**：83,271，开端、刚开始

Begun，Isidore，**L9**：320 - 322,329,337，贝根，伊西多尔

Behavior，**M11**：10 - 17；**L13**：200,221；**L15**：102 - 103，行为

standards in，**M6**：223；**L8**：165，行为标准

instinctive，**M10**：55，本能行为

inference related to，**M10**：90 - 97，推论和行为的关系

as directed by speech，**M13**：xiv，34，由言语引导的行为

affects epistemology，**M13**：29，行为对认识论的影响

coordination of，**M13**：38，行为的协调

analysis of，**M13**：39，行为的分析

and action，**L3**：31 - 33，行为和行动

interaction of，**L3**：35；**L17**：419 - 420，行为的互动

meaning as quality of，**L3**：36 - 38，行为的质是一种意义

conjoint，**L3**：41 - 42，作为普遍特征的结合

levels of，**L7**：12，行为程度

social，**L7**：288 - 289,302 - 303；**L14**：117 -118，社会行为

self-interest in，**L13**：74,75,140，行为中的利己因素

influences on，**L13**：193；**L17**：427,，对行为的影响

liking and disliking as，**L13**：202，作为行为方式的喜欢或讨厌

valuations of，**L13**：209,237,239,247，249 - 250；**L16**：310,316,344 - 345，351 -352,355，对行为的评价

role of，in perception，**L14**：20 - 21,24 - 25，行为在知觉中的角色

vs. deliberation，**L14**：64 - 65,69，行为和审慎

determinative of experience，**L14**：185 - 186，经验的决定者

meaning of term，**L15**：32 - 33，行为的词义

naturalist on，**L15**：110 - 111，自然主义者关于行为

Bentley on，**L16**：xxiii，本特利关于行为

inquiry into，**L16**：47,73,78 - 82,101，110,127 - 130,193n,443,474，对行为的探究

as name，**L16**：64n，260,447，行为作为名称

kinds of，**L16**：90,133 - 135,139 - 141，273,347,472，行为的种类

theory of，**L16**：94,443，行为的理论

Dewey on，**L16**：116n，杜威关于行为

characteristics of，**L16**：135 - 139,182 -

183,行为的特征

in semiotic, **L16**：211 – 217,221,231,235 – 237,符号学中的行为

C. Morris on, **L16**：223 – 225,莫里斯关于行为

namings for, **L16**：264 – 271,行为的命名

transactional, **L16**：275 – 276,326 – 328,331,335,352,473,交互作用的行为

in inquiry, **L16**：282,320 – 326,338 – 339,探究中的行为

emotional-volitional, **L16**：312 – 313,314n,情感-意志的行为

intelligent, **L16**：325,328,333 – 336,448 – 451；**L17**：417,聪明的行为

directed, **L16**：356,行为导向

related to apprehension, **L17**：416n,与领会相关的行为

Behavior, Knowledge, Fact（A. Bentley）,**L14**：186n；**L16**：ix-x, xii, xvii, xix-xxiv,xxviii, xxxv, 318,444《行为、知识和事实》（本特利）

Behavior-agent：行为-动因

as name, **L16**：68,71,259,行为-动因作为名称

Behavioral：行为的

sciences, **L16**：64,70,122 – 126,行为科学

event, **L16**：69,84 – 87,行为事件

as name, **L16**：260,445,行为的作为名称

activities, **L16**：298,299n, 300,303 – 309,333,448,行为活动

attitudes, **L16**：314,行为态度

Behaviorism, **M13**：xiv, 39,392；**L2**：15,19；**L5**：218 – 28,234 – 35,483；**L16**：xv-xvi, xx,79n,行为主义

as American, **L3**：79,美国的行为主义

Dewey's, **L3**：370 – 371；**L14**：39,杜威的行为主义

and language, **L3**：388,402,行为主义和语言

and consciousness, **L3**：396 – 397,行为主义和意识

related to James's psychology, **L14**：158 – 160,166,338,和詹姆斯心理学相关的行为主义

Behavioristic movement：行为主义运动

influences social psychology, **M10**：56 – 58,行为主义运动在社会心理学发展上的影响

Behaviorists, **L13**：328,行为主义者

Behavior-object, **L16**：68,71,259,行为-对象

Behavior of the Lower Organisms（Jennings）,**L16**：137n,《低等有机体的行为》（詹宁斯）

Behemoth； or, The Long Parliament（Hobbes）, **M11**：22,《巨兽或长期国会》（霍布斯）

Being, **M12**：260；**L16**：371,存在。另见 Ontological, **L12**

Royce on, **M1**：241,245,罗伊斯论存在；**M2**：120 – 137,罗伊斯的存有论

in Greek thought, **M3**：121；**M9**：192；**L12**：89,189,420,517,希腊思想中的存在

and non-being, **M12**：141,存在与无

perfect, **M12**：143 – 144；**L13**：192,完美的存在

spiritual realm of, **M12**：266,精神王国

insight into, **L2**：131,关于存在的洞见

in physics, **L16**：104,物理学中的存在

concept of, **L16**：334 – 335,358 – 359,384,397,449 – 450,存在的概念

in mathematics, **L16**：387,数学中的存在

Beings：存在者

animate and inanimate, **M9**：4 – 7,生命体和非生命体存在者

Belgium, **M11**：245, 255, 309, 325；**M15**：xviiin；**L15**：289,比利时

Germany's invasion of, **M10**：218,269,德国入侵比利时

Belief, **M6**：23n；**M12**：86, 94, 217 – 218,256,261,信仰；**L8**：x, xvi, 138,186；**L10**：

37,340 - 343,信念

and reality，**M3**：83 - 100,信念和实在之间的二元论

and thought，**M6**：184 - 186,信念和思维；**L8**：116 - 122,信念与思想

wrong forms of，**M6**：198 - 200；**L8**：132 - 134,269 - 271,信念的错误形式

essential to instrumentalism，**M7**：64,工具主义必需的信仰和观念

vs. knowledge，**M9**：304 - 305,信念对知识；**L4**：15,17,21,22,66,249,250,信仰对知识

Peirce on，**M10**：74 - 75,77,皮尔士论信念

fundamentalism and，**M15**：7,基础主义和信念

need for reason in，**M15**：51,信仰中需要理性

kinds of，**L4**：6,11,信仰的类型

interaction of，**L4**：29,信仰的相互作用

validity of，**L4**：32,239,信仰的有效性

conflicts with science，**L4**：76,85,86,信仰与科学的冲突

pathology of，**L4**：109,181 - 182,信仰的病态

integrated with conduct，**L4**：200 - 205,信仰与行为的统一

formation of，**L4**：209,211,226,信仰的形成；**L13**：167,169；**L15**：64 - 65,210,信念的形成；**L17**：440,信仰的建立

function of，**L4**：221 - 222,信仰的功能

cultural context of，**L6**：18 - 19,信仰的文化语境

and philosophy of qualities，**L6**：426,关于各种性质的信仰和哲学

as fundamental of philosophy，**L6**：428,信仰作为哲学的根基

and common sense，**L6**：429 - 430,信仰与常识

in religion，**L9**：xv-xvi,21 - 25,38 - 40,宗教信仰

in Greek philosophy，**L11**：74,希腊哲学中的信念

effect of education on，**L11**：550,555 - 556,教育对信念的影响

compartmentalization of，**L11**：554,信念的条块划分

dual meaning of，**L12**：15,信念的双重含义

either-or，**L13**：5,非此即彼的信念

effect of，**L13**：246,信念的结果

external，**L13**：369 - 370,表面的信念

in immortality，**L14**：98,对永生的信念

and warranted assertibility，**L14**：169,180,182,信念和有理由的断定性

James on，**L15**：15 - 16,詹姆斯论信念

traditional，**L15**：335,传统的信念

of pre-scientific age，**L16**：366,前科学时代的信仰

assignment of，**L16**：371,信仰的分派

attitude toward，**L16**：390 - 391,对于信仰的态度

common，**L17**：423,共同信仰

alternative，**L17**：443,另外的信仰

nationalistic vs. global，**L17**：454 - 455,民族主义的信仰对全球信仰

Belief and knowledge：信念与知识

nature of，**L1**：43,242 - 243,300,302,314,信念与知识的本质

truth of，**L1**：93,信念与知识的真相

separation of，**L1**：315 - 326,信念与知识的分离

"Belief in Sensation, The"（Woodbridge），**M6**：103n,《相信感觉》(伍德布里奇)

"Beliefs and Existences," **L16**：470,《信仰与存在》

Bell, Clive，**M15**：348；**L10**：356,357,贝尔,克莱夫

Bell, Daniel，**L15**：225 - 226,361,贝尔,丹尼尔

Bellamy, Edward，**L15**：xv,贝拉米,爱德华

459,本特利与杜威合作

criticizes logics，**L16**：8 - 45，184 - 209，297n，本特利对逻辑学的批判

positions of，**L16**：47n，52，90n，101n，270n，299n，308n，本特利的立场

postulations of，**L16**：48，58，257 - 258，273 - 275，本特利的假说

development of，**L16**：51n - 52n，本特利的发展

on C. Morris，**L16**：210 - 241，本特利论莫里斯

misunderstood，**L16**：275 - 276，被误解的本特利

articles reviewed，**L16**：276，本特利被评论的文章

Bentley, Charles F.，**L16**：xiin，本特利，查尔斯·F

Beresford, Charles，**M12**：60，62，贝尔斯福德，查尔斯

Berger, Victor Louis，**L6**：235，伯杰，维克托·路易斯

Bergson, Henri，**M7**：x，xvii，143；**M8**：139，140，142，449；**M10**：13n，343，；**M11**：157；**M14**：52 - 53，124，168；**M15**：11；**L1**：49；**L3**：296；**L5**：52，249；**L8**：355；**L10**：xvii，337；**L11**：xxiv，435，471；**L15**：10，51，柏格森，亨利

on instinct and reason，**M6**：130，柏格森论本能和理性

on experience，**M7**：xii，柏格森论经验

and perception，**M7**：xiii，3，8，10 - 12，18 - 30，柏格森与知觉理论

doctrine of，**M7**：3，201 - 204；**M12**：221 - 235，柏格森学说

on rational intuition，**M7**：261，柏格森论理性直觉

on "pure" memory，**M10**：36n，柏格森论"纯粹"记忆

on reality，**M10**：38，柏格森论实在

compared with Spencer，**M10**：67 - 70，柏格森的思想与斯宾塞的思想相比

on vitalism，**M12**：xxvi，231，232，244，246，柏格森关于活力论

compared with James，**M12**：xxvii-xxix，221，227 - 228，235，柏格森与詹姆斯比较

on creation，**M12**：xxviii，120，229，235，242 - 243，柏格森关于创生

scientific and mystical outlook of，**M12**：xxix，227 - 228，柏格森关于科学的与神秘的看法

on impulse of will，**M12**：230 - 231，柏格森关于意志的冲动

compared with Russell，**M12**：236，242 - 243，柏格森与罗素比较

contribution of，**M12**：249 - 250，柏格森的贡献

on relation of change to knowledge，**L4**：73-74，柏格森论变化与知识的关系

on morality and religion，**L11**：428 - 431，柏格森论道德和宗教

Dewey's criticism of，**L11**：431，杜威对柏格森的批评

on time，**L14**：100 - 101，柏格森论时间

Hocking on，**L14**：418，霍金论柏格森

organismal theory of，**L16**：117n，柏格森的有机体理论

on consciousness，**L17**：416，柏格森论意识

Berkeley, George，**E1**：145，269，342；**M4**：255；**M6**：175，390；**M12**：xxixn，107 - 108，241；**M13**：385，455；**M15**：332；**L1**：113，148，173；**L2**：7n，156；**L3**：296；**L4**：98，113；**L6**：17，424；**L11**：91；**L15**：94，贝克莱，乔治

on external world，**E1**：35，贝克莱论外在世界

on philosophic method，**E1**：124，贝克莱论哲学方法

on knowledge，**E1**：372，385 - 386，贝克莱论知识

theory of spatial relations，**E2**：144 - 145，贝克莱的空间关系理论

on philosophers，**E4**：62，贝克莱论哲学家

on outness，**M2**：180，贝克莱论外在性

idealism of，**M3**：382；**L16**：458，贝克莱的主观唯心主义

on perceived objects，**M7**：226，贝克莱论被感知到的客体

condemns Gothic，**L10**：290n，贝克莱谴责哥特式风格

on primary and secondary qualities，**L12**：519，贝克莱论第一性的质和第二性的质

Hocking on，**L14**：422 - 423，霍金论贝克莱

vs. Newton，**L16**：292，贝克莱与牛顿相对

Berkson, Isaac B. ，**L15**：510，伯克森，艾萨克·B

Berle, Adolph, Jr. ，**L6**：xviii, xix，伯利，小阿道夫

Berlin, Germany，**M11**：280；**L11**：312，柏林，德国

Congress of 1878 at，**M15**：390,391，在德国柏林 1878 年的国会

Treaty of，**M15**：391，柏林条约

Berlin, University of，**M8**：174,177，柏林大学

Berman-Yurin, Konon B. ，**L11**：311,322,602，贝尔曼-尤林，科农·B

Bernard, Claude，**L16**：88n，贝尔纳，克劳德

Bernard, John H. ，**E3**：184 - 185，伯纳德，约翰·H

Bernard of Chartres，**M2**：221，沙特尔的伯纳德

Bernays, Paul，**L16**：18,38，贝纳斯，保尔

Bernhardi, Friedrich von，**M8**：xxix, 155, 163n, 165, 196, 474；**M10**：221，伯恩哈迪，弗里德里希·冯

Bernouilli, Jacques，**E1**：272，伯努利，雅各布

Bernstein, Eduard，**L15**：xxix，伯恩施坦，爱德华

Bertrand Russell Case，The（Dewey and Kallen），**L14**：357 - 359，《伯特兰·罗素案件》（杜威和卡伦）

Bertrand Russell Memorial Volume（Roberts），**L6**：xv，《伯特兰·罗素纪念文集》（罗伯茨）

Beseler, Hans Hartwig von，**M11**：274，贝斯勒，汉斯·哈特维格·冯

Bessarabia，**L15**：296，比萨拉比亚

Bethlehem Steel Company（Bethlehem, Pa. ），**L11**：271，伯利恒钢铁公司，宾夕法尼亚州伯利恒

Between Physics and Philosophy（P. Frank），**L16**：149n，《在物理学和哲学之间》（弗兰克）

Bey, Vassif，**M15**：418,419，贝尔，瓦塞弗

Bey, Zekeria，**M15**：420，贝尔，泽凯丽亚

Bias，**L2**：80,81,94，偏见

of critic，**L10**：309,317,327，批评家的偏见

of philosophy，**L10**：325 - 326，哲学的偏见

Bible，**L9**：3；**L10**：333，《圣经》

teachings of，**E4**：111 - 113，《圣经》的教导

on morality，**L9**：xxviii，《圣经》中关于道德的内容

Bibliolatry，**L5**：181 圣经崇拜

Big Power：大电力

as 1932 political issue，**L6**：150，大电力法案作为政治议题

related to society，**L6**：178 - 179，与社会相关的大电力法案

Bill of Rights，**L7**：360；**L11**：220,253,372 - 373；**L13**：103,104；**L14**：253；**L16**：402；**L17**：473，《权利法案》

Bingham, Alfred M. ，**L9**：296；**L11**：438 - 440，宾汉姆，阿尔弗雷德·M

Bingham, Anne T. ，**L5**：238，宾汉姆，安娜·T

Binghamton, N. Y. ，宾汉姆顿，N·Y

books banned in，**L14**：371,427,429，以宾

汉姆顿为旗帜的书籍

Biographia Literaria （Coleridge），**L10**：xxviii，《文学传记》（柯尔律治）

Biography，**M1**：261，传记

    as organ of social study，**M1**：106 - 107，作为社会研究机构的传记

    and art，**L10**：320，321，传记和艺术

    appeal of，**L17**：43，传记的感染力

Biological：生物学的

    as matrix of inquiry，**L12**：30 - 47，生物探究母体的生物学

    foreshadows pattern of inquiry，**L12**：66，110，198 - 199，244，263 - 264，385，生物学探究的预兆模式

    as name，**L16**：260，生物学作为名称

Biological Principles （Woodger），**L16**：117n，《生物学原理》（伍杰）

Biological sciences：生物科学

    as division，**L16**：63 - 65，生物科学作为分支

    transaction used in，**L16**：115 - 121，生物科学中交互作用的使用

    related to semiotic，**L16**：211 - 213，生物科学与符号学的关系

Biologists：生物学家

    vs. psychologists，**E5**：366 - 367，生物学家和心理学家之间的冲突

Biology，**M12**：122 - 123，127 - 128，生物学

    important to psychology，**E1**：56，生物学对心理学的重要性

    mechanistic view in，**M8**：3，生物学中的机械论思想

    nature of，**M8**：449 - 459；**L16**：148 - 149，357，372，443，生物学的本质

    related to experience，**M10**：6 - 7，14，24 - 25，生物与经验相关

    and art，**L2**：109 - 110，生物学与艺术

    and social，**L2**：243，330 - 331，357，生物学和社会的

    important to education，**L5**：34，生物学对教育学的重要意义

    related to morality，**L7**：40 - 41，与道德相关的生物学

    organismic concept in，**L11**：511，512；**L14**：35n，生物学中的有机体概念

    effect of，**L13**：162，247 - 248，276，生物学的影响

    James on，**L14**：158 - 161，165；**L15**：13 - 14，詹姆斯论生物学

    related to ageing，**L14**：344 - 345，349，与老年化有关的生物学

    valuation based in，**L15**：103，105n，445 - 447，基于生物学的价值评价

    Greek，**L15**：268 - 269，希腊的生物学

    post-Darwinian，**L15**：312，后达尔文的生物学

    study of behavior in，**L16**：135 - 139，生物学中的行为研究

    development of，**L16**：339，355，393，455；**L17**：440，生物学的发展

"Biophysics Symposium, A,"**L16**：121n，"生物物理学论坛"，

Bios，**L17**：42，生命，生命的简单性

Biotic intuition，**L17**：43，生物直觉

Birth control，**L7**：454，459 - 460，生育控制

    related to education，**L6**：146 - 148，生育控制与教育有关

    legislation regarding，**L6**：388 - 389，关于生育控制的立法

Birth of Venus （Botticelli），**L10**：174，360，《维纳斯的诞生》（波提切利）

Bismarck, Otto von，**M8**：194，474；**M10**：287；**M11**：114，170，389；**L11**：332，俾斯麦，奥托·冯

Black, Dora W.，**M13**：121n，409 - 410，494 - 495；**L14**：xx，布莱克，朵拉·W/多拉·W

Black, Max，**L16**：186n，210n，布莱克，麦克斯

"Black Crook" sprite，**L17**：14，554，"黑巫师"里的鬼怪

Black Hundreds, **M11**：278，黑色百人团

Black Mountain College, **L15**：xxxi，黑山学院

Black Sea, **M11**：266；**M15**：136，黑海

Blackstone, William, **L7**：443，布莱克斯通，威廉

Blaine, Anita McCormick（Mrs. Emmons），**M2**：67；**M3**：273,325,344，布莱恩，安尼塔·麦考密克（埃蒙斯夫人）

Blaine, John J., **L6**：394，布莱恩，约翰·J

Blake, William, **L9**：25；**L10**：209 – 210，361，布莱克，威廉

Blakeslee, Howard, **L11**：127，布莱克斯利，霍华德

Blame, **M14**：17,85,219 – 220，责备

    as moral force, **L7**：253 – 255，作为道德力量的谴责

    attitude toward, **L10**：303,351，对待指责的态度

Bland, J. O. P.：濮兰德，J·O·P

    Dewey opposes, **M13**：75，杜威对濮兰德的反驳

    on China, **M13**：94,96 – 100，濮兰德论中国问题

    on Young China, **M13**：98 – 102,113,229，濮兰德论"青年中国"

Blanshard, Brand, **M8**：xxvi-xxvii；**L13**：xi，布兰夏尔德，布兰夏德，布兰德

    in Polish study, **M11**：260,395 – 400，布兰德与波兰研究

Bliss, Henry Evelyn, **L5**：404 – 406，布利斯，亨利·埃韦林

Bliven, Bruce, **L6**：439，布利文，布鲁斯

Blockade：封锁

    as economic sanction, **L6**：201,204，作为经济制裁的封锁

    in WWI, **L6**：475,476n，第一次世界大战中的封锁

Blockade and Sea Power（Parmelee），**L6**：476n，《封锁和海上力量》（帕米利）

Block universe, **M12**：208,220，"整块宇宙"

Blocs：压力

    political, **L17**：35 – 36，来自政治集团的压力

Blood feud, **M5**：32,63 – 64,69,70 – 71,409；**L7**：25n，31 – 32,59,68,83，世仇

    as uniting factor, **M5**：47，作为联合因素的族间仇杀；**L7**：45，作为团结因素的世仇

    enforces custom, **M5**：58 – 59；**L7**：54，强制实行风俗

Blücher, Gebhard, **M8**：177，布吕歇尔，格布哈德

Bluntschli, Johann Kaspar, **E1**：236，布隆奇利，约翰娜·卡斯帕

Blut und Boden, **M8**：xxxi，血与土地

Board of Education（New York City），**L9**：332,369，纽约教育委员会

Board of Higher Education（New York City）**L14**：241,243，纽约市高等教育委员会

Boas, Franz, **M6**：xii；**M7**：394；**L1**：133,164n；**L6**：xvi；**L7**：xiv-xv；**L15**：xx；**L17**：404 – 405，博厄斯，弗朗兹/弗朗茨/法兰兹

Boccaccio, Giovanni, **E4**：121，薄伽丘

Bode, Boyd H., **M10**：28n，鲍特，博伊德；**M11**：15，博德，鲍埃德；**L11**：548；**L15**：xiin，510；**L17**：363,371n，博德，博伊德

    on knowledge experience, **M3**：178 – 180，398 – 404，博德论知识经验

    pragmatism of, **M10**：xi，杜威写给鲍特的论实用主义的信

    normatives of, **M10**：xxii，杜威写给鲍特的论规范化的信

    vs. Childs on education, **L13**：304 – 305，377 – 390，博德对蔡尔兹关于教育

    tribute to, **L15**：xxiii，326 – 328，对博德的称赞

    on consciousness, **L17**：548，博德论意识

    Woodbridge on, **L17**：548 – 549，伍德布里

奇论博德

Body,肉体、身体。另见 Mind and body;
Psycho-physical

as psycho-physiological,**E1**：104,作为心
理生理的肉体

dualism of soul and,**E1**：107,112 - 115,
322 - 323;**E5**：96;**L7**：120 - 121;**L16**：
124n,身心二元论

properties of,**E1**：361,物体的特性

related to mind,**M9**：147 - 150,333,346;
L1：xvii,66,191 - 225,228,256 - 257;
L4：184,233;**L10**：26 - 28,267 - 268;
L13：332;**L15**：xvii-xix,219,365;
L16：417,身心关系

inferiority of,**L4**：66,身体的低下

cultivation of,**L10**：53,231 - 232,236,
238,284,身体的培养

Hocking on,**L14**：421 - 423,霍金论身体

Greek development of,**L17**：173,希腊人
对身体的培养

school work affects,**L17**：514,学校功课影
响身体

"Body and Mind"(Clifford),**L17**：554,《身
与心》(克利福德)

Boehm-Bawerk,Eugen,**L15**：359,502,505,
贝姆-巴沃克,尤金

Boehme,Jakob,**M2**：183,波墨,雅各布

Boerhaave,Hermann,**L14**：206,布尔哈弗,
赫尔曼

Boer War,**M11**：82,布尔战争

Boethius,**M2**：250,波伊修斯

Bogan,William J.,**L17**：511,519,572,博
根,威廉·J

Bohemia,**M11**：xiii,71,101,241,263,264,
285,波希米亚、波希米亚人

music of,**L10**：193,波希米亚音乐

Bohn,William E.,**L17**：429,566,博恩,威
廉·E

Bohr,Niels Henrik David,**L16**：108 - 109,
玻尔,尼尔斯·亨里克·大卫

Bois de Boulogne,Paris,**L11**：322,布洛涅树
林,巴黎

Bolognese school of art,**L10**：192,波西米亚
艺术流派

Bolsheviks,**M13**：236,237;**M15**：215;**L6**：
125,235,264;**L8**：52,布尔什维克

responsible for change,**M11**：96,布尔什维
克分子为变化负责

reports about,**M11**：121,布尔什维克分子
有关报道

in class war,**M11**：164,布尔什维克分子
阶级斗争

opposition to,**M11**：246,布尔什维克分子
反对派

policy of,**M11**：268,270,271,295,关于对
布尔什维克分子的政策

Bolshevism,**M11**：115;**M12**：5,19,23,26,
44,66,253 - 255,布尔什维克;**M15**：202,
217,布尔什维主义;**L2**：117;**L5**：87,98,
布尔什维克主义;**L6**：142,292,布尔什维
主义;**L9**：76 - 77;**L13**：132,180,393,布
尔什维克;**L14**：313;**L15**：19,23 - 25,
292,297;**L17**：117,469,布尔什维克主义

Marxist,**M8**：435,马克思主义的布尔什
维主义

technical sense of,**M13**：116,专门意义上
的布尔什维主义

rumors about,**M13**：233,关于布尔什维主
义的谣言

menace of,**M13**：240,布尔什维主义的
威胁

related to democracy,**M13**：315,布尔什维
主义与民主

in China,**L2**：177,中国的布尔什维化

in Mexico,**L2**：199,210,墨西哥的布尔什
维主义

on religion,**L5**：356 - 362,布尔什维克主
义对宗教的讨论

class politics of,**L13**：399,布尔什维克的
"阶级政治"

on history, **L16**：363，布尔什维克主义关于历史

claims of, **L16**：375，布尔什维克主义的声称

control by, **L16**：379，布尔什维克主义的控制

Bolshevist Russia（Karlgren），**L3**：220，《布尔什维克的俄国》（卡尔格林）

Boltzmann, Ludwig, **M3**：68，玻耳兹曼，路德维希

Bolzano, Bernard, **L16**：18，博查诺，贝尔纳

Bonar, James, **E4**：214－217；**L5**：172n，鲍纳尔/博纳，詹姆斯

Boniface VIII, Bull of, **M5**：138，波尼法修八世教皇诏书

Boodin, John E., **L17**：417n, 419，布丁，约翰·厄

Books, **L15**：87－88,362，书

learning from, **E5**：255，从书中学习

in school, **E5**：265－266；**M1**：329－330，学校中对图书的使用

as representatives of past, **L13**：6，代表过去的教科书

Jefferson on, **L14**：208，杰斐逊论书

investigation of, **L14**：370－372,427,429，对课本的审查

censorship of, **L14**：373，书籍审查

use of, **L17**：463－464,503－504，书籍的使用

Boole, George, **L16**：185，布尔，乔治

Booth, Edwin, **L10**：318，布思，爱德温

Borah, William E., **M13**：216，博拉，威廉·埃德加；**M15**：94,96,110,395,405，博哈，威廉·埃德加；**L2**：171；**L5**：32,353；**L6**：xxin, 192,193；**L8**：13, 15, 16，博拉，威廉·埃德加

opposed to League of Nations, **M15**：xv, 406－407，博哈反对国联

Senate resolution of, **M15**：xvi-xvii, 85－86,92,105－106,108－109,113,117－119,399－400,407－408,410,412－417，参议院的博哈决议

on outlawry of war, **M15**：88－89,412－413；**L3**：165, 169；**L17**：103－104, 559，博拉论战争的非法化

on international controversies, **M15**：409－410,412,413，博哈论国际争端

comments on letter to Norris, **L6**：149, 150，博拉对致诺里斯的信的评论

and progressives, **L6**：355,394，博拉与进步人士

on economy, **L6**：364－367，博拉质疑经济

Borchard, Edwin M., **L2**：42n，博查德，埃德温·M

Boring, Edwin G., **L5**：479n，波林，埃德温·G；**L16**：124n, 170，博灵，埃德温·G

Bosanquet, Bernard, **E1**：xxv；**E3**：143,186；**M3**：64，**M4**：304, 312；**M7**：xv；**M10**：420,427,428,；**M12**：157；**M15**：337,348；**L2**：14,77；**L12**：xi-xii，鲍桑奎，伯纳德

and new logic, **E3**：75,92，鲍桑奎和新逻辑

and moral ideas, **E3**：93,100，鲍桑奎和道德观念

and esthetics, **E4**：189－197，鲍桑奎和美学史

on philosophy and theology, **E5**：10，鲍桑奎引用哲学和神学的关系

on judgment, **M10**：107－108，鲍桑奎论判断

on 1910 *How We Think*, **M13**：482，鲍桑奎论1910年版《我们如何思维》

essays of, **L3**：294,296－298，鲍桑奎的论文

on religious experience，**L9**：xxv，鲍桑奎谈及宗教体验

on "easy beauty"，**L10**：174,360，鲍桑奎论"容易的美"

on art, **L10**：296,364，鲍桑奎论艺术

on interrogative propositions，**L12**：170－

171,鲍桑奎论疑问式命题

on comparison，**L12**：185,鲍桑奎论比较

Carnap on，**L16**：20n,24n,卡尔纳普关于鲍桑奎

Bosanquet, Helen（Mrs. Bernard），**M5**：521n,530,531,鲍桑奎,海伦(伯纳德夫人)

Bosphorus，**M15**：135,292,博斯普鲁斯

Bossuet, Jacques Bénigne，**M2**：216,波斯维特；**M4**：77,波舒哀

Botticelli, Sandro，**L10**：98,174,360,波提切利,桑德罗

Boucher, François，**L10**：134,布歇,弗朗索瓦

Bourdeau, M.，**L2**：7n,布尔多,M

Bourdon, Georges，**M8**：191,布尔东,乔治

Bourgeoisie，**L11**：54,59,383,资产阶级(中产阶级)；**L13**：134,资产阶级

Bourget, Paul：布尔热,保罗
on French literature，**E3**：36 - 42,布尔热论法国悲观主义

Bourne, Francis，**M11**：73,393,伯恩,弗兰西斯

Bourne, Randolph，**M11**：350n,伯恩,伦道夫
disagrees with Dewey，**M11**：x, xi, 353, 354,359 - 360,伯恩与杜威的争论

Bowers, Fredson，**L17**：xii,鲍尔斯,弗雷德森

Bowne, Borden，**M5**：237n,布尼,博登

Bowring, John，**L14**：xxiin,保瑞因,约翰

Boxer Indemnity Fund，**M11**：xviii；**L2**：174,庚子赔款

Boxer Rebellion，**M11**：205,221,223,228, 230；**M12**：36；**M13**：103,167,245,247, 273,义和团造反

Boycott：抵制
economic，**M12**：23,经济的抵制
and Japan，**M12**：32 - 33,39 - 40；**L6**：209,抵制日本
and sanctions，**L6**：201 - 203,477,抵制与经济制裁

in China，**L6**：205,中国的抵制

against Latin America，**L6**：215,针对拉丁美洲的抵制

and Manchuria，**L6**：469 - 479,抵制与"满洲"

Boydston, Jo Ann，**L15**：371n,博伊兹顿,乔·安
translations by，**M7**：113n；**L5**：496n；**L9**：310n,博伊兹顿翻译
on *Collected Works*，**L17**：xi-xv,博伊兹顿论《杜威全集》
on Hook's introduction，**L17**：xxxiii-xxxiv,博伊兹顿论胡克的导言

Boyesen, Hjalmar Hjorth，**E4**：119,波仪森,亚尔马·约尔特

Boyle, Robert，**L2**：142；**L11**：393,波义耳,罗伯特

Boys' Own Arithmetic（R. Weeks），**L2**：386,《男孩的算术》(R·威克斯)

Brackets：括号
as symbols in logic，**L12**：306,406,作为逻辑符号的括号

Bracton, Henry de，**L7**：133,布雷克顿,亨利

Bradley, Andrew Cecil：布拉德利,安德鲁·塞西尔
on poetry，**L10**：113 - 117,357,358,布拉德利论诗

Bradley, Francis Herbert，**E1**：xxv,**E3**：75, 92,239；**E4**：xvii, xix, xxiv；**M3**：64, 311；**M4**：xiv,254；**M6**：xiii, 10,94；**M7**：xiv, xv, 228,布拉德雷,弗兰西斯·赫伯特；**M10**：417,布拉德利,弗兰西斯·赫伯特；**M12**：141；**M15**：222；**L2**：14；**L12**：136n；**L14**：33,399,布拉德雷,弗兰西斯·赫伯特
on metaphysics，**E4**：65；**M13**：498,布拉德雷论形而上学
and criticism of Kantian theory，**E5**：137,布莱德利被提及
on appearance and reality，**M1**：256,布拉

德利论表象与真相；**M3**：171n，布拉德雷论现象与实在；**M4**：50－75，布拉德雷论表象与实在

on This and Thisness, **M3**：14n, 15n，布拉德雷关于"这个"和"此性"的区分

on judgment, **M10**：108，布拉德利论判断

compared with Klyce, **M13**：417－418，布拉德雷与克莱斯的比较

on identity of form, **L5**：258－260，布拉德利论及形态的同一性

Hocking on, **L14**：418，霍金论布拉德雷

objective idealism of, **L16**：115n，布拉德雷的客观观念论

Bradshaw, Frances, **M11**：260，布雷德肖，弗朗塞斯

Brady, James H.：布莱迪，詹姆斯·H

on universal military training, **M10**：383, 386－392，布莱迪论普遍化军事训练

Brahmanism, **L6**：321，婆罗门教

Brailsford, Henry Noel：布雷斯福德，亨利·诺埃尔

on China and Japan, **M13**：173－176,179－182，布雷斯福德论中国与日本

Brain：大脑

Bergson on, **M7**：24－30,202－204，柏格森论大脑

connection of learning with, **M9**：346－347，学习和大脑的关联

and mind, **L1**：222,224，脑与心灵

Whitehead on, **L14**：124，怀特海论大脑

James on, **L14**：158,161，詹姆斯论大脑

function of, **L15**：14,32－33,75，脑功能

Brameld, Theodore B. H., **L9**：244－245；**L11**：383n，布拉梅尔德，西奥多·B

Brandeis, Louis D., **L7**：398；**L9**：237－239；**L11**：47－48,374，布兰斯德，路易斯·D

Brandes, George, **E3**：178，勃兰克斯，乔治；**M8**：178，布兰代斯，格奥尔

Brave New World（A. Huxley），**L10**：xvii,

《美丽新世界》（赫胥黎）

Brazil：巴西

U. S. intervention in, **L5**：440，美国对巴西的军事干涉

Break-up of China, The（Beresford），**M12**：60,62，《中国的崩溃》（贝思福）

Breasted, James Henry, **L9**：37－38，布雷斯特德，詹姆斯·亨利

Breen, Matthew B., **L9**：373，布林，马修·B

Brehon laws, **M5**：83；**L7**：76，布里恩法律

Brest-Litovsk, Treaty of, **M11**：270－271, 275，布列斯特-立陶夫斯克和约

Breughel, Pieter, the elder, **L10**：192，老布鲁盖尔，皮耶特

Brewster, James H., **M10**：370，布鲁斯特，詹姆斯·H

Briand, Aristide, **M13**：206,346；**L5**：353，白里安，阿里斯蒂德

on outlawry of war, **L3**：163－168,171, 175；**L8**：13,14，白里安和战争非法化

on Pact of Paris and war, **L6**：218－219，白里安论《巴黎公约》与战争

Bridgeport, Conn., **M7**：466，布里奇波特，康涅狄格州

Bridgewater, Mass., **M15**：xxiii, 158n, 170n, 180n，布里奇沃特，马塞诸塞州

Bridgman, Laura, **M7**：396，布里奇曼，劳拉；**L17**：145,562，布瑞吉曼，劳拉

Bridgman, Percy W., **L12**：362n；**L14**：420，布里奇曼，普西·威廉

Dewey praises, **L4**：xii；杜威赞扬布里奇曼

on operations, **L4**：xvii, 89,90n，布里奇曼论操作

on observation, **L4**：163，布里奇曼论观察

on concept, **L5**：481－483，布里奇曼论概念

"hazes" of, **L16**：152，布里奇曼的"迷雾"

on definition, **L16**：170－171，布里奇曼关于定义

on nature, **L16**：192n，布里奇曼关于自然

Bruno, Giordano, **M12**：117，布鲁诺，乔尔丹诺

on nature, **M2**：147，布鲁诺论自然

pantheism of, **M2**：183，布鲁诺的泛神论

Brunswick, Duke of, **E1**：263,266，布伦瑞克公爵

Brunswik, Egon, **L16**：125n, 144, 232n，布恩斯维克，艾贡

Brusa (Bursa), Turkey, **M15**：139 - 140，布鲁萨，土耳其

Brutalist：粗野派

Hegel as, **M8**：191，黑格尔是粗野派艺术家

Bryan, William Jennings, **M8**：418；**M10**：261；**M11**：148；**M13**：141,498；**L6**：231,234，布赖恩，威廉·詹宁斯

opposes science, **M13**：301，布赖恩反对科学的抗争

in progressive movement, **M13**：301 - 305，布赖恩在进步运动中

Bryant, Sophie, **E5**：350 - 352，布赖恩特，索菲

Bryce, James Bryce, **L7**：129,426；**L11**：184，布赖斯，詹姆斯

on medieval church, **M5**：138，布赖斯论中世纪教会的理想

on sociability of Americans, **M6**：162，布莱斯论美国人的社交能力

on modern democracy, **L7**：148 - 149，布莱斯论现代民主

Bryn Mawr College：布林莫尔女子学院

Phoebe Thorn Experimental School at, **M8**：263，布林莫尔女子学院菲比·索恩实验学校中的语法实验

Buber, Martin, **L10**：vii，布伯，马丁

Buchanan, Scott, **L3**：311 - 314，布坎南，斯科特

Bucharest, Treaty of, **L6**：468n，布加勒斯特条约

Buchler, Justus, **L15**：457,466,468；**L16**：10n，巴克勒/巴什勒，贾斯特斯

Buddha, **M13**：221，佛陀

Buddhism, **L10**：134，佛教

self-denial in, **M5**：328，佛教中的自我否定

pessimistic tone of, **M7**：296，佛教的悲观主义论调

Buell, Raymond Leslie, **L6**：196n，比尔，雷蒙德·莱斯利

on international affairs, **L6**：xx, 200, 202, 208, 211, 220, 450 - 484，比尔论国际事务

Buelow, Bernhard von, **M12**：34，布罗，冯·伯恩哈德

Buermeyer, Laurence：布尔梅耶，劳伦斯

on thoughts, **M13**：61 - 71, 482 - 491，布尔梅耶论各种思想

on art, **L10**：99n, 321n，布尔梅耶论艺术

Buffon, Georges Louis Leclerc, **L13**：175，布丰，乔治·路易·勒克来克

Bühler, Karl, **L16**：21n, 137n, 232n, 468，布勒，卡特

Bukharin, Nikolai I.：布哈林，尼古拉·I

trial of, **L15**：xi, 338, 345 - 346, 348，对布哈林的审判

Bukhartsev, Dmitri P., **L11**：322,603，布卡赛夫，迪米崔·帕夫洛维奇

Bulgaria, **M15**：390，保加利亚

Bulgarians, **M15**：140,147，保加利亚人

Bullitt, William, **L15**：293 - 294，布利特，威廉

Bunyan, John, **M5**：145，班扬，约翰

Burden, Sheriff J., **L9**：360 - 361，伯登，谢尔夫·J

Bureau of Foreign and Domestic Commerce, **L6**：353，美国对外贸易局

Bureau of Labor Statistics, **L17**：7 - 8,554，劳工统计局

Bureau of Public Information, 参见 Committee on Public Information

Bureau of Railway Economics, **L6**：370，铁路

经济局

Burgess, John William, **E4**：73n；**L7**：422, 伯吉斯,约翰·威廉

Burke, Edmund, **E4**：193；**M7**：357；**M8**：184；**M12**：xvi；**M15**：9,伯克,埃德蒙

Burks, Arthur W.：伯克思,亚瑟·W
  on definition, **L16**：166,168,181n,伯克思关于定义

Burlingame, Anson, **M11**：228；**M13**：167；**L2**：174,蒲安臣

Burlington, Vt., **L5**：178,佛蒙特州伯灵顿市

Burnett, Joe R.：伯尼特,乔·R
  on Dewey's 1899 - 1901 writings, **M1**：ix-xxiii,伯尼特论杜威在 1899 至 1901 年期间出版的著作

Burnett, Whit, **L15**：367n,伯内特,怀特

Burns, Robert, **L13**：358,彭斯,罗伯特

Burr, H. S., **L16**：121n,博尔,H·S

Burrow, Trigant, **L16**：117n,巴罗,特里根特

Burt, Benjamin Chapman, **L5**：393,506,伯特,本杰明·查普曼

Burton, Ernest D., **L15**：324,伯顿,欧内斯特·D

Burtt, Edwin Arthur, **L5**：481n,伯特,埃德温·阿瑟

Bus franchises：巴士专营权
  in New York City, **L9**：365 - 366,385,纽约的巴士专营权

Bush, Wendell T., **M6**：xii, 103n；**M7**：445n；**M8**：ix,布什,温德尔·T；**M13**：12n,布许,文德尔·T；**L5**：500,布什,温德尔·T
  on experience, **M6**：81,布什论经验
  on value, **M11**：3 - 8,375 - 387,布什论价值

Bush Building (New York City), **L10**：217,361,布什大楼,纽约市

Business, **M12**：102 - 104,184,生意；**L2**：

161 - 162；**L10**：26,203；**L11**：44,271,277 - 280,286 - 287,商业。另见 Economics；Industry
  related to morality, **M5**：179 - 180,464 - 465；**L7**：260,403 - 411,414,423 - 426,429 - 437,商业的道德问题
  motives for, **M5**：445 - 446；**L6**：70 - 74,142,商业的动机
  private action in, **L2**：214 - 215,商业中的私人行为
  and politics, **L2**：321,349；**L6**：156 - 159,163,165,177,186,商业与政治
  changing concept of, **L6**：xxii；**L17**：21,改变的商业概念
  alliance of, **L6**：165 - 166,大企业联盟
  influence of, **L7**：373 - 374；**L9**：193,商业的影响
  control of, **L7**：412 - 413,商业控制
  rate control in, **L7**：415 - 417,商业中的利率控制
  war's impact on, **L17**：22,战争对商业的冲击

Business Week, **L9**：252,《商业周刊》

Butler, Edward B., **M1**：317,巴特勒,爱德华·B

Butler, Joseph, **E4**：130；**M3**：53；**L5**：147,150；**L9**：xii, 422,巴特勒,约瑟夫
  and conscience, **E4**：128,巴特勒和良知
  and self-regarding impulses, **E4**：144,巴特勒和利己冲动

Butler, Nicholas Murray, **M3**：325 - 326；**M4**：xvii；**L6**：337；**L11**：592；**L14**：xix,374,431,巴特勒,尼古拉斯·默里

Butler, Samuel, **L7**：379,勃特勒,塞缪尔

Byrnes, James F., **L15**：346,伯恩斯,詹姆斯·F

Byron, George Gordon, **E3**：41；**M5**：145,拜伦,乔治·戈登

Byzantine art, **L10**：321,333 - 336,拜占庭艺术

Caesar, Julius, **M8**：194；**M10**：237；**M15**：33；**L7**：23,126,441；**L10**：46,凯撒,尤利乌斯/朱利亚斯

Cahn, Steven M.：卡恩,史蒂文·M

  on Dewey's 1938 – 1939 writings, **L13**：ix-xviii,卡恩论杜威在 1938 至 1939 年期间出版的著作

Caird, Edward, **E2**：xxiii；**E3**：186；**M6**：94；**M7**：345；**L2**：6；**L5**：152,凯尔德,爱德华

  influences Dewey, **E1**：xxv,凯尔德对杜威的影响

  idealism of, **E1**：xxviii；**L16**：115n,凯尔德的唯心主义

  on psychology, **E1**：146,149 – 150,155 – 156,凯尔德关于心理学

  on Kant, **E3**：92,180 – 184,239；**E5**：137,凯尔德论康德

  on consciousness of things, **E4**：22,凯尔德论对事物的意识

Caird, John, **M6**：94；**L5**：152,凯尔德,约翰

Calculation, **M14**：132,139 – 145,149；**L12**：164,214,218,277,413,468,475,计算

  and observation, **L14**：198,计算和观察

Calculus of Relations, **M7**：422,关系的演算

California, University of（Berkeley）, **M11**：xvii,41n；**L6**：3n；**L11**：530,加利福尼亚大学(伯克利)

California, University of (Los Angeles), **L5**：289n,加州大学(洛杉矶),

Caliphate, **M15**：128 – 131,哈里发

Calles, Plutarco Elas, **L2**：194,196,199；**L3**：160,162,卡勒斯,普罗塔克·埃利亚

Calvin, John, **M8**：142；**M11**：25,加尔文,约翰

Calvinism, **L14**：406,加尔文主义

Cambridge, University of, **M4**：242,剑桥大学

Camera：照相机

  vs. artist, **L10**：89,93,照相机对艺术家

Camp, Katherine B., **E5**：436；**M1**：222,325,坎普,凯瑟琳·B

Campanella, Tommaso, **E1**：259,康帕内拉,托马索

Camus, Albert, **M3**：xxiv,加缪,阿尔贝

Candide（Voltaire）, **M7**：293,《老实人》(伏尔泰)

"Can Logic Be Divorced from Ontology?"（Nagel）, **L5**：203,《逻辑能否脱离本体论》(内格尔)；**L16**：16n,《逻辑学能从本体论分离吗?》

Canossa, **M15**：138,卡诺萨

"Can Peace Be Enforced?"（Levinson）, **L5**：352,《和平可以强制执行吗?》(莱文森)

"Can Teachers Stay Out of the Class Struggle?"（Childs）, **L11**：383n,《教师能否置身于阶级斗争之外?》(柴尔德斯)

Canton（Guangzhou）, China, **M12**：23,69；**M13**：135,153；**L6**：205；**L17**：555,广州,中国

  British in, **M13**：121 – 123,英国人在广州

  government of, **M13**：124 – 125,129,132,151,183；**L17**：30 – 31,广州政府

  compared with Peking, **M13**：127 – 128,134,169,广州与北京的比较

  demonstration at, **M13**：128 – 129,广州的游行

  education in, **M13**：129,广州的教育

  labor unrest in, **L17**：31 – 32,广东的劳工动荡

  reforms in, **L17**：32 – 33,广东的改革

  support for, **L17**：33 – 34,对广东的支持

Canton Guild, **M11**：196,广州同业公会

Cantril, Hadley, **L15**：510,坎特里尔,哈德利

"Can We Choose between Values?"（Geiger）, **L15**：101,《我们能进行价值选择吗?》(盖格)

Capacity：能力、才能

  and self-realization, **E3**：301 – 303,**E4**：

44 -46,48 - 50,能力与自我实现

double meaning of word, **M9**：46,才能这个词的双重意义

development of, **M9**：123,才能的发展

teaching limitation of, **M9**：204 - 205,教导学生才能的局限性

native, in education, **L9**：197 - 199,教育中的天赋能力

in psychology, **L16**：136,心理学中的能力

Capella, Martianus，**M2**：249,卡佩拉,马蒂亚内斯

Capital (Marx), **L7**：426,《资本论》(马克思)

Capital：资本

related to labor, **M9**：323,资本和劳动的关系

Capitalism, **M11**：91,163；**M12**：xxx,17,102,183 - 184；**M13**：160；**L2**：161；**L9**：319；**L11**：xxxin,43,52,57；**L13**：390；**L15**：359 - 360；**L17**：472,资本主义

criticized, **M2**：xx-xxi,对于资本主义的批判

as destroyer of group morality, **M5**：78 **L7**：72,资本主义作为群体道德的破坏者

as result of science, **M9**：292,资本主义作为科学的产物而出现

history of, **L7**：142 - 143,149 - 151,资本主义的历史

concept of, **L7**：375 - 376,402；**L17**：21 -22,资本主义概念

and competition, **L7**：376 - 379,400,资本主义和竞争

problems of, **L7**：381,394,403 - 406,428 -436；**L9**：298,资本主义的问题

and justice, **L7**：406 - 407,资本主义和正义

alternatives to, **L7**：426 - 428,资本主义的替代

Niebuhr on, **L9**：73,399 - 405,尼布尔对

资本主义的观点

Bellamy on, **L9**：104 - 105,贝拉米谈及资本主义

social control of, **L9**：208,资本主义的社会控制

and F. Roosevelt's policy, **L9**：297,资本主义与罗斯福的政策

affects art, **L10**：14,资本主义影响艺术

connected with democracy, **L11**：296；**L13**：137,146,资本主义与民主的关系

Bingham on, **L11**：438,边沁论资本主义

Trotsky on, **L13**：396,托洛茨基论资本主义

collectivism in, **L14**：92 - 95,资本主义中的集体主义

effects of, **L17**：23,资本主义的后果

and feudalism, **L17**：23 - 24,资本主义与封建主义

Capitalization, **L10**：257n,字母大写

of corporations, **M5**：501 - 503,公司资本化

Capone, Al, **L13**：147,黑帮

Capper resolution, **L3**：170,433,凯普决议；**L6**：471,484,卡珀决议

Capricious activity：任意的活动

contrasted with educative activity, **M9**：83 -84,319,351,任意的活动与有教育意义的活动或经验形成对比

as fatal to aims, **M9**：108,任意的活动对目标是致命的

contrasted with thoughtful action, **M9**：152 - 153,161,任意的活动与深思熟虑的行动形成对比

contrasted with continuity, **M9**：346 - 347,360,任意的活动与连续性形成对比

Captains Courageous (Kipling), **L5**：395,《怒海余生》(吉卜林)

Caravaggio, Polidoro Caldara da, **L10**：147,卡拉瓦乔,波利多罗·卡尔达拉·达

Caraway, Thaddeus H. , **L5**：429,卡拉韦,

撒迪厄斯·H

Cardanus (Geronimo Cardano), **E1**：259，卡
达努斯（杰罗尼莫·卡尔达诺）

Cardozo, Benjamin Nathan, **L6**：323，卡多
佐，本杰明·内森

Card Players (Cézanne), **L10**：212，361，《玩
纸牌者》（塞尚）

Care, **L16**：247，关怀

Carings-for, **L16**：346 - 347，351 - 354，
对……的关怀

Carlyle, Jane Welsh, **L14**：88，卡莱尔，珍
妮·威尔士

Carlyle, Thomas, **E1**：233；**E5**：270，351；
M3：56，289；**M10**：175；**M14**：125；**L2**：
217，298，304；**L6**：69；**L11**：19，442；
L13：153 - 154；**L15**：180，198，214 - 215，
卡莱尔，托马斯

　on belief, **E3**：110，112，卡莱尔论信仰

　on duty, **E3**：321，卡莱尔论义务

　on industry, **M1**：14；**M5**：1519，卡莱尔论
　　工业

　on city life, **M5**：178，卡莱尔论城市生活

　on utilitarianism, **M5**：243，263n；**L7**：250 -
　　251，卡莱尔论功利主义

　on "cash nexus," **M9**：309，卡莱尔论现金
　　关系

　on democracy, **M13**：330，卡莱尔论民主

　on society, **L7**：327，卡莱尔论社会

　on art, **L10**：296，364，卡莱尔论艺术

　on self-government, **L13**：150，卡莱尔论自
　　治

Carmichael, Leonard, **M7**：xxiv, xxv，卡迈
克尔，伦纳德

Carnap, Rudolf, **L9**：303，304；**L14**：xiv；
L15：145n；**L16**：10n，卡尔纳普，拉多夫/
鲁道夫

　logic of, **L16**：xxii, xxx, xxxiiin, 8，9，33 -
　　35，38，40，116n，193n，卡尔纳普的逻
　　辑学

　on propositions, **L16**：12，17 - 32，45，卡尔

纳普关于命题

　on definition, **L16**：132n，165，166n，卡尔
　　纳普关于定义

Carnegie, Andrew, **M10**：261，卡内基，安
德鲁

Carnegie Foundation, **M15**：226，卡内基基
金会

　1922 annual report of, **M15**：190，卡内基
　　基金会的年度报告

Carpentry：木工手艺

　as introduction to physics, **M1**：51，作为物
　　理学导引的木工手艺

Carracci, **L10**：147，卡拉齐

Carranza, Venustiano, **L2**：195，卡兰萨，贝
努斯蒂亚诺

Carson, Edward Henry, **M11**：120，卡森，爱
德华·亨利

Cartesian：笛卡儿的、笛卡尔式

　dualism, **M2**：x；**M8**：xxviii，笛卡儿的二
　　元论

　philosophy, **L1**：14，27，255，笛卡尔哲学

　thinking, **L2**：142，笛卡尔式的沉思

Cartesianism, **M9**：xxi，笛卡尔主义

Cartesian-Lockean terms：笛卡尔-洛克术语

　psychology expressed in, **M7**：51，用笛卡
　　尔-洛克术语表示的心理学

Carus, Paul, **E5**：xiii，342n，347，卡洛斯，保
罗；**M15**：227；**L1**：393 - 395，卡鲁斯，
保罗

Carus Lectures, **L6**：28，310，311，卡鲁斯
讲座

　in 1922, **L14**：xv，413，1922 年的卡鲁斯

　in 1939, **L14**：141，431，1939 年的卡鲁斯

Carver, Thomas, **L7**：423 - 424，卡弗，托
马斯

Case, Clarence Marsh, **L6**：451，凯斯，克拉
伦斯·马什

Case：实例。另见 Induction, **L12**，

　as representative, **L12**：292，427，431 -
　　432，435，443 - 444，473 - 475，代表性

实例

Case of Leon Trotsky, The (Dewey et al.),
L11：xxviin, 306n；**L13**：393n；**L15**：510,
《列夫·托洛茨基案》(杜威等)

Cash nexus, **M9**：309, 现金关系

Cassel, Louis, **L17**：556, 卡塞尔, 路易斯

Cassel Collieries Contract, **M13**：121 - 125,
410, 494, 卡塞尔条约；**L17**：31, 556, 卡塞
尔煤矿合同

Cassini protocol, **M12**：62, 卡西尼礼节

Cassirer, Ernst, **L10**：xv；**L16**：115n, 卡西
尔, 恩斯特

Castalian, **E3**：51n, 147n,《卡斯塔利亚》

Casuistry, **M12**：175, 诡辩；**M14**：165；**L7**：
277 - 278, 决疑法

 affects moral action, **M5**：295 - 298, 决疑
 法对道德行为的作用

Categorical imperative：范畴的绝对命令

 British acceptance of, **M10**：224, 英国对范
 畴的绝对命令的接受

Category：范畴

 as synthetic function, **E1**：38, 范畴作为综
 合功能

 theories of, **E1**：41 - 43；**M7**：422, 范畴
 理论

 objective, **E3**：214 - 219, 221, 客观范畴

 in art criticism, **L10**：319 - 321, 艺术批评
 中的范畴

 defined, **L12**：253, 259, 对范畴作界定

 related to class, **L12**：259, 271 - 279, 297,
 341, 359, 380 - 381, 与"类"有关的范畴

 causation as, **L12**：453 - 457, 因果关系作
 为范畴

 physical and mental, **L17**：xxx, 物理范畴
 与心智范畴

Catharsis, **L10**：102n, 净化

Catholic church, 参见 Roman Catholic church

Catholic World, **L15**：50n,《天主教世界》

 on Russell, **L14**：235 - 236,《天主教世界》
 论罗素

Catlin, G. E. G., **L3**：318, 320 - 323, 卡特
林, G·E·G

Cato, **L7**：128, 凯托

Cattell, James McKeen, **E5**：349；**M1**：xiii；
L7：454, 459；**L9**：96n, 101, 卡特尔, 詹姆
斯·麦基恩

Causal forces：因果性

 and state, **L2**：242, 246 - 249, 251, 258,
 259, 265, 269, 276, 因果性和国家

 vs. causal order, **L2**：361, 对比因果秩序

Causality, **L4**：127, 因果关系；**L11**：52, 70,
因果性；**L15**：37, 85, 114, 因果关系

 and causation, **L1**：73, 79, 84 - 85, 91, 180 -
 181, 208 - 209, 243, 因果关系

 reality and, **L14**：146, 实在性和因果性

 Hocking on, **L14**：421 - 422, 霍金论因
 果性

Causal nexus, **E1**：6, 7, 因果关系；**M2**：154,
因果连结

Causal proposition：因果命题

 means-consequences of, **L12**：454 - 457, 因
 果命题的手段与结果

Causation, **M12**：113 - 116, 118；**M13**：372；
M14：17, 33, 因果关系；**L2**：50, 原因；**L17**：
408, 因果性

 Leibniz on, **E1**：319 - 320, 莱布尼茨论动
 力因

 in Hegel and Kant, **E3**：137 - 138；**L16**：
 115n, 黑格尔的因果；康德的因果原则

 defined, **E4**：91, 因果关系之界定

 teachers' use of, **M1**：140 - 141, 教师运用
 因果机制

 related to antecedent and consequent, **M2**：
 15 - 16, 作为前后件关系的因果关系
 概念

 in *Cyclopedia of Education*, **M6**：379 -
 381, 因果关系(《教育百科全书》)

 ultimate, **M8**：5, 终极起因

 affected by relational theory of knowledge,
 L2：142 - 143, 146, 受到知识的关联理

论的影响

Hume's theory of, **L2**：154，休谟关于因果
关系的学说

in perception, **L14**：54，170 - 171，知觉中
的因果关系

laws of, **L14**：179 - 180，因果律

Greeks on, **L14**：195，希腊人论因果关系

in Santayana's philosophy, **L14**：305，桑塔
亚那哲学中的因果关系

Frank on, **L16**：149n，弗兰克关于因果
关系

in science, **L16**：410，科学中的因果关系

Cause：原因

ego as, **E4**：91 - 96，作为原因的自我

vs. reason, **L13**：17 - 18，原因与理由

terminological derivation of, **L16**：104，原
因的术语推演

child's interest in, **L17**：286，孩子对原因
的兴趣

Cause and effect, **E1**：11；**E3**：217；**E4**：34 -
36；**M2**：12 - 14；**L1**：45，91，200 - 201，
209 - 210，277，286；**L17**：435，原因和后果

of consciousness, **L1**：233，关于意识的原
因和后果

of knowledge, **L1**：283 - 284，关于知识的
原因和后果

principle of, **L13**：56 - 57，141，229，因果
关系原则

Cavalieri, Francesco Bonaventura, **E1**：262，
卡瓦列里，弗朗梭斯科·波那丰图拉

Cavendish, Henry, **L14**：397，卡文迪许，
亨利

Caylay, Arthur, **L15**：376，凯利，阿瑟

Cecil, Edgar Algernon Robert, **M15**：88，95，
380，406，407，塞西尔，埃德加·阿尔加
农·罗伯特

"Celebrated Jumping Frog of Calaveras
County, The" (Twain), **M12**：xxixn，《卡
拉维拉斯县驰名的跳蛙》（马克·吐温）

Cell：细胞

nervous, **E1**：94 - 95，神经细胞

function of, **E1**：96 - 98，110，细胞的功能

Cell in Development and Heredity, *The* (E.
B. Wilson), **L16**：117n，《细胞的发展和遗
传》（威尔逊）

Cell theory, **L16**：116 - 118，细胞理论

Celts, **M5**：29；**L7**：29，凯尔特人

Censorship, **M11**：110，118 - 121，178，268；
L5：417；**L7**：321，329；**L11**：253，审查
制度

related to college, **L6**：121 - 122，对大学的
审查

of arts, **L10**：13，331，332，艺术的审查
制度

intellectual, **L14**：371，理智审查

of textbooks, **L14**：373，教科书审查

by House Un-American Activities Committee,
L17：137，560 - 561，众议院反对非美国
行动委员会所做的审查

Center, *Function and Structure of
Psychology*, *The* (P. Hughes), **L17**：42 -
43，《心理学的核心、功能与结构》（休斯）

Centered movement：聚焦运动

material side of, **E3**：215 - 219，聚焦运动
的物质方面

Center for Dewey Studies (Southern Illinois
University)：杜威研究中心（南伊利诺伊大
学）

history of, **L17**：xi-xiv，杜威研究中心的
历史

Central activity：中枢活动

as idea, **E5**：97，中枢活动的理论

Central High School (Philadelphia), **L6**：
99n，中央高级中学（费城）

Central Powers, **L6**：207 - 208，同盟国

future of, **M11**：101，同盟国的未来

in WWI, **M11**：136，270，271，一战时的同
盟国

on Polish question, **M11**：268，273，274，同
盟国与波兰问题

Century Dictionary and Cyclopedia，*The*，**L16**：137n，155 - 156，《世纪词典和百科全书》

Century of Progress Exposition（Chicago），**L11**：275，279，进步的世纪博览会（芝加哥）

Ceremonies，另见 Rituals

  role of，**L10**：xv，330，332，典礼的作用

Certainty，**M12**：91，92；**L15**：28，40，123 - 125，确定性

  as end of thinking，**M1**：151 - 152，作为思维目标的确定性

  love of，**M14**：162 - 166，对确定性的热爱

  quest for，**L4**：x，5，7，16 - 18，176，185，203，226，240，243，245，确定性的寻求的本质

  means of attaining，**L4**：21，24，28，29，58，67，163，231，达到确定性的手段

  realm of，**L4**：41，96，103，确定性的领域

  Kant on，**L4**：49，50，康德论确定性

  Laplace on，**L14**：107，拉普拉斯论确定性

Cézanne，Paul，**L10**：361；**L13**：361，塞尚，保罗

  as artist，**L10**：xxi，xxx，54，98，100，134，148，192，212 - 216，239，264，作为艺术家的塞尚

  on art，**L10**：127，316，358，365，塞尚论艺术

  criticized，**L10**：291，306，307，受批评的塞尚

Chadbourne，Thomas L.，**L5**：441，查德伯恩，托马斯·L

"Challenge of Democracy to Education，The，" **L11**：xvi，《民主对教育的挑战》

Challenge of Russia，*The*（S. Eddy），**L6**：263 - 265，《俄国的挑战》（艾迪）

"Challenge to Liberal Thought，" **L15**：333，《对自由主义思想的挑战》

Challenge to the New Deal（A. M. Bingham and Rodman），**L9**：296，《新政的挑战》（宾厄姆和罗德曼）

Chamberlain，George E.，**M10**：377，387，392，393，张伯伦，乔治·E

Chamberlain，Houston，**M8**：xxxi，188n，423，张伯伦，豪斯顿

Chamberlain，John R.，**L11**：323，张伯伦，约翰

Chamberlain，Joseph Austin，**L17**：498，570，张伯伦，约瑟夫·奥斯汀

Chamberlain，Neville，**L15**：348，353，张伯伦，内维尔

Chamberlain bill，**M10**：378，388，389，张伯伦法案

Chamber of Commerce（U. S.），**L2**：161；**L9**：115，125，130，商会（美国）

Champlain，Samuel de，**L8**：173，钱普莱恩，萨缪尔

Chance，偶然，另见 Luck

  and necessity，**E4**：29 - 36，偶然和必然

  as causal principle，**M4**：8 - 10，偶然论作为……原因的原则

  belief in，**L14**：98，对偶然的信念

Chance，*Love*，*and Logic*（C. Peirce），**M15**：xxvi，226 - 228，《或然性、爱与逻辑》；**L2**：28n；**L5**：478n，《机会、爱与逻辑》（皮尔士）

Change，**L1**：47 - 50，54，63 - 64，83，85，94，95，98，118 - 119，134，171，236 - 237，263 - 264；**L16**：242，325，变化。另见 Interaction，**L12**；Transformation，**L12**

  Dewey's concept of，**M10**：xxvii-xxviii，杜威的变化概念

  early views on，**M12**：112，古代关于变化的观念；**L17**：456，早期关于变化的看法

  as law of universe，**M12**：114，作为宇宙（普遍）规律

  Plato and Aristotle on，**M12**：141，柏拉图和亚里士多德论变化

  attitude toward，**M12**：144 - 146；**L10**：325 - 327；**L11**：41 - 42，133，409，412 -

413,对待变化的态度

related to duration, **M12**：224,228,变化与绵延相关

Darwin on, **M12**：229,达尔文对变化的观点

Bergson on, **M12**：231,234,柏格森对变化的观点

Chinese student movement seeks, **M12**：253 - 254,中国学生运动寻求变化

and knowledge, **M12**：259,变化和知识；**L13**：155,知识的变化

effecting of, **L4**：3 - 4,181,186 - 189,220 - 223,227,实现改变

realm of, **L4**：6,15 - 17,变化的领域

in science, **L4**：66 - 71,76,80 - 82；**L12**：137 - 138,183；**L16**：370,科学中的变化

as evil, **L4**：82,148,200,234,变化作为恶

regulation of, **L4**：84,163 - 171,231,232,236,管理变化

Newton on, **L4**：95,96,114 - 115,牛顿论变化

correlation of, **L4**：103 - 108,158,197,198,219,变化间的相互关系

necessity for, **L7**：xiv；**L13**：112 - 115,118 - 119,136,287 - 288,需要变化；**L17**：463,478,变化的重要性

effects of, **L7**：177 - 179,318 - 319,331,374,444 - 450,变化的作用

and stimulus, **L7**：290,292,变化和刺激

in nature, **L10**：20,22,自然中的变化

rhythm imposed on, **L10**：153 - 154,158 - 159,加在变化上的节奏

in politics, **L11**：xxiii-xxiv, 274 - 281,政治上的变化

of environment, **L12**：41,环境变化

in Greek logic, **L12**：88 - 94,212,在希腊逻辑中的变化

and negation, **L12**：188 - 193,变化与否定

and particulars, **L12**：201 - 202,212 - 213,217,296 - 297,340,417,变化与殊相

as cyclical, **L12**：220 - 223,235 - 236,周期变化

as vectorial, **L12**：233,234,237 - 238,矢量变化

qualitative, **L12**：453 - 454,质上的变化

in habits, **L13**：97,150,186,291,习惯的变化

economic, **L13**：290,316,339,经济的变化

thinking related to, **L14**：98 - 101；**L17**：78 - 80,与变化相关的思考

classical vs. modern concept of, **L15**：84,87,234,235,273,312 - 313,古典变革观念与现代变革观念

replaces immutability, **L16**：363,365,变化代替不变性

physical related to moral, **L17**：456 - 457,与道德变化相关的物理变化

Changsha, China, **M13**：151,长沙,中国

Chang Shun, **M13**：131,张勋

Chang Tso Lin, **M12**：67,70；**M13**：131,132,134,136,150 - 151,210,张作霖

Chaplin, Charlie, **L10**：xviii,卓别林,查理

Character：性格、品格、品质、个性

nature of, **E2**：352,性格的本质；**E4**：241 - 242；**E5**：78 - 82,326 - 327,品格的本质；**M4**：287 - 291,特征、特性的本质；**M6**：218；**M9**：326；**M14**：29 - 30,性格的本质；**L7**：166 - 167,品格的本质；**L8**：139,159,品质的本质；**L17**：298,336 - 337,347,性格的本质

consequences of, **E2**：353 - 356；**M14**：30,35 - 36,性格的结果

role in morality of, **E3**：246 - 247；**M5**：234 - 235,品格在道德生活中的作用；**L17**：336 - 337,性格在道德生活中的作用

as motive to action, **E3**：259,作为行动之动机的品格

failure of pleasure to unify, **E3**：261 - 263,快乐不能整合品格

and conduct，**E3**：343，品格和行为举止；**L7**：168 - 173,176,193 - 194,271 - 172，品格和行为

formation of，**E5**：93,327；**M1**：307 - 308；**L7**：14,65，品格的培养、品格的形成

Hebrew conception of，**M5**：101 - 102；**L7**：92 - 94，希伯来的品格观念

Greek conception of，**M5**：130 - 132；**L7**：121 - 123，古希腊品格观念

in *Cyclopedia of Education*，**M6**：381 - 388,392，性格(《教育百科全书》)

education related to，**M9**：11, 163, 195, 356,370，由教育所发展出来的性格

intelligence and，**M9**：363 - 367，智力和性格；**L17**：336 - 338，理智和性格

influences affecting，**M14**：8；**L9**：186 - 193,203 - 204；**L17**：515，对性格的影响

Mill on，**L7**：241 - 242，穆勒论品格

happiness and，**L7**：244 - 245，幸福和品格

esthetic meaning of，**L10**：247 - 248,289, 292,298，特性的审美意义

in Santayana's philosophy，**L14**：305，桑塔亚那哲学中的个性

volitional side of，**L17**：338 - 342，性格的意志方面

feelings related to，**L17**：343,346，与性格相关的感情

determinate，**L17**：369，坚定的性格

Characteristics，参见 Traits

Characterization：刻画

nature of，**L16**：6, 133n, 145 - 146, 149, 152,155，刻画的本质

as name，**L16**：7n, 65,71,260，刻画作为名称

as stage of designation，**L16**：132, 139, 142，刻画作为指称的步骤

Characters，**L11**：xiv, 96 - 99, 101, 103；**L12**：259,341,353,377,439,447 - 448，特征。另见 Abstraction，**L12**；Universal pro-position，**L12**

as condensations of belief，**M3**：84，作为信念之浓缩

Characters and Events，**L14**：13,《性格和事件》

Chardin, Jean Baptiste，**L10**：100,134,192，夏尔丹,让·巴蒂斯特

Charity，**L13**：317 - 318，慈善

and moral rules，**E4**：56 - 58，慈善和道德规则

and emotions，**E4**：58 - 59，慈善和情绪

negative effect of，**M5**：350，慈善的负面作用

and unemployment，**L6**：153 - 155，慈善与失业

related to WWI，**L6**：375,406，与一战相关的慈善

misconception of，**L7**：301，对慈善的误解

role of，**L7**：382，慈善的作用

destructiveness of，**L13**：310，慈善的破坏性

Charm：魅力

in art，**L10**：130,135 - 136,145,171,174, 185,296,300,336，艺术中的魅力

Charmides (Plato)，**L2**：124,127,134,138,《卡尔米德篇》(柏拉图)

sophrosyne in，**L2**：131，在《卡尔米德篇》中讨论节制

on knowledge，**L2**：135，在《卡尔米德篇》中讨论知识

Chartres, cathedral of，**L10**：226，夏特尔大教堂

Chase, Daniel，**L5**：338n, 387n, 390 - 392，蔡斯,丹尼尔

Chase, Stuart，**L5**：xvii, 239,240；**L6**：xvii, 329，蔡斯,斯图尔特

Chastity，**M9**：367，纯洁

Chatterji, Jagadish Chandra，**L6**：321，查特吉,贾加迪什·钱德拉

Cheating，**E4**：369 - 370，欺骗行为

Chekhov, Anton Pavlovich，**L10**：xviii，契科

夫,安东·巴普洛维奇

Chekiang（Zhejiang），China，**M13**：104,浙江,中国

Chelm，Poland，**M11**：270,273,275,海乌姆

Chemistry，**M12**：122,217,224；**L15**：115 - 116,化学

    teaching of，**M10**：134 - 136,高中的化学教学

    terminology of，**L16**：65,化学的术语

    rise of，**L16**：339,393,455,化学的兴起

    conclusions in，**L16**：357,化学的结论

Ch'en Chiung-ming，**L17**：556,陈炯明

    on gambling，**L17**：31,陈炯明论赌博

    on labor，**L17**：31 - 32,陈炯明论劳动

    reaction to，**L17**：33,对陈炯明的反应

Chen Kwang Ming，**M13**：122,128,132 - 134,陈炯明

Cherry，Richard，**M5**：409n,彻瑞,理查德

Chesterton，G. K. ，**M6**：11；**M13**：217；**L15**：54,切斯特顿,G·K

Chiang Kai-shek，**M13**：xxiv；**L15**：352 - 353,蒋介石

Chiaroscuro，**L10**：209,明暗对照法

Chicago：芝加哥

    public schools of，**E5**：423 - 424；**M7**：96,100；**L5**：371 - 374,芝加哥公立学校

    headquarters for Polish affairs，**M11**：242,248,249,254,256,262,287,288,293,300 - 306,310 - 312,323,处理波兰事务的总部所在地

    political conventions in，**L6**：235,239,248,250,在芝加哥举行的政党全国代表大会

    League of Nations Association in，**L6**：337,芝加哥国际联盟协会

    teachers' unions in，**L9**：328 - 329,芝加哥的教师工会

    Dewey's view of，**L17**：517 - 519,杜威对芝加哥的看法

Chicago，Burlington and Quincy Railroad，**L6**：371,芝加哥伯灵顿和昆西铁路公司

Chicago，University of，**E4**：xvn；**E5**：xiv；**M1**：258,317；**M6**：179；**L5**：424；**L8**：109；**L11**：203,453；**L14**：4；**L15**：321,324；**L17**：88,485,芝加哥大学

    Dewey's career at，**M1**：ix-xxiii；**M3**：ix,杜威在芝加哥大学的职业生涯

    Veblen critical of，**M1**：xxii,凡勃伦对芝加哥大学的批评

    coeducation at，**M2**：105 - 116,芝加哥大学的男女同校制

    pragmatic spirit of，**M4**：x,芝加哥大学的实用精神

    Dewey and Tufts at，**M5**：ix,杜威和塔夫茨在芝加哥大学共事

    Dewey and Bentley at，**L16**：xiv,杜威和本特利在芝加哥大学共事

    Philosophical Club，**L17**：351n,芝加哥大学俱乐部

    lecture at，**L17**：488,568,在芝加哥大学的演讲

    training social workers at，**L17**：517,572 - 573,在芝加哥大学训练社会工作者

Chicago，University of，Department of Pedagogy，**E5**：244,436 - 447,芝加哥大学教育学系

Chicago，University of，Department of Philosophy，**M2**：295,芝加哥大学哲学系

Chicago，University of，School of Education：芝加哥大学教育学院

    organization and curriculum of，**M2**：67 - 71,75 - 78；**M3**：327 - 341,344 - 346,芝加哥大学教育学院的组织与课程

    admission requirements，**M2**：72 - 75,芝加哥大学教育学院的入学资格

    publications，**M2**：79,芝加哥大学教育学院的出版物

    history and philosophy of，**M3**：273 - 284,芝加哥大学教育学院的历史与哲学

    building description，**M3**：342 - 344,芝加哥大学教育学院对建筑物的描述

Chicago Commercial Club, **M8**：124,126,471 - 472,芝加哥商会

Chicago Evening Post，**E5**：423 - 424,《芝加哥晚报》

Chicago Federation of Teachers，**M10**：170,芝加哥教师联合会

Chicago Institute，**M2**：67,芝加哥学院

Chicago Manual Training School，**E5**：446 - 447,芝加哥手工训练学校;**M2**：68,芝加哥手艺培训学校;**M3**：273,275,278,279,芝加哥工艺培训学校

Chicago Regional White House Conference on Child Health and Protection，**L17**：511,517,519,关于儿童健康与保护的芝加哥地区白宫会议

Chicago school of philosophy，**M4**：113;**M6**：46n,176,芝加哥学派
    James's impression of，**M6**：xiii,詹姆斯对芝加哥哲学学派的印象

Chicago Teachers' College，**M8**：271,芝加哥师范学院

Chicago Teachers' Federation，**M8**：472,芝加哥教师联盟

Chicago Tribune，**M15**：395,《芝加哥论坛报》

Child，Charles Manning，**L16**：117n,恰尔德,查尔斯·曼宁

Child：儿童、孩子
    powers of，**E5**：76 - 77,121,儿童的个体力量
    activity of，**E5**：91;**M1**：210 - 211,231;**L10**：186,儿童的行为
    nature of，**E5**：217 - 218,226,249,451 - 452;**M1**：143 - 144;**L17**：238,儿童的天性
    interest of，**E5**：227 - 228;**M1**：29,37 - 38,85 - 86,97 - 100,201 - 202,234,340;**M6**：205 - 207;**L8**：141 - 143;**L17**：223 - 224,261 - 265,314,儿童的兴趣

imitation in，**E5**：418 - 420,儿童模仿

use of language by，**E5**：439;**M1**：33 - 36,77 - 78;**L8**：229 - 232,儿童运用语言

education of，**M1**：21 - 24;**M2**：273 - 281;**L2**：116 - 122,226 - 230;**L17**：214 - 216,218,222 - 224,238 - 239,284,322,儿童教育

development of，**M1**：133 - 135;**M2**：281 - 283;**L11**：238 - 246,510 - 514;**L17**：238,255 - 268,284 - 286,儿童的发展

mental processes and behavior of，**M6**：190 - 191,213 - 215,218 - 220,231,269 - 270,304,309,儿童的思维活动和行为;**L8**：123 - 124,128,152 - 153,157,159 - 161,184 - 185,219 - 220,239,262,281 - 282,286 - 289,290,298,314,儿童的心理过程和行为

principle of selfhood in，**M7**：342 - 343,儿童的自我原则

and war effort，**M10**：296 - 300,儿童如何在战争中提供帮助

in Russia，**L3**：212,俄国儿童

society's responsibility for，**L5**：431 - 433;**L6**：137 - 141,342;**L7**：29,30;**L17**：24,550 - 552,社会对于儿童的责任

play of，**L10**：281 - 284,儿童的游戏

needs and tendencies of，**L11**：193 - 195;**L17**：235,儿童的需要和倾向

emotions of，**L11**：200,儿童的情感

related to adults，**L11**：209,213,儿童与成年人的关系

effects of Depression on，**L11**：268,萧条对儿童的影响

and environment，**L11**：512 - 513,儿童与环境的相互作用

focus on，**L13**：xii,xiii,把注意力放在孩子身上

faults of，**L17**：237,340,孩子的过错

power of suggestion in，**L17**：266,332,暗示对孩子的力量

attention of, **L17**：270 - 283,孩子的注意力

misconception of, **L17**：293,孩子的错误的想法

Child and the Curriculum, *The*, **M2**：xvii；**M7**：xxi, xxiv,《儿童与课程》；**L11**：xviii,《儿童和课程》；**L13**：xii,《儿童与课程》

Child care：儿童保育

affects society, **L9**：233 - 234,儿童保育对社会的影响

Child-centered schools, **L5**：xv-xvi, 319 - 325,以儿童为中心的学校

Child development, **L3**：330 - 331；**L7**：40, 42,70,456,儿童的发展

stages of, **E5**：91,298 - 299,儿童发展期；**M1**：225 - 229,儿童发展阶段

instruction in, **M1**：209 - 210,儿童教育的关键期

Dewey's interest in, **M2**：xiii,杜威对于儿童发展的关注

Russian study of, **L17**：507,俄国对儿童发展的研究

Childhood, **M14**：x, 5,47,50,65,85,儿童时期

reasoning in, **M7**：369 - 376,幼儿的推理

as positive state, **M9**：46 - 47,54 - 55,59,孩童时期作为积极状态

and language, **M14**：43, 69,儿童时期与语言

impulse and instinct in, **M14**：70,90,106,儿童时期的冲动与本能

idealization of, **M14**：71 - 72,儿童时期的理想化

W. Hudson on, **L10**：130 - 131,哈德逊论童年

McKay on, **L17**：59,麦凯论孩提时代

importance of, **L17**：65,孩提时代的重要性

play of, **L17**：262,孩提时代的玩耍

lies during, **L17**：265 - 266,孩提时代的

谎言

from infancy, **L17**：268,从婴儿期开始的孩提时代

Child labor, **M5**：483 - 484,童工；**M9**：203,儿童的劳动；**M11**：162,176；**L7**：378,412 - 413；**L11**：21,童工

laws, **M7**：205 - 206,童工保护法

abolition of, **M10**：125,废止童工运动

thirteenth conference of（1917），**M10**：125n,第 13 届儿童劳动会议

contributes to illiteracy, **L5**：316,雇佣童工扩大了文盲现象

Child Labor amendment, **L2**：310,儿童劳动修正案

Child psychology, **M1**：xxi；**M9**：180,202, 325,儿童心理学

distinguished from adult, **M1**：132 - 133,区别于成人的儿童心理学

criticism of, **M1**：175 - 177,对普瑞尔儿童心理学方法的批判

related to religious education, **M3**：210 - 215,与宗教和教育相联系的儿童心理学

Child relief, **L5**：431 - 433,儿童救助

Children's Bureau, **L6**：342,儿童署；**L9**：394；**L11**：268；**L17**：517,573,儿童局

Children's Charter, **L6**：92,132,141；**L17**：516,550 - 552,《儿童宪章》

on children's welfare, **L17**：511,572,《儿童宪章》论儿童福利

challenges teachers, **L17**：512,《儿童宪章》挑战教师

on home influence, **L17**：518,《儿童宪章》论家庭的影响

Children's Court（New York City），**L9**：377,儿童法庭(纽约)

Childs, John L., **L11**：383n,柴尔德斯,约翰·L；**L14**：4；**L17**：560,蔡尔兹,约翰·L

on philosophy of education, **L8**：xi-xii, 43n, 77n,查尔兹论教育哲学

vs. Bode on education, **L13**：304 - 308,

377 - 390,蔡尔兹与博德

on USSR, **L15**：xii, 342 - 343,487 - 491,
蔡尔兹论苏联

Child-study：儿童研究

principles established by, **E5**：204 - 206,
儿童研究的原则

criticism of, **E5**：209,对儿童研究的批评

related to sciences, **E5**：210,儿童研究脱离
了科学

development of interest in, **E5**：211 - 221,
368 - 369,对儿童研究的兴趣

in educational psychology, **E5**：445,教育
心理学中的儿童研究

coordination in, **M1**：178 - 191,作为儿童
研究阶段核心原则的协调

stages of, **M1**：194 - 211,213 - 215,儿童
研究发展的阶段

Noss on, **M2**：102 - 104,杜威论儿童研究

curriculum indebted to, **M2**：379 - 382,课
程改进受益于儿童研究

and genetic method, **M3**：xviii, 299 - 304,
儿童研究缺乏发生学方法

Child-Study Monthly, **M1**：186,《儿童研究
月刊》

Child Welfare Department, **M11**：77,儿童福
利部

Chili faction, **M12**：67,70,直系派

China, **M15**：215 - 218；**L6**：353；**L11**：184,
中国

customs of, **M5**：23；**M11**：215 - 223,
226,231,234；**L7**：22 - 23,中国人的
习俗

justice in, **M5**：34,中国人的宗族正义；
L7：32 - 33,中国人的正义感

in WWI, **M11**：ix, 199 - 202,229 - 230,中
国在第一次世界大战中

education in, **M11**：xvii, 180,200,203,
207,209,231；**M13**：112,118 - 119,228 -
232；**L17**：169 - 171,中国的教育

Dewey visits, **M11**：xviii-xx, 180；**L7**：

xxii-xxiii；**L14**：xx,杜威在中国

student revolt in, **M11**：xix-xx, 186 - 191；
M12：22 - 27,32,41 - 51；**M13**：101,
102,106,116 - 118,253,255,中国的学
生运动

government in, **M11**：xix-xx, 192,196,
199 - 204,212 - 214,229；**M12**：41 - 50,
65 - 70；**M13**：xxiii, 74 - 76,108 - 114,
129 - 136,147,150 - 151,153,182,192,
193,210,495；**L17**：29 - 30,中国政府

foreign interests in, **M11**：151 - 154,163,
192 - 198,224 - 240；**M12**：22 - 23,26,
28 - 40,45,58 - 59,60 - 70,254；**L2**：
181 - 184；**L6**：209 - 210,在中国的外国
利益

Japan's relation with, **M11**：159,160,168,
169,173 - 180,183,186 - 191,226,238,
394；**M12**：xxi, 22 - 23,28 - 40,45,58 -
59,61 - 70,254；**M13**：xxiv, 112,162,
170,192 - 193,441 - 442；**L2**：176 -
178；**L6**：xx, 190,193,203 - 206,211,
452,456,466 - 467,中国与日本的关系

and Paris Peace Conference, **M11**：194,
224；**M12**：23,28,32,36,41,中国在巴
黎和会上

and U. S., **M11**：195 - 197,207,226 -
232；**M12**：4 - 6,32,36 - 40,61,75；
M13：137,157,166 - 168,409 - 410,
495；**L2**：173 - 184；**L3**：200,202,364,
429,中国与美国的关系

development of, **M11**：205 - 214,中国的发
展

economics in, **M11**：224 - 226,229 - 230,
233；**M12**：22 - 40,59,71 - 76；**M13**：
76,93,108 - 109,124,160 - 161,181 -
183,218,494 - 495；**L3**：419 - 420；**L6**：
202 - 205,475 - 476,中国的经济状况

drug traffic in, **M11**：235 - 240,中国的毒
品交易

communism in, **M12**：xxiii, 26,253 - 255；

L15：352 – 353,500,共产主义在中国

characteristics of people of, **M12**：xxiii-xxiv,29,35 – 38,41 – 42,48,中国人民的特征

bolshevism in, **M12**：5,19,23,26,44,46,布尔什维克主义在中国

language reform in, **M12**：24 – 26,语言改革在中国

and West, **M12**：26,28,34 – 37,41 – 50,53 – 54,57,中国和西方文明

and Germany, **M12**：26,29 – 30,37；**M13**：141 – 142,192,202,中国与德国

revolution in, **M12**：35 – 37,65,253 – 255,中国革命

military in, **M12**：43 – 44,65 – 70,73 – 74；**L3**：423 – 428,中国的军事

complexity of, **M12**：51 – 60,中国的复杂性

over-population of, **M12**：53 – 58,中国过多的人口

and Russia, **M12**：60 – 64；**M13**：175,233,237；**L2**：176 – 178；**L15**：495,中国与俄国

problems in, **M12**：73 – 76；**M13**：xxiii-xxv,73 – 74,94 – 99,103,119 – 120,153 – 154,162,165,170 – 171,182 – 188,192,220,230；**L3**：196 – 200,417 – 418,420 – 421,中国的问题

family system in, **M13**：xxiv,104,106,110,中国的家庭体系

conservatism of, **M13**：xxv,118,222 – 224,中国的保守主义

emperors in, **M13**：xxvi,225,皇帝在中国的角色

literary revolution in, **M13**：109,256,中国的文学革命

Washington Conference on, **M13**：191 – 196,关于中国的华盛顿会议

compared with Turkey, **L2**：193,中国与土耳其相比较

Crozier on, **L3**：196 – 198,417 – 431,克罗泽尔论中国

illiteracy in, **L3**：422 – 423,中国的文盲

boycotts against, **L3**：428 – 429,对中国抵制

relation of Pact of Paris to, **L6**：194,中国与《巴黎公约》的关系

relation of League of Nations to, **L6**：206 – 207,450,454,457 – 459,中国与国际联盟的关系

and disarmament, **L6**：460,中国与裁军

art of, **L10**：146,147,213,315,333 – 336,中国艺术

in WWII, **L15**：348,369 – 370,二战期间的中国

North vs. South in, **L17**：30,33 – 34,中国北方与南方较量

propaganda in, **L17**：30 – 31,中国的宣传

Chinese philosophy, **M13**：226,中国人的哲学

Hocking on, **L14**：421,霍金论中国哲学

Chinese Social and Political Association, **M13**：242n,中国社会与政治科学学会

Chinese Students' Monthly, **M13**：156,《中国学生月报》

Chino-Japanese War, **M13**：108,中日战争

Chippewa Indians, **E4**：38,齐佩瓦族印第安人的传说

Chita, USSR（Russia）, **M13**：236 – 237,赤塔,苏联（俄国）

Chivalry, **M5**：140,骑士精神

Chocorua, N. H. , **L11**：465,乔科卢,新罕什尔州

Choctaw language, **L8**：228,乔克托语

Choice, **M14**：134 – 135,144,193,209,212 – 215；**L1**：34 – 35,51 – 52,67,80 – 81,86 – 87,314,315,320,326,389 – 392,选择

in volition, **E2**：314 – 316,意志中的选择

in prudential control, **E2**：335 – 337,谨慎控制中的选择

moral，**E2**：348 - 352，伦理的选择；**M8**：33；**L3**：92 - 97；**L7**：166 - 167,169,171,248,316,319；**L16**：312 - 313,道德选择

related to character，**E2**：354,选择与性格有关

related to attention，**E4**：93,注意与选择的关系

in Bergson's theory of perception，**M7**：20 - 24,柏格森知觉理论中选择的作用

and action，**L3**：97,101,104,选择和行动；**L17**：339,选择与行为

and intellect，**L3**：111 - 112,选择和理智

and self，**L7**：285 - 289,307,选择和自我

vs. preference，**L7**：286；**L17**：xxv,选择对偏好

related to religion，**L9**：6 - 8,与宗教相关的选择

as passion，**L17**：xx,作为激情的选择

consequences of，**L17**：xxxii, 476 - 477,选择的后果

Choose Life（Mandelbaum），**L9**：xxixn,《选择生命》（曼德尔鲍姆）

Choshu clansmen（Japan），**M11**：168,169,长州藩主（日本）

Chrisman, Oscar，**L17**：571,克里斯曼,奥斯卡

Christendom，**L17**：94,基督教世界

Christian Century，**M15**：xvii；**L6**：223n,《基督教的世纪》；**L11**：527,《基督教世纪》

religious discussions in，**L9**：xxi, xxiii, 223,294,412,417,435,438,《基督教世纪》中的宗教讨论

Christianity，**M11**：121,132,184；**M12**：89 - 90,104 - 106,143 - 144,152；**L1**：96；**L3**：6；**L9**：22, 32, 215, 218, 219, 223, 419 - 421；**L15**：46 - 47,52,55,61,381,391,基督教。另见 Protestantism；Roman Catholic church

and morality，**E3**：380；**E4**：228, 230；

M9：359；**L11**：75,基督教和道德

as revelation，**E4**：4 - 7,基督教之为启示

soul and，**E4**：98 - 99；**M7**：341,基督教和个人灵魂

concepts of，**E4**：100 - 102,228,230；**L8**：xvii, 7,24,31 - 32,基督教神学

influence of，**E4**：139 - 140；**M1**：xvii；**M13**：301,基督教的影响

related to esthetics，**E4**：192 - 193；**L10**：37 - 38,115,296,321,331,340,基督教与美学的关系

in Roman Empire，**E5**：9 - 11,基督教在罗马帝国的发展

belief and desire in，**M3**：89 - 90,基督教关于信念和欲望的概念

and love，**M5**：96 - 97；**L7**：88,基督教和爱

history of，**M5**：103 - 104；**L7**：95；**L17**：531 - 533,基督教的历史

and life，**M5**：103 - 105,基督教和生命；**L7**：94 - 96,基督教和生活

self-denial in，**M5**：328；**L7**：90,基督教的自我否定

pessimistic tone of，**M7**：296,基督教的悲观主义论调

related to Chinese reform，**M13**：115,基督教与中国改革的关系

J. Marsh on，**L5**：178 - 196,马什对基督教的观点

Mill on，**L5**：181,密尔论基督教

on human nature，**L6**：34,35,基督教对于人性的解释

church and，**L7**：135 - 137,140 - 141,教会与基督教

authority of，**L11**：130,134 - 135,基督教的权威；**L17**：530,基督教的力量

James on，**L11**：373,詹姆斯论基督教

democracy related to，**L13**：152,民主作为基督教的副产品

on change，**L14**：99,基督教对变化的态度

social aspects of，**L14**：286 - 288，基督教的社会方面

related to science，**L16**：409，基督教与科学的关系

requirement of，**L17**：15,17，基督教的需要

acknowledges industrial problem，**L17**：19，基督教承认工业问题

defense of，**L17**：374，对基督教的捍卫

unspirituality of，**L17**：530，基督教的无精神性

Swift on，**L17**：537 - 538，斯威夫特论基督教

Hegel on，**L17**：565，黑格尔论基督教

Christians，**M15**：108,140 - 142,147,148，基督徒

Christian Science Monitor，**M11**：305，基督教科学箴言报

Christus oder Antichristus，**M15**：330，《基督与反基督》

Chung Mei service，**L17**：30，诵尾通道

Church, A. J.：邱奇，A · J

on *Odyssey*，**E3**：193 - 194，邱奇谈《奥德赛》

Church, Alonzo：邱奇，阿隆佐

reviews Dewey-Bentley articles，**L16**：xxxi,276,443 - 447，邱奇对杜威-本特利文章的评论

on Carnap，**L16**：23n - 24n，邱奇论卡尔纳普

on definition，**L16**：163 - 164，邱奇论定义

Church，**M13**：304，教会；**L13**：148,160,181，教堂

and state，**E3**：227；**M11**：18 - 40；**M15**：128,130,132,205 - 206,240；**L13**：70；**L15**：156,281 - 284，教会与国家

medieval，**M5**：137 - 139；**L2**：32 - 35；**L7**：135 - 137,413，中世纪的教会

and marriage，**M5**：514 - 516；**L7**：442 - 443，教会与婚姻

Kant on dogmas of，**M8**：184，康德论教会的教义

influences education，**M9**：288 - 289,298，教会对教育的影响

conflicts with science，**M9**：336，教会和科学的冲突

authority of，**M11**：49；**L2**：40 - 41；**L4**：61,203,205,220,225；**L16**：362 - 363,369，教会的权威

in U. S.，**M11**：71，美国的教会

important to Polish question，**M11**：243,249,260,262,269,277,278,284,286 - 291,297 - 311,327,328，教会的重要性

controversy in，**M15**：5 - 7,11，在教会中的争论

opposed to Darwin's theories，**M15**：47 - 48，教会反对达尔文的进化论

and secular ethics，**M15**：54，教会的和世俗的伦理学

in Western Europe，**M15**：128，西欧的教会

future of，**L2**：163 - 166，基督教的未来

in Mexico，**L2**：194 - 202,208，墨西哥的教会

in Russia，**L3**：217 - 218，俄国的教会

doctrine of，**L4**：233；**L14**：149 - 150；**L17**：16 - 17,19 - 20,431,437，教会的教义

isolation of，**L4**：245 - 246，教会的孤立

individualism of，**L5**：77 - 78，教会的个人主义

Mill on，**L5**：180 - 181，密尔论教会

Coleridge on，**L5**：190 - 191，柯尔律治论教会

Orthodox，**L5**：355 - 362，正统的教会

urges unemployment relief，**L6**：381 - 382，教会敦促实施失业救济

and philosophy，**L6**：426，教会与哲学

in government，**L7**：136，教会与政府

in economics，**L7**：136 - 137，教会与经济

Reformation views of，**L7**：140 - 141，教会改革观点

related to social issues, **L9**：46,54 – 55,教会与社会问题相关

art's relation to, **L10**：37,331 – 333,教会与艺术的关系；**L13**：70,教堂与艺术

enjoins revival, **L14**：214 – 215,教会的复兴

Swift on, **L17**：16,537,539,斯威夫特论教会

failure of, **L17**：539,教会的失败

Churchill, Marlborough, **M11**：259,406,丘吉尔,马尔伯勒

Churchill, Winston, **L15**：340,348,509,丘吉尔,温斯顿

Churchman, C. West, **L16**：193n,470,邱奇曼,C·韦斯特

Churchman, **L11**：530,《教士》

Chute, Eloise, **L16**：140n,舒特,爱洛伊斯

Cicero, **M4**：42；**M7**：218,295；**M11**：19；**L4**：xxi；**L8**：6,西塞罗

and Law of Nature, **E4**：125,西塞罗与自然法

on reason, **L7**：131 – 133,西塞罗论理性

Cincinnati, Ohio：辛辛那提,俄亥俄州

school system of, **M7**：96,辛辛那提的学校体系

inter-denominational congress at, **L17**：19 – 20,555,辛辛那提的跨宗派大会

CIO (Congress of Industrial Organizations), **L11**：333；**L15**：245,509,产业工会联合会

Circles：圆圈

as symbols in logic, **L12**：306,359n,作为逻辑符号的圆圈

Circuit：回路

sensori-motor, **E5**：98,感觉–运动回路

organic, **E5**：317,有机回路

Circularity, **L16**：xxi,78,97n,循环性

in philosophy, **L14**：xiii-xiv,哲学中的循环性

as name, **L16**：62,260 – 261,循环性作为名称

as procedural characteristic, **L16**：64,69,70,75,81,循环性作为步骤特征

Circular reasoning, **L12**：264,循环论证

Circumcision, **M5**：61,割礼

Citizens：公民

and politics, **L6**：174,182 – 188,公民政治

and unemployment relief, **L6**：397,公民与失业救济

teachers as, **L6**：433 – 435,作为公民的教师的角色

Dewey's faith in, **L17**：xxvi-xxix,杜威对公民的信念

Citizens' Committees：市民委员会

for Polish fundraising, **M11**：300,303,310,市民委员会为波兰问题筹款

Citizens Conference on the Crisis in Education, **L9**：119 – 121,124 – 125,129,130n,关于教育中危机的公民会议

Citizenship, **M15**：158 – 159,公民权；**L6**：132,138,140 – 141,公民身份；**L11**：229,378,公民

defined, **M2**：82 – 83,杜威所界定的公民

education for, **M15**：160 – 161,190；**L9**：161 – 164,公民权教育

leisure and, **M15**：167,闲暇时间和公民权

Aristotle on, **L2**：215,321,亚里士多德论公民权

right of, **L17**：513,公民身份的权利

Citizens Jury on Unemployment, **L9**：271,公民陪审团谈及失业

Citron, Alice, **L9**：320,西特伦,艾丽丝

City Affairs Committee (New York City), **L9**：346n,城市事务委员会(纽约)

City Club (New York City), **L9**：354,纽约城市俱乐部

City of God (St. Augustine), **L9**：71,《上帝之城》(圣奥古斯丁)

Civics, **L11**：185 – 186,233 – 234,公民学

Civilization：文明、文化

compared with Kultur, **M8**：168 – 169,文

明与文化比较

conquest of nature related to, **M10**：237 - 238，文明和控制自然的关系

values in, **L9**：57 - 58，文明的价值

Wieman on, **L9**：415 - 417，威曼谈及文化的意义

art's role in, **L10**：xxxi, 16, 34, 329 - 352，艺术在文明中的作用

crises in, **L11**：131 - 132，文明中的危机

teaching about, **L11**：209 - 211，关于文明的教学

compared with savagery, **L13**：22，文明与野蛮

weaknesses in, **L13**：310，文明的弱点

signs of, **L15**：170 - 171，文明的踪迹

tradition of, **L16**：394，文明的传统

threat to, **L16**：399 - 400，对文明的威胁

Chinese vs. Anglo-Saxon, **L17**：296，中国文明与盎格鲁撒克逊文明相对

Civilization during the Middle Ages（G. Adams），**E4**：200, 213，《中世纪文明》（亚当斯）

Civil liberty, **L11**：5, 372 - 375，公民自由

Civil rights, **M11**：137, 264；**M12**：xxi-xxii, 9 - 11，公民权

types of, **M5**：404 - 408，不同类型的公民权

development of, **M5**：408 - 423，公民权的历史发展

importance of, **L14**：93；**L16**：402 - 403，公民权的重要性

Civil Service Reform Association, **L9**：356，公务改革协会

Civil War（U. S.），**M11**：116, 143, 287, 337；**L8**：57；**L9**：176, 178；**L13**：186；**L15**：242, 341，美国内战

and political parties, **L6**：232, 236，内战与政党

and coercive force, **L6**：463，内战与强制力量

as national crisis, **L9**：77，作为国家危机的内战

Civil Works Administration, **L9**：287，土木工程管理

Cizek, Franz, **L2**：55, 58，奇泽克，弗朗茨

Clans：氏族

Kafir, **M5**：25；**L7**：24 - 25，卡菲尔人（氏族）

of Celts, **M5**：29；**L7**：29，凯尔特人（氏族）

in Japan, **M11**：168, 169，日本的氏族

moral duties of, **L17**：395 - 396，氏族的道德义务

Clapp, Elsie Ripley, **L14**：351，克拉普，埃尔西・里普利

Clarification, **L16**：157，澄清

as esthetic quality, **L10**：181, 188, 199，作为审美性质的澄清

Clark, J. B., **M5**：485，克拉克，J・B

Clark College（Worcester, Mass.），**M11**：73n, 392, 398，克拉克学院

Clarke, Edward H.：克拉克，爱德华・H

on sex in education, **L17**：7, 553，克拉克论教育中的性

Clarke, John H., **M15**：95；**L7**：398，克拉克，约翰・H

Clarke, Samuel, **M3**：53，克拉克，塞缪尔

controversy with Leibniz, **E1**：303, 366 - 368，克拉克与莱布尼茨的论战

on moral distinctions, **E4**：127, 144，克拉克论道德区分

Clarkson, Thomas, **L11**：18，克拉克森，托马斯

Class, **L16**：372, 419，阶级

consciousness, **M11**：xvii-xviii；**L11**：382 - 386, 486；**L13**：133 - 134，阶级意识

interests, **L8**：67, 101，阶级利益

war, **L13**：121 - 122, 124, 127, 134, 352 - 354；**L14**：75 - 76，阶级斗争

Class distinctions：阶层划分

in Hegel, **M9**：65，黑格尔的阶层划分

modern, **M9**：90, 103 - 104, 143, 169, 260, 265, 269, 320，近现代的阶层划分

Plato on, **M9**：94-97,102-103,柏拉图论
阶层划分

in eighteenth century, **M9**：97-98,124-
125,18世纪的阶层划分

in conflict of applied and pure science, **M9**：
237-238,应用科学和纯科学冲突中的
阶层划分

reflected in education, **M9**：256-257;**L9**：
114,145,202,阶层划分在教育中的反映

Classes, **L10**：26, 等级。另见 Category,
L12;Kinds, **L12**;Species, **L12**

in rational and empirical knowledge, **M9**：
343-344,理性知识和经验知识区分中
的阶层划分

Russell on, **M10**：96,罗素论分类

in art, **L10**：229,232,289,艺术中的等级

vs. kinds, **L11**：102,119n,类对种类

nature of, **L11**：106,118-119,类的本性

null-, **L11**：121-122,零(元素)类

ambiguity of term, **L11**：126,词语的歧
义性

Classes, social, **M12**：xv, 113,122-123,
167,169,社会阶级

in England and U. S. , **E3**：202-203,英国
和美国的阶级结构

in primitive society, **M5**：27-28;**L7**：26-
27,原始社会的阶级结构

medieval, **M5**：135-136;**M9**：128;**L7**：
132,138,中世纪的阶级结构

division into, **M14**：5,18,58-59,186-
187,208;**L10**：252,等级的划分

struggle between, **L7**：326,385;**L11**：52-
55,61,342-343,382-386,439-440,
498,阶级之间的冲突、斗争

historical role of, **L11**：56-57,阶级的历
史角色

privileged, **L11**：161,165,168,231,413,
特权阶级

Slesinger on, **L11**：485-486,施莱辛格论
阶级

Classic art, **L10**：304,315,艺术中的古典主义

quality of, **L10**：xxxi, 9,147,149,173,古
典艺术的性质

subject-matter of, **L10**：192,古典艺术的
素材

vs. romantic, **L10**：287-290,古典艺术对
浪漫艺术

praised, **L10**：351,受赞扬的古典艺术

Classic idealism：古典观念论

in Great Britain, **M10**：223-225,19世纪
古典观念论在英国的成功

Classicism, **M13**：287-288,古典主义

Classic philosophical tradition, **M12**：89,92,
93,122,140,古典哲学传统

doctrines of, **L4**：7,14-16,21-23,27-
28,34,52,57,61-64,103,107,113,
170,171,184,186,234,240,古典哲学传
统学说

indictment against, **L4**：29,57-58,159-
160,起诉古典哲学传统

Kant furthers, **L4**：229-230,康德进一步
论古典哲学传统

related to culture, **L14**：89,313,与文化相
联系的古典哲学传统

decline of, **L16**：369,古典哲学传统的衰落

terminology of, **L16**：388,古典哲学传统
的术语

Classification, **M12**：167, 176-177, 215,
263;**M14**：92,167;**L1**：52,89,122,136,
182,249;**L4**：80,145,200,212;**L10**：55,
120;**L11**：71,106n,分类。另见 Category,
L12

educational, **M13**：290,教育上的分类

judging by, **M13**：291,通过分类来进行
判断

as enemy of democracy, **M13**：297-298,
作为民主的敌人的分类

nature of, **M13**：358;**L12**：295,306-
307,340-341,分类的本质

of art, **M13**：363,艺术的分类

limits perception，**L10**：218 – 221，226 – 229，252，分类限制感知

in Aristotelian logic，**L12**：253 – 254，亚里士多德逻辑中的分类

definition as，**L16**：166，定义作为分类

of Dubs，**L16**：175，达布斯的分类

Kaufmann on，**L16**：196n，考夫曼关于分类

of Ogden and Richards，**L16**：218n，奥格登和理查兹的分类

"Class Struggle and the Democratic Way，" **L11**：xxiiin，《阶级斗争与民主道路》

Claude Lorrain，**L10**：298，洛兰，克劳德

Claxton，P. P.，**M10**：299，克莱克斯顿，P·P

Clay，Henry，**L7**：378，克莱，亨利

Clayton Anti-Trust Act，**L7**：387，418，克莱顿反托拉斯法案

Cleavage in Our Culture，The（Burkhardt），**L16**：407n，《我们文化的分裂》（伯克哈特）

Clemenceau，Georges，**M11**：279；**M12**：3；**M13**：316，克列孟梭，乔治

Clemens，Samuel L.，**M12**：xxixn，15；**L10**：320；**L14**：xxi，克莱门斯，塞缪尔

Clement of Alexandria，**M2**：153，亚历山大的克莱门特

Clergy：教士

medieval，**L7**：135 – 137，中世纪教士

Cleveland，Grover，**L13**：40；**L15**：242，克里夫兰，格罗弗

Cleveland，Ohio，**L8**：13，俄亥俄州，克利夫兰

LIPA conference at，**L6**：239n，246 – 252，在俄亥俄州克利夫兰举行的独立政治行动联盟大会

Clifford，William Kingdon，**M5**：29n；**L7**：28n；**L17**：11，554，克利福德，威廉

Clopton，Robert W.，**M12**：205n；**L15**：369n，克罗布顿，罗伯特·W

Close，终点。另见 Ends，**L12**

as termination，**L12**：38，95 – 96，160，178，221，385，终点作为结论

Closed Door：禁区

related to Manchuria，**L6**：469，有关"满洲"的禁区

"Closed Industrial State，The"（Fichte），**M8**：175，《封闭的工业国家》（费希特）

Closed system，**L12**：318 – 319，408 – 409，470 – 471，481，封闭系统。另见 Contingency，**L12**

Clothing：衣物

study of，**E5**：240 – 241，衣物研究

Cluff，Benjamin，Jr.，**L17**：213，563，克拉夫，小本杰明

Codes，moral，**M14**：74，道德规范

Cody，Sherwin，**M7**：464，科迪，舍温

Coeducation：男女同校制、同校教育

in western U. S. colleges，**E5**：272，在西方学院中的合作教育

at University of Chicago，**M2**：105 – 116，芝加哥大学的男女同校制

at Colby College，**M2**：112，科尔比学院的男女同校制

Jordan on，**M6**：155，戴维·斯塔尔·乔丹论同校教育

advantages of，**M6**：156 – 163，同校教育的好处

compared with women's colleges，**M6**：163 – 164，同校教育与女子学院的比较

establishment of，**L17**：7，男女同校的确立

Coercion，**L7**：167，217 – 218，225 – 226，强制。参见 Force

as means of social control，**L11**：45 – 47，218，379；**L13**：82，强制作为社会控制的手段

vs. discussion，**L13**：153，高压与讨论

Coffin，Henry Sloane，**L15**：356，科芬，亨利·斯隆

Coghill，George Ellett，**L16**：117n，考各希尔，乔治·艾莱特

Cognition，**M15**：338－340,344－345；**L11**：73,认知

Cognitive noting：认知性标注活动

  experience as，**M10**：34－35,经验作为认知性标注活动

Cohen, Carl：科恩,卡尔

  on Dewey's 1923－24 writings，**M15**：ix-xxvi,科恩论杜威在1923至1924年期间出版的著作

Cohen, Hermann，**L15**：xxix,柯亨,赫尔曼

Cohen, Marshall，**L9**：xxxin,科恩,马歇尔

Cohen, Morris R.，**M15**：226－228,科恩,莫里斯；**L2**：28n；**L4**：90n,柯亨,莫里斯；**L6**：xiv-xv；**L14**：xiii,154,科恩,莫里斯

  on experience，**L1**：xi, xii, xvi,科恩论经验

  tribute to，**L3**：361－363,献给莫里斯·科恩

  on scientific method，**L6**：299－304,488－491,科恩论科学方法的意义

  Dewey replies to，**L14**：xii, 143－150,杜威回复科恩

  critiques Dewey，**L14**：379－410,科恩批评杜威

  logic of，**L16**：xxx, xxxi, 25,39,40,184n, 187,193－195,209,科恩的逻辑学

  epistemology of，**L16**：8－10,科恩的认知论

  on propositions，**L16**：12－17,35,45,208,科恩关于命题

Coherence，**L16**：261,连贯性

Cohesion：凝聚

  political，**L17**：112,政治凝聚

Coke, Edward，**M11**：29,科克,爱德华

Colby College，**M2**：112,科尔比学院

Cold War，**L16**：391,399,冷战

Coleridge, Samuel Taylor，**E4**：147；**M3**：55,56,柯勒律治,塞缪尔·泰勒

  on understanding and reason，**M2**：260,柯勒律治论知性与理性

  influences J. Marsh，**L5**：148,178－183, 189－191,马什受柯尔律治的影响

  on poetry，**L10**：xx, 11,160,192,353,359－363,柯勒律治论诗

  on esthetics，**L10**：xxviii, 198,272,柯勒律治论美学

  as poet，**L10**：39,115,116,322,作为诗人的柯尔律治

  on nature，**L10**：218,361,柯勒律治论自然

  on institutions，**L11**：18,柯勒律治论制度

  influences Mill，**L11**：24,81,柯勒律治影响了密尔

"Coleridge"（J. S. Mill），**L5**：180,《柯尔律治》（J·S·密尔）

Colgate University，**M13**：289,科尔盖特大学

Collected Essays and Reviews（W. James），**L2**：6－7,《论文和评论集》（W·詹姆斯）

Collected Legal Papers（O. Holmes），**M15**：68,69,《法律论文集》（霍姆斯）；**L3**：177, 《法律文集》（霍尔姆斯）

Collected Papers of Charles Sanders Peirce（Hartshorne and P. Weiss），**L6**：xiv, 273,《查尔斯·桑德斯·皮尔士文集》（哈茨霍恩与韦斯）；**L11**：87n, 108n, 421－424,479－484,《皮尔士文集》（哈特肖恩和韦斯）；**L15**：144－152,《皮尔士文集》（哈茨霍恩与韦斯）

Collected Papers of Frederic William Maitland，*The*，**L2**：42,《弗雷德里克·威廉·梅特兰的论文集》

Collected Works of John Dewey，1882－1953，The history of，**L17**：xi-xii,《杜威全集》（1882－1953）的历史

Collection，**L12**：203－204,208－209,360－363,409－410,集合

Collective bargaining，**L13**：110,劳资双方谈判

Collective mind，**M10**：60,集体心理

Collectivism，**L9**：207；**L11**：174,388,485；

L15：215，集体主义

and individualism, **L2**：351－356；**L7**：322,327，集体主义与个人主义

Lippmann on, **L11**：489－491,494，李普曼论集体主义

private and state, **L14**：92－97，私人的和国家的集体主义

College，大学。另见 Normal schools; University

health of women in, **E1**：64－80；**L17**：7－9，大学里的女性健康

curriculum in, **E5**：272；**L6**：84－85,404,414－423,503,504；**L11**：400－401,406，大学的课程

 preparation for, **M1**：282－283；**L11**：163,172－174，入学准备

role of, **M1**：290,309－310；**M15**：200－201,203－206；**L6**：296－297，学院的作用

related to high school, **M1**：291，学院与高中的关系

cultural and technological, **M1**：302，学院中的文化和技术

training in, **M1**：312－313，学院中的职业训练

women's, **M6**：163－164，女子学院

state of, **M6**：471，大学教育的现状

obstacles to development of, **M15**：xxiv,203－208，学院发展的障碍

intellectual freedom in, **M15**：xxiv-xxv,201－202,207－211，学院的自由思想

political activity in, **L6**：119－122，学院的政治活动

life in, **L6**：259－262，大学生活

progressive schools related to, **L9**：156,与大学相关的先进的学校

Hutchins on, **L11**：397－298，哈金斯论大学

funding of, **L11**：399，大学筹资

liberal arts, **L15**：276－280，文科学院

College of the City of New York, **L11**：530－31；**L14**：xxi,231,357；**L15**：xii,纽约城市学院

College Teachers of Education, National Society of, **L17**：138－139,561，全国高校教育教师联盟，

Collegiate Alumnae, Association of, **L17**：8－9,553，大学毕业生协会

Collier's, **L6**：364,《柯里尔》

Collingwood, Robin G., **L14**：334，科林伍德，罗宾·G

Collins, Anna L. P., **L6**：433－435，柯林斯，安娜·L·P

Colombia, **L6**：468－469，哥伦比亚

Colonialism, **L15**：308－309，殖民主义

Colonna, Aegidius, **M5**：138，科隆纳，埃吉迪厄斯

Color：色彩

qualities of, **L10**：21,122,126－129,133,162,260,344,345，色彩的性质

relations between, **L10**：92－101,141，色彩之间的关系

as medium, **L10**：146,175－179,184,188,199－207, 210－213, 230－231, 238,281,作为媒介的色彩

criticism's concern with, **L10**：312,318,批评对色彩的关注

theory of, **L11**：89,97－98，色彩理论

Columbia, Mo., Elementary School：哥伦比亚的密苏里大学附属小学

environmental study at, **M8**：273－274,哥伦比亚的密苏里大学附属小学的环境课

Columbia plan, **E3**：200,201,哥伦比亚方案

Columbia University, **M7**：409；**M8**：ix, xx；**M10**：xxxiv, 164－166；**M11**：ix, xiv,18n, 259, 398, 406；**M13**：425；**M15**：xxiv, 193n；**L2**：3n, 124n；**L5**：412n；**L11**：529；**L14**：xix, 4；**L17**：7,哥伦比亚大学

philosophy of, **M4**：x,哥伦比亚大学的非实用哲学

development of Dewey's thought at, **M6**：
xii,杜威思想在哥伦比亚大学的发展

academic freedom at, **L14**：374,431,哥伦
比亚大学的学术自由

Philosophical Club, **L17**：374n,哥伦比亚
大学哲学俱乐部

Graduate Department of Philosophy, **L17**：
466n,哥伦比亚大学哲学系毕业班

Columbia University Teachers College, **M3**：
32；**M10**：398n6；**M15**：xxiii,184,哥伦比
亚大学师范学院；**L3**：251n,253 - 255；
L9：136n；**L17**：88,哥伦比亚大学教师
学院

training at, **M1**：55 - 56,哥伦比亚大学教
师学院的教师培训

and University Elementary School, **M1**：
329,哥伦比亚大学教师学院与大学初等
学校

alumni conference, **M7**：369n,哥伦比亚大
学教师校友会

kindergarten play program at, **M8**：278 -
283,哥伦比亚大学师范学院幼儿园的游
戏计划

Columbia War Papers, **M10**：296n,《哥伦比
亚战争报》

Columbus, Christopher, **M1**： 168； **M8**：
292；**L1**：333,哥伦布,克利斯托弗

as skeptic, **M6**：185；**L8**：xvi, 117 - 118,
173,怀疑论者哥伦布

Colvin, Sidney：科尔文,西德尼

on art, **L10**：102,222,357,361,科尔文论
艺术

Colvin, Stephen Sheldon, **M3**：153,科尔文,
斯蒂芬·谢尔登

on subjective idealism and psychology,
M3：382 - 389,科尔文论主观唯心主义
和心理学

Comédie Humaine (Balzac), **M5**：176,《人间
喜剧》(巴尔扎克)

Comedy, **L10**：178,229,247,285,喜剧

Comenius, John Amos, **M1**：xviii,夸美纽斯,
约翰·阿摩斯；**M6**：423,夸美纽,约翰·阿
莫斯

Coming of a New Party, The (P. Douglas),
L6：xvii, 313,《一个新的政党的诞生》(P
·道格拉斯)

Commentary, **L15**：xxv-xxvi, 210,224,362,
381,388,392,《评论》

on Dewey essay, **L16**：470 - 471,《评论》关
于杜威的文章

Commerce,商业。另见 Economics

in early society, **M5**：77；**L7**：71,早期社
会的商业

Greek conception of, **M5**： 112 - 114；**L7**：
103 - 104,古希腊的商业观念

art's relation to, **L10**： 15,193,330 - 331,
340,贸易与艺术的关系

Jefferson on, **L13**：81,102,107,杰斐逊论
贸易

disturbance in, **L16**：360,商业中的纷扰

mechanisms of, **L16**：370,商业中的机制

Commerce, Association of, **L5**：372,373,商
业协会

Commerce, Bureau of Foreign and Domestic,
L6：353,国内外商务局

Commercial Club of Chicago, **M8**：124,126,
471 - 472,芝加哥商会

Commercial Federation (China), **M11**： 196,
商业联合会(中国)

Commercialism, **M13**：306,307,309,商业
主义

Commercial subjects：商业学科

in high school, **M1**：295 - 299,高中的商业
学科

Commission of Inquiry (American Peace
Commission), **M11**：401 - 403,调查委员
会(美国和平委员会)

Commission of Inquiry into the Charges Made
against Leon Trotsky in the Moscow
Trials, **L14**：xix-xx；**L15**：xi,关于莫斯科

审判中对托洛茨基的指控的调查委员会。另见 American Committee for the Defense of Leon Trotsky

significance of, **L11**：xxvi-xxvii，306 - 309，318，326 - 329，331 - 336，莫斯科审判对托洛茨基的指控调查委员会的意义

formation of, **L11**：305，莫斯科审判对托洛茨基的指控调查委员会的形成

preliminary report to, **L11**：310 - 314，莫斯科审判对托洛茨基的指控调查委员会的初步报告

criticism of, **L11**：315 - 319，关于莫斯科审判对托洛茨基的指控调查委员会的批评

findings of, **L11**：321 - 326，330 - 331；**L15**：346，351，492 - 493，499，莫斯科审判对托洛茨基的指控调查委员会的调查结果

subcommissions of, **L13**：347 - 348，395，404，托洛茨基案莫斯科审判调查委员会欧洲分委员会

Commission on National Aid to Vocational Education，**M7**：93 - 94，职业教育国家资助委员会

Commission on the Function of Philosophy in Liberal Education，**L15**：154 - 155，哲学在人文教育中的作用委员会

Commission on the Teaching of the Social Studies，**L13**：389 - 390，社会研究教育委员会

Committee for Cultural Freedom，**M9**：xiv，文化自由委员会

and Russell case，**L14**：357，文化自由委员会和罗素案件

New Republic on，**L14**：365 - 366，《新共和》论文化自由委员会

role in fostering freedom，**L14**：367 - 368，文化自由委员会在促进自由上的作用

Committee for Social Legislation，**L15**：324，社会立法委员会

Committee of Forty-eight，**L6**：235，四十八人委员会

Committee of One Hundred，**L6**：118n，322，404，百人委员会

Committee on Dependency and Neglect，**L6**：352，赡养与弃养委员会

Committee on Economic Sanctions，**L6**：456n，471，484，经济制裁委员会

Committee on Foreign Relations，**L6**：364 - 365，外交关系委员会

Committee on Labor，**L6**：381，劳工委员会

Committee on Manufactures，**L6**：381，制造业委员会

Committee on National Morale，**L15**：353，国家民心委员会

Committee on Public Information，**M10**：315 - 316；**M11**：150，151，257，394，395，公共信息委员会

Committee on School Inquiry，**M8**：129，学校调查委员会

Committee on Social Trends，**L9**：133，229 - 231，235，社会发展趋势委员会

Committee on the Socio-Economic Goals of America（NEA），**L11**：548，美国社会经济目标委员会

Committee on Un-American Activities，**L6**：xxii，非美活动调查委员会

Committee on Youth Outside of Home and School，**L17**：515，关于家庭和外校青年的委员会

Common Faith，*A*，**M1**：xi；**L5**：xxx；**L9**：xi-xxxii，293，295，423，424，426，435，438n，440；**L11**：115，《一个共同的信仰》；**L14**：79，《共同的信仰》

on religion vs. religious experience，**L16**：465 - 466，《共同信仰》关于宗教对宗教经验

Common good：共同的善

Rousseau on，**L13**：149，卢梭论共同的善

Common interest：共同利益

nature of，**L2**：246，256 - 257，共同利益的

本质

Common law, **M5**：63,习惯法；**L2**：23 – 25,
普通法

Common Law, *The* (O. Holmes), **E4**：37,
38,40；**M15**：69,《普通法》；**L14**：xxii,《论
习惯法》(霍姆斯)

Common man, **L11**：365,普通人

　essential to democracy, **L14**：226 – 227,普
通人是民主的基础

　Cohen on, **L14**：396,科恩论普通人

Commonplaces：司空见惯

　McKay on, **L17**：58,麦凯论司空见惯

Common qualities：共性

　and generality, **L12**：248 – 249,261 – 262,
265,268,350,共性和一般性

Commons, John R., **L6**：357 – 358,368；
L11：250；**L16**：101n,康蒙斯,约翰·R

Common sense, **M6**：288；**M12**：137；**M13**：
413；**L8**：296；**L9**：298,312；**L12**：56,100
– 102,118 – 120,162,264,445,455 – 456,
476 – 477；**L13**：391,常识

　and philosophy, **M10**：39 – 42；**L6**：xiv,
424 – 425,常识与哲学

　in act, **M13**：13,行动中的常识

　Klyce on, **M13**：420,克莱斯论常识

　and judgment, **M15**：65；**L6**：429 – 430,常
识与判断

　Santayana on, **M15**：221,桑塔耶那论常
识；**L9**：240 – 241,桑塔亚那谈及常识

　Lovejoy on, **M15**：369,洛夫乔伊论常识

　empirical, **L2**：49,53,54,经验的常识

　Peirce on, **L6**：276 – 277；**L11**：480 – 481,
皮尔士论常识

　problems in, **L12**：71 – 72,84 – 85,420 –
422,常识中的问题

　Trotsky on, **L13**：392,托洛茨基论常识

　related to science, **L16**：xxxvii,244 – 245,
252 – 253,255 – 256,292,304n,306,
451,常识与科学的关系

　in Moore's logic, **L16**：203 – 207,摩尔逻

辑学中的常识

　nature of, **L16**：242 – 243,246 – 250,386,
常识的本质

"Common Sense and Science," **L16**：xxvi,
336,450,《常识和科学》

Common-sense dualism, **M10**：24,常识的二
元论

Common-sense knowledge：常识知识

　connected with action, **M7**：3,常识知识与
活动的联系

　compared with scientific knowledge, **L1**：
341 – 345,常识知识与科学知识相比较

Commonweal, **L11**：530,《公益》

Commonwealth：联邦

　defined, **L7**：133,明确的联邦

　and law, **L7**：397 – 398,联邦和法律

Common will, **M13**：339 – 340,共同意志

　Rousseau on, **L13**：149,卢梭论共同意志

Communication, **M9**：7 – 9,12,225 – 226；
M12：xx,xxii,147 – 149,233,242；**M13**：
308；**L1**：132 – 142,144,147,149,157 –
161,187,206 – 208,213 – 217,222,272；
L3：51；**L4**：36,121,174,214；**L13**：xvi,
21,324,334,交流。另见 Language, **L12**

　social necessity of, **E5**：231；**M1**：xxiii；
M15：239；**L2**：253,259 – 260,273,
330,370 – 372,交流的社会必要性

　instinct of child, **M1**：29,儿童的交往本能

　and knowledge, **L2**：282 – 284,345 – 346,
作为知识的交流

　related to art, **L2**：348 – 350；**L10**：xxxi,
28,110,111,212,238,242,244,248 –
249,275,291,337 – 338,349；**L13**：70,
艺术传播

　effects of, **L7**：150,交流的作用；**L15**：
248,交往的作用；**L16**：309,交流的影响

　in U. S., **L11**：168 – 169,261,美国的交流

　interpersonal, **L11**：195,241,417,人与人
之间的交流

　educative power of, **L11**：538 – 540,交流

的教育力量

and sentences, **L12**：174 - 176,284,交流
和语句

intelligent use of, **L13**：90,92,明智地使用
传播

prevention of, **L13**：323,妨碍交流；**L14**：
89,对交流的抑制

through senses, **L13**：366,通过感官交流

as value in democracy, **L14**：275 - 276,交
流在民主中的价值；**L17**：474,作为民主
焦点的交流

related to philosophy, **L14**：325,与哲学有
关的交流

freedom of, **L15**：176,179 - 183,交往自
由；**L16**：403,404,406；**L17**：86,交流的
自由

as human trait, **L15**：211,266,作为人类特
征的交往

dependability of, **L16**：3,4,交流的可依
赖性

Carnap on, **L16**：26,卡尔纳普关于交流

inquiry into, **L16**：126,对交流的探究

deficiency in, **L16**：277,交流的不利

Cold War affects, **L16**：392,冷战影响交流

as social category, **L17**：320 - 321,社会交
流的技巧

Communism, **M5**：151；**M8**：435；**M12**：
xxiii, 26,253 - 255；**L6**：xxii,447,464n；
L7：426 - 427；**L9**：76 - 77,298；**L11**：
598；**L13**：131,157,216,218,共产主义

Marxist, **M8**：436,马克思主义的共产
主义

contrasted with revolution, **L3**：204,205,
222 - 223,共产主义与革命的对比

Brookwood accused of, **L5**：331 - 345,
392,布鲁克伍德被指责奉行共产主义

on religion, **L5**：355 - 362,共产主义对宗
教的讨论

Dewey accused of, **L5**：392,杜威被指责奉
行共产主义

in Russia, **L6**：263 - 267,292 - 294,俄国
的共产主义

Russian vs. Western, **L9**：91 - 94,比较俄
罗斯和西方的共产主义

reasons for denouncing, **L9**：94 - 95,谴责
共产主义的原因

Bellamy on, **L9**：103,105,贝拉米所说的
共产主义

Brameld on, **L9**：244 - 245,布拉梅尔德的
共产主义观点

related to Teachers Union, **L9**：338 - 342,
共产主义与教师工会有关

vs. fascism, **L11**：64,187,495,共产主义
对法西斯主义

tactics of, **L11**：324,333 - 334,共产主义
的策略

on class struggle, **L11**：331,383,485,498,
共产主义关于阶级斗争

means and ends in, **L11**：332；**L17**：117,
共产主义的手段和目的

Spender on, **L11**：497 - 498,斯本德论共
产主义

and war, **L14**：250,共产主义和战争

in U. S., **L15**：240 - 246,293,348,375,
488,491,美国的共产党人

in China, **L15**：352 - 353,500,中国的共产
党人

attacks democracy, **L16**：401 - 405,共产主
义攻击民主

Communist Manifesto（Marx and Engels），
L7：426；**L11**：54,59,《共产党宣言》(马克
思和恩格斯)

Communist Opposition：共产主义的反对者

related to unions, **L9**：335 - 336,340,与工
会相关的共产主义的反对者

Communist party, **L6**：169 - 170,235；**L9**：
69,327,340,共产党

factions in, **L13**：135,共产党内的派系
之争

members as teachers, **L17**：136 - 137,作为

教师的共产党员

enhanced, **L17**：140，共产党得到加强

  members in government, **L17**：140，561 - 562，政府中的共产党员

  controls unions, **L17**：520 - 521，共产党控制工会

Community, **L8**：80；**L16**：244 - 245，377，社区

  Browning on, **E3**：120 - 121，勃朗宁身上的共同体意识

  related to education, **E5**：94；**M9**：24 - 26，28，87 - 89；**L9**：183 - 185；**L13**：36 - 37；**L14**：351 - 354；**L17**：71，74 - 75，226 - 227，与共同体相关的教育

  meaning for Dewey, **M1**：xx；**M2**：xx-xxi，共同体对于杜威来说的含义

  self-preservation of, **M5**：62；**L7**：57，共同体的自我保存

  nature of, **M9**：xi-xiii，7；**L2**：214 - 216，300 - 301；**L17**：xxiv-xxv，共同的本性

  Royce on, **M10**：84n，罗伊斯关于共同体原则

  communication in, **L2**：259 - 260，共同体内的交流

  and society, **L2**：296，333 - 334；**L8**：53 - 54，63 - 64，71，73；**L13**：176，共同体与社会

  lack of, **L2**：314 - 315，324，327，350，缺少共同体

  vs. association, **L2**：330 - 331，共同体对联合

  importance of local, **L2**：367 - 372，地方共同体的重要性

  Hebrew conception of, **L7**：85，95，希伯来的共同体观念

  moral meaning of, **L7**：257，335，345，347，共同体的道德意义

  art in, **L8**：85 - 86，社区艺术；**L10**：12 - 15，87，156，208，252，330 - 331，338，艺术在共同体中

  related to religion, **L9**：40 - 42，57 - 58，431，宗教对社区的关系

  future role of, **L11**：540 - 541，社区（共同体）的未来作用

  self-governing, **L17**：xxvi，自治共同体

  conflicts within, **L17**：101，102，共同体中的冲突

  state as legal organization of, **L17**：101 - 104，作为合法共同体组织的国家

  fascism and, **L17**：117，法西斯主义与共同体

  Greek participation in, **L17**：172，175，177，希腊人在共同体中的参与

  Russian views on, **L17**：504，俄国人对共同体的看法

Community Schools in Action（Clapp），**L14**：351，《行动中的社区学校》（克拉普）

Companionship, **L13**：286，交往

Comparative method, **L2**：265，比较的方法

Comparison：比较

  in British psychology, **E1**：183 - 184，英国心理学的比较与联想

  in *Cyclopedia of Education*, **M6**：388 - 389，比较（《教育百科全书》）

  defined, **L12**：184 - 186，对比较作界定

  as measurement, **L12**：202 - 203，318，作为测量的比较

  importance of, **L12**：208，212 - 213，217 - 219，247 - 248，267，283，335 - 336，350 - 351，比较的重要性

Compensation, **M14**：8，24，27，188，补偿

Competition, **L13**：32 - 33，竞争

  related to individualism, **M5**：475 - 478，和个人主义有关的竞争

  in capitalism, **L7**：376 - 379，400，资本主义的竞争

  fair and unfair, **L7**：413，418 - 419，公平和不公平

  in Marxism, **L13**：125，马克思主义论竞争

  Hobbes on, **L13**：140 - 142，霍布斯论竞争

destructiveness of, **L17**：454，竞争的毁灭性

Complex, **L12**：155,481,504,复合体

status of, **L17**：415,复合体的状态

in Russian schools, **L17**：502,俄国学校中的复合体

Complex-simple category：复杂-简单范畴

Russell on, **M10**：96 - 97；**L16**：200,罗素论复杂-简单范畴

Compossibility, **L4**：128,复合的可能性

Compound proposition, **L12**：335,340,复合命题

Comprehension, **L12**：146 - 147,341,417 - 418,领会

as understanding, **L12**：156 - 160,作为理解的领会

of terms, **L12**：359,360,对词项的领会

vs. apprehension, **L14**：53 - 54,理解和把握

related to memory, **L17**：328,与记忆相关的理解

Comprehensiveness, **E3**：371,完备性的增长

Compromise, **L13**：3,5,妥协

Compton, Betty, **L9**：367,康普顿,贝蒂

Compton, Karl T., **L11**：567n, 568, 570, 573,575 - 576,579,580,康普顿,卡尔·T

Comte, Auguste, **E4**：214；**M6**：366；**M11**：26n, 43；**M12**：85；**M14**：93；**M15**：11, 333；**L1**：55, 174；**L5**：xxx, 264；**L11**：xvn, 24,48；**L14**：362；**L17**：386,孔德,奥古斯特

and moral philosophy, **E4**：148,孔德和道德哲学

related to political economy, **E4**：216 - 217,孔德的政治经济学

on scientific method, **M1**：171,孔德论科学方法

interpretations of, **M2**：36,对于孔德的历史解释

on nature, **M2**：143,孔德论自然

on positivism, **M2**：209；**M7**：324 - 326,孔德论实证主义

on ethics, **M3**：56,孔德论伦理学

on static and dynamic, **M6**：424,孔德论静态的和动态的

influences Dewey, **L5**：154,孔德对杜威的影响

law of three stages of, **L5**：170,孔德的三段论

on social system, **L10**：346；**L13**：121,孔德论社会系统

on knowledge, **L16**：97 - 98,孔德论知识

Conant, James B., **L11**：127,科南,詹姆斯·B

Conant, Levi Leonard：科南特,李维·伦纳德

work of, **E5**：355 - 356,科南特的著作

psychological points of, **E5**：356 - 358,科南特著作中的心理学观点

Concentration, **M6**：212,集中；**L8**：150 - 151,关注

of attention, **L17**：281,注意力的集中

training of, **L17**：302,对集中的训练

Concept：概念

as name, **E3**：142 - 143；**L16**：93n, 165 - 168,261,概念作为名称

related to percept, **E3**：143 - 145,概念与感知的关联

as mode of action, **E3**：225,作为行动模式的概念

Carnap on, **L16**：17 - 22,27 - 29,卡尔纳普关于概念

Tarski on, **L16**：42,塔斯基关于概念

Dewey on, **L16**：55n,杜威关于概念

artificiality of, **L16**：158,160,180,192,概念的人为性

Dubislav on, **L16**：161n,杜比斯拉夫关于概念

Kaplan on, **L16**：172,卡普兰关于概念

Kaufmann on, **L16**：198,考夫曼关于概念

Moore on，**L16**：205，207，摩尔关于概念

Conception，**M6**：390 - 391，观念。另见Hypothesis，**L12**；Operations，**L12**；Universal proposition，**L12**

as aspect of thinking，**E2**：178 - 186，概念作为思维的分类

and judgment，**E2**：188，199 - 200；**E5**：321，323，概念和判断

of cause and effect，**E2**：208，因果的概念

control of，**M6**：256，控制观念；**L8**：259 - 267，概念控制

nature of，**M6**：278 - 281；**L8**：216，235 - 243，概念的性质

in education，**L8**：238 - 240，概念的教育意义；**L13**：3，教育观念

operational，**L12**：22 - 23，132 - 133，216，348，391 - 392，459，494 - 500，操作性概念

and perception，**L12**：72 - 73，162，507 - 511，概念和知觉

in history，**L12**：232 - 233，历史中的概念

and definition，**L12**：341 - 342，概念和定义

and abstraction，**L12**：462 - 464，468，概念和抽象

scientific，**L13**：159，371，科学观念

Conception of conceptions：概念的概念

operational，**L4**：112，113，116 - 118，153，176 - 177，以概念为操作的概念

empirical，**L4**：132 - 133，207，经验主义的"概念"

rationalistic，**L4**：144，理性主义的"概念"

and laws，**L4**：167，概念与法则

Conception of God，*The*（Royce），**M1**：256，《上帝的概念》（罗伊斯）

Conceptualism，**M7**：360；**L11**：112 - 113；**L12**：261 - 262；**L16**：158，概念论

Concern，**L16**：246，关注

Concessions：让步

and extra-territoriality，**M12**：37，46，65，让步额外领土权

abolition of，**M12**：47，废除让步

treaty ports in，**M12**：71 - 72，条约口岸的让步

Conclusion：结论

in Spinoza，**E1**：10，斯宾诺莎的结论

method for reaching，**M3**：3 - 4；**L17**：339，480 - 481，得出结论的方法

agreement on，**L16**：281，结论一致

vs. termination，**L16**：285，结论相对于终止

unattained by philosophy，**L16**：294，无法被哲学获得的结论

scientific，**L16**：355，357，373，科学的结论

Concrete，**M12**：166，171，187 - 188；**L12**：119，184n，349 - 351，400，具体

meaning of，**M6**：286 - 292；**L4**：123 - 125；**L8**：293 - 300，具体的意义

in *Cyclopedia of Education*，**M6**：391 - 392，具体（《教育百科全书》）

Condemnation：罪责

vs. salvation，**L17**：16 - 17，罪责与救赎相对

Condillac，Étienne Bonnot de，**M3**：52，孔狄亚克，艾蒂安·博诺特·德；**M7**：345，孔狄亚克，埃蒂耶纳·博诺·德；**M12**：126，孔迪亚克，艾蒂安·博诺特·德

on sensationalism，**M2**：246，孔狄亚克论感觉主义

on Locke，**M6**：30，孔狄亚克论洛克

Condition，**L12**：137，169 - 170，292 - 293，340，446 - 447，458，488，条件

as category in unity，**E3**：216 - 217，作为统一的范畴的条件

in logic，**L11**：95，逻辑的条件

objective vs. internal，**L13**：23 - 27，客观条件和内部条件

as criteria for judgment，**L15**：139，作为判断标准的条件

Conditioning：训练

perils of，**L13**：379 - 380，训练的危险

Condorcet，Marie Jean Antoine，**M3**：52；

M6：444；L5：xxx，154，264；L8：31；L13：162，孔多塞，马里埃·让·安托万

on mathematics, M10：57；L6：58，59，孔多塞论数学

Conduct，M12：125 - 126，173；L16：64n，254，356，行为

well-being ideal for，E1：211，行为的理想福祉

meaning of，E3：xxxiii，242，行为举止的意义；E4：242，371 - 372，品行的意义；E5：54；M5：7 - 8；L4：xiv；L7：9 - 10，215，行为的意义

motives for，E3：95 - 96，244，257 - 258，行为举止的动机；L4：25，31，45 - 47，57，86，169，170，209 - 213，216 - 218，225，249；L7：242，292，297；L13：192 - 193，行为的动机

as individualized，E3：97 - 99，个体化的行为举止；E5：55 - 56，行为是个体活动的模式

consequences in，E3：245 - 246，后果与行为举止的关系；L7：249，行为的后果；L17：399，品行的后果

pleasure as standard of，E3：260 - 374，作为行为举止之标准的快乐

and character，E3：343，行为举止与品格；L7：168 - 173，176，193 - 194，271 - 272，行为与品格

as referred to agent，E4：228 - 229，品行之为诉诸行动者的品行

related to action，E4：229 - 231，诉诸行动的品行

twofold formula for，E4：231 - 232，品行的双重公式

as impulsive，E4：235，作为冲动性的品行

psychological view of，E5：56，关于行为的心理学观点

levels of，M5：41 - 42；L7：12，47 - 48，行为的层次

Hebrew philosophy of，M5：101；L7：92 - 93，希伯来人行为的哲学

Greek idea of，M5：110 - 111；L7：101，163，古希腊的行为观念

in *Cyclopedia of Education*，M6：392，操行(《教育百科全书》)

related to philosophy，M9：333 - 334，341 - 342，行为和哲学的关系

in morality，M9：356 - 360，道德性中的行为

as determined by knowledge，M9：364 - 367，370，由知识决定的行为

thinking vs. instinct in，M15：65，66，在行为中思想对本能

emotional factor in，L3：19 - 20，行为中的情感因素

effect of commerce on，L3：20，商业和工业对行为的影响

and belief，L4：200 - 205，行为和信念

study of，L7：ix-x，15，行为研究

as custom，L7：49，赞同的行为

continuity in，L7：169 - 170，172，185，223，行为的连续性

legal view of，L7：278，行为的法律观念

esthetic quality of，L10：46，55，87，202，行为的审美性质

effect on education of，L11：555 - 556，对教育行为的影响

standards of，L13：5，行为标准和规则

related to habit，L13：162，292，行动与习惯的关系；L17：431，与习惯相关的品行

controlling，L17：310，353，控制品行

conclusions regarding，L17：480，关于品行的结论

"*Conduct and Experience*," L16：71n，101n，《行为和经验》

Conduct of the Understanding (Locke)，M6：195 - 196，198 - 200；L8：129，132 - 133，《理解能力指导散论》(洛克)

Confederation：联邦

related to democracy，L13：99，100，联邦

与民主

Conference for Progressive Labor Action, **L6**：251,进步劳工行动会议

Conference of Progressives, **L6**：173 - 174, 355 - 356,440,进步人士会议

Conference on Curriculum for the College of Liberal Arts, **L6**：404,414 - 423,503, 504,文科学院课程研讨会

Conference on Educational Status of the Four- and Five-Year-Old Child, **L9**：136n,四五岁儿童教育状况的会议

Conference on Education and Philosophy, **L17**：88n,教育与哲学会议

Conference on Methods in Philosophy and the Sciences, **L15**：9n；**L17**：442n,哲学方法与科学方法会议

Conference on Science, Philosophy and Religion in Their Relation to the Democratic Way of Life, **L15**：53n,科学、哲学和宗教与民主生活方式的关系大会

Conference on The Scientific Spirit and Democratic Faith, **L15**：251n,335n,366,科学精神与民主信仰大会

Conflict, **M12**：88,141 - 142,159 - 161；**M14**：30,48,58 - 59,128,150,冲突

　evolutionary significance of, **E4**：210 - 211,冲突的革命意义

　and morals, **E5**：45 - 46；**L5**：279 - 280；**L7**：68 - 80,103 - 108,164 - 166,冲突和道德

　in *Cyclopedia of Education*, **M6**：363,392 - 393,冲突(《教育百科全书》)

　of ends, **M12**：174 - 175,冲突的终结

　of desires, **M14**：135；**L7**：186 - 188,190 - 191,欲望的冲突

　in nature, **M14**：207,本性上的冲突

　systematic, **L7**：xxvii,体制冲突

　and choice, **L7**：286 - 287,冲突和选择

　individual and social, **L7**：322 - 328,385；**L16**：412,个人和社会的冲突

　in Teachers Union, **L9**：330 - 332,教师工会中的冲突

　generates art, **L10**：23,47,241,253,272 - 273,285；**L14**：36,作为艺术产生因素的冲突

　and problems, **L12**：14 - 15,33 - 38,123 - 124,177 - 178,186 - 187,218 - 219,问题和争论

　of philosophies of education, **L13**：3,374,各种教育哲学的冲突

　class, **L13**：100,121 - 124,127,133 - 134,352,阶级冲突

　legislative and executive, **L13**：111,立法与执行冲突

　in democracy, **L13**：186 - 187；**L17**：472,民主中的冲突

　function of, **L13**：233 - 234,冲突的功能

　about philosophy, **L13**：255 - 257,论哲学的冲突

　international, **L16**：399 - 406,国际冲突

　cause of, **L16**：419,冲突的原因

　effects of, **L17**：153,冲突的后果

　development of, **L17**：444,冲突的发展

Conflict of Science and Society, The (Darlington), **M12**：262n,《科学与社会的冲突》(达林顿)

Conformal transference：共形转化

　Whitehead on, **L14**：134 - 135,怀特海论共形转化

Conformity, **L7**：230,232,因循守旧

　in education, **L9**：197,教育中的一致

Confucianism, **M11**：164,207；**M12**：75；**M13**：103,109,111,儒家思想

　vital idea in, **M13**：114,儒家思想中有生命力的观念

　related to Laotze, **M13**：221 - 225,儒家思想与老子的关系

　strength of, **M13**：256,儒家思想的强大

Congress,参见 United States Congress

Congressional Record, **L14**：xix,《国会记录》

Congress of Industrial Organizations（CIO），**L11**：333；**L15**：245，509，美国产业工会联合会

Conjunction：联结

logical，**L12**：333 - 335，352，425，445，447，451 - 452，468，515 - 516，逻辑上的联结

Connecticut：康涅狄格州

board of education in，**M7**：465 - 466，康涅狄格州的教育单一委员会

Connection，**L12**：276 - 279，310，329，联结。另见 Interaction，**L12**

in experience，**M10**：11 - 12，15 - 16；**L14**：18，20，23，经验中的联系

in objective idealism，**M10**：19，客观的观念论对联系之真实性的认识

as existential relation，**L12**：57，60，174 - 175，220，作为存在关系的联结

in nature，**L14**：127 - 128，137，自然中的联系

spatio-temporal，**L15**：5 - 6，29，163，时空的联系

as name，**L16**：261，联系作为名称

search for，**L16**：349，寻找联系

involved in valuing，**L16**：351，涉及评价的联系

Connexity，**L12**：334 - 335，连接性

Connotation，**L12**：352 - 357，内涵

Conscience，**M11**：123 - 125；**M12**：105；**M14**：129 - 131，216，良心

nature of，**E3**：354；**E4**：299，良知的本质；**L7**：262 - 65，272 - 275，良心的本性；**L15**：28n，29，良心的本质；**L17**：3，5，良知的本质

conventional，**E3**：355 - 356，习俗良心

reflective，**E3**：356 - 359，反思性良心

and sense of obligation，**E3**：359 - 361，作为特定机能的良心

as emotional disposition，**E3**：361 - 364，作为性情的良心

related to morals，**E3**：368 - 371，良心与道德；**E4**：292 - 295，299 - 305，良知与道德；**M3**：49，良心与道德；**L7**：162 - 166，良心和反思道德；**L17**：xxiii，良知与道德

theories of，**E4**：109，305 - 310，良知理论

Royce on，**E4**：197 - 198，罗伊斯论良知

vs. consciousness，**M9**：359，364，良心对意识

related to war，**M10**：260 - 264，良知与加入战争的关系

individuality of，**L2**：266 - 267；**L17**：352，良知的个性

Greek symbols of，**L7**：121 - 123，古希腊良心的象征

ego of，**L17**：4，良知的自我

Conscientiousness，**E3**：364 - 366，良知

vs. Greek wisdom，**M5**：376 - 377，不同于古希腊智慧的良知

negative aspect of，**L7**：258 - 259，良知的消极方面

opposed to intuition，**L7**：272 - 273，和直觉相反的良知

Conscientious objectors，**M10**：xxxviii，262 - 264，有良知的反对者

Conscious：意识

in thought process，**M6**：348 - 350，思维过程中的意识；**L8**：342 - 345，反思性思维中的意识

in inferential function，**M10**：66，在推断性功能中表现出的有意识的

"'Conscious' and 'Consciousness，' The Terms，" **M3**：xx，《术语"有意识的"和"意识"》

Conscious control：意识控制

of F. Alexander，**M11**：x，350 - 355，359 - 360，亚历山大的意识控制

Consciousness，**M4**：255；**M7**：xii；**M11**：11 -17，51；**M14**：46，124 - 125，128 - 129，145，221；**L1**：71，75，77，79，87 - 88，94 -

96,369；**L3**：5,6；**L4**：69,181,182,191,196,意识

meaning of，**E1**：128－131,134－135,137,140,141,311；**E2**：25－26；**M3**：79－82,154；**M4**：91－94；**M9**：110；**M10**：28；**L7**：x；**L15**：28n,29,50,75,96；**L16**：261,384,457,意识的意义

individual and universal，**E1**：138－142,个别意识与普遍意识；**E2**：7－8；**E5**：15,16；**M6**：18；**L17**：423,428,个体意识与社会意识

and psychology，**E1**：144－145；**E2**：16,18；**M1**：113－122；**M7**：48－55,意识与心理学

and will，**E2**：10－11,18－25,意识和意志

related to emotion，**E2**：18－20,215－216,意识和情感

sensation as element of，**E2**：34－37,感觉是意识的元素

related to attention，**E2**：117；**L17**：269,意识与注意力

and distinction，**E2**：128－129,意识和区别

as side of obligation，**E3**：328,作为道义之一方面的意识

and habit，**E4**：200,意识和习惯

related to unconscious，**E5**：53,人类的个体意识

Stanley on，**E5**：359－362,斯坦利论意识

related to belief，**M3**：84,与信念相联系的意识

as experience，**M3**：102；**M10**：323,意识作为经验

and knowledge，**M3**：108－110,175,意识与知识

Woodbridge on，**M3**：178,180；**M4**：222－227；**L17**：548－549,伍德布里奇论意识

Santayana on，**M3**：321－322,桑塔亚那论意识

James on，**M3**：351；**M7**：146；**L14**：156－57,166,詹姆斯论意识

and idealism，**M3**：385－389；**M7**：225,意识和唯心主义

as natural good，**M4**：23－24,作为一种自然善的意识

McGilvary on，**M4**：143－145,314－316,麦吉尔夫雷论意识

Perry on，**M6**：477－478,培里论意识

Montague on，**M7**：23n,蒙塔古论意识；**M10**：326n,蒙特奇论意识

transsubjective reference and，**M7**：37,主体间关系与意识

related to value，**M7**：44－46；**L16**：348,351,意识与价值的关系

natural rights connected to，**M7**：62,与意识相关的自然权利

McGilvary, Perry, and Dewey debate，**M7**：79－84,446－460,麦吉尔夫雷、佩里和杜威关于意识的讨论

Fechner on，**M7**：139,费希纳的意识观

as consummation of action，**M7**：177,作为活动完成的意识

and mind，**M9**：302；**L1**：230－234,意识与心灵

moral，**M9**：306－310；**L17**：3,道德意识

vs. conscience，**M9**：359,364,意识对良心

as supernatural，**M10**：25－27,超自然的意识

Royce on，**M10**：85－86,罗伊斯论意识

social，**M13**：157；**M15**：233－234,社会意识

immediate，**M13**：352,直接意识

related to meaning，**M13**：372；**L1**：226－265；**L17**：362－363,368,370,与意义相关的意识

negative vs. constructive，**M15**：44,否定性的意识对建设性的意识

related to F. Alexander's method，**M15**：308－309,314,和亚历山大方法相关的意识

isolated from nature，**L1**：xviii,与自然相

分离的意识

problem of, **L3**：390 - 392,意识问题

Sellars on, **L3**：397 - 398,塞拉斯论意识

related to art, **L10**：30 - 31,35 - 36,48,60,79,82,128,251,265,270,276 - 278,286,意识在艺术中的作用

related to physical events, **L14**：80,82,意识和物理事件的联系

Bergson on, **L14**：101,柏格森论意识

flux of, **L14**：131,意识流

Cohen on, **L14**：385 - 86,科恩论意识

as entity, **L16**：326,412,意识作为实体

emotion related to, **L17**：197,344,与意识相关的情绪

importance of, **L17**：301,321,323,344,384,意识的重要性

classification of, **L17**：336,意识的分类

related to judgment, **L17**：366n,与判断相关的意识

in apprehension, **L17**：416n,意识中的实践要素

in realism, **L17**：417 - 418,实在论中的意识

Bode on, **L17**：548,博德论意识

related to awareness, **L17**：549,与觉察相关的意识

Consciousness, stream of, **L8**：113 - 114；**L11**：506 - 507,意识流

Conscription, **M10**：263,征召

of thought, **M10**：xxxvii, 276 - 280,思想的征召

Conscription Act（1940）, **L15**：349,征兵活动（1940 年）

Consecutiveness,参见 Orderliness

Consequences, **M14**：xv, 17 - 18,33,132,后果；**L10**：68,201；**L16**：355,393,结果。另见 Ends, **L12**；Instrumental, **L12**；Means-consequences, **L12**；Relation, **L12**

related to conduct, **E3**：245 - 246,与行为举止相关的后果；**E4**：238,241,243；

L4：120,125,157 - 160,164,178,183,187,190,195 - 197；**L12**：53 - 60；**L13**：59；**L14**：73,74n,行动的结果

and motives, **E3**：262；**M14**：34 - 36；**L7**：173 - 176,192 - 193,221 - 223,249,274,295,337,后果与动机

accidents in, **M14**：38,164 - 166,174,209 - 212,后果的偶然性

foresight of, **M14**：142 - 145,177,对后果的预测；**L13**：43 - 45,217 - 218,247,对行动结果的预见

and aims, **M14**：155 - 160,168 - 170,后果与目标

important to politics, **L2**：243 - 247,250 - 251,255,260,262,265,276 - 278,313,333,358,结果在政治上的影响

and law, **L2**：270 - 271；**L14**：121 - 122,作为法律标准的结果

determination of, **L2**：271 - 275；**L16**：330 - 332,结果的决定

expansion of, **L2**：314,333,358,结果的扩张

individual and social, **L2**：356,个体的和社会的结果

and meaning, **L3**：408 - 409,后果和意义

of operations, **L4**：103,116,149,155,操作的后果

as test, **L4**：110,132,230,231,240,248,后果作为验证；**L12**：115 - 116,134,177 - 178,266,316 - 320,425 - 427,433 - 435,455 - 456,484 - 485,结果作为检验

related to means, **L4**：130,238；**L16**：333,350,448,后果与手段

related to values, **L4**：207,208,212 - 222,后果与价值的关系

in utilitarianism, **L7**：156,242 - 245,功利主义中的后果

of impulse, **L7**：171 - 172,186 - 188,冲动的后果

and self, **L7**：285 - 289,后果和自我

and responsibility，**L7**：304 - 305，后果与
责任

as criteria for judgment，**L11**：15；**L15**：12
- 14，139，作为判断标准的结果

and validity，**L12**：20 - 21，73，80，145，
156，176，193，196 - 197，224，341 - 342，
399，423 - 424；**L14**：169n，171 - 172，
179 - 180，183，结果与有效性

agreement of，**L12**：25 - 26，52 - 53，477，
一致存在于结果之间

and significance，**L12**：492 - 493，504 -
505，526，结果及其意义

in inquiry，**L14**：55，61，184，186 - 187；
L16：322 - 325，328，探究中的结果

potentiality understood in，**L14**：109 -
110，结果中所理解的潜能性

used in philosophical method，**L14**：138，结
果在哲学方法中的使用

relative to antecedents，**L14**：146 - 147，与
前提相关的结果

as directive，**L16**：335 - 339，374，450 -
451，结果作为指向

Consequences of Pragmatism（Rorty），**L6**：
xi；**L14**：xvii，《实用主义的后果》（罗蒂）

Consequent conditions，**M2**：10 - 11，14 - 15，
后件

Conservation：保存、保护

as element of form，**L10**：142 - 143，149，
151，159 - 161，165，170，172，176 - 177，
187，作为形式元素的保存

of nature，**L11**：xxi-xxii，232，251，自然的
保护

Conservatism，**M6**：295；**M12**：89 - 90，97，
101，137；**M13**：429；**M14**：48，76，115；
L6：236；**L7**：326，337；**L8**：270 - 271；
L13：86，142，288；**L15**：243，保守主义

related to past，**E4**：103 - 104，保守主义被
讨论

essence of，**E4**：132，保守主义的实质

in education，**M1**：260 - 264；**L11**：409 -

410，教育领域的保守主义

in China，**M13**：118，222 - 224，中国的保
守主义

responds to change，**L11**：133，保守主义对
变化的反应

and ageing，**L14**：343 - 345，保守主义和老
年化

and liberalism，**L17**：430 - 431，保守主义
与自由主义

genuine，**L17**：454，真诚的保守主义

Consideration，**L7**：259，考虑

formal vs. connotative，**L9**：303 - 304，关
于形式和内涵的思考

*Considerations upon the Reputation of T.
Hobbes*（Hobbes），**M11**：22，《T·霍布斯
对于声誉的考虑》（霍布斯）

Consistency，**M13**：38；**L12**：225，506 - 507，
一致性

definition of truth，**M6**：33 - 36，真理的一
致性定义

totality as，**M9**：335 - 336，全体性作为一
致性

symbols for，**L16**：90，93，为一致性使用
符号

as name，**L16**：261，一致性作为名称

Consortium，**M12**：22，278，社团、协会

financial，**M11**：198，225，联合放款团

formation of，**M13**：77，银行团的形成

opposition to，**M13**：86 - 90，96，125，163 -
166，169，184 - 185，对银行团的反对

U. S. involvement with，**M13**：90 - 91，163 -
164，美国在银行团中的参与

prospects for，**M13**：92，100，188，银行团
的前景

railways under，**M13**：122，144，银行团资
助下建造的铁路

object of，**M13**：124，银行团的目标

Constable, John，**L10**：182，298，康斯太伯，
约翰

on art，**L10**：274，363，康斯太伯论艺术

Constantinople（Istanbul），Turkey，**M15**：128－129,131－132,134－135,139,144,290,418－420；**L2**：191,君士坦丁堡,土耳其

　Angora compared with，**M15**：136－138,安哥拉和君士坦丁堡相比较

Constantinople, University of，**M15**：292,君士坦丁堡大学

Constituent：成分

　related to quality，**M15**：24－25,342－343,345,和质量相关的成分

Constitution，参见 United States Constitution

"Constitution as an Institution, The"（Llewellyn），**L16**：xii,《作为制度的宪法》（莱维伦林）

Constitutions Modernes，*Les*（Dareste），**L6**：463n,《现代宪法》（达雷斯特）

Construction，**L10**：93,结构

　public works，**L6**：353,384－385,486－487,公共工程

　foreign，**L6**：365,在外国的建筑

"Construction of Good, The,"**L14**：66,67,《善的构建》

Constructive Conscious Control of the Individual（F. Alexander），**M15**：308,《对个体建构性的有意控制》；**L6**：315,《对个体的建设性的意识控制》（亚历山大）

Consumers，**L9**：249,286；**L10**：15,55－56,消费者

　Russell on，**M12**：249,罗素论消费者

　compared with producers，**L9**：64,83－86,比较消费者与生产者

　effect of taxes on，**L9**：273－274,278,对消费者税收的影响

　purchasing power of，**L9**：277,280,281,消费者的购买力

　in Great Britain，**L9**：400,英国的消费者

Consumers' Guide，**L9**：83,《消费者指南》

Consumers' League, National，**L3**：280n,国家消费者联盟

Consummation，**M13**：xix, xx,终极；**L12**：39,41,69,173,178－179,526,完成

Consummatory experience，**M2**：ix,圆满体验；**L10**：xviii, xx, 22－23,42－44,47,61,62,142－145,149,160－169,177,262,329；**L14**：43,44,47,48,圆满完成的经验

　as guide to change，**L17**：xxxiii,为变化做指导的完备经验

Consumption，**L6**：181,344,353,357,358；**L13**：69,318,消费

　and production，**M15**：251,253,261－263,267－269；**L9**：232－233,生产性的消费

　problems of，**L6**：155,159－162,243－244,486,消费的问题

　insufficient，**L6**：347,348,485,不充分的消费

　and credit，**L6**：351,379,消费和信贷

　and social planning，**L9**：134,消费与社会计划

　and taxes，**L9**：259,266,268,消费与税收

　of farm products，**L9**：287,农产品消费

　and capitalism，**L9**：401,消费与资本主义

Contact activities，**L12**：35－36,接触性活动

Contemplation，**M12**：142；**L1**：51,80,89,98,102,109,249－250,267－268,324,注视、沉思、预期、打算

　Aristotle on，**M12**：143,亚里士多德论沉思

　in esthetics，**L10**：257－262,300,美学中的静观

Contemporary American Philosophy（G. P. Adams and Montague），**L5**：147n；**L9**：xii-xiii, 421－422,《当代美国哲学》（亚当斯和蒙塔古）

Content：内容

　in studies，**E5**：67－68,学科内容

　in Baldwin，**E5**：390－391,393,416,鲍德温论内容

　as detriment to morality，**M2**：18－19,对于内容的强调有害于道德

in *Cyclopedia of Education*，**M6**：458 - 460,内容(《教育百科全书》)

mathematical，**L12**：395 - 396,403,数学上的内容

homogeneous，**L17**：423,同质内容

common，**L17**：423 - 424,共同内容

in experience，**L17**：425,经验中的内容

Contests，**L7**：77,个人和群体的竞争

Context，**L16**：166,背景

implicit and explicit，**M6**：348；**L6**：11 - 12；**L8**：342,隐含的和清晰的语境

symbols and，**L6**：4 - 5,符号与语境

neglect of，**L6**：7,11,对语境的忽视

and unlimited extension，**L6**：8 - 11,16 - 17,语境与无限延伸

subjectivity as，**L6**：14 - 15,作为语境的有选择的兴趣

cultural, in philosophy，**L6**：18 - 21,哲学中的文化语境

related to science，**L6**：19 - 20,与科学相关的语境

related to college life，**L6**：261 - 262,与大学生活相关的语境

for meaning，**L6**：489；**L8**：231 - 232；**L14**：44,85,意义语境

elements of historical，**L7**：xxxii-xxxiii,历史语境的要素

importance of，**L12**：58,72,138,152 - 153,223 - 225,284,287,292 - 293,338, 393 - 394,423 - 424,515 - 516,519 - 520,语境的重要性

in Santayana's thinking，**L14**：296 - 297, 桑塔亚那思想中的语境

as name，**L16**：261,背景作为名称

Context and Thought，**L6**：xi；**L7**：xxxiii, 《语境和思想》；**L16**：83n,《语境与思想》

Contextualism，**L14**：85,语境主义者

Contiguity，**L17**：325,相邻

association by，**L5**：256 - 261；**L17**：330 - 331,相邻联想

Continental：大陆

rationalism，**M10**：xxv,大陆理性主义

law，**L2**：27n, 28,大陆法

Contingency，**L12**：140,195 - 196,201,222, 225 - 226,249 - 250,253 - 254,263,297 - 300,320,380 - 381,417n, 437 - 440,451 - 452,偶然性

defined，**E4**：29,偶然性的定义

philosophers on，**L1**：46 - 48,哲学家对偶然性的否定

in nature，**L1**：55,81,96,127,262,269, 271,295 - 396,308 - 309,偶发的自然； **L4**：16,184,194,199；**L14**：82 - 83,自然中的偶然性

and time，**L14**：112,偶然性与时间

Continuation schools，**M7**：90 - 91,205,成人业余补习学校；**M8**：118,继续教育学校

limitations of，**M8**：401 - 403,继续教育学校的局限性

Continuity，**M3**：169 - 170；**M14**：11,160, 165,168,178,连续性；**L4**：179,183,184, 187, 189, 192, 194, 延续性。另见 Series，**L12**

Leibniz on，**E1**：282,398 - 402,415 - 418, 莱布尼茨论连续性

of institutions，**E4**：40 - 41,机制的连续性

importance of，**M2**：x；**L16**：413 - 414, 457,连续性的重要性

of life process，**M9**：4 - 5,生活进程的连续性

totality as，**M9**：335 - 336,全体性作为连续性

vs. dualism，**M9**：343 - 349,连续性对二元论

Francke on，**M10**：226,法兰克论持续性

Peirce on，**L6**：275 - 276,皮尔士所认为的连续性

of conduct，**L7**：169 - 170,172,185,223, 行动的连续性

and change，**L7**：179,连续性和变化

esthetic，**L10**：142 - 143,245,327,审美的连续性

art effects，**L10**：329 - 330,338 - 339,艺术影响连续性

nature of，**L12**：xiv-xv, 26,244；**L13**：25 - 28,31,49；**L14**：384 - 385；**L16**：187n,连续性的本质

of development，**L12**：30 - 31,38 - 39；**L17**：54,89,与进步相关的连续性

temporal，**L12**：440 - 441,455 - 456,475,时间的连续性

in experience，**L13**：13,17 - 20,244,267,284,经验的连续性

in nature，**L14**：30,108,127 - 128,137,144 - 145,自然中的连续性

of inquiry，**L14**：56,153,探究的连续性

vs. discreteness，**L14**：134,连续性与分离性

Continuum of inquiry，**L12**：16 - 17,19,143,226,310,315,480,483 - 484,探究的连续体

Peirce on，**L12**：3,皮尔士论探究的连续体

and probability，**L12**：464 - 473,探究的连续体和概率

Contract：契约

theory of state，**E1**：231 - 232；**M12**：104；**L7**：xviii,社会契约论

Pound on，**L7**：xxix,庞德论契约

Contractualism，**L7**：xxx,杜威论契约主义

Contradiction，**L12**：183, 195 - 198,343 - 344,矛盾

Holt on，**M10**：326n,霍尔特关于矛盾的学说

in propositions，**L11**：121,命题的矛盾

principle of，**L14**：389；**L16**：197,矛盾律

poliitical，**L15**：386,本德论政治矛盾

in art and philosophy，**L17**：381,艺术和哲学中的矛盾

Marx on，**L17**：444,马克思论矛盾

in Russia，**L17**：501,俄国的矛盾

Contrariety，**L12**：183, 191 - 193, 195,矛盾性

Contribution to a Bibliography of Henri Bergson, A（Mudge），**M7**：201n,《亨利·柏格森书目》（马奇）

Control，**M12**：103,116；**M14**：72,97,102,182 - 184,控制。另见 Accidents；**L1**：63,91,94,97,112,150,181,199,208,220,224 - 225,264 - 265,315

physical，**E2**：321 - 331,身体控制

prudential，**E2**：332 - 341,谨慎控制

moral，**E2**：342 - 356,道德控制

occasions for，**M5**：61 - 62；**L7**：56 - 57,控制的机会

in Greece，**M5**：110 - 117；**L7**：100 - 108,古希腊的控制

by church，**M5**：138；**L7**：135 - 137,教会控制

in *Cyclopedia of Education*，**M6**：363,365,393 - 395,控制（《教育百科全书》）

results in growth，**M9**：4 - 5,控制引起成长

in education，**M9**：28,45,83,350 - 351,354；**L11**：162,165,413,教育中的控制

social，**M9**：31 - 32,44 - 45；**L1**：104；**L7**：57,217 - 219,321 - 322,412 - 422；**L13**：32 - 35, 82, 105, 114, 145 - 146, 295,320,社会控制

means of，**M9**：38,44 - 45,49 - 50；**M13**：393；**L4**：29 - 30,103,107,110,170,174,180,213,214,220 - 221,226,245；**L7**：52 - 54,控制的方法

in Herbart's theory，**M9**：76,赫尔巴特理论中的控制

vs. freedom，**M9**：300,314 - 315,控制对自由

power of，**M13**：373,375,控制的力量

in experience，**M13**：380,经验中的控制

technological，**L1**：183,技术控制、技术调节

political，**L2**：243，246；**L13**：126 - 127，158，317，政府控制

of human nature，**L2**：358 - 360，人性的控制

by rites，**L4**：3，8 - 9，178，203，用仪式控制

by arts，**L4**：3，24，用艺术控制

by intelligence，**L4**：60 - 86，132，136，137，142，197，198，230，234，236，用智慧控制

two kinds of，**L4**：68，106，228，两种控制

in primitive groups，**L7**：30 - 32，36 - 37，49，65 - 66，原始群体的控制

of desire，**L7**：182，204，控制欲望

absolute，**L7**：428，绝对控制

in inquiry，**L12**：xxi，18 - 19，109，120n，136，210，218 - 219，237 - 238，317，319，459 - 464，探究中的控制

in language，**L12**：73 - 75，312 - 313，语言中的控制

external，**L13**：13，42，外部控制

public vs. private，**L13**：107，公共控制与私人控制

in remembering，**L17**：325，记忆中的控制

of ideas，**L17**：332，对观念的控制

of interpretation，**L17**：353，对解释的控制

Convention：习俗、传统、惯例、约定

restricts impulse，**M14**：7，70，115，传统抑制冲动

in Greek morals，**L7**：95，101 - 110，古希腊道德中的传统

nature opposed to，**L7**：97，自然和传统相对立

limits art，**L10**：xviii，xxi，xxxi，47，156 - 158，171，193 - 194，216，245，253，304，351，惯例限制艺术

in language，**L12**：51 - 54，语言约定

of measures，**L12**：205，测量的约定

of scientific postulates，**L12**：477 - 480，科学公设的约定

Convention for Financial Assistance in Case of

Aggression，**L6**：476，《应对侵略行径的财政援助公约》

Conversion：转变

religious，**L9**：426，宗教转变

Conviction，**L13**：296，信念

Cook County Normal School（Chicago），**E5**：423；**M2**：67；**M3**：273，279，库克县师范学院（芝加哥）

Cooke，Morris L.，**L17**：70，558，库克，莫里斯·L

Cooking：烹饪

as introduction to science，**M1**：50 - 51，作为科学导引的烹饪

Cooley，Charles Horton，**L2**：295，库利，查尔斯·霍顿

Cooley，Edwin G.，**M7**：101；**M8**：126，471，库利，埃德温·G

Coolidge，Calvin，**M15**：xv；**L6**：240，柯立芝，卡尔文

Cooper，James Fenimore，**M8**：189，库珀，詹姆斯·费尼莫尔

Cooper，Peter，**L11**：520，库珀，彼得

Cooperation，**L13**：142，325，合作

as socializing agency，**M5**：45 - 48；**L7**：43 - 47；**L11**：49；**L14**：93 - 95，作为社会化动力必需的合作

international，**M15**：80 - 81，380 - 381；**L11**：261 - 264，276；**L15**：208 - 209，国际合作

in industry，**L7**：401，企业中的合作

in business，**L11**：44，277 - 280，工商业合作

in science，**L11**：51，277 - 279；**L13**：275 - 276，科学内部的合作

democratic，**L11**：417，546；**L13**：78，296；**L14**：228，民主中的合作

between philosophy and science，**L13**：284 - 286，哲学与科学的合作

value of，**L17**：70，449，合作的价值

of school and community，**L17**：233 - 234，

学校与社区的合作

challenge to, **L17**：460,对合作的挑战

Cooperatives：合作

Russell on, **M12**：249,罗素论合作

Cooper Union (New York City), **L14**：312n,
纽约市库珀联合会

Cooper Union Museum for the Arts of
Decoration (New York City), **L11**：520 -
522,524 - 525,纽约市库珀联合会装饰艺
术博物馆

Coordination, **L5**：479 - 480,协调

physical, **E5**：98,身体的协调

development of, **E5**：205,307,309；**M1**：
178 - 191,协调的发展

of theory and practice, **L17**：69,理论与实
践的协作

of activities, **L17**：153 - 154,活动的协作

Cope, Edward Drinker, **M2**：149,科普,爱德
华·德林克

Copenhagen, Denmark, **L11**：322,326,330,
哥本哈根,丹麦

Copernican revolution, **M13**：375；**L4**：78,
229 - 232,235,238,245,哥白尼革命

Copernican theory, **M8**：xix；**M15**：314,哥
白尼理论

Copernicus, Nicholas, **M1**：168；**M4**：7,305 -
307；**M6**：195；**M12**：237；**M13**：497；**L1**：
334；**L8**：128；**L11**：552 - 553；**L16**：340,
454,哥白尼,尼古拉斯

Copilowish, Irving M., **L16**：209n,皮洛为
施,欧文·M

Coppage v. Kansas, **L7**：395 - 397,科帕奇诉
堪萨斯州案

Copula, **L12**：224,289,307,332 - 333,系词

nature of, **L12**：128,135 - 136,311,系词
的本质

ambiguity of, **L12**：138n,系词的模糊性

Corcoran, Patrick J., **L11**：327,333,604,科
科伦,帕特里克·J

Corfu, **M15**：123,科孚岛

Corn Clubs, **M8**：268,玉米俱乐部

Corneille, Pierre, **E4**：193,高乃依,皮埃尔

Cornell, Ezra, **L11**：173,康奈尔,艾慈拉

Cornell Law Quarterly, **L14**：xxiii,《康奈尔
法律季刊》

Cornell University, **E5**：434；**M10**：165；
L17：8,康奈尔大学

Cornford, Francis MacDonald, **L5**：165；
L12：482,康福德,弗朗西斯·麦克唐纳

Corot, Jean Baptiste Camille, **L10**：216,柯
罗,让·巴蒂斯特·卡米尔

Corporate Personality（Hallis）, **L6**：268 -
270,《共同人格：法学研究》(哈利斯)

Corporations：公司

finances of, **M5**：501 - 503；**L7**：392 -
394,公司财务

legal personality of, **L2**：22 - 43；**L13**：
112,公司法人

social responsibility of, **L2**：354；**L7**：425,
公司的社会责任

influence individualism, **L5**：58 - 123,公司
化对个人主义的影响

vs. labor, **L7**：379 - 380,392,公司对工人

Correction：纠正

of children, **L17**：237,对孩子的纠正

Correlation,相关性,参见 Correspondence, **L12**

in school studies, **E5**：90,438,456；**M1**：
336 - 337,学校课程的相关性

theory of, **E5**：230 - 232,相关性理论

references on, **E5**：335 - 336,相关性参考
文献

Russell's use of term, **M8**：89 - 93,罗素对
这一术语的用法

of changes in science, **L12**：87,132,141,
475 - 480,科学中变化间的相关性

functional, **L12**：133,164,213,233 - 234,
277,功能的相关性

of data, **L12**：317,与料的相关性

as logical form, **L12**：333 - 334,作为逻辑
形式的相关性

of ideas，**L17**：310，观念的相关性

value of，**L17**：311 - 312，相关性的价值

Correspondence，**L1**：215 - 216，相应，通信，信件；**L14**：9，符合

nature of，**M6**：xiv；**M13**：35 - 38，反应的本性

contrasted with realism，**M6**：xx-xxi，与实在论相对的杜威的符合论

related to truth，**M6**：5 - 6,33 - 36；**M7**：359；**L14**：179 - 180,187 - 188，与真理相关的符合

of words and objects，**L12**：53,59 - 60，词语与对象的符合

of facts and conceptions，**L12**：113,129,133,212 - 214,218 - 219,339 - 340，行为与观念的符合

Correspondence theory：相符性理论

in schools，**E5**：253，相符性理论在学校中使用

Corroboree，**M5**：61；**L7**：56，狂欢会

as form of art，**M2**：48 - 49，作为艺术形式的狂欢会

Corruption，**M12**：46 - 47,66,68 - 69,74，腐败

Corry，Homer C.，**L11**：567n，571,574,578，考瑞，荷马·C

Cortical action：皮层活动

in perception，**M7**：25 - 26，知觉中大脑皮层活动的机能

Cortissoz，Royal，**L10**：306 - 307,365，科提索兹，劳埃尔

Corwin，Edward H. Lewinski，**M11**：314，科文，爱德华·H·莱温斯基

Cory，Daniel M.，**L14**：301，科里，丹尼尔·M

Cosmic process：宇宙进程

related to ethical process，**E5**：35 - 37,53，宇宙进程与伦理进程的关系

Cosmic theism，**L17**：94，宇宙有神论

Cosmology，**M2**：148，**M12**：84,116,119,122,264，宇宙论、宇宙观，参见 Metaphy-

sics；Ontological

Greek，**L1**：76 - 81,101 - 103,137；**L14**：192 - 195,199，古希腊宇宙哲学、宇宙论

of Whitehead，**L11**：xiv-xv，146 - 154，怀特海的宇宙论

modern logic and ancient，**L12**：87 - 88,98,139,202,341,394,416 - 418,497 - 498,526，古代的宇宙论和现代逻辑

Newton influences，**L14**：126 - 128，牛顿对宇宙论的影响

classical，**L14**：145，古典宇宙学

science as，**L16**：409，科学作为宇宙学

Cosmopolitanism，**M9**：97 - 99，世界大同主义

Cosmos：宇宙

in D'Arcy，**E5**：27,28，达西理论中的宇宙

Greek conception of，**M5**：127 - 128；**L7**：118 - 119，古希腊的宇宙观

man and，**L9**：214,217,420 - 421,435，人和宇宙

Bentley on，**L16**：xxi-xxii，本特利关于宇宙

in postulations，**L16**：80，假设中的宇宙

nature of，**L16**：82,84n，92,263，宇宙的本质

as name，**L16**：261，宇宙作为名称

Costello，Harry Todd，**L15**：454，科斯特洛，哈里·托德

on Dewey's judgments of practice，**M8**：xvii-xviii，科斯特洛论杜威的实践判断

on value，**M13**：20 - 25，科斯特洛论价值理论

Costigan，Edward P.，**L6**：355,356,381,394,440；**L9**：288，科斯蒂根，爱德华·P

Costigan bill，**L6**：387，《科斯蒂根法案》

Costigan-La Follette bill，**L6**：227,379,384；**L9**：253，《科斯蒂根-拉福莱特法案》

Costigan-La Follette-Lewis Relief bill，**L6**：381,382，《科斯蒂根-拉福莱特-刘易斯救济法案》

Costliness，**L10**：145，昂贵

Cottage School (Riverside, Ill.), **M8**：262 -
263,266,290 - 291,352,伊利诺伊州里弗
赛德市木屋学校

Coue, Émile, **M15**：43 - 46,库埃,爱弥儿

Coughlan, Neil, **L6**：xiin,库格兰,尼尔

Coughlin, Charles Edward, **L14**：407,库格
林,查理斯·爱德华

Coulanges, Numa Denis Fustel de, 参见
Fustel de Coulanges, Numa Denis

Coulondre, Robert, **L15**：510,库隆德雷,罗
伯特

Coulter, John Merle, **L5**：296,卡尔特,约
翰·默尔

Council of National Defense, **L6**：393,国防理
事会

Council of State of Poland, **M11**：268,269,
272 - 275,波兰国家会议

Counter-revolution, **L13**：127,135,"反革命"

Counting：计数

   origin and development of, **E5**：178 - 180,
     183 - 188,190 - 191,计数的起源和发展

   uses of, **E5**：188 - 189,计数的应用

   related to measuring, **E5**：424 - 426,计数
     与度量的关系

Counts, George S., **L6**：143,144；**L9**：177；
L14：428；**L15**：374,510,康茨,乔治·S

   on Chicago schools, **L5**：371 - 374,康茨论
     芝加哥的学校

   on freedom, **L6**：142n, 445 - 449,康茨论
     自由

   on Soviet challenge to U. S., **L6**：263 -
     267,康茨论苏联对美国的挑战

Courage, **M5**：379；**L2**：130,勇气

Courbet, Gustave, **L10**：182,298,307,库尔
贝,古斯塔夫

*Course of Lectures on the Growth and Means
of Training the Mental Faculty, A*
(Warner), **M1**：179,《心智官能》(沃纳)

Course of Study, Theory of：学习过程理论

   in *Cyclopedia of Education*, **M6**：395 -

404,学习过程理论(《教育百科全书》)

Courts, 参见 Seabury investigation；
World Court

   international, **M11**：124 - 125,129,391,国
     际法庭

   in Galicia, **M11**：263,加利西亚立法机构

   in England, **M11**：389,英国法院

   primitive, **L7**：57 - 58,原始的法庭

   labor disputes and, **L7**：395 - 399,劳工争
     议和法庭

   on child labor, **L7**：412 - 413,关于童工的
     法庭

   on police power, **L7**：414,关于警察的法庭

   on property and public interest, **L7**：415 -
     417,425 - 426,关于财产和公共利益的
     法庭

   on income tax, **L7**：421 - 422,关于收入税
     的法庭

   in New York City, **L9**：348 - 353,370 -
     377,纽约市法院

   in New York State, **L9**：376 - 377,纽约州
     法院

Couzens, James, **L6**：227,355；**L9**：288,库
曾斯/卡曾斯,詹姆斯

Couzens Amendment, **L6**：392,库曾斯修
正案

Covenant：契约观念

   in Hebrew morality, **M5**：92,希伯来人道
     德发展中的契约观念

Cowan, T. A., **L16**：193n,470,科万,T·A

Cowdry, Edmund Vincent, **L14**： xxiv,
341n,考德里,埃德蒙·文森特

Cowles, Edward Spencer, **L15**：xxiii, 365,
考尔斯,爱德华·斯潘塞

Cowley, Malcolm, **L11**：318,考利,马尔科姆

Coyoacán, Mexico, **L11**：xxvi, 311；**L13**：
391,394,395,科瑶坎区,墨西哥

Cracow (Krakow), Poland, **M11**：263,273,
311,313,克拉科夫,波兰

Crafts, **L11**：69 - 70,108,手工艺

in *Charmides*，**L2**：131－133，《查尔米德斯篇》中的克里底亚

affiliated with humanism，**L2**：136－139，克里底亚从属于人文主义

compared with Nicias，**L2**：140，克里底亚和尼西亚相比较

Critical Philosophy of Immanuel Kant，*The* (E. Caird)，**E3**：92，180－184，239，《康德的批判哲学》（凯尔德）

Critical rationalism：批判的理性主义

on idea and fact，**M1**：244－245，批判理性主义对观念和事实的认识

Criticism，**M2**：153；**M13**：369，370；**L1**：159，290，批评

French and English compared，**E3**：36－37，法国和英国文学批评的比较

in esthetic matters，**M13**：7，审美问题中的批评

Prall's interest in，**M13**：8，普劳尔对批评的兴趣

nature of，**M13**：14；**L10**：xv，xvi，xxx，16，73，119，151，193，224，328，349；**L13**：117－118；**L14**：88－89，批评的本性

of education，**M13**：332；**L13**：6，14，对教育的批评

objectivity in，**M13**：354；**L2**：87－91；**L10**：310－313，批评中的客观性

and morals，**L1**：297－326，批判与道德

related to value，**L2**：78，94－97，批评与价值相关

related to philosophy，**L5**：141－143；**L6**：19；**L13**：259；**L14**：154；**L15**：165－169；**L16**：377，批判与哲学相关

judicial，**L10**：302－308，司法式批评

impressionist，**L10**：308－310，313，印象派批评

as analysis and synthesis，**L10**：313－318，作为分析和综合的批评

fallacies of，**L10**：319－321，批评的谬误

of governmental action，**L13**：130，对政府行为的批判

of experience，**L13**：255－256，对经验的批判

of novel，**L13**：362，对小说的批评

of Dewey，**L16**：4，386，杜威的批评

Critics：批评家

preconceptions of，**L10**：104，114，118，134，148，203，220，230，233，247，288，293，294，331，批评家的成见

as judges，**L10**：303－309，365，作为法官的批评家

qualifications and office of，**L10**：309－318，321－328，批评家的资格与职责

Critique of Judgment (Kant)，**L4**：50；**L10**：257，《判断力批判》（康德）

"Critique of Naturalism" (Sheldon)，**L15**：109，《自然主义批判》（谢尔登）

Critique of Practical Reason (Kant)，**L4**：48，49；**L5**：179；**L9**：xxx，《实践理性批判》（康德）

Critique of Pure Reason (Kant)，**E3**：92；**M5**：155；**M8**：xxix，155；**L4**：48，140；**L5**：179；**L6**：276；**L9**：xxx；**L10**：xv，《纯粹理性批判》（康德）

Crito (Plato)，**M12**：xii，《克里托》（柏拉图）

Croatians，**M11**：xiii，克罗地亚人

Croce，Benedetto，**M12**：xxx；**M15**：348；**L10**：271，克罗齐，贝奈戴托/贝纳戴托/贝内德托

on esthetics，**L10**：xvii，xxii，xxvi，188；**L15**：97－100，438－444，克罗齐论美学

on states of mind，**L10**：293，克罗齐论心灵状态

on intuition，**L10**：299，364，克罗齐论直觉

vs. Dewey，**L16**：463－464，克罗齐对杜威

Croker，Richard，**L9**：353，354，克罗克，理查德

Croly，Herbert，**M11**：404，克罗利，赫伯特

Cromwell，Oliver，**M11**：25，33n，克伦威尔，

奥利佛

Crookshank, Francis Graham, **M15**：223，克鲁克谢克，弗朗西斯・格拉汉姆

Crothers, Samuel McChord, **M15**：173；**L5**：79,85,128,克罗瑟斯，萨缪尔・麦克德/塞缪尔・麦科德

Crowd psychology, **M10**：55；**M14**：44,大众心理学

Crowther, Bosley, **L15**：493,克劳瑟，博斯利

Crozier, William：克罗泽尔

　　on China, **L3**：196 - 198,417 - 431,克罗泽尔论中国

Cruise, Michael J., **L9**：356,克鲁斯，迈克尔・J

Crusades, **M5**：144 - 145；**L7**：136,147,十字军东征

Cuadrado, Augusto García, **L15**：371,卡德拉多，奥古斯都・加西亚

Cuba, **L15**：20 - 22,古巴

　　U. S. intervention in, **L5**：440 - 441,美国对古巴的军事干涉

　　political situation in, **L9**：310 - 311,古巴的政治形式

"Cuba under President Machado"（Porter），**L9**：310 - 311,《马查多总统领导下的古巴》（波特）

Cudworth, Ralph, **E4**：127,库德华兹,拉尔夫；**M2**：153,156；**M3**：53,卡德沃斯,拉尔夫；**M11**：34,卡德沃思,拉尔夫

Cue, **L16**：147,149,201n,提示

　　as name, **L16**：7n, 143 - 145,261,提示作为名称

　　as stage of designation, **L16**：132,139,142 - 143,提示作为指称的步骤

"Cul-de-Sac for Realism, A"（Drake），**M10**：439 - 449,《一个实在论的死胡同》（德拉克）

Culkin, Charles W., **L9**：356,卡尔金,查尔斯・W

Cullen, William, **L14**：206,库伦,威廉

Cults, **M12**：84,85；**L13**：332；**L17**：427,崇拜

Cultural lag, **L13**：97,文化时滞；**L15**：200,文化落后

Cultural relativity, **L15**：xx,文化的相对性

Culture, **M7**：xxii；**L8**：48,88,文化。另见 Common sense, **L12**

　　study of, **E5**：230,249 - 250；**M10**：196 - 201,对文化的研究

　　related to education, **M1**：309 - 310；**M8**：353 - 356；**M15**：196 - 197；**L6**：46,83 - 84,88 - 89,421,445,文化与教育

　　as possession of knowledge, **M7**：116,作为知识占有的文化

　　in industrial schools, **M7**：466 - 467,威斯康星工业学校的文化

　　compared with civilization, **M8**：168 - 169,文化与文明比较

　　Rousseau and, **M8**：183,卢梭与文化

　　of Germany, **M8**：428 - 429；**L13**：84,121,德国文化

　　related to social efficiency theory, **M9**：128 - 130,文化和社会效能理论相关

　　meaning of, **M9**：267；**M13**：400；**L4**：141,245；**L10**：34,245,270；**L15**：208；**L16**：85n,文化的意义,文化的定义

　　and vocation, **M9**：332,文化和职业二元对立

　　Arnold on, **M10**：403,阿诺德论文化

　　Western vs. Eastern, **M13**：113,西方文明对东方文明

　　of China, **M13**：114 - 115,中国的文化

　　and growth, **M13**：404,文化与成长

　　as term, **L1**：viii, xii-xvii, 361 - 364,文化作为术语

　　as presented by anthropology, **L1**：42,人类学上所展现出来的文化

　　human nature and, **L2**：32；**L6**：xv, xvi, 37 - 38,43；**L13**：67 - 69,71 - 74,79,82,84,86,117,142,163,184,246 - 248,

273,文化与人性

crisis in, **L4**：32 – 35, 38, 62 – 63, 200 –
211,文化中的危机

and values, **L4**：225；**L6**：446；**L13**：260；
L17：184,文化与价值

Keyserling on, **L5**：54,凯瑟琳论文化

and technology, **L5**：99 – 123, 128 – 131,
文化和科技；**L6**：280 – 285,文化与技术

related to philosophy, **L6**：18 – 21；**L8**：
29, 37, 39；**L14**：89, 313；**L16**：359,
404, 407 – 409；**L17**：467,哲学与文化的
关系

and environment, **L6**：40, 445 – 446,文化
与环境

and politics, **L6**：40 – 48,文化和政治

and economics, **L6**：43 – 44,文化与经济

Greek view of, **L6**：46 – 47,希腊的文化观

and tradition, **L6**：128 – 129, 143 – 144；
L11：117,文化与传统

Soviet challenge to, **L6**：263 – 267,苏联对
于文化的挑战

and law, **L7**：364；**L13**：85,文化与法律

agrarian, **L8**：53 – 55, 57,农耕文化

as socially grounded, **L8**：63, 80, 83,基于
社会的文化

and materialism, **L8**：70 – 73,文化与唯物
主义

art's relation to, **L8**：85 – 86；**L10**：319 –
321, 329 – 343, 347 – 348,文化与艺术的
关系

related to religion, **L9**：xv, 3, 6, 38, 439 –
440,与宗教相关的文化

and need for liberty, **L9**：89 – 90,文化和自
由的需要

Wieman on, **L9**：415,威曼谈及文化

teaching of, **L11**：115 – 116, 350, 573,文化
的教育

foundations of, **L11**：193, 367,文化的基础

freedom of, **L11**：294 – 295,文化的自由

as matrix of inquiry, **L12**：48 – 65, 245,

264, 481 – 483,文化上的探究母体

and history, **L12**：233,文化与历史

influence of, **L13**：75 – 77；**L14**：15；**L16**：
380, 387, 417, 418,文化的影响

war as constituent of, **L13**：164 – 165,
172, 180, 288 – 290, 311, 315,战争作为
文化的要素

related to intellect, **L14**：312 – 313,与理智
有关的文化

magic in, **L16**：328,文化的魔力

Dewey's third, **L17**：xviii-xix,杜威的第三
种文化

Spartan idea of, **L17**：176,斯巴达人对文
化的观念

differences in, **L17**：405,文化的差别

in Russia, **L17**：497 – 498,俄国的文化

Culture and Culture Values：文化与文化价值

in *Cyclopedia of Education*, **M6**：404 –
408,见《教育百科全书》

"Culture and Industry in Education," **M3**：
xix,《教育中的文化和工业》

Culture-epoch theory, **E5**：xiv,文化纪元论；
M1：327,文化-纪元理论；**M3**：307,文化
时期学说；**M9**：81,文化时代理论

in education, **E5**：247 – 253；**M1**：232,
234n,在教育中应用文化纪元论

references on, **E5**：336,文化纪元论的文献

in logical thought, **M1**：xiv,逻辑思维中的
文化-纪元理论

educators on, **M1**：xv,痴迷于文化-纪元理
论的教育者

in *Cyclopedia of Education*, **M6**：xxiv,
xxvi, 408 – 412,文化纪元理论(《教育百
科全书》)

Cultus：仪式

of religion, **M5**：34；**L7**：33,宗教仪式

as moralizing agent, **M5**：94 – 95；**L7**：86 –
87,促进道德化的宗教仪式

Cumberland, Richard, **E4**：144；**M3**：53；
M11：20, 34,坎伯兰,理查德

cummings, e. e.，**L10**：xxi,卡明斯

Cumulation：积累

 as element of form，**L10**：142 - 143,149,
151,159 - 161,165,170 - 171,176 -
177,186,224,作为形式元素的积累

Cure：治疗

 related to health，**M15**：43,44,同健康相
关的治疗

 opposed to F. Alexander's method，**M15**：
313,与亚历山大方法相反的治疗

Curie, Marie，**M11**：279,居里,玛丽

Curiosity，**M6**：204 - 207；**L8**：221,299；
L10：66,174,好奇心、好奇

 guidance of，**M6**：216；**L8**：154,157 - 158,
292,好奇心的指引

 and observation，**M6**：329；**L8**：315 - 316,
好奇心与观察

 defined，**L8**：141 - 143,187,确定的好奇心

 lost，**L8**：143 - 144,失去好奇心

 in education，**L9**：180 - 181,教育中的好奇
心

 in children，**L11**：213,儿童的好奇心

Curley, James Michael，**L9**：262,柯利,詹姆
斯·迈克尔

Current History，**L9**：311n,《当代历史》

Current Religious Thought，**L15**：507,《当前
宗教思想》

Curriculum，**E5**：89；**L9**：143,145,196 -
197,388 - 390,课程。另见 School subjects

 ethics of，**E4**：55；**E5**：76 - 82,295 - 297,
课程伦理学；**M4**：205 - 213,课程的伦理
价值

 socially oriented，**E5**：66 - 68,383 - 384；
M1：294 - 299；**L9**：167 - 168；**L14**：
353,以社会为导向的课程

 form in，**E5**：73,课程的形式

 ideal，**E5**：91,理想的课程

 psychological side of，**E5**：176,课程的心理
方面

 emphasis on，**E5**：215；**L11**：400 - 401,

555 - 556；**L13**：xii, xiii；**L17**：76,课程
的强调

 changes in，**E5**：268 - 269,450 - 451；**M2**：
379 - 382；**M9**：199 - 216,240 - 258；
L9：148 - 152,179；**L17**：232 - 233,
512,514,课程的变化

 in college，**E5**：272 - 273；**L6**：84 - 85,
404,412 - 423,503,504,大学课程

 references on，**E5**：334 - 335,课程的文献

 high school，**M1**：284,中等学校课程

 overloaded，**M1**：303 - 306；**L15**：262,278 -
279,超负荷的课程

 of University Elementary School，**M1**：331 -
332,大学附属小学的课程

 as different from child's world，**M2**：273 -
278,与儿童世界不同的课程

 of University of Missouri elementary school,
M8：236 - 247,密苏里大学附属小学的
课程

 of Gary schools，**M8**：320 - 328,加里市公
立学校的课程

 development of，**M15**：183 - 184,187,191 -
192,课程的发展

 in Turkish education，**M15**：281 - 282,290 -
291,土耳其教育中的课程

 Mencken on，**L9**：408,409,门肯谈及课程

 subjects in，**L11**：185,394,395,406；**L13**：
265 - 266,284；**L17**：234,312 - 321,课
程中的科目

 characteristics of，**L11**：185 - 189,242,课
程的特征

 theory of，**L11**：207 - 212,课程理论

 in Russia，**L17**：502,俄国的课程

Curry, John F.，**L9**：346,347,353,柯里,约
翰·F

Curti, Merle，**M1**：xviin,科蒂,默勒

Curzon, George Nathaniel，**M15**：411,库尔
兹,乔治·纳塔尼尔

Cushing, Caleb，**M11**：228,库欣,凯莱布

Customs，**M12**：89,172,268；**M15**：231,

246；**L1**：164,170；**L3**：15 - 17,20；**L16**：292,304 - 305,359,379,习俗、风俗、习惯。另见 Tradition

as law，**E4**：85 - 86；**M15**：269 - 271；**L7**：86；**L14**：xxi-xxii，118 - 119，习俗作为法律

as binding religiously，**E4**：132 - 133，习俗在宗教上有约束作用

Chinese，**M5**：23；**L7**：22，中国的风俗

history of，**M5**：23 - 26,33 - 35,37,54 - 56；**L7**：22 - 25,32 - 34,36,49 - 52；**L13**：51,259,288 - 289，习俗的历史

Greek，**M5**：24,106；**L7**：23 - 24,97 - 98；**L11**：70,73 - 74；**L17**：172,435，希腊的风俗

marriage，**M5**：32,66,100 - 101,514 - 516；**L7**：31,60 - 61,91 - 92,129,440，婚姻习俗

defined，**M5**：54；**L7**：49，明确的风俗

taboos and ritual as，**M5**：57 - 59,66 - 67,71；**L7**：52 - 54,61,65，作为风俗的禁忌和仪式

enforcing of，**M5**：58 - 59；**L7**：54，风俗的实施

initiation，**M5**：59 - 61，成年礼；**L7**：55 - 56，启蒙的风俗

of hospitality，**M5**：68 - 69；**L7**：62 - 63，好客的风俗

worth of，**M5**：69 - 72，习俗的价值；**M6**：22 - 23，惯例的价值；**L7**：54 - 66,163 - 165,254 - 255；**L17**：86，风俗的重要性

Hebrew，**M5**：89 - 99；**L7**：82 - 90，希伯来风俗

and nature，**M5**：114 - 117，习俗和自然；**M6**：23 - 24；**L7**：104 - 108，风俗和本性；**L13**：86；**L17**：99，风俗与自然

Platonic revolt against，**M6**：24 - 25，柏拉图反对惯例

in *Cyclopedia of Education*，**M6**：413 - 414，惯例(《教育百科全书》)

rigidity of，**M14**：42,74 - 75，风俗与习惯的僵化性

and habit，**M14**：43 - 50；**L7**：xxi，风俗与习惯

and morality，**M14**：54 - 59，风俗与道德

force of，**L4**：148,211,212,215 - 218,248，由习俗支配

Dewey on，**L7**：xiv,xxi,xxiii，杜威论风俗

limit art，**L10**：xxxi,308,351，习俗限制艺术

social effects of，**L11**：36,133 - 134,379，习俗的社会结果；**L13**：293；**L15**：156,158,165，习俗的社会作用

effect of education on，**L11**：230 - 234，教育对习俗的影响

vs. ideas，**L13**：162，习俗与观念

and human nature，**L14**：259 - 260，习俗与人性

knowledge and，**L17**：433 - 434，知识与风俗

Cutten, George B.，**M13**：289 - 290,293 - 294，卡顿，乔治·B

Cutting, Bronson，**L5**：417；**L6**：355,440，卡廷，布朗森

Cuvillier, Louis A.，**L9**：378，库维利耶，路易斯·A

Cyclopedia of Education，A，《教育百科全书》

　　Dewey's contributions to，**M6**：359 - 467；**M7**：207 - 365，杜威为《教育百科全书》撰稿

Cynics，**E4**：138,263；**M5**：387；**L2**：134；**L8**：26，犬儒学派、犬儒主义者

on individualism，**M5**：118 - 119；**L7**：109 - 110，犬儒学派论个人主义

self-denial in，**M5**：328，犬儒学派的自我否定

as school of philosophy，**L2**：124,135,136，犬儒主义作为哲学流派

related to Plato，**L2**：125,128 - 130,133，

犬儒主义和柏拉图相关

on wisdom, **L7**：110,203－204,犬儒学派论智慧

Cyrenaics, **E4**：138,263,昔勒尼学派；**L2**：133,138－139,昔兰尼学派

on individualism, **M5**：118－119,昔勒尼学派论个人主义；**L7**：109,110,昔勒尼学派论个人主义

as school of philosophy, **L2**：124,125,134－137,昔兰尼学派作为哲学流派

represented by Nicias, **L2**：131,昔兰尼学派以尼西亚作为代表

Czarism, **M12**：4,61；**L3**：225,226；**L5**：99；**L17**：490,专制

Czechoslovakia, **M15**：xviiin, 394；**L15**：246,289,捷克斯洛伐克

Czechoslovaks, **M11**：xiii, 256,264,捷克-斯洛伐克人

Dairen（Dalian）, China, **M11**：238；**M12**：31；**M13**：144,大连,中国

Daladier, Edouard, **L15**：353,达拉第,爱德华

Dallin, David J., **L15**：295－298,达林,戴维·J

Dalrymple, A. V., **M11**：259,408,达尔林普勒,A·V

Dance, **L10**：281；**L16**：397,舞蹈

in primitive society, **M5**：48；**L7**：45－46,作为团结因素的舞蹈

Plato on, **M6**：376－377,柏拉图论舞蹈

characteristics of, **L7**：45－46；**L10**：162,200,284,330,舞蹈的特征

as rite, **L10**：13,作为仪式的舞蹈

as art, **L10**：69；**L13**：357－358,作为艺术的舞蹈

classification of, **L10**：226,231－232,舞蹈的分类

differences in, **L13**：361,舞蹈中的差异

movement in, **L13**：365,舞蹈中的运动

Dane, Richard, **M13**：95,丁恩,理查德

Daniels, Jonathan, **L15**：358,丹尼尔斯,乔纳森

Dante Alighieri, **M10**：359；**M12**：xxvii, 111；**L14**：300,但丁

compared with Shakespeare, **E4**：193,但丁较之莎士比亚

on state, **M5**：141,但丁论国家

topics of, **L10**：115,357,但丁的主题

influences on, **L10**：294,322－323,但丁受到的影响

praised, **L10**：324,受赞扬的但丁

Dantzig（Gdansk）, Poland, **M11**：306,326,但泽,波兰

D'Arcy, Charles：达西,查理斯

on metaphysical method in ethics, **E5**：25－33,达西讨论伦理学中的形而上学方法

Dardanelles, **M11**：136,达达尼尔海峡

Darden, Colgate W., **L15**：358,达登,科尔盖特·W

Dareste de la Chavanne, François Rodolphe, **L6**：463n,弗朗索瓦·鲁道夫·达雷斯特·德·拉·沙瓦纳

Dare the School Build a New Social Order? （Counts）, **L14**：428,《学校敢于建设一种新的社会秩序吗?》(康茨)

Darkness at Noon （Koestler）, **L15**：xi, 292, 510,《午时黑暗》(凯斯特)

Darlington, C. D., **M12**：262n,达林顿,C·D

Darrow, Karl Kelchner, **L12**：433n；**L13**：272,丹诺,卡尔

Dartmouth Eye Institute（Hanover, N. H.）, **L15**：310,达特茅斯视觉研究所(汉诺威,新罕布什尔)

Darwin, Charles, **E5**：363,366；**M1**：xviii；**M3**：xxiii；**M6**：211；**M7**：139,354,390－391；**M8**：21,142,194；**M9**：180；**M12**：122,221,263；**M14**：207；**M15**：47－48；**L1**：15；**L2**：222；**L6**：428；**L8**：xv, 238,

256；**L11**：33；**L12**：97；**L13**：75，120；
L14：385；**L15**：312；**L16**：74n，117n；
L17：13，40，198，204，达尔文，查尔斯

on habits，**E2**：306，达尔文论习惯

on emotion，**E4**：xiv，152 - 153，159，171，
达尔文论情绪；**L10**：160，达尔文论感情

on laughter，**E4**：155，达尔文论笑

and principle of antithesis，**E4**：165 - 167，
达尔文和对立原则

umbrella case illustration，**E4**：184n，达尔
文的伞的例子

on optimism and pessimism，**M2**：176，达
尔文论乐观主义与悲观主义

related to Spencer，**M3**：205 - 209，达尔文
和斯宾塞的关系

Dewey on，**M6**：x，杜威对达尔文的进化理
论的观点

on science，**M6**：279 - 280，达尔文论科学
中的事实分类

on origin of species，**M6**：444；**M12**：208，
231，达尔文论物种起源

hypothesis of，**M12**：228 - 229；**L16**：
xxxvii，104n，120，130，达尔文假说

influence of，**L10**：xiii；**L16**：184 - 185，
187n，192，197n，238，达尔文的影响

on music and poetry，**L13**：359，达尔文论
音乐和诗歌

influences Bentley，**L16**：xvi，xxviii，xxix，
达尔文对本特利的影响

on naming，**L16**：158 - 159，达尔文关于
命名

political economy of，**L17**：411，达尔文的
政治经济学

Darwinism：达尔文主义

Schurman on，**M2**：16 - 17，舒尔曼论达尔
文主义

related to philosophy，**M4**：9 - 14，达尔文
主义与哲学的关系

Daszynski，Ignace，**M11**：272，273，282，达申
斯基，依格纳斯

Data，**L12**：149 - 150，157，与料。另见
Facts，**L12**

control of，**M6**：242 - 244，248 - 249，**L8**：
254 - 255，控制数据

vs. subject-matter，**M13**：45n，与内容相对
的材料

and inference，**M13**：47，用于推理的材料；
L14：172 - 174，与推论相对的材料

defined，**M13**：63，对材料的定义；**L12**：
127，153，162，185，228 - 231，236，248，
288 - 289，316 - 320，420 - 422，467 -
470，477，对与料作界定

and problems，**L4**：79 - 82，99，107，110，
139，142 - 143，147，154，158；**L12**：167
- 68，172 - 174，196 - 197，202，205 -
206，222，250 - 251，327，331，453 - 454，
与料与问题；**L14**：181，材料与问题

in morals，**L7**：179，道德数据

in mathematics，**L12**：401 - 403，数学中的
与料

object as，**L17**：372，作为材料的对象

Dating，**L12**：224 - 225，时间的确定

Daughters of the American Revolution，**L11**：
576，美国革命女儿会

Daumier，Honoré，**L10**：192，杜米埃，奥诺
雷；**L11**：447，道米尔，奥诺尔

David，Fritz，**L11**：311，322，602，大卫，弗
里茨

Davidson，Thomas I.，**L11**：476，戴维森，托
马斯·I

Davidson，William L.，**L16**：165，戴维森，威
廉·L

Davies，Joseph E.：戴维斯，约瑟夫·E

on Soviet purges，**L15**：xi-xii，289 - 294，
338 - 340，341，343，347，351，353，487 -
488，戴维斯论苏联的清洗

Davis，Helen Edna，**L5**：398 - 400，戴维斯，
海伦·埃德娜

Davis，Jefferson，**M13**：74，戴维斯，杰弗逊

Davis，Katharine B.，**L7**：459，戴维斯，凯

瑟琳

Davis, Oscar，**L15**：356，戴维斯，奥斯卡

Dawes, Charles Gates，**L6**：194，德威斯，查尔斯·盖茨

Dawn of Conscience，*The*（Breasted），**L9**：37－38，《良心发现》（布雷斯特德）

Day of National Shame，**L17**：29,555－556，国耻日

Deaf-blind，**L17**：145，聋盲

Dean, Arthur Davis，**M11**：60,393，迪恩，阿瑟·戴维斯

De Anima（Aristotle），**L5**：185，《论灵魂》（亚里士多德）

Death：死亡
    rituals，**M5**：65－66，**L7**：60，为死者举行的仪式；
    primitive attitude toward，**M7**：401，对死亡的原始态度

Debate：辩论
    vs. argumentation，**L11**：515，辩论与论证

Debs, Eugene V.，**L6**：23；**L15**：242，得布斯，尤金·V

Debski, Alexander H.，**M11**：288,294,295,396，德布斯基，亚历山大·H

Debts，**L6**：360－361；**L9**：79,278，债务
    interallied，**L6**：337,364－368,372－373,盟国间债务
    compared with school taxes，**L9**：117，债务与学校税收的比较
    mortgage，**L9**：249,250,255－257,269－270,277，抵押债务
    need to reduce，**L9**：261，需要减少债务
    national，**L9**：281，国债

Decision，**M6**：263；**L8**：215－216；**L16**：185，决定
    logical theory related to，**M15**：65－67，与决定相关的逻辑理论
    intelligent，**L17**：xxvi，聪明的决定
    consequences of，**L17**：xxxii，决定的后果

De Cive（Hobbes），**M11**：22,23,30－31,《论公民》（霍布斯）

Declaration of Independence，**M5**：143；**M12**：xxii；**L7**：356；**L11**：7,16,167,169,373；**L13**：66,9－101,173；**L14**：212,216,218－219；**L15**：xxxi；**L17**：437,《独立宣言》

Declarative proposition，**L12**：162,238－243,陈述命题

Decline of the West，*The*（Spengler），**L6**：282；**L7**：xvi,《西方的没落》（斯宾格勒）

Decorative art，**L10**：xxi, xxiv, 130－135,146,艺术中的装饰

De Corpore Politico（Hobbes），**M11**：22,39n,《论政治物体》（霍布斯）

Decorum，**L10**：202,"端庄"

Dedekind, Julius，**M7**：423,424,440,戴德金（亦译狄德金），尤利乌斯

Deduction，**M12**：165；**L1**：122,152,157,284－285；**L4**：113,131；**L12**：xxiv-xxv,18－19,459,470－471,478－480,497－498；**L13**：352,353；**L16**：186n,演绎。另见 Dialectic；Discourse，**L12**；Hypothesis，**L12**；Universal proposition，**L12**
    in judgment，**E5**：323，在判断中的演绎
    and induction，**M6**：242－258；**M13**：69,487,演绎中的归纳
    in *Cyclopedia of Education*，**M6**：414－415；**M7**：239－245,演绎（《教育百科全书》）
    definition of，**M13**：63,66,484－485,演绎的定义
    Buermeyer on，**M13**：66,69,布尔梅耶论演绎
    function of，**M13**：69－70,演绎的功能
    value of，**L8**：263,264,演绎的价值
    isolation of，**L8**：265－266,演绎的独立
    Kaufmann on，**L16**：195－198,考夫曼关于演绎

Deed：行事
    defined，**E4**：337－338,（行事）定义

272 - 273；**L15**：105,沉思

Hobbes on，**M5**：xivn,霍布斯论深思熟虑

in reasoning process，**M5**：292 - 293,推理
过程的深思熟虑

practical，**M6**：234；**L8**：187 - 188,实践上
的慎思

nature of，**M14**：132 - 138,思虑的本性；
L7：298 - 301；**L13**：213,深思熟虑的
特性

and calculation，**M14**：139 - 145,思虑与计算

as discovery，**M14**：149,作为发现的思虑

and self，**L7**：274,深思熟虑和自我

in choice，**L7**：287,选择中的深思熟虑

vs. muscular behavior，**L14**：64 - 65,69,
与肌肉行为相对的慎思

de Lima，Agnes，**L15**：xxiii, 303 - 304,
德·利马,阿格尼丝

DeLisle，Joseph Nicolas，**E3**：39,德里希尔,
约瑟夫·尼古拉

Delsarte，Francois，**L17**：198,563,德尔萨
特,弗朗西斯

Delusions，**M12**：160,幻想

De Mazia，Violette，**L11**：501,梅齐亚,维奥
利特

Democracy，**M6**：135；**M12**：106,186,198；
M14：xxi, 45n, 48, 52；**L6**：175 - 176,
413,民主

Dewey on，**E1**：xxxii；**M3**：xi,杜威对民主
的讨论

status of，**E1**：227；**L7**：351 - 356,民主
状况

as rule of the many，**E1**：229,民主作为多
数人统治

as social organism，**E1**：237,330 - 334,民
主作为社会有机体

stability of，**E1**：237 - 238,民主的稳定

as ethical conception，**E1**：239 - 240,248,
民主作为伦理观；**M1**：xxi；**M2**：xx；
M5：424,用道德术语定义的民主

and aristocracy，**E1**：243 - 244,民主制度

与贵族制；**M13**：xii, 297 - 300,民主与
上层统治

Lowell on，**E1**：246,洛厄尔定义的民主

in England and U. S.，**E3**：203,英国和美
国的民主

value of，**E4**：7；**L14**：275 - 279；**L15**：
270,民主的价值

meaning of，**E4**：8 - 9,民主的属性；**M13**：
315 - 316,民主的意义；**L2**：283, 325 -
327；**L7**：104,民主的定义；**L8**：49,76,
102,民主的性质；**L11**：28, 117, 182,
248, 296, 368, 371, 389, 415 - 417, 515,
546, 550,民主的意义；**L13**：xvi, 151,
294 - 296, 305 - 308, 379；**L15**：54, 174,
367 - 368,民主的含义

origin of，**E4**：99；**L2**：287 - 290；**L7**：333 -
334, 354 - 355；**L9**：76；**L17**：472 - 474,
民主的起源

related to modern life，**M1**：128,与现代生
活相关的民主

philosophy related to，**M3**：73 - 78；**M11**：
41, 48 - 53；**L6**：431,民主与哲学

related to education，**M3**：229 - 239；**M7**：
309；**M8**：xxxiv；**M10**：137 - 143；
M11：54 - 57；**L6**：95 - 98, 103, 288 -
290；**L8**：43 - 103；**L9**：393；**L11**：25,
161, 181 - 190, 235 - 237, 378, 385 -
386, 485 - 486, 538 - 539, 557 - 559,
579；**L13**：17 - 18, 92 - 93, 296, 383；
L14：271 - 272；**L17**：56, 138 - 139,民
主与教育

intelligence and，**M4**：39 - 40；**L2**：xxix,
365 - 366；**L11**：50 - 52, 56, 60 - 61, 219 -
220, 417,智力与民主

Woods on，**M4**：218 - 219,伍兹论民主

science related to，**M10**：199；**M11**：48,
99,科学与民主

and war，**M11**：xi, 108, 154, 201, 282；
L14：250 - 251, 364,民主和战争

for Poles，**M11**：xiv, 260, 398, 407,波兰人

的民主

in Japan，**M11**：xvii-xviii, 154 - 161, 165 - 174, 178, 日本的民主

in China，**M11**：xix, 192, 196, 212 - 214, 229, 中国的民主

development of，**M11**：99, 102, 105 - 106；**L7**：148 - 151；**L11**：218；**L14**：224 - 230；**L15**：177 - 178, 251 - 252, 277, 308 - 309；**L17**：21, 400, 民主的发展

reaction against，**M11**：110；**L11**：64, 224 - 225, 288, 536 - 537；**L15**：4, 6, 49, 259 - 260；**L16**：360；**L17**：47, 86, 460 - 461, 471, 对民主的反动

psychology of，**M11**：112, 民主心理学

public opinion in，**M11**：118, 120 - 121, 民众对民主的意见

and morality，**M11**：131 - 132；**L7**：348 - 350；**L13**：154 - 157, 170, 178 - 179, 303, 民主与道德

international，**M11**：142, 181, 198, 国际的民主

hero of，**M11**：143, 民主的英雄

economic factors in，**M11**：335；**L6**：244 - 245；**L7**：353, 356 - 358, 391；**L8**：63 - 64；**L13**：114 - 115, 118, 305 - 307, 民主中的经济因素

conflicts with foreign politics，**M12**：3 - 7, 259, 274, 与外交政策相冲突的民主

in labor parties，**M12**：6, 民主劳工党

Russell on，**M12**：239, 罗素论民主

prospects of，**M13**：291, 民主的前景

Carlyle on，**M13**：330, 卡莱尔论民主

quality of **M13**：330 - 331, 民主的性质

means and ends of，**M13**：338, 344；**L11**：217 - 218, 298 - 299；**L13**：386 - 388；**L17**：461, 473, 民主的手段和目的

affects religious and scientific controversy，**M15**：49 - 50, 民主对宗教和科学争论的影响

Lippmann on，**L2**：xxii-xxiii, 213 - 220, 李

普曼论民主

ideal，**L2**：xxviii-xxix, 327 - 329；**L11**：167, 民主作为理想

in Turkey，**L2**：190 - 191, 土耳其的民主

alleged unity in，**L2**：286 - 287, 声称的团结

and individualism，**L2**：289 - 295；**L8**：51 - 54, 64, 70, 73, 75, 民主和个人主义；**L14**：113, 277, 民主和个体性

American，**L2**：304 - 307；**L15**：242, 244, 282 - 285, 340 - 341, 367 - 368, 美国的民主政治

and experts，**L2**：362 - 365, 民主和专家

and community，**L2**：367 - 368, 民主和共同体

limitations of citizens in，**L3**：xxxiii, 民主公民的局限

changing perspective of，**L7**：xvi, 民主的变化前景

and anarchy，**L7**：xviii, 民主和无政府

and utilitarianism，**L7**：239 - 240, 315, 民主和功利主义

problems of，**L7**：359, 362 - 363, 365；**L13**：87 - 88, 92 - 98, 101 - 103, 106 - 107, 112 - 113, 132, 135, 151, 153, 168, 176, 180, 185 - 186, 300, 民主的各种问题

Bellamy's view of，**L9**：103, 贝拉米的民主观

need for interest in，**L9**：162 - 163, 需要对民主感兴趣

related to Brandeis，**L9**：238, 与布兰德斯相关的民主

related to Teachers Union，**L9**：317, 318, 341, 344 - 345, 与教师工会相关的民主

commitment to，**L11**：287；**L17**：87, 453, 对民主的信念

and capitalism，**L11**：296；**L13**：137, 146, 民主与资本主义

in Europe，**L11**：296, 496, 528, 532, 欧洲

民主

Lincoln on, **L13**：14，402－403，林肯论
民主

maintenance of, **L13**：90，106，113，130，
185－187，298－299，民主的维护

related to Christianity, **L13**：152，民主作
为基督教的产物

Jefferson on, **L13**：173－179，杰斐逊论
民主

essential, **L13**：377－382，386，民主的"要
素"

religious values in, **L14**：78－79，民主中的
宗教价值

in institutions and individuals, **L14**：92，在
制度和个体中的民主

defense of, **L14**：262－265，保卫民主

totalitarianism vs., **L14**：275－277，293－
294，与极权主义相对的民主

C. and M. Beard on, **L14**：284－285，比尔
德论民主

social sciences related to, **L14**：320，与民
主相关的社会科学

vs. military force, **L14**：367－368，与军事
力量相对的民主

Hocking on, **L14**：425－426，霍金论民主

Addams on, **L15**：196，亚当斯论民主政治

inquiry in, **L15**：231，273－274，对民主政
治的研究

misapplication of term, **L15**：248，373，"民
主"一词的误用

Bode on, **L15**：327，博德论民主政治

attitude toward, **L16**：391，对民主的态度

responsibility of, **L16**：400－405，对民主
的责任

in universities, **L17**：71，大学里的民主

voting in, **L17**：86，民主制的投票

Welling on, **L17**：523，韦林论民主

Democracy after the War（Hobson），**M11**：
87，《战后的民主》（霍布森）

Democracy and Education，**M7**：xx，xxi，
xxiv；**M8**：ix，xxxii；**M11**：ix，395，399；
L1：viii；**L5**：156；**L11**：215；**L13**：xi；
L14：7n，《民主与教育》

Hook on, **M9**：ix-xxiv，胡克论《民主与教
育》

on art, **L10**：xxvi，xxviii，《民主与教育》中
关于艺术的讨论

Japanese translation of, **L17**：57，《民主与
教育》的日本译本

Democracy and Education

in *Cyclopedia of Education*, **M6**：417－
418，民主与教育（《教育百科全书》）

"Democracy in Education," **M3**：xviii，《教育
中的民主》

"Democracy Is Radical," **L11**：xxivn，《民主
是激进的》

Democratic party, **L6**：xviii，xix，150；**L9**：
66，290；**L11**：266，526；**L15**：239－241，
245，民主党

failure of, **L5**：445，民主党的失败

and economy, **L6**：157，158，412，438；**L9**：
79，民主党与经济

and tariff bill, **L6**：164，民主党与关税法案

compared with Republican party, **L6**：167－
168，184，236，248，与共和党相比较的民
主党

in history, **L6**：234，历史中的民主党

and third-party movement, **L6**：247，250－
254，民主党与第三政党运动

on taxation, **L9**：260，民主党在税收方面

in New York City, **L9**：349－353，356，
373，379，382，384，纽约的民主党

and F. Roosevelt, **L9**：400－401，民主党
与罗斯福

Democritus, **M4**：38；**M6**：x，23n；**M7**：
275，324；**M13**：366；**M15**：337；**L1**：53－
55，63，104；**L2**：137，138，140；**L4**：96；
L9：242；**L14**：193，299，399；**L15**：113，
德谟克利特

Demonstration, **M12**：91，论证、演示。参见

Proof, **L12**; Syllogism, **L12**; Test, **L12**

in *Cyclopedia of Education*, **M6**: 418 - 419,演证(《教育百科全书》)

Bacon on, **M12**: 96, 97,培根关于论证、演示

of ancient science, **L1**: 121 - 122,对古代科学的证明

as rational proof, **L12**: 242, 416 - 417,理性证明

and description, **L12**: 352 - 357,证明与描述

Demonstratives,指示词。参见 Singular, This, **L12**

Dewey on, **L16**: 181n, 183n,杜威关于指示词

Demoralization, **E3**: 377,不道德性

De Nemours, Pierre Samuel du Pont, **L14**: 202, 213,内穆尔

Denmark, **M15**: 278, 304, 305, 307,丹麦

Dennes, William R., **L14**: 303 - 305; **L15**: 461,丹尼斯,威廉・R

Dennett, Mary Ware, **L17**: 127, 560,丹尼特,玛丽・韦尔

Dennett, Tyler,德纳特,泰勒

on education, **L11**: 588 - 591,德纳特论教育

Denney, Joseph Villiers, **E4**: 121,丹尼,约瑟夫・维利尔斯

Denotata:所指物

Lewis on, **L16**: 38,刘易斯关于所指物

Tarski on, **L16**: 42,塔斯基关于所指物

in semiotic, **L16**: 217n, 237,符号学中的所指物

C. Morris on, **L16**: 228 - 229,莫里斯关于所指物

and significata, **L16**: 235,所指物和所意谓

Denotation, **M13**: 389,外延;**L1**: 16 - 41, 63, 75, 96, 138, 168, 226, 371 - 372, 375, 377, 386 - 387, 389 - 392,指示、表示;**L12**: 352 - 357,所指

Dependence, **L4**: 244 - 246,依赖

as condition of growth, **M9**: 47 - 49,依赖性作为成长的条件

Dependency and Neglect, Committee on, **L6**: 352,赡养与弃养委员会

Depression, economic, **L5**: xi, xxi; **L6**: xi, xvi; **L8**: 47; **L9**: 296,经济萧条

affects education, **L6**: xxi, xxiii, 123, 127, 129, 410 - 411,萧条对教育的影响;**L11**: 159 - 160, 268, 376,大萧条影响教育

affects politics, **L6**: 151 - 152, 156 - 157, 236, 239 - 240, 324 - 325, 441,萧条对政治的影响

affects unemployment, **L6**: 153 - 155; **L16**: 393,萧条对失业问题的影响

production and consumption in, **L6**: 160 - 161, 346 - 347, 486 - 487,萧条中的生产与消费

political causes of, **L6**: 163 - 164,萧条的政治原因

affects minorities, **L6**: 224 - 226,萧条对少数族群的影响

affects health, **L6**: 342 - 343,萧条对健康的影响

legislation for, **L6**: 345, 356,救助萧条所需的立法

People's Lobby on, **L6**: 346 - 354; **L9**: 261 - 264,人民游说团关于萧条

Hoover's speech on, **L6**: 357 - 363,胡佛关于萧条的演讲

hoarding in, **L6**: 379 - 380, 386,萧条中的货币囤积

affects character, **L9**: 190 - 191,大萧条对性格的影响

economic effects of, **L9**: 267 - 268,大萧条的经济影响

demoralization in, **L11**: xi-xii, 275, 276,大萧条时期的道德堕落

affects children and youth, **L11**: xix-xx, 268, 340, 353 - 55, 378, 555,大萧条影响

年轻人

and social planning，**L11**：175，339 - 340，601；**L13**：316，大萧条和社会规划

recurring，**L13**：106，再现萧条

De rerum natura（Lucretius），**M2**：146，《物性论》；**M7**：275，《论自然》（卢克莱修）

Der Logische Aufbau der Welt（Carnap），**L14**：xiv，《世界的逻辑构造》（卡尔纳普）

Descartes, René，**E1**：xxvii，279，291，292，303，400；**E3**：91；**E4**：142，193；**M4**：254；**M6**：24n，64，175；**M7**：42，51，226；**M8**：68，142，183；**M9**：xxi，197，303，309；**M10**：3，90，429；**M11**：11，43；**M12**：xiv，108，222，264n；**M13**：497，498；**M15**：11；**L1**：14，24，27，55，81，194，255，373；**L2**：290；**L3**：3；**L4**：125；**L5**：230，381；**L7**：144，145；**L9**：241；**L11**：xvn；**L12**：xi；**L14**：xix；**L15**：xiii，xxviii，28，94；**L16**：423；**L17**：405，411，笛卡尔（又译笛卡儿），勒内

philosophy of，**E1**：34，36，280 - 281，笛卡尔的哲学

influences Leibniz，**E1**：259，262，268，271 - 275，277，415，笛卡尔对莱布尼茨学说的影响

on relation of individual to universe，**E1**：286 - 287，笛卡尔论个别与普遍的关系

on matter，**E1**：356，笛卡尔论物质

on ontological argument，**E1**：403，笛卡尔关于神的本体论证据；**M2**：168 - 169，笛卡儿论本体论证明

dualisms of，**M2**：x；**M8**：xxviii；**L10**：x，340，笛卡尔的二元论

on nature，**M2**：147；**L16**：106，笛卡儿论自然

on non-being，**M2**：158，笛卡儿论非有

on pneuma，**M2**：206，笛卡儿论普纽玛

on rationalism，**M2**：217，笛卡儿论理性主义

on object，**M2**：250，笛卡儿论对象

on vacuum，**M2**：268，笛卡儿论虚空

subjective idealism of，**M3**：382，笛卡尔的主观唯心主义

method of analysis of，**M5**：154，笛卡尔的分析方法

on knowledge，**M7**：219 - 220；**M10**：22；**L4**：ix，xii，xv-xvii，xx，46，50，笛卡尔论知识

and deduction，**M7**：240 - 241，笛卡尔论演绎

on good，**M8**：23 - 24，笛卡儿论好

on thinking，**L2**：142，笛卡尔论思维

reconciling science and religion，**L4**：33 - 34，笛卡尔调和科学和宗教

defines quantity，**L4**：74，笛卡尔界说数量

rivals Newton，**L4**：92，93，笛卡尔与牛顿竞争

defines natural existence，**L4**：113，笛卡尔界说自然存在

mathematical concepts of，**L5**：167 - 168；**L8**：8，33，356，笛卡尔的数学概念

as skeptic，**L8**：xvi，xvii，作为怀疑主义者的笛卡尔

Hocking on，**L14**：421，424，霍金论笛卡尔

on vision，**L16**：114n，笛卡尔关于视觉

on soul，**L16**：124，笛卡尔关于灵魂

on ideas，**L16**：436，440，笛卡尔关于观念

Description，**L12**：129，131，413 - 414，462 - 464，476 - 477，描述。参见 Kinds，**L12**；Traits，**L12**

Peirce on，**L11**：93，皮尔士论描述

nature of，**L11**：99，107，描述的本质

scientific，**L12**：132 - 133，科学描述

partial，**L12**：240 - 242，局部描述

and demonstration，**L12**：352 - 357，描述与证明

as name，**L16**：6，146 - 147，150，262，描述作为名称

Descriptive：描述的

judgment，**M8**：xv，描述性判断

definition as, **L16**：174－179，定义作为名称

theory, **L16**：339,455,描述理论

end as, **L16**：344,结果作为名称

"Descriptive Definition, The"(S. Pepper), **L16**：174－179,《描述性定义》(佩珀)

Desegregation, **L14**：xxiv,种族隔离

Design, **L4**：73；**L10**：31,设计

vs. chance, **M4**：8－10,设计与机会的比较

artistic, **L10**：121－122,127,165,179,236,305,318,艺术设计

Designation-event, **L16**：142,指称-事件

Designations,指称(名词)。另见 Names

treatments of, **L16**：6,32,38,42,对指称的处理

involved in fact, **L16**：58－61,66,110,指称涉及事实

nature of, **L16**：62,69－70,82－84,93,111,140－144,151－152,165,180,指称的本质

as name, **L16**：70,93n,131－133,154,258,262,指称作为名称

as method of inquiry, **L16**：81,91,92,指称作为探究方法

as behavior, **L16**：135,275,指称作为行为

related to sign, **L16**：139,303－305,308,指称和记号的关系

Designatum, **L13**：204－205；**L16**：45,所指

meaning of term, **L15**：142,145－146,词义

C. Morris on, **L16**：9,34－35,莫里斯关于所指

Carnap on, **L16**：18－27,32,卡尔纳普关于所指

Desirable：值得欲求的

vs. desired, **L13**：219,值得欲求的与被欲求的

"Desirable and Emotive in Dewey's Ethics, The"(Hook), **L17**：481,《杜威伦理学中的可欲之物与情绪》(胡克)

Desire, **M12**：139－140,143,144,意愿；**M14**：19,135,152,162,209,欲望；**L2**：106；**L11**：78,462,欲望、愿望；**L15**：16,101－103,105,欲望、欲求

nature of, **E1**：329－330；**E4**：267－270；**E5**：129,131－132；**L13**：205－206,217－220,231,238－243；**L15**：101－105,欲望的本质

related to pleasure, **E3**：251－257,268；**E4**：202－205,266；**E5**：132－133；**M5**：249－250,欲望与快乐的关系

in Kantian theory of obligation, **E3**：333,康德道义论中的欲望

and reason, **E3**：337－338；**M5**：307－312；**L7**：187－191；**L14**：323－324,欲望与理性

socialization of, **E3**：387－388,诸欲望的社会化

as arousing effort, **E4**：207；**E5**：129,欲望唤起努力

and mediated interest, **E5**：128－129,133,欲望作为间接的兴趣

and imagery, **E5**：320,欲望与意象

hedonistic theory of, **M5**：246－247,快乐主义的欲望理论；**M7**：211,享乐主义欲望观

and valuation, **M8**：35；**L13**：205,213,237,欲望与评价

habit and, **M14**：21,习惯与欲望

control and satisfaction of, **M14**：26－28；**L7**：182,204,欲望的控制与满足

and intelligence, **M14**：171－181,207；**L13**：162,172,250,欲望与理智

and purpose, **L7**：186,247,308；**L13**：42－45,欲望与意向(目的)

and self, **L7**：220,欲望和自我

in esthetic experience, **L10**：258－265,284－285,300,334－336,341,350,352,欲望在审美经验中的作用

and effort, **L13**：71,313,欲望与努力

and science, **L13**：167,171,欲望与科学

vs. wish, **L13**：205,222,欲望与希望

immediate, **L13**：214,227,"直接当下的欲望"

related to nature, **L14**：144－145,384,与自然相联系的欲望

Desired：被欲求

related to desirable, **L17**：480－484,与可欲相关的被欲求

Des Moines, Iowa, **M15**：96,德莫内斯,爱荷华州

Despair, **L16**：416,觉悟

Despotism, **L17**：231,专制

Destiny of Man，*The*（J. Fiske）, **L17**：93,559,《人的命运》(费斯克)

Destruction, **L16**：393,毁灭

Detachment, **L10**：262,263,超然性

"Determination of Ultimate Values or Aims, The," **L13**：xvii,《终极价值或终极目的》

Determinism, **M13**：xv,决定论

and causation, **E4**：91－95,决定论和因果关系

theory of freedom in, **E4**：344－350,决定论中的自由论

in *Cyclopedia of Education*，**M6**：419－420,决定论《教育百科全书》

economic, **L5**：45－49；**L13**：119,经济决定论

Cohen on, **L14**：383－384,科恩论决定论

Detroit Convention：底特律大会

Dewey on, **M11**：xv, 259,杜威关于底特律大会

purpose of, **M11**：xv, 284,300－302,310,底特律大会的目的

organization of, **M11**：242－254,291,302－304,325,328,395,404,底特律大会的组织、筹备

decisions of, **M11**：299,305－306,底特律大会决议

delegates to, **M11**：307,312,底特律大会代表

Deussen, Paul, **E5**：342－344,杜森,保罗

Development, **L12**：30－31,38－39,发展

in *Cyclopedia of Education*，**M6**：420－422,发展《教育百科全书》

in educational process, **M9**：54－58,61,63；**L9**：198－200,教育进程中的发展

related to culture, **M9**：128,发展和文化的关系

of individual, **L14**：108－111,个体的发展

Developmental logic, **M1**：xiv,发展的逻辑

"Development of American Pragmatism, The," **L2**：xii,《美国实用主义的发展》

Devonshire, Earl of, **M11**：22,德文郡伯爵

Devotion, **L9**：28,219－221,225－226,虔诚

Wieman on, **L9**：414－417,427,434,威曼谈及虔诚

Dewey, Alice Chipman, **M6**：179,；**L6**：22；**L11**：199；**L14**：xx,杜威,艾丽斯·C/爱丽斯·C

Dewey, Evelyn, **M8**：xxxii, 208,杜威,伊夫琳

Dewey, John, **L8**：16；**L16**：302n,杜威,约翰

biography of, **E1**：xxiii-xxiv,杜威传记

relation of early to later writings, **E1**：xxxv-xxxvii；**E3**：xxi-xxii,杜威早期作品与晚期作品的关系

early writings of, **E3**：xxiii-xxiv；**E4**：xiii；**E5**：xiii, xx,杜威的早期论文

seventieth birthday of, **L5**：xi, 418n, 497,杜威的七十大寿

conflicting images of, **L8**：ix-xviii,冲突的杜威形象

oversights of, **L11**：xxxii,杜威的疏忽

eightieth birthday of, **L13**：ix；**L14**：xi,杜威的八十大寿

Collected Works of, **L17**：xi-xv,《杜威全集》

Dewey, John, Labor Research Fund, **L14**：

311,约翰·杜威劳动研究基金

Dewey School,杜威学校。另见 Laboratory School, University of Chicago

Dewey School，The（Mayhew and Edwards），**M1**：325n, 335n,《杜威学校》（凯瑟琳·坎普·梅因和安娜·坎普·爱德华兹）

"Dewey's New Logic"（B. Russell），**L14**：xiii,《杜威的新逻辑》（罗素）

De Witt Clinton High School（New York City),德·怀特·克林顿高中(纽约)

    trial of teachers at, **M10**：158 - 163,173 - 177,对德·怀特·克林顿高中老师的审判

    strike of students at, **M10**：176,德·怀特·克林顿高中学生罢课

Dharna, **M5**：64；**L7**：59,禁食(印度)

Diagnosis, **M12**：162,诊断

Dial, **M11**：ix, xvii, 393；**M12**：16,278,《日晷》(杂志)

Dialectic（M. Adler），**L3**：311, 314 - 315,《辩证法》（M·阿德勒）

Dialectic, **M6**：170；**M10**：11,420；**L1**：51 - 54,57,76,89,107,136,152,187,202,218 - 220,234,247,253,323,辩证法

    in medieval universities, **M5**：141,154,作为中世纪大学的兴趣焦点的辩证法

    in *Cyclopedia of Education*, **M6**：422,辩证法（《教育百科全书》）

    Platonic and Socratic, **M7**：229 - 231；**L2**：128 - 130,柏拉图和苏格拉底的辩证法

    Hegelian, **M8**：140；**L11**：33,51,55,60,黑格尔的辩证法

    idealistic, **M10**：107,观念论辩证法

    relation of, to experience, **L5**：487 - 495,辩证法和经验的关系

    inadequacy of, **L11**：50,辩证法的不恰当性

    in Santayana's philosophy, **L14**：297 - 298,桑塔亚那哲学中的辩证法

    Hocking on, **L14**：424 - 425,霍金论辩证法

Dialectical materialism, **L5**：358；**L13**：120,351；**L14**：75 - 76；**L15**：24,辩证唯物主义

Dialectical method, **M9**：289,325,349,辩证方法

Dialogue, **L17**：185,对话

Dialogue between a Philosopher and a Student of the Common Laws of England, A（Hobbes），**M11**：28 - 29,《一位哲学家和研习英国习惯法的学者的对话》（霍布斯）

Dialogues（Plato），**M15**：336；**L2**：ix, 124 - 140；**L5**：155,《对话集》（柏拉图）

Diana of Ephesus, **L13**：369,404,以弗所的狄安娜神庙

Dianoiology, **M2**：158,认识论

Daz, Porfirio, **L2**：197 - 200；**L3**：159 - 160,迪亚斯,波菲利奥

Dicey, Albert Venn, **L2**：42 - 43；**L11**：17,戴西,阿尔伯特·维恩

Dick, James, **L6**：251,迪克,詹姆斯

Dickens, Charles, **M3**：81；**L1**：323；**L10**：xix-xx, 347；**L11**：282；**L17**：323, 325,564,狄更斯,查尔斯

Dictatorship, **L7**：351,独裁统治；**L11**：139,460；**L13**：xv,独裁、专政

    of proletariat, **L13**：126 - 128,无产阶级专政

    Mannheim on, **L14**：293 - 294,曼汉姆论独裁

    rise of, **L17**：453,460,专政的兴起

Dictionary of American Biography, **L6**：xivn,《美国传记辞典》

Dictionary of Philosophy, The（Runes），**L16**：42 - 43,163 - 164,258n,《哲学辞典》（鲁内斯）

Dictionary of Philosophy and Psychology（J. Baldwin），**M10**：71n, 74；**L16**：163,297n,《哲学和心理学词典》（鲍德温）

    Dewey's contributions to, **M2**：ix, 141 -

269，杜威为《哲学与心理学辞典》撰稿

Didactics：教授法

  in *Cyclopedia of Education*，**M6**：423，教授法（《教育百科全书》）

Diderot, Denis，**E4**：193；**M3**：52；**L1**：355；**L17**：147,148,430，狄德罗，丹尼斯

  as sensationalist，**E5**：15，狄德罗作为感觉论者

  paradox of，**L10**：86,263，狄德罗的悖论

  on tragedy，**L10**：192，狄德罗论悲剧

Die Definition（Dubislav），**L16**：161，《定义》（杜比斯拉夫）

Die Krise der Psychologie（Bühler），**L16**：137n，《心理学的危机》

Dies, Martin，**L6**：xxii；**L14**：370,427，戴斯，马丁

Differentiation，**L13**：78，差异

Difficulties，**L17**：294，困难

Diffidence：胆怯

  as motive，**L13**：140,142 - 143，胆小懦弱作为动机

Digby, Kenelm，**L14**：399，迪格比，卡莱美

Dilettanteism：业余爱好

  Bourget on，**E3**：38 - 39,41，布尔热论业余爱好

Dill, Clarence C.，**L6**：355,394，迪尔，克拉伦斯·C

Dilthey, Wilhelm，**L16**：xiii, xvi, 117n，狄尔泰，威勒姆

Dimnet, Ernest，**L3**：316 - 317，丁纳特，欧内斯特

Ding-an-sich：物自体

  Royce's rejection of，**M10**：84，罗伊斯对物自体的拒斥

Dinsmore, Charles A.，**L7**：91，丁斯莫尔，查尔斯·A

Diodorus of Tyre，**M2**：186，提尔的狄奥多罗斯

Diogenes of Apollonia，**M2**：162，阿波罗尼亚的第欧根尼

Diplomacy，**L16**：400，外交

  in China，**M13**：230,441，对中国的外交

  need for reform in，**M15**：118 - 119，外交需要变革

  in international disputes，**M15**：414 - 415，在国际争端中的外交

Dirac, Paul Adrien Maurice，**L12**：178n，迪拉克，保罗·阿德里安·莫里斯

Direction：方向、引导

  in inquiry，**L16**：323 - 325，探究中的方向

  ends provide，**L16**：329,331,336,350，目的提供方向

  in progressive education，**L17**：52，进步教育中的引导

Directness：直率性

  in dealing with subject-matter，**M9**：180 - 182，直率性作为处理主题对象的有效方法

Disarmament，**L11**：263，裁军

  and economics，**L6**：364,366，裁军与经济

  and sanctions，**L6**：459 - 461,471，裁军与国际制裁

Discernment：洞察

  Locke's successors on，**M9**：277，洛克的继承者们论洞察

Discipline，**M12**：139,140,185；**L7**：204 - 205,207,209；**L8**：89；**L13**：xii，训练、纪律、规律、学科

  in school，**E5**：67,88；**M1**：65 - 66；**M8**：xxxvi, 294 - 296；**L9**：176 - 177,179；**L17**：343，学校纪律

  development of，**E5**：119；**M1**：308；**L13**：6，训练的发展

  and interest，**E5**：144 - 145；**M7**：254,257 - 258；**M9**：131 - 145，训练和兴趣

  references on，**E5**：330，关于训练的文献

  need for change in，**M1**：11 - 12，学科中的变化的必要性

  Dewey's attitude toward，**M2**：xviii，杜威对待规训的态度

emphasis on personal，**L7**：241 - 245，对个人性格的强调

as habit，**L16**：26n，倾向作为习惯

C. Morris on，**L16**：210n, 211 - 212，莫里斯关于倾向

in semiotic terminology，**L16**：221, 231 - 237，符号学术语中的倾向

meaning of，**L17**：198，禀性的意义

Disraeli, Benjamin，**M11**：389，迪斯雷利，本杰明

Dissemination：宣传

and social knowledge，**L2**：345 - 347，宣传和社会知识

and art，**L2**：349 - 350，宣传和艺术

Dissent，**L13**：127，异议；**L15**：297，不同意见者

Dissociation：分离

connection of likeness in，**E2**：105 - 106，分离相似性连接

conditions of，**E2**：107 - 108，分离的条件

and values，**E2**：108 - 114，分离和价值

functions of，**E2**：115 - 116，分离的功能

distinct from attention，**E2**：118 - 119，分离与注意的区别

in imagination，**E2**：169 - 170，想象中的分离

in intellectual feeling，**E2**：258，理智感中的分离

in art，**L10**：255，艺术中的分离

Distance，**M12**：147 - 148；**L12**：35 - 38；**L17**：453，距离

Distortion：歪曲

for esthetic effect，**L10**：178，为达到审美的效果而作的歪曲

Distraction：分心，注意力分散

avoidance of，**M6**：345，避免分心；**L8**：336 - 337，避免注意力分散

Distribution，**L16**：91，分配

method of calculating，**E3**：43 - 46，除法的算法

of power，**L7**：347 - 348，权力分配

of income，**L7**：406 - 411,435，收入分配

justice in，**L7**：434 - 436，分配中的公平

problems in，**L9**：250,285，分配中的问题

Distrust：怀疑

of government，**L13**：111，怀疑政府

of human nature，**L13**：152 - 153，怀疑人性

of experience，**L13**：256，怀疑经验

Diversity：多样性

in educational capacities，**L9**：196 - 199，教育能力中的多样性

Dividends，**L6**：348 - 349,369,395，红利

Divine：神

related to human，**E1**：205 - 206，神与人类的关联

consciousness，**E3**：23 - 24,28，格林论神圣意识

existence，**M8**：7n，亚里士多德论神的存在

right of kings，**M11**：19,52,170，君主的神圣权力

and ideal，**L9**：xvii, 32 - 36，神和理想

will，**L14**：xxii，"神圣意志"

Divine Comedy（Dante），**L10**：115，《神曲》（但丁）

Division, logical，**L12**：340 - 342，逻辑划分

Divorce，**M5**：538 - 539；**L5**：47；**L7**：446 - 447，离婚

Dmowski, Roman：德莫夫斯基，罗曼

policies of，**M11**：271,275,292,297,300 - 302,306,321，德莫夫斯基政策

as Polish leader，**M11**：277 - 281,328, 405，德莫夫斯基作为波兰领导人

Dobzhansky, Theodosius，**L16**：119n，杜布赞斯基，西奥多

Docility，**M14**：47,70，温顺；**L17**：282，顺从

Doctores scholastici，**M2**：236，经院博士

Doctrine：学说

in religion，**L9**：xv, 18,23 - 24,436，宗教

中的学说

scientific method opposed to，**L9**：27，与学说相反的科学方法

and supernatural，**L9**：37，超自然学说

of Lenin，**L9**：244 - 245，列宁的学说

"Does 'Consciousness' Exist?"（W. James），**L14**：156 - 157，《意识存在吗?》（詹姆斯）

"Does Reality Possess Practical Character?" **L14**：404，《现实拥有实际的性质吗?》

Dogberry（Prentice Mulford），**L9**：176，道格贝里（普伦蒂斯·马尔福德）

Dogma，**M12**：164,171，教条

fatal to inquiry，**L16**：325，教条对探究是致命的

political，**L16**：362 - 363，政治的教条

in religion，**L17**：529 - 530，宗教中的教条

Dogmatism，**M6**：296，教条;**M12**：262 - 267; **M13**：67,308,314，独断论;**L8**：270 - 271，教条主义

James on absolute，**M12**：220，哲学中的绝对

evils of，**L7**：268,317,338,343，教条主义的邪恶

protection against，**L17**：443 - 444，提防教条主义

Doing：做

as rhythmic element in esthetics，**L10**：50 - 53,63,75,137,165,178,218，作为美学中的节奏性元素的做和经受

in common sense and science，**L16**：252 - 253，常识和科学中的做

as goal，**L16**：365，作为目标

Doldrums，**L16**：411，停滞消极

Dole，**L11**：29，救济

Doll's House，A（Ibsen），**M5**：525;**M13**：110，《玩偶之家》（易卜生）

Domesday Book，**L7**：138,385，英国土地志

Domestic arts，**E5**：232 - 233,240 - 241，内务;**M1**：13 - 15,50 - 51;**L17**：234,316 - 317，家务

Dominicans，**M5**：141，多明我会修道士

Dominion（Hobbes），**M11**：24，《统治权》（霍布斯）

Donaldson，Henry Herbert，**M9**：123，唐纳森，亨利·赫尔伯特

Don't Be Afraid!（Cowles），**L15**：xxiii，365，《不要恐惧!》（考尔斯）

Dopp，Katharine Elizabeth，**M3**：307，多普，凯瑟琳·伊丽莎白

Dorfman，Joseph，**L6**：xixn，多尔夫曼，约瑟夫

Dorner，Alexander，**L15**：xxiii，312 - 314，多纳，亚历山大

"Do Things Exist?"（Boodin），**L17**：417n，《事物存在吗?》（布丁）

Doubt，怀疑。另见 Problem，**L12**

and thinking，**M1**：151 - 152;**M6**：188，191,259 - 260,264 - 265,296，怀疑和思维

office of，**L8**：121,124,211,222，怀疑的作用

and inference，**M6**：xviii，怀疑和推断

and inquiry，**L12**：109 - 110,123 - 124，138,162,226;**L15**：38 - 39,80 - 81，怀疑和探究

in experience，**L14**：64 - 65,69,184 - 186，经验中的可疑

Doughton，Robert L.，**L9**：260，道顿，罗伯特·L

Douglas，Paul H.，**L5**：xvii;**L6**：xvii，xviii，250 - 251,313 - 314，道格拉斯，保罗·H

Douglas，William O.，**L14**：xxiv，道格拉斯，威廉·奥威勒

Dowbor-Musnicki，Jozef，**M11**：321，多夫博尔-穆斯尼茨基，约瑟夫

Downing，Bernard，**L9**：365，唐宁，伯纳德

Doyle，Arthur Conan，**L10**：xix，道尔，阿瑟·柯南

Doyle，William F.，**L9**：362，道尔，威廉·F

Drafting of the Covenant，The（D. Miller），

L6：473n,《〈盟约〉的起草过程》(米勒)

Drake, Durant：德拉克,杜兰特

  on empirical pluralism, **M10**：xxv,德拉克
    对杜威经验多元论的误解

  on perception, **M10**：64 - 66,德拉克的感
    知理论

  on realism, **M10**：431 - 449,德拉克论实在
    论

Drama, **L16**：397,戏剧

  role of, **L10**：13,37,330 - 331,348,戏剧
    的作用

  nature of, **L10**：76,118,148,162 - 163,
    174,177,182,185,192,207,216,238,
    247 - 248,257 - 258,265,298,303,312,
    戏剧的本性

Dramatic rehearsal：戏剧排练

  as deliberation, **M5**：xiii-xxxiv；**M14**：xiii,
    132 - 133,216,用戏剧排练来说明评价
    观点

Dramatist, **L17**：381,剧作者

Dramatization：戏剧表演

  used by schools, **M8**：286 - 293,各校对戏
    剧表演的运用

Drawing, **L10**：98 - 99,素描

teaching of, **E5**：193 - 201；**L17**：287,288 -
  89,绘画教学

"Dr. Dewey Replies," **L9**：xxin, xxii-xxiii,
  《杜威博士的回应》

Dreams, **M12**：83,148 - 149,160,梦

  related to consciousness, **M10**：25 - 27,梦
    作为"真正的客体"的意识效果

  neo-realists on, **M10**：39,新实在论者论梦

  role in esthetic theory, **L10**：277 - 281,
    288,297,梦在审美理论中的作用

  vs. life, **L14**：16,梦与醒着的生活相对

Dreitzer, Ephim A. , **L11**：321,602,德雷策,
  艾菲姆・A

Dreyfus, Alfred, **L11**：303,320,德雷弗斯,
  艾尔弗雷德

Driesch, Hans：德里施,汉斯

  on philosophy of biology, **M8**：449 - 459,
    德里施的生机论观点

Drill：训练、操练

  in teaching reading, **E5**：263 - 264,阅读教
    学中对训练的强调

  overemphasis on, **L17**：222,对操练的过度
    强调

  intelligent vs. unintelligent, **L17**：305,聪
    明的操练与不聪明的操练相对

Drudgery, **M6**：351,苦差事；**L8**：346 - 347,
  苦役

Drug traffic, **M11**：235 - 240,毒品交易

Drysdale, Alexander, **M12**：253,缀斯代尔,
  亚历山大

Dual Empire：二元帝国

  in eastern Europe, **M11**：263,277,327,东
    欧的二元帝国

Dualism, **M2**：142；**M3**：311；**M14**：8,11,
  31,40 - 41,49,51 - 52,102,213；**M15**：
  xii, 361,376；**L1**：53 - 54,102,185 - 186,
  353 - 356；**L4**：47,243；**L10**：x-xiii,340；
  L14：xii；**L15**：275,335,二元论。另见
  Empiricism, **L12**

  of material and ideal, **E5**：164 - 166；**L4**：
    195,215,物质和理想的二元论

  Cartesian, **M2**：ix；**M8**：xxviii,笛卡儿的
    二元论

  in *Cyclopedia of Education*, **M6**：361,
    424,二元论(《教育百科全书》)

  related to monism, **M7**：285；**M15**：361,
    362,与一元论相联系的二元论

  and formal discipline, **M9**：66,70 - 71,二
    元论和形式规训

  educational results of, **M9**：300,二元论在
    教育上的结果

  continuity vs. , **M9**：343 - 349,连续性对二
    元论

  common-sense, **M10**：24,常识的二元论

  epistemological, **M10**：64,66,439 - 449；
    M13：48；**M15**：355,358,362,363,367,

370,372；**L14**：9 - 10；**L15**：145 - 146，
152,165,认识论的二元论

Dewey's rejection of, **M12**：xv, xix, 179,
杜威对二元论的拒绝

difficulties in, **M13**：56,二元论中的困难

traditional and existential, **M13**：57；**L13**：
330 - 331,传统的存在上的二元论

of anticipation, **M13**：459,预期的二元论

vs. idealism, **M13**：465 - 466,二元论对观
念论

of theory and practice, **L4**：11, 62；**L12**：
63 - 65, 78 - 80, 432 - 435, 455 - 457,
487 - 489, 492 - 493, 504 - 505；**L15**：
258 - 259,理智与实践的二元论

of activity, **L4**：25 - 26,活动的二元论

natural-supernatural, **L4**：42, 246；**L15**：
200 - 202, 269 - 271；**L17**：15,自然的-
超自然的二元论

related to religion, **L9**：49,与宗教相关的
二元论

according to Santayana, **L9**：241 - 242,根
据桑塔亚那的二元论

Whitehead on, **L11**：148,怀特海论二元论

of logic and methodology, **L12**：12 - 13,逻
辑和方法论的二元论

mind-body, **L12**：42 - 43；**L14**：421 - 423；
L15：xvii-xix, 219,365,身心二元论

of science and morals, **L14**：62, 66 - 70,科
学和道德中的二元论

metaphysical, **L14**：104, 145,形而上学的
二元论

contribution of physics to, **L14**：126 - 127,
物理学对二元论的贡献

in James's psychology, **L14**：155 - 161, 164 -
167,詹姆斯心理学中的二元论

Cohen on Dewey and, **L14**：385 - 386,科
恩论杜威和二元论

in philosophy, **L15**：xxii-xxiii；**L16**：369,
371, 407 - 413,哲学中的二元论

critique of, **L15**：xxxii-xxxiii,对二元论的
批评

fact-value, **L15**：16 - 17, 106, 481 - 482,事
实-价值二元论

sources of, **L15**：157,230,二元论溯源

in social science, **L15**：232 - 233,社会科学
中的二元论

practical effects of, **L15**：306,二元论的实
际后果

dislike for, **L16**：115n, 423,456,不喜好二
元论

in knowledge, **L16**：288,知识中的二元论

in judgments, **L16**：315,判断中的二元论

normative-descriptive, **L16**：339,455,规范
性-描述性二元论

psychophysical, **L17**：xxix-xxx,心理物理
二元论

Kantian, **L17**：xxx,康德式的二元论

cultural and vocational, **L17**：111,文化与
职业的二元论

Dualistic: 二元论的

epistemology, **M4**：82n,二元论的认识论

realism, **M15**：361, 362,二元论的实在论

deism, **L17**：95,96,二元神论

Dual unionism, **L9**：335 - 337,双工会主义

Dubislav, Walter, **L16**：161,杜比斯拉夫,
华特

Dubs, Homer H.：达布斯,侯姆·H

on definition, **L16**：167 - 169, 175, 181n,
达布斯关于定义

Ducasse, C. J., **L16**：32,40,杜卡斯,C·J

logic of, **L16**：xxx, xxxi, 193n,杜卡斯的
逻辑学

epistemology of, **L16**：8,杜卡斯的认识论

on propositions, **L16**：35 - 36,45,杜卡斯
关于命题

Duggan, Stephen, **L11**：576,达根,史蒂芬

Duguit, Léon, **L2**：39,41；**L6**：269,狄骥,莱
昂

Duhem, Pierre, **L14**：22,杜海姆,皮尔

Dulles, John Foster, **L6**：471n,杜勒斯,约

翰·福斯特

Duma：杜马

    Polish question in，**M11**：263，267，277 -
278，杜马与波兰问题

Dumba，Konstantin Theodor，**M11**：294，杜
巴，康斯坦丁·山道尔

Dunning，William Archibald，**L2**：33n，邓宁，
威廉·阿基巴德

Dunsany，Lord，**L10**：xvi，邓塞尼勋爵

Duns Scotus，John，**L8**：xv，xvi，司各特，约
翰·邓斯

    scholasticism of，**M2**：241 - 243，司各脱的
经院主义

    philosophic system of，**M2**：244，司各脱的
哲学体系/司各脱主义

    on subjective-objective，**M2**：250，司各脱
论主观-客观

    Cohen on，**L14**：395，科恩论司各脱

Duplicity：二元论

    of subject-object structure，**L14**：134，主客
结构中的二元论

Du Pont，Irénée，**L9**：89，杜邦，埃林尼

Du Pont de Nemours，Pierre Samuel，**L14**：
202，213，都蓬·内穆尔，皮尔·萨缪尔

Durant，William James，**L2**：387，杜兰特，威
廉·詹姆斯

Duranty，Walter，**L15**：290，496，509，杜兰
蒂，沃尔特

Duration，**L2**：62，持续

    Bergson on，**M10**：68 - 69，柏格森的绵延
概念

    time and，**M12**：xxviii，223 - 224，时间与
绵延之间的区别

    characteristics of，**M12**：226 - 234，绵延的
特征

    and future，**L2**：63 - 74，持续和未来

Dürer，Albrecht，**L10**：294，丢勒，阿尔布雷
克特

Durkheim，Émile，**L3**：15；**L5**：499 - 501，涂
尔干，爱弥尔/爱米尔

Durkheim school of collective mind，**M10**：
60，研究集体心理的涂尔干学派

Dutch art，**L10**：192，239，荷兰艺术

Dutton，Samuel T.，**L17**：233，达顿，塞缪
尔·T

Duty，**L10**：286，299，责任

    and morals，**E3**：104 - 109；**M9**：360 -
363；**L7**：168，181，308，义务和道德

    related to desire，**E3**：337 - 338；**M5**：307 -
312，义务与欲望的关系

    for duty's sake，**E3**：338 - 339，为义务而
义务

    Sophocles on，**M5**：131；**L7**：122，索福克
勒斯论义务

    Stoics on，**M5**：132，斯多葛派论义务；**L7**：
123，133，斯多亚学派论义务

    Kant on，**M5**：313 - 318；**M8**：162 - 166，
173，474；**M10**：226 - 227，228；**L7**：
220 - 222，康德论义务

    utilitarian theory of，**M5**：318 - 327，功利
主义的义务理论

    in German philosophy，**M8**：419，德国唯心
主义哲学中的责任

    generalized sense of，**L7**：xi-xii，231 - 234，
普遍化的义务感

    Romans on，**L7**：133 - 134，219，228，罗马
人论义务

    social，**L7**：217 - 219；**L15**：179，社会责任

    justification of，**L7**：225 - 231，义务的正当
理由

Dworkin，Ronald，**L14**：xxiv，达沃金，罗
纳德

Dyadic terms，**L12**：311 - 313，二元关系词

Dykhuizen，George，**L11**：xxiii，xxxi；**L14**：
xx，xxi，戴奎真，乔治

Dynamic，**L1**：85 - 86，动态的

    in *Cyclopedia of Education*，**M6**：424 -
425，动态的（《教育百科全书》）

    connection，**M10**：11 - 12，16，19，动态
联系

in art, **L10**：xvii, 62 - 63, 120 - 122, 166, 186, 237, 艺术中的动态性

Dynastic states, **L2**：290 - 291, 王朝国家

Dynnik, M. , **L15**：24n, 戴尼克, M

Dzerzhinskiy, Feliks Admundovich, **L17**：501, 570, 捷尔任斯基, 费利克斯·埃德蒙道维奇

Dzerzhinskiy, USSR, **L17**：498, 570, 捷尔任斯基, 苏联

Eachard, John, **M11**：23 - 24, 伊查德, 约翰

Eames, S. Morris, 埃姆斯, S·莫里斯
on Dewey's 1889 - 92 writings, **E3**：xxi-xxxviii, 埃姆斯关于杜威 1889 - 1892 年的著述

Earth, **M12**：111, 117, 地球

East：东方
synthesis of West and, **L17**：35 - 36, 东方与西方的综合

Eastern Commercial Teachers Association (ECTA), **L5**：401, 东部商业教师协会

Eastman, Charles：伊斯门, 查尔斯
on primitive society, **M5**：56, 61 - 62; **L7**：44, 51, 57, 伊斯门论原始社会

Eastman, Max, **M7**：149; **L17**：58, 伊斯特曼, 马克斯
on esthetics, **L10**：140, 265, 359, 362, 伊斯特曼论美学

Eberhard, Johann Augustus, **E1**：429, 430, 埃伯哈德, 约翰·阿古斯图

Echoist, **L16**：126n, 共鸣论者

Eckenstein, Lina, **M5**：515n; **L7**：442, 艾肯斯坦, 莉娜

Eckhart, Meister, **M2**：183, 艾克哈特, 迈斯特

Ecological psychology, **L16**：125n, 生态心理学

Ecology, **L16**：117, 120, 生态学

Economic Mind in American Civilization, The (Dorfman), **L6**：xixn, 《美国文明中的经济头脑》(多尔夫曼)

Economic Research, National Bureau of, **L6**：343, 349, 360; **L7**：409; **L9**：81 - 82, 267, 287 - 288, 国家经济研究统计局

Economics, **M14**：11, 46, 79; **L13**：290, 316, 经济学。另见 Business; Industry
and family, **M5**：29 - 30, 46; **L7**：28 - 30, 44, 444 - 445, 457 - 458, 经济和家庭
influence of, **M5**：77 - 78; **M15**：240 - 241, 253 - 254; **L7**：71, 372, 经济的影响
individualism in, **M5**：77 - 78; **L7**：331, 经济中的个人主义
among Greeks, **M5**：112 - 117; **L7**：103 - 108, 古希腊人的经济
vs. moral theory, **M5**：179 - 180; **L16**：337, 371, 452, 经济相对道德理论
Adam Smith's theory of, **M6**：367 - 368, 亚当·斯密的经济学理论
historic and geographical aspects of, **M9**：223 - 224; **L13**：338 - 339, 经济学的历史和地理方面
in Japan, **M11**：xvii-xviii, 160 - 167, 176 - 179, 日本的经济
training for, **M11**：62 - 65, 与经济有关的训练
in U. S. , **M11**：71, 183, 185; **L11**：168 - 170, 232, 美国的经济
theories of, **M11**：73 - 86, 89, 94, 117, 121; **M14**：84 - 89, 93; **M15**：244, 258 - 259, 268; **L4**：65, 207, 218, 224 - 227; **L6**：xxiii, 180 - 181, 187 - 188, 409 - 410, 447 - 448, 经济理论
affected by League of Nations, **M11**：125 - 130, 138 - 142, 151 - 152, 国联的影响
and international relations, **M11**：134, 136; **M15**：125; **L6**：178 - 179, 353, 364 - 368; **L9**：261; **L11**：261 - 264, 276, 经济与国际关系
T. Roosevelt's approach to, **M11**：148, 罗斯福治理经济的方法

and immigration，**M11**：159，241，242，经济
与移民

in China，**M11**：180，204，205，211，224 -
227，234；**M12**：34 - 40，47，74；**L3**：
197，419 - 420，中国的经济

ends of，**M12**：177 - 178，200 - 201，经济
学的结果

modern，**M14**：9，185 - 188，近代经济学；
L7：141 - 144，149 - 150，现代经济

acquisitiveness in，**M14**：99 - 103，147 -
153，经济学中的获得性

and war，**M15**：111 - 112；**L13**：400，经济
学与战争

related to education，**M15**：155 - 156，195；
L6：xxii，104，118 - 119，123 - 126，410 -
411；**L8**：47，72，94；**L9**：112 - 126，
128 - 130，141 - 145，183，386 - 395；
L11：354，519；**L13**：386，经济学与教育

laissez-faire，**L1**：356 - 359；**L8**：51，57，
63 -64，73，75；**L9**：206，297；**L13**：137，
自由放任的经济学

Turkish struggle with，**L2**：191 - 193，土
耳其在经济上的挣扎

related to politics，**L2**：290 - 293，296 -
302，306 - 307，378 - 379；**L6**：150，152，
157 - 158，170 - 174，249，436 - 437；**L7**：
355 - 358，428 - 429；**L9**：79，163；**L13**：
69，73，101，107，112，118，129 - 130，
338；**L16**：362 - 363，391，404 - 406，经
济学与政治学

determinism in，**L2**：309 - 354，经济决
定论

in Russia，**L3**：208 - 210，221；**L6**：263 -
267；**L17**：505，俄国的经济

laws of，**L4**：169，经济法则

and human nature，**L6**：xv，36；**L14**：261，
经济与人性

monetarists on，**L6**：xix，货币主义者的经
济观点

and culture，**L6**：43 - 44，经济与文化

related to science，**L6**：44 - 45；**L9**：97 -
98；**L11**：143，278 - 279；**L15**：226 -
228；**L16**：418 - 419，经济与科学

problems in，**L6**：69 - 71，74，244，342，377 -
378；**L9**：61，63 - 64，77，82 - 83，经济中
的问题

related to tariff bill，**L6**：164 - 166，241，与
关税法案相关的经济

need for reforms in，**L6**：174 - 175；**L9**：
89 - 90，206 - 207，经济中改革之必要

and minorities，**L6**：225 - 230，经济与少数
族群

and credit，**L6**：243，经济与信贷的控制

and production，**L6**：346 - 347，358 - 361，
经济与生产

Klein on，**L6**：346 - 354，485 - 487，克莱因
论经济

Hoover on，**L6**：357，358，胡佛关于经济的
演讲

and railroads，**L6**：368 - 371，经济与铁路
公司

and unemployment relief，**L6**：390，399，经
济与实业救济

among Romans，**L7**：128 - 130，罗马人的
经济

medieval，**L7**：136 - 137，中世纪的经济

and social order，**L8**：50，85，86，364；**L9**：
190 - 191，208，229，231 - 235，312；
L14：362，经济与社会秩序

technology and，**L8**：90，102，技术与经济
系统

George on，**L9**：61 - 65，乔治谈及经济

redistribution of income in，**L9**：64，82 -
83，256，261，266，288，经济中的收入再
分配

Niebuhr on，**L9**：71 - 75，399，404，尼布尔
谈及经济

government responsibility for，**L9**：77，
264，政府对经济的责任

crisis in，**L9**：78 - 79，113 - 115，277 - 279，

287,288,经济危机

related to unions, **L9**：79 - 80,318 - 319,
333,338 - 340,与联盟相关的经济

AAA reports on, **L9**：83 - 85,3A 机构的
经济报告

producer and consumer cooperation in, **L9**：
85 - 86,生产者和消费者在经济中的
合作

Bellamy's view of, **L9**：102 - 104,贝拉米
的经济学观点

influence of citizens' committees on, **L9**：
112 - 113,公民委员会对经济的影响

art's relation to, **L10**：14 - 16,27,193,
197,265,303,319,330 - 332,340,344 -
348,351,经济条件与艺术的关系

affets liberalism, **L11**：8 - 11,366 - 367,经
济对自由主义的影响

freedom in, **L11**：26 - 28,136 - 140,142 -
143,249 - 252,254,258,283,284,290,
365 - 367,369 - 371,496,经济自由

structure of, **L11**：43 - 44,130,339,492,
经济结构

socialized, **L11**：61 - 64,266,社会化的
经济

and authority, **L11**：136 - 137,经济与权威

planned, **L11**：140 - 41,144,258,有计划
的经济

regulation of, **L11**：168,360,362 - 363,经
济的监管;**L13**：105 - 106,经济学规章

Lippmann on, **L11**：490 - 494,李普曼论经
济

Compton on, **L11**：575 - 576,康普顿论
经济

divisions in, **L13**：114 - 115,125,经济(因
素)的分化;**L15**：229,237,经济学的
划分

related to democracy, **L13**：305 - 307;
L17：472,与民主相关的经济学

and standard of living, **L13**：423 - 424,经
济学与生活规范

method of intelligence applied to, **L14**：
74 - 75,经济中所应用的理智方法

C. and M. Beard on, **L14**：284,比尔德论
经济

related to materialism, **L14**：319,329,332
- 333;**L15**：60 - 61,222 - 223,233 -
235,经济学中的唯物主义

ageing related to, **L14**：343,与经济相关的
年龄问题

Ayres on, **L15**：89n,108n,359 - 360,
448n,502,艾尔斯论经济学

means-end split in, **L15**：216 - 218,经济学
中手段与目的的割裂

oppressive effects of, **L15**：220,经济制度
的压迫作用

nature of, **L16**：87n,101n,243n,255,
353,366,396,401,经济的本质

isolation of, **L16**：371,417,经济孤立

understanding of, **L17**：46,对经济学的
理解

of scarcity and abundance, **L17**：444,稀缺
与充裕的经济

Economic Sanctions, Committee on, **L6**：
456n,471,484,经济制裁委员会

" Economic Situation：A Challenge to
Education, The," **L6**：xxiii,《经济形势：
对教育的挑战》

Eddington, Arthur Stanley, **L5**：483,484;
L9：242;**L11**：434,435,爱丁顿,阿瑟·斯
坦利/亚瑟·斯坦利

on ideas, **L4**：xvii,艾丁顿论观念

on operations, **L4**：89 - 90,艾丁顿论操作

on relations, **L4**：104 - 105,艾丁顿论关系

on perception, **L4**：191 - 192,艾丁顿论
知觉

Eddy, Mary Baker, **L1**：55,爱迪,玛丽·
贝克

Eddy, Sherwood, **L6**：263 - 265,埃迪,舍
伍德

Edel, Abraham, **L14**：xxiv;**L15**：460,埃德

尔,亚伯拉罕

on 1908 and 1932 *Ethics*, **L7**：vii-xxxv,埃德尔论及 1908 年和 1932 年版的《伦理学》

Edinburgh, Scotland, **M11**：237,爱丁堡,苏格兰

Edinburgh, University of, **L4**：vii,爱丁堡大学

Edison, Thomas Alva, **M7**：106 - 108；**L8**：233,爱迪生,托马斯·阿尔瓦

Edman, Irwin, **L14**：301 - 302；**L15**：335n；**L17**：466,568,埃德曼,尹文/欧文

  in Polish study, **M11**：260,396,397,401n,艾德曼与波兰研究

  contributes to *Art as Experience*, **L10**：7,对《作为经验的艺术》的贡献

Educating for Democracy：A Symposium, **L11**：226n,567n,教育民主：一个研讨会

Education (Kant), **L13**：xvii,《教育》(康德)

Education, **M12**：xvi, 152,184,199；**M14**：47,50,52,76,185；**L4**：219；**L16**：458,教育。另见 Elementary school；Schools；Teachers；University；Vocational education

  affects health of women, **E1**：64；**L17**：7 - 9,教育对女性健康的影响

  study of, **E1**：80；**E5**：113,443 - 447,对教育的系统研究

  philosophy of, **E4**：xx-xxi；**E5**：87 - 91, 294 - 295,328 - 330,340 - 341,445；**M4**：162 - 163；**M7**：297 - 312；**M9**：338 - 342；**M10**：xxix-xxx；**M15**：xxiii；**L5**：26 - 31；**L8**：46,48,77 - 103；**L9**：194 - 204,390；**L11**：xxin；**L15**：315,335,教育哲学

  theories of, **E4**：50；**M7**：377 - 386；**M9**：78 - 86,100,125 - 130,133,209,325, 341；**M11**：xi, 58 - 69,88 - 92,333 - 335,348,教育理论

  Dewey's role in, **E5**：xvii；**M11**：ix；**L4**：vii, viii；**L6**：414 - 417；**L8**：ix, xi-xii,

xv；**L14**：xix；**L16**：187,杜威在教育中的作用

concepts of ethical in, **E5**：75,教育中的伦理概念

related to society, **E5**：84,93 - 94,213,224 - 225；**M4**：328；**M8**：351, 353 - 364；**M9**：331 - 332；**M15**：xxiii, 150,158 - 159；**L2**：358 - 359；**L6**：96 - 97,110 - 111,126 - 127,139 - 140,143；**L8**：58 - 60；**L9**：110 - 111,114,127 - 128,131 - 135,145,159 - 161,167 - 168,175,180 - 185, 202 - 203, 206, 393 - 395；**L11**：xvii-xxiii, 25, 42,44,51,170,177,183, 204 - 207,209,230 - 237,240,249,252 - 255,378, 382 - 386, 388 - 390, 408 - 414,485 - 486,550, 555 - 556；**L13**：377,381,384 - 387,教育和社会的关系

related to psychology, **E5**：86,226 - 229；**M1**：135；**L9**：150 - 151,155,179,183, 191,409；**L14**：337,教育学和心理学

development of, **E5**：214,教育的发展

methods of, **E5**：232；**M3**：307 - 309；**M4**：161 - 162；**M10**：142 - 143；**M11**：54 - 57,335,393；**L2**：360；**L4**：32,37, 201；**L6**：100 - 101,105 - 109,142 - 145；**L9**：178,179,181 - 182；**L11**：162 - 165,171 - 173,178 - 180,193 - 195,202 - 216,244,343 - 344,557；**L17**：54 - 55, 464 - 465,教育方法

changes in, **E5**：257 - 258；**M15**：181,187 - 188,190 - 191,208 - 209；**L3**：39 - 40, 140 - 141,252；**L6**：94 - 98,109 - 111；**L9**：148 - 150, 175 - 176,390 - 391；**L14**：270 - 272,教育中的变化

experiment in, **E5**：269,288；**M7**：387 - 389；**M8**：222 - 235,253；**M10**：121 - 124；**L6**：295 - 298,教育实验

division of labor in, **E5**：281,教育中的劳动分工

leaders, **E5**：281 - 289,教育领导

references on, **E5**：330,334,教育文献

Harris on, **E5**：380－382,哈里斯论及教育

influences on, **M1**：xvii；**M15**：195；**L8**：43－48,53,60,65－69,71－74,80－82,101－103；**L11**：79；**L17**：167,对教育的影响

related to industry, **M1**：16－17；**M3**：285－293；**M10**：137－143；**M15**：162－167,190；**L3**：280－284；**L8**：55－57,教育和工业

control of, **M1**：18；**M8**：123－133；**L11**：115－116,162,165,358,413,对教育的管理

traditional and progressive, **M1**：21－23,264－265；**L13**：xiixiv, 3－16,23－24,34,61－62,284,340－341,375－379,383－385,传统教育与进步教育

related to life, **M1**：39；**L14**：346－347,和生活有关的教育

conservatism in, **M1**：260－261,教育中的保守主义

progressive, **M1**：262－263；**M8**：xxxii；**M9**：xv；**L3**：xxiv-xxvi, 257－268,330－331；**L5**：xv-xvi, 319－325；**L9**：147,151,153－157,194,198－199；**L11**：175,181,190－216；**L13**：378－379；**L15**：303－304；**L17**：52－56,进步教育

old and new, **M1**：265－282,304－305,新老教育

direct and indirect, **M3**：240,直接教育和间接教育

tests and measurements in, **M3**：241－248；**M15**：182；**L3**：260－262,教育中的测试和衡量

related to religion, **M4**：165－170；**L14**：77－78,教育与宗教

theories of mind applied to, **M4**：181－191,被应用于教育的几种心灵理论

moral, **M5**：157－158；**M11**：32－33；**L5**：74；**L9**：186－193；**L17**：261,道德教育

pragmatism in, **M6**：xi；**L15**：167－168,教育中的实用主义

related to science, **M6**：69－79；**M12**：265；**L3**：xxv, 259－261,267－268；**L5**：xii-xiv, 3－40；**L6**：59－60,104－105；**L9**：98－100,195－198；**L11**：34－35,128,186－187,189,200－201,214,503,551－554,556,580,教育和科学的关系

scientific and humanistic, **M6**：70－71；**M9**：294－298；**M10**：181－182；**L17**：xviii-xix, 322,科学教育和人文教育

play and, **M6**：308,363；**M7**：322－323；**L8**：288－289；**L17**：263,284－285,游戏和教育

language in, **M6**：318－327；**L8**：308－314,教育中的语言

observation in, **M6**：331－335,教育中的观察

communication in, **M6**：335－337；**L15**：179－180,教育中的交流

in *Cyclopedia of Education*, **M6**：417－418,425－434,436－437,教育(《教育百科全书》)

interest and effort in, **M7**：153－197；**L6**：88,116－117,教育中的兴趣与努力

idealism in, **M7**：229－233,教育中的理念论

imitation in, **M7**：234－237,教育中的模仿

liberal, **M7**：271－275；**M10**：156；**L15**：154,276－280,333－336,378,474－484,自由的教育

Plato's influence on, **M7**：312－318,柏拉图对教育的影响

democracy and, **M8**：xxxiv；**L2**：364－365；**L11**：222－224,385－386,415－416,557－559；**L13**：17－18,92－93,379,383,民主与教育

in Germany, **M8**：174；**M9**：100,102；**M10**：178－182；**L13**：92－161,德国的教育

Rousseau on，**M8**：211，213 - 214，卢梭论教育

Pestalozzi on，**M8**：251 - 252，裴斯泰洛齐论教育

and leisure，**M8**：353 - 356；**M15**：167 - 169，190，194 - 195，教育和休闲

purpose of，**M9**：54 - 56，77，319 - 320；**M13**：297，320，329，399 - 405；**M14**：xx，89 - 90；**L5**：xvi；**L6**：75 - 89，102，112 - 113；**L9**：147 - 148，194 - 196；**L11**：159 - 161，167，170，178，501；**L13**：40 - 41，270，304，376，385；**L16**：380；**L17**：139，224 - 225，230 - 231，294，298，316，322，337，476，教育目标

curriculum in，**M9**：254 - 256；**M15**：183 - 184，187，191 - 192，教育中不断发展的课程

related to nationalism，**M10**：xxxii-xxxiii，193 - 195，203 - 210，教育与国家主义的联系

current tendencies in，**M10**：116 - 120，当前教育中的趋向

public，**M10**：173 - 177；**L11**：175，181 - 182，226 - 227，229 - 231，234 - 237，350 - 351，579；**L15**：281 - 285，公立(公共)的教育

in Great Britain，**M10**：178 - 179，181，英国的教育

universal military service as，**M10**：183 - 190，作为教育的普遍兵役

and culture，**M10**：196 - 201；**M15**：196 - 197；**L5**：102 - 103；**L6**：xxii，46，83 - 84，421，445 - 447；**L11**：350，573，教育与文化

organization in，**M10**：397 - 411，教育组织；**L3**：251，教育中的系统

in China，**M11**：xvii，180，200，203，207，209，231；**M13**：231 - 232；**L17**：32，169 - 171，中国的教育

related to politics，**M11**：32 - 33；**M15**：

158 - 163，190；**L6**：118 - 119，188，245，254，411，437，教育中的政治

of poor，**M11**：77，80，贫民的教育

in Japan，**M11**：157，161，166 - 172，178，193，日本的教育

of Poles，**M11**：242，260，263，265，277，305，398，波兰人的教育

G. Morris's role in，**M11**：337，莫里斯在教育上的地位

F. Alexander on，**M11**：352 - 355，亚历山大的教育观点

James on，**M12**：207；**L14**：339，詹姆斯论教育

criticism of，**M12**：248；**M13**：293，294，327 - 328，332，333，对教育的批评

hindrances to，**M13**：xv，对教育的妨碍

importance of，**M13**：228，230 - 232，283 - 285；**L5**：156；**L11**：159 - 161，533，教育的重要性

popular，**M13**：303，公众教育

beliefs about，**M13**：318 - 324，328，402，427 - 428，关于教育的信念

equipment for，**M13**：326，教育设施

Kant on，**M13**：401；**L13**：xvii，康德论教育

training and，**M13**：428，训练与教育

definition of，**M14**：70；**L17**：214，226，教育的定义

individualism and，**M15**：xxiii，170，172 - 175，180 - 181；**L5**：131 - 143；**L7**：364；**L8**：43，53 - 55；**L9**：176 - 181，183，196 - 198，205 - 207，个人主义与教育

propaganda in，**M15**：xxiv，教育中的宣传

professional，**M15**：xxiv，193 - 197；**L11**：172，176，188 - 189，538 - 539，职业教育

and evolution，**M15**：50，162；**L9**：161 - 162，教育和进化

isolation vs. socialization in，**M15**：176 - 178，教育中的孤立对社会化

theory and practice in，**M15**：184 - 186，

189,教育中的理论和实践

role of supervisor in, **M15**：186,教育中导师的作用

finances in, **M15**：192；**L2**：117 - 120；**L9**：115 - 122,392 - 395；**L14**：311,教育基金

importance of thinking in, **M15**：198 - 199,教育中思考的重要性

Turkish, **M15**：275 - 277,280 - 282,290 - 297,304 - 307,土耳其教育

instrumentalism in, **L2**：xvii-xviii, 55 - 61,教育中的工具主义

art, **L2**：xx-xxi, 111 - 115,375 - 377,382 - 385；**L10**：349；**L11**：195,503 - 504,520 - 525,艺术教育

U. S., **L2**：115；**L6**：90 - 91,100 - 104；**L9**：393,394,美国教育

problems in, **L2**：116 - 122；**L8**：263 - 267；**L11**：162 - 163,173 - 180,231 - 232,354,357 - 359,411 - 412,579；**L13**：xiii, 22 - 23,26 - 27,36,38,44 - 45,52 - 53,55 - 58,62,264,270,283,301；**L17**：27,110,113,239,教育中的问题

quality of, **L2**：120 - 123,教育的质量

in Mexico, **L2**：199 - 205,墨西哥的教育

Russell on, **L2**：226 - 230,卢梭论及教育

art of, **L3**：38 - 39；**L5**：6 - 7,教育的艺术

in USSR, **L3**：218 - 241,247 - 248；**L6**：143 - 145,291 - 294,；**L11**：335 - 336,356,357,509；**L15**：373 - 374；**L17**：487 - 510,苏联的教育

higher, **L3**：276 - 278；**L11**：163,172 - 174,231,高等教育

effects of, **L4**：141,217,教育的效果

related to economics, **L4**：225；**L6**：xxi, xxiii, 123 - 125,129,409 - 411；**L9**：112 - 126,128 - 130,141 - 145,386 - 395,教育与经济的关系

J. Marsh on, **L5**：194 - 195,马什论教育

as phase of philosophy, **L5**：289 - 298；**L13**：259 - 260,282,教育作为哲学的一种形态

articulation in, **L5**：299 - 310,教育衔接

workers', **L5**：331 - 345,劳工教育

library's role in, **L5**：404 - 406,图书馆在教育中的作用

practical vs. liberal, **L6**：81 - 85,88 - 89,105 - 107,实践教育与人文教育之争；**L13**：268,278,职业教育与人文教育

universal, **L6**：92 - 93,103 - 104,107,110,普遍教育

emotions related to, **L6**：114 - 115,与教育相关的情感

imagination related to, **L6**：115 - 117,与教育相关的想象

and White House Conference, **L6**：131,135,136,教育与白宫会议

related to birth control, **L6**：146 - 148,与生育控制相关的教育

C. Gauss on, **L6**：259 - 262,高斯论教育

Nock on, **L6**：286 - 290,诺克论教育

and Brookwood Labor College, **L6**：327 - 329,教育与布鲁克伍德职业学院

and citizenship, **L6**：433 - 435；**L9**：161,163,164,教育与公民身份

primitive customs in, **L7**：55 - 56,早期教育风俗

influence of, **L7**：149,201,243,381,410,430,434,教育的影响

institutions determine, **L7**：363 - 364,制度决定教育

related to form, **L8**：176 - 182,教育与形式的关系

adult, **L9**：100,184 - 185,191；**L11**：61,165,175,176,232,347,509,519,543；**L17**：45 - 47,成人教育

Mort Committee and, **L9**：119 - 120,129,莫特委员和教育

union influence on, **L9**：125 - 126；**L17**：

教育

  pioneer，**L17**：72 - 73，先锋教育

  population affects，**L17**：73，人口影响教育

  Sophists influence，**L17**：183 - 184，智者影响教育

  instincts applied to，**L17**：193 - 195，应用到教育之上的本能

  affected by infancy，**L17**：256 - 257，受婴儿期影响的教育

  conception of，**L17**：297，教育观

  Spencer on，**L17**：338，斯宾塞论教育

  belief in，**L17**：341，347，400，对教育的信仰

"Education：1800 - 1939，" **L14**：xix，《教育：1800—1939》

"Education, Direct and Indirect，" **M3**：xviii，《教育：直接的和间接的》

Education, National Council of，**M2**：80n；**L5**：326n；**L6**：142n，445，国家教育协会

Education, National Society for the Study of，**L9**：169n；**L13**：255n，281n，全国教育研究会

Education, National Society of College Teachers of，**L17**：138 - 139，561，全国高校教育教师联盟

Education, Office of（Washington，D. C.），**L11**：356，华盛顿哥伦比亚特区教育局

Educational Adaptations in a Changing Society（Malherbe），**L11**：238n，243n，《教育适应社会变化》（马伯莱）

Educational Frontier, The（Kilpatrick），**L8**：ix，xi-xii，43n，77n，374n，《教育前沿》（基尔帕特里克）

Educational Policy in Soviet Russia（Hans and Hessen），**L6**：291，《苏联的教育政策》（汉斯与黑森）

Educational Trends，**L14**：360 - 361，《教育的趋势》

Educational Workers International，**L9**：341，国际教育工作者

"Education and Social Change，" **L11**：xx，《教育与社会变革》

Education and the Class Struggle（Slesinger），**L11**：485 - 486，《教育与阶级斗争》（施莱辛格）

Education and the Good Life（B. Russell），**L2**：226 - 230，《教育和良善生活》（罗素）

Education and the Modern World（B. Russell），**L14**：244 - 245，《教育和现代世界》（罗素）

Education and the Social Crisis（Kilpatrick），**L13**：387，《教育与社会危机》（基尔帕特里克）

"Education Cannot Lead"（T. Dennett），**L11**：588 - 591，《教育不能领路》（德纳特）

Education Development Act of 1947（S. 2499），**L15**：281 - 285，《1947 年教育发展法案》

Education for Modern Man（Hook），**L15**：xxiv，372，《现代人的教育》（胡克）

Education for What Is Real（E. Kelley），**L15**：310 - 311，《什么是真正的教育》（凯利）

Education in the British West Indies（E. Williams），**L15**：308 - 309，《英属西印度群岛的教育》（威廉斯）

Education in the Soviet Union（Neilson），**L11**：509，《苏联的教育》（内尔逊）

Education of Henry Adams, The（H. Adams），**M13**：272；**L6**：297，《亨利·亚当斯的教育》（亚当斯）

Education of Man, The（Froebel），**M7**：383，《人的教育》

Education Worker，**L9**：341，教育工作者

Education Workers League，**L9**：341，342，教育工作者联盟

Educations，参见 Teachers

Edwards, Anna Camp，**M1**：325n，335n；**L11**：191n，193n，202n，爱德华兹，安娜·坎普

Effect，参见 Cause and effect

Efficacy，**L1**：90，效用性

Efficiency：能力、效能、效率

  as constituent of character，**E5**：78 – 79，能
力是品格的成分

  scientific，**M9**：91，科学效能

  social，**M9**：100，125 – 130，社会效能

  defined，**M9**：171 – 172；**L17**：77，效能得
到定义

  movement in education，**M10**：118 – 119，
教育中的效率运动

  as organization of force，**M10**：247 – 251，
效率作为组织的力量

  need for，**L7**：353；**L17**：77 – 78，效率需求

  of production and distribution，**L13**：311 –
312，生产率与流通效率

  lack of intellectual，**L17**：27，理智效率的
缺乏

  thinking for，**L17**：80 – 81，为效率而思考

Effort，**L1**：194，努力

  related to will，**E4**：253 – 256，努力的本质

  theory of，**E5**：115 – 120，努力理论

  in education，**E5**：121；**M7**：153 – 197，473 –
474，教育中的努力

  and desire，**E5**：129；**L13**：71，313，努力与
愿望

  meaning of moral，**E5**：135，努力的道德
意义

  abnormal use of，**E5**：136，努力的非正常
使用

  sensational and spiritual schools of，**E5**：
150 – 156，努力的感觉和精神学派

  as tension between means and ends，**E5**：
157 – 159，努力是手段和目的之间的
张力

  role of self in，**E5**：159 – 161，努力中的自
我作用

  in habits，**E5**：162 – 163，努力在习惯中

  related to interest，**E5**：166 – 167；**M7**：
254 – 256，与兴趣相联系的努力

  in *Cyclopedia of Education*，**M6**：434 –
436，努力（《教育百科全书》）

Egg-factories，**M12**：73，鸡蛋-工厂

Ego，**M7**：291，340，448 – 449；**L1**：173 –
174，188，自我

  as cause，**E4**：91 – 96，自我之为原因

  isolated from alter，**E5**：403 – 405，自我和
他我

  empirical and rational，**M8**：154，经验自我
和理性自我

  Fichte on，**M8**：178，187，费希特论自我

  exaggeration of，**L16**：384，458，自我的
夸张

  of conscience，**L17**：4，352，良知的自我

  selecting power of，**L17**：5，自我的选择
能力

Ego-centric predicament，**M6**：89 – 90，113 –
122；**M7**：79 – 84，445 – 451，456；**M8**：62，
自我中心困境

Egoism，**L15**：219，221，利己主义

  and altruism，**E3**：285，307 – 308；**L7**：292 –
298，利己主义和利他主义

  in *Cyclopedia of Education*，**M6**：366 –
369，利己主义（《教育百科全书》）

  in children，**M9**：28，48 – 49，孩子的自我
本位主义

  as theory in individualism，**M15**：244，在个
人主义中作为理论的自我中心主义

Egotism，**M14**：201，自我中心主义；**L10**：
199，唯我论

  spiritual，**M14**：8，精神上的自我中心主义

Egotism in German Philosophy（Santayana），
M10：305 – 309，《德国哲学中的唯我主义》
（桑塔亚那））

Egypt，**M11**：101；**L6**：353，埃及

  British and French interests in，**L6**：219，
468 – 469，英国和法国在埃及的利益

  art of，**L10**：175，314，330，333 – 338，埃及
艺术

  mathematics in，**L17**：237 – 238，埃及的

数学

Ehrlich, Henrick, **L15**：350,埃利希,亨理克

Eichhorn, K. F. , **M8**：177,艾希霍恩,K·F

Eighteenth Amendment,**L6**：250,第十八条修正案

Eighteenth Brumaire of Louis Bonaparte, The (Marx), **L17**：xxvii,《路易·波拿巴的雾月十八日》(马克思)

Eighteenth century：18 世纪

 individualistic philosophy of, **M9**：97 - 99, 102 - 103,105,18 世纪的个人主义哲学

Einfühlung, **L10**：107,364,移情

Einstein, Albert, **M13**：313;**M15**：154;**L1**：15,16;**L2**：222;**L4**：90n, 102;**L6**：185, 488;**L8**：xvi, 208;**L10**：viii, 302;**L11**：246;**L13**：359 - 360;**L14**：59,398;**L16**：61,103,爱因斯坦,阿尔伯特

 on simultaneity, **L4**：115 - 117,爱因斯坦论同时性

 transforms physics, **L16**：xxxiv, 68n, 76n, 278,爱因斯坦改变物理学

 transactional approach of, **L16**：98 - 99, 106 - 109,爱因斯坦的交互作用的角度

 on science, **L16**：105n,爱因斯坦关于科学

Eisenhower, Dwight D. , **L11**：xi,艾森豪威尔,德怀特·D

Eisler, Rudolf, **L16**：20n, 43,163,艾斯勒,鲁道夫

Eisner, Kurt, **L15**：xxix,艾斯纳,库尔特

Either-or, **L12**：193,343 - 344,499 - 500;**L13**：5 - 8,14,24,30,55,非此即彼

Élan vital, **M12**：231,232,244;**L10**：xvii,生命冲动

Eleatic pluralism, **M10**：32n,爱利亚学派的多元论

Eleatic school, **M13**：364,埃利亚学派

 on non-being, **M2**：157,爱利亚学派论非有

 as forerunner of pantheism, **M2**：183,爱利亚学派作为泛神论先驱

Election：选举

 of 1932, **L6**：326,1932 年选举

 of 1936, **L11**：526,1936 年选举

 of 1948, **L15**：xxvii, 239 - 247,1948 年选举

 Constitution on, **L16**：403,选举制度

Electives：选课、选修课

 in teaching philosophy, **E1**：120 - 121,哲学教学中的选课制度

 in curriculum, **E5**：332,关于选修课的文献

Electoral college, **L2**：305;**L5**：504 - 505,总统选举团

Electricity, **L13**：144,电

Elegance, **L10**：145,高雅

Elementary Lessons in Logic (W. Jevons), **M6**：324n, 331;**L8**：257 - 258,312n,《逻辑基本课程》(杰文斯)

Elementary Psychology (J. Baker), **E3**：190 - 192,《基础心理学》(J·贝克尔)

Elementary school, **L11**：176, 208, 243, 小学。另见 University Elementary School, Columbia University Teachers College

 language study in, **E5**：254 - 269,初等学校的教育问题

 related to high school, **E5**：274,初等学校与高中相关联;**M1**：300 - 302,初等学校与中等学校相关联

 needs of child in, **E5**：381,初等学校儿童的需要

 need for investigation in, **E5**：448 - 464,在初等学校教育中探究的需要

 Dewey's concern with, **M1**：xix-xx,杜威对初等教育的兴趣

 origin of, **M1**：40 - 42,小学的起源

 affected by democratic movement, **M1**：288,受到民主运动影响的初等学校

 aims of, **M3**：295 - 296,初等教育的目标

 federal aid to, **M10**：125 - 129,对基础教育的联邦资助

science teaching in，**M10**：131，基础教育中的科学教学

vocational education and，**M10**：145－146，职业教育与基础教育

problem method in，**L6**：85－88，基础教育问题的方法

Elementary School of University of Chicago，另见 Laboratory School，University of Chicago

Elementary School Teacher，**M2**：79，《小学教师》

Elements，**L1**：74，115－116；**L12**：125，154－155，340－341，452－454，元素

mathematical，**L12**：403－404，数学元素

as terminology，**L16**：102，113，要素作为术语

Elements of Ethics（Muirhead），**E5**：25，《伦理学要素》（姆尔海德）

Elements of Jurisprudence，*The*（Holland），**L6**：481n，《法学原理》（霍兰）

Elements of Metaphysics，*The*（Deussen），**E5**：342－344，《形而上学原理》（杜森）

Elements of Philosophy（Hobbes），**M11**：31，《哲学要义》（霍布斯）

Elements of Physiological Psychology（Ladd），**E1**：194－204，《生理心理学基础》（拉德）

Elgin Marbles，**L10**：236，埃尔金石雕

Elimination，**L12**：182－183，186，204，263，317，374，427，493，排除。另见 Exclusion，12；Negation，**L12**

Eliot，Charles W.，**E3**：198－199，艾略特，查尔斯·威廉；**M10**：250，埃利奥特，查尔斯·威廉；**M15**：xvii，191，380；**L5**：351；**L13**：110，401，艾略特，查尔斯·威廉

Eliot，George（pseud. of Mary Ann Evans），**M3**：56；**L7**：198－199，艾略特，乔治

on positivism，**M2**：209，埃利奥特论实证主义

on happiness，**M5**：274n，艾略特论最高的幸福

on altruism and egoism，**M6**：366，艾略特论利他主义与利己主义

on esthetic experience，**L10**：23n－24n，354，艾略特论审美经验

other-worldliness of，**L17**：13，554，艾略特的彼世

Eliot，T. S.，**M5**：145；**L10**：xxvi，xxxiii，323，366，艾略特，T·S

Elizabethan Age，**L5**：100，伊丽莎白时代

drama in，**L10**：148，伊丽莎白时代的戏剧

Elliot，Hugh S. R.，**M7**：135－136，艾略特，休

Elliott，John Lovejoy，**M10**：377n；**L11**：381，艾略特，约翰·洛夫乔伊

Ellis，A. Caswell，**L11**：567n，570，571，576－578，艾利斯，凯斯维尔

Ellis，Havelock，**M5**：522n，埃利斯，哈夫洛克；**L10**：243，艾利斯，哈维洛克

Emancipation Proclamation，**L14**：111，解放宣言

Embargo：禁运、禁止

as economic sanction，**L6**：201，471，475－476，作为经济制裁的禁运

of U. S. loans to Manchuria，**L6**：469，美国禁止向"满洲国"贷款

leading to war，**L6**：477－479，禁运导致战争

Emergence，**L16**：45，出现

as terminology，**L16**：121，作为术语出现

Emergence of Man，*The*（Heard），**L6**：278－279，《人的出现》（赫德）

Emergency Committee for Employment，**L6**：374－375，紧急就业委员会

Emergency Relief and Construction Act，**L6**：397，紧急救济与建设法案

Emergency Society for German Science and Art，**M15**：316，德国科学和艺术救援协会

Emerson，Ralph Waldo，**M3**：56；**M4**：xxxiii，241；**M7**：154，358；**M8**：142；**M9**：xxii，57；**M10**：188；**M14**：72，100；**L2**：207，231，372；**L3**：369，375；**L6**：99；**L9**：

xxvi；**L11**：443，464；**L13**：xiv；**L15**：
xxxiii；**L17**：135，爱默生，拉尔夫·沃尔多

on esthetics，**E4**：197；**L10**：35，354，爱默
生论美学

on compensation，**F5**：115，爱默生论补偿

on oversoul，**M2**：180，爱默生论超灵

philosophic concerns of，**M3**：xx-xxi，对于
爱默生的哲学关注的认识

on believing，**M3**：99，爱默生论相信

on logic，**M3**：184，爱默生论逻辑

on poet，**M3**：185，爱默生论诗人

on thinker，**M3**：187，爱默生论思想家

on idealism，**M3**：188，爱默生论唯心主义

compared with transcendentalists，**M3**：
189 - 190，爱默生与先验论者的对比

on common man，**M3**：190 - 192，爱默生论
普通人

on good act，**M5**：316，爱默生论自发的善
的行为

on freedom of thought，**M5**：399n，爱默生
论思想自由

on punishment reform，**M5**：420，爱默生论
惩罚改革

Maeterlinck on，**M6**：133，梅特林克论爱默
生

on democracy，**M6**：135，爱默生的民主
观念

on poet's name for thing，**M6**：316；**L8**：
304，爱默生论诗人赋予一个事物的名字

on society，**L5**：122，爱默生论社会

on self-reliance，**L5**：139，爱默生论自立

J. Marsh influences，**L5**：184，马什对爱默
生的影响

on abstinence，**L7**：210，爱默生论节制

as writer，**L10**：320，作为作家的爱默生

compared with Dewey，**L14**：405，410，与
杜威相比较的爱默生

Emerson School（Gary，Ind. ），**M8**：335，埃
默森学校（印第安纳州加里市）

Émile（Rousseau），**M8**：211；**M9**：100n；

L6：495；**L8**：37，《爱弥尔》（卢梭）

Emmons，Nathaniel，**L17**：564，艾门斯，纳撒
尼尔

Emotion，**M6**：385 - 386，感情；**M12**：139，
200，情感；**M14**：54，59，175，177   179，
181，情绪；**L1**：174 - 175，292；**L15**：118 -
119，情绪、情感

religious，**E1**：90 - 92，宗教情感

social，**E3**：277，社会性情感；**L9**：52 - 55；
L15：223，情感的社会效用

nature of，**E4**：xiv，170 - 171；**E5**：130 -
131；**L4**：220，235，情绪的本质；**L6**：113 -
115；**L11**：200，情感的特性

and charity，**E4**：58 - 59，情绪和慈善

in perception and expression，**E4**：154；
M11：352；**L10**： xii-xiii， xxv-xxvii，
xxxi，13，21，27，29，36，37，42，44，48 -
50，56，59，61，66 - 76，80 - 84，88，102 -
104，108，123，129，135，157，160，190，
207，221，246，261，264 - 265，268，情感
表达；**L17**：198，情绪的表达

as laughter，**E4**：155，情绪之为笑

ideas and，**E4**：156 - 157，思想和情绪；
L13：162，169，182；**L14**：317，观念与情
感

and idiopathic discharges，**E4**：159 - 161，
情绪和自发的放射

and habits，**E4**：162 - 163，187；**E5**：93，情
绪与习惯

of fear，**E4**：164，恐惧情绪

principle of antithesis in，**E4**：165 - 169，情
绪的对立原则

of anger，**E4**：172 - 173，183 - 184，愤怒
情绪

involves inhibition，**E4**：180 - 183，情绪牵
涉抑制

interest and，**E4**：186 - 188；**E5**：325，兴趣
和情绪

and action，**E5**：93，205，324；**L11**：38，
213，244；**L17**：196，情绪和行动

in education，**E5**：203；**L6**：133－134，教育中的情绪因素

moral significance of，**E5**：323－326，情绪的道德意义

Stanley on，**E5**：362－365，斯坦利论情绪

purpose of，**M5**：52；**L7**：47，174，269－270，感情的目的

Greek view of，**M5**：101－102，希腊人对情绪的观点；**L7**：92－93，古希腊的情感观

Hebrew view of，**M5**：102－103，希伯来人对情绪的观点；**L7**：93－94，希伯来的情感观

James-Lange theory of，**M7**：xvii，詹姆斯-兰格情感理论

James on，**M7**：34－38；**L15**：6－8，17，詹姆斯论情感

influence of，**M7**：397－399；**L13**：335，情感的影响

Lotze on，**M8**：24，洛采论情感

intellect and，**M9**：345－346，情感与理智；**L11**：xxix，情感与智力；**L16**：249，255；**L17**：198－199，情绪与理智

as guiding life，**M10**：238－239，情绪引导人们的生活

in motivation，**M11**：10－16，动机中的情感

of wartime，**M11**：107－116，184；**L13**：290，400，战争期间的情感

related to beliefs，**M11**：132，341，346－347；**L15**：16，情感与信仰的联系

in word usage，**L2**：82－85，情感在词汇使用中

involved in response to uncertain，**L4**：x，3，4，179－182，情绪包含在对不确定的东西的反应之中

supports tradition，**L4**：62，234，246，情绪支持传统

connected with imagination，**L6**：115－116，与想象相关的情感

and art，**L10**：237－238，242－245，277－280，294，299，308，321，336，346；**L11**：503；**L13**：69－70，情感与艺术

uncontrolled，**L13**：249，无拘无束的情感

Houston on，**L13**：329－330，休斯顿论情感

vs. sensation，**L13**：333，情感与感受能力

Whitehead on，**L14**：132－133，怀特海论情感

related to human nature，**L14**：323－324，332－333，与人性相关的情感

in ethical judgment，**L15**：128－136，伦理判断中的情感

related to instinct，**L17**：196－197，与本能相关的情绪

related to consciousness，**L17**：197，与意识相关的情绪

training of，**L17**：344－346，情绪的训练

related to well-being，**L17**：514－515，与幸福相关的情绪

Emotional-volitional behavior，**L16**：312－313，314n，情感-意志的行为

Emotive **L16**：354，情绪的

Emotivism，**L13**：xii；**L15**：xix-xxii，107，403，情感主义

Stevenson's，**L15**：128－136，斯蒂文森的情感主义

Empathy：移情

in esthetic theory，**L10**：107，108，审美理论中的移情

Empedocles，**M2**：267；**M13**：364；**L3**：26，恩培多克勒

Empire of the Tsars（Leroy-Beaulieu），**M11**：277－278，《沙俄帝国》（列奥-布留尔）

Empirical：经验的

rules，**E3**：283－284，经验法则

in *Cyclopedia of Education*，**M6**：445－451，经验的（《教育百科全书》）

ego，**M8**：154，经验自我

pluralism，**M10**：xxv，64，经验的多元论

ambiguity of term，**L12**：17，44，经验一词的模糊性

"Empirical Survey of Empiricisms, An，" **L11**：xiii，《经验主义的经验考察》

Empirical thought，**M6**：293 - 296，经验思维

  disadvantages of，**L8**：xviii，269 - 271，经验主义思想的缺点

  vs. scientific，**L8**：272 - 278，经验主义思想与科学思想

Empiricus, Sextus，**L4**：x，xix，xx，恩披里柯，塞克斯都

Empiricism，**M5**：213；**M12**：124，126，136，213 - 215；**M13**：389；**M15**：350；**L1**：xiii，367，369，373 - 374，386；**L2**：11 - 13；**L3**：12 - 13，53 - 54；**L5**：380 - 381；**L13**：121；**L15**：94.，经验主义。另见 Sensational empiricism

  method of，**E1**：35 - 36，38，经验论的方法；**L1**：3 - 59，389 - 392，经验方法

  knowledge and，**E1**：300 - 301；**E5**：15；**M12**：xiv，259；**L4**：xi，xiii，xviii-xxii，88，141 - 142，147，166，167；**L11**：69 - 83，108 - 109，知识与经验主义

  in Green，**E3**：20，21，格林的经验论

  and morality，**E4**：42，108，114，264，310；**M5**：208 - 209，279，经验主义和道德

  and education，**M1**：xvii；**M9**：277 - 280，经验主义和教育

  functional and pragmatic，**M1**：130n，功能和实用的经验主义

  compared with evolutionary method and intuitionism，**M2**：31 - 38，经验主义与进化论方法和直觉主义对比

  failure of，**M2**：35；**M13**：446；**L4**：124 - 125，经验主义的失败

  related to idealism，**M2**：121，与唯心主义相关的经验主义

  meaning of，**M2**：245；**M9**：233；**L4**：63；**L8**：268 - 271；**L13**：11，131，经验主义的意义

  experience in，**M3**：158 - 167；**L4**：86；**L14**：32，经验主义中的经验

  immediate，**M3**：168 - 170，390 - 392；**M13**：449，452，474 - 476，直接经验主义

  radical，**M6**：94，100；**M7**：x，297；**M12**：xi，207，217；**M13**：xvii，353，479；**M15**：335，彻底的经验主义

  James's，**M7**：142 - 148；**M13**：448；**L15**：xxii-xxiii，10 - 15，詹姆斯的经验主义

  related to rationalism，**M7**：334 - 335；**M9**：343 - 344；**M10**：5 - 23；**M12**：126，130；**L4**：21，67，98，204 - 205；**L8**：8 - 9；**L12**：17 - 18，44，78，80，194，251n，277 - 278，304 - 305，420，426；**L14**：394 - 395；**L16**：92n，148n，284，411，经验主义对理性主义

  related to sensationalism，**M7**：345，作为经验主义产物的感觉主义

  affects nature of truth，**M7**：415，经验主义对真理本质的影响

  Greek，**M9**：272 - 273；**L17**：434，希腊经验主义

  British，**M10**：xxv，48，223 - 225；**L5**：173，175；**L11**：76 - 80，82，英国经验主义

  of Hume and Kant，**M10**：12 - 13，休谟的经验主义，康德的经验主义

  role of intelligence in，**M10**：14，理智在经验主义中所起的作用

  on thought，**M10**：16，17，经验主义关于思想的观点

  experimental，**L1**：335 - 336，371；**L4**：90，实验经验主义

  judicial，**L2**：28，司法上的经验主义

  of Newton，**L4**：92，94，114，115，牛顿的经验主义

  on conceptions，**L4**：112，120，126，132，133，概念在经验主义中的作用

  on values，**L4**：206 - 208，227 - 228，经验主义的价值论

social applications of, **L11**：15，79 - 80，经验主义的社会应用

Hutchins on, **L11**：392，398，400，哈钦斯论经验主义

organization of, **L13**：6，经验的组织

Dewey's, **L14**：20 - 21；**L16**：465 - 466，杜威的经验主义

and theory of time, **L14**：99，经验主义和时间理论

in history of philosophy, **L14**：142，313；**L17**：440 - 441，在哲学史上的经验主义

modern, **L14**：190 - 192，现代经验主义

of Bacon, **L14**：390，392，培根的经验主义

Rice on, **L15**：436 - 437，赖斯论经验主义

Kaufmann on, **L16**：196n，考夫曼论经验主义

realistic, **L17**：419，实在论经验主义

fact-finding in, **L17**：445，经验主义对事实的寻找

Empiristic logic, **E3**：129 - 132；**M3**：63；**M10**：335；**L12**：107，114，135，147 - 148，151 - 152，295，350，374，389，435，507 - 511，经验逻辑

Employment, **L10**：345 - 346，雇佣问题；**L11**：158，536，538 - 539，就业。另见 Work

Enclosure：包含

as relationship, **L12**：463 - 464，包含关系

Encyclopaedia and Dictionary of Education，**M13**：xv，399n，《教育百科辞典》

Encyclopaedia Britannica，**L10**：222，《不列颠百科全书》

Encyclopaedia of the Social Sciences，**L6**：29n；**L8**：ix，3n，13n，19n；**L11**：3；**L14**：194n；**L15**：232；**L17**：125，《社会科学百科全书》

Encyclopedia Americana，**M3**：40n，《美国百科全书》

End in Education：教育的目的

in *Cyclopedia of Education*，**M6**：436 - 437，教育的目的（《教育百科全书》）

Ends, **M14**：xviii；**L1**：82 - 99，107，120 - 121，128，144，151，159，188，206，290，3031；**L2**：106；**L12**：41 - 42，63，120n；**L13**：232，目的、目标。另见 Aims；Ends and means；Purpose；Teleology

ideal and, **E1**：220，223；**E3**：216 - 217，理想与目的

and standards, **E3**：261；**L7**：245 - 248，281，目的和标准

as divine and human, **E5**：31 - 33，神和人的目的

meaning of, **E5**：133 - 134；**M14**：154 - 163；**L4**：14，17，30，40 - 47，81，120 - 123，134，180；**L12**：167 - 169，178；**L13**：43，目的的意义

utilitarian emphasis on, **M5**：226 - 227，功利主义对目的的强调

and pleasure, **M5**：250 - 251；**L7**：191 - 199，目的和快乐

values and, **M8**：36 - 39；**M12**：180；**L16**：349 - 350，353，价值与目的

vs. results, **M9**：107 - 108，目的对结果

related to interest, **M9**：134 - 135；**L7**：208 - 212；**L17**：293，目的与兴趣的关系

morality of, **M10**：83；**M12**：175 - 176；**L7**：xxvi，目的的道德

fixed, **M12**：119 - 120，174；**L13**：230；**L14**：121 - 122；**L15**：235，固定的目的

intrinsic and instrumental, **M12**：177 - 179，内在本质的与工具的目的

higher, **M12**：178，"高级的"目的

knowledge as, **M14**：130，149，作为目的的知识

of desire, **M14**：172，179，欲望的目的

beliefs about, **L4**：15，29，201，243，关于目的的信仰

formation of, **L4**：33，82，119，169，170，213，239，目的的形成

attainment of, **L4**：106；**L13**：218，达到目的

importance of, **L4**：194,195；**L13**：350 -
351,目的的重要性

in human nature, **L6**：31 - 32,人性的目的

and good, **L7**：181 - 182,186 - 191,目的和
善

teleological theory of, **L7**：182,目的论的
目的理论

and reflection, **L7**：184 - 186,目的和思考

and success, **L7**：202 - 203,目的与成功

and asceticism, **L7**：203 - 207,目的和禁欲
主义

personality as, **L7**：223 - 224,人是目的

in art, **L10**：xx, xxii, 45,119 - 120,140 -
144,176 - 177,201 - 204,209,230,234,
244,261,艺术中的终点

of inquiry, **L12**：66 - 67,145 - 147,159,
219,385；**L16**：322 - 325,328,337,452,
探究的目标

in itself, **L12**：179,216n,目标自身

in nature, **L13**：192,299,自然目的；**L14**：
144 - 145,自然中的目的

as mental state, **L13**：223,目的作为精神
状态

absurdity of, **L13**：227,目的的荒谬性

appraisal of, **L13**：229,对所期望的结果的
鉴定

social, **L13**：321,社会目的

as limits of histories, **L14**：146,作为历史
的界限的目的

reconstruction of, **L14**：149,目的的重建

as directive, **L16**：329,331,目的作为指示

quality of, **L16**：344,367,410,目的的性质

disagreement on, **L16**：361,目的的不一致

as unknown, **L17**：96,目的外在于手段

of attention, **L17**：272 - 273,279,注意力
的目的

Russian cultural, **L17**：499,俄国的文化
目的

Ends and means, **E4**：29 - 32,36；**M5**：xvi-
xxvi；**M7**：165 - 174；**M9**：112 - 113,333；

M12：121；**M14**：23,27 - 29,184 - 188；
L1：274 - 277,286,296 - 297,340 - 341；
L4：37,124,131,215 - 216,220,222 - 227,
238,244；**L11**：62,217 - 218,259,298 -
299,332；**L12**：490 - 491；**L13**：188,202,
211 - 216,381,386 - 387,399；**L14**：72 -
74；**L15**：164 - 167,178,216 - 218,234；
L17：96,目的和手段。另见 Close; Conse-
quences

in philosophy of education, **L5**：28 - 33,教
育哲学中的目的与手段

Ends-in-view, **L15**：70,期待的目标

and activity, **L13**：209,234 - 235,所期望
的结果与行动

forming, **L13**：213,216,218,222 - 223,
247,形成"所期望的结果"

appraisal of, **L13**：226,233,238,对所期望
的结果的鉴定

ideational, **L13**：237,351,观念的所期望的
结果

Enemy aliens：敌对异己分子

Poles as, **M11**：285,301,322,325,330,波
兰人作为敌对异己分子

Enemy of the People, *An* (Ibsen), **M6**：30,
《人民公敌》(易卜生)

Energy, **M12**：226,245,力；**L16**：107,116n,
能量

in children, **E5**：120 - 121,精力的分散

as force, **M10**：212,能量作为力量

defined, **M10**：246,确定的能量

organized in art, **L10**：xvii-xxi, xxvi, 152,
159,161,165 - 190,195,233 - 234,238,
248,艺术中得到组织的能量

source of, **L10**：20,22,30,31,47,54,60,
66,70,127,260,264,284,340,342,能量
的源头

of medium, **L10**：200,201,209,214,217,
246,媒介的能量

Santayana on, **L10**：297,桑塔亚那论能量

conservation of, **L13**：123,能量守恒

and valuation, **L13**：204，能量与评价

kinds of, **L13**：238，能量的种类

waste of, **L13**：274，消耗能量

need for, **L13**：286，对能量的需要

scientific meaning of, **L14**：87，能量的科学意义

in Whitehead's metaphysics, **L14**：132 - 133，怀特海形而上学中的能量

Engelmann, George, **M8**：459，恩格尔曼，乔治

Engels, Friedrich, **L7**：426；**L9**：244，恩格斯，弗里德里希

Engineering, **M10**：155 - 156；**L10**：234，工程技术

England, 英国。参见 Great Britain

Engle, William：恩格尔，威廉

interviews Dewey, **L6**：403 - 407，恩格尔采访杜威

English：英语、英国的

jurisprudence, **L2**：28 - 30, 35 - 36, 41 - 42，英语法律体系

Parliament, **L2**：176 - 177，英国议会

English language, **L11**：515，英语

in primary education, **E5**：254 - 269，小学教育中的英语语言学习

experiment in, **M8**：262 - 263，英语语文实验

Enjoying：享受

meaning of term, **L15**：101 - 103，享受的词义

Enjoyment，**L15**：80 - 83，享受。另见 Liking；Satisfaction

esthetic, **L2**：108 - 109, 115，审美享受

related to value, **L13**：223 - 225, 336；**L14**：66，与价值相对的享受

value of, **L13**：227 - 228，享受的价值

role of, in inquiry, **L14**：43，享受在探究中的角色

Cohen on, **L14**：409 - 410，科恩论享受

Enjoyment of Poetry（M. Eastman），**M7**：149，《诗歌的乐趣》；**L10**：140, 359，《诗歌欣赏》（伊斯特曼）

Enlightenment，**M8**：189, 194；**M10**：18；**M12**：xiv, 107；**L7**：145 - 146；**L8**：xvi, 38；**L11**：77；**L13**：72, 156, 160, 162, 296, 297；**L17**：147, 468，启蒙

Kant on, **M8**：156 - 157, 167，康德与启蒙运动

French, **M8**：183；**M13**：421，法国启蒙运动

on reason, **L2**：xiv, xxxii-xxxiii，启蒙运动关于理性

optimism of, **L14**：100，启蒙运动的乐观主义

quality of, **L16**：371 - 372，启蒙的性质

beliefs of, **L16**：391，启蒙的信仰

effect of, **L17**：474，启蒙的后果

Russian civic, **L17**：494，俄国的公民启蒙

Entente Allies, 参见 Allies

Entente Cordiale, **L6**：468，英法协约

Enterprise：企业

economic, **L1**：356 - 359，经济事业

signification of, **L13**：146 - 147，企业的重要性

Entities：实体

Holt on, **M6**：473 - 474；**M10**：52，霍尔特论实体

Carnap on, **L16**：20 - 22, 27, 28n, 32，卡尔纳普关于实体

nature of, **L16**：45, 54, 261, 272, 303, 326, 366，实体的本质

as name, **L16**：49n, 102, 104, 262，实体作为名称

rejected, **L16**：111, 119n, 129, 345，放弃实体

related to definition, **L16**：168, 169，实体与定义的关系

Cohen on, **L16**：194 - 195，柯恩关于实体

Russell on, **L16**：199 - 203，罗素关于实体

C. Morris on, **L16**：217，莫里斯关于实体

false division into, **L16**：249,253,错误地区分实体

in science, **L16**：340,454,科学中的实体

in psychiatry, **L16**：412,精神病学中的实体

Balz on, **L16**：439,鲍茨关于实体

Entombment of Christ，*The*（Titian），**L10**：117,182,358,《基督下葬》（提香）

Environment，**M6**：361；**M14**：19,38,62,105,196；**L15**：12,环境

  related to organism，**E1**：56；**M12**：128；**M13**：378－379；**L1**：211－225,259－262；**L7**：xxvi；**L14**：15－21,28,39－40,64,158,161,167,185－186；**L16**：103,112,116－126,133,136,195,417,462,环境与有机体

  of college students，**E1**：67－68,74,大学生的环境

  related to individuality，**E3**：301－303；**M7**：393－394,环境对个体特质的影响

  man and，**E5**：37－38,46－47；**L11**：502,512－513,人类和环境

  evolution of，**E5**：52,环境的进化

  Baldwin on，**E5**：416－417,鲍德温论环境

  related to idea，**M4**：83－84；**M12**：85,232,与观念相关的环境

  and morals，**M5**：8；**L7**：10,340－344,环境和道德

  in *Cyclopedia of Education*，**M6**：437－440,环境（《教育百科全书》）

  related to heredity，**M7**：286－287；**M9**：80－81,与遗传相联系的环境

  study of，**M8**：272－274,环境研究

  meaning of，**M9**：4－5,14－27,32－38；**L13**：25；**L16**：141－142,190,244,331－332,环境的含义

  adaptation of，**M9**：51－52,对环境的适应

  interferes with development，**M9**：62,环境对发展的干预

  and experience，**M9**：283；**M10**：7－11；**L13**：22－23,273,326－329；**L16**：456－457,环境与经验

  unpredictability of，**M10**：16,环境的不可预知性

  control of，**M10**：56,环境控制

  interaction with，**M12**：229,231；**L10**：xvi,19－28,34－35,64－67,70,72,109,136－138,152－156,163,165,190,217,251－252,257,260,264－269,276,281,284－287,291,307,317,323,329,347,与环境的相互作用

  and meaning，**M13**：374－375,环境与意义

  vs. psychology，**M13**：381,与心理学相对的环境

  social，**M14**：9,15－18,217－219；**L6**：40－42,社会环境

  harmony with，**M14**：110,125,与环境的和谐

  influence of，**L2**：18－21；**L7**：456；**L9**：188－189；**L17**：319,346,423－424,439,环境的影响

  and artistic appreciation，**L6**：45－46,环境与艺术欣赏

  related to health，**L6**：140,与健康相关的环境

  and culture，**L6**：445－446；**L12**：48－50,环境与文化

  and opportunities，**L7**：342,环境和机会

  religion and，**L9**：17－19,224－225,227,宗教与环境

  and education，**L9**：197,200,环境与教育

  as means，**L11**：239－240,环境作为手段

  and organic activity，**L12**：32－47,环境和有机活动

  and perceived objects，**L12**：73,152,被感知物体的周围环境

  expansion of，**L13**：48－49,环境的拓展

  continuity and discreteness in，**L14**：30,在环境中的连续性与分离性

  in inquiry，**L16**：97,288－289,327－328,

探究中的环境

in interaction and transaction, **L16**：114, 246, 在相互和交互作用中的环境

as locus, **L16**：138 - 140, 环境作为地点

Kantor and Dewey on, **L16**：191 - 192, 坎特和杜威关于环境

in semiotic, **L16**：232, 235 - 237, 270, 符号学中的环境

as name, **L16**：262, 环境作为名称

Balz on, **L16**：425 - 427, 鲍茨关于环境

Epictetus, **E3**：118；**M5**：132；**M11**：45；**L1**：374；**L7**：123, 128, 爱比克泰德

Epicureanism, **M7**：211；**M14**：143 - 144, 201；**M15**：326；**L5**：498, 伊壁鸠鲁主义

Epicureans, **E4**：263；**M2**：81；**M7**：275, 416；**L7**：205；**L8**：6, 24, 26, 伊壁鸠鲁学派

attributes of, **E4**：138 - 139；**E5**：9, 伊壁鸠鲁学派的属性

and individual, **E4**：230, 伊壁鸠鲁学派和个人

on nature, **M2**：145 - 146, 伊壁鸠鲁学派的自然观

on pleasures, **M5**：118, 202；**L7**：109, 伊壁鸠鲁学派论快乐

on friendship, **M5**：123, 173 - 174；**L7**：114, 伊壁鸠鲁学派论友谊

on wisdom, **M5**：127；**L7**：109, 118, 伊壁鸠鲁学派论智慧

theory of, **L7**：199 - 202, 伊壁鸠鲁学派的理论

truth underlying, **L7**：210, 伊壁鸠鲁学派论中的真理

Epicurus, **E4**：139；**L15**：418, 伊壁鸠鲁

Epimenides, **M7**：434, 埃庇米尼得斯

Epiphenomenalism, **L14**：303, 副现象论

Epiphenomenon：偶发现象

religious experience as, **L9**：xiv, xxiv, xxvii, 宗教经验作为偶发现象

Episcopalians, **M11**：24, 25, 圣公会教徒

Epistemological, **L16**：78, 386, 认识论的

as name, **L16**：262, 认识论作为名称

Epistemology, **M12**：xxix, 107, 119 - 120, 150, 152, 227；**M15**：350, 351；**L1**：75, 94, 113 - 114, 119 - 120, 245 - 246；**L2**：xv-xvii；**L12**：30, 69, 71 - 72, 94n, 113n, 387 - 388；**L14**：xvi, 认识论

modern, **E5**：19, 20, 现代认识论

and science, **M3**：93 - 97；**L12**：458 - 465, 认识论和科学

problem of, **M3**：119；**L14**：44, 50, 51n；**L16**：138, 146n, 287, 297, 303, 认识论的问题

mind in, **M6**：18；**M9**：302, 认识论中的心灵概念

realistic, **M6**：111 - 113；**M7**：454 - 460；**L14**：188, 认识论的实在论

in *Cyclopedia of Education*, **M6**：440 - 442, 认识论（《教育百科全书》）

Marvin on, **M6**：474 - 475, 马文论认识论

problem of knowledge in, **M10**：21 - 37, 认识论中的知识问题

concept of neutral in, **M10**：49 - 52, 认识论中的中立概念

dualistic, **M10**：64, 66, 439 - 449；**M13**：456；**M15**：355, 358, 362 - 363, 367, 370, 372；**L14**：9 - 10；**L15**：145 - 146, 152, 165, 认识论的二元论

monistic, **M10**：64, 66, 439 - 449；**M15**：362, 认识论上的一元论

affected by behavior, **M13**：29, 行为对认识论的影响

Dewey criticizes, **M13**：454 - 455；**L4**：ix-xi, xvi, xix, xx, 杜威对认识论的批评

empiricism as, **M13**：475, 作为认识论的经验主义

and sense-perception, **L2**：45 - 49, 51, 54, 认识论与感知-知觉

of James, **L4**：xviii, 詹姆斯的认识论

nature of, **L4**：69, 192；**L15**：91, 92, 认识

论的本质

history of, **L4**：97,142,144；**L14**：45 -
46；**L16**：46,认识论的历史

types of, **L12**：506 - 527；**L16**：8 - 12,认
识论类型

Cartesian and Lockean, **L14**：xix,笛卡尔
和洛克的认识论

subject vs. object in, **L14**：178,196 - 197,
认识论中的主客体

of Kant, **L15**：xxix,28,康德的认识论

positions held by, **L16**：42,80n,111,115,
137,250,255,257,258n,269,396,认识
论的观点

terminology of, **L16**：129,272,334 - 335,
449 - 450,认识论的术语

hostile to Peirce, **L16**：299,反对皮尔士

of Ogden and Richards, **L16**：300 - 302,奥
格登和理查兹的认识论

Epstein, Jacob, **L10**：175,爱泼斯坦,雅各布

Equality (Bellamy), **L9**：102,105,《平等》
（贝拉米）

Equality, **L13**：89,296,平等

and democracy, **E1**：245 - 247；**L7**：148；
L13：109 - 110,388,民主中的平等

Aristotle and Plato on, **E1**：247 - 248,亚
里士多德和柏拉图的平等观

Rousseau on, **M13**：298,卢梭论平等

John Adams on, **M13**：298 - 299,亚当斯
论平等

Jefferson on, **M13**：299,杰斐逊论平等

moral, **M13**：299 - 300；**L7**：257,335,349 -
350,道德上的平等

meaning of, **L2**：328 - 329；**L13**：108,平
等的含义

in utilitarianism, **L7**：239,功利主义的
平等

as ideal, **L7**：346；**L11**：167 - 170,平等作
为理想

as capitalistic issue, **L7**：428,作为资本主
义问题的平等

of opportunity, **L9**：392；**L11**：256,416,
机会平等

lack of, **L11**：29,平等的缺乏

political, **L11**：219 - 220,362,368 - 371,
政治平等

Equational definition, **L16**：175 - 178,等式定
义

Equilibration, **M14**：125,173,平衡

Equilibrium, **L16**：391,平衡

result of tension, **L10**：xvii, 20,23,183 -
184,261,317,作为张力结果的均衡

Equity, **L16**：368；**L17**：397,公平的进展

Equivalence：等价

as basic category, **L12**：312 - 318,333,341 -
342,406 - 410,作为基本范畴的等价

Erasmus, **L1**：334,伊拉斯莫

Erdmann, J. E., **E3**：3,185 - 187,埃尔德
曼,J·E

Erigena, John Scotus,爱留根纳（埃里金纳）,
约翰·斯科图斯

on visible creation, **E4**：192 - 193,埃里金
纳论可见的创造

realism of, **M2**：220,爱留根纳的实在主义

influences scholasticism, **M2**：237 - 238,爱
留根纳对于经院主义的重要性

Ernst, Morris L., **L6**：xvii；**L15**：xxv；**L17**：
127,560,恩斯特,莫里斯

Error, **L15**：65,错误

related to consciousness, **M10**：25 - 27,错
误作为意识

neo-realists on, **M10**：39,新实在论者论
错误

interpretation of, **L14**：24 - 25,对错误的
解释

Erzerum, Turkey, **M15**：290,埃尔斯伦市,
土耳其

Esch-Cummins Transportation Act, **L6**：
370,371,《埃施-卡明斯运输法案》

Esipov, Boris Petrov, **L15**：373 - 374,埃西
波夫,鲍里斯·彼得罗夫

Espionage，**M11**：118,184,间谍活动

Essais de psychologie contemporaine (Bourget)，**E3**：36 - 41,《当代心理学文集》(布尔热)

Essay concerning Human Understanding, An (Locke)，**E1**：304；**M5**：155；**M6**：199；**L2**：xvii，144 - 154；**L8**：9,133 - 134,308；**L11**：92；**L15**：18,《人类理解论》(洛克)

Essays, Philosophical and Psychological (Dewey et al.)，**L14**：404,《哲学与心理学论文集》(杜威著)

Essays in Critical Realism (Lovejoy et al.)，**M13**：40,50,51,58,《批判实在论论文集》；**M15**：27,349,363,《批判实在论论集》(洛夫乔伊等)

Essays in Criticism (Arnold)，**L9**：xxxii,《批评文集》(阿诺德)

Essays in Experimental Logic，**M6**：xi,《论实验逻辑》；**M8**：xiv，xxiii，14n，49n，83n；**M13**：56n，57n，58n,《实验逻辑论文集》；**L4**：iv，xx，xxii,《实验逻辑论集》；**L8**：xiii,《实验逻辑论文集》；**L12**：3；**L14**：xii，xv，xvi，14，396n，401,《关于实验逻辑的文章》；**L16**：187,194n，318,444,《实验逻辑论文集》

    prefatory note to，**M10**：319,《实验逻辑论文集》序言

    introduction to，**M10**：320 - 365,《实验逻辑论文集》引言

    note on "practical" in，**M10**：366 - 369,对《实验逻辑论文集》中的"实践的"一词的补充注释

    valuation in，**M11**：3n，7n，375,评价(《实验逻辑论文集》)

Essays in Philosophical Criticism (R. Haldane and Seth)，**L5**：152,《哲学与批判文集》(霍尔丹与塞思)

Essays in Radical Empiricism (W. James)，**M7**：ix，142 - 148,《彻底经验主义文集》；**M10**：50n，51,《彻底经验主义》；**L14**：156n，166,《彻底经验主义论文集》(詹姆斯)

Essays in Sociology (M. Weber)，**L16**：372 - 373,《社会学论文集》(韦伯)

Essays in the Law (Pollock)，**L17**：98 - 100,《法律论文集》(波洛克)

Essays on Politics and Culture (Himmelfarb)，**L9**：xxxin,《政治和文化论集》(希梅尔法布)

Essence，**M2**：253；**L1**：108,133,136,144 - 145,149 - 161,172,200 - 201,289 - 290,338；**L15**：44，84 - 86,276；**L16**：165,180,287,基质、本质

    Spinoza on，**E1**：11 - 13,斯宾诺莎论及本质

    James on，**E4**：46 - 47,詹姆斯的本质的含义

    Lovejoy on，**M13**：55；**M15**：367 - 368,洛夫乔伊论本质

    and existence，**M13**：373；**L5**：197 - 202,本质与存在

    Santayana on，**M15**：219 - 222,桑塔耶那论本质

    value as，**L2**：72,价值的性质

    Locke on，**L2**：145 - 147,149 - 153,洛克论本质

    related to power，**L2**：150 - 152,与权力相关的本质

    mind and，**L3**：289,292 - 293,387,心灵和本质

    properties of，**L3**：289 - 291,本质的属性；**L4**：53,72,74,112,113,119 - 120,127 - 133,241,244；**L12**：94,本质的特性

    Newton on，**L4**：96 - 97,牛顿论本质

    role of，**L4**：142,154,本质的作用

    Plato on，**L4**：219,柏拉图论本质

    in esthetics，**L10**：xiv，xxi，227，295 - 299,317n，364,美学中的本质

    Peirce on，**L11**：86,92,皮尔士论本质

in Greek logic, **L12**：18,90 - 91,130,138 - 140,153,251,260,357,404,418n；**L16**：157,希腊逻辑中的本质

immutability of, **L14**：99,本质的不可变性

rejected, **L16**：102,104,130,346,放弃本质

concept restricts inquiry, **L16**：146 - 147,158,332,337 - 340,453,本质概念限制探究

Dubislav on, **L16**：161n,杜比斯拉夫关于本质

Balz on, **L16**：436 - 441,鲍茨关于本质

Esthetic：审美、美学的

emotion, **E2**：267 - 280,美感；**L10**：81 - 84,93,审美情感

interests, **M9**：336,审美兴趣

object, **L10**：91,94,96,140,146,160,审美对象

value, **L10**：95,112,120,125 - 133,136,323,审美价值

criticism, **L10**：302,319,审美批评

language, **L12**：75 - 76,89,101,176 - 179,205,239,372,美学语言

Esthetic experience, **L14**：34 - 36,审美经验

nature of, **L10**：ix, xiv-xx, xxiv, xxv, xxx,16,19 - 21,24 - 25,43,45,103,127 - 128,140,149 - 150,180 - 182,187,199,203,222,225,250,265,302；**L13**：358 - 368,371,审美经验的本性

achievement of, **L10**：58 - 63,107,143 - 144,149,178 - 179,181 - 182,189,208 - 209,227,233 - 237,322,审美感知的达成

uniqueness of, **L10**：258,276 - 301,审美经验的唯一性

role of, **L10**：302,321,329 - 331,342,审美经验的作用

phases of, **L16**：395 - 398,审美经验的阶段

Romanell on, **L16**：463,467,罗曼内尔关于审美经验

Esthetic quality：审美性质

of religion, **L10**：37 - 38,宗教的审美性质

of thought, **L10**：45,183,思想的审美性质

of objects, **L10**：175 - 181,对象的审美性质

fused with media, **L10**：202 - 203,与媒介相融的审美性质

source of, **L10**：253,258,261,264,266,审美性质的源头

limitation of, **L10**：345 - 346,审美性质的限制

Esthetics, **M15**：22 - 23,339 - 344,348；**L1**：70 - 82,105,108,143,186,207,220,267 - 268,271,280 - 281,291 - 292,32；**L2**：107,111 - 113,115；**L6**：xii,美学、审美

courses in, **E3**：91,92,美学课程

and science, **E3**：230；**M12**：152 - 153；**L16**：370,美学与科学

united with logic, **E3**：235,作为统合逻辑与审美的伦理

Bosanquet on, **E4**：189 - 197,鲍桑奎论美学

nature of, **E4**：301n；**L4**：76,81,188,190,209,220；**L10**：xxiii, xxix, 53 - 63,101,123,125,344,355；**L16**：351 - 353,356,审美的本质

in education, **E5**：200,202 - 203,207,教育中的审美

in child-study, **E5**：215 - 217,儿童研究中的审美

of music, **M7**：140,音乐审美

appreciation of, **M9**：22,审美鉴赏

relation of environment and, **M12**：117,146 - 147,182；**L6**：40,45 - 46；**L10**：35,审美与环境

taste in, **L2**：76,审美品位

of Greeks, **L4**：73,74,122,125,148,希腊人的美感

Tate on, **L6**：492 - 501,泰特论审美

form of，**L10**：86,139,142－147,151,审美的形式

need for，**L13**：287,审美的需要

pragmatism and，**L14**：34－35,38,实用主义和审美

Dewey's，**L15**：97－100,439－443；**L16**：463－464,杜威的美学

Kantian，**L15**：441,康德的美学

romantic tradition in，**L16**：458,审美的浪漫主义传统

Esthetic theory，**L10**：204,302－303,331,审美理论

Dewey's，**L10**：vii-xxxiii,7,8,353,杜威的审美理论

construction of，**L10**：9－18,审美理论的结构

basis for，**L10**：53,165,审美理论的基础

criticized，**L10**：85,88,224,278－281,286－289,292－301,审美理论的批判

on sense qualities，**L10**：104－109,121－127,133,136－137,关于感觉性质的审美理论

on substance and form，**L10**：112,119,关于主旨和形式的审美理论

on rhythm，**L10**：167－168,174,审美理论中对节奏的误解

on subject-matter，**L10**：191－193,关于素材的审美理论

on classification，**L10**：221,227,关于分类的审美理论

fallacies in，**L10**：250－253,256－257,262－265,320n,审美理论的谬论

Esthonia，**M11**：266,326,爱沙尼亚

Estimations，**L16**：311,评估

Eternal，**L1**：119；**L16**：359,363,414,永恒

Eternal Values，*The*（Münsterberg），**M6**：165－171,《永恒价值》(明斯特尔贝格)

Ethereal，**L10**：12,17,34－41,196－202,340,以太的

Ethical：伦理

postulate，**E3**：xxxiv,320－323,伦理公设；**E4**：xvi,233－234,伦理假定

systems，**E3**：368,诸伦理体系

principles in education，**E5**：60,77－83,教育中的伦理原则

judgment，**M3**：20－23,25－26,伦理判断

idealism，**M3**：156－157,伦理学的唯心主义

Ethical Culture School（New York City），**M10**：377n,伦理文化学校(纽约)；**L15**：251n,道德文化学院(纽约)

Ethical Import of Darwinism，*The*（Schurman），**M2**：16－17,《达尔文主义的伦理意义》(舒尔曼)

"Ethical Subject-Matter and Language，"**L15**：141n；**L16**：356n,《伦理主题与语言》

Ethics（1908）（Dewey and Tufts），**E2**：xxv；**E4**：xvi；**L15**：324,《伦理学》(1908)(杜威与塔夫茨)

Stevenson on，**M5**：ix-xxxiv,史蒂文森为《伦理学》写的导言

Ethics（1932）（Dewey and Tufts），**L14**：72,73,379；**L15**：324,《伦理学》(1932)(杜威与塔夫茨)

Edel and Flower on，**L7**：vii-xxxv,埃德尔和弗劳尔为《伦理学》写的导言

Ethics（Spinoza），**E1**：10－17；**L4**：45,《伦理学》(斯宾诺莎)

Ethics，**E1**：408；**M12**：172,23；**L13**：74；**L16**：353,伦理学

scientific，**E1**：208－209,212－213,225－226,科学伦理学

fallacy of physical，**E1**：214－215,自然伦理学的谬误

as conduct of man，**E1**：219；**E4**：60；**E5**：420－421；**L7**：15,作为人类行为的伦理学

theories of，**E3**：xxxii-xxxvi,102－103,155－158,230,235,241,290；**E4**：xiii-xvi,xviii-xix,xxii-xxiv,42,224－225；

E5：35 - 37,45,53 - 55；M5：7；M8：178；L7：9；L15：231 - 232,伦理学理论

teaching of, E3：48 - 49,91 - 92；E4：54 - 56,60 - 61,106 - 118,伦理学教学

evolutionary, E3：286 - 290,进化论伦理学

need for, E4：53,对伦理学的需要

imagination in study of, E4：57 - 58,伦理学学习方面想象力的运用

in moral philosophy, E4：147 - 148,道德哲学中的伦理学

subject-matter of, E4：223 - 224,伦理学的主旨

of Stoicism, E4：318,斯多噶主义的伦理学

of responsibility, E4：342 - 344,责任伦理学

compared with politics, E4：371 - 373,伦理学与政治学的比较

Muirhead on, E5：25,姆尔海德论伦理学

of method, E5：293 - 295；L7：xxxii,10 - 13,伦理学的方法

historical method in, M3：40 - 58；L17：351 - 360,伦理学中的历史方法

psychological and social, M3：59 - 61；L7：x-xi；L9：235,236；L14：362,心理的和社会的伦理学

problems of, M5：8 - 10；L7：xxxiii,10 - 12,180 - 183,伦理学的问题

in international relations, M15：53,61 - 62,国际关系中的伦理学

secular, M15：54,世俗伦理学说

related to egoism, M15：244,与自我中心主义相关的伦理学

and anthropology, L3：11 - 24,和人类学相关的伦理学

and individuality, L3：20,伦理学与个人

reason related to, L7：xxiii,伦理学中的理性

Russell on, L11：462,罗素论伦理学

relativity in, L15：xix-xx,伦理学中的相对性

of Kant, L15：47,51,217,康德论伦理学

language of, L15：127 - 130,136 - 140,伦理学语言

Aristotelian, L15：265,417,亚里士多德的伦理学

"Ethics and International Relations," M15：xiii-xiv,《伦理和国际关系》

Ethics and Language (C. Stevenson), L15：xix,127,141；L16：470,《伦理学与语言》（史蒂文森）

Ethics and Moral Science (Lévy-Bruhl), L5：499,《伦理学与道德科学》（莱维-布吕尔）

Ethics of Democracy, The, M1：xxi；L7：xviii,《民主伦理学》

Ethnography, L6：3 - 4,人种论

Ethnologist, L17：427,民族学家和专家

Ethos, M5：7,54；L7：9,49,151；L17：110,气质

Etiquette：礼节
    in Japan and China, M12：55 - 56,礼节在日本与中国

Ettinger, William L., M15：190,艾廷格,威廉姆·L

Eucken, Rudolf, M7：418,欧肯,鲁道夫；M8：155,165,倭铿,鲁道夫；M11：157,奥伊肯,鲁道夫

Euclid, M7：423 - 424,439 - 440；M11：44；L10：xxi；L11：395,欧几里德

Euclidean geometry, L4：13,71,112,112 - 126,145n；L12：18,25,144,148,157 - 159,394,404,409,412；L16：287,欧几里得几何学

Eudaimonism, M5：126,212；L7：117,197,幸福论

Eudemus, M2：186,欧德摩斯

Euripides, M5：130 - 131；M7：xxviii；L7：97,101,121,欧里庇得斯

Europe, M15：120,128；L8：20,24,53；

L15：243,245,274,欧洲

history of，M10：193 - 195,欧洲的历史

China's relation to，M12：28,34 - 37,62,
中国与欧洲的关系

intellectual revolution in，M12：100 - 103,
欧洲理智革命

nationalistic movement in，M12：195,欧洲
民族主义运动

on League of Nations，M15：83 - 85,欧洲
对国联的观点

Turkey's relation to，M15：129；L2：192 -
193,与土耳其相比较的欧洲

education in，M15：205；L6：101 - 102,
109 - 110；L9：393,394,欧洲教育

relation of U. S. to，L2：167 - 170,173；
L5：50 - 57,欧洲对美国主义的态度

effect of WWI on，L2：168 - 169,一战对
欧洲的影响

on sanctions，L6：197,208 - 209,472 -
473,欧洲关于制裁的态度

philosophy of，L11：76 - 80,155,597,欧洲
哲学

economic strife in，L11：261 - 264,欧洲的
经济冲突

liberalism in，L11：285,欧洲的自由主义

democracy in，L11：296,496,528,532,欧
洲的民主

Euthydemus（Plato），L2：124,《欧绪德谟
篇》（柏拉图）

Evaluation，L13：209；L16：311,314,316,
343,评价

as judgment of practice，L12：126 - 127,
223 - 224,234 - 235,455 - 456,作为实
践判断的评价

of facts，L12：129 - 130,136,事实评价

in social inquiry，L12：490 - 491,495 -
497,社会探究中的评价

of hypothesis，L13：x,假设评价

vs. valuation，L13：213,评价对鉴定

theory of，L16：353 - 357,评价理论

Evangelical movement，M13：303,福音运动

Events，M13：351；L1：65,75,83,92,138,
143,204 - 206,240 - 246,事件；L4：170,
207,226,事情

related to location，L2：53,事件和地点相关

and duration，L2：62,64 - 65,事件和持续

and becoming，L2：65 - 66,事件和生成

acquire meaning，L3：84 - 88,91,获得意
义的事件

important to science，L4：67,84,事情对科
学是重要的

correlation of，L4：101 - 107,197 - 199,
216,235,事情的相互关系

simultaneity of，L4：115 - 117,事情的同
时性

philosophical concept of，L6：9 - 11,哲学
中的事件概念

selective interest as，L6：14,有选择的兴
趣与事件

related to propositions，L14：178,187 -
188,事件与命题的关系

centered in organism，L15：29 - 30,75 -
79,关注有机体的事件

unobservable，L15：120,无法观察的事件

related to facts，L15：313；L16：58 - 61,
110 - 111,事件与事实相关

forms of，L16：6,62,66 - 69,83 - 85,112 -
113,150 - 151,事件的形式

nature of，L16：69,77,90,132,168,191,
325,331,414,456,事件的本质

as name，L16：70,71n, 72,93n, 148n,
259,262,事件作为名称

in postulations，L16：81 - 82,假设行为中
的事件

Pepper on，L16：177,佩珀关于事件

Russell on，L16：201n,罗素关于事件

Ogden and Richards on，L16：302,奥格登
和理查兹关于事件

"Events and Meanings，" L14：xviii,《事件与
意义》

"Eve of St. Agnes, The" (J. Keats), **L10**：259,《圣爱格尼斯节前夜》(济慈)

Everett, Edward, **M4**：159,埃弗里特,爱德华

Evidence, **L8**：120,213,323；**L12**：50 - 51,58,132,163,183 - 184,188 - 189,225 - 226,242,247,318 - 319,468 - 470,519 - 521；**L15**：xxiv,证据、根据。另见 Data；Signs, **L12**

　in *Cyclopedia of Education*, **M6**：442 - 443,证据(《教育百科全书》)

　as accompanying inference, **M10**：90,证据:与推论相同一

　control of, **L8**：248 - 251,证据控制

　use of, **L14**：26,证据的使用

　types of, **L14**：43,54,证据的种类

　for valuation judgment, **L15**：64,68 - 69,80 - 83,139,对证据价值的判断

Evil, **E4**：199 - 200；**L10**：351；**L13**：233,恶、罪恶

　Royce on, **M2**：130 - 131,罗伊斯论恶

　Greek treatment of, **M5**：97；**L7**：89,希腊人对恶的问题的论述

　Hebrew idea of, **M5**：103；**L7**：94,希伯来邪恶观

　as quasi-physical, **M5**：409 - 410,作为半实体的邪恶

　in China, **M12**：49,恶在中国

　problem of, **M12**：181,恶的问题

　related to science and technology, **M12**：274；**L16**：364 - 365,373 - 374,377,为恶承担责任的科学与技术

　perception of, **L4**：240,250,对罪恶的认知

　Spencer on, **L4**：52,斯宾塞论罪恶

　associated with change, **L4**：82,148,200,234,罪恶联想到变化

　source of, **L4**：240,245；**L16**：416,罪恶的源泉

　war as, **L7**：369 - 371,罪恶的战争

　vs. good, **L9**：31 - 32,恶与善

Tolstoy on, **L17**：382,385,托尔斯泰论邪恶

Evolution (J. Huxley), **L16**：119,《进化论》(赫胥黎)

Evolution, **M8**：xi, 194,198；**M10**：240；**M14**：196 - 198,205；**L3**：302；**L4**：52；**L6**：280 - 282,430；**L7**：xin, 151；**L11**：210；**L13**：120,121,315；**L15**：56 - 57,进化、演化。另见 Darwin, Charles

　and relativity of knowledge, **E1**：20 - 21,进化与知识相对性

　and purposive action, **E1**：102 - 103,进化与目的性活动

　as goal and means, **E1**：211,作为目的与手段

　and ethics, **E1**：214；**E5**：34 - 35；**L3**：17 - 18,21 - 22,进化和伦理学

　in Leibniz, **E1**：277 - 278；**M6**：421,莱布尼茨著作中的进化

　characteristics of, **E5**：218；**L16**：114n, 129,132,391,413,进化的特征

　as experimental method, **M2**：5,进化论方法作为实验法

　compared with intuitionalism and empiricism, **M2**：24 - 38,进化论方法与直觉主义对比,进化论方法与经验主义对比

　opposition to, **M2**：56；**M15**：48 - 50,对于进化论教义的反对

　Royce on, **M2**：125 - 127；**M10**：80,罗伊斯论进化论学说

　Spencer's theory of, **M3**：206 - 209；**M10**：14,67 - 69,98,420 - 421；**L5**：170,斯宾塞的进化理论

　as principle of self-assertion, **M5**：333 - 335,进化论作为自我肯定的原则

　in *Cyclopedia of Education*, **M6**：365,443 - 445,进化(《教育百科全书》)

　Bergson on, **M7**：202 - 204；**M12**：228 - 232,235,237 - 238；**L11**：429,柏格森论

进化

problem of truth in，**M7**：414，进化中的真理问题

theory of，**M9**：65；**M12**：209；**L3**：13；**L5**：171，进化论；**L17**：93 - 94，演化理论

philosophical significance of，**M9**：347，演化的哲学意义

related to experience，**M10**：14,24 - 25,进化原则对经验的影响

adapted to concept of mind，**M10**：60，被用来调和作为原初材料的心灵概念

interest in，**M10**：152,153,对进化的普遍兴趣

sanctions automatic progress，**M10**：238，用于支持自动进步的进化原则

in Aristotle，**M12**：112 - 113，演化论在亚里士多德那里

as educational issue，**M15**：162；**L9**：161 - 162,在教育中作为政治话题的进化

Heard on，**L6**：278 - 279,赫德论进化

Macintosh on，**L9**：420 - 421,麦金托什谈及进化

Mead on，**L11**：451 - 452,米德论进化

optimism in，**L14**：100；**L17**：458,进化论中的乐观主义

development through，**L14**：108 - 109；**L17**：99,演化的对应阶段

Osborn on，**L16**：116,奥斯本关于进化

J. Huxley on，**L16**：119,121n,赫胥黎关于进化

Fiske on organic，**L17**：96,费斯克论有机演化

biological conception of，**L17**：411,演化的生物学概念

Evolution and the Founders of Pragmatism（Wiener），**L17**：50 - 51,《进化和实用主义奠基人》(维纳)

Evolution of Physics，*The*（Einstein and Infeld），**L16**：98n - 99n,《物理学的进化》(爱因斯坦和茵菲尔德)

Evolution of the American Economy The（S. Ratner et al.），**L6**：xxn,《美国的经济进程：增长、福利和政策》(拉特纳等)

Ewer, Bernard C.，**M10**：446n,艾维尔,伯纳德·C

Exact，**L16**：445 - 446,确切

as name，**L16**：259,262,确切作为名称

Examination,参见 Test

Examination of the Political Part of Mr. Hobbs，*An*（Lawson），**M11**：19 - 20,《对霍布斯先生(利维坦)之政治部分的考察》(劳森)

Excellence，**L7**：118,美德,优秀才能

Excitation：激动

as name，**L16**：262 - 263,激动作为名称

Excitement：兴奋

as hindrance to virtue，**M5**：367 - 368,兴奋是美德的障碍

related to tranquility，**L13**：368,平静与兴奋

Excluded middle，**L5**：xxiv-xxv，197 - 202，205 - 207；**L12**：344 - 345；**L16**：197,排中律

Exclusion，**L12**：90,95,221,248 - 250,331，335 - 336，430 - 431，排除。另见 Negation，**L12**

and inclusion，**L12**：182 - 199,排除与结论

Exclusion act（Immigration Act of 1917），**M11**：228,排外行为；**M13**：166,排除行为

Excursions of an Evolutionist（J. Fiske），**M9**：50n,《一个进化论者的远足》(约翰·菲斯克)

Executiveness：执行力

training of，**L17**：339 - 340,342,执行力的训练

in character，**L17**：347,性格中的执行力

Exercise：练习

as discipline，**L7**：204 - 205,207,209,练习与习惯

substituted for drill, **L17**：305，替代操练的练习

Ex facto jus oritur, **L9**：237，法律源于事实

Exhortation：训诫

as alternative to intelligence, **L17**：459，代替智力的训诫

Existence, **M12**：92，223；**L2**：65 - 66，74 - 75，存在。参见 Contingency, **L12**；Generic propositions, **L12**；Particulars, **L12**

Spinoza on, **E1**：11 - 14，斯宾诺莎论及存在

and essence, **E1**：129，134 - 135；**M13**：373；**L1**：144 - 145，149 - 161，172；**L5**：197 - 202，存在与本质

and unity, **E1**：315，存在与统一

struggle for, **E5**：41 - 42，44 - 45，为了生存而奋斗

Aristotle on, **M8**：xi，6n - 7n，亚里士多德存在观

Greeks on, **M10**：40，希腊人论存在

nature of, **M13**：385，386；**L16**：6，60，190，存在的本质

Kant on, **M15**：9 - 10，康德论存在

Santayana on, **M15**：219，桑塔耶那论存在；**L14**：303 - 304，桑塔亚那哲学中的存在

immediacy of, **L1**：74 - 75，直觉性的存在

and logic, **L5**：203 - 209，存在与逻辑

Whitehead on, **L5**：377 - 378，怀特海论存在

in philosophic thought, **L6**：11，哲学思想中的存在

related to experience, **L6**：430；**L16**：70n，82，110n，111，131 - 132，383 - 389，456 - 462，存在与经验的关系

Holmes on, **L7**：453，霍姆斯论存在

good vs. evil in, **L9**：31 - 32，35，存在中的善与恶

and knowledge, **L9**：56 - 57；**L12**：124，165 - 166，存在与知识

Peirce on, **L11**：86 - 94，皮尔士论存在

and discourse, **L12**：60，实存与话语

and reference, **L12**：61，137 - 138，187 - 188，实存与指涉

and denotation, **L12**：352 - 357，实存与所指

a-rational, **L13**：206，合理的存在

potentialities as category in, **L14**：109 - 110，作为存在范畴的潜能性

related to designation, **L16**：93，141，存在与指称的关系

as name, **L16**：151 - 152，257 - 259，263，存在作为名称

uniqueness of, **L17**：355 - 356，实存的独特性

value of past, **L17**：358 - 359，过往实存的价值

object as, **L17**：372，作为实存的对象

and elements, **L17**：417，实存与要素

"Existence of the World as a Logical Problem, The," **M8**：ix，xix，64n，《作为一个逻辑问题的世界存在》

Existential, **L16**：424，428，432，存在的

defined, **L14**：25，26，被定义了的存在的

Existential import：存在含义

of propositions, **L11**：96 - 97，103，119 - 122，命题的存在含义

of terms, **L11**：100 - 102，词项的存在含义

Existentialism, **M12**：xxi；**L3**：xviii；**L17**：xx，存在主义

Exogamy, **M5**：66；**L7**：60，异族通婚

Expansion：扩张

effect of, **L17**：455 - 456，扩张的后果

Expansion of the Common Law, The (Pollock), **M7**：56，《普通法通论》（波洛克）

Expectation, **L12**：248 - 250，446 - 448，预期

Expediency, **M14**：36 - 37，132，146，有利。另见 Deliberation；**L7**：209

Experience, **M11**：345 - 347；**M12**：xi，xiv-

xvi, 97, 129, 139; **M14**: 25 – 26, 168 –
169; **L2**: ix, 11 – 12, 16; **L8**: 83, 经验、实
验。另见 Consummatory experience; Esthetic experience

nature of, **E1**: 130 – 131; **L10**: 197 – 200,
211, 213, 217 – 235; **L11**: 93, 经验的性
质; **L16**: 6, 43, 284, 351 – 352; **L17**: 154 –
156, 371n, 经验的本性

stream of, **E1**: 172 – 174, 经验之河流

psychical, **E1**: 188 – 190; **E5**: 100 – 101,
心理经验

development of, **E1**: 191 – 192; **M7**: 279 –
281; **M13**: 352, 379 – 380, 394 – 395;
L13: 36, 60, 380; **L17**: 312, 经验的发展

realism and, **E1**: 192 – 193; **M3**: 102;
M4: 120 – 124; **M10**: 25 – 26, 经验与
实在

unity of, **E1**: 284 – 286, 经验的统一

knowledge related to, **E1**: 325 – 326;
M10: 34 – 35, 320 – 365, 368; **M12**: 133 –
134, 213; **L4**: x-xiii, xix, xxii, 79, 84 –
86, 91 – 94, 98, 132 – 134, 138, 141 –
144, 156 – 159, 174 – 177; **L12**: 78, 经验
与知识

in Green, **E3**: 24, 格林那儿的经验

Hegel on, **E3**: 72, 黑格尔论及经验

self-consciousness as category of, **E3**: 73,
作为经验范畴的自识

motor element in, **E5**: 99; **L17**: 440, 经验
中的运动要素

in curriculum, **E5**: 174, 经验是对课程的
协调

related to consciousness, **M1**: 117 – 122,
与意识相关的经验

Royce on, **M1**: 244; **M2**: 123 – 124; **L9**:
xxvii, 罗伊斯论经验

art's relation to, **M2**: ix; **M13**: 362 – 364;
L1: 266 – 267; **L6**: 331 – 333, 493 –
494, 497 – 499; **L10**: ix-xix, xxxi-xxxiii,
9 –12, 16 – 25, 34 – 36, 90, 112 – 114,

122 –125, 138, 150 – 151, 156, 189 – 190,
194, 210 – 211, 243 – 248, 258, 272, 275,
303 – 328; **L16**: 395 – 398, 464 – 467, 经
验与艺术

Dewey's conception of, **M3**: xx, 114 –
115, 128 – 132; **M4**: xv-xvi; **M9**: x, 331 –
333; **L14**: xii, xxiv; **L16**: xxxiin, 杜威
的经验概念

science and, **M3**: 102 – 106; **L9**: 24; **L11**:
xiii-xiv, 科学与经验

cognitive, **M3**: 113, 393 – 404; **M15**: 40 –
41; **L14**: 10 – 12, 27, 33, 认知的经验

McGilvary on, **M4**: 151 – 155, 295 – 313,
麦吉尔夫雷论经验

Humian doctrine of, **M6**: 4, 80, 休谟关于
经验的学说

pragmatic conception of, **M6**: 4 – 5; **M10**:
xi-xiii, 5 – 13; **L11**: 82 – 83; **L15**: 10 –
15, 98, 146 – 147, 实用主义的经验概念

realistic and idealistic interpretations of,
M6: 80 – 85, 对经验的实在论和唯心论
的解释

Maeterlinck on, **M6**: 132 – 135, 梅特林克
论经验

meaning of, **M6**: 301; **M13**: 351 – 354,
369, 374, 385; **L8**: 277 – 278, 经验的
意义

subject-matter related to, **M6**: 336 – 337,
399 – 400, 题材与经验的关系; **M9**: 173 –
177; **L4**: 99, 100, 104, 105, 110; **L8**:
324 – 325, 教材与经验的关系

in *Cyclopedia of Education*, **M6**: 445 –
451, 经验(《教育百科全书》)

James on, **M7**: 145 – 148; **M10**: 50 – 52;
M12: 217, 222; **L11**: 475, 477; **L14**:
18n, 21n, 詹姆斯论经验

continuity of, **M9**: 5; **L3**: 343; **L12**: 249 –
250, 273, 483 – 485; **L13**: 13, 17 – 20,
244, 267; **L14**: 23, 经验的连续性

trial and error in, **M9**: 151 – 152, 157 –

as subject of Gifford Lectures, **L4**：viii,经
验作为吉福德讲座的主题

connected with values, **L4**：21,22,27,28,
35,201 – 212,217,222,经验与价值的
关系

character of, **L4**：36,112,178,181,186 –
195,经验的性质

as means, **L4**：87,125,经验作为手段

control of, **L4**：220,221,234 – 236；**L17**：
353,对经验的控制

and abstraction, **L5**：7 – 10,经验与抽象

related to psychology, **L5**：228 – 230；**L6**：
330 – 332；**L17**：187,与心理学相关的经
验

and dialectic, **L5**：487 – 495,经验与辩证法

Cohen on, **L6**：488 – 489,柯恩论经验；
L14：382 – 385,391 – 392,科恩论经验

as epiphenomenon, **L9**：xiv, xxiv, xxvii,
经验作为偶发现象

and formation of character, **L9**：187,经验
与性格的形成

production and structure of, **L10**：19,26 –
31,64 – 66,71,80,81,93,152,167 –
169,173,187,251 – 265,经验的产生和
结构

ordinary vs. esthetic, **L10**：9,15—17,42 –
63,普通经验和审美经验

new modes of, **L10**：146 – 149,193,新的
经验模式

culture related to, **L10**：332 – 347；**L14**：
15,经验与文化的关系

historical conceptions of, **L11**：69 – 83；
L14：411 – 415,历史上的经验概念

Locke on, **L11**：76 – 80,91 – 92,94；**L17**：
438,洛克论经验

Peirce on, **L11**：86 – 94,481,皮尔士论
经验

Whitehead on, **L11**：146 – 149,151 – 153；
L14：127 – 135,怀特海论经验

and education, **L11**：210,214,504,551 –
552,556 – 559；**L13**：8,14,27,31,56,
243,264,266 – 267,296,314,376,385,
经验和教育

Hutchins on, **L11**：393,399,哈钦斯论
经验

correct idea of, **L13**：7,11 – 12,15,31,58,
正确的经验观念

criticized, **L13**：255 – 256,对经验的批评

higher and lower, **L13**：330 – 331,高级的
经验与低级的经验

related to language, **L14**：xvi-xix,与语言
相关的经验

naturalistic theory of, **L14**：15 – 16,经验
的自然主义理论

immediate vs. mediated, **L14**：16 – 19,84 –
85,当下的经验和被中介了的经验

conditions of, **L14**：20 – 21,161,经验的
条件

related to existence, **L14**：30；**L16**：383 –
389,456 – 462,与存在相关的经验

doubtful in, **L14**：64 – 65,69,184 – 186,经
验中的可怀疑的东西

Hocking on, **L14**：152,417 – 419,424 –
426,霍金论经验

extrapolation in, **L14**：186,经验中的推断

actual and potential, **L14**：189 – 191,199,
现实的和潜能的经验

related to democracy, **L14**：229 – 230,与民
主相关的经验

Otto's philosophy related to, **L14**：289 –
291 奥托哲学中与经验相关的部分

moral, **L14**：314 – 315；**L17**：4 – 5,道德经
验

absolute truths vs. , **L14**：321 – 322,绝对
真理与经验相对

related to industry, **L14**：345 – 346,与工
业相关的经验

lacks value in ageing, **L14**：347,在老人中
经验不再有价值

feelings related to, **L15**：118 – 119；**L17**：

346,与经验相关的感情

external and internal, **L17**：155 - 157,159,外部经验与内部经验

transfer of, **L17**：264 - 265,经验的传递

Greek, **L17**：435 - 436,希腊经验

Renaissance views of, **L17**：437,文艺复兴对经验的看法

"Experience, Knowledge and Value: A Rejoinder," **L14**：xi,《经验、知识和价值：一个回复》

Experience and Education, **L13**：ix, xiv, 375 - 376,《经验与教育》

"Experience and Existence in Dewey's Naturalistic Metaphysics"（Kahn）, **L16**：383,《杜威自然主义形而上学中的经验与存在》（卡恩）

Experience and Nature, **M1**：xi；**M7**：xvi；**M8**：ix, x, xii；**M12**：ix；**M15**：x；**L2**：xviii；**L3**：ix, xvii；**L5**：xi, xxvii, 488, 492,494；**L7**：xxxiv；**L14**：x, xii, xviii, 13,14,35n, 41,64,383 - 388,394,396, 408,410,413；**L15**：398,《经验与自然》

Hook on, **L1**：vii-xxiii,胡克论《经验与自然》

unfinished 1948 - 50 introduction to, **L1**：329 - 364,《经验与自然》未完成的导言

superseded 1925 chapter 1 in, **L1**：365 - 392,《经验与自然》重写的第一章

E. Hall criticizes, **L3**：82 - 91,401 - 414,霍尔对此书的批评

Santayana criticizes, **L3**：367 - 384,桑塔亚那对此书的批评

Thilly criticizes, **L3**：392 - 400,梯利对此书的批评

on esthetics, **L10**：x, xii, xviii. xxv, xxix-xxxiii, 33n；**L16**：397 - 398,《经验与自然》中关于美学的讨论

metaphysical in, **L16**：383 - 388,456,《经验与自然》中的形而上学

on experience, **L16**：386,458,《经验与自然》中关于经验

naturalism in, **L17**：xxx,《经验与自然》中的自然主义

Experience and Prediction（Reichenbach）, **L14**：27n,《经验与预测》（瑞彻巴赫）

Experiential continuum, **L13**：13,17,267,教育的连续性

Experiment, **L12**：99 - 100,115 - 116,121 - 122,132,134,151,182,190,317,420,425 - 426,455 - 456,465,502,522,实验

in science and psychology, **E1**：53 - 55；**L8**：67,实验在科学中的价值、在心理学中的价值

and thinking, **E3**：225；**L1**：xix-xxi,实验与思考

in laboratory schools, **E5**：269,实验学校中的实验

function of, **M6**：240,251,254；**M13**：63；**L8**：74, 205 - 206, 256 - 258,实验的功能

in induction, **M13**：65,归纳中的实验

two kinds of, **M13**：386 - 387,两种实验

reflection involving, **L8**：189,涉及实验的反思

failure to provide for, **L8**：266 - 267,未能为实验提供

and observation, **L8**：273,实验与观察

social vs. scientific, **L13**：185,社会实验与科学实验

faith in, **L17**：xxvi,对实验的信念

Experimental, **L1**：335 - 336,实验的、根据试验的

science, **M7**：310；**M9**：284,实验与科学

naturalism, **L6**：xii,实验主义的自然主义

knowledge as, **L14**：12 - 14,知识是实验的

vs. absolute, **L14**：317,实验相对于绝对的

Experimental College, The（Meiklejohn）, **L6**：295 - 298,《实验学院》（米克尔约翰）

Experimentalism, **L2**：20；**L8**：71,92,实验主义。另见 Pragmatism

James on, **M12**：220,詹姆斯论实验主义

Peirce on, **L2**：3－5,皮尔士论实验主义

Hocking on, **L5**：461－476,霍金论实验主义

Experimental method, **M6**：175；**M12**：87；**L1**：339－340；**L13**：131,266,实验方法。另见 Scientific method

Dewey criticized for, **M2**：xii-xiii,杜威被批评依赖于实验方法

nature of, **M2**：4－5；**L2**：361－362；**L4**：20,22,29,46,69－76,87－116,121,230－232,247；**L8**：94－100,实验方法的性质

impact of, **M2**：8；**M9**：347－349；**L4**：5,64,77－86,133－141,144－155,210,实验方法的影响

connected with occupations, **M9**：209－210,237,实验方法与作业的关联

introduction of, **M9**：281,实验方法的引入

in new psychology, **M10**：58－63,在崭新心理学类型中应用实验方法

in politics, **L2**：356－361,在政治中的实验方法

Newton's use of, **L4**：93－97,牛顿对实验方法的应用

as model, **L4**：158,160,176,183,185,193,195,201,204,206,216－222,238,245,实验方法作为模式

applied to social sciences, **L8**：74,94－95,101,应用于社会科学的实验方法

in technology, **L8**：102,技术中的实验主义

Experimental school,实验学校,另见 Laboratory School, University of Chicago

Experimentation, **M14**：xiii, 132－133,150；**L15**：37n, 88－89,273,实验

in *Cyclopedia of Education*, **M6**：453－455,实验(《教育百科全书》)

experience as, **M9**：280－284,经验作为实验

moral, **M14**：41－42,165,211,214；**L14**：147,道德实验

in art, **L10**：xxxii, 147,149,342,艺术中的实验

Bentham on, **L11**：13,边沁论实验

applied to social problems, **L11**：55－56,58,61,64n, 145,292－293,383,实验应用在社会问题上

imagination in, **L11**：82,实验中的想象

applied in education, **L11**：194,202－203,206,实验应用在教育上

learning by, **L11**：238,通过实验学习

function of, **L14**：12－14；**L17**：354,实验的功能

necessity of, **L14**：52；**L17**：340,实验的必要性

history of, **L14**：173；**L17**：356－357,实验的历史

Hocking on, **L14**：416,425－426,霍金论实验

physical, **L17**：355,物理实验

Experiment in Education

in *Cyclopedia of Education*, **M6**：451－453,教育实验(《教育百科全书》)

Experts：专家

importance of, **L2**：312－313,319－320,专家的重要性

and democracy, **L2**：362－363,专家和民主

Explanation, **L4**：145,解释

principle of, **E3**：224－226,解释的原则

in *Cyclopedia of Education*, **M6**：455－457,说明(《教育百科全书》)

defined, **L14**：24n,对解释的定义

of occurrences vs. things, **L14**：112,对发生和事情的解释

Exploration, **M12**：101－103,探究

Expression, **L1**：140,292；**L15**：99,表达

nature of, **E4**：154；**E5**：193－194；**L10**：xxvi-xxviii, 88－89,102－103,145－146,160－161,225,230,270,364,表现

的本性

of emotions, **E4**：168,情绪的表达；**L15**：131 - 136,情感的表达

motive to, **E5**：192 - 193,表达动机的定义

Santayana on, **M10**：355,桑塔亚那论表达

artistic, **L10**：66 - 87,247 - 249,275,307,327 - 331,342,艺术的表现

vs. statement, **L10**：90 - 92,96,表达对陈述

medium of, **L10**：204 - 205,209,232,237 - 242,316,表现的媒介

through imagination, **L10**：277,287,291 - 292,298 - 299,通过想象力而来的表现

Carnap on, **L16**：18,20 - 23,26 - 27,卡尔纳普关于表达

Lewis on, **L16**：37,刘易斯关于表达

Tarski on, **L16**：40,塔斯基关于表达

related to impression, **L17**：218,220 - 221,与印象相关的表达

Expressionism, **L10**：303,"表现主义"

Expression of the Emotions in Man and Animals, The (Darwin), **L10**：160,《情感的表达》;**L17**：198,《人类与动物的情绪表达》(达尔文)

Expressive activities：表达

in education, **E5**：90,229 - 232,在教育中使用表达

dependence on, **E5**：226 - 229,对表达的依赖

Expressiveness：表现性

achievement of, **L10**：xxi,xxviii,92,98 - 101,104 - 108,123 - 128,132 - 134,189,290,292,表现性的达成

enemies of, **L10**：109 - 110,表现性的敌人

features of, **L10**：112,130,145,表现性的特征

of medium, **L10**：200,205,207,364,媒介的表现性

Extension：外延、广延、延伸

in Leibniz, **E1**：356 - 357,莱布尼茨的外延

as esthetic quality, **L10**：184 - 88,214,217,235,246,作为审美性质的延伸

logical, **L12**：200,295 - 296,340 - 341,357 - 360,逻辑上的外延

of magnitudes, **L12**：211 - 212,外延的量级

Extensive abstraction, **L12**：411 - 413,462 - 464,广泛的抽象

External object：外在对象

in *Cyclopedia of Education*, **M6**：457,外在对象(《教育百科全书》)

External relations：外在关系

in realism, **M6**：138 - 145,484 - 511,实在论中的外在关系与内在关系的问题

External world, **L15**：185 - 186,外部世界

Dewey vs. Russell on, **M8**：xx-xxv, 83 - 93,杜威批评罗素关于外部世界的理论

as problem of empiricism, **M10**：18 - 21,外在世界在经验主义中作为一个问题

existence of, **L1**：xvii,外在世界的存在问题

G. Morris on, **L5**：152,莫里斯对外在世界的看法

Extra-curricular activities, **L14**：353,额外课程活动

Extra-territoriality, **M12**：46 - 47,额外领土权

Extrinsic, **L16**：349,外在的

Eyck, Jan van, **L10**：213,361,艾克,简·凡

Ezekiel, **M5**：100 - 101；**L7**：92,以西结

Fact, Fiction, and Forecast (*Goodman*), **L14**：xvin,《事实、虚构和预言》(古德曼)

Factions, political, **L2**：309,政治派别

Factory legislation, **L7**：377 - 379,412 - 415,432,工厂立法

Facts, **M8**：86；**M12**：85,117,135 - 136,160 - 162,243；**L16**：xxii, 12,81,113,事实

aspects of, **E1**：179；**L16**：53 - 55,110,151,244,261,事实的方面

truths of，**E1**：392－394,399,事实的真理

related to idea，**E3**：84－89,259；**M4**：146－157；**L8**：196－199；**L12**：129,133,212－214,218－219,339－340,事实与观念的关系

related to thought，**E3**：126－129,逻辑学中事实与思想的关系

rationality of，**E3**：139－140,事实的合理性

as subject of judgment，**E3**：231－233,作为判断之主项的事实

inquiry into，**E3**：319－320；**L12**：493－497；**L14**：44；**L16**：6,66,126,285,288,325－327,事实在探究中的角色

related to science，**M1**：168－171；**L17**：354,与科学相关的事实

world as，**M1**：241－242,作为事实的世界

Royce on，**M2**：121－123,罗伊斯对事实的解释

and value，**M6**：261；**L8**：212－216；**L13**：191,249；**L14**：323；**L15**：16－17,106,481－482；**L16**：344－345,348,357,事实与价值

in *Cyclopedia of Education*，**M6**：457－458,事实(《教育百科全书》)

and theories，**L2**：238,246；**L16**：131－132,283－284,事实和理论

physical and social，**L2**：240－241,243－244；**L17**：419,物理的和社会的事实

dead，**L12**：76,492,被动的事实

of case，**L12**：113,117,185,491,实例

and observation，**L12**：114－118,事实与观察

provisional，**L12**：144－145,暂时的事实

as given，**L12**：489－491,给定的事实

articulation of，**L13**：50,事实的结合

classification of，**L13**：55；**L16**：42－44,63,80n,298；**L17**：372,422,446－447,482,事实的分类

vs. generalization，**L13**：93,96,事实与普遍化

and inherency，**L13**：215－216,事实与固有性

naturalistic conception of，**L15**：59－60,自然主义的事实概念

vs. events，**L15**：313,事实与事件比较

Cohen and Negel on，**L16**：13－16,柯恩和内格尔关于事实

Carnap on，**L16**：17,25,31,卡尔纳普关于事实

Ducasse on，**L16**：36n,杜卡斯关于事实

as name，**L16**：58－61,70,72,93n,258,263－264,事实作为名称

Kaplan on，**L16**：173,卡普兰关于事实

Pepper on，**L16**：177,佩珀关于事实

Russell on，**L16**：200,201,罗素关于事实

of C. Morris，**L16**：240－241,莫里斯的事实

as analysis，**L17**：157,作为分析的事实陈述

ought and is，**L17**：351－352,应当与是

change within，**L17**：367－368,410,事实当中的变化

institutional and personal，**L17**：426,制度和个人的事实

Woodbridge on，**L17**：548－549,伍德布里奇论事实

"Facts and Values in History"(S. Ratner)，**L6**：xviin,《历史中的事实和价值》(拉特纳)

"Factual Space and Time of Behavior, The"(A. Bentley)，**L16**：270n,《行为的现实空间和时间》(本特利)

Faculties，**L16**：93n, 111,136,能力

education as training of，**M9**：65－74,253－254,教育作为对官能的训练

Herbart on，**M9**：75－78,赫尔巴特对内在官能的否认

Failure：失败

in learning，**L11**：240－241,学习中的失败

cause of，**L17**：247，想象力的缺乏导致失败

Fair Deal，**L5**：xx，公平施政

Fairhope, Ala.，**M8**：253，亚拉巴马州的费尔霍普学校

  educational experiment at，**M7**：387－389；**M8**：222－235，费尔霍普学校的教育实验

Faith，**L4**：47；**L9**：56，214，432，信仰

  as alternative to pessimism，**E3**：41－42，作为悲观主义的替代物的信念

  Dewey's confession of，**M1**：xi，杜威的信仰告白

  as skepticism，**M6**：23，信念作为怀疑论形式

  in experience，**L5**：267－278，经验中的信仰

  lack of，**L7**：229，不讲信用

  in human values，**L9**：xx-xxi，57－58，人类价值中的信仰

  as substitute for knowledge，**L9**：14－15，28，信仰作为知识的替代者

  Locke on，**L9**：15，洛克谈及信仰

  moral aspect of，**L9**：15－17，426，信仰的道德方面

  Macintosh's view of，**L9**：418，419，麦金托什的信仰观

  in human nature，**L13**：152，178－179；**L17**：86，人性信念

  of Enlightenment，**L13**：160，启蒙信念

  in scientific attitude，**L13**：275，对科学态度的信念

  Jefferson's democratic，**L14**：219，杰斐逊的民主信仰

  in Santayana's philosophy，**L14**：305－306，桑塔亚那哲学中的信仰

  in democracy，**L17**：87，439，478，对民主的信念

  reliance upon good，**L17**：401，对良好信念的依赖

"Faith of a Logician, The"（M. R. Cohen），**L16**：194n，《逻辑学家的信仰》（科恩）

Falkner, William，**M11**：21n，福克纳，威廉

Fallacy，**L12**：204，256，263，285，317－318，330，379，439，472，492，503；**L16**：349

  philosophic，**M14**：122－123，哲学上的谬误

  in art，**L10**：xxi，xxx，艺术中的谬误

  of classification，**L10**：218－221，226－229，分类的谬误

  of criticism，**L10**：319－321，批评的谬误

"Fallacy of the Boycott, The"（Soule），**L6**：479n，《抵制之不当》（索尔）

Fallibilism，**L6**：xiv，可误论；**L12**：46－47；**L14**：xiii，可错主义

  Peirce on，**L6**：275－276，皮尔士所说的可误论；**L14**：57n，171，皮尔士论可错主义

False：谬误

  vs. true，**L14**：182－183，与真理相对的谬误

Familiar：熟悉

  in art，**L10**：145，163，194，273－274，287，艺术中的熟悉之物

  lack of attention to，**L17**：275－276，对熟悉事物之注意力的缺乏

  need to discover，**L17**：277，发现熟悉事物的需要

Famiharity，**M8**：25；**L4**：148，167，174，熟悉

  contempt for，**M6**：354－355，对熟悉的东西漠然置之；**L8**：349－350，亲不敬，熟生蔑

Family，**L1**：163；**L13**：177，296，家庭

  child's relation to，**E5**：225，儿童与家庭的关系

  maternal and paternal，**M5**：28；**L7**：27－28；**L17**：23－24，母系家庭和父系家庭

  economic function of，**M5**：29－31，46；**L7**：28－30，44；**L9**：233，家庭的经济功能

Hebrew，**M5**：89 - 97；**L7**：82 - 91，希伯来人的家庭

in moral system，**M5**：178 - 179，家庭在道德体系中的变化

history of，**M5**：510 - 516；**L7**：438 - 443；**L17**：23，家庭史

psychological basis of，**M5**：516 - 521，家庭的心理基础

problems of，**M5**：521 - 540；**L7**：457 - 462，家庭问题

Pestalozzi on，**M7**：378，裴斯泰洛齐论家庭圈子

in China，**M12**：72,253，家庭在中国

principle，**M12**：114 - 115,188，家庭原则、原理

  as developer of creative impulse，**M12**：248，家庭作为创造冲动的开发者

materialism affects，**L5**：47,48,74，物质主义对家庭的影响

Roman，**L7**：129 - 130,440 - 441，罗马人的家庭

change in，**L7**：374,444 - 450；**L16**：360,371；**L17**：24，家庭的变化

goals of，**L7**：438，家庭的目标

Germanic，**L7**：441，德国人的家庭

  from social standpoint，**L7**：452 - 456，从社会立场看家庭

  effect of Depression on，**L11**：268，大萧条对家庭的影响

  and education，**L11**：538；**L17**：233，家庭的教育影响

  experience in，**L13**：55，家庭经历

Fanaticism，**M12**：176；**M14**：157；**L15**：58；**L16**：350，狂热

  threats of，**L17**：xxii，狂热的威胁

  absolutism and，**L17**：xxiv，绝对主义与狂热

Fancy：幻想、奇想

  vs. imagination，**L10**：xxviii，272，幻想对想象

development of，**L17**：261，奇想的培养

Fantasies，**M14**：109,113,162,188，幻想

Faraday，Michael，**L2**：xxxii，366；**L11**：279；**L14**：397；**L16**：61,99,278，法拉第，麦克尔/迈克尔/米歇尔

Far East，**L8**：7，远东

  problems of，**M13**：81，远东的各种问题

  peace of，**M13**：82,85,442，远东的和平

  coordination in respect to，**M13**：185，有关远东的协调

  political opinion in，**M13**：259，远东的政治观点

  vs. West in China，**M15**：216，中国远东对西方

  freedom in，**L13**：80，东方世界的自由

Far Eastern Republic：远东共和国

  and Japan，**M13**：214，远东共和国与日本

  fate of，**M13**：233，远东共和国的命运

  establishment of，**M13**：235 - 239，远东共和国的成立

  and Russia，**M13**：238,240，远东共和国与俄国

  Dewey on，**M13**：239，杜威论远东共和国

  reports about，**M13**：241，关于远东共和国的报道

Far Eastern Republic，The：*Siberia and Japan*（F. Moore，Skvirsky，and C. Smith），**M13**：240n，《远东共和国：西伯利亚与日本》(摩尔和史密斯)

Farley，Thomas M.，**L9**：356，法利，托马斯·M

Farmer-Labor party，**L6**：235,251,254；**L9**：297,298，农工党

Farmers，**L2**：316。另见 Agriculture

  in China，**M12**：254，农民在中国

  decline of，**L5**：60，农民的衰落

  political organization of，**L5**：447 - 449；**L6**：172，农民政治的组织

  Russian，**L6**：265；**L17**：503 - 504，俄国的农民

economic pressures on, **L9**：249,250,255 -
257,269 - 270,273；**L15**：358,对农民的
经济压迫

People's Lobby on, **L9**：249 - 251,人民游
说团谈及农民

land value related to, **L9**：250,255,257,
258,262 - 263,269 - 270,与农民相关的
土地价值

unions of, **L9**：250,273,农民的联盟

situation of, **L9**：275,285,307,农民的
现状

as workers, **L11**：160,农民作为工人

idealization of, **L13**：81,被理想化的农民

vs. traders, **L13**：100,134,农民与商人

Farmers and Consumers Financing Corporation,
L9：85,农民与消费者融资公司

Farmers' National Educational and Cooperative
Union, **L9**：273,农民的国民教育与合作
联盟

Farmers' Union, **L6**：236；**L9**：250,农民
联盟

Farming,农业。另见 Agriculture

Farm Land Bank (Federal Land Bank)，**L6**：
386,农地银行(联邦土地银行)

Farm Relief Board, **L5**：94,农业救济委员会

Fascism, **L6**：142,447,464n；**L7**：427 - 428；
L8：52；**L9**：77 - 78,93,297,298,312；
L13：129,151,157,180,315,317；**L15**：
175 - 176,215；**L16**：391,401；**L17**：469,
法西斯主义

Niebuhr on, **L9**：401 - 403,尼布尔谈及法
西斯主义

adherents of, **L11**：60,164,法西斯主义的
信徒

vs. communism, **L11**：64,187,495,法西
斯主义对共产主义

danger of, **L11**：328,528,536 - 537,法西
斯主义的危险

Bingham on, **L11**：440,宾汉姆论法西斯主
义

Hutchins on, **L11**：596,哈钦斯论法西斯
主义

Long on, **L13**：112,朗论法西斯主义

suppression in, **L13**：316,321；**L14**：96,
法西斯主义中的压制、压迫

Trotsky on, **L13**：398,托洛茨基论法西斯
主义

denounced, **L14**：366,公开抨击法西斯
主义

virtue of, **L17**：117,法西斯主义的德性

Fatalism, **M13**：223,宿命论

Fate, **L14**：98,命运

Fatigue, **E5**：157,疲倦

Fatigue and Impairment in Man （Bartley
and Chute），**L16**：140n,《人的疲劳与损
伤》(巴特利和丘特)

Faulkner, William, **M12**：xxvi,福克纳,威廉

Fear, **M12**：101 - 102；**L1**：43；**L13**：166,
289,恐惧

as motive, **E4**：111 - 112；**L13**：142 - 143；
L17：86,恐惧之为道德动机

description of, **E4**：164,恐惧被讨论

as enemy to progress, **M13**：425,作为进步
的敌人的恐惧

in school life, **M13**：427,428,学校生活中
的恐惧

of Japan, **M13**：441,对日本的恐惧

Fechner, Gustav Theodor, **E4**：195；**M2**：
149,费希纳,古斯塔夫·西奥多

as founder of psychology, **M7**：137 - 139,
作为心理学的奠基者的费希纳

Hocking on, **L14**：422,霍金论费希纳

Federal Bureau of Investigation, **L17**：140,联
邦调查局

Federal Farm Board, **L5**：433,435,联邦农业
委员会

Federalist Papers, The （A. Hamilton,
Madison, and Jay），**L15**：xv,《联邦党人》
(汉密尔顿、麦迪逊、杰伊)

Federal Land Bank, **L6**：386,联邦土地银行

Federal Reserve Board，**L5**：94，联邦储备委员会

Federal Trade Commission，**L14**：370，联邦贸易委员会

Federal Trade Commission Act，**L7**：408 - 409,418，美国联邦贸易委员会法案

Federation：联邦

as governmental unit，**L2**：377，联邦作为政府单位

Federation for Child Study，**M7**：377，儿童研究联合会

Federation of Women's Clubs，**L5**：317，妇女俱乐部联合会

Feeling，**L1**：197 - 199,204,221,226 - 230,240；**L10**：257，感觉。另见 Sensation

in sensationalistic theory，**E1**：31 - 32，感觉论中各种感觉的关联

in consciousness，**E2**：20 - 25,215 - 216，意识中的情感

and taste and smell，**E2**：57,221 - 222，嗅觉的情感,情感和味觉

analogy of，**E2**：95 - 97，情感的类比

qualitative，**E2**：216 - 217,239 - 255，性质化情感

sensuous，**E2**：218 - 227，感觉情感

formal，**E2**：228 - 238，形式化情感

individuality of，**E2**：23,215 - 216,281 - 297，情感的个体性

intellectual，**E2**：256 - 266，理智的情感

esthetic，**E2**：267 - 280，审美的情感

and will，**E2**：357 - 358，情感和意志

Kant on，**E3**：72，康德论及情感

connected with action，**E3**：244 - 245,257 - 258，情感与行动相关联

as end or ideal，**E4**：264 - 265；**E5**：130，感情之为目的或理想

related to value，**E5**：124 - 125；**L13**：223，与价值相关的感情

in psychical unity，**E5**：313，心理统一中的情感

psychology of，**E5**：358 - 367，情感心理学

utilitarians on，**M5**：229，功利主义者论感情

impotency of，**M10**：19，将感觉当作是无效的

ambiguity in word，**L13**：198 - 199，感情一词的模糊性

related to character，**L17**：343,347，与性格相关的感情

related to experience，**L17**：346，与经验相关的感情

Feibleman，James，**L16**：10n，费穆尔曼,詹姆斯

Feigl，Herbert，**L16**：170,181n，费格尔,赫伯特

Feinstone，Sol，**L14**：311，范斯坦,索

Fellowship：联谊、友谊

needed in education，**L14**：278 - 279，教育中对联谊的需要

Addams on，**L15**：198，亚当斯论友谊

Fénelon，François de Salignac de la Mothe，**M2**：216，费奈隆论静寂主义

Feng Kuo Chang，**M13**：133，冯国璋

Feng-shui，**M13**：224，风水

Fermat，Pierre de，**L14**：397，费玛,皮耶·德

Ferrero，Guglielmo，**L5**：113，费雷罗,古列尔默

Ferrier，James Frederick，**M2**：172，费里尔,詹姆斯·弗雷德里克

Ferris，Theodore R.，**L17**：545，费里斯,西奥多·R

Feti，Domenico，**L10**：147，费蒂,多米尼克

Feudalism，**M12**：103 - 104,113 - 115,184；**M13**：152,283,296,309；**L1**：357；**L11**：283,365；**L13**：105 - 106；**L16**：401，封建制度、封建主义

Greek philosophy used to justify，**M4**：35，用于证明封建主义的古希腊哲学

Germany's change from，**M8**：185 - 186，德国从封建主义转变

L14：408－409,终极善

Final value, **L13**：231,347；**L16**：349－350,
353,355,终极价值

Finance：财政、金融

in Turkish schools, **M15**：285－286,土耳
其学校中的财政管理

and speculation, **L9**：254,金融与投机

F. Roosevelt's policy regarding, **L9**：277－
278,罗斯福关于金融的政策

Fine, Henry Burchard,法恩,亨利·伯查德

on number, **E5**：xxiii-xxvii, 424－429,法
恩论数字

Fine art, **E2**：274－277；**M12**：152；**L1**：
271,273,282－283,290－291；**L16**：369,
397,417,美术。另见 Art；Works of art

vs. useful art, **M7**：xxviii-xxix；**M9**：242－
244；**L10**：xi, xxxii, 33－34,265,343－
344,实用艺术和高雅艺术

compartmentalization of, **L10**：14－17,26,
85,90,优美艺术的划分

quality of, **L10**：29－30,45,86－87,127,
143,153,155,176－177,232,286,优美
艺术的性质

beauty in, **L13**：360,艺术中的美

Finerty, John F. , **L11**：313－315,323,602；
L15：356,芬纳蒂,约翰·F

Finite, **L1**：52－53,127,有限的、限定的

and infinite, **E3**：227－228；**M12**：117；
L17：95,有限的与无限的

or imperfect, **M12**：141,有限的或者不完
美的

Finland, **M15**：392,芬兰

Fire, **M12**：85－86,111－112,129,209,火

Firm：固定

as name, **L16**：264,固定作为名称

First Crossing of Greenland, *The* (Nansen),
L5：395,《初次穿越格陵兰》(内森著)

First Philosophy, **L4**：12－13,第一哲学

First principles, **L12**：19；**L14**：123,第一
原理

First Public Education Experiment Station
(Obninsk, USSR), **L17**：505,公共教育一
号实验站(苏联奥布宁斯克)

Firth, John Rupert, **L16**：122n, 468,费斯,
约翰·鲁伯特

Fisch, Max, **L16**：xn-xin,菲什,马克斯

Fischer, Kuno, **E1**：336；**E3**：187,菲舍尔/费
希尔,库诺

Fishbein, Morris, **L17**：518,573,菲什拜因,
莫里斯

Fisher, George, **M5**：135,费希尔,乔治

Fisher, Herbert Albert L. , **M11**：59,393,费
希尔,赫伯特·阿尔伯特·L

Fiske, Bradley A. , **L6**：503,菲斯克,布雷德
利·A

Fiske, John, **E4**：93n,菲斯克,约翰；**E5**：
261,费斯克,约翰；**M2**：149；**M9**：50n,菲
斯克,约翰；**L17**：559,费斯克,约翰

on infancy, **E5**：39；**M1**：180,339；**M5**：
519；**M7**：246－248；**L17**：256,563,菲
斯克/费斯克论婴儿期

as popularizer of Spencer, **L17**：93,为斯宾
塞做普及的费斯克

on phenomena, **L17**：93,费斯克论现象

on cosmic theism, **L17**：94,费斯克论宇宙
有神论

teleology of, **L17**：95,96,费斯克的目的论

on organic evolution, **L17**：96－67,费斯克
论有机演化

Fitch, Robert E. , **L15**：xxxiiin,菲奇,罗伯
特·E

Fite, Warner, **M7**：62n,菲特,沃纳

Fitness, **E5**：40－41,适应性

Fitness of the Environment, *The* (L.
Henderson), **M8**：458；**L16**：117n,《环境
的合理性》(亨德森)

Fitzpatrick, Edward A. , **L17**：67,557,菲茨
帕特里克,爱德华·A

Five-year plan (USSR), **L6**：51,61,65,263,
266,469,五年计划(苏联)

Fixation, **L16**：413，执迷

Flaubert, Gustave, **E3**：37,39，福楼拜，古斯塔夫

Flemish school of art, **L10**：192,210，佛兰德斯艺术流派

Fletcher, Duncan Upshaw, **L9**：288，弗莱彻，邓肯·厄普肖

Flexibility, **L16**：4，可活动性

Flexner, Abraham, **L6**：287，弗莱克斯纳，亚伯拉罕

　　criticizes universities, **L17**：110 - 111，弗莱克斯纳批评大学

Flint, Robert, **E4**：200,213 - 214，弗林特，罗伯特

Florentine school of painting, **L10**：146,177,192,315,333，佛罗伦萨画派

Flower, Elizabeth：弗劳尔，伊丽莎白

　　on 1908 and 1932 *Ethics*, **L7**：vii-xxxv，伊丽莎白论 1908 年和 1932 年版《伦理学》

Flux, **M12**：112,141 - 142，流量；**L10**：20,22，流变。另见 Change

Flynn, Elizabeth Gurley, **L15**：xxiv，弗林，伊丽莎白·格林

Flynn, William J., **L9**：346,347,362 - 364，弗林，威廉·J

Focusing：集中

　　as aspect of directive action, **M9**：30,44 - 45,68 - 69，集中作为指导性行动的一个方面

Foerster, Norman, **L5**：265，福斯特，诺曼

Folk：民族

　　Fichte on, **M8**：188 - 189，费希特论民族

Folklore, **L13**：165，民间信仰

Folk-psychologists：民族心理学

　　Austrian and German schools of, **M10**：57，奥地利和德国的"民族心理学"学派

Folkways,民风。另见 Customs；Mores

　　defined, **M5**：54；**L7**：49，民风定义

Following, **L12**：269 - 271,298 - 299,313 - 314,345 - 346,415 - 418,427 - 432，下述的

Foochow (Fuzhou), China, **M12**：22,23,39，福州,中国

Food：食物

　　study of, **E5**：237 - 240，食物研究

　　as stimuli, **M2**：43，食物作为刺激

　　shortage, **M10**：296，食物短缺

"For a New Education," **L14**：xix,《为了一个新教育》

Force, **L15**：195，暴力；**L16**：400，外力。另见 Coercion

　　in hedonistic theories of obligation, **E3**：332，快乐主义的道义理论中的强力

　　of customs, **M5**：58 - 59，习俗的力量；**L7**：54；**L13**：293，风俗的力量

　　Hitler's doctrine of, **M8**：425 - 428，希特勒的力量学说

　　Dewey's concept of, **M10**：xxviii-xxix，杜威的力量概念

　　use of, **M10**：21；**L11**：294,379；**L17**：459，武力的使用

　　Spencer's concept of, **M10**：68，斯宾塞的力量概念

　　related to violence and law, **M10**：211 - 215,244 - 251；**L6**：213 - 214,218,219,463 - 465，与暴力和法律相关的力量

　　Germany's adoption of, **M10**：220 - 222，德国将力量当作其借口

　　coercive, for unity, **L6**：212 - 213，为统一所需的强制力量

　　related to sanctions, **L6**：214 - 216,450 - 451,481 - 482，与制裁相关的武力

　　as cause, **L12**：445 - 446，作为原因的力

　　motives as, **L13**：85 - 87，动机力量

　　belief in, **L13**：90 - 91,145,148，相信武力

　　economic, **L13**：100，经济力量

　　impersonal, **L13**：104，非人性力量

　　of science, **L13**：123,371，科学的力量

　　military, **L13**：187,302，军事力量

　　rule by, **L13**：321；**L15**：176,207 - 209，暴

力统治

allied with truth, **L14**：321 - 322,与真理
联合在一起的暴力

communism emphasizes, **L17**：117,共产主
义强调暴力

Forced Labor in Soviet Russia（Dallin and
Nicolaevsky）, **L15**：295 - 298,《苏联的强
迫劳动》(达林与尼古拉耶夫斯基)

Ford, Franklin, **E3**：239; **L16**：xxvn,福特,
富兰克林

Ford, Henry, **L2**：161; **L5**：62; **L7**：423,福
特,亨利

Foreground：前景

consciousness as, **L10**：270 - 271,作为前
景的意识

Foreign Affairs, **M15**：xiii,《外交》

Foreign and Domestic Commerce, Bureau of,
L6：353,外国和国内商业局

Foreigners：外国人

in China, **M12**：44 - 49,74,外国人在中国

Foreign intrigue：国外阴谋

in Turkey, **M15**：130,在土耳其的国外
阴谋

Foreign policy：外交政策

Dewey on, **L3**：xxxi-xxxiii,杜威对外交政
策的看法

C. and M. Beard on, **L14**：283,比尔德论
外交政策

Foreign Policy Association, **L6**：196n,450n,
外交政策协会

Foreign Relations, Committee on, **L6**：364 -
365,对外关系委员会

Foresight, **M14**：142 - 145,164,183 - 185,
195, 200, 210, 215, 预见。另见
Deliberation、Ends; **L13**：231,237,243;
L17：268

of consequences, **L13**：43 - 45,217 - 218,
247,对结果的远见

of enjoyment, **L13**：227,对享受的远见

in direction, **L17**：52,引导中的先见

organization in, **L17**：52 - 53,先见中的
组织

lack of, **L17**：452,先见的缺乏

Forgettery：遗忘

importance of, **L17**：333,遗忘的重要性

Form, **L1**：78,79,133,177,240,246,293;
L13：371,形式

and content value in studies, **E5**：67,学科
的形式和内容价值

in *Cyclopedia of Education*, **M6**：458 -
460,形式(《教育百科全书》)

Bradley on, **L5**：258 - 260,布拉德利论
形式

generation of, **L10**：xx-xxiii, xxvii, 20,29 -
30,81,86,139 - 167,188,202,205 -
206,210,357,形式的产生条件

related to substance in art, **L10**：118 -
138,174 - 176,195,217,322,325,形式
与艺术中的主旨的关系

technique's relation to, **L10**：232 - 233,
306 - 309,319,技巧对于形式的相对性

classic idea of, **L10**：289,298 - 300,364,
古典的形式观念; **L15**：84 - 85,276,形
式的古典理解

appreciation of, **L10**：315,317,批评家对
形式的欣赏

influences on, **L10**：333,343,344,形式受
到的影响

accrues in inquiry, **L12**：xx-xxi, 11 - 12,
29,106,132,159 - 160,形式在探究中的
准确性

and law, **L12**：24,105 - 106,187 - 188,370 -
371,形式与法则

of material, **L12**：159,235,285,348,429 -
430,实体形式

abstracted, **L12**：193,抽象形式

and language, **L12**：372,形式与语言

mathematical, **L12**：391 - 414,数学形式

Formal discipline：形式规训

in education, **M9**：65 - 74,253 - 254,教育

中的形式规训理论

interest and, **M9**：131 - 145,兴趣和形式规训

Formalism, **E1**：xxvi；**M12**：xxiii,形式主义

conceptual, **L17**：445,概念的形式主义

neo-scholastic, **L17**：469,新经院主义的形式主义

Formalistic logic：形式主义的逻辑

and Aristotelian logic, **L12**：88 - 92,形式化逻辑和亚里士多德逻辑

transformation of, **L12**：93, 183, 197 - 198,201 - 202,218,285,364 - 365,形式化逻辑的转变

failure of, **L12**：372 - 383,形式化逻辑的失败

and social inquiry, **L12**：502 - 503,形式化逻辑和社会探究

Formalization of Logic（Carnap）, **L16**：30 - 31,38,《逻辑的形式化》（卡尔纳普）

Formal Logic：A Scientific and Social Problem（F. Schiller）, **M7**：131 - 134；**L11**：156,《形式逻辑》（席勒）

"Forms of Art Exhibition"（Philadelphia）, **L17**：128,540 - 541,560,《艺术表现之诸形式》（费城）

Formulation,表述。另见 Proposition, **L12**；Symbols, **L12**

types of, **M9**：235 - 236,不同类型的表达

necessity of, **L12**：21, 25 - 26, 245, 249 - 251,263 - 265,501,表述的必要性

Fortune, **L4**：6,9 - 10,82,178,209,241,命运；**L15**：333, 335 - 336,474,财富。另见 Luck

Forward from Liberalism（Spender）, **L11**：496 - 498,《从自由主义向前走》（斯本德）

"Forward View, The," **L11**：xviii,《展望》

For-what：为了什么

of attention, **L17**：272 - 273,注意力的"为了什么"

Fosdick, Raymond B. , **L16**：374,471,福斯迪克,莱蒙·B

Foundation, **L16**：90,165n,基础

Foundation of Commercial Education（ECTA）, **L5**：401 - 403,《商业的基础教育》

Foundations of Sovereignty（Laski）, **L2**：40n,《主权的基础》（拉斯基）

Foundations of the Nineteenth Century, The（H. Chamberlain）, **M8**：188n,《19 世纪的基础》（张伯伦）

Foundations of the Social Sciences（Neurath）, **L16**：187n,《社会科学的基础》（诺伊拉特）

Foundations of the Theory of Signs（C. Morris）, **L15**：141 - 152,473；**L16**：xxxii,33 - 35,224n,《记号理论的基础》（莫里斯）

Founders of Modern Psychology（G. Hall）, **M7**：137 - 141,《现代心理学的奠基人》（霍尔）

Founding of the German Empire by William I, The（von Sybel）, **M8**：177,《德意志帝国的缔造》（冯·济贝尔）

Four Freedoms, **L15**：509,"四种自由"

Fourier, Joseph, **L15**：xvii,傅里叶,约瑟夫

Four Stages of Greek Religion（G. Murray）, **L5**：165,《希腊宗教的四个阶段》（默里）

Fourteen Points：十四条

and League of Nations, **M11**：135 - 139,十四条与国际联盟

Fourteenth Amendment, **L2**：36；**L7**：356,395,美国宪法第十四条修正案

Fox, Mary, **L9**：271,福克斯,玛丽

Fragonard, Jean-Honoré, **L10**：133,弗拉贡纳尔,让-奥诺雷

France, Anatole, **L3**：203；**L6**：77,法郎士,阿纳托尔

France, **M11**：19, 156, 277；**M15**：xviii,106,107,109,112,129,380,411,412；**L6**：206,453；**L11**：10, 79, 520；**L13**：348；**L14**：277,法国。另见 French Revolution literature of，**E3**：36－42，法国文学

language of，**E3**：209－210，法语

philosophy in，**M8**：144；**M9**：308；**M11**：43,93；**M12**：xiv,107,222；**L17**：438－439,法国哲学

rights in，**M8**：165－166,法国的权利原则

Enlightenment in，**M8**：183,法国启蒙运动

school of imitation in，**M10**：60,法国模仿学派

in WWI，**M10**：219；**M11**：100,177,192,245；**L15**：341,一战中的法国

on Germany，**M10**：222－223,讨论德国的法国作品

and new nations，**M11**：xiii,法国与新生国家

education in，**M11**：58；**L17**：492,法国的教育

and U. S. ，**M11**：116,151；**M15**：155,法国与美国

publicity about，**M11**：120,有关法国的宣传

and Alsace-Lorraine，**M11**：136；**M12**：60,法国与阿尔萨斯-洛林

and League of Nations，**M11**：140；**M15**：85,法国与国联

and Japan，**M11**：169,192,198；**M12**：35,法国与日本

and China，**M11**：190；**M13**：202,法国与中国

Poland's relation with，**M11**：250,251,256,261,267,268,279－284,293,299,302,317－319,323－328,395,法国与波兰问题

and Paris Peace Conference，**M12**：5,18,法国与《凡尔赛条约》

demands for concessions by，**M12**：62,法国要求让步

political thought of，**M13**：346,法国在政治上的想法

interests of，in Turkey，**M15**：132,142,145－146,法国在土耳其的利益

on nationality laws，**M15**：388－389,法国和英国关于国籍法的不同

on outlawry of war，**L3**：163,168－169,171,175；**L8**：13,17,法国致力于战争非法化

and sanctions，**L6**：197,法国与实施制裁

proposes international army，**L6**：210,法国关于组建国际部队的建议

on Egypt，**L6**：219,468－469,法国对埃及的争夺

and disarmament，**L6**：460－461,法国与裁军

influences Jefferson，**L14**：210－212,法国对杰斐逊的影响

and USSR，**L15**：245,347－348,353,494－495,法国与苏联的关系

capitalist in，**L17**：22,法国的资本家

on democracy，**L17**：474,法国之于民主

Franchise，**L6**：226－227；**L11**：25,50,51,218,248,535－536,公民权。另见 Suffrage

denied Negroes，**L15**：357,否认黑人的公民权

Franciscans，**M5**：141,方济会

Francis of Assisi, Saint，**L14**：102,弗兰西斯·阿西斯,圣

Francis W. Parker School（Chicago），**M3**：240n,弗朗西斯·W·帕克学校(芝加哥)

English experiment in，**M8**：262－263,弗朗西斯·帕克学校的语文实验

dramatization at，**M8**：288－290,弗朗西斯·帕克学校的戏剧表演

Francke, Kuno，**M5**：140,弗兰克,库诺

on German mind，**M10**：225－230,法兰克论德国精神的连续性

Franco, Francisco，**L15**：26,佛朗哥,弗朗西科

Frank, Jerome，**L6**：xix；**L14**：xxiv,弗兰克,杰罗姆

Frank, Philipp，**L16**：108n, 149n,弗兰克,

菲利普

Frank, Waldo, **L5**：72，73，弗兰克，沃尔多

Frankel, Charles, **L13**：xvii，弗兰克，查尔斯

Frankfurter, Felix, **L6**：xix；**L9**：237，弗兰克福特，费利克斯

Franklin, Benjamin, **M13**：303；**L9**：123；**L13**：144；**L14**：203 - 204；**L15**：xxx-xxxi，富兰克林，本杰明

  and science, **L14**：205，209，富兰克林和科学

  Jefferson on, **L14**：223，杰斐逊论富兰克林

Franklin D. Roosevelt (Freidel), **L6**：xviiin，《富兰克林·D·罗斯福》(弗赖德尔)

Fraser, Alexander Campbell, **E1**：123，弗拉泽，亚历山大·坎贝尔

Fraternity：博爱

  as value in democracy, **L14**：277，博爱在民主中的价值

Frazier, Lynn J., **L6**：355，394，弗雷泽，林恩·J

Frederick the Great, **M7**：379；**M8**：156 - 157，164，186，474，腓特烈大帝；**L14**：399，菲特烈大帝

Free assembly, **L16**：402，自由组织

Freedom, **L4**：128，129，136，199 - 200；**L7**：xxv；**L8**：181；**L11**：xxi-xxii；**L15**：56，238，自由。另见 Academic freedom；Liberty

  ethics of, **E1**：41；**E4**：341 - 344，自由伦理学

  democratic, **E1**：244 - 245；**L14**：227 - 228；**L16**：391，406，民主自由

  realization of, **E3**：327；**M12**：240，自由的实现

  forms of, **E3**：340 - 344；**M14**：xix，209 - 215，自由诸形式。另见 Will

  proof of, **E4**：95，自由的证据

  psychology of, **E4**：337 - 341，自由心理学

  determinist and indeterminist theories of, **E4**：344 - 350，决定论和非决定论的自由论

  and individualism, **M5**：83 - 84；**L7**：76 - 77，自由与个性

  role in social order, **M5**：390 - 394；**L11**：24，自由在社会秩序中的作用

  of thought, **M6**：229 - 232；**M12**：8 - 11；**L7**：358 - 366；**L11**：xxx，47 - 48，142 - 143，220，253，270，290，344，375，思想的自由

  in Hegel, **M8**：195，黑格尔的自由

  and discipline, **M9**：310 - 311；**L8**：182 - 186，自由与纪律

  and authority, **M9**：314 - 315，348 - 349；**L11**：130 - 131，136 - 145，自由和权威

  American vs. German concept of, **M10**：228，美国的自由概念与德国的责任概念

  opposed to institutional control, **M11**：18，反对制度化的控制

  philosophy and, **M11**：50；**L3**：103 - 104，108 - 109；**L16**：368，自由哲学

  of expression, **M11**：110，184，189；**L3**：111 - 114，136；**L6**：xxii，121 - 122；**L11**：46 - 48，61，269，270，272，290，言论自由

  in Europe, **M11**：136，欧洲的自由

  associated with anarchy, **M11**：216，自由与无政府状态的联系

  of franchise, **M12**：10 - 11，特权

  secured by vigilance, **M12**：17 - 18，警惕性保障

  religious, **M12**：105；**L3**：124；**L7**：77，宗教自由

  of will, **M12**：192；**M14**：8 - 9，意志的自由

  law and, **M12**：198，规律与自由；**L14**：247 - 248，法律与自由

  internal, **M12**：246 - 247，内部的自由

  opposition to, **M14**：61，115 - 116；**L7**：359 - 360；**L11**：247 - 255；**L13**：24 - 25，32，39 - 41，127；**L16**：360，404，反对

自由

intellectual，**M14**：114；**M15**：xxiv-xxv，201 - 202,207 - 211；**L3**：102,111,理智的自由；**L8**：186,思想自由

for teachers，**M15**：186 - 187,赋予教师自由

and action，**L3**：xxvii-xxviii,106 - 107,自由和行动；**L17**：384,行为的自由

and choice，**L3**：92 - 95,105 - 108；**L17**：340,383,自由和选择

and liability，**L3**：93 - 94,自由和责任

and luck，**L3**：104 - 105,107,自由和运气

science and，**L3**：110 - 111,123,科学和自由

political and economic，**L3**：114；**L7**：141 - 144；**L8**：51；**L11**：8 - 10,26 - 28,136 - 140,249 - 252,254,258,283,284,290,365 - 367,369 - 371,496；**L13**：67；**L15**：216,政治和经济的自由

Greeks and，**L6**：431,希腊人的自由

and culture，**L6**：445 - 449；**L11**：294 - 295,自由与文化

Pauline conception of，**L7**：95,保罗的自由观念

nature of，**L7**：305 - 306；**L11**：532；**L13**：9,46,75,78,144,154,自由的性质

individual，**L7**：334 - 335；**L13**：80 - 82,85,102 - 103,149；**L14**：91 - 95；**L17**：399,个体的自由,个人的自由

in capitalism，**L7**：376,企业自由

individual vs. collective，**L9**：205 - 206；**L11**：191 - 192,自由和集体福利

in esthetic theory，**L10**：xxxi,284 - 286,346,审美理论中的自由

Lippmann on，**L11**：258 - 259,李普曼论自由

in USSR，**L11**：332,苏联缺乏自由

Russell on，**L11**：455 - 456,罗素论自由

and self-control，**L13**：43,自由与自我控制

factors in，**L13**：72,97,129,180 - 181,316,自由的要素

of press，**L13**：92,168；**L16**：402,出版自由

related to organization，**L13**：110,与团体相关的自由

problems of，**L13**：147,162,185,自由的问题

vs. totalitarianism，**L14**：278 - 279,367 - 368,自由与极权主义

planning for，**L14**：294,自由的计划

conditions for，**L15**：41,249 - 252,条件的自由

civil，**L15**：170 - 183,366 - 367,公民的自由

Aristotle on，**L15**：265,亚里士多德论自由

Bode on，**L15**：327,博德论自由

during Enlightenment，**L16**：372,文艺复兴时期的自由

importance of，**L16**：402 - 403,自由的重要性

moral，**L17**：5,259,道德自由

and responsibility，**L17**：342 - 343,462,自由与责任

respect for，**L17**：473,对自由的尊重

Freedom and Culture，**M7**：xxi-xxii；**M9**：xii；**L1**：viii；**L5**：xvi；**L13**：ix, xv-xvi，**L17**：xxviii,335n,《自由与文化》

Freedom in the Modern World（Kallen），**L3**：92n,《自由在现代世界》（卡伦）

Freedom of Will：意志自由

in *Cyclopedia of Education*，**M6**：419,464 - 466,意志自由（《教育百科全书》）

Freeman, Edward A.，**L13**：401,弗里曼,爱德华

Freeman, James E.，**L11**：530,弗里曼,詹姆斯·E

Freeman，**M13**：306,《自由人》

"Free Man's Worship, A"（B. Russell），**M12**：xxix；**M15**：327,《自由人的崇拜》（罗素）

Free Poland（Washington，D. C.），**M11**：256,324,《自由波兰》

Free press，**L13**：92,168；**L16**：402,自由出版

Free Silver party，**L6**：232,自由铸造银币党

Free-Soil party，**L6**：231,自由土壤党

Free speech，**L6**：124 - 125；**L16**：402 - 403,言论自由

Free verse，**L10**：303,自由诗

Free will，**M13**：xv；**L13**：123；**L17**：5,自由意志

 definition of，**M13**：318 - 319,"自由意志"的定义

 Tolstoy on，**L17**：383,托尔斯泰论自由意志

Frege, Gottlob，**M7**：440；**L4**：x, xxi；**L14**：xiv, xv；**L16**：xviii,弗雷格,戈特洛布

 on mathematical number，**M10**：95,弗雷格论数学中的数字

 uses definition，**L16**：155,弗雷格对定义的使用

 Dubislav on，**L16**：161n,杜比斯拉夫关于弗雷格

 Russell on，**L16**：185,469,罗素关于弗雷格

Freiburg, University of，**L15**：324,弗赖堡大学

Freidel, Frank，**L6**：xviiin,弗赖德尔,弗兰克

Freienfels, Mueller：弗赖恩弗尔斯,米勒

 describes American mind，**L5**：51 - 57,弗赖恩弗尔斯所描述的美国思想

French：法国

 literature，**E3**：36 - 42,法国文学

 language，**E3**：209 - 210,法语

 art，**L10**：192,290,319,法国艺术

 criticism，**L10**：306,法国批评

French Committee of Relief for Polish Sufferers，**M11**：282 - 283,法国的波兰难民救援委员会

French Military Commission，**M11**：320,法国的军事委员会

French Philosophical Society，**L5**：279n,496,497,501,503,法国哲学会

French Primitives and Their Forms（A. Barnes），**L10**：178n, 360,《法国原始派及其形式》(巴恩斯)

French Red Cross，**M11**：250,法国红十字会

French Revolution，**M7**：419；**M8**：144,171,183,184,189,428；**M13**：117；**I.7**：148,349；**L8**：31；**L11**：7,80 - 81,368；**L13**：84 - 85,110；**L14**：209 - 210,212,277；**L15**：217,252,法国大革命

 significance of，**E4**：13,法国大革命的重要意义

 as work of conservative party，**E4**：104,法国大革命之为保守派的工作

 and philosophical revolution，**M8**：176,法国大革命与哲学的革命

 causes of，**M8**：316；**L17**：439,法国大革命的原因

 excesses of，**L13**：148,法国大革命的过激行为

 Rousseau on，**L13**：149,卢梭论法国大革命

Frequency distribution，**L12**：226,分布频率

 and probability，**L12**：465 - 473,分布频率和概率

Frescoes，**L10**：226,壁画

Freud, Sigmund，**L7**：448；**L9**：243；**L10**：viii, xi, xxv；**L15**：xiv, xxi, xxxii,弗洛伊德,西格蒙德

Freudian psychology，**M12**：xxvi；**L2**：229,弗洛伊德心理学

Freund, Ernst，**M5**：496n；**L2**：36n,弗罗因德,厄恩斯特

Friedlieb, Wilhelm，**E1**：256,弗里德利布,威廉

Friend, The（Coleridge），**L5**：178,《朋友》(柯尔律治)

Friendship，**L10**：339,友谊

related to society，**M5**：121－122；**L7**：
113，友谊和社会的关系

Epicureans on，**M5**：123；**L7**：114，伊壁鸠鲁
论友谊

pleasure in，**L7**：200－201，友谊中的快乐

and marriage，**L7**：450－452，友谊和婚姻

Fries, Amos Alfred，**L6**：124,503，弗赖斯,
阿莫斯·艾尔弗雷德

Fries, Horace S.，**L7**：xxx，弗里斯,霍勒斯；
L16：470，弗莱斯,贺拉斯

Fries, Jakob Friedrich，**M2**：215；**L5**：179,
186；**L16**：161，弗里斯,雅各布·弗里德里
希

Friess, Horace L.，**L14**：307，弗里斯,霍拉
斯·L

Froebel, Friedrich Wilhelm，**M1**：342；**M7**：
211,289,378；**M8**：xxxii,280,319；**M13**：
401；**L17**：263，福禄培尔,费里德里希/弗
里德里希

influence on，**M1**：xviii，德国客观唯心主义
对福禄培尔的影响

educational principles of，**M1**：81－85；
M6：308,363,422；**L8**：285；**L11**：244,
福禄培尔的教育原则

on child nature，**M1**：235，福禄培尔论儿童
天性

and activity，**M1**：341；**M7**：186,232,322；
M8：276－277，福禄培尔与活动

compared with Herbart，**M7**：382－383，福
禄培尔与赫尔巴特比较

Rousseau's theories applied by，**M8**：248－
249，福禄培尔对卢梭理论的运用

on natural development，**M8**：275－276；
M9：123，福禄培尔对成长的自然原则的
强调

on Absolute Whole，**M9**：62－65,73，福禄
培尔论实现绝对整体

"From Absolutism to Experimentalism,"
M9：ixn；**L9**：xii, xiii, xxiii，《从绝对论到
实验论》

Fronczak, Francis E.，**M11**：281，弗朗兹扎
克,弗兰西斯·E

Frontiers of Democracy，**L15**：343，《民主前
沿》

Fronts：阵线

unity needed among，**L17**：130,542－544,
不同阵线所需的统一

Frustration，**L13**：217，挫败

Fry, Elizabeth，**L11**：18，弗赖,伊丽莎白

Fry, Roger：弗莱,罗杰

on art，**L10**：92－96,356，弗莱论现代绘画

Fukien (Fujian), China，**M12**：22,23；**M13**：
128，福建,中国

Fulfillment，满足。参见 Consummatory exp-
erience

as quality of desire，**L7**：247，作为欲望特
性的满足

Function，**M12**：xviii；**L16**：308,325,334,
336，功能。另见 Instrumental，**L12**；
Operations，**L12**

organization of，**E1**：107－108，功能的
组织

in individuality，**E3**：303－304，个体性中
的功能

as end of nature，**E4**：205，官能之为自然
的目的

moral，**E4**：232－233，道德官能

in *Cyclopedia of Education*，**M6**：364,
365,466－467，功能（《教育百科全书》）

serial or temporal，**M13**：xviii,378－379,
系列的或时间性的功能

consummatory，**M13**：xix,380，终极性的
功能

induction as，**M13**：64，作为功能的归纳

distinctiveness of，**M13**：70,71，功能的
区分

definition of，**M13**：377－378，功能的定义

of community-life，**M13**：382，社群生活的
功能

expression as，**M13**：419，作为功能的表达

in study of society，**M15**：247－248，在社会研究中的功能

form as，**L12**：xx-xxi，形式作为功能

biological，**L12**：32－36，生物学功能

made existential，**L12**：120,151－152,449－450，成为实存性的功能

traits as，**L12**：269，特征作为功能

propositions as，**L12**：309,364－365，作为功能的命题

physical and logical，**L12**：333,410－411，物理和逻辑的功能

laws as，**L12**：428－432，法律作为功能

theory as，**L12**：468，理论作为功能

role in cosmology，**L16**：ix，功能在宇宙学中的角色

Carnap on，**L16**：28n，卡尔纳普关于功能

as terminology，**L16**：82n，功能作为术语

of Cassirer，**L16**：115n 卡西尔的功能

in inquiry，**L16**：288,289,322，探究中的功能

as representative，**L16**：298，功能作为代表

in valuing，**L16**：348,356，评价中的功能

of activity，**L17**：154，活动的功能

Functional analysis：功能性分析

interprets experience，**L14**：132－133,138－139，用来解释经验的功能性分析

Functionalism，**L10**：119－120,133,302－303,344－345，功能主义

Functionalist，**L5**：218－219；**L16**：465，功能主义者

Functional method：功能性方法

as historical method，**M2**：xv，功能性方法与历史学方法等同

Functional psychology，**M1**：xiii,119，功能心理学

Fundamentalism，**M15**：xiii，基础主义

religious，**M15**：2－7,47；**L15**：189，宗教的原教旨主义

revival of，**M15**：50－51，原教旨主义的复兴

Fundamentals：基础

in religion，**M15**：3－7，宗教的基础

in education，**L6**：77－78,100，教育中的基本的东西

Fundraising：筹集资金

for Dewey Research Fund，**L14**：311，为杜威的劳动研究基金筹款

Furriers' Union，**L9**：335，皮草商联盟

Fustel de Coulanges, Numa Denis，**M5**：25；**L7**：24，甫斯特尔·德·库朗日，努马·丹尼斯

Future，**M12**：106,250；**L14**：60－61；**L16**：368,377,381，未来

and past，**M15**：35,355－356；**L13**：9，未来与过去

and becoming，**L2**：65－66，未来与生成

in esthetics，**L10**：xx, xxxii, 24－25,180－181,187,235,239,244,342,348；**L14**：113－114，未来在美学中的作用

importance of，**L13**：28,51，未来的重要性

preparation for，**L13**：29，为未来做准备

present and，**L13**：30,59；**L14**：131，现在与未来

Future of America，*The* (Wells)，**M8**：476，《美国的未来》

"Future of Liberalism, The，" **L11**：xxiv，《自由主义的将来》

"Future of the Socialist Party, The"（N. Thomas），**L9**：66，《激进政治行动的未来》（托马斯）

Futurity，**L2**：66－67，未来

Gaius，**L2**：35n，盖尤斯

Galicia，**M11**：xiii，加利西亚

Poles in，**M11**：262－269,272－273,281,290，加利西亚的波兰人

future of，**M11**：272,273,277,329，加利西亚的未来

revolutionary movement in，**M11**：288,298，加利西亚的革命运动

Galileo, **E1**：275；**M1**：168；**M4**：7；**M6**：24n, 64；**M7**：226；**M9**：303；**M11**：31；**M13**：497；**M15**：47, 48；**L1**：14, 108, 335, 336, 348；**L4**：xv, 75 – 78, 230；**L7**：144, 145；**L15**：xxxii, 25；**L16**：15, 340, 454, 伽利略

  on nature, **M2**：147, 伽利略论自然

  experimental method of, **M5**：154, 伽利略的实验方法

  on inertia, **L16**：66 – 67, 伽利略关于静止

  changes effected by, **L16**：98, 104 – 105, 158, 370, 伽利略所致的改变

  observation of, **L16**：130, 伽利略的观察

  on philosophers, **L16**：368, 伽利略关于哲学家

Galsworthy, John, **L10**：190, 360, 高尔斯华绥, 约翰

Galton, Francis：高尔顿, 弗朗西斯

  methods of, **E3**：43 – 47, 高尔顿的方法

  on images, **L17**：243, 563, 高尔顿论形象

  on numbers, **L17**：244, 高尔顿论数学

Gambling：赌博

  in Canton, **L17**：31 – 32, 广东的赌博

Games, **M1**：231, 游戏

  in University Elementary School, **M1**：82 – 84, 大学初等学校中游戏的运用

  child's goals in, **M1**：206, 游戏中儿童设定的目标

  and play, **M1**：211 – 212, 游戏和玩耍

"Gaming Instinct, The" (W. I. Thomas), **M2**：45n,《本能游戏》(托马斯)

Gandhi, Mohandas, **L6**：xxi, 503, 甘地, 莫汉达斯

Gardner, Percy：加德纳, 珀西

  on Greek education, **L17**：177 – 180, 加德纳论希腊教育

Garfield, Harry Augustus, **M2**：62, 加菲尔德, 哈里·奥古斯都

Garman, Charles Edward, **M4**：217 – 218, 加曼, 查尔斯·爱德华

Garrod, Heathcote William, **L10**：349, 366, 伽罗德, 希思科特·威廉

Gary, Ind., public schools, **M7**：96；**M10**：175, 印第安纳州加里市的学校体系

  vocational education in, **M8**：120 – 121, 365 – 378, 印第安纳州加里市的职业培训

  English experiment in, **M8**：262, 印第安纳州加里市公立学校的语文实验

  curriculum of, **M8**：320 – 328, 印第安纳州加里市公立学校的课程设置

  social aims of, **M8**：351, 印第安纳州加里市公立学校的社会理想

Gassendi, Pierre, **E1**：275, 伽桑狄, 皮埃尔

Gauss, Christian：高斯, 克里斯蒂安

  on college life, **L6**：259 – 262, 高斯论大学生活

Gauss, Karl Friedrich, **E5**：427 – 428；**M7**：424, 高斯, 卡尔·弗里德里希

Gay, John, **M3**：53, 盖伊, 约翰

Gayley, Charles Mills, **E4**：121, 盖雷, 查尔斯·米尔斯

Gaynor, William Jay, **M8**：133；**L15**：356, 盖纳, 威廉·J

Gee, Wilson, **L5**：161n, 吉, 威尔逊

Geertz, Clifford, **L16**：xxiin, 格尔茨, 克里夫德

Gefühlston, **E4**：186 – 188, 感情, 情感

Geiger, George Raymond, **L9**：299, 302；**L14**：4；**L15**：101, 盖格, 乔治·R

  Dewey replies to, **L14**：74 – 77, 杜威对盖格的回复

  on values, **L15**：445 – 452, 盖格论价值观

Gelb, Adhémar, **L16**：232n, 盖尔博, 阿迪玛

Geldart, W. M., **L2**：22n, 吉尔达特

Gellius, Aulus, **M7**：218, 格利乌斯, 奥卢斯

"General Confession, A" (Santayana), **L14**：295, 298, 306n,《一个总统的忏悔》(桑塔亚那)

General Education Board, **M10**：123；**L9**：

117,普通教育委员会

Generalization，**M6**：359，388；**M10**：13；**M12**：85，166 - 167，193；**L4**：100，108，121，174，197，249；**L8**：135，236，249；**L13**：144，212，一般化、概括。参见 Generic propositions，**L12**；Kinds，**L12**

Phillips's use of term，**E5**：182，菲利普斯对该术语的使用

and facts，**M6**：246，概述事实；**L8**：251 - 252，事实的概括；**L13**：93，96，一般化概括与事实

and educational mistakes，**M6**：256 - 258；**L8**：260，263 - 264，266，概括与教育错误

in *Cyclopedia of Education*，**M7**：209 - 210，普遍化(《教育百科全书》)

related to science，**M9**：234 - 236，普遍化在科学中的应用

Locke on，**M10**：12，洛克论一般化

two forms of，**L12**：xxv，252，260 - 262，352，422，428 - 429，一般化的两种形式

cultural origin of，**L12**：49 - 51，一般化的文化根源

use of，**L12**：196 - 197，201，432 - 433，491 - 492，一般化的使用

Mill on，**L12**：265 - 266，穆勒论一般化

search for，**L13**：123，205，为未来而探究

General Motors Corporation，**L5**：59，通用汽车公司

General Theory of Value (R. Perry)，**L15**：414，《价值理论》(佩里)

Generation：发生过程
as aim of science，**M2**：7，发生过程作为科学目标

Generic propositions，**L11**：101 - 104，119 - 120，122，124 - 125，一般的命题

character of，**M3**：9 - 11，一般判断的直接特征

and universal propositions，**L12**：xvi-xxi，xxv-xxvi，253 - 254，351 - 352，376 -

378，438，普遍命题和类属命题

Generic traits，**L16**：388 - 389，遗传特征

Genesis：起源
related to realism，**M6**：483 - 500，起源与实在论的关系

Genetic classification，**L12**：295，发生学分类

Genetic-functional method，**L14**：147n，生成的功能的方法

Genetic method，**M3**：xxiii，299 - 304；**M9**：222，发生学的方法

used by Baldwin，**E5**：399 - 400，鲍德温对遗传方法的使用

experimental method as，**M2**：4，发生学方法，参看实验方法

and ethical theory，**L7**：xxxii，附加实验方法

Genetic Philosophy (D. Hill)，**E5**：342n，347，《发生哲学》(希尔)

Genetics，**L13**：158；**L16**：118 - 119，363，遗传学

Geneva，Switzerland，**M15**：141，403，日内瓦，瑞士

1920 Assembly at，**M15**：378，388，393，1920 年国联大会在日内瓦召开

Geneva Disarmament Conference，**L6**：460，日内瓦裁军会议

Genius：天才
Baldwin on，**E5**：410 - 411，鲍德温对天才的态度

"Genius of Pragmatic Empiricism，The" (Brotherston)，**L15**：71，《实用主义和经验主义特征》(布拉泽斯顿)

Genossenschaftslehre (Gierke)，**L2**：39，《合作的基础》(吉尔克)

Genteel Tradition at Bay，*The* (Santayana)，**L6**：271，272，《穷途末路的雅致生活》(桑塔亚那)

Gentile，Giovanni，**L16**：464，金梯勒，乔万尼

Gentleman，绅士
Greek conception of，**M5**：107，110 - 111，

127n；**L7**：98，101，118n，古希腊的绅士观念

medieval ideal of，**M5**：136，中世纪的绅士理想

as class ideal，**L7**：143，作为阶级理想的绅士

Gentry, George V.，**L16**：34n，210n，224n，235n，金特里，乔治

Genung, John Franklin，**L7**：90，杰农，约翰·富兰克林

Genus，**L12**：42 - 43，293，种

Geography，**M6**：269，地理；**L8**：219 - 220，地理学

study of，**E5**：68 - 70，230；**L11**：214，研究地理

references on，**E5**：338，关于地理的文献

Dewey's emphasis on，**M1**：xxi，杜威对地理学的强调

unity of sciences in，**M1**：13，在地理学发现全部科学的统一性

social significance of，**M1**：224，230；**M4**：211 - 212，280 - 281；**M9**：215 - 226；**L17**：319，地理学的社会意义

imaging power in，**L17**：250 - 252，地理学中的想象能力

Geology，**M12**：122；**L16**：338，453，地质学

Geometry，**L12**：79，97，144，211，几何学。另见 Mat-hematics

types of，**M3**：216 - 219，几何学的两种形式

teaching of，**M3**：219 - 228，几何学教学中的心理学问题

deductive reasoning in，**L17**：246，几何学的演绎推理

methods in，**L17**：296，几何学的方法

conception of space in，**L17**：409，几何学的空间概念

in Greece，**L17**：434，希腊的几何学

George, Henry，**M5**：151，456；**M15**：261；**L6**：xviii；**L14**：363，乔治，亨利

tribute to，**L3**：359 - 360，乔治的贡献

philosophy of，**L9**：61 - 65，299 - 302，乔治的哲学

on social development，**L11**：xxiv，48，57，乔治论社会发展

as radical，**L11**：286，乔治被看作激进分子

George, Lloyd，**L9**：400，乔治，劳埃德

"George Herbert Mead as I Knew Him,"**L6**：xi-xii，《我所认识的乔治·赫伯特·米德》

George Holmes Howison Lecture，**L6**：3 - 21，乔治·霍姆斯·霍伊森讲座

George Leib Harrison Foundation，**M6**：12n，乔治·莱布·哈里森基金会

Gerard, James W.，**L6**：379，杰勒德，詹姆斯·W

German Enigma，*The*（Bourdon），**M8**：191，《德意志之谜》

German language，**M8**：153 - 154，158，日耳曼语言

contrasted with French，**E3**：209 - 210，与法语相对照的德语

German Philosophical Classics，**E1**：xxxiii，德国古典哲学

German Philosophy and Politics，**M8**：ix，421，470，《德国的哲学与政治》

Hook's discussion of，**M8**：xxvii-xxxi，胡克对《德国的哲学与政治》的讨论

Hocking's review of，**M8**：473 - 477，霍金对《德国的哲学与政治》的评论

German Poland，**M11**：262 - 263，265，268，277，280，285，290，德控波兰地区

German romanticism，**L16**：373，德国浪漫主义

German Social Democracy（B. Russell），**M12**：244，《德国的社会民主》（罗素）

Germany，**M11**：100，101，327；**M15**：xviiin，80，81，109，112，126，316，390，412；**L13**：88，129，301，315；**L14**：365；**L15**：xi，220，274，382n，384 - 385，495，德国

education in，**E3**：194；**M1**：xvii-xviii；

M12：26,29 - 30,37,德国与日本的关系

related to China, **M11**：200,201,224；**M12**：34；**M13**：141 - 142,192,202；**L2**：176,德国与中国的关系

and Paris Peace Conference, **M12**：5,18,德国与凡尔赛和平条约

and Alsace-Lorraine, **M12**：60,德国与阿尔萨斯-洛林

law in, **L2**：26 - 27,31n,41,德国法

and reparations, **L6**：179,337,358,368,372,453,德国与赔偿

treaties with, **L6**：461 - 462,474,对德国诸条约

sanctions in, **L6**：463,德国的制裁规定

family in, **L7**：441,德国人的家庭

Hume's influence in, **L8**：9,休谟对德国的影响

as Paris Pact signatory, **L8**：13,作为巴黎协定签约国的德国

music of, **L10**：193,德国音乐

situation in, **L11**：277,296,305,355 - 357,519,德国的形势

church vs. state in, **L13**：70,德国教会与国家

freedom in, **L13**：80,85,德国的自由

culture in, **L13**：84,89,121,德国文化

totalitarianism in, **L13**：85,92,147 - 148,170,180,德国极权主义

science in, **L13**：159,德国科学

influences Mannheim, **L14**：293,德国影响曼海姆

revolution in, **L16**：390,德国的革命

defeat of, **L16**：392,德国的战败

capitalist in, **L17**：22,德国的资本家

Nazi, **L17**：524 - 525,542 - 543,纳粹德国

Germany and the Next War（Bernhardi）,**M8**：155,163n,《德国与下一场战争》（伯恩哈迪）

Gerontocracy, **L2**：284,老人政治

Gerson, John, **M2**：250,盖尔森,约翰

Gerson, Louis L., **M11**：248n,255n,热尔松,路易斯·L

Gestalt psychology, **M12**：xxvi；**L16**：67n,105n,117n,233n,247,格式塔心理学

Gestures, **L1**：137 - 139,姿态、手势、表示

Geulincx, Arnold, **M2**：165 - 166,217,海林克斯,阿诺德

Gibbs, Josiah Willard, **L14**：397；**L16**：99,吉布斯,乔赛亚·威拉德

G. I. Bill of Rights, **L15**：283,美国陆军权利法案

Giddings, Franklin H., **L15**：xxvi,吉丁斯,富兰克林·H

Gierke, Otto von, **L2**：25 - 26,34n,39,41；**L6**：269,祁克,奥托·冯

Gifford, Walter S., **L11**：271,601,吉福德,沃尔特·S

Gifford Lectures：吉福德讲座

Dewey's, **L4**：vii-ix, xi, xvi, xviii, xxii；**L14**：xviii,杜威的吉福德讲座

syllabus for, **L4**：253 - 254,吉福德讲座的教学大纲

Whitehead's, **L8**：355,怀特海的吉福德讲座

Gilbert, C. B., **E5**：xcv,吉尔伯特

Gilbert, Katharine, **L15**：97,509,吉尔伯特,凯瑟琳

Gilbert, William, **L14**：393,397,吉尔伯特,威廉姆

Gilbert de la Porrée, **M2**：221,吉尔伯特的实在主义

Gilbreth, Lillian H., **L11**：567n,569,573 - 574,576,吉尔伯莱斯,莉莲·H

Gildersleeve, Basil, **L1**：184,吉尔德斯利夫,巴赛尔

Gildersleeve, Virginia C., **L14**：27,吉尔德斯利夫,维吉尼亚·C

Gillen, Francis James, **M5**：27n,61n；**L7**：26n - 27n,56,吉伦,弗朗西斯·詹姆斯

Gilson, Étienne, **L11**：127n,吉尔松,艾提尼

Gioberti, Vincenzo, **M2**：169-170，乔贝蒂，温琴佐

Giorgione, **L10**：227，乔尔乔涅

Giotto, **L2**：114；**L8**：xvii；**L10**：97，乔托

Given：给定的、所与

　　ambiguity of, **L12**：127，227n，241，421，513-515，所与的模糊性

　　facts as, **L12**：489-491，事实作为所与

Gladstone, William Ewart, **M10**：287；**M13**：74，格莱斯顿，威廉·尤尔特

Glass, Carter, **L15**：357，格拉斯，卡特

Glass Banking bill, **L6**：386，《格拉斯银行法》

Glass-Steagall Banking bill, **L6**：386，《格拉斯-斯蒂高尔银行法》

Glazer, Nathan, **L15**：224-226，229，格莱策，内森

Glorious Revolution, **L8**：9；**L11**：289，光荣革命

Glory and the Dream，The（Manchester），**L11**：xi，《光荣和梦想》（曼彻斯特）

Glover, Katherine，格罗弗，凯瑟琳

　　interview by, **L9**：386-395，格罗弗的采访

Gneisenau, August, **M8**：177，格奈森瑙，奥古斯特

Gnostics, **M2**：203，诺斯替教

Goal：目标

　　as ideal, **M14**：178，182，187，195，198-199，目标作为理想。另见 Evolution、Perfection

　　-object, **L16**：228-229，目标-客体

God, **E4**：3，4，193；**M12**：85，142；**M15**：56，330-333；**L9**：423，上帝

　　in Spinoza, **E1**：17，18，斯宾诺莎的神

　　existence of, **E1**：404-405；**L9**：9-10；**L15**：122-123；**L17**：93，95，上帝存在的证明

　　creating activity of, **E1**：406-407，神的创造活动

　　conceptions of, **E1**：406-408；**E4**：8；**L9**：439-440；**L17**：95，559，上帝的概念

　　as truth, **E4**：5，上帝之为真理

　　and revelation, **E4**：6，上帝和启示

　　kingdom of, **E4**：7，100-101，上帝国（天国）；**L14**：287，上帝之国

　　laws and will of, **E4**：9，126-127，140，律法和上帝的旨意

　　punishment from, **E4**：110，114，来自上帝的惩罚

　　displeasing, **E4**：111，113，不快的上帝

　　fear of, **E4**：112，恐惧上帝

　　demands imposed by, **E4**：141，上帝施加的要求

　　philosophy and, **E4**：366，哲学和上帝

　　as unifying, **E5**：30-31，作为统一原则的上帝

　　Yahweh as, **L7**：82-84，耶和华作为

　　authority of, **L7**：135-137；**L17**：531，上帝的力量

　　as a union of ideal and actual, **L9**：xvi-xvii，34-36，435-439，上帝作为理念与实际的结合

　　a God vs. *the*, **L9**：xxi，213-222，"一个上帝"还是"那个上帝"

　　as a name, **L9**：xxii，29-30，34-36，220-221，294，416，417，431，435-437，439，作为一个名称的上帝

　　good related to, **L9**：xxiii，219-222，224-226，与上帝相关的善

　　belief in, **L9**：23，45-46，215-216，220，223-224，228，412-413，415-417，信仰上帝

　　ideals related to, **L9**：29-30，34-36，218-219，225，227-228，294-295，430-431，与上帝相关的理念

　　man related to, **L9**：45-46；**L17**：529-530，人与上帝的统一

　　in history, **L9**：71，216；**L17**：532-533，历史中的上帝

Otto on, **L9**：214，215，224；**L14**：291，奥托对上帝的态度

Macintosh's view of，**L9**：214，217 - 219，227 - 228，419，麦金什的上帝观

Wieman's view of，**L9**：214 - 215，218 - 221，224 - 228，412 - 413，427，430 - 431，438，威曼的上帝观

activity allied with，**L9**：432 - 434，436，与上帝联系的活动

Aubrey on，**L9**：435，奥布里谈及上帝

as source of law，**L14**：116，120，作为法律的源泉的上帝

Fiske on，**L17**：94，费斯克论上帝

Gödel, Kurt，**L16**：165n，哥德尔，库尔特

God the Invisible King（Wells），**M10**：310 - 314，《上帝，隐形之王》（威尔斯）

Godwin, William，**M13**：400，葛德文，威廉

Goebbels, Paul J.，**L11**：296，戈培尔，保罗·J

Goethe, Johann Wolfgang von，**E1**：265，274，428；**E3**：38，321；**E4**：194；**M5**：145；**M6**：444；**M7**：289，290；**M8**：177；**M9**：64；**M10**：226，306；**L7**：190；**L8**：32，360，361；**L10**：321，323，360；**L14**：300，歌德，约翰·沃尔夫冈·冯

objective idealism of，**M1**：xvii，歌德的客观唯心主义

on nature，**M2**：148；**L10**：301，364，歌德论自然

pantheism of，**M2**：184，歌德的泛神论

related to culture，**M6**：406，408 - 409，歌德与文化

on art，**L10**：285，363，歌德论艺术

on Hamlet，**L10**：318，365，歌德论哈姆雷特

Goffman, Erving，**L4**：xiii-xiv，戈夫曼，欧文

Gogh, Theo van，**L10**：78，91，92，356，高，提奥·凡

Gogh, Vincent van，**L10**：xxi，75，78，91 - 92，306，356，高，文森特·凡

Gogol, Nikolai Vasilyevich，**L10**：xix，果戈理，尼古莱·瓦西里耶维奇

Golden Age，**M8**：188；**L14**：99 - 100，黄金时代

Golden Day，The（Mumford），**L3**：145 - 147，《黄金岁月》（芒福德）

Golden Rule，**M5**：302；**L7**：178，242，280，281，黄金律；**L13**：74，150，黄金法则

as moral rule，**E3**：100 - 102，金箴被提及

related to sanctions，**L6**：483，与制裁相关的为人准则

Goldenweiser, Alexander，**L1**：42n，71 - 72，164 - 65；**L3**：11n，戈登韦泽，亚历山大

Goldschmidt, Richard，**L16**：119n，哥德施密特，理查德

Goldsmith, Oliver，**M5**：192；**L7**：171，戈德史密斯，奥利弗

Goldstein, Joseph，**L14**：240，243，古德斯坦，约瑟夫

Goldstein, Kurt，**L16**：117n，戈尔茨坦，库尔特

Goldstein, Sidney E.，**L9**：271，戈德斯坦，西德尼·E

Gompers, Samuel，**M10**：146，甘普，赛缪尔；**L5**：342，龚帕斯，塞缪尔

Goncharov, N. K.，**L15**：373 - 374，冈察罗夫

Good，**M14**：26，183，193；**L1**：57，80 - 81，89 -90，110，197，279，300 - 326；**L10**：40，202，257，312，350 - 351；**L13**：xi-xii，善、好

and bad，**E1**：340，善与恶；**L1**：45 - 46，50，91，94，295，387 - 389，好与坏

in Green，**E3**：28 - 32，164 - 165，格林的善

theories of，**E3**：249；**L4**：30n，42，43，82，203 - 228，242 - 245，善的理论

Kant on，**E3**：290，296，康德论善的本性

as realized will，**E3**：300，作为实现了的意志的善

and morality，**E4**：247 - 249；**M5**：199 -

201；**L2**：83 - 84,92 - 94；**L5**：281 - 288；**L7**：xiv,64,73,善与道德

related to nature，**M4**：15 - 30,关于自然的善

meaning of，**M5**：12 - 13,善的定义；**L7**：xxxi,265,善的意义；**L13**：212；**L15**：42 -45,善的含义

Hebrew ideal of，**M5**：103；**L7**：94,希伯来善的理想

Plato on，**M5**：128,柏拉图的善的观念

in animal conduct，**M5**：189 - 190,动物行为中的善

Bentham on，**M5**：243 - 246,边沁论两种善

as quasi-physical，**M5**：409 - 410,半自然的善

Descartes on，**M8**：23 - 24,笛卡儿论好东西

state and common，**M12**：xii,xx,249；**L7**：xii,347 - 348；**L13**：149,国家与共同的善

single，**M12**：172 - 173,善

intrinsic，**M12**：177,197 - 198,本质的善

in existence，**M12**：217；**L9**：xxii,31 - 32,35,47,存在中的善

immediate，**M13**：5,直接的好

knowledge in，**M13**：286；**L2**：135,136,138,关于善的知识

of insight，**M13**：287,洞见的善

truth as，**M13**：307,作为善的真理

Greeks on，**M13**：450n；**L7**：98 - 99,104,115 - 117,119 - 121,287,希腊人论善

uniqueness of，**M14**：146 - 153,善的独特性

related to science，**L2**：129,132；**L16**：364 - 365,373 - 374,377,善好的科学

qualifications of，**L4**：12,27 - 28,善的领域；**L7**：271 - 272,善的条件

Spinoza on，**L4**：44,斯宾诺莎论善

compared with law，**L5**：497 - 503,与法则

相比的善

as central in 1908 *Ethics*，**L7**：xi,作为1908 年版《伦理学》主要观念的善

related to right，**L7**：xi,215 - 217,224 - 225,229,善和权利的关系

pluralistic，**L7**：xxxi,多元化的善

as end，**L7**：181 - 182；**L9**：33,36,作为最终目的的善

and desire，**L7**：186 - 191,善和欲望

and wisdom，**L7**：191,善和智慧

and pleasure，**L7**：195 - 196,善和快乐

Epicurean theory of，**L7**：199 - 202,伊壁鸠鲁关于善的理论

Cynics on，**L7**：203 - 204,犬儒主义者善论

natural and moral，**L7**：207,自然的善对道德的善

as objective interest，**L7**：208 - 212,作为客观利益的善

in utilitarianism，**L7**：242 - 243,功利主义的善

related to God，**L9**：xxiii,219 - 222,224 - 226,与上帝相关的善

proponents of，**L9**：33,善的支持者

Wieman on，**L9**：412 - 414,威曼谈及善

Macintosh on，**L9**：417 - 418,麦金托什谈及善

Cohen on，**L14**：408 - 409,科恩论善

Goodman, Nelson，**L8**：xin；**L14**：xvi, xvii,古德曼,尼尔森/纳尔逊

Goodness，**M14**：5 - 7,16,48,157,善性

as moral struggle，**E3**：372 - 373,378 - 379,作为斗争的善

in character，**E3**：382 - 383,品格中的善；**M14**：33 - 36,性格中的善性

Goodnow, Frank Johnson，**M8**：129,130,古德诺,弗兰克·约翰逊

Goodnow-Howe Report，**M8**：133,古德诺-豪报告

Goodrich, Caspar F.，**M10**：187,古德里奇,卡斯帕·F

Goodrich，Chauncey，**L5**：178，富善，昌西

Good will，**M14**：33，187；**L14**：73n，善良
意志

    Kant on，**M5**：221－226，康德论善良意志

    transcendentalists on，**M5**：388，先验论者
论善良意志

Gordon，Kate，**M3**：138n，戈登，凯特

Gorgias of Leontini，**M2**：154－155，高尔吉
亚作为第一位虚无主义者

Gorki，Maxim，**L14**：xxi，高尔基，马克西姆

Gorski，W. O.，**M11**：308，316，戈尔斯基

Gothic art，**L10**：147，226，290，322，333，哥
特式艺术

Goto，Shimpei，**M11**：175，394，后藤新平

Gottsched，Johann Christoph，**E4**：193，戈特
谢德

Goudge，Thomas A.，**L16**：10n，古奇，托马
斯·A

    on Peirce，**L11**：86－94，古奇论皮尔士

Gouinlock，James：吉安洛克，詹姆斯

    on Dewey's 1925－27 writings，**L2**：ix-
xxxvi，吉安洛克论杜威1925至1927年
的著述

Government，**L15**：252，366，政治、政体。参
见 Politics；State

    democratic，**E1**：238－239；**L11**：25，28，
50－52，60，248，288，296，389；**L14**：264
－265，民主政府

    related to sovereignty，**E4**：80－85，90，政
府与主权的关系

    related to morality，**M5**：425－426，428－
433，政府的道德问题

    ideal，**M12**：3，观念的政府

    Chinese，**M12**：43－45，中国政府

    and public，**L2**：216－220，252－256，259，
275－279，282－283，政府与公众

    dynastic，**L2**：285－286，王朝政府

    fear of，**L2**：289，291－293；**L13**：111；
L16：402－403，对政府的恐惧

    related to economics，**L2**：301－302；**L6**：

180－181，187－188；**L13**：102－103，政
府与经济的关系

    related to society，**L2**：355－356；**L14**：93－
94，政府与社会的关系

    need for new policies in，**L6**：176－179，政
府的新政策之必要

    special interests and，**L6**：183，特殊利益集
团与政府

    responsibility of, to unemployed，**L6**：350，
372－380，386，390，406，440－441；**L9**：
77，254，259－260，262，278，283，，政府
对失业救济的责任

    Roman，**L7**：xxvii，127－131，罗马政府

    church in，**L7**：136，政府领域的教会

    functions of，**L7**：332，政府的功能

    and labor，**L7**：377－379，394－401，412－
422，432－433，政府和劳工

    related to Depression，**L9**：77，79－80，82，
264，269，277－278；**L11**：268，276，政府
对大萧条的反应

    control by，**L9**：88；**L13**：126，158，317，政
府控制

    and cultural values，**L9**：234，政府与文化
的价值

    actions of Cuban，**L9**：310－311，古巴政府
的行动

    of New York City，**L9**：346－385，纽约市
政府

    related to governed，**L11**：11，20－21，221，
280，294，538，549，政府与被统治者的
关系

    Brandeis on，**L11**：47－48，布兰德斯论
政府

    teaching of，**L11**：185－186，政府知识的教
学

    authoritarian，**L11**：219，220，223，247，
357，493，495，532，集权政府

    Mann on，**L11**：226－227，387，曼论政府

    of Great Britain，**L11**：265，289，372，496，
大不列颠政府

history of，**L11**：283 - 287，289 - 290，365，372 - 373，政府的历史

anarchist and，**L13**：32，无政府主义者与政府

related to industry，**L13**：112，与工业相关的政府

Marxist theory of，**L13**：130，马克思主义的政府理论

Jefferson on，**L13**：179；**L14**：201 - 203，209 - 218，杰斐逊论政府

structure of，**L14**：224 - 225，政府的结构

international，**L15**：194，206 - 209；**L16**：360，国际政治

charges of communism in，**L17**：140，561 - 562，政府中对共产主义的指控

Tolstoy on，**L17**：382，托尔斯泰论政府

ideas related to，**L17**：461，关于政府的观念

Welling on，**L17**：523，韦林论政府

"Government by Manipulation"（Glazer），**L15**：224，229，《用操纵来执政》（格莱策）

"Government Liability in Tort"（Borchard），**L2**：42n，《政府在侵权行为中的责任》（博查德）

Goya y Lucientes, Francisco José de，**M7**：xviii；**L10**：98，132，戈雅-卢西恩特斯/戈雅·叶·卢西恩斯特，弗朗西斯科·何塞·德

GPU（Russian State Political Administration），**L11**：328，604，格别乌，苏联国家政治保卫局；**L17**：501，570，俄国国家政治安全保卫局

Grading system：分级系统

standards in，**E5**：88；**M1**：271，等级评定的标准

references on，**E5**：332，研究分级的文献

criticism of，**M3**：241 - 248，对评分系统的批评

Graham, Stephen，**L5**：358，格雷厄姆，斯蒂芬

Grammar，**M8**：263；**L17**：291，321，语法

"Grammar, Rhetoric, and Mr. Dewey"（Hutchins），**L11**：592 - 597，《语法，修辞和杜威先生》（哈钦斯）

Grammar school，初级中学。参见 Elementary school

Grammatical，语法上的

and logical，**L12**：284 - 285，308，语法上和逻辑上的

Grand National Assembly（Turkey），**M15**：277，大国民议会（土耳其）

Granger movement，**L6**：232，233，格兰其运动

Gratian，**L7**：137，格拉提安

Gray, Asa，**M4**：9 - 10，格雷，阿萨

Gray, J. H.，**M5**：23；**L7**：22 - 23，格雷，J·H

Great Awakening，**M13**：303，"大觉醒"

Great Britain，**M12**：xiv；**M15**：xviiin；**L3**：170；**L6**：179，222，353；**L13**：163，英国

sovereignty in，**E4**：79，大不列颠的主权

philosophy in，**E4**：141 - 145，147 - 149；**M9**：308 - 309；**M11**：43，94，115，345，349，359；**L8**：8 - 11，38；**L11**：76 - 80，155，英国哲学

esthetics in，**E4**：195 - 196，英国美学

education in，**M10**：178 - 179，181；**M11**：58 - 59；**L11**：356；**L15**：308 - 309；**L17**：27，232，英国的教育

on WWI，**M10**：219，一战时期的英国

Germany's relation with，**M10**：220 - 221，223 - 225，英国和德国的关系

and nationality rights，**M10**：287，大不列颠与民族国家的权利

diplomacy of，**M11**：xiii，177，英国的外交

industry in，**M11**：xix，73 - 74，78 - 85，104；**L7**：412 - 413，英国的工业

politics in，**M11**：18 - 40，114 - 115，120，389；**L13**：130，147，英国的政治

social upheaval in，**M11**：87 - 88，91，393，

社会动荡

Japan's relation with，**M11**：113，153 -
154，169，192；**M12**：35，61 - 63；**M13**：
77，121，125 - 126，165，177 - 179，191，
201，212 - 215，219，英国与日本的关系

related to U.S.，**M11**：116，151；**M12**：5，
75；**M13**：91，173，179，180，181，201，
207，272，273，410；**M15**：155；**L2**：177；
L15：340，354，英国与美国的关系

in League of Nations，**M11**：140，151 -
152，163，英国与国联

and China，**M11**：190，219；**L17**：30，英国
与中国

as world power，**M11**：192，196，英国作为
世界列强

in drug traffic，**M11**：235 - 240，英国的毒
品交易

on Polish question，**M11**：251，261，267，
279 - 283，292，293，301，302，308，328，
英国与波兰问题

Far East policy of，**M12**：6；**M13**：176，
199，409，英国在远东的政策

and Paris Peace Conference，**M12**：18，英
国和凡尔赛条约

opportunism of，**M13**：xxiv，200，英国的
机会主义

and international laws，**M15**：106，380，
386，411，英国和国际法

and Turkey，**M15**：129，139，英国和土
耳其

on Tunis and Morocco，**M15**：388 - 389，英
国关于突尼斯和摩洛哥问题

and sanctions，**L6**：197 - 98，与《洛迦诺公
约》相关的英国

on Egypt，**L6**：219，468 - 469，英法对埃及
的争夺

and interallied debts，**L6**：372，英国与盟国
间债务

utilitarianism in，**L7**：251，英国的功利
主义

women in，**L7**：443，英国的妇女

divorce in，**L7**：446，英国的离婚

empiricism in，**L8**：8 - 11，38，英国经验论

in outlawry movement，**L8**：13，17，非战运
动中的英国

taxes in，**L9**：284，英国的税收

consumers in，**L9**：400，英国的消费者

poetry in，**L10**：157 - 158，英国诗歌

art in，**L10**：336，英国艺术

liberalism in，**L11**：xxviii，6 - 15，17 - 18，
282 - 284，290；**L13**：81 - 82，137，英国
自由主义者

Marx on，**L11**：59n，马克思论英国

government in，**L11**：265，289，372，496；
L15：251 - 252；**L16**：401，403，英国
政府

industrial class in，**L13**：83，107，122，英国
工业工人阶级

rebellion against，**L13**：99 - 100，102，反抗
英国

housing in，**L13**：313，英国议员

science in，**L13**：370，英国科学

totalitarian forces in，**L15**：182，英国国内
极权主义势力

and USSR，**L15**：298，342 - 344，347 -
348，353，494 - 495，英国与苏联的关系

capitalist in，**L17**：22，英国的资本家

natural law in，**L17**：98 - 99，英国的自
然法

Reform Bill of，**L17**：492，英国的改革法案

Great Chain of Being，*The*（Lovejoy），
M15：xii，《存在的巨链》（拉夫乔伊）

"Great Community，The"（Royce），**L17**：
89，559，《伟大的共同体》（罗伊斯）

Great Depression，大萧条。参见 Depression，
economic

Great Powers，**M15**：139，141，142；**L6**：
457，459，466，467，479，480，列强。另
见 Allies

interested in China，**M13**：77，137 - 138，

226,列强对中国的兴趣

and Consortium loans, **M13**：90 - 91,列强与银行团借款

on Open Door, **M13**：161,列强关于门户开放的态度

agreement among, **M13**：162 - 163,212,列强之间的一致

Great Society, **L5**：xx,伟大社会

Lippmann on, **L2**：218,219,404,李普曼论伟大的共同体

and lack of community, **L2**：296,314 - 315,324,327,333,350,共同体的缺乏

Great Society，*The*（Wallas）,**L2**：295,《伟大的社会》（华莱士）

Great Technology，*The*（Rugg）,**L4**：428,《伟大的技术》（拉格）

Great Tradition：伟大传统

Nock on, **L6**：286 - 289,诺克所说的伟大传统

Great Transformation，*The*（Polanyi）,**L15**：215,510,《伟大的变革》（波拉尼）

Great Wall of China, **M13**：195,中国的长城

Great War,参见 World War I

Greco, El, **L10**：98,315,358；**L17**：129,格列柯,埃尔

Greece, **M15**：123,132,希腊。另见 Greeks

on responsibility of objects, **E4**：38 - 39,雅典人论物体的责任

and birth of democracy, **E4**：99,希腊与民主的诞生

theories of knowing in, **E4**：125,希腊的认知理论

and community welfare, **E4**：133,希腊与共同体的福祉

conception of beauty in, **E4**：190,希腊的美的概念

landholding customs in, **M5**：24；**L7**：23 - 24,古希腊拥有土地的习俗

science in, **M5**：109；**M12**：133；**L1**：23,65,203；**L7**：100 - 101；**L14**：389,392；**L15**：60,268 - 269,312；**L17**：411,434 - 435,希腊的科学

class system of, **M9**：260 - 263,希腊阶层体系

culture and philosophy in, **M9**：297；**L8**：19 - 22,24,28,30,32,35,希腊的文化和哲学

authority of experience in, **M12**：125；**L17**：433,435 - 436,经验在希腊的权威

on religion, **M12**：140；**L17**：182,希腊与宗教

Turkey's relation with, **M15**：139 - 141,144 - 145,148,402；**L2**：191,希腊和土耳其关系的困境

pagan, **L3**：6,异教徒的自然主义

civilization of, **L3**：25 - 26；**L10**：252,330 - 333,340,希腊文明

methods of inquiry in, **L3**：66,希腊的探究方法

super-empirical reality in, **L13**：264,希腊超验实在论

manual labor in, **L15**：234,249,希腊的手工劳动

education in, **L15**：262 - 266；**L17**：171 - 173,175 - 186,226 - 229,希腊的教育

Benda on, **L15**：386n,本德论希腊

progress of, **L17**：172,希腊的进步

city-state in, **L17**：175,希腊的城邦

subordination of individual in, **L17**：231 - 232,希腊个人的从属地位

Greek：希腊的

language, **E5**：253,希腊语

literature, **M9**：290,希腊文学

cosmology, **L1**：76 - 81,101 - 103,137,希腊的宇宙论

Greek art, **E4**：191；**M5**：106 - 107,109；**M12**：133；**L4**：203；**L7**：97 - 98,100,126；**L10**：231,希腊艺术

concept of, **L10**：10,13,31,114 - 115,191,193,298,希腊艺术的概念

quality of，**L10**：147，175，237，238，252，256，321，331 - 334，338，343，希腊艺术的性质

Greek logic：希腊逻辑

    development of，**L8**：3 - 6，希腊逻辑的发展

    essence in，**L12**：18，130，138 - 140，153，251，260，357，404，418n，希腊逻辑的本质

    change in，**L12**：88 - 94，212，希腊逻辑的变化

    nature in，**L12**：94 - 98，希腊逻辑的性质

    discourse in，**L12**：98 - 99，希腊逻辑中的论说

    Being in，**L12**：189，420，517，希腊逻辑中的存在

Greek-medieval ontology，**L16**：334 - 335，449 - 450，希腊-中世纪本体论

Greek-medieval science，**L16**：159，337n - 338n，370，452，希腊-中世纪科学

Greek Orthodox church，**L5**：355 - 362，希腊正教

Greek philosophy，**M11**：42，45，51 - 52，337，342，346；**L1**：162；**L3**：121；**L4**：13，14，46；**L5**：165；**L6**：426 - 428，；**L10**：46，153，202，231；**L11**：6，69 - 75；**L14**：35，146；**L15**：48，159，216，263，265，希腊哲学。另见 Aristotle；Plato；Socrates

    moral system of，**E4**：138 - 140，224 - 225；**M5**：107 - 119；**L5**：497 - 499；**L7**：98 - 110，希腊的道德体系

    Christian and Roman influences on，**E5**：9 - 11，基督教神学和罗马法学对希腊哲学的影响

    on knowledge，**M3**：121；**L4**：xiv-xvi，17，24，40 - 44，79，88，148，164，希腊哲学论知识，

    on nature，**M4**：35；**L4**：43，73，184，希腊哲学论自然

    on ideal，**M5**：128 - 130；**L7**：119 - 121，希腊理想

    concept of personality in，**M5**：130 - 132；**L7**：121 - 123，古希腊人论品格

    on wisdom，**M5**：375 - 376，希腊人论智慧

    on mind，**M9**：300 - 301；**L1**：163，希腊哲学中对待心灵的态度

    on non-being，**M10**：12，希腊人论非存在

    on existence，**M10**：40，希腊哲学论两种存在

    origin of，**M13**：xviii，364，希腊哲学的起源

    on experience，**L4**：21，22，23，希腊哲学论经验

    observation in，**L4**：71 - 74，希腊哲学中观察的作用

    metaphysics of，**L4**：96，97，希腊哲学中的形而上学

    on reason，**L4**：170，希腊哲学论推理

    cosmology in，**L14**：192 - 195，199，希腊哲学中的宇宙学

    characteristics of，**L14**：316，希腊哲学的特征

    Cohen on，**L14**：392 - 393，398 - 399，科恩论希腊哲学

    influence of，**L15**：264，312，334，336，希腊哲学的影响

    nature of，**L16**：157，159，271，407，410，希腊哲学的本质

    vs. physics，**L16**：303 - 307，希腊哲学相对于物理学

Greeks，**M12**：84 - 85，87 - 88，117，118，152；**L13**：40，希腊人

    customs of，**M5**：23 - 24，希腊人的习俗；**L7**：23 - 24，古希腊人的风俗

    on evil，**M5**：97 - 98，希腊人对恶的问题的论述；**L7**：89，古希腊人论邪恶

    on emotions，**M5**：101 - 102，希腊人论感情；**L7**：92 - 93，古希腊人论情感

    group authority of，**M5**：106，108 - 117，希腊人的群体权威；**L7**：97，99 - 108，古希

腊人的群体权威

individuality among, **M5**：106 - 107，121 - 122，希腊人的个人；**L7**：97 - 98，113，古希腊人的个性

on gentleman, **M5**：107，110 - 111，127n，希腊人论绅士；**L7**：98，101，118n，古希腊人论绅士

on good, **M5**：107 - 108，113，124 - 126，128 - 130，希腊人论善；**L4**：45；**L7**：xxvii，98 - 99，104，115 - 117，119 - 121，287，古希腊人论善

on propriety, **M5**：110 - 111，希腊人论礼节；**L7**：101，古希腊人论礼貌

on beauty, **M5**：111，希腊人论美；**L7**：102，古希腊人论美

commerce and politics of, **M5**：112 - 113，希腊人的商业和政治；**L7**：103 - 104，古希腊人的商业和政治

on problem of life, **M5**：118 - 119；**L7**：109 - 110，希腊人论生活问题

on nature, **M5**：120 - 124，128；**L7**：111 - 114，119，希腊人论自然

on character, **M5**：130 - 132，希腊人论人格；**L7**：121 - 123，古希腊人论品格

ethical theory of, **M12**：172，伦理理论

on human nature, **L6**：32 - 34，37，希腊人所解释的人性

and culture, **L6**：46 - 47，希腊人与文化地位

and freedom, **L6**：431，希腊人与自由

on wisdom, **L7**：203 - 204，古希腊人论智慧

Green, Thomas Hill, **E1**：xxv，122，123；**E3**：182，239；**E4**：xvi，xvii，263；**E5**：137；**M3**：56；**M4**：227；**M5**：4；**M6**：94，392；**M8**：xxvi；**L2**：6，15，147n；**L5**：152，；**L11**：xxviii，19 - 20，**L12**：156，510；**L17**：5，托马斯·希尔·格林

on consciousness, **E1**：153 - 154，格林论意识

Dewey's studies of, **E3**：xxvi-xxix，所讨论的杜威对格林的研究

character and philosophy of, **E3**：14 - 35，格林的品格和哲学

on Kantianism, **E3**：74，137，159 - 160，格林与康德主义

moral theory of, **E3**：159 - 173；**E4**：43，44；**E5**：25；**M3**：43；**M4**：43 - 44；**M5**：208，262 - 263，385，格林的道德理论

on self, **E3**：160 - 162；**E4**：51 - 52，257，格林论自我

and theory of sovereignty, **E4**：70 - 72，75，76n，格林和主权论

on judging others, **E4**：274，格林论对他人品行的判断

contrasted with D'Arcy, **E5**：26 - 28，格林与达西相比

on reality, **M4**：50；**M6**：109n，格林论实在

on psychological hedonism, **M5**：246 - 247，格林论心理学快乐主义的谬误

objective idealism of, **L16**：115n，格林的客观观念论

Green, William, **L9**：252，格林，威廉

Greenback party, **L6**：232，233，绿背党

Greenwich, Conn., Little School in the Woods, **M8**：222，266 - 267，康涅狄格州的格林威治林中小学

Gresham's law, **L15**：502，格雷欣法则

Grey, Edward, **M15**：380，格雷，爱德华

Grey, George, **M2**：45n，格雷，乔治

Grief：悲痛

compared with joy, **E4**：158，159，168，悲痛与喜乐的比较

as emotion, **E4**：172 - 173，悲痛之为情绪

Grievance Committee, 申诉委员会。参见 Teachers Union

address on report of, **L9**：315 - 319，关于申诉委员会的报告的演说

members of, **L9**：320，申诉委员会的成员

defendants before, **L9**：320 - 322,326 - 330,335 - 337,申诉委员会之前的被告人

on unions, **L9**：323 - 325,330,333 - 335,申诉委员会谈联盟

conflict in, **L9**：330 - 332,申诉委员会中的冲突

and dual unionism, **L9**：335 - 337,申诉委员会与双工会主义

and communism, **L9**：338 - 342,申诉委员会与共产主义

recommendations of, **L9**：342 - 345,申诉委员会的建议

Griffith, Coleman R., **L16**：63n,格里菲斯,科尔曼·R

Grimm, Jakob, **L1**：42,格里姆,雅可布

Groos, Karl, **M7**：319,格鲁斯,卡尔

Gross, Esther S., **L9**：320,345,格罗斯,埃斯特·S

Grössler, Hermann, **E5**：149 - 150,格罗斯勒,赫曼

Grote, George, **M5**：166,格罗特,乔治

on Greek kinship groups, **M5**：24;**L7**：24,格罗特论古希腊的宗族群体

on custom, **M5**：161,300;**M6**：413,格罗特论惯例

on Nomos, **M6**：17 - 18,格罗特论规范

Grotius, Hugo, **E3**：91;**E4**：216;**M11**：34;**M15**：55,92;**L6**：35;**L8**：8,35;**L14**：120,格劳秀斯,雨果/许戈/胡果

and moral philosophy, **E4**：142 - 143,格劳秀斯与道德哲学

on reason, **M3**：51,格劳秀斯论理性

on natural law, **M4**：41;**M15**：56,格劳秀斯论自然法

on sociability of man, **M6**：366,格劳秀斯论人的社会本性

on international laws, **M15**：54,格劳秀斯对国际法的影响

Ground：基础、根据

as used in Dewey's Logic, **L12**：113 - 116,119 - 120,134,140 - 141,144 - 145,150 - 151,174 - 175,181,183 - 184,188 - 189,225,230 - 231,245,250,263 - 264,266 - 267,288,304 - 305,310,332,339 - 340,422,465,484 - 485,杜威逻辑学中用到的基础

for carings-for, **L16**：355,关怀的根据

Group action：群体行动

of animals, **L3**：13,动物的群体行动

of tribe, **L3**：14,部落的群体行动

Group morality：群体道德

forces which destroy, **M5**：76 - 87;**L7**：70 - 80,破坏群体道德的力量

Groups：群体

primitive, **M5**：23 - 26,61 - 65;**L7**：22 - 25,56 - 60,早期群体

division of, **M5**：26 - 27,36 - 37,57,66,82,95;**L7**：26 - 27,35 - 36,52,60 - 61,75,87,群体的分类

ownership by, **M5**：29 - 31,82;**L7**：28 - 30,76,129,群体所有权

political aspect of, **M5**：31 - 34,62 - 63;**L7**：30 - 33,57 - 58;**L17**：112 - 113,群体的政治方面

religion of, **M5**：34 - 36;**L7**：33 - 35,群体的宗教

moral significance of, **M5**：37 - 39,54 - 57,106 - 107,群体的道德意义;**L7**：36 - 37,49 - 52,97 - 98,151 - 152,299 - 300,群体的道德重要性

values and defects of, **M5**：69 - 72,习俗道德的价值和缺陷;**L7**：63 - 66,群体的价值和不足

conflicts of, **M5**：74 - 88,112 - 117;**L7**：68 - 80,103 - 108,164 - 166,325 - 327,群体的冲突

as social concept, **M15**：236 - 239,作为社会概念的团体

influence of economics on, **M15**：240 -

241；**L7**：71,经济对团体的影响

and state，**L2**：238 – 239,252,279 – 281,团体和国家

local，**L2**：261,当地团体

vs. individual，**L13**：33 – 34,108,团体与个体

ends of，**L13**：75,229,团体的目的

functional basis of，**L13**：177,团体的基本功能

pressure of，**L13**：206,压力集团

Groves, Ernest，**L7**：451 – 452,格罗夫斯,欧内斯特

Growth，**L1**：209 – 211,生长

continuity in，**E5**：87；**L13**：19 – 20,28,50,生长的连续性

stages of，**E5**：331,生长的典型时期；**M6**：xxiv, xxvi,成长阶段

Baldwin on，**E5**：403 – 404,鲍德温论成长

related to education，**M1**：73 – 80；**M9**：46 – 51, 54 – 57；**M13**：xv-xvi, 402 – 405；**L9**：195 – 198；**L13**：15, 21, 30, 53,56,与教育有关的成长阶段

related to child-study，**M1**：133 – 135；**M3**：299,302,与儿童研究相联系的成长

moral，**M5**：10 – 17,成长的道德；**M12**：181,道德的生长；**L7**：12 – 14,22,道德成长

Rousseau on，**M8**：214 – 217,卢梭论生长

related to environment，**M9**：4 – 5,14,生长与环境相关

habits related to，**M9**：51 – 54,习惯作为生长的表现；**L17**：303,习惯限制成长

toward absolute goal，**M9**：59 – 65,朝向绝对目标的生长

irregularity of，**M9**：123,生长的不规则性

as requiring time，**M9**：134,生长要求时间

related to vocational choice，**M9**：320 – 321,生长和职业选择有关

of knowledge，**M12**：96 – 97,185,知识的增长

freedom needed for，**L13**：39,78,成长所需要的自由

impulses affect，**L13**：41,冲动影响成长

of government，**L13**：102,政府的成长

importance of，**L17**：65,成长的重要性

prolonged infancy aids，**L17**：256 – 258,延长的婴儿期有助于成长

play influences，**L17**：263,玩耍影响成长

Growth：A Study of Johnny and Jimmy (McGraw)，**L11**：510 – 514,《成长：琼尼和吉米研究》(麦克洛)

Growth of the Brain, The（Donaldson），**M9**：123,《大脑的成长》(唐纳森)

Grube, Wilhelm，**L17**：291,563 – 564,葛禄博,威廉

Grudin, Louis，**L10**：311,365,格鲁丁,路易斯

Guadalajara, Mexico，**L2**：209,瓜达拉哈拉,墨西哥

Guam，**M13**：212,215,关岛

Guardi, Francesco，**L10**：134,瓜尔第,弗朗西斯科

Guercino，**L10**：147,圭尔奇诺

Guests：客人

customs regarding，**M5**：67 – 68；**L7**：62 – 63,关于客人的风俗

Guichard, Louis，**L6**：476n,吉夏尔,路易斯

Guidance：引导

education as，**M9**：28 – 45,教育作为引导

Guide to the Works of John Dewey (Boydston)，**L17**：xii,《约翰·杜威作品指南》(博伊兹顿)

Guiding principles，**L12**：19 – 21,158,316,336,465,指导原则

Guizot, françois PierreGuillaume，**L5**：147,基佐,弗朗索瓦·皮埃尔·吉约姆

Guterman, Norbert，**L9**：293,423 – 425,古特曼,诺伯特

Gwentian Code，**M5**：34n；**L7**：32n,格温蒂安法典

Haack，Susan，**L6**：xvn,哈克,苏珊

Habakkuk，**M5**：102,希伯来的先知；**L7**：94,哈巴谷书

Habit，**M14**：19；**M15**：265；**L1**：235；**L8**：87；**L12**：146,167,224,467；**L15**：151；**L16**：359,364,习惯

as function of association，**E2**：100 - 104,联合的功能

and emotions，**E4**：162 - 163,187；**E5**：130 - 131；**M14**：21,习惯和情绪

related to imitation，**E4**：198；**L17**：308 - 309,与模仿相关的习惯

and consciousness，**E4**：200,习惯和意识

need for reconstitution of，**E5**：47 - 48,重新建立习惯的需要

and education，**E5**：143；**M13**：323 - 324,习惯与教育

principle of，**E5**：307 - 308；**L12**：21,习惯的普遍原则

as custom，**M5**：54,58,60,习俗和习惯；**L7**：xiv, xxi, 49,53,65,作为风俗的习惯

in moral behavior，**M5**：309 - 311,道德行为中的习惯

formation of，**M6**：232；**M10**：14；**L1**：213 - 215；**L8**：89,185 - 186；**L11**：230 - 234,513；**L17**：82,298,301,习惯的形成

blind，**M9**：34 - 35,盲目的习惯

as expression of growth，**M9**：51 - 54,习惯作为生长的表现

related to knowledge，**M9**：349 - 350；**L4**：69,109,141,166,183,190,209,224,246,247,250；**L13**：162,习惯与知识相关

and principles，**M9**：362 - 363；**M14**：164,习惯与原则

Peirce on，**M10**：77；**L11**：107 - 108,皮尔士论习惯

effects of，**M13**：244,252,282,习惯的影响；**L7**：14,185,204,207 - 209,习惯的作用；**L12**：19 - 20；**L17**：205 - 206,习惯的结果

and meaning，**M13**：389,习惯与意义

social effects of，**M14**：x-xiv,习惯的社会影响；**L11**：36,133 - 34,379,习惯的社会后果

as art or ability，**M14**：15,47 - 48,51,118,作为艺术或能力的习惯

related to conduct，**M14**：15 - 16,习惯与行为；**L13**：162,292,习惯与行动

and thought，**M14**：25 - 26,48 - 50,121 - 126,128,习惯与思想

nature of，**M14**：29 - 31；**L13**：18 - 19,96,108,123,221,287；**L17**：204 - 205,习惯的性质

diversity of，**M14**：66 - 67,习惯的多样性

limitations of，**M14**：91,习惯的不灵活性；**L17**：79,299,303,习惯的局限

political effects of，**L2**：273,341；**L9**：234,习惯的政治效果

and individual，**L2**：334 - 336；**L7**：170 - 171,205,习惯和个人主义

and purpose，**L7**：185 - 186,习惯和目的

related to character，**L9**：186 - 187,与性格形成相关的习惯

limits art，**L10**：161,178,253,273 - 276,350,习惯限制艺术

Greeks on，**L11**：70,71,73 - 74,希腊的习惯概念；**L17**：435,希腊人论习惯

as basis of organic learning，**L12**：38 - 39,作为生物学习的基础的习惯

Hume on，**L12**：244,250；**L14**：131,休谟论习惯

inertia of，**L13**：85,习惯的惯性

verbal，**L13**：96,口头习惯

change in，**L13**：97,150,186,291；**L17**：303,习惯的改变

forms beliefs，**L13**：167,习惯塑造信念

in science，**L13**：284,科学中的习惯

routine vs. intelligent，**L14**：7,日常习惯

与理智习惯

source of law in, **L14**：118－119,法律在习惯中的起源

James on, **L14**：159,詹姆斯论习惯

and human nature, **L14**：258－260,习惯与人性

as disposition, **L16**：26n,习惯作为倾向

in semiotic, **L16**：233,符号学中的习惯

as context, **L16**：304－305,329－330,习惯作为背景

and attention, **L17**：207－209,304,习惯与注意力

formation by animals, **L17**：300－301,动物习惯的形成

related to instinct, **L17**：305－307,324,与本能相关的习惯

Habituation, **M6**：360,熟悉;**M9**：51－52,57,熟习

Hadley, Arthur Twining, **M5**：425n, 436, 503n,哈德利,阿瑟·特文宁

Haeckel, Ernst Heinrich, **M2**：149; **M7**：276;**M15**：330;**L1**：55;**L9**：37,海克尔,恩斯特·海因里希/恩斯特·亨利希

Hagan, James J., **L9**：371－372,哈根,詹姆斯·J

Hague, The, **M11**：128, 130, 237, 390; **M15**：401,403,415－416,海牙

Hague Conference：海牙国际法庭

Second (1907), **M15**：92,386,1907 年的第二海牙国际法庭

First (1899), **M15**：385,1899 年的第一海牙国际法庭

Hague Tribunal, **M15**：93, 95, 123, 385－386,401－402,海牙仲裁法庭

Hahn, Lewis E.：哈恩,刘易斯·E

on intuitionalism and absolutism, **E1**：xxiii-xxxviii,哈恩论直观主义和绝对主义

on Dewey's 1907－9 writings, **M4**：ix-xxxiv,哈恩论杜威 1907 至 1909 年的著作

on Dewey's 1916－17 writings, **M10**：ix-xxxix,哈恩论杜威 1916 至 1917 年的著作

Haidar Pasha (Haydarpasa), Turkey, **M15**：290,海达帕沙,土耳其

Hailmann, William Nicholas, **E5**：448,海尔曼,威廉·尼古拉斯

Haiti, **L5**：440,海地

Haldane, John Scott, **E1**：xxv,霍尔丹,约翰·斯各特

vitalistic viewpoint of, **M8**：449－459,霍尔丹的生机论的观点

Haldane, Richard Burdon, **E1**：xxv;**L5**：152,霍尔丹,理查德·伯登

Hale, Robert L., **M13**：19n,黑尔,罗伯特·L

Hale Telescope, **L16**：374,471,海尔望远镜

Hall, Everett W. 霍尔,埃弗里特·W

criticizes *Experience and Nature*, **L3**：82－91,401－414,霍尔对《经验与自然》的批评

Hall, Frank Haven, **L17**：246,563,豪尔,弗兰克·哈文

Hall, G. Stanley, **E1**：xxv; **E2**：xxiii; **E5**：xiii; **M1**：xiii; **M3**：xxiii; **M7**：137－141; **L11**：243; **L17**：507, 571,霍尔,G·斯坦利

reviews Dewey's *Psychology*, **E1**：xxx-xxxii,霍尔对《心理学》的评论

on Dewey's system, **E2**：xxv,霍尔关于杜威的体系

culture-epoch theory of, **M1**：xvn; **M6**：xxiv, xxvi,霍尔的文化纪元理论

influence of German objective idealism on, **M1**：xviii,德国客观唯心主义对霍尔的影响

Hall, Mrs. Winfield S., **M1**：186－187,温菲尔德·S·霍尔女士

Haller, Jozef, **M11**：269,275,280,哈勒,约

瑟夫

Hallgren, Mauritz A., **L6**：439,霍尔格伦,莫里茨・A

Hallis, Frederick, **L6**：268－270,哈利斯,弗雷德里克

Hallowell, Robert, **L6**：178,哈洛韦尔,罗伯特

Hall-Quest, Alfred L., **L13**：375－376,霍尔-奎斯特,艾尔弗雷德・L

Hallucination, **L13**：335,幻想；**L15**：65,幻觉

    related to consciousness, **M10**：25－27,幻觉与意识

    neo-realists on, **M10**：39,新实在论者论幻觉

Halsted, George Bruce：霍尔斯特德,乔治・布鲁斯

    on teaching geometry, **M3**：216－228,霍尔斯特德论几何学教学

Hambidge, Jay, **L10**：321,汉比奇,杰伊

Hamid, Abdul **M15**：130,145,哈米德,阿卜杜勒

Hamilton, Alexander, **L6**：67；**L11**：372；**L13**：107,300,403；**L14**：203；**L15**：xiv-xv,汉密尔顿,亚历山大

Hamilton, Gail, **E3**：196,汉密尔顿,盖尔

Hamilton, Walton H., **L6**：xix,汉密尔顿,沃尔顿・H

Hamilton, William, **E1**：19,49；**E3**：191；**M2**：154,156,171,254,261；**M3**：62n；**M4**：309－310,汉密尔顿,威廉

Hamlet（Shakespeare）, **M5**：28,64；**L6**：497；**L7**：27,58；**L10**：29,318－319；**L14**：111,《哈姆雷特》(莎士比亚)

Hammurabi, **M5**：82,101n；**M12**：xxiii；**L7**：75,92n,440,汉谟拉比

Hand, Learned, **L11**：592,学会的手

Handlin, Lilian：汉德林,莉莲

    on Dewey's 1918－19 writings, **M11**：ix-xx,莉莲・汉德林论杜威 1918 至 1919 年的著作

Handlin, Oscar：汉德林,奥斯卡

    on Dewey's 1918－19 writings, **M11**：ix-xx,奥斯卡・汉德林论杜威 1918 至 1919 年的著作

Handwriting, **M10**：117,书写

Hangchow（Hangzhou）, China, **M11**：xviii；**M12**：253；**M13**：105,杭州,中国

Hankow（Wuhan）, China, **M13**：105；**L6**：205,汉口,中国

Hankow-Canton railway, **M13**：122,124,汉口-广州铁路

Hankow-Hong Kong railway, **M13**：124,166,汉口-香港铁路

Hankow-Peking railway, **M11**：231,平汉铁路

Hanna, Marcus Alonzo, **L5**：342,汉纳,马库斯・阿隆索

Hanover Institute（Hanover, N. H.）, **L15**：310,汉诺威研究所

Hans, Nicholas, **L6**：291－292,汉斯,尼古拉斯

Hanson, Florence Curtis, **L9**：124,汉森,弗洛伦斯・柯蒂斯

Hanus Survey（Committee on School Inquiry）, **M8**：129,哈努斯民意调查

Happiness, **M4**：45；**M12**：143,144,182－183；**M13**：286；**L10**：78；**L11**：12,幸福、快乐

    and pleasure, **E2**：253－254,快乐和愉悦

    individual vs. social, **E3**：288－289,与社会福利相冲突的个人幸福

    and hedonism, **E4**：265－266,幸福和快乐主义

    related to desire, **E4**：266；**M5**：249；**L7**：247,和欲望有关的幸福

    as end and standard, **E4**：282－287；**M5**：243－246；**L7**：245－248,281,作为目的和标准的幸福

    as eudaimonism, **M5**：212,幸福论

    utilitarian concept of, **M5**：241－243,251－

256；**L7**：242 - 244，功利主义的幸福定义

two views of，**M5**：256 - 259，两种相反的幸福观

and social ends，**M5**：274，真正的最终的幸福

private property related to，**M5**：435 - 437，和私有财产有关的幸福

hedonism on，**M7**：212，现代享乐主义的幸福观

attainment of，**L7**：156，248；**L17**：387 - 388，幸福的获得

constitution of，**L7**：198 - 199，247，302，幸福的构成

and character，**L7**：244 - 245，幸福和品格

in marriage，**L7**：452，婚姻幸福

Jefferson on，**L13**：177 - 179，杰斐逊论幸福

Tolstoy on，**L17**：388，托尔斯泰论幸福

Hapsburg dynasty，**M11**：273，哈布斯堡王朝

Hara-kiri，**M5**：64；**L7**：59，切腹自尽

Hara，Takashi，**M11**：152，164；**M13**：87，255，259，原敬

Hara ministry（Japan），**M12**：31，（日本）伊藤博文政府

Hard，William，**M13**：495，哈德，威廉

Hardenberg，Karl，**M8**：177，哈登贝斯，卡尔

Harding，Warren G.，**M13**：210，215，258，哈定，沃伦·G；**M15**：xv，85，397，405，哈丁，华纳·G；**L17**：559，哈丁，沃伦·G

and World Court，**M15**：393，395，408，哈丁和国际法庭

Hardy，Milton H.，**L17**：324，564，哈迪，弥尔顿·H

Hardy，Ruth G.，**L9**：320，哈迪，鲁思·G

Hardy，Thomas，**L15**：xv，哈迪，托马斯

Hare，Richard，**M5**：xi，黑尔，理查德

Harlan，John M.，**L7**：396，哈伦，约翰

Harmony，**M6**：420，和谐

as goal of universe，**E1**：217 - 218，和谐作为宇宙目的

preestablished，**E1**：295 - 297，352，430 - 431，433，434；**M2**：212；**M7**：276，293；**L5**：377，前定和谐

in Leibniz's philosophy，**E1**：411 - 413，莱布尼茨哲学中的和谐

in sounds，**E2**：63，声音中的和谐

and beauty，**E2**：272 - 273，美中的和谐

in *Cyclopedia of Education*，**M7**：210 - 211，和谐《教育百科全书》

natural，**M14**：110，115，205，自然的和谐

as esthetic quality，**L10**：20 - 23，46，50，92，93，99，120，122，127，136，153，166，190，236，244，246，270，295 - 296，335，作为审美性质的和谐

Harper，William Rainey，**E5**：433n，442n；**L7**：vii，哈勃/哈珀，威廉·雷尼

on academic freedom，**M2**：60 - 61，哈珀论学术自由

memo on coeducation to，**M2**：105 - 107，杜威致哈珀有关男女同校的备忘录

memo on pedagogy to，**L17**：485 - 486，给哈普校长的备忘录

Harrington，James，**E4**：217；**M11**：24n，27，哈林顿，詹姆斯

Harris，William Torrey，**E3**：xvi；**E5**：xiii，xx，165，173，348；**M1**：341，342；**M3**：xxv；**M6**：94；**L5**：xxii；**L17**：88，559，哈里斯，威廉·托利/威廉·托瑞/威廉·托里

influences Dewey，**E1**：xxiv；**L5**：150，哈里斯对杜威的影响

on art education，**E5**：xciv-xcv，哈里斯论艺术教育

on interest，**E5**：147，哈里斯对兴趣理论的讨论

opposes Herbartian correlation，**E5**：167，哈里斯反对赫尔巴特相关性理论

and physiological psychology，**E5**：375 - 377，哈里斯和生理心理学

on educational psychology，**E5**：372－385，
哈里斯论教育心理学

German objective idealism influences，**M1**：
xviii，德国客观唯心主义对哈里斯的
影响

and use of psycho-physical mechanism，
M1：142，哈里斯关于心理-生理机制的
病理学运用

on James，**M6**：101，哈里斯论詹姆斯的艺
术能力

on coeducation，**M6**：156，哈里斯论同校
教育

on periods of growth，**L17**：284，563，哈里
斯论成长的阶段

on spiritual and material wealth，**L17**：
313，哈里斯论精神财富和物质财富

Harrison，Frederic，**E3**：125，哈里森，弗雷德
里克

Harrison，George Leib，**M6**：12n，哈里森，乔
治·莱布

Harrison，Jane，**L5**：165，哈里森，简

Hart，H. L. A.，**L14**：xxiv，哈特，H·L·A

Hart，Joseph K.，**L3**：342－345；**L6**：420，
421，哈特，约瑟夫·K

Hart，Merwin K.，**L14**：371，373，427－429，
哈特，莫温·K

Hart，Robert，**M13**：95，赫德，罗伯特

Harte，Bret，**M12**：15，哈特，布雷

Hartley，David，**E4**：145，147；**M3**：54－55，
哈特利，大卫

Hartmann，Eduard von，**E4**：195；**M2**：181，
184，189；**M6**：167；**M7**：296，哈特曼，爱
德华·冯

as founder of psychology，**M7**：137－141，
作为心理学奠基人的哈特曼

Hartshorne，Charles，**L4**：199n；**L6**：273－
277，哈茨霍恩，查尔斯；**L11**：87n，108n，
421，479，484，哈特肖恩，查尔斯；**L14**：
308，哈兹霍恩，查理斯；**L15**：144n－152n；
L16：166，哈茨霍恩，查尔斯

Hartung，Frank E.，**L16**：307n，哈通，弗兰
克·E

Harvard Teachers Association，**M1**：258；
L6：112n，哈佛教师协会

Harvard University，**M8**：xx，129；**M15**：
228；**L3**：3n，385n；**L6**：273；**L10**：7；
L11：127，129，484，488；**L15**：351，哈佛大
学

indebtedness to，**E3**：198－199，西部对哈
佛的感激

educational plan of，**E3**：201，哈佛方案

Divinity School，**L17**：135，545－547，哈佛
大学神学院

Harvey，George，**L9**：379；**L14**：239，哈维，
乔治

Harvey，William，**E1**：49；**M13**：497；**L11**：
279；**L14**：393，395，哈维，威廉/威廉姆

Hastings，John A.，**L9**：365，黑斯廷斯，约
翰·A

Hatch，Edwin，**M9**：288，哈奇，爱德温

Hatch，Roy，**L14**：371，哈奇，罗伊

Hate，**L13**：128，152，仇恨

as antithesis of love，**E2**：249，293－295，
憎恶作为喜爱的对立面

dangers of，**L13**：xv，88，仇恨的危险

Hauriou，Maurice，**L6**：269，270，欧里乌，莫
里斯

Havana，Cuba，**L9**：311，古巴，哈瓦那

Havas news service，**M11**：151，哈瓦斯通
讯社

Hawaii：夏威夷

class system of，**M5**：27；**L7**：27，夏威夷
的等级制度

Hawley-Smoot Tariff Act，**L5**：436；**L6**：164－
165，172，237，241，霍利-斯穆特关税议案

Hawthorne，Nathaniel，**L10**：320；**L11**：442
－443，霍桑，纳撒尼尔/纳沙尼尔

Hawthorne investigation，**L5**：238－239，
506，霍索恩调查

Hawthorne Works，Western Electric Co.

(Chicago), **L5**：506,芝加哥西部电力公司霍索恩工厂

Hay, John, **M11**：206,228,海约翰；**M12**：61,海,约翰；**M13**：90,167,273,274,海约翰；**M15**：391,海逸,约翰；**L2**：174,海,约翰

Haydon, A Eustace, **L11**：583－584,海东,A·尤斯塔斯

Hayes, Carlton J. H., **M11**：406；**L2**：341n；**L7**：367,海斯,卡尔顿·J·H

Haym, Rudolf, **M8**：192,海姆,鲁道夫

Haynes, Fred E., **L6**：232,海恩斯,弗雷德·E

Hazlitt, Henry：黑兹利特,亨利
　critiques Ayres, **L15**：359－360,502－506,黑兹利特批评艾尔斯

Hazlitt, William：黑兹利特,威廉
　on pleasure and good, **M5**：246,279n；**L7**：195,黑兹利特论快乐与善
　on excitement, **M5**：367n,黑兹利特论兴奋
　on romanticism, **L10**：287－288,363,黑兹利特论浪漫主义

Health, **M12**：174－176,181；**L13**：40,232,311,344；**L16**：292,健康
　of college women, **E1**：64－66,70,77－79；**L17**：7－9,553,高校女性的健康
　of students in Turkey, **M15**：xxi-xxii,293－294,土耳其学生的健康
　consciousness of, **M15**：42－43；**L13**：332,对健康的意识
　opposed to cure, **M15**：43,44,与治疗相对的健康
　in Mexico, **L2**：206－210,墨西哥的公共健康
　related to schools, **L6**：132－133；**L17**：513－514,健康与学校有关
　mental, **L6**：133－134,138－140；**L17**：514,心智健康
　Depression affects, **L6**：342－343,萧条对

健康的影响
　and birth control, **L6**：388,健康与生育控制
　progress toward ideal, **L13**：183；**L17**：xxxiii,朝着理想中健康的进步
　cause of ill, **L17**：9,疾病的原因
　conference on child, **L17**：511－519,儿童健康会议
　aims, **L17**：513,健康的目标

Heard, Gerald, **L6**：278－279,赫德,杰拉尔德

Hearing, **L10**：241－244,听觉
　sensation of, **E2**：59－63,224－225,听觉的感觉
　and reflex arc concept, **E5**：100－102,听觉中的肌肉反应

Hearn, William：赫恩,威廉
　on group land possession, **M5**：29；**L7**：28,赫恩论部落土地占有
　on early justice, **M5**：408－409,赫恩论早期的正义

Hearst, William Randolph：赫斯特,威廉·伦道夫
　attacks education, **L11**：165,344,351,378,赫斯特攻击教育
　journalism of, **L11**：269,赫斯特的新闻工作

Heat：热
　theories of, **L16**：98－99,热的理论

Hebert, Felix, **L6**：339,赫伯特,费利克斯

Hebrews, **M7**：290；**L3**：18,希伯来文化。另见 Jews
　customs of, **E4**：87,犹太人的习俗
　on life, **M5**：81,103；**L7**：75,希伯来人论"生活"
　moral development of, **M5**：89－105；**L7**：82－97,126,希伯来道德发展
　on character, **M5**：101－102；**L7**：92－94,希伯来人论品格
　theology of, **L4**：42－46,49,50,希伯来

神学

prophets of，**L8**：357，希伯来预言家

legends of，**L10**：321，希伯来传说

Hedonism，**M9**：359，快乐主义

related to pleasure，**E3**：249－261，267－268，283－284；**E4**：267－272，276－278；**M5**：119，212；**L7**：110，快乐主义与快乐的关系

Kant and，**E3**：292－293；**L7**：220，康德和快乐主义

and theory of value，**E4**：262－264，快乐主义和价值理论

and happiness，**E4**：265－266，快乐主义和幸福

on desire，**E4**：267；**M5**：246－247，快乐主义论欲望

and intention，**E4**：273－274，快乐主义和意向

and theory of motives，**E4**：275－279；**M5**：213，快乐主义和动机理论

theory of obligation of，**E4**：329－336，快乐主义和义务理论

criticized，**E5**：352－354；**L7**：192－199，209，289，对快乐主义的批评

of Cyrenaics，**M5**：119；**L7**：110，昔勒尼学派的快乐主义

universalistic，**M5**：251－252，261，普遍主义的快乐主义

in *Cyclopedia of Education*，**M7**：211－213，360，享乐主义（《教育百科全书》）

as motivation to philosophic reflection，**M15**：325－328，336，作为激发哲学反思的享乐主义

utilitarianism and，**L7**：240－245，285，功利主义和快乐主义

Hedonistic calculus，**M14**：142，快乐计算法

Hedonistic paradox，**M7**：212，享乐主义的悖论

Hedonistic Theories from Aristippus to Spencer（John Watson），**E5**：350，352－

354，《从阿瑞斯提普斯到斯宾塞的快乐主义理论》(约翰・华生)

Hedonists，**M7**：363；**M15**：233－234；**L2**：139，享乐主义者

Hegel, Georg Wilhelm Friedrich，**E1**：xxxii，xxxiii，420；**E3**：91，174；**E4**：xvi，xvii，xviii，194，215；**E5**：137，150，400；**M3**：xxiii，310；**M6**：167，444；**M7**：289，357，415；**M8**：xxx-xxxi，140，142，145，176，184－185，421，423，474；**M10**：5，98，306；**M11**：43，384；**M12**：90，140－141；**M14**：214；**L1**：xvii，37，49；**L2**：279；**L3**：103，108，375，388；**L5**：148，186；**L6**：31；**L8**：xin，38，269；**L11**：xxv，400；**L13**：80；**L14**：xi，xiv，29，186，313；**L17**：386，黑格尔，格奥尔格・威廉・弗雷德里希

influences Dewey，**E1**：xxiv-xxx，xxxvi；**E3**：xxi，xxiii-xxiv，xxvi；**L5**：xxii，152－155，杜威受黑格尔的影响

philosophy of，**E1**：39，153，164－166；**E4**：147；**E5**：147；**M2**：x，148；**M15**：58，60，黑格尔哲学

negative in，**E1**：44－45，黑格尔的否定

and G. Morris，**E3**：7，9；**M10**：110－113，黑格尔和莫里斯

Seth on，**E3**：56－62，192，赛思论黑格尔

compared with Kant，**E3**：72，134－140，黑格尔与康德对比

on Christianity，**E3**：187－190；**L8**：31；**L17**：374，565，黑格尔论基督教

F. Johnson on，**E3**：192－193，F・约翰逊论黑格尔

related to emotions，**E4**：171n，黑格尔与情感

on interest，**E5**：141－142，黑格尔论兴趣

idealism of，**M1**：xvii；**M6**：x；**M7**：138，227，231－232，299；**M13**：418－419；**L8**：9－11，黑格尔的唯心主义、唯心论

on Verstand，**M1**：156，黑格尔论理解

Dewey compared with，**M2**：xv；**L16**：

426,杜威被与黑格尔对比

on necessity, **M2**：152 - 153,黑格尔论必
然性

nihilism derived from, **M2**：154,由黑格尔
派生出的虚无主义

on non-being, **M2**：158,黑格尔论非有

on optimism, **M2**：176,黑格尔论乐观主义

pantheism of, **M2**：184,黑格尔的泛神论

on phenomenology, **M2**：189,黑格尔论现
象学

on posit, **M2**：207,黑格尔论设定

on understanding and reason, **M2**：261,
333,黑格尔论知性与理性

on ethics, **M3**：55 - 56,黑格尔论伦理学

on belief and reality, **M3**：86n,黑格尔论信
念和实在

on reason, **M4**：43；**M9**：309,黑格尔论
理性

moral theory of, **M5**：208,黑格尔的道德
理论

dialectic of, **M6**：170, 422；**M10**：420；
M11：91；**L11**：33, 51, 55, 60；**L13**：
119,401；**L17**：444,黑格尔的辩证法

on culture, **M6**：406,409,黑格尔论文化

and self-consciousness, **M7**：345,黑格尔和
自我意识

and truth, **M7**：413,黑格尔论真理

on race, **M8**：187,黑格尔论种族

as realist, **M8**：191；**M13**：413,黑格尔作
为实在论者

influences Germany, **M8**：191 - 198,430,
440 - 442,黑格尔影响德国

on Absolute Whole, **M9**：62 - 65,73,黑格
尔论绝对整体

on state, **M9**：102；**M10**：221,224；**M12**：
188 - 189,194,195；**L2**：39,40,黑格尔
的国家观念

as philosopher, **M10**：223, 226；**M12**：
221；**L16**：xiv, xvi, 464,黑格尔作为哲
学家

on logic, **M12**：157,黑格尔论逻辑

vs. Fichte, **L4**：50 - 52,黑格尔对比费
希特

and study of mind, **L6**：489,黑格尔与心灵
研究

disciple of Plato, **L8**：32,柏拉图的信徒

conceptualism of, **L8**：361,黑格尔的概
念论

on art, **L10**：156,黑格尔论艺术

on universe, **L10**：293,黑格尔论宇宙

compared with Marx, **L13**：119 - 121,
354,黑格尔与马克思

absolute spirit of, **L13**：149,黑格尔的绝对
精神

Cohen on, **L14**：394,398 - 400,科恩论黑
格尔

Hocking on, **L14**：422,424,霍金论黑格尔

Hegelianism, **L6**：xii, xiii；**L14**：172,黑格尔
主义

Hegel's Philosophy of Mind (W. Wallace),
E5：342n, 343 - 344,《黑格尔的精神哲学》
(华莱士)

Heidbreder, Edna, **M1**：xiii,海德布雷德,埃
德纳

Heidegger, Martin, **M3**：xxiv；**L3**：xviii；
L8：xin；**L14**：xviii-xix,海德格尔,马丁

compared with Dewey, **L4**：ix, xii, xvii,海
德格尔与杜威相比较

Heidelberg, Germany：海德堡,德国

International Congress of Philosophy at,
M7：64,海德堡国际哲学大会

Heine, Heinrich, **M8**：438；**L4**：48,海涅,海
因里希

on Luther, **M8**：146 - 147,海涅论路德

on systems of thought, **M8**：175,海涅论思
想体系

on German philosophy, **M8**：176, 179 -
180,海涅论德国的哲学

Heisenberg, Werner：海森堡,韦纳

on indeterminacy, **L4**：ix, xi, xiv, xvi,

xvii,160－63,198；**L14**：32,106－107，384,海森堡论不确定性

Helburn,J. W. ,**M13**：72,492－493,赫尔本,J・W

Helinski,T. M. ,**M11**：317,荷林斯基,T・M

Hellenic art,**L10**：333,334,希腊艺术

Hellenism,**M7**：210－211,290；**L6**：34,希腊主义

Helmholtz,Hermann Ludwig Ferdinand von,**E1**：180,197,霍尔姆霍茨,赫曼・路德维希・弗尔庭那；**L4**：131,222,霍尔姆荷茨,赫尔曼・路德维希・弗迪南・冯；**L11**：279,赫尔姆霍兹,赫曼・路德维格・费迪南德・冯；**L16**：232n；**L17**：40,霍姆霍茨,赫尔曼・路德维希・弗迪南・冯

as founder of psychology,**M7**：137－141,赫尔姆霍茨作为心理学奠基人

on sensations,**L14**：159－160,赫尔姆霍兹论感觉

Helplessness：无助

aids progress,**L17**：257－258,无助有助于进步

Helvétius,Claude Adrien,**M3**：52；**M7**：345；**M9**：277；**M12**：126；**M13**：400；**M14**：76,207；**L1**：81；**L6**：30；**L8**：37；**L11**：79；**L17**：440,爱尔维修,克劳德・阿德里安/克洛德・阿德里安

Henderson,Algo D. ,**L11**：567,570,576,亨德森,阿尔戈・D

Henderson,Gerard Garl,**L2**：31n,36n,亨德森,杰勒德・卡尔

Henderson,Hanford,**M8**：414,亨德森,汉福德

Henderson,Lawrence J. ,**M8**：458；**L16**：117n,139,亨德森,劳伦斯・J

Hendley,Charles J. ,**L9**：320,345,亨德利,查尔斯・J

Henry,Patrick,**L14**：201,亨利,帕特里克

Henry VIII,**L7**：138,亨利八世

Henry Sidgwick（Arthur Sidgwick and E. Sidgwick），**M4**：242－244,《亨利・西季威克传记》（A・西季威克和 E・M・西季威克）

Henry Street Settlement（New York City），**M7**：205－206,亨利街社区中心（纽约市）

Heraclitus,**M2**：144,151,156；**M6**：443；**M12**：xxvi；**M13**：364；**M15**：337；**L1**：47,49；**L3**：26；**L5**：495；**L14**：101,131；**L17**：131,赫拉克利特

Herbart,Johann Friedrich,**E1**：203；**E4**：195；**E5**：xiv,148；**M4**：52；**M7**：349；**L8**：37,赫尔巴特,约翰・弗里德里希

on desire and will,**E5**：137－142,赫尔巴特的欲望和意志理论

on theory of unification,**E5**：297－298,赫尔巴特的统一理论

influence of German objective idealism on,**M1**：xviii,德国客观唯心主义对赫尔巴特的影响

on mind,**M6**：xxiv,赫尔巴特的心灵观念

on formal steps of instruction,**M6**：xxvii,338－347,赫尔巴特的教导的形式步骤

and real,**M7**：232－233,赫尔巴特与实在

and interest,**M7**：275,赫尔巴特与兴趣

and system,**M7**：352,赫尔巴特与体系

compared with Froebel,**M7**：382－383,赫尔巴特与福禄培尔相比较

on theory of presentations,**M9**：75－78,85,赫尔巴特的表象论

on conduct,**L17**：310,赫尔巴特论品行

on correlation,**L17**：311,312,赫尔巴特论相关性

Herbart Society,**L17**：88,559,赫尔巴特学会

Herbert,George,：273,赫伯特,乔治

Herder,Johann Gottfried von,**E4**：195,211；**M2**：148,179,184；**M6**：409,444；**M8**：194；**M9**：64；**M10**：226；**L8**：32,360,赫尔德,约翰・戈特弗里德・冯/约翰・哥特弗雷德

Herd instinct，**M14**：6，群本能

Heredity，**M9**：80 - 81；**L16**：116n，119n，遗传

　　and environment，**E5**：409 - 410；**M7**：286 - 287，遗传和环境

　　cultural，**M4**：xxx，156 - 157，文化遗传

　　importance of，**L13**：77，遗传的重要性

Heresy，**L13**：127 - 129；**L15**：52，53，58，异端

Hermagoras，**L4**：xxi，赫玛戈拉斯

Hermann，Ludimar，**E1**：196，赫尔曼，路德维希

Hermitage (Leningrad)，**L10**：319，艾尔米塔什博物馆（列宁格勒）

Heroes，**M8**：193 - 194，黑格尔论英雄

Herrenwahrheit，**M7**：433，主的真理

Herrick，Charles Judson，**L16**：117n，赫里克，查尔斯·贾德森

Herriot，Édouard，**L11**：312，赫里欧，爱德华

Herschberger，Ruth，**L16**：469，赫希伯格，鲁斯

Herschel，John Frederick William，**M7**：241，赫舍尔，约翰·弗里德里希·威廉

Hesiod，**L10**：331，赫西俄德

Hesse，Mary，**L8**：xviii，赫西，玛丽

Hessen，Sergei，**L6**：291，黑森，谢尔盖

Heterogeneity，**M13**：xxiii；**L12**：95，218，异质性

　　and homogeneity，**L4**：76 - 78，85，107；**L17**：154，异质性与同质性

　　in Anglo-American law，**L17**：106，英美法中的异质性

Heteronomy，异质。参见 Autonomy；Ontological，**L12**

Hibben，John Grier，**M13**：156，160；**M15**：316，希本，约翰·格里尔

Higher Learning in America，The (Hutchins)，**L11**：xxii，391 - 407，592 - 597，《美国高等教育》（哈钦斯）

High-mindedness，**M5**：127n，高尚的品质；**L7**：118n，卓越的意志

High school，**L6**：120；**L17**：27 - 28，高中

　　teaching of ethics in，**E4**：54 - 61，在高中教授伦理学

　　intermediate position of，**E5**：270 - 275；**M1**：287 - 302，高中的居中地位

　　training of teachers by，**E5**：275，277，高中提供教学实习的机会

　　courses needed in，**E5**：276 - 280，高中需要的课程

　　Germanic model of，**M1**：xvii，德国的中学模式

　　Dewey's concern with，**M1**：xix，杜威对中学教育的关注

　　problems relating to，**M1**：283 - 284，中等学校的问题

　　aims of，**M3**：296 - 297，中学的目标

　　teaching of sciences in，**M10**：132，134 - 136，高中的科学教学

　　progressive education and，**L9**：156 - 157，先进教育和高中

High School of Commerce (New York City)，**L9**：315n，纽约市商业中学

Hilbert，David，**M7**：424；**L16**：38，155，161n，165n，希尔伯特，大卫

Hill，David Jayne，**E5**：342n，347，希尔，大卫·杰恩

Hill，Marion，**L17**：346，565，希尔，玛丽安

Hillquit，Morris，**M10**：293；**M11**：294，396；**L6**：235，希尔奎特，莫里斯

Himmelfarb，Gertrude，**L9**：xxxin，希梅尔法布，格特鲁德

Hindoos，**M7**：417；**M12**：152，印度人

　　group ownership by，**M5**：29 - 30，印度人的团体所有权；**L7**：29，印度人的群体所有权

Hindus，Maurice，**L5**：358，407 - 409，欣德斯，莫里斯

Hinton，Charles Howard，**L10**：51，355，辛顿，查尔斯·霍华德

Hinton，James，**M14**：81，欣顿，詹姆斯

Hippias，**L2**：128，129，希庇亚斯

Hippocrates，**L3**：26；**L15**：60，希波克拉底

Historians，**M13**：41，历史学家们

 inferences of，**L13**：99 - 101，历史学家的
  影响

Historical process：历史序列、历史过程

 uniqueness of，**M2**：5 - 6，历史序列的唯
  一性

 related to morality，**M2**：16，20 - 21，与道
  德有关的历史过程

"Historic Background of Corporate Legal
Personality，The，" **L14**：xxiii，《公司法律
人格的历史背景》

Historicism：历史主义

 related to Germany，**M10**：226，与德国有
  关的历史主义

History，**M14**：6，78；**L1**：42，83 - 85，90 -
93，112，118 - 119，129 - 130，209 - 211，
263；**L4**：xv，242；**L6**：xvi；**L11**：58，564，
历史

 Green on，**E3**：28，格林论历史

 cycles of，**E3**：170 - 173，历史循环

 related to social forces，**E5**：70 - 72，89，
  440 - 441；**M1**：230；**M4**：192 - 193，
  282 - 283；**M10**：193 - 195，历史与社会
  力量

 teaching of，**E5**：70 - 74，230；**M4**：194 -
  197，208 - 210；**L11**：194，209，214；
  L17：318，历史教学

 related to child-study，**E5**：218；**M1**：74 -
  75，108 - 109，与儿童发展阶段相关的历
  史时期

 and culture-epoch theory，**E5**：247 - 253，
  历史中的文化纪元论

 references on，**E5**：337，研究历史的文献

 in elementary schools，**E5**：429 - 430；**M1**：
  62 - 63，327，333 - 334，初等学校中的
  历史

 of educational systems，**E5**：445 - 446，教

育制度的历史

 Dewey on，**M1**：xxi；**M2**：x；**L7**：xvi-xvii，
  杜威论历史学

 bearing on ethical judgment of，**M2**：x-xv，
  历史与伦理判断的关联

 reveals origin of ideas，**M2**：9，历史揭示了
  观念的起源

 biographic element in，**M4**：194 - 195，历
  史中的传记成分

 economics and，**M8**：140；**L9**：74 - 75；
  L11：168 - 170，232，经济学和历史学

 related to German thought，**M8**：186，与德
  国思想相关的历史

 Fichte on，**M8**：187，费希特论历史

 Herder on，**M8**：194，赫尔德论历史

 study of，**M9**：215 - 226，历史学研究

 industrial，**M9**：223 - 224；**L9**：163 - 164，
  工业的历史

 affects understanding，**M13**：267 - 268，
  272，历史对理解的影响

 and Russia，**M13**：315；**L17**：502 - 503，历
  史与俄国

 nature of，**M13**：351；**L1**：332；**L3**：103，
  321 - 322；**L4**：196，197，211，245；**L16**：
  363，368，历史的本质

 and philosophy，**M13**：353；**L14**：312 -
  315，326 - 327，历史与哲学

 accidents in，**M14**：9，73，117，历史中的
  偶然

 of education，**M15**：195 - 196；**L11**：172 -
  173，229 - 235，356，364；**L13**：5；**L17**：
  161 - 186，教育史

 and knowledge，**M15**：374 - 375，历史与
  知识

 modern，**L1**：333 - 334，现代历史

 and experience，**L1**：370；**L11**：69 - 83；
  L14：xii-xiii，历史与经验

 events as，**L2**：64，历史事件

 continuity of，**L2**：336，347；**L10**：338，历
  史的持续性

and art，**L6**：43；**L10**：181，323；**L14**：255 -
256，历史与艺术

Heard on，**L6**：278 - 279，赫德所说的历史

and evolution，**L6**：280 - 282，历史与进化

of capitalism，**L7**：142 - 143，149 - 151，资
本主义的历史

value of，**L7**：179，历史的价值

related to individualism，**L7**：331 - 338，
348；**L13**：148，历史作为审判官；**L14**：
102 - 103，412 - 413，个人历史

of family，**L7**：438 - 443，家庭的历史

related to religion，**L9**：xviii-xix，xxix，
xxxi，3 - 6，40 - 41，43，45，48 - 49，71，
216，与宗教相关的历史

politics and，**L9**：71 - 72；**L15**：175，178，
180，政治学和历史

communism and，**L9**：92，共产主义和历史

of U. S. school system，**L9**：148 - 150，175 -
178，390 - 391，美国学校的历史

Niebuhr on，**L9**：399 - 400，403 - 405，尼布
尔谈及历史

vs. poetry，**L10**：288 - 289，293，历史对诗

in criticism，**L10**：319 - 321，批评中的历史

social classes in，**L11**：56 - 57，388，历史上
的社会阶级

concepts of authority in，**L11**：130 - 137，
历史上的权威概念

of government，**L11**：283 - 287，289 - 290，
365，372 - 373；**L16**：403，政府的历史

and liberalism，**L11**：291，292，历史和自由
主义

logic and，**L12**：230 - 238，433 - 434，440，
453 - 454，逻辑和历史

related to democracy，**L13**：185，历史和
民主

of science vs. institutions，**L13**：277，科学
的历史与惯例的历史

and human nature，**L14**：145 - 146；**L17**：
318，历史的人之基础

as record of habits，**L14**：258 - 259，作为习
惯记录的历史

C. and M. Beard on，**L14**：283 - 285，比尔
德论历史

falsified，**L15**：345 - 353，伪造历史

significance of legal，**L17**：106，法史学的
意义

movement of，**L17**：230 - 231，历史运动

imaging power in，**L17**：252，历史学中的
想象力量

experimentation related to，**L17**：355，与历
史相关的实验

History of Aesthetics，*A*（B. Bosanquet），
E4：189 - 197，《美学史》（鲍桑奎）

History of Experimental Psychology
（Boring），**L5**：479n，《实验心理学史》（波
林）

History of Philosophy，*A*（Erdmann），**E3**：
185 - 187，《哲学史》（埃尔德曼）

History of Philosophy，*A*（Windelband），
L5：424，《哲学史教程》；**L15**：324，《哲学
史》（文德尔班）

History of Russian Educational Policy
（Hans），**L6**：291 - 292，《俄罗斯教育政策
史》（汉斯）

History of the Philosophy of History（Flint），
E4：200，213 - 214，《历史哲学史》（弗林
特）

*History of the Rise and Influence of the
Spirit of Rationalism in Europe*（Lecky），
L11：456，《欧洲理性主义精神的兴起和影
响的历史》（莱基）

*History of the Warfare of Science with
Theology in Christendom*，*A*（A. White），
L11：456，《科学与基督教神学战争史》（怀
特）

History of Western Philosophy，*A*（B.
Russell），**L16**：203，469，《西方哲学史》
（罗素）

History Society，New，**L6**：149，503，新历史
学会

Hitchcock，Gilbert M.：希契科克，吉尔伯特·M

  on Polish question，**M11**：301，302，401 - 405，希契科克论波兰问题

Hitchman Coal and Coke Co. v. Mitchell，**L7**：398，希契曼案件

Hitler，Adolf，**M8**：xxxi；**L11**：190，356，519；**L14**：263，322 - 323，332；**L17**：xxii，46，566，希特勒，阿道夫

  National Socialism of，**M8**：421，希特勒的国家社会主义

  idealistic philosophy of，**M8**：422 - 446，希特勒的唯心主义哲学

  Cohen on，**L14**：407，科恩论希特勒

  U. S. sentiment toward，**L15**：xi，244 - 245，349，美国对希特勒的看法

  propaganda of，**L15**：26，297，350，367 - 368，希特勒的宣传

  Duranty on，**L15**：290，杜兰蒂论希特勒

  and USSR，**L15**：338，340，347 - 348，352 - 353，希特勒与苏联

  sincerity of，**L17**：xxiv，希特勒的真诚

Hoarding，**L6**：379 - 380，386，货币囤积

Hobbes，Thomas，**E1**：275；**E3**：91；**E4**：142，215，216；**E5**：15，352，353；**M2**：ix；**M4**：254；**M6**：24n，64，175；**M7**：226；**M8**：xxvi，65，170；**M9**：xxii；**M10**：62；**M12**：xiv，130，187 - 188；**M13**：ix-x，307；**M14**：93；**M15**：60；**L1**：108，194；**L2**：40n；**L3**：101；**L8**：35；**L15**：xiv，13，113，霍布斯，托马斯

  on government，**E1**：229，236，霍布斯论政府

  philosophy of，**E1**：268，271；**E4**：127 - 128，143 - 144；**M5**：209；**M11**：x，18 - 40，霍布斯的哲学

  on state，**E4**：70；**L7**：219，霍布斯论国家

  on nature，**M2**：147，霍布斯论自然

  on opinion，**M2**：173，霍布斯论意见

  as founder of sensationalism，**M2**：246，霍布斯作为现代感觉论的创始人

  on ethics，**M3**：52，霍布斯论伦理学

  on conscious，**M3**：79n，霍布斯论有意识的

  on deliberation，**M5**：xivn，霍布斯论深思熟虑

  on human nature，**M5**：339；**L6**：36；**L13**：82 - 83，140 - 142，401，霍布斯论人性

  on image，**M6**：104n，霍布斯论影像

  on self-preservation，**M6**：366 - 367，霍布斯论个人的自我保存

  on individualism，**L7**：153 - 154，霍布斯论个人主义

  Cohen on，**L14**：382，399，科恩论霍布斯

  anticipates science，**L16**：106，霍布斯预示科学

Hobhouse，Leonard Trelawney，**M5**：65n；**L3**：17 - 18；**L7**：59n；**L8**：142；**L11**：470，霍布豪斯，伦纳德·特里劳尼

  on primitive society，**M5**：56；**L7**：51，霍布豪斯论原始社会

  on social institutions，**M5**：384 - 385，霍布豪斯论社会制度的历史发展

  on civil rights，**M5**：409n，410n，霍布豪斯论公民权利的发展

  on marriage，**M5**：513 - 514；**L7**：129，441 - 443，霍布豪斯论婚姻

  on church's attitude toward women，**M5**：515n，霍布豪斯论教会在婚礼中对女性的态度

  on curiosity，**M6**：205 - 206，霍布豪斯论好奇心

Hobson，John A.，**M11**：87 - 88，霍布森，约翰·A

Hoch-Smith resolution，**L6**：371，《霍克-史密斯决议》

Hocking，William Ernest，**L2**：271；**L6**：453n；**L14**：xiv，382，霍金，威廉·欧内斯特

  on political philosophy in Germany，**M8**：418 - 420，473 - 477，霍金的"德国的政

治哲学"

on state, **L3**：318-320,323,霍金论国家

on Dewey's theory of knowledge, **L5**：xxviii-xxix, 213-216,461-476,霍金论杜威的知识理论

critiques Dewey, **L14**：411-426,霍金对杜威的批评

Hodgkinson, Clement, **M2**：45n,霍奇金森,克莱门特

Hodgson, Shadworth H., **M7**：297,霍奇森,沙德沃斯；**L2**：7n；**L11**：471,霍吉森,谢德沃斯

exchange with Dewey, **E1**：xxvii-xxx, xli-lvii；**E2**：xxiii,霍奇森与杜威的交流

psychology of, **E1**：168-175,霍奇森的心理学

phenomenalism of, **M2**：188,霍奇森的现象主义

Hoernlé, Reinhold F. A., **M13**：482；**L3**：294-298,霍恩雷/霍恩尔,莱因霍尔德

Höffding, Harald, **M5**：232n,霍夫丁,哈格尔德

Hoffman, Ernst, **M8**：178,霍夫曼,恩斯特

Hofstadter, Richard, **M9**：xx,霍夫施塔特,理查德

Hogben, Lancelot, **L11**：186,189,霍格本,兰斯劳特；**L12**：78n, 451n, 483n；**L13**：55,霍格班,兰斯洛特；**L17**：447,霍格本,兰斯洛特

on education, **L11**：391-394,霍格本论教育

Hohenzollern dynasty, **M8**：xxviii, 164,霍亨索伦王朝

Holbach, Paul Henri Thiry, Baron D', **M3**：52,保罗·昂利·西里·霍尔巴赫男爵

Holcombe, Chester, **M11**：210,216,霍尔寇伯,切斯特

Holden v. Hardy, **L7**：397,414,霍顿诉哈代案

Holism：整体主义

in Dewey's philosophic system, **L14**：xi-xiii, xxiv, 29,54,杜威哲学体系中的整体主义

Holland, Thomas Erskine, **E4**：79,85-87；**L6**：481n,霍兰,托马斯·厄斯金

Holland,参见 Netherlands

Hollinger, David A., **L6**：xivn,霍林格,戴维·A

Hollins College, **L15**：170n,霍林斯学院

Holmes, John Haynes, **L5**：353；**L6**：503；**L8**：16,霍姆斯,约翰·海恩斯

Holmes, Oliver Wendell, **M5**：411n；**M12**：ix, 277；**L1**：xx, 312；**L6**：214,323；**L9**：237；**L11**：16,341,374；**L14**：xxii, xxiv；**L15**：xxx, xxxi；**L17**：253,346,565,霍姆斯,奥利弗·温德尔

on common law, **E4**：37,38,40,霍姆斯论普通法

legal and social philosophy of, **E4**：287n；**M15**：68-69；**L3**：177-183,霍尔姆斯的法哲学和社会哲学

and syllogism, **M15**：70-71,霍姆斯和三段论

on freedom of thought, **L7**：358,霍姆斯论思想自由

on unions, **L7**：398-399,霍姆斯论联盟

on police power, **L7**：414,霍姆斯论警察

on man in universe, **L7**：453,霍姆斯论宇宙中的人

Holt, Edwin B., **M10**：326n, 444, 445, 448,；**L1**：241n,霍尔特,埃德温·B/伊德文·B

on entities, **M6**：473-474；**M10**：52,霍尔特论实体

Holtzman, Edouard S., **L11**：311,312,321-322,602,霍尔兹曼,爱德华·S

Holy, The, **L4**：9-10,神圣的

Holy Roman Empire,参见 Roman Empire

Home：家庭

as center of industrial occupation, **M1**：7,

以职业为中心的家庭

child's relation to, **M1**：23 - 24；**L7**：456；**L17**：518,儿童与家庭的关系

as subject-matter in kinder-garten, **M1**：87 - 88,作为幼儿园主题的家庭生活

cooperation between school and, **L17**：233 - 234,学校与家之间的合作

spirit of work in, **L17**：314,家中工作的精神

Homer, **E3**：118；**M5**：68,110,115；**M8**：292；**L2**：128,129；**L5**：394；**L7**：62,101,106；**L8**：3；**L10**：173,232,荷马

criticized, **L10**：322,324,331,受批评的荷马

Home Rule：地方自治

in Russian Poland, **M11**：264,267,地方自治

Homestead Acts, **L8**：57,宅地法案

Home studies,参见 Domestic arts

Homo faber, **M12**：120,产业工人

Homogeneity, **L12**：95,211,474；**L17**：154,同质性

"Homogeneous America"（B. Russell）, **L5**：131,《同质的美国》（罗素）

Homosexuality, **L14**：245,同性恋

Honestum, **L7**：134,诚实

Honesty, **E4**：108；**L7**：142,144,152,202,诚实

Hong Kong, **M11**：238；**M13**：129,142,香港

British interests in, **M13**：123,英国在香港的利益

assets of, **M13**：124,香港的资源

and Cassel contract, **M13**：125,香港与卡塞尔条约

English papers in, **L17**：30,香港的英文报纸

opposes Canton, **L17**：31,香港与广东相对

Honor, **M5**：116,名声；**L7**：77 - 79,107,252,荣誉

as agency of individualism, **M5**：85 - 87；**L7**：77 - 79,渴望荣誉作为个人主义的动力

Hook, Sidney, **M4**：xxxii；**M5**：xxn；**M15**：x；**L3**：xvii；**L6**：xv, xviii；**L11**：3；**L12**：5；**L15**：xxv, 24n, 233n, 335n；**L17**：442,胡克,悉尼/西德尼

on Dewey's 1902 - 3 writings, **M2**：ix-xxi,胡克关于杜威1902至1903年的论著

on Dewey's 1915 writings, **M8**：ix-xxxvi,胡克关于杜威1915年的论著

on *Democracy and Education*, **M9**：ix-xxiv,胡克论《民主与教育》

on *Experience and Nature*, **L1**：vii-xxiii,胡克论《经验与自然》

on pragmatism, **L3**：339 - 341,胡克论实用主义

contributes to *Art as Experience*, **L10**：7,胡克对《作为经验的艺术》的贡献

on naturalism, **L15**：xvi, 109 - 126,455,457,460,463,胡克论自然主义

endorsement of, **L15**：xxiv, 372,胡克的认同

supports *Collected Works*, **L17**：xiv,胡克支持《杜威全集》

on Dewey's relevance, **L17**：xvii-xxxiii,胡克论杜威的重要性

on authority, **L17**：443,胡克论权威

on desire, **L17**：481,胡克论欲望

Hooker, William Jackson, **M4**：4,胡克,威廉·杰克逊

Hoover, Herbert C., **M12**：8；**M15**：96 - 97；**L3**：185；**L5**：92,97,343,434,436；**L6**：xvi, 161,246,248,323,346,438；**L8**：14；**L9**：206 - 207,277,胡佛,赫伯特

allied with business interests, **L6**：157 - 158,177,胡佛与企业利益集团的联盟

and railroads, **L6**：165,369,胡佛与铁路公司

and 1932 campaign, **L6**：251,253,326,胡

佛与 1932 年竞选

declines to call special session, **L6**：345，胡佛拒绝召开特别会议

and White House Conference, **L6**：352；**L17**：550，胡佛与白宫会议

keynote speech of, **L6**：357 - 363，胡佛的主旨演讲

letter to, on government responsibility, **L6**：372 - 373，就政府职责致信胡佛

on hoarding, **L6**：379，胡佛论货币囤积

and unemployment, **L6**：386,404,440，胡佛与失业

on sanctions, **L6**：472,475，胡佛论制裁

and Citizens Conference on the Crisis in Education, **L9**：119 - 120,129，胡佛与公民会议谈及教育中的危机

and Research Committee on Social Trends, **L9**：235，胡佛与研究委员会谈及社会趋势

responds to Depression, **L11**：xi, 268, 339,601，胡佛对萧条作出反应

advocates laissez-faire policy, **L11**：286, 290 - 291，胡佛拥护自由放任政策

and war, **L14**：364，胡佛和战争

on Children's Charter, **L17**：572，胡佛论《儿童宪章》

Hopkins, Harry L., **L9**：271 - 272，霍普金斯，哈里·L

Horace Mann Conference (Antioch College), **L11**：567 - 580，贺拉斯·曼研讨会

Horgan, Lieutenant, **M11**：259，霍根中尉

Horn Scientific Expedition to Central Australia, *The* (B. Spencer), **M2**：50n，《霍恩澳大利亚中部科学探险》(斯宾塞)

Horodyski, Jan M., **M11**：283，霍洛津斯基，扬

Hosea, **M5**：102；**L7**：93，何西阿

Hospitality, **M5**：68 - 69；**L7**：62 - 63，好客

Hostility, **L10**：34；**L16**：373，敌意

Hotel Center (New York City), **L11**：321n，酒店中心(纽约)

House, Edward M., **M11**：248n, 255n，豪斯，爱德华·M

on Polish question, **M11**：401 - 407，豪斯论波兰问题

Housekeeping：内务

study of, **E5**：232 - 233，内务学习

House of Peers (Japan), **M11**：167，日本贵族院

House of the Seven Gables, *The* (Hawthorne), **L10**：320，《七角楼》(霍桑)

House Un-American Activities Committee, **L6**：xxii；**L14**：370，研究非美国的活动的白宫委员会

censors textbooks, **L17**：137,560 - 561，众议院反对非美活动委员会审查教科书

House Ways and Means Committee, **L9**：260,284，众议院筹款委员会

Housing：住房

WWI related to problem of, **M11**：62,83 - 84,103，第一次世界大战期间的住房问题

Housman, A. E.：豪斯曼，A·E

on poetry, **L10**：192,220,360 - 361，豪斯曼论诗

Houston, William, **L13**：329 - 330，休斯顿，威廉

"How, What, and What For in Social Inquiry," **L16**：xxvi, xxxvii，《社会探究中的"如何"、"什么"与"为何"》

Howard, Blanche Willis, **E3**：196，霍华德，布兰科·威利斯

Howard, George E., **M5**：514n；**L7**：442，霍华德，乔治·E

Howe, Frederick C., **L6**：xviii；**L17**：71, 558，豪尔，弗雷德里克·C

Howell, Robert B., **L6**：394，豪厄尔，罗伯特·B

"How Is Mind to Be Known?" **L15**：72n，《心灵如何被认同?》

Howison, George Holmes, **L11**：476，霍维森，乔治·H

on pluralism, **M2**：204，豪威逊论多元论

lecture, **L6**：3 - 21，豪伊森讲稿

Howland School（Chicago），**M8**：292，芝加哥豪兰学校

Howlett, Charles F. , **L6**：xxin，豪利特，查尔斯·F

"How to Make Our Ideas Clear"（C. Peirce），**M6**：175，《如何使我们的观念变得清晰》；**L2**：4；**L4**：90n，《如何弄清楚我们的观念》；**L16**：33n，《如何使我们的观念清晰》（皮尔士）

How We Think（1910），**E2**：xxv；**M1**：ix-x；**M7**：383；**M12**：xviii；**M13**：61，63，64，65；**L6**：xii；**L7**：xxiii；**L12**：3；**L16**：318，《我们如何思维》（1910 年版）

Dewey's theory of inquiry refined in, **M1**：xiv-xv；**M6**：xi，在《我们如何思维》中得到精炼的杜威关于探究的理论

psychology in, **M6**：xxiii-xxiv，《我们如何思维》中的心理学理论

Buermeyer on, **M13**：482 - 491，布尔梅耶论《我们如何思维》

importance of, **L8**：ix，《我们如何思维》的意义

How We Think（1933）：《我们如何思维》（1933 年版）

evaluated, **L8**：ix, xi-xvii，《我们如何思维》的评价

Hsu, "Little," **M12**：66 - 69，小徐

Hsu, "Old," **M12**：66 - 67，老徐

Hsu Shih-chang, **M13**：135，徐世昌

Huc, Évariste R. , **M11**：217，古伯察

Huckleberry Finn（Twain），**L10**：320，《哈克贝利·费恩历险记》（吐温）

Hudson, Manley Ottmer：哈德逊，曼利·奥特墨

Dewey's debate with, **M15**：xvii, 87 - 104，哈德逊和杜威的辩论

on World Court, **M15**：383 - 403，哈德逊论美国加入国际法庭

Hudson, William Henry, **L2**：261 - 262，哈德森，威廉·亨利

on esthetic, **L10**：35，36，354，哈德森论审美

on childhood, **L10**：130 - 131，359，哈德森论童年

Hudson Guild, **M10**：377n，哈德森协会

Hughes, Charles Evans, **M13**：171，202，205，214；**M15**：85，380，393，411，418n；**L9**：237；**L17**：559，休斯，查尔斯

political campaign of, **M10**：xxvii, 252 - 255，休斯的竞选活动

on international law, **M15**：95；**L17**：104，休斯的国际法提案

Hughes, Percy, **L11**：115 - 117；**L12**：276n，休斯，珀西

on psychology, **L5**：224；**L17**：42 - 43，休斯论心理学

Hugo, Victor, **E3**：41；**M5**：145，雨果，维克多

Hugo of Saint Victor, **M2**：254，圣维克多的雨果

Hull, Clark L. , **L15**：469；**L16**：125n，赫尔，克拉克

Hullfish, H. Gordon, **L15**：510，赫尔菲斯，戈登

Hull House（Chicago），**M2**：85，91，92；**L5**：421；**L15**：197；**L17**：517，573，赫尔大厦（芝加哥）

Hulme, Thomas Ernest, **M7**：xii-xiii；**L10**：83，334 - 335，休姆，托马斯·欧内斯特

Human，另见 Man

"Human Abode of the Religious Function, The," **L9**：294，《宗教功能的属人栖所》

Human association：人类联合

implications of, **M9**：87 - 92，人类联合的含义

Human Conduct and the Law（Love），**L17**：

108 - 109,《人的品性与法律》(洛夫)

Human Enterprise，*The*（Otto），**L14**：289 -
292,《人类事业》(奥托)

Humanism，**L9**：224,227,426,人文主义

  in *Cyclopedia of Education*，**M7**：213 -
217,290 - 291,416,人文主义(《教育百
科全书》)

  Windelband on，**M9**：290,文德尔班论人文
主义

  described，**M9**：297 - 298,对人文主义的
描述

  as revolution in philosophy，**M12**：x,哲学
中的革命

  and naturalism，**M12**：179,人本主义与自
然主义

  Cyrenaic，**L2**：136 - 139,昔勒尼学派的人
道主义

  Dewey's，**L5**：xxx-xxxii；**L14**：381,杜威
的人本主义

  modern theory of，**L5**：73 - 74,现代人文
主义理论

  science hostile to，**L5**：113,115,科学对人
文主义的敌对态度

  history of term，**L5**：263 - 66,人文主义概
念的历史

  Santayana on，**L6**：272,桑塔亚那论人文主
义

  secularized，**L9**：221 - 222,421,世俗人文
主义

  religious，**L11**：84 - 85,583n，584 - 587；
L15：269 - 270,宗教人本主义

  F. Schiller on，**L11**：156,席勒论人本主义

  Reiser on，**L11**：436 - 437,瑞泽论人本
主义

  democracy and，**L13**：151,170,303,民主
与人道主义

  scientific，**L15**：184 - 185,376 - 377,科学
的人道主义

  Sperry on，**L17**：545,斯佩里论人道主义

  Rafton on，**L17**：545,547,拉夫顿论人道
主义

Humanism：*Philosophical Essays*（F.
Schiller），**M3**：312 - 318；**M6**：176,《人文
主义：哲学论文》(席勒)

Humanism and America（Foerster），**L5**：
265,《人文主义与美国》(弗尔斯特)

Humanist，**L15**：xxxiii, 376,《人道主义者》

Humanist Manifesto，*A*，**L5**：xxx,《人文主
义宣言》

Humanists，**L17**：183,人道主义者

Humanitarianism，**L7**：147,人道主义

  influence on liberalism，**L11**：xxviii, 17 -
18,282 - 284,365,366,人道主义对自由
主义的影响

Humanities：人文学科

  vs. science in curriculum，**M7**：120 - 127；
M9：236 - 238,294 - 298,人文学科与科
学的关系

  in *Cyclopedia of Education*，**M7**：218,人
文学科(《教育百科全书》)

  value of，**L17**：xviii,人文学科的价值

Humanity，**M7**：210,325 - 326；**L9**：295；
L15：219,人性

  development of，**M8**：186 - 189；**L14**：145 -
146,人性的发展

  philosophy related to，**M9**：97 - 105,；**L14**：
289 - 290,与人性相关的哲学

  Kant on，**M9**：101 - 102,康德人性观

  in democracy，**L14**：276 - 277,民主中的
人性

  Martineau on，**L17**：4,马廷诺论人类

  God related to，**L17**：532 - 533,与人类相
关的上帝

Humanity Uprooted（Hindus），**L5**：407 -
409,《颠倒人寰》(欣德斯)

Human Nature（Hobbes），**M11**：22,《人的
本性》(霍布斯)

"*Human Nature*,"**L6**：xv, xvi,《人性》

Human nature，**M6**：420；**M15**：246,256；
L11：134,392,人性

related to philosophy，**M9**：337；**L14**：324 -
325,333 - 334,与哲学相关的人的本性

and morals，**M14**：4 - 11,人性与道德

alterability of，**M14**：76 - 87；**L13**：142,
287,292,人性的改变

related to nature，**L1**：viii-xxiii, 349,354；
L13：181,人性与自然的关系

related to culture，**L6**：xv, xvi, 37 - 38,
43；**L13**：84,86,163,246 - 248,273,人
性与文化

and social planning，**L6**：xvi, 29,人性与社
会规划

concepts of，**L6**：30 - 31,人性的概念

bibliography on，**L6**：39,关于人性的参考
书目

and education，**L6**：93,人性与教育

sympathy in，**L7**：238 - 239,251,270,300,
人性中的同情

Niebuhr on，**L9**：401,尼布尔谈及人性

and esthetic quality，**L10**：27,87,人性与审
美性质

constitution of，**L13**：66,72 - 79,87 - 90,
96 - 97,117,134,136,139 - 140,143,
145 - 147,150 - 152,286,人性的构造

power as traits of，**L13**：68,74 - 75,91,
285,312；**L15**：210 - 212,221,权力作为
人性的特性

Jefferson on，**L13**：68 - 69；**L14**：203,
220,杰斐逊论人性

Hobbes on，**L13**：82 - 83,140 - 141,401,
霍布斯论人性

attitude of，**L13**：96 - 97,人性的态度

Mill on，**L13**：138,穆勒论人性

Plato on，**L13**：139,柏拉图论人性

potentialities of，**L13**：152 - 155,318,人性
的可能性

fallacies concerning，**L13**：184,292 - 293,
论人性的缪见

related to democracy，**L14**：226 - 227,与民
主相关的人性

and social change，**L14**：258 - 261,人性与
社会变化

emotion and intelligence related to，**L14**：
323 - 324,332 - 333,与人性相关的情感
和理智

anti-naturalist view of，**L15**：55,59 - 61,反
自然主义者关于人类天性的观点

Human Nature and Conduct，**E4**：xvi,《人性
与行为》；**M1**：xii,《人类本性和行为》；**M5**：
xi,《人性与行为》；**M12**：xvii,《人性与其行
为》；**M13**：xvi, xviii；**M15**：x；**L6**：xvi；
L7：xix, xxii-xxiv；**L14**：x, 388,401n,
407n,《人性与行为》

Murphey on，**M14**：ix-xxiii,墨菲论《人性
与行为》

1930 foreword to，**M14**：228 - 230,1930
年现代图书馆版《人性与行为》的前言

moral theory in，**L5**：501 - 502,《人性与行
为》中的道德理论

discussion of imagination in，**L10**：xxviii-
xxix,《人性与行为》中关于想象力的
讨论

Human relations，**L15**：169,183,212,216,人
类关系

related to religion，**L9**：40 - 58,437,与宗
教相关的人际关系

and imagination，**L9**：54,295,人际关系与
想象

effects of，**L13**：335 - 336,人类关系的
影响

biological and cultural，**L14**：344 - 349,生
物的文化的人类关系

Human Rights（UNESCO），**L16**：471,《人
权》(联合国教科文组织)

Human rights，**M11**：196；**L16**：400,人权

Humboldt, Alexander von，**M8**：177,洪堡,
亚历山大·冯

Humboldt, Wilhelm von，**M8**：174,177；
M13：401,洪堡,威廉·冯

Hume, David，**E1**：19,49,145,301,342,

383；**E4**：129,216；**E5**：352；**M1**：115；**M2**：155；**M3**：53；**M4**：254；**M5**：56n,155；**M6**：175；**M7**：42,144,223,261；**M8**：xxvi；**M9**：xxi；**M10**：332,358；**M12**：108,127,131；**M13**：307,472；**M14**：228-229；**M15**：9,255,256,332,344；**L1**：32,81,134,254,373,374；**L2**：7n,270；**L3**：15,41；**L6**：17,19,424,489；**L7**：51n,154；**L11**：15,80,91；**L12**：20n,45,153,156,446；**L14**：391,休谟,大卫

on philosophic method，**E1**：3,36,37,45,124-126,休谟论哲学方法

and nominalistic logic，**E1**：59,休谟与唯名论逻辑学

on ideas，**E1**：184；**M3**：110n,117；**M4**：318；**L10**：xiv,44,休谟论观念

on knowledge，**E1**：315,326,391,392,休谟论知识

influences Kant，**E1**：428,431,434,休谟对康德的影响

Green on，**E3**：19-20,格林论休谟

on morals，**E4**：145；**M4**：40,休谟论道德

on sensationalism，**E5**：15；**M2**：246-247；**M10**：12-13,休谟的感觉论

John Watson on，**E5**：353,华生论休谟

opposed to ontologism，**M2**：169,休谟反对本体学

on outness，**M2**：180,休谟论外在性

skepticism of，**M2**：234；**L4**：xix-xx,113,休谟的怀疑论

on experience，**M3**：132n,134,137；**M6**：4,80；**L14**：190,休谟论经验

and idealism，**M3**：382；**M7**：226,休谟的主观唯心主义

on mind，**M4**：91n,休谟论心灵

on reason，**M5**：xiv-xv,214；**L13**：161,休谟论理性

on approbation，**M5**：xxviin,休谟论赞同；**L7**：238,休谟论认可

and utilitarianism，**M7**：361,休谟论功利主义

on passion，**M8**：24,休谟论情感

theory of causation，**L2**：154,休谟的因果关系说

Dewey's departure from，**L3**：76,杜威对休谟的脱离

on mathematical truths，**L4**：125,休谟论数学真理

influence of，**L8**：9,35,休谟的影响

on habit，**L12**：244,250；**L14**：131,休谟论习惯

on necessity，**L13**：120-121,休谟论必然性

pragmatism of，**L15**：13,16,18,94,休谟的实用主义

on associations，**L16**：305,休谟论联系

Humility，**E2**：287,谦虚；**M14**：200,谦卑

Hunan, China，**M13**：151；**L14**：xx,湖南省,中国

Hungary，**M11**：xiii,272,327；**M15**：394,匈牙利

Hunger，**L15**：197,饥饿

Hunt, Frazier，**M13**：346-347,亨特,弗雷泽

Hunt, Henry T.，**M11**：259,406,亨特,亨利·T

Hunt, Leigh，**E2**：221,亨特,利

Hunter, Walter S.，**L5**：222n,226,亨特,沃尔特·S

Hunting psychosis，**M2**：42-48,狩猎心理的例示

Hurley, Patrick J.，**L6**：365,赫利,帕特里克·J

Hu Shih，**M11**：xviii；**M12**：xxv；**M13**：xxiii；**L11**：127n；**L14**：xx,胡适

Huss, John，**L7**：141,赫斯,约翰

Hussein Djahid Bey，**M15**：420,贝尔,侯赛因·德加哈德

Husserl, Edmund，**L3**：xiv,胡塞尔,埃德蒙

Hutcheson, Francis，**E4**：128,144-145；

M3：53，哈奇生，弗朗西斯；**M7**：285；**L7**：154，哈奇森，弗朗西斯

Hutchins, Robert M. , **L15**：259，267，269，哈钦斯，罗伯特·梅纳德

  opposes Dewey on education, **L11**：xxii，391－407，592－597，哈钦斯在教育上反对杜威

Huxley, Aldous Leonard, **L10**：xvii，赫胥黎，奥尔德斯·列奥纳德

Huxley, Julian S. , **L6**：88，279；**L11**：344；**L15**：184；**L16**：119，121n，赫胥黎，朱利安

Huxley, Thomas Henry, **E1**：xxv；**E3**：125；**E5**：xiii；**M2**：35，149，180；**M3**：x；**M4**：4；**M7**：276；**L5**：147，148；**L11**：393；**L15**：xv，赫胥黎，托马斯·亨利

  on dependence of mind on brain, **E1**：105，赫胥黎论精神对大脑的依赖性

  on evolution and ethics, **E5**：xvi，35－53，赫胥黎关于进化和伦理学

Huygens, Christiaan, **E1**：262，272；**L4**：78；**L16**：106，惠更斯，克里斯蒂安

Hylozoism, **M2**：181，物活论

Hyphenism：归化精神

  related to nationalism, **M10**：205，232，294，归化精神与民族主义

Hypocrisy, **M14**：7；**L7**：256；**L13**：97；**L14**：247－248，虚伪

Hypostasis, **L1**：78，145，167，251，根本原理、本质、原质；**L9**：221，本质

Hypostatization, **L10**：135，实体化；**L16**：112，128，156－157，339，实在化

  significance of, **L4**：123，132，174，190，198，211，244，实体化的重要意义

  of instruments, **L12**：135，173，工具的实体化过程

  of ends, **L12**：178－179，216n，目的的实体化过程

Hypothecation, **M13**：488－489，假设

Hypothesis, **M12**：91－92，163，假说；**L1**：124，127，172 假设、假说；**L4**：86；**L10**：253，假设；**L16**：415，417，460，假定、假设。

  参见 Conception, **L12**；Formulation, **L12**；Predication, **L12**；Universal proposition, **L12**

  scientific, **E3**：86－89，科学假设的形成

  in action, **M6**：240；**L8**：205－206，起作用的假设

  and observation, **M6**：244，298；**L8**：200，202－203，250－251，272－273，假设与观察

  in *Cyclopedia of Education*, **M7**：218－221，假设（《教育百科全书》）

  moral, **M14**：164－167，道德假说

  defined, **L4**：63，132，133，假设被定义

  concerning knowledge, **L4**：138，140，143，144，147，149，关于知识的假设

  verification of, **L4**：152－155，231，；**L13**：x，58－59；**L14**：59－60，对假设的证实

  beliefs as, **L4**：221－222，信仰作为假设

  need for, **L4**：247，248；**L17**：443，对假设的需要

  and experiment, **L8**：74，95；**L12**：115－116，132，假设与实验

  function of, **L12**：11，144－145，164－165，173－174，189－190，263－265，314－315，485，499；**L13**：263；**L16**：292－293，假设的功能

  and symbols, **L12**：58－59，假设与符号

  as contingent and necessary, **L12**：298－307，偶然和必然假设

  necessary for warranted assertion, **L14**：169，对有理由的断言来说是必要的假设

  vs. postulation, **L16**：76n，相对假定行为

  in interaction and transaction, **L16**：115，在相互和交互作用中的假定

  for naming, **L16**：134－135，假定作为命名

  Maxwell on, **L16**：277－278，麦克斯维尔关于假定

  for value-field, **L16**：344－348，351－352，355－356，假定对于价值-场

Hypothetical-deductive method，**L12**：423 - 424,假设-演绎方法

Hysteria，**M12**：160,歇斯底里

Ibsen, Henrik, **M5**：145,525；**M6**：30；**L7**：89；**L17**：40,易卜生,亨利克

   on ancestral curse, **M5**：97,易卜生论祖先的诅咒

   on spiritual selfishness, **M5**：276n,易卜生论精神上的自私

   subject-matter of, **L10**：118,192,216,易卜生的素材

Idea, **L1**：53 - 54,134 - 135,148 - 149,177, 231 - 232,263,278,想法、观念、概念；**L4**：3,4,21,观念。参见 Possibility, **L12**

   meaning of, **E1**：176 - 177,理念、思想的意义；**M3**：68 - 72,观念、理念的意义；**M4**：83 - 84；**M9**：167；**M10**：16；**M13**：56, 57；**L12**：113 - 114,136,167 - 168,186, 232,288 - 289；**L15**：37 - 38,观念的定义；**L16**：264；**L17**：440,446,观念的意义

   innate, **E1**：305 - 309,312；**M7**：251 - 252,286；**M8**：159 - 160；**L11**：76 - 77；**L17**：430 - 431,天赋观念

   related to knowledge, **E1**：386；**E3**：83；**L2**：152,154；**L4**：137 - 142,239 - 240；**L14**：170,观念与知识的关系

   and fact, **E3**：84 - 89,259；**M4**：146 - 157,观念与事实

   related to judgment, **E3**：231 - 233；**M6**：264 - 266；**L8**：221 - 226；**L13**：230,与判断有关的观念

   related to action, **E5**：91 - 92,205；**L8**：92,观念与行动；**L17**：263,332,观念与行为相关

   in sensori-motor circuit, **E5**：97,在感觉运动回路中的观念

   related to expression, **E5**：192 - 195,观念和表达的关系

   function of, **E5**：227；**M9**：168 - 170；**L4**：xvii-xviii, 70,87 - 111,181,182；**L13**：x, 50,131 - 132；**L14**：42 - 44；**L15**：35,176 - 177；**L16**：169,283 - 284,434,观念的功能

   fixed, **M1**：153 - 156,固有观念

   Platonic hierarchy of, **M1**：161,柏拉图的观念等级

   Royce on, **M1**：241 - 256,罗伊斯界定的观念

   environment and, **M4**：84,与环境一致的观念

   McGilvary on, **M4**：317 - 326,麦吉尔夫雷论观念

   pragmatism related to, **M6**：3 - 11；**M13**：445,实用主义对观念的看法

   essential to instrumentalism, **M7**：64,对工具主义基本的信仰和观念

   in *Cyclopedia of Education*, **M7**：221 - 224,理念(《教育百科全书》)

   of God, **M7**：357,上帝的观念

   ultimate, **M8**：419,终极观念

   words mistaken for, **M9**：150 - 151,这些字被误解为观念

   related to German history, **M10**：224,德国观念和历史的关系

   Locke on, **L2**：141 - 142,洛克论观念

   in experience, **L2**：156,经验中的观念

   directive office of, **L4**：48,224,226,230, 247,248,观念的指导职能

   development of, **L4**：86 - 88,91,98,155, 183,214；**L13**：45,55,58 - 59,234,345,观念的发展

   theories of, **L4**：92,210；**L13**：117；**L14**：99,观念的理论

   validity of, **L4**：103 - 104,109 - 112,116, 117,147,154,观念的有效性

   and mathematics, **L4**：112 - 135,自由观念与数学观念

   Spinoza on, **L4**：167,斯宾诺莎论观念

interest in，**L8**：62 - 63，对观念的兴趣

as hypothesis，**L8**：95，作为假设的观念

in reflective thinking，**L8**：196 - 199，反思性思维中的观念

in history，**L8**：355，历史中的观念

in art，**L10**：xi，xiii，xxii，xxxi，13，21，31，36，56，79，80，125 - 126，141n，196，207，246，259，311，观念在艺术中的作用

quality of，**L10**：42，44，216 - 217，273，277，280，283，观念的性质

child's expression of，**L11**：213，儿童的观念表达

related to symbols，**L12**：58 - 59；**L16**：429 - 432，符号与观念

in science，**L13**：58，249，258，273；**L17**：407 - 408，科学观念

power of，**L13**：162；**L17**：332，338，431 - 432，观念的力量

and emotions，**L13**：162，169，182，249，观念与情感

and opinions，**L13**：169，182，观念与意见

as end-in-view，**L13**：216，351，所期望的结果作为观念

value of，**L14**：85，观念的价值

Moore on，**L16**：205，207，摩尔关于观念

abstraction in，**L16**：285，观念的抽象

Balz on，**L16**：435 - 441，鲍茨关于观念

need for，**L17**：69，对观念的需要

automatic，**L17**：303，自动的观念

correlation of，**L17**：310，观念的相关性

related to government，**L17**：461，观念的变化

"Idea for a Universal History"（Kant），**M5**：86 - 87，《世界公民观点之下的普遍历史观念》；**M8**：168，《作为一种普遍历史的观点》；**L7**：79，《世界公民观点之下的普遍历史观念》（康德）

Ideal，**L1**：57 - 58，77，312，314；**L13**：55，理想

ethical，**E1**：210 - 212，218 - 219，221 - 222；**E5**：48，伦理理想

end as goal，**E1**：218 - 219，结果就是目的，就是理想

aristocratic，**E1**：240 - 243，贵族制理想

Green on，**E3**：xxvii-xxix，166 - 168，格林论理想

in medieval period，**E3**：228，中世纪的理想

vs. actual，**E3**：259，理想与现实之间的张力；**M12**：153 - 154；**L1**：310 - 311，理想的与真实的；**L7**：13，120 - 121；**L17**：155，理想与实在相对

moral，**E3**：368 - 381；**L15**：167，道德理想

abstract，**E4**：256 - 262，抽象理想

as motive，**E4**：287 - 291；**E5**：135，作为动机的理想

D'Arcy on，**E5**：32，达西论理想

conflict in，**E5**：134，理想中的冲突

Greek，**M5**：128 - 130；**L7**：119 - 121，262，古希腊理想

influence of，**M6**：222 - 223；**L8**：90，164 - 167，观念的影响

ultimate，**M8**：419，终极理想

Hitler on，**M8**：430 - 431，希特勒论理想

conceptions of，**M12**：139，理想的概念

human，**M12**：147 - 148；**L13**：183，人类理想

origin of，**M12**：215 - 216，理想的来源

in education，**M13**：399 - 400，402；**L9**：194 - 196，教育的理念

as goal，**M14**：178，187，195，作为目标的理想

stability as，**M14**：197 - 198，作为理想的稳定状况

nature of，**L4**：xx，63，130，131，215，220，理想的本性；**L7**：212，271 - 275，344 - 345；**L10**：202，324 - 325，340，350，理想的性质；**L17**：66，理想的本性

Hegel on，**L4**：51，黑格尔论理想

formation of，**L4**：86，119，134，205，211，219，理想的形成

function of，**L4**：166，167，222 - 227，237；
　L13：226；**L17**：342，理想的功能

as possibility，**L4**：239 - 245，248，理想作
　为可能性

peace as，**L7**：95，和平理想

Hebrew-Christian，**L7**：95 - 96，希伯来-基
　督教理想

democratic，**L7**：348 - 335；**L17**：4000，民
　主理想

related to God，**L9**：xvi-xviii，29 - 30，34 -
　36，227 - 228，294 - 295，430 - 431，435 -
　439，上帝作为现实和理想的结合

in religion，**L9**：32 - 33，56，436 - 437，宗教
　中的理念

related to art，**L10**：xxii，xxxii，31，33，
　189 - 190，247，263，艺术中的理想

matter's relation to，**L10**：12，34，36，38，理
　想与质料的关系

Santayana on，**L10**：144；**L14**：297，桑塔
　亚那论理想

social，**L11**：21 - 22，167 - 170，297，社会
　理想

as directive，**L12**：179，318 - 319，作为引
　导的理想

liberty as，**L13**：99，作为理想的自由

utopian，**L13**：284，乌托邦理想

vs. material，**L15**：187，257，306，与唯物
　论相区别

as name，**L16**：264，350，理念作为名称

comprehensiveness of，**L17**：xxxiii，65，理
　想的全面性

Sophists and，**L17**：184，智者与理想

supernatural，**L17**：432，超自然的理想

Idealism，**M4**：116 - 117，唯心论；**M7**：348，
　444，唯心主义，理念论；**M8**：18，19，唯心主
　义；**M14**：4，8，38，49，55，109，114，160，
　162，187，208，226，理想主义；**L1**：xvii，61
　- 62，64，102，126，146，150，172，176，186，
　219，233，236，244，245，296，310，观念主
　义；**L3**：5，观念论；**L12**：16，185，207 -

208；**L13**：133，；**L14**：xiv，唯心主义；**L16**：
　335；**L17**：368，372，观念论

Hegelian，**E1**：xxv，黑格尔的唯心主义

subjective and objective，**E1**：xlviii，133 -
　140；**E5**：27 - 28；**M3**：382 - 389，；**M6**：
　4，主观唯心论和客观唯心论；**L17**：373，
　主观的和客观的观念论

voluntaristic，**E2**：xxiv，唯意志论的唯心
　主义

in art，**E2**：270，艺术中的唯心主义

Bosanquet on，**E4**：195，鲍桑奎的唯心主
　义概念

Dewey's，**M1**：x-xi；**L14**：7 - 8，62；**L16**：
　xiv-xv，杜威著作中的唯心主义哲学

educational influence of，**M1**：xvii-xviii，唯
　心主义的教育影响力

as outgrowth of consequent，**M2**：14，唯心
　主义作为"结论"崇拜的产物

related to empiricism，**M2**：121，唯心主义
　与经验主义；**M10**：18 - 19，经验主义与
　理念论；**L4**：142，唯心主义与经验主义

ethical，involved in pragmatism，**M3**：156 -
　157，伦理唯心主义

naturalistic，**M3**：319 - 322，自然主义的唯
　心主义

related to truth，**M6**：xiv-xvi，33 - 52；
　M7：414，唯心主义中的真理问题

on real and ideal，**M6**：xvi-xvii；**L4**：235，
　240，241，247，唯心主义中关于实在和理
　想的理论

related to experience，**M6**：80 - 85，唯心主
　义与经验

related to ego-centric predicament，**M6**：
　113 - 122；**M7**：445 - 451，唯心主义与
　自我中心困境

rationalistic，**M6**：175；**L12**：521 - 24，唯
　理论的唯心论；**L17**：365n，理性主义的
　观念论

absolute，**M7**：xiv，284；**M9**：309，绝对唯
　心主义；**M13**：478n，绝对观念论；**M15**：

337,绝对唯心主义;**L12**：524 - 526,绝对理念唯心论

on knowledge, **M7**：82,唯心主义的知识观;**L4**：xi, xxii, 18,151,理想主义中的知识论;**L16**：288,理念论关于知识的问题

in *Cyclopedia of Education*, **M7**：224 - 233,理念论(《教育百科全书》)

related to Kant, **M7**：291,328; **M8**：157,唯心主义和康德;**L2**：14,康德和观念论

modern, **M7**：294,现代绝对唯心主义

as motive, **M7**：418 - 419,作为动机的唯心主义

ontological, **M7**：448,本体论的唯心主义

realistic, **M8**：68,实在论的唯心主义; **M10**：48,336 - 337,实在论的观念论; **L14**：99,唯心主义中的实在

of Eucken, **M8**：165,倭铿的唯心主义哲学

monistic, **M8**：178,一元论唯心主义

Hitler's appeal to, **M8**：422 - 446,希特勒借用唯心主义

institutional, **M9**：309 - 310,制度唯心主义

on thought, **M10**：19 - 21,理念论对思想的看法

development of, **M10**：24,理念论的发展; **M11**：344,唯心主义的发展

of G. Morris, **M10**：111 - 115,莫里斯的理念论;**L5**：152,莫里斯哲学中的唯心主义

German, **M10**：219,220,222; **L3**：131,德国的观念论;**L13**：149; **L14**：322 - 323, 331 - 332,德国的唯心主义

in Great Britain, **M10**：223 - 225,英国的观念论

systems of, **M10**：331 - 336,观念论逻辑; **L4**：50 - 52,唯心主义体系

compared with instrumentalism, **M10**：338 - 365,观念论逻辑与工具主义相比

of U. S., **M11**：xvi, 180 - 185,198,260,

394,美国的唯心主义

of Wilson, **M11**：232,威尔逊的唯心主义

of Fichte, **M11**：361,费希特的唯心主义

in theory of value, **M11**：366 - 367,375, 377,评价理论中的唯心主义

epistemological and theological, **M12**： 107 - 108; **M13**：372,认识论的与神学的观念论

tragic, **M12**：153 - 154,理想主义的悲剧

of faith, **M13**：310,关于信念的理想主义

Greek, **M13**：370 - 371,希腊观念论

self-conscious, **M13**：418,自我意识的观念论

problematical, **M13**：446,有疑问的观念论

vs. dualism, **M13**：465 - 466,观念论对二元论

associated with emotion, **M14**：175 - 181, 与情感有关的理想主义

moral, **M14**：199 - 200,道德理想主义

practical, **L2**：167,171,172; **L9**：299,实践唯心主义

defined, **L4**：27,133,186,221,唯心主义被定义

motif of, **L4**：87,88,111,113,唯心主义的主旨

values of, **L4**：205 - 206,理想主义的价值;**L13**：191,唯心主义的价值

philosophical, **L6**：431 - 432; **L15**：3,35, 112,115,146,440 - 441,哲学的唯心主义

related to religion, **L9**：17,与宗教相关的唯心主义

related to Marx and Lenin, **L9**：105,与马克思和列宁相关的唯心主义

and social reconstruction, **L9**：128,唯心主义与社会重建

Niebuhr on, **L9**：401,403 - 404,尼布尔谈及唯心主义

influences liberalism, **L11**：19 - 20,唯心主义影响自由

personal，**L11**：149,156,423,个人唯心
主义

perceptual，**L12**：519 - 521,知觉唯心论

dialectic，**L13**：119,401,辩证唯心主义

James on，**L14**：101,詹姆斯论唯心主义

in Whitehead's metaphysics，**L14**：140,怀
特海形而上学中的唯心主义

Jefferson's，**L14**：215,杰斐逊的唯心主义

of Otto，**L14**：290,奥托的唯心主义

in Santayana's philosophy，**L14**：303,桑塔
亚那哲学中的唯心主义

Hocking on，**L14**：417,423,霍金论唯心
主义

social，**L15**：89 - 90,251 - 253,257,社会
理想主义

and realism，**L16**：411；**L17**：418,观念论
和实在论

Idealism as a Philosophy（Hoernlé），**L3**：
294,《作为一种哲学的唯心主义》(霍恩尔)

Idealistic：唯心主义

monism，**M3**：311,唯心主义一元论

movement，**M7**：419,唯心主义运动

dialectic，**M8**：140,唯心主义辩证法；**M10**：
107,观念论辩证法

Idealists，**M6**：xiii,唯心论者

failure of，**L17**：451 - 452,观念论者的
失败

Ideality，**M12**：140 - 141,143 - 144,理想

related to experience，**M3**：141 - 144,与经
验相联系的理念性

Idealization：理想化、观念化

as knowledge，**E1**：186 - 187；**E2**：122,观
念化知识

process of，**E2**：125,观念化的过程

imagination in，**E2**：171 - 172,观念化中的
想象

and feeling，**E2**：247,观念化和情感

intellectual and esthetic，**E2**：268 - 269,理
智和审美的观念化

three modes of，**L4**：240 - 241,理想化的三
种模式

of impulse，**L10**：83,悸动的理想化

of human form，**L10**：238,人体形式的理
想化

of art，**L10**：246,296 - 297,301,艺术的理
想化

*Idea of God as Affected by Modern
Knowledge，The*（J. Fiske），**L17**：93,《现
代知识影响下的上帝观念》(费斯克)

Idea of Value，The（Laird），**L15**：425n,《价
值观》(莱尔德)

Ideation：思维过程

in *Cyclopedia of Education*，**M7**：221 -
224,思维过程(《教育百科全书》)

Ideational activity，**E5**：205,观念活动

Identification：等同作用

theories of，**L4**：145 - 151,等同作用的
理论

as stage in perception，**L10**：30,180,182,
作为感知中的阶段的辨识

Identifior，**L16**：215 - 216,定值号

Identity，**L12**：18 - 19,126,185,229 - 230,
239 - 240,267,342 - 343,347,422,427 -
428,451 - 452,459,同一性。参见
Agreement，**L12**；Inclusion，**L12**

for physical moralist，**E1**：215 - 217,自然
道德家的利益同一性

categories of，**E1**：376 - 379,同一性范畴

Klyce on，**M13**：418,克莱斯论同一性

in art，**L10**：208,262,艺术中的一致性

principle of，**L11**：435,同一性原则

"Ideology of Violence，The"（Hook），**L17**：
xxviiin,《暴力的意识形态》(胡克)

Idhlozi：小孩与生俱有的个体精神

as aspect of individualism，**M5**：29n,卡菲
尔人词汇,意为小孩与生俱有的个体
精神

Idiopathic discharges，**E4**：159 - 162,自发
放射

If-then proposition,如果 - 那么命题。参见

Hypothe sis, **L12**；Universal proposition, **L12**

Ignorance：无知

and probability, **L12**：466,468,无知与可能性

Socrates on, **L17**：185,苏格拉底论无知

Ihering, Rudolf von, **L6**：269 - 270,耶林,鲁道夫·冯

Ihsan Bey, **M15**：420,贝尔,伊散

Iliad（Homer）, **L5**：394；**L10**：173,232,322；**L17**：173,226,《伊利亚特》(荷马)

Illiberalism, **M13**：305；**L17**：116,非自由主义

Illinois：伊利诺伊

industrial education in, **M7**：99 - 103,伊利诺伊的工业教育体制方案

Illinois, Northern, Teachers' As sociation, **M4**：205n,北伊利诺伊教师协会

Illinois, University of, **L17**：88,89,伊利诺伊大学

Illinois Society for Child-Study, **L11**：212,伊利诺伊儿童研究学会

Illiteracy, **M10**：127 - 129,文盲

in China, **L3**：422 - 423,中国的文盲

in U. S. , **L5**：311 - 318,美国的文盲

in Russia, **L17**：493,569,俄国人对文盲的清理

Lenin on, **L17**：494,列宁论文盲

Ills, **M12**：176,181 - 182,弊病

Illusion, **L15**：65,幻象

influences social institutions, **L9**：107 - 108,幻觉影响社会制度

in art, **L10**：204 - 205,279 - 281,284,艺术中的幻象

Illusion of Immortality, The（C. Lamont）, **L11**：425 - 427,《永生之幻觉》(拉蒙特)

"Illusory Psychology"（Hodgson）, **E1**：xli-lvii,《虚幻的心理学》(霍奇森)

Image, **M6**：104n,影像

as instrument of instruction, **E5**：92,意象是教学的工具

as psychical, **E5**：162,心理的意象

realized in action, **E5**：195 - 197,199,意象在行动中实现

related to child play, **M1**：198,225,340 - 341,与儿童玩耍有关的形象

nature of, **L10**：280 - 281,293,形象的本性

Imagery, **L10**：259,308,意象

motor, **E5**：194 - 195,肌肉活动意象；**L17**：244 - 245,327,运动意象

in imagination, **E5**：315 - 317,想象中的意象

movement of, **E5**：319 - 321,意象活动的发展

in child, **M1**：203 - 206,儿童需要多种意象；**L17**：242,246,248,孩子对意象的依赖

kinds of, **L17**：242,意象的种类

Galton on, **L17**：243,高尔顿论意象

auditory, **L17**：244,327,听觉意象

visual, **L17**：246,250 - 251,视觉意象

power of, **L17**：249 - 252,想象构建能力

questioning about, **L17**：253,就意象发问

lies as, **L17**：265,作为意象的谎言

Imagination, **M12**：200 - 201；**M14**：39,113,142,155,161；**L1**：57,77,96,132,170 - 171,221,314；**L8**：97,115,193；**L13**：70；**L17**：147,想象、想象力

in Spinoza, **E1**：17,斯宾诺莎著作的想象力

and knowledge, **E2**：168 - 176；**M9**：244 - 246；**M12**：121,122,想象和知识

in study of ethics, **E4**：57 - 58,伦理学学习中想象力的运用

expression of, **E5**：199,想象力的表达

in education, **E5**：315 - 320；**M6**：310 - 311；**L6**：115 - 117；**L8**：288 - 289；**L9**：199,教育中的想象

of children, **M1**：37 - 38,85 - 86,99 - 100,

201 - 202,340,;**L17**：261 - 264,孩子的想象力

in deliberation, **M6**：355 - 356,思考中的想象；**M14**：133 - 136,思虑中的想象；**L8**：198,反思中的想象

free play of, **M9**：358,自由发挥想象

reshaping power of, **M12**：82,139,140 - 141;**L17**：413,想象力的重塑力量

in philosophy, **L3**：9 - 10;**L11**：433,哲学中的想象

connected with emotion, **L6**：115 - 116,与情感相联系的想象

as creative force, **L8**：278,351 - 352;**L9**：33 - 34,想象作为创造的力量

related to religion, **L9**：13 - 14,17,29 - 30,54,431,436,437,与宗教相关的想象

related to supernatural, **L9**：47,294 - 295,与超自然事物相关的想象

related to formation of character, **L9**：186,与性格形成相关的想象

artistic use of, **L10**：xxviii, 27,37,40 - 41,81 - 82,123,194,210,246,263,310,321 - 325,想象力的艺术使用

unifies esthetic elements, **L10**：271 - 279,286 - 287,294 - 301,想象力统一审美诸元素

power in civilization, **L10**：329,336 - 342,346 - 352,想象力在文明中的力量

Greek concept of, **L11**：71,73,希腊的想象概念

in experimentation, **L11**：82,实验中的想象

defined, **L11**：210,想象的定义

in learning, **L11**：241 - 242,244,学习中的想象

need for, **L16**：363,381,需要想象

uses and development of, **L17**：242 - 254,261,264 - 265,516,想象力的用途与发展

in arithmetic, **L17**：246 - 249,算术中的想象力

"Imagination in Arithmetic"(F. Hall), **L17**：246,《算术中的想象力》(豪尔)

Imagism, **L10**：238,"意象派"

Imitation, **M6**：361;**M14**：48,70,93,模仿

as form of habit, **E4**：198;**L17**：308,模仿之为习惯的一种形式,

Baldwin on, **E5**：389 - 390,392,414 - 416,鲍德温理论中的模仿

in child, **E5**：418 - 420,儿童模仿的现象,儿童的模仿

role of, **M6**：306;**L8**：283 - 284,模仿的作用

in education, **M7**：234 - 237;**L17**：203,308 - 309,教育中的模仿

in formation of mental disposi tion, **M9**：38 -41,模仿在精神倾向形成中的作用

in social psychology, **M10**：54 - 55,社会心理学中的模仿学派

French school of, **M10**：60,法国模仿学派

in art, **L10**：xxxi, 13,147 - 148,157,189,225,270,274,279,288 - 289,295,304 - 305,331,艺术中的模仿

Immanence, **M7**：79 - 80,450,内在性

Immaturity：不成熟

as condition of growth, **M9**：46 - 58,不成熟作为生长的首要条件

Immediacy, **L1**：74 - 75,81 - 82,90,91,94 - 96,105,146 - 147,直接、当即;**L3**：77,直接性;**L12**：68,154,227,248,即时性。参见 Qualities, **L12**

of knowledge, **L4**：88,146,149,150,177,知识的直接性

of emotions, **L4**：180,情绪的直接性

in forming values, **L4**：209,214,形成价值中涉及的直接性

of esthetic values, **L10**：78,123,297 - 298,审美价值的直接性

and epistemologies, **L12**：508,即时性与认识论

Pepper on，**L16**：178，佩珀关于直接性

related to experience，**L16**：384 - 385，457 - 458，直接性与经验的关系

Immediate consciousness，**M13**：352，直接意识

Immediate inference，**L12**：321，直接推理

Immediatism：直接主义

F. Schiller's，**M3**：316，席勒的直接主义

Dewey's，**M3**：390 - 392，杜威对于直接主义的批评

Lovejoy on，**M13**：453 - 454，洛夫乔伊论直接论

Immigrants：移民

illiteracy of，**M10**：127，129；**L5**：313，315，移民中的文盲

and military service，**M10**：183 - 190，移民与强制兵役

in U. S. ，**M10**：204 - 206；**M11**：xiii-xvi，228，241 - 244，255，258 - 262，285，移民在美国

problems of，**M11**：130，142，153，330，移民问题

as political and economic question，**M11**：159，228，有待解决的政治和经济难题

and relief funds，**M11**：249，250，募集救助资金

to aid Poland，**M11**：288，援助波兰

and Socialist Labor party，**L6**：235，移民与社会工党

Immigration，**M13**：439；**L6**：485；**L8**：57；**L15**：196，移民

restriction of，**M11**：228；**M13**：166；**L7**：419 - 420，移民的限制

policies of U. S. ，**L2**：178 - 179，美国的移民政策

Balch on，**L17**：150，巴尔奇论移民

Immortality，**E4**：367，不朽；**L11**：425 - 427；**L14**：98，永生；**L17**：126，不朽

Royce on，**M2**：132 - 133，罗伊斯论不朽

Immutables，**L4**：16，常住性

related to knowledge，**L4**：21 - 41，72，164 - 167，170，248，常住性作为知识对象

Newton on，**L4**：114，牛顿论常住性

and values，**L4**：211，常住性的价值

in Greek-medieval ontology，**L16**：334 - 335，449 - 450，在希腊-中世纪本体论中的不变性

restrict inquiry，**L16**：337n - 338n，452，不变性限制探究

concept of，**L16**：359，414，不变性的概念

in nature，**L16**：363，自然中的不变性

in science，**L16**：364 - 365，370，410，413，科学中的不变性

Imperial Court（Peking），**M11**：211，216，218，221，朝廷(北京)

Imperial dynasty（Japan），**M11**：170 - 172，200，王朝(日本)

Imperialism，**L11**：55，367，帝国主义

Japan on European，**M12**：34，日本关于欧洲的帝国主义

Russell on，**M12**：247，罗素论帝国主义

in economics，**L3**：xxx，帝国主义在经济上的统治

in Mexico，**L3**：158 - 162，帝国主义在墨西哥

Imperial University（Tokyo），**M11**：xvii，165，341；**M12**：79；**M13**：259，东京帝国大学

Impersonal proposition，**L12**：190 - 191，客观命题

Implication，**L12**：18，57，60，137 - 138，174 - 175，220，270 - 271，276 - 279，301，310，315 - 316，329，345 - 346，374，379，423 - 424，467 - 468，470 - 472，蕴涵。参见 Discourse，**L12**

implicit and explicit，**M13**：416，隐含的和明显的蕴涵

vs. inference，**L11**：97，124，蕴涵与推论

Implications of Social-Economic Goals for Education（NEA），**L11**：254，《社会经济

目标对于教育的意义》（美国国教育协会）

Importance，**L16**：320，331－332，重要性

"Importance，Significance，and Meaning，" **L16**：xxxvii，《重要性、意义和含义》

Impossibility：不可能性

    in *Dictionary of Philosophy*，**M2**：210－212，不可能性（《哲学辞典》）

Impression：印象

    in perception，**L10**：150，178，224，308－310，印象在感知中的作用

    sense，**L14**：160，感觉印象

    related to expression，**L17**：218，220－221，与表达相关的印象

Impressionism，**L10**：147，177，256，264，305－307，313，365，印象派

Improvement of the Understanding，*The* （Spinoza），**L4**：44，《智性改进论》（斯宾诺莎）

Improvisation，**L13**：52，即兴创作

Impulse，**M14**：xxi，冲动

    sensuous，**E2**：299－309，感觉冲动

    expression of，**E2**：317；**E4**：236－237，冲动的表情

    motor，**E2**：323－331，运动冲动

    social，**E4**：127－128，社会冲动

    nature of，**E4**：235－236，冲动的本质

    mediation of，**E4**：237－243，冲动的调停

    and self，**E4**：244；**E5**：123－124，冲动和自我

    in ethical process，**E5**：48，伦理进程中的冲动

    of child，**M1**：29；**M14**：70，90，106，儿童的冲动

    life as，**M12**：230－231，冲动作为生活

    Russell's attitude toward，**M12**：244－245，247－249，罗素对冲动的态度

    as habit，**M14**：65，73，75，冲动与习惯

    in conduct，**M14**：65－118，冲动在行为中的地位

    as means of reorganization，**M14**：67，88，125，作为重新组织手段的冲动

    plasticity of，**M14**：69，可塑的冲动

    as human instinct，**M14**：75n；**L17**：24－25，215，305－306，作为人类本能的冲动

    acquisitive and competitive，**M14**：79，获得性的和竞争性的冲动

    classification of，**M14**：92－104，冲动的分类

    and reason，**M14**：136－137，175，冲动与理性

    consequences of，**L7**：171－172，186－188，冲动的后果

    and will，**L7**：190，冲动和意志

    in learning，**L11**：239－240，学习中的冲动

    and desire，**L13**：41－46，217，220－221，冲动与欲望

    and totalitarianism，**L13**：70，内在的冲动

    in human nature，**L13**：140－141，人性的冲动

    vital，**L13**：206，221－222，225，生命的冲动

    formation of，**L13**：218，冲动的形成

    related to language，**L17**：307，与语言相关的冲动

    negative suggestion of，**L17**：339，冲动的消极暗示

Impulsion：冲动

    in perception and expression，**L10**：xviii，xxvi，64－67，70－72，81，83，87，102，103，167，178，259－263，266，269，283，291，352，冲动在感知和表现中的作用

Incarnation，**M8**：151，道成肉身

Inclusion，**L12**：90，95，222，249－250，306－307，331，335－336，包含。参见 Agreement，**L12**

    meaning of，**L11**：105－107，125，一致的意义

    and exclusion，**L12**：182－199，包含与排除

    ambiguity of，**L12**：259－260，包含的模糊性

Inclusiveness,参见 Universality

"Inclusive Philosophic Idea, The," **L3**：xx，《兼容的哲学思想》

Income：收入

distribution of, **L6**：243 - 244,347,350, 362 - 363,386,392,486；**L7**：406 - 411, 435；**L9**：64,82 - 83,256,261,266,278, 282,288,收入的重新分配

in U. S. , **L6**：337 - 338,343 - 344,348 - 349,351 - 352,356,359,360,364,395 - 396,485；**L7**：404；**L9**：252,274,280, 287 - 288,美国的收入

from foreign investments, **L6**：365,来自外国投资的收入

tax, **L7**：420 - 422,收入税

report on, **L9**：81 - 82,267,287 - 288,收入报告

of politicians in New York City, **L9**：355 - 361,纽约地区领导的收入

Incompatibility, **L4**：128,彼此不相容

Incomplete, **L17**：65,不完全感

Incubation：孵化

mental, **L8**：345,心灵的孵化

"In Defense of a Worthless Theory of Value" (Prall), **M15**：20,21n, 338 - 348,《为无价值的价值论辩护》(普劳尔)

Indefinables：无法定义的

related to definition, **L16**：163, 166, 168, 179 - 180,无法定义的与定义的关系

as counterfeit, **L16**：181 - 182,无法定义的作为伪装

Indefinite article：不定冠词

ambiguity of, **L11**：123,不定冠词的歧义性

Independence：独立

pure knowing as, **M12**：143,纯粹认知

social, **M12**：185 - 186；**M15**：243,社会的独立

Independent, **M11**：ix, 394,独立评论

Indeterminacy：不确定性

principle of, **L4**：ix, xv, xvi, 160 - 166, 198,不定原理；**L14**：32,106 - 107,384, 不确定性原则

in individual development, **L14**：111,个体发展中的不确定性

Indeterminate,不确定,未决。参见 Problem, **L12**；Situation, **L12**

possibilities, **M7**：8,未决可能性

action, **M7**：11 - 12,未决行为

and inquiry, **L12**：108 - 111, 123 - 124, 138,163,183 - 184,209,241；**L15**：34 - 41,不确定性与探究

Indeterminist theory of freedom, **E4**：344 - 350,非决定论者的自由论

India, **M11**：101,177,235,237；**M12**：6,35, 102；**L2**：177, 179；**L6**：321, 353, 503, 印度

customs of, **M5**：29 - 30,64 - 65,83；**L7**：29,59,76,印度的风俗

affected by British law, **L17**：99,受英国法律影响的印度

Indiana：印第安纳

vocational education in, **M8**：117 - 122,印第安纳州职业教育体制

Indianapolis, Ind. 印第安纳州印第安纳波利斯

public schools of, **M8**：255 - 260,268,340 - 352,印第安纳州印第安纳波利斯的公立学校

Indiana State Teachers' Associa tion, **L17**：72n, 77n,印第安纳州教师协会

Indiana University（Bloom ington）, **L16**：xiin,印第安纳大学布鲁明顿校区

Indians, Mexican,墨西哥的印第安人

education among, **L2**：200 - 205,印第安人的教育

Indians, North American, **M5**：30 - 31,46, 61；**M7**：400,；**M8**：189；**L7**：44,56,61, 北美印第安人

legend of, **E4**：38,北美印第安人的传说

customs of, **E4**：86；**M5**：66 - 67；**L7**：29 - 30,北美印第安人的习俗

totem group of, **M5**：26,**L7**：26,北美印第安人的图腾群体

art of, **L10**：333,北美印第安人的艺术

India's Outlook on Life（Chat terji）,**L6**：321,《印度的生命观》（查特吉）

Indifference, **L7**：167 - 169；**L16**：379,冷漠

freedom of, **E3**：342,超然物外的自由；**E4**：91 - 93,冷漠的自由

Individual, **M12**：99 - 100,104 - 105,108；**L1**：22,23,115 - 118,136 - 137,162 - 190,204,296,357,个人的

related to universals, **E1**：169 - 174；**L11**：109 - 110,个体意识中的个别与普遍

related to universe, **E1**：286 - 287,个体与共相的关系

related to society, **E3**：168 - 169；**E5**：30,94,412 - 413,417；**M12**：190 - 194；**M15**：245 - 246；**L2**：271 - 272,292,299,333 - 334；**L11**：30 - 31,44,132 - 134,191 - 193,219,291 - 292,297,个体和社会

and laws, **E4**：87,个人和法律

meaning of, **E4**：99；**L15**：49,92,个人的含义

in Christianity, **E4**：101 - 102,基督教中的个人和真理

in Socratic schools, **E4**：138 - 139；**E5**：13,苏格拉底学派中的个人

impulses of, **E4**：236,个人冲动

in Renaissance, **E5**：12 - 14,在文艺复兴时期的个体

intellectual development of, **E5**：15,16；**L7**：146,个人的智力发展

role in civilization of, **E5**：20,84,个体在文明重建中的作用

self-identity of, **E5**：28 - 29,个体的自我认同

as agent in moral action, **E5**：57,个体是道德行动的主体

powers of, **E5**：60 - 61,个体的力量

social nature of, **E5**：386 - 387；**L2**：xxx - xxxi,244 - 245,250,274,290,327 - 328,330,351 - 355；**L17**：424,个体的社会本质

changing of, **M1**：xxi,杜威关于个体变化的论述

psychology of, **M1**：113 - 114,个体心理学

vs. group, **M5**：25 - 26,28n - 29n,29 - 30,33,71,74 - 88,112 - 117；**M9**：311,个人对群体；**L2**：247；**L7**：25,28n,29,32,65,68 - 80,103 - 108,300；**L13**：33 - 34,108,个体与团体

Hebrew conception of, **M5**：100 - 101,希伯来人的个人概念；**L7**：91 - 92,希伯来的个人观念

Greek view of, **M5**：121；**L7**：113,古希腊的个人观

Royce on, **M7**：67 - 68,罗伊斯的个体观

role of, in knowledge, **M9**：305,个体在知识中的作用

state and, **M12**：189；**L2**：249,282,286,309,国家与个人

James on, **M12**：236,250；**L11**：473 - 477；**L15**：4 - 5,詹姆斯论个人

Aristotle on, **L2**：64,亚里士多德论个人

as category, **L7**：xiii, xviii, xix, xxviii - xxix,320 - 328,385；**L16**：85n, 93n,264,个体的作为范畴

Hobbes on, **L7**：153 - 154,霍布斯论个人

Moral Sense writers on, **L7**：154,《道德感》作者论个人

influences on, **L7**：318,对个人的影响

worth of, **L7**：449,个人的价值

liberty of, **L11**：7 - 8,76,132 - 141,；**L14**：91 - 96,个人的自由

development of, **L11**：62,63,187,204；**L13**：319,个体的发展；**L14**：102 - 103,108 - 112,412 - 413；**L17**：19,72 - 73,

226,230 - 231,399 - 401,个人的发展

as qualitative whole，**L12**：74,109 - 111, 125 - 127,220,283,351 - 352,441,个体作为定性的整体

adapting to，**L13**：27,个人适应

freedom and，**L13**：80 - 81,85,102,149,自由与个体

Mill on，**L13**：138,穆勒论个体

in democracy，**L13**：295,民主政治中的个体

physical vs. human，**L14**：103 - 108,物理的对个人

concepts of，**L15**：168,218 - 223,250, 313,个人的概念；**L16**：118,123n,260,个体的概念

respect for，**L15**：283,尊重个人

under capitalism，**L17**：23 - 24,资本主义之下的个人

in England，**L17**：232,英格兰个人

opportunities for，**L17**：400,个人的机遇

experience of，**L17**：437 - 438,个人的经验

Individualism，**M4**：256 - 257；**M7**：414, 435；**M11**：375,个人主义；**M14**：7,60,62, 68,210,个体主义；**L9**：57；**L13**：138；**L16**：243n,个人主义

defined，**M5**：75；**M8**：161 - 162,定义个人主义；**M13**：289,定义个体主义；**M15**：242 - 244；**L2**：296 - 99；**L7**：70,定义个人主义

historical development of，**M5**：76 - 81；**L5**：193 - 194；**L7**：70 - 75,331 - 338, 348；**L11**：290 - 291,388；**L13**：148；**L15**：61,94,231；**L17**：461,462,个人主义的历史发展

psychology of，**M5**：81 - 87；**L2**：290；**L7**：75 - 80,个人主义的心理

in Hebrew morals，**M5**：101 - 102；**L7**：92 - 94,希伯来道德中的个人主义

Greek theories of，**M5**：108 - 119；**L7**：97 - 110,古希腊的个人主义理论

political，**M5**：112 - 117；**M12**：104 - 105；**L5**：90 - 98；**L7**：103 - 108,355,政治的个人主义

economic，**M5**：112 - 117；**L2**：256 - 257；**L7**：103 - 108,355；**L8**：56,63 - 65；**L11**：139,142 - 143,258,366 - 367；**L15**：231,经济的个人主义

of Cynics and Cyrenaics，**M5**：118 - 119；**L7**：109 - 110,犬儒学派和昔勒尼学派的个人主义

Plato and Aristotle on，**M5**：120 - 128；**L7**：111 - 119,132,152,366,391,柏拉图和亚里士多德论个人主义

related to business and industry，**M5**：145 - 152,469 - 478,和商业有关的个人主义

modern problem of，**M5**：204 - 208,现代的个人主义问题

of later Middle Ages，**M9**：301,中世纪后期的个人主义

intellectual，**M9**：306,理智的个人主义；**M13**：434,理智的个体主义

social，**M9**：306；**L11**：7 - 8,174,社会的个人主义

moral，**M9**：306 - 310；**M12**：104 - 105,道德上的个人主义

in Young China，**M12**：75,个人主义在青年中国

religious，**M12**：104 - 105；**L17**：19,380, 530,532 - 533,与宗教相关的个人主义

related to philosophy，**M12**：107 - 108；**L14**：92,个人主义与哲学

rugged，**M12**：243；**L9**：205 - 208,231, 238；**L11**：29 - 31,270,286,291,371,直率的个人主义

and experience，**L2**：55 - 61,个人主义与经验

related to society，**L2**：249,357；**L8**：70 - 71,个人主义与社会

vs. socialism，**L2**：273 - 274；**L13**：114, 146,260；**L15**：212 - 221,274 - 275,个

人主义与社会主义

in democracy, **L2**：307 - 308；**L8**：50 - 52，民主政治中的个人主义

and habit, **L2**：334 - 336, 个人主义与习惯

and collectivism, **L2**：351 - 356；**L7**：322, 327, 个人主义和集体主义

origin of, **L2**：389 - 394, 个人主义的起源

influences on, **L5**：45 - 49,55 - 123,128 - 131, 对个人主义的影响

old and new, **L5**：77 - 89, 新旧个人主义

atomic, **L5**：152, 原子个人主义

Comte on, **L5**：154, 孔德论个人主义

and theory, **L7**：xiii, xv, 299,348 - 349, 个人主义理论

contrasted with feudalism, **L7**：xxix, 个人主义与封建主义对比

laissez-faire, **L7**：428；**L13**：114,125,157, 182, 自由放任的个人主义

in marriage, **L7**：448, 婚姻中的个人主义

harm caused by, **L8**：73,75,79,81, 个人主义引起的危害

related to Brandeis, **L9**：238 - 239, 与布拉梅尔德相关的个人主义

failure of, **L11**：132,137 - 139；**L13**：78, 179；**L15**：4 - 5,31,181, 个人主义的破产

metaphysical, **L13**：248, 形而上学的个人主义

in art, **L14**：37 - 38,113 - 114, 艺术中的个人主义

in science, **L15**：184 - 186, 科学中的个人主义

rise of, **L17**：40, 个人主义的兴起

ambiguity of, **L17**：115, 个人主义的含混

T. V. Smith on, **L17**：115 - 116, 史密斯论个人主义

Individualism, Old and New, **L1**：viii,；**L7**：xix, xx；**L14**：x,《新旧个人主义》

Kurtz on, **L5**：xvii-xxii, 库尔茨论个人主义

Individuality, **L7**：xix；**L9**：205；**L15**：210 - 212,315, 个体性

related to society, **E3**：219 - 220；**L7**：321 - 322；**L17**：54, 与社会相关的个体性

nature of, **E3**：301 - 303；**E4**：48n；**M13**：289；**M15**：170 - 171；**L4**：117, 130, 136,147,163 - 167,172,174,187 - 189, 192；**L7**：69,227；**L14**：91 - 92,；**L17**：461, 个性的本性

function in, **E3**：303 - 304, 个体性中的功能

in *Cyclopedia of Education*, **M7**：237 - 239,295 - 296,300, 个性(《教育百科全书》)

Hook on Dewey's theory of, **M9**：xxi-xxiv, 胡克论杜威的个体性理论

in eighteenth-century philosophy, **M9**：97 -99,102 - 103,105,18 世纪哲学中个体性的理想

and education, **M9**：312 - 314, 个体性与教育；**M15**：xxiii, 170, 172 - 178,180 - 181, 个性与教育；**L5**：131 - 143,,；**L7**：364, 个人主义和教育；**L8**：43,53, 个人主义与学校；**L9**：177 - 180,183,196, 198,207, 个体性与教育

duality of association and, **M9**：332, 个体性与联合的二元论

related to mental tests, **M13**：292, 智商测试和个体性；**M15**：181 - 182, 智商测试和个性

misapprehensions of, **M15**：171 - 172, 174 -176,178, 对个性的误解

and ethics, **L3**：20, 个体性和伦理

vs. abstract, **L4**：109,197 - 200, 个别性对抽象

development of, **L7**：70,73,75 - 79,91 - 92,99 - 103；**L17**：232 - 233,322,379, 400 - 401, 个性的发展

in morals, **L7**：317 - 318,348 - 350, 道德中的个性

related to religion, **L9**：xx，52，与宗教相关的个体性

related to activity programs, **L9**：172 - 173，与活动方案相关的个体性

Brameld on, **L9**：244 - 245，布拉梅尔德的个体性

culture affects, **L13**：77 - 78，文化对个性的影响

freedom connected with, **L13**：80，102，149，180 - 181，与个性相联系的自由

James on, **L14**：101，詹姆斯论个性

human vs. physical, **L14**：102 - 114，人类个性与物理个性

in democracy, **L14**：113，277，民主中的个性

in communism, **L17**：117，共产主义中的个性

of artists, **L17**：128，艺术家的个性

of things, **L17**：416 - 417，事物的个性

intelligent behavior in, **L17**：419，个性中的聪明举动

"Individuality and Experience," **L2**：xvii-xviii，《个性和经验》

Individualization：个性化

in art, **L10**：15，73，88，96，98，113，197，206 - 209，214，217，237 - 238，246，250，253，256，271，286 - 292，297，305，316 - 317，326，327，艺术中的个性化

of experience, **L10**：78，128，181 - 182，220，经验的个性化

of culture, **L10**：333，338，351，文化的个性化

consciousness of, **L17**：416，个体化的意识

Indo-China, **M13**：142，印度支那

Indoctrination, **L13**：341，381，385，教化

in bolshevism and fascism, **L6**：142 - 143，布尔什维主义与法西斯主义中的灌输

in education, **L6**：144 - 145；**L9**：178 - 182；**L11**：359，384，415 - 416，574 - 575，教育中的灌输

definition of, **L13**：379 - 380，论教化的界定

Induction, **M9**：303；**M12**：98；**L1**：284 - 285；**L12**：xxiv-xxv，266，478 - 479，归纳法、归纳

in judgment, **E5**：323，在判断中归纳的方法

in pedagogy, **E5**：454 - 455，教学中归纳法的使用

as stage of thinking, **M1**：168，作为思维阶段的归纳科学

and deduction, **M6**：242 - 258；**M7**：239 - 245；**M13**：69 - 70，487，归纳和演绎

definition of, **M13**：63，483 - 485，归纳的定义

Mill on, **M13**：64 - 65，483；**L16**：158，密尔论归纳

analytic observation in, **M13**：65，67，归纳中的分析性发现

hypothetical character of, **M13**：66 - 68，归纳的假设性质

in Greek philosophy, **M13**：369 - 370；**L8**：5，古希腊哲学的归纳

and suggestion, **M13**：485，488，归纳与建议

inference in, **L8**：255，265，归纳中的推理

object of, **L8**：258；**L12**：427 - 428，432 - 435，归纳的目标

mathematical, **L12**：404 - 406，数学上的归纳

in Aristotelian logic, **L12**：416 - 417，419n - 420n，亚里士多德逻辑中的归纳

as psychological, **L12**：419 - 420，508，心理学上的归纳

by enumeration, **L14**：58 - 59，列举的归纳

Indulgence：放纵

vs. , sacrifice, **L7**：189，放纵还是牺牲

Industrial civilization, **L3**：142 - 143，工业文明

philosophy in, **L3**：xxii，126 - 130，工业文

明中的哲学问题

affects conduct, **L3**：20，工业文明对生产的影响

freedom related to, **L3**：123 - 124，工业文明和自由

evils of, **L3**：124 - 126，工业文明的危害

Industrial Discipline and the Governmental Arts, The (Tugwell), **L8**：364 - 366，369 - 373，《工业规律与管理艺术》(特格韦尔)

Industrial education, 工业教育。参见 Vocational education

Wisconsin's system of, **M7**：84 - 86，461 - 468，威斯康星州工业教育体制

Illinois's scheme for, **M7**：99 - 103，伊利诺伊州的工业教育体制方案

in social view of education, **M7**：125 - 127，社会教育观里面工业教育的重要性

separated from liberal education, **M9**：259，265 - 266，工业教育和自由教育的分离

Dewey on, **M10**：xxx-xxxii，杜威关于实业教育的观点

in democracy, **M10**：137 - 143，民主社会中的工业教育

Industrial Education, National Society for the Promotion of, **M7**：85n，国家工业教育促进协会

Industrialism, **L7**：viii，产业主义

in China, **M13**：221，中国的工业体系

in Japan, **M13**：260，日本的工业体系

motives of, **M13**：281 - 283，285，工业体系的动机

Kurtz on, **L5**：xvii-xxii，库尔茨论工业主义

affects artisan, **L5**：60，工业主义影响手艺人

social effects of, **L8**：48 - 49，55 - 61，68 - 71，工业化的社会影响

management and, **L8**：64，管理与工业化

related to production, **L13**：319，工业化与生产

failure of, **L14**：96，工业主义的失败

Industrial revolution, **M13**：330；**L5**：270；**L7**：149 - 150，378 - 381，385 - 387，444 - 445；**L15**：214，252，277，306；**L16**：319，408；**L17**：412，455 - 456，工业革命

affects society, **M1**：6 - 7；**M5**：149 - 150；**M9**：297 - 298；**L11**：10，16，369 - 370；**L14**：341 - 343；**L16**：369 - 371，410，工业革命对社会的影响

affects family, **M5**：526 - 529，工业革命对家庭的影响

affects education, **M7**：309 - 310，工业革命对教育的影响

Bacon on, **M9**：292，培根论工业革命

in China, **M13**：105，120，中国的工业革命

Lippmann on, **L11**：490 - 492，李普曼论工业革命

Industry, **M11**：xvi；**L3**：142 - 143；；**L13**：147，313 - 314，工业。参见 Business; Economics

as moralizing agency, **M5**：45 - 46，78；**L7**：43 - 44，71 - 72，作为道德动力的工业

cooperation in, **M5**：46 - 47；**L7**：44，产业合作

and individualism, **M5**：145 - 152；**L15**：213 - 214，218，工业和个人主义

related to civilization, **M7**：xxvi-xxix，工业与文明的关系

history of, **M9**：223 - 224；**L11**：10，16，17，169，228，249，283，549，工业史

and vocational education, **M9**：323 - 325，工业性的职业

related to democracy, **M10**：139 - 140；**L7**：353，356 - 358；**L13**：113，129，工业与民主相关

related to war, **M10**：236；**M11**：73 - 92；**L13**：311；**L17**：22 - 23，工业与战争相关

in China, **M11**：xix，174，180，186，190，209，233，234；**M12**：71 - 76，254，中国的工业

education related to, **M11**：60 - 65,333 - 335；**M15**：162 - 167,190；**L11**：159, 162 - 163,509,538,546,教育与工业相关

socialization of, **M11**：65,102 - 105,117, 工业社会化

development of, **M11**：70,99,103；**L7**： 141 - 144,149 - 150；**L9**：163 - 164,296 - 297；**L13**：69,112,126；**L15**：156 - 157,工业的发展

ethics of, **M11**：131 - 134；**L7**：424 - 425, 工业伦理学

international effects of, **M11**：139,142； **L16**：405 - 406,工业的国际效应

problems in, **M11**：148；**M12**：8；**L6**：242 - 244；**L7**：377 - 383,385 - 387,391 - 392,企业中的问题

in Japan, **M11**：161 - 167,193,206,日本 的工业

labor in, **M11**：285,327；**M12**：9 - 11,75 - 76；**L7**：178,390 - 401；**L13**：180,工业 中的劳动分工

in Poland, **M11**：326,波兰的工业

guild system in, **M12**：48,249,指导体系

science and, **M12**：100 - 103,；**L11**：143, 459；**L13**：157 - 159,182,267 - 268, 283,339；**L15**：88 - 89,263,270,277,科 学与工业,

moral problems in, **M15**：266 - 267；**L15**： 199 - 203,工业的道德问题

in Turkey, **M15**：276 - 277,土耳其的工业

state of, **L4**：5,61,64,65,225 - 226；**L6**： 359 - 360,工业的状况

methods in, **L4**：68,100,173,201,214, 243,工业中方法的改进

politics related to, **L6**：157,158,161 - 163,168,172,436,产业与政治的关系

economics of, **L6**：348 - 349,366 - 367, 374,395；**L7**：387 - 389,产业经济

nature of, **L7**：403；**L8**：364 - 366,369 - 373；**L16**：243,360,工业定义

legislation in, **L7**：412 - 415,432,企业 立法

social control of, **L7**：416 - 417；**L13**： 114,工业的社会控制

F. Roosevelt's policy regarding, **L9**：277 - 278,罗斯福有关工业的政策

art's relation to, **L10**：15,34,266,286, 331,340,343 - 345,工业与艺术的关系

social effects of, **L11**：251 - 252,278,536； **L17**：24,工业的社会后果

Marx on, **L13**：122,马尔克斯论工业

related to philosophy, **L14**：318 - 319, 329；**L16**：407,工业对哲学的影响

experience related to, **L14**：345 - 346,与哲 学相关的经验

Ayres on, **L15**：359 - 360,艾尔斯论工业

Inequality, **E1**：245；**M5**：114 - 115；**L7**： 104 - 107,396,不平等

Inertia, **L13**：85,惯性,惰性

limits art, **L10**：273 - 276,308,惰性限制 艺术

study of, **L16**：67,105,停滞的研究

as obstacle, **L16**：378,379,停滞作为障碍

In Fact, **L15**：375,《事实》

Infancy：婴儿期、幼年

language of, **E4**：66 - 69,对婴儿语言的讨论

coordination in, **E5**：310,幼儿期的协调； **M1**：178 - 191；**L17**：255 - 260,婴儿期 的协调

prolongation of, **M1**：180,延长的婴儿期； **M9**：50,延长的幼儿期；**L17**：256 - 257, 婴儿期的延长

in *Cyclopedia of Education*, **M7**：245 - 248,幼年(《教育百科全书》)

environment related to, **L13**：48 - 49,婴儿 与客观环境的关系

mental side of, **L17**：256,261,婴儿期的心 智方面

social relations during, **L17**：260 - 261,婴 儿期中的社会关系

transition from, **L17**：268，从婴儿期到孩提时代

Infanticide, **M2**：28 - 31，杀婴

Infeld, Leopold, **L16**：98 - 99，105n，108，茵菲尔德，利奥波德

Inference, **L12**：10，51，60 - 62，115n，133，142，147，150，160，228，242，248，310，345 - 346，475，515，推论、推理。另见 Data，**L12**；Implication, **L12**

  related to observation, **E3**：81，推理与观察的关系

  nature of, **E5**：322，推理的本质；**L8**：190 - 191，217，推论的性质

  stages of, **M1**：168，推理的阶段；**M13**：47，386 - 387，推论的各个阶段

  and doubt, **M6**：xviii，推理和怀疑

  and proof, **M6**：201 - 202，推论和证明；**L8**：190 - 95，推论和验证；**L12**：424，推理与证明

  in *Cyclopedia of Education*, **M7**：248 - 249，推理(《教育百科全书》)

  pragmatic notion of, **M10**：xii-xiii，实用主义关于推论的观点

  related to experience, **M10**：xiii，6,，15，16，19，322 - 365；**L14**：27，推论与经验

  related to behavior, **M10**：90 - 97，作为一种属于行动的事件

  Russell on, **M10**：93 - 97，罗素论推论

  as knowledge, **M13**：52，386，作为知识的推理

  in reflection, **L8**：187 - 190，198，反思中的推论因素

  ideas in, **L8**：221 - 222，推论中的观念

  and induction, **L8**：255，265，推论与归纳

  vs. implication, **L11**：97，124，推论与蕴涵

  mediated by universals, **L11**：107 - 110，112，以共相为中介的推论

  and propositions, **L12**：266 - 267，294，推论与命题

  immediate, **L12**：321，直接推理

  from present to past, **L14**：84，从现在到过去的推理

  in inquiry, **L14**：172 - 174，推理在探究中的角色

Inferiority, **M13**：296，次等

Infinitation of negative, **L12**：193，否定的无限

Infinite, **M12**：117，118；**L1**：52 - 53，无限的

  Locke on, **E1**：379 - 381，洛克论无限

  and finite, **E3**：227 - 228；**L17**：95，无限与有限

Infinity：无限

  as non-terminating, **L12**：404 - 405，409 - 411，无限作为永不结束

Inflation：通货膨胀

  effect of, **L9**：265 - 269，275，通货膨胀的影响

Influence of Darwin on Philosophy, *The*, **M15**：352n；**L14**：149n，385，401，405n；**L16**：470，《达尔文对哲学的影响》

  preface to, **L17**：39 - 41，《达尔文对哲学的影响》前言

Influence of Greek Ideas and Usages upon the Christian Church, *The*（E. Hatch），**M9**：288，《希腊理念和惯例对基督教教会的影响》(哈奇)

Information：信息

  and mental training, **M6**：328 - 337；**L8**：315 - 325，信息与心理训练

  in *Cyclopedia of Education*, **M7**：249 - 251，知识(《教育百科全书》)

  mistaken for knowledge, **M9**：194 - 196，信息被误当作知识

  acquisition of, **L8**：155，信息的获取

  teaching of, **L11**：178，183 - 184，信息的传授

Information, Public, Committee on, **M10**：315 - 316，公共信息委员会；**M11**：150，151，257，394，395，公共信息署

Informational studies，参见 School subjects

Inglis Lecture on Secondary Education，**L6**：75 - 89,关于中学教育的英格利斯讲座

Ingram, Marsh，**L9**：372,英格拉姆，马什

Ingres, Jean Auguste Dominique，**L10**：307,安格尔，让·奥古斯特·多米尼克

Inhaltlich，**L9**：303,内容

Inherent，**L13**：215；**L15**：42,固有性

Inhibition：抑制

in emotion，**E4**：180 - 183,情绪中所牵涉的抑制

as function of coordination，**E5**：308 - 309,作为协调功能的抑制

awareness and organic，**M7**：80 - 81,453,意识和有机体的抑制

nature of，**L7**：189,206,压抑的本性

external vs. internal，**L13**：41,外部强加的抑制与内部强加的抑制

Initiation：成人仪式

primitive，**M5**：59 - 61；**L7**：55 - 56,原始部落成人仪式

Initiative，**M12**：105,199 - 200,主动；**L13**：147,创造力

in *Cyclopedia of Education*，**M7**：251,主动性《教育百科全书》

in education，**L9**：196 - 197,205,教育中的主动性

development of，**L17**：343,516,主动性的发展

Inlander，**E3**：148n, 192n, 193n, 195n, 197 - 198；**E4**：37n, 62n,《内陆人》

In Librum Boetii de Trinitate Expositio (Thomas Aquinas)，**L11**：595,《波埃修〈三位一体〉注》(阿奎那)

"In Memoriam"(Tennyson)，**L10**：85,《悼念》(丁尼生)

Innate faculties：先天官能

Herbart's denial of，**M9**：75 - 78,赫尔巴特对先天官能的否认

Innate idea，**E1**：305 - 309,312；**L11**：76 - 77；**L17**：430 - 431,天赋观念

in *Cyclopedia of Education*，**M7**：251 - 252,286,天赋观念(《教育百科全书》)

Locke's objection to，**M8**：159 - 160,洛克反对天赋观念的学说

Inner：内在

vs. outer，**M9**：356 - 360,内在对外在；**L17**：81,内部与外部相对

Innerlichkeit，**M8**：xxxi, 190,440,内在性

Inner life，**M7**：xix-xx；**M8**：169,内心生活；**L1**：175 - 178,183,187,内在生活

Inner realm：内在王国

and German spirit，**M8**：151 - 160,429,内在王国与德国精神

Innocent IV, Pope，**L2**：37：英诺森四世教皇

on spiritual，**L2**：33 - 34,英诺森四世教皇论精神力量

Inquiry，**L2**：xii, xxi；**L13**：86, 232, 320,探究

and logic，**M1**：xiv；**M13**：366；**L12**：11 - 16,25 - 29,92 - 93,106,132,158 - 159,476 - 477；**L14**：42 - 52；**L16**：187 - 188,385 - 386,探究与逻辑

in child，**M1**：29,儿童的探究本能

doubt and，**M1**：166；**L12**：109 - 111,123 - 124,138,163,183 - 184,209,226,241,怀疑和探究

scientific，**M2**：307；**M12**：179,262,264,266 - 268；**L1**：350 - 353；**L2**：49；**L13**：135,144,166,262 - 263,285,371；**L14**：60；**L15**：85,228 - 229,235 - 238；**L16**：253 - 255,316 - 317；**L17**：405,科学探究

reflective，**M4**：xvi-xix,反思探究

Dewey's theory of，**M6**：xviii-xix；**M14**：xiii；**L16**：192,318 - 319,杜威的探究理论

Dewey and Spaulding on stages of，**M6**：146 - 152,杜威与斯波尔丁论探究的各个阶段

importance of，**M6**：189；**L8**：121 - 122；

L13：222,探究的重要性

methods of，**M12**：89,177,270；**M13**：59,386；**L11**：52,53；**L16**：91 – 92,96 – 100,112 – 115,146 – 148,152,276 – 278,探究方法

and knowing，**M12**：163 – 164；**L14**：63,66 – 67；**L16**：4,72 – 73,86 – 89,127,320 – 321,454,探究与认知

development of，**M12**：179,265 – 277,发展的探究

and mathematics，**M12**：237；**L12**：391 – 394,探究与数学

nature of，**M13**：44 – 47,300；**L7**：x；**L12**：39 – 42,71 – 72,84,105,108,118 – 120,231,245,279 – 280；**L14**：31 – 34；**L16**：258,264,267 – 268,272,285,349,探究的本性、特征

into meaning，**M13**：57,对意义的探究

social，**L2**：xxx-xxxiv,351 – 372；**L17**：448 – 449,与社会相关的探究

naturalistic and epistemological，**L2**：44 – 49,51,54,自然主义与认识论的探究

related to religion，**L9**：18 – 19,22 – 23,与宗教相关的调查

means-consequence relation in，**L12**：xi,16 – 18,23 – 24,107 – 108,381 – 382,440；**L14**：55,61,184 – 187,结果在探究中的角色

control in，**L12**：xxi,120n,136,163,167 – 188,203,207,210,218 – 219,237 – 238,317,319,440,455,459 – 464,探究中的控制

continuum of，**L12**：3,19,143,310,315,464 – 473,480；**L14**：56,153,探究的连续性

existential matrix of，**L12**：48 – 65,探究的存在母体

end of，**L12**：66 – 67,145 – 147,159,166 – 167,170 – 171,219,385；**L16**：353；**L17**：482 – 483,探究的意图

biological，**L12**：198 – 199,244,263 – 264,385,探究的生物学模式

and judgment，**L12**：432,462 – 465,483 – 484,探究与判断

in valuation，**L13**：221,242 – 243；**L15**：102,108,价值评价探索；**L16**：313,355,价值判断探索

hypotheses in，**L13**：263,探究性假说

subject-matter and，**L14**：50,147,主题内容与探究

propositions in，**L14**：57,174 – 179,命题在探究中的角色

Bacon on，**L14**：69,培根论探究

formation of self in，**L14**：70 – 73,在探究中自我的形成

terminates in experience，**L14**：83 – 86,探究在经验中结束

inference and observation in，**L14**：171 – 174,推理和观察在探究中的角色

warranted assertibility as end of，**L14**：180 – 182,作为探究目标的有理由的可断定性

freedom of，**L15**：25,366,探索的自由；**L16**：284,337 – 340,403,452,455；**L17**：407 – 408,459,探究的自由

indeterminateness in，**L15**：34 – 41,80 – 81,探索中的不确定性

postulations for，**L16**：74 – 77,80 – 82,探究的假设行为

uses of，**L16**：82 – 84,140,144,286 – 287,311n,312,399,401,探究的使用

organization of，**L16**：100 – 104,探究的组织

behavioral，**L16**：110,122 – 126,322 – 326,探究行为

Kaufmann on，**L16**：195,196n,考夫曼关于探究

problems in，**L16**：281 – 283,探究中的问题

efficiency of，**L16**：288 – 293,探究的有效性

mechanical appliances related to, **L16**：327
－330，与探究相关的机械器具

Balz on, **L16**：423－442，鲍茨关于探究

positive attitude of, **L17**：274，探究的积极
态度

Inquiry, Commission of（American Peace
Commission），**M11**：401－403，调查委员
会（美国和平委员会）

Inquiry into Meaning and Truth，An（B.
Russell），**L14**：168－188；**L16**：199n,200－
202，《对意义和真理的探究》（罗素）

*Inquiry into the Principles of the Good
Society*，An（Lipp mann），**L11**：489－
495，《良好社会的原则研究》（李普曼）

Insanity, **L15**：65，精神错乱

Insecurity, **L16**：393,419，不安全

Inside Experience（J. Hart），**L3**：342,《内在
体验》（哈特）

Insight, **L5**：260n,顿悟（思考作为顿悟）

Inspiration：灵感

in art, **L10**：71－72,81,271，艺术中的
灵感

Instinct, **M12**：245－246；**L3**：34；**L11**：85,
428－430,475,480,本能；**L13**：87,211,
287－288,直觉；**L15**：21n,本能

and impulse, **E5**：77，本能和冲动

identified with reflex arc, **E5**：104－105,
本能与反射弧的一致性

as psychical condition, **E5**：250，本能是心
理的条件

as uniting force, **M5**：51－52；**L7**：47,作
为团结力量的本能活动

Bergson on, **M6**：130；**M7**：202,柏格森论
本能

human vs. animal, **M9**：49－50；**L17**：256－
258,动物本能与人类本能相对

related to education, **M9**：55；**L17**：193－
195,222－223,应用到教育之上的本能

in conduct, **M10**：55；**M15**：65,66；**L17**：
108－109,192－193,215,行为中的本能

in irrationality, **M13**：243,非理性的本能

in children, **M14**：70,90,106；**L17**：215,
儿童的本能

classification of, **M14**：92－104,本能的
分类

as source of habit, **M14**：124；**L17**：305－
306,作为习惯来源的本能

and social theory, **L2**：241－244,本能和社
会理论

and expression, **L10**：65,69,260；**L17**：
215－216,本能与表现

Love on, **L17**：108,洛夫论本能

related to emotion, **L17**：196－197,与情绪
相关的本能

motor character of, **L17**：217,本能的运动
性质

collecting, **L17**：223,搜集本能

language as, **L17**：313,作为本能的语言

Institute of Methods of Extracurricular Work
（Moscow），**L17**：508,课外功课方法研究
院（莫斯科）

Institutional idealism, **M9**：309－310,制度唯
心主义

Institutions, **M14**：9,58,73,制度；**M15**：
231,机构

moral, **E3**：346－349,诸道德制度；**M5**：
207－208,制度的道德理论

continuity of, **E4**：40－41,制度的连续性

related to society, **E5**：48；**M9**：9－10；
L9：50,107－108；**L14**：96；**L17**：426,
428,438,与社会相关的制度

and science vs. literature, **M9**：290－291,
制度与科学对文学

educative value of, **M12**：192－193；**L7**：
363－364,制度的教育价值

meet psychological needs, **M12**：245－246,
满足心理学需要

states as, **M12**：247－248,国家机构

industrial, **M12**：249,工业制度

reconstruction of, **M12**：273；**L13**：147；

L16：367,制度的重建

opposed to freedom, **M14**：61,114 - 116,与自由对立的制度

wars as, **M14**：79 - 80,战争制度

economic, **M14**：82 - 83,88,经济制度

legal, **M14**：90; **L2**：32,246,265,法律制度

importance of, **L11**：18,本能的重要性

schools as, **L13**：5 - 6,学校作为惯例

history of, **L13**：51,惯例的历史

political, **L13**：150,政治惯例

self-governing, **L13**：155,自治制度

formation of, **L13**：186,形成新惯例

breakdown of, **L16**：361,366,371,401,404,407 - 408,制度的毁灭

authority of, **L16**：362,369,376,制度的权威

Instruction：教学

and formation of images, **E5**：92,教学和意象的信息

references on, **E5**：333,关于教学的文献

Herbartian steps of, **M6**：xxvii, 338 - 347,赫尔巴特的"教学的形式步骤"

standards in, **M6**：222; **L8**：164 - 165,教学的标准

in *Cyclopedia of Education*, **M6**：434,教导(《教育百科全书》)

by art, **L10**：349,艺术的教导

aims and methods of, **L13**：xiii, 6,49,教育的目的与方法

related to construction, **L17**：219 - 220,与建构相关的指示

Instrumental, **L1**：80,83,89,90,96,101 - 106,116 - 123,127 - 128,157 - 160,175,207,264,275,308,工具的。另见 Means consequences; Tools

values, **M9**：247 - 252; **L16**：349 - 350,353,工具价值

action as, **M10**：45,行为作为工具性的

material, procedural and, **L12**：22 - 23,107,127,139,144,164 - 168,172 - 173,229 - 230,239 - 240,348,433 - 434,材料性、程序性和工具性的

formed material and, **L12**：383,435 - 436,468,形式化材料和工具性

meaning of term, **L15**：228n,工具的词义

Instrumentalism, **M7**：xiv, 328,416; **M12**：xviii, 177 - 178; **M15**：xii, 32n; **L2**：3,19,21; **L3**：150 - 151; **L4**：ix, 30n,工具主义

Dewey's, **E3**：xxi-xxii; **M6**：xii, xviii-xix; **M11**：x, xvi, 360; **L5**：157; **L14**：xvi,杜威工具主义

on truth, **M7**：64 - 78,425 - 429,工具主义的真理观

compared with idealism and realism, **M10**：338 - 365,工具主义与观念论和实在论相比

meaning of, **M10**：367 - 369; **L14**：13 - 14,工具主义的含义

in China, **M11**：xx,工具主义在中国

related to valuation, **M11**：4,7,376 - 377,380,383 - 387,工具主义与评价的关系

as theory of knowledge, **L2**：ix-xxi; **L14**：48 - 49,172 - 76,作为知识理论的工具主义

in education, **L2**：xvii-xviii, xxi, 55 - 61,教育中的工具主义

and James, **L2**：13 - 15,工具主义与詹姆斯

Kurtz on, **L5**：xxiii-xxx,库尔茨论工具主义

Hocking on, **L5**：461 - 476,霍金论工具主义

intention of, **L16**：291 - 292,工具主义的意图

Instrumentality, **L10**：ix, 294; **L16**：411,工具

conception as, **L4**：90n, 154,227,概念作为工具

effectiveness of, **L4**：109,119,193,工具的有效性

law as，**L4**：164，166，168，法则作为工具

reflective thinking as，**L4**：174－177，反省思考作为工具

action as，**L4**：179，行动作为工具

experience as，**L4**：188－191，217，经验作为工具

knowledge as，**L4**：198，200，235，238，知识作为工具

value judgment as，**L4**：214，价值判断作为工具

of art，**L10**：144－145，艺术的工具

Instruments，**L12**：135，173，工具

in scientific advance，**L12**：388－389，科学上的先进工具

Insull, Samuel，**L6**：244，英萨尔，塞缪尔

Insurance，**L13**：313，保险

unemployment，**L7**：413，失业保险

Insurgent America（A. M. Bingham），**L11**：438－440，《叛乱的美国》（宾汉姆）

Insurgents：反叛者

related to new political party，**L6**：149－151，161，169，412，与新的政党相关的反叛者

and progressives conference，**L6**：173，反叛者与进步人士会议

and prohibition，**L6**：184，反叛者与禁酒

Integration：整合、综合、集成

in social planning，**L9**：230－231，社会计划中的整合

of Wieman，**L9**：432，439，威曼的整合

in Dewey's *Logic*，**L16**：101n，杜威《逻辑》中的综合

need for，**L17**：125，对集成的需要

Integration Board，**L8**：366，共同理事

Intellect，**M12**：82－83；**L2**：105－106；**L11**：394，399，402，403，理智；**L15**：6－10，智力

emotions and，**M9**：345－346，理智和情感的二元论

Spencer and Bergson on，**M10**：69，斯宾塞和柏格森论理智

somnambulism of，**M12**：160－161，理智梦游症

related to intuition，**M12**：227，理智与直觉有关

related to culture，**L14**：312－313，与文化相关的理智

as entity，**L16**：326，334，449，知性作为实体

Intellectual：智力的、知性的、智识的、理智的

in education，**E5**：64－66，202－203，256－260，在现代教育中过于强调智力训练

history，**M9**：224－225，智识史

individualism，**M9**：306，理智个人主义

in esthetics，**L10**：xiii，21，27，37，38，44，45，52，61，76，96，130，139，187，214，220，251，254，268，279，348，理智在美学中的作用

vs. practical，**L15**：258－259，智力对实践

severance of，**L16**：249，255，知性的分离

related to valuing，**L16**：311n，312，354，知性的与评价的关系

science as，**L16**：364，372，科学作为知性的

Intellectualism，**M4**：xvi；**M7**：420，422，理智主义；**M12**：147，唯理智论；**L4**：46，175，主知主义

related to philosophy，**E1**：34，理智主义与哲学；**E5**：15－17，知性主义与哲学；**M9**：276；**L1**：28－29；**L16**：381，理智主义与哲学

Bradley on，**M4**：51－75，布拉德雷论理智主义

compared with pragmatism on truth，**M6**：3－11，理智论与实用主义相对的真理定义

and coeducation，**M6**：159－160，同校教育对智力的影响

Dewey opposes，**M9**：xx-xxiv，杜威的反对

abstract，**M9**：306－308，抽象的理智主义

in Royce's philosophy, **M10**：79 - 88,罗伊斯哲学中的理智主义

Intellectualization, **L8**：201 - 202,239,理智化

of art, **L10**：123,125,127,艺术的理智化

Intellectuals：知识分子

leadership of, **L11**：129,知识分子的领导地位

Benda on, **L15**：387 - 389,本德论知识分子

attitudes of, **L16**：390 - 394,409,知识分子的态度

Intellectual versus the City，*The*（M. White and L. White），**M1**：xxi,《知识分子对抗城市》(默顿·怀特和路西亚·怀特)

Intelligence, **M12**：99 - 100,108,智慧;**M14**：10 - 11,38,207,214,理智;**L1**：325 - 326,智力

relation significant for, **E1**：185,智力作为有意义的关联

synthetic, **E1**：189 - 190,智力作为综合

Dewey and Green on, **E3**：xxix,杜威和格林论理智

related to science, **E3**：125;**M10**：130,与科学相关的理智;**L9**：98,智力与科学相结合

related to morals, **E3**：315 - 316,基于理智的德行;**M5**：278 - 279;**L7**：39;**L17**：397 - 398,与道德相关的智力

L. Ward on, **E4**：206 - 209,沃德论智力

nature of, **E5**：397;**M12**：134 - 135,258 - 259,智慧的本质;**L7**：xxiv-xxv,智力特征;**L11**：xxix, 31 - 35,548 - 549;**L16**：333 - 335,448 - 451,理智、智慧的特征;**L17**：413 - 414,智力的特征

related to nature, **M4**：15 - 30;**M7**：62 - 63,理智与自然的关系;**L4**：156 - 177,智慧与自然

related to society, **M4**：36;**L2**：231 - 234,243,329 - 337,353,360 - 361;**L7**：xi,365 - 366;**L9**：51 - 54,107 - 111;**L13**：54,320 - 321;**L16**：245,379 - 380,智力与社会相关

related to democracy, **M4**：39 - 40,与民主相关的理智(智力);**L2**：365 - 366,与民主相关的理智;**L11**：50 - 52,56,219 - 220,417,与民主相关的理智(智力);**L14**：227,276,与民主相关的理智

pragmatic theory of, **M4**：181 - 191;**M10**：xix-xx, 45,实用主义的理智理论

Greek conception of, **M5**：109,112 - 113,希腊人的理智观念;**L7**：100,103,古希腊智力观念

during Renaissance and Enlightenment, **M5**：153 - 156,文艺复兴时期和启蒙运动时期的智力发展

evolutionary conception of, **M6**：xi,进化的智力观

Maeterlinck on, **M6**：129 - 132,梅特林克论智力

related to values, **M7**：45,理智与价值的关系;**L4**：211 - 212,智慧与价值的关系;**L13**：256 理智与价值的关系

Bergson on, **M7**：202 - 204;**L11**：428 - 430,柏格森论理智

idealism on, **M7**：224 - 225,古典唯心主义对理智的解释;**M10**：19 - 21,观念论对理智的看法

Hook on, **M9**：xx-xxi,胡克论杜威的智力理论

in experience, **M9**：333,智力在经验方面的作用;**M10**：15 - 18,经验中理智的作用

and character, **M9**：363 - 367,智力和性格

in empiricism, **M10**：14,经验主义关于理智

as directive force, **M10**：46 - 48;**L4**：xviii, 60 - 86,132,136,137,142,160,166,170 - 172,175,178,196 - 198,201,224,230,234 - 238;**L13**：42,45,智慧作

为指导力量

dependence of progress on, **M10**：238 - 243,需要理智以引导人类的进步

applied to justice, **M10**：281 - 284,理智运用于正义

functions of, **M12**：173 - 174,226,230；**L13**：43,266 - 269；**L17**：458 - 459,智力的功能

development of, **M12**：208；**L4**：187,智慧的发展

related to education, **M13**：333,；**L11**：159 - 161,164 - 165,178,193 - 195,343 - 344,559,智慧和教育相关；**L13**：53,和教育相关的理智

J. Robinson on, **M13**：422,罗宾逊论智慧

in conduct, **M14**：121 - 189,理智在行为中的地位

related to habits, **M14**：121 - 126,157,理智与习惯的关系

and desire, **M14**：171 - 181,理智与欲望

and method, **L2**：114 - 115,理智和方法

compared with reason, **L7**：xxiii-xxiv,理智和理性相比

in judgment, **L7**：235 - 237,理智判断

value of, **L7**：317；**L17**：401,478,智力的价值

and religious belief, **L9**：xx, 23 - 25,38 - 40,56 - 57,432,437,438,智力与宗教信仰

related to art, **L10**：xvii, xxxii, 52,66, 126n, 143,217,303,312,324,351,与艺术相关的智力；**L15**：316,艺术中的理智

applied to social problems, **L11**：xxi, xxv, xxxi, 37 - 38,48 - 52,55,58 - 61,64 - 65,128 - 129,259 - 260,277,293 - 294, 378 - 379,564 - 565；**L14**：74 - 77；**L15**：41,222,253,307,378,应用于社会问题的理智

obstacles to, **L11**：84 - 85,141 - 142,144, 431,502,对理智的阻碍

authority of, **L11**：141 - 145,智慧的权威

freedom of, **L11**：220,344；**L13**：39；**L15**：175,理智的自由；**L17**：473 - 474,智力的自由

vs. knowledge, **L14**：6 - 7,47 - 48,与知识相对的理智

applied to legal questions, **L14**：122,应用法律问题中的理智

related to human nature, **L14**：323 - 324, 332 - 333,与人性相关的理智

for international conflict, **L16**：399 - 400, 405,智慧对于国际冲突来说

Socrates on, **L17**：185 - 186,苏格拉底论智力

Intelligence in the Modern World, **L13**：403,《现代世界智慧》

Intelligibility：可理解性

through art, **L10**：199,217,293,295,通过艺术而来的可理解性

Intensification：强化

through art, **L10**：246,248,297,通过艺术而来的强化

Intension：内涵

logical, **L12**：200,292 - 293,357 - 360,逻辑内涵

Intensity：强度

as esthetic quality, **L10**：159,181,184 - 188,作为审美性质的强度

Intensive magnitudes, **L12**：204 - 206,密集的量

Intention：意向

development of, **E4**：251 - 252,意向的发展

and will, **E4**：273 - 275,意向和动机

utilitarians on, **M5**：227 - 230,功利主义者论意向

and motive, **L7**：166 - 168,173 - 175,意向和动机

goodness vs. good, **L17**：337,好心与好的意图相对

Inter：相互

　　as name, **L16**：258, 264 - 265, 相互作为名称

Interaction, **L16**：240, 相互作用

　　bearing on school problems, **M1**：285 - 299, 互动对各种学校问题的影响

　　reveals potentiality in existence, **L1**：129；**L14**：109 - 110, 展示潜能的相互作用

　　social, **L1**：134 - 139, 146 - 151, 156, 社会的交互作用；**L14**：117 - 118, 社会行为中的交互作用

　　of organism and environment, **L1**：198 - 199, 215 - 217, 324；**L14**：15 - 21, 28, 39 - 40, 64, 158, 161, 167, 185 - 186, 有机体与环境的交互作用

　　in nature, **L1**：207 - 208；**L4**：168, 186 - 195, 221, 自然中的交互作用

　　necessary for knowledge, **L1**：324；**L4**：64, 162, 232, 236, 为产生知识而必要的交互作用

　　knowing as, **L4**：xi, 86, 163, 164, 171, 认知作为交互作用

　　of external and internal, **L4**：xvi, xvii；**L13**：24, 137, 客观的与内在的交互作用

　　Newton on, **L4**：115, 牛顿论交互作用

　　in experimental method, **L4**：120, 130, 142, 实验方法中的交互作用

　　results of, **L4**：196 - 198, 207, 213, 246, 交互作用的结果；**L13**：68, 89 - 90, 交互作用的影响

　　in art, **L10**：xvi, 50, 59 - 66, 70, 72, 126, 129, 139, 152, 156, 159, 165 - 168, 173, 179, 223 - 225, 235, 238, 251 - 255, 269, 276, 278, 286, 291 - 292, 307, 309, 313, 317, 323, 328 - 329, 333 - 334, 338, 相互作用在艺术中的作用

　　Peirce on, **L11**：87, 皮尔士论相互作用

　　experience as, **L11**：501, 经验的相互作用

　　of child and environment, **L11**：512 - 513, 儿童与环境的相互作用

　　biological, **L12**：31 - 40, 110, 199, 生物学相互作用

　　and determination of kinds, **L12**：111, 116 - 117, 133, 152 - 153, 164 - 166, 175 - 176, 220, 251 - 252, 288 - 289, 331 - 332, 相互作用和种的确定

　　and causation, **L12**：435, 440, 446 - 447, 452 - 453, 相互作用与因果关系

　　principles of, **L13**：25 - 27, 31, 33, 325 - 327, 交互作用原则

　　of human nature and culture, **L13**：79, 86 - 87, 91, 117, 142, 184, 246 - 248, 273, 人性与文化的交互作用

　　and economics, **L13**：115, 交互作用与经济状况

　　related to science, **L16**：xxxiii-xxxiv, 相互作用与科学

　　vs. transaction, **L16**：4, 63, 96, 112n, 113 - 115, 144, 相互作用与交互作用

　　nature of, **L16**：6, 132, 135, 138, 192, 363, 相互作用的本质

　　uses of, **L16**：66 - 68, 98, 105 - 106, 116 - 121, 124, 相互作用的使用

　　as name, **L16**：71, 265, 相互作用作为名称

　　as stage of inquiry, **L16**：100 - 104, 127 - 130, 相互作用作为探究的步骤

　　Balz on, **L16**：428 - 429, 鲍茨关于相互作用

　　of behavior, **L17**：419, 行为的互动

Interallied debts, **L6**：364, 366 - 368, 372 - 373, 盟国间的债务

Interception, **L12**：404 - 405, 截取

Intercollegiate Socialist Society, **L14**：431, 校际社会主义协会

Interdependence, **M13**：382 - 383, 相互依赖；**L2**：332；**L8**：73, 相互依存

　　physical vs. moral, **L13**：180, 物质与道德的相互依赖

　　global, **L17**：453 - 454, 对相互依靠的依赖

Interest, **M12**：191 - 192, 利益；**L1**：130 -

31,197,235；**L13**：194,兴趣（利益）；**L17**：423,兴趣

as consciousness，**E2**：19,意识中的兴趣

related to psychical conditions，**E2**：108；**E5**：250,兴趣和心理条件的关系

related to sensations，**E2**：109 - 110,240,感觉中的兴趣

of familiarity，**E2**：110 - 114,兴趣中的熟悉性

and imagination，**E2**：172 - 175,兴趣和观念化

differentiation of，**E2**：248；**E5**：325,兴趣的差异

and emotion，**E2**：292 - 293,兴趣和情感；**E4**：186 - 188,；**E5**：113,124 - 125,129 -137,325,兴趣和情绪

related to morality，**E3**：304 - 306；**M9**：360 - 363,兴趣与道德

and self，**E3**：306 - 307,兴趣和自我

as social，**E3**：307 - 309；**M7**：192 - 194；**M9**：36 - 38；**L7**：298 - 303,336 - 337；**L13**：111,社会兴趣

scientific，**E3**：310；**L13**：165,科学兴趣

in art，**E3**：310 - 311；**L10**：100,193 - 195,269,271,艺术中的兴趣

and motive，**E4**：275 - 276,兴趣和动机；**L7**：290 - 292,295,298,300,利益和动机

related to teacher and child，**E5**：92 - 93,142 - 143,173,,175,,227 - 229,260 - 261,311,兴趣与教师和儿童的关系

intellectual，**E5**：113；**M7**：191 - 192；**L6**：88,116 - 117,理智的兴趣

and attention，**E5**：114 - 115,320 - 321,兴趣和注意；**M13**：339,兴趣与注意力

and effort，**E5**：114 - 119,121,131 - 133,166 - 167,兴趣和努力

pleasure found in，**E5**：120,快乐存在于合理的兴趣中

psychology of，**E5**：122 - 128,137,147 -

149,兴趣心理学

in Kantian and Herbartian theories，**E5**：137 - 142,赫尔巴特学派理论中的兴趣

development of，**E5**：144 - 145；**L17**：238,兴趣的发展

in children，**E5**：212 - 221；**L11**：213,儿童的兴趣；**L17**：287,292 - 293,320,孩子的兴趣

references on，**E5**：339,关于兴趣的文献

Münsterberg on，**M1**：xiii-xiv,明斯特伯格关于兴趣

educative，**M6**：290；**M7**：153 - 197,474 - 476；**M9**：175,183 - 185,300；**L8**：291,297 - 298；**L13**：379,385,教育兴趣

and observation，**M6**：333 - 334；**L8**：320 - 321,兴趣和观察

in *Cyclopedia of Education*，**M7**：252 - 260,275,兴趣（《教育百科全书》）

qualities of，**M7**：472 - 473,兴趣的特质；**L7**：256 - 257,296,利益的性质

meaning of，**M9**：133 - 134；**L11**：200,502；**L17**：280,293,兴趣的意义

James on，**M13**：364；**L14**：160n,詹姆斯论兴趣

selective，**L6**：14,哲学中有选择的兴趣

as end，**L7**：208 - 212,以利益为目的

conflict of，**L11**：56,386；**L13**：100 - 101,115,124 - 125,133,兴趣的冲突

in valuation，**L13**：205 - 207,217；**L15**：67 - 68,101 - 103；**L16**：347 - 348,兴趣在价值评价中的作用

vs. will，**L15**：12,兴趣与意愿

Rice on，**L15**：414 - 417,赖斯论兴趣

Interest and Effort in Education，**M7**：xxi,469 - 476,《教育中的兴趣与努力》

Interest in Relation to Training of the Will，**E5**：xvi,《与意志有关的兴趣》

Interjections：感叹词

grammatical，**L15**：132 - 135,语法的感叹词

Interlaken, Ind.：印第安纳州因特拉肯
　　boys' school at, **M8**：263－266,印第安纳
　　州因特拉肯的男子学校

Intermediaries，**L12**：316n,中介

Intermediate school，**M1**：43－44,中间学校。
　　另见 Schools

Internal relations：内在关系
　　in reahsm, **M6**：138－145,484－511,实在
　　　论的内在关系理论

Internal Revenue, Bureau of, **L9**：267,国内
　　税收事务局

"Internal Social Reorganization after the
　　War," **L13**：429n,《战后国内的社会重建》

*International Community and the Right of
　　War，The* (Sturzo)，**L6**：458n,《国际共同
　　体与战争权利》(斯图尔佐)

International Conference (Peking)，**L2**：181,
　　184,在北京举行的国际会议

International Congress of Arts and Science
　　(1904)，**M3**：145－151,352－381；**M10**：
　　56,国际艺术和科学大会(1904)

International Congress of Philosophy(1926)，
　　M7：64；**L3**：3n, 385n,国际哲学大会
　　(1926)

International court,国际法庭。参见 World
　　Court

*International Encyclopedia of the Social
　　Sciences*，**L6**：xxi,《国际社会科学百科全
　　书》

*International Encyclopedia of Unified
　　Science*，**L13**：271n,《国际统一的科学的
　　百科全书》；**L14**：28n,《国际联合科学百
　　科》；**L15**：141n,《国际统一的科学的百科
　　全书》；**L16**：187n,《综合科学国际百科全
　　书》

Internationalism，**M12**：14,197,国际主义
　　lack of, in U. S. , **L3**：136－138,国际主义
　　　在美国缺乏
　　of modern world, **L3**：348－353,现代世界
　　　的国际主义

International Journal of Ethics，**L15**：324,
　　《国际伦理学杂志》

International law, **L13**：309；**L15**：205－
　　206,国际法规
　　codification of, **M15**：xvi, 94,122－126,
　　　398－400,407,409－410,国际法的法典
　　　编纂
　　and World Court, **M15**：xviii, 388,389,国
　　　际法和国际常设法庭
　　Great Britain and, **M15**：106,380,386,
　　　411,英国和国际法
　　and Hague Tribunal, **M15**：401－402,国
　　　际法和常设仲裁法庭
　　and outlawry of war, **M15**：404,414,国际
　　　法和战争非法化
　　related to Pact of Paris, **L6**：193,222－
　　　223,与《巴黎公约》相关的国际法
　　use of, **L6**：205－206,223,365,452,454,
　　　457－458,国际法与自卫和防卫性战争
　　　的对立
　　and foreign property, **L6**：365,国际法与外
　　　国财产
　　force related to, **L6**：450－451,强制贯彻
　　　国际法
　　and non-recognition doctrine, **L6**：470,国
　　　际法与不承认学说
　　sanctions and, **L6**：473,制裁与国际法

International Library of Psychology,
　　Philosophy, and Scientific Method, **L3**：
　　314,315,434,心理学、哲学与科学方法国
　　际图书馆

International organization use of sanctions
　　by, **L6**：196,210－211,450－451,461－
　　463,由国际组织实施的制裁
　　Buell on, **L6**：450－484,比尔论国际组织

International Relations (Buell)，**L6**：473n,
　　《国际关系》(比尔)

International relations, **M15**：x, xi；**L11**：
　　261－264,276；**L15**：208－209,国际关系
　　affected by League of Nations, **M11**：132－

134；**M15**：380 - 381,国际关系受国联
的影响

governed by treaties，**M11**：135 - 138,各
种条约的规范作用

economic aspects of，**M11**：139 - 142,国际
关系的经济方面

laws for，**M11**：388 - 392,国际关系法

outlawry of war and，**M15**：xiv, 63 - 64,
90 - 91,99,108 - 121,战争非法化和国
际关系

moral problems and，**M15**：53 - 54,61 -
62,道德问题和国际关系

laws of nature and，**M15**：54 - 56,自然法
和国际关系

influence of utilitarianism on，**M15**：58 -
59,功利主义对国际关系的影响

U. S. policy in，**M15**：80 - 81,88,384,396 -
397,国际关系中美国的政策

responsibility of schools in，**M15**：154,在
国际关系中学校所负的责任

need for intelligence in，**L16**：399 - 406,国
际关系中需要智慧

"International Supreme Court of Knowledge,"
L11：127 - 129,《世界最高知识法庭》

Interpretant：解释

meaning of term，**L15**：142 - 144,149,解
释词义

C. Morris on，**L16**：9,34 - 35,45,222,莫
里斯关于解释

related to interpreter，**L16**：231,解释与解
释者的关系

in semiotic，**L16**：234 - 239,符号学中的
解释

Interpretation：解释

tools of，**M6**：264 - 265；**L8**：221 - 224,解
释的工具

Carnap on，**L16**：31,卡尔纳普关于解释

Russell on，**L16**：159 - 160,罗素关于解释

control of，**L17**：353,对解释的控制

"Interpretation of Savage Mind," **L17**：425n,

《原始心灵释》

Interpreter：解释者

meaning of term，**L15**：142 - 144,解释者
词义

C. Morris on，**L16**：9,34 - 35,222,莫里斯
关于解释者

related to interpretant，**L16**：231,解释者
与解释的关系

in semiotic，**L16**：232,234,符号学中的解
释者

Interrogatives，**L12**：170 - 172,疑问词

Interstate Commerce Commission，**L5**：94；
L6：504,洲际商务委员会

and railroad rates，**L6**：368 - 371,洲际商
务委员会与铁路公司收费

Intervals，**L12**：411,463,间隔

esthetic function of，**L10**：159 - 162,165,
177 - 178,182 - 183,186,188,206 -
207,213 - 216,间歇的审美功能

Intervenors,介入者。参见 Thirds

Intolerance，**M13**：308,不宽容

in U. S. ，**M15**：152 - 154,美国的不宽容

nature of，**L13**：152 - 153,277,不宽容的
本质

in Germany and Italy，**L13**：301,德国和意
大利的不宽容

vs. democracy，**L14**：277,与民主相对的
不宽容

Intrinsic：内在的

meaning of，**L13**：216,327；**L15**：42 - 45
"内在的"含义

character，**L14**：305,桑塔亚那哲学中的内
在的

theory, applied to valuing，**L16**：346 -
350,内在理论,用于评价

"Intrinsic Good"(B. Savery)，**L15**：42n,《内
在的善》(萨弗里)

Introduction to Logic（Tarski），**L16**：40n -
42n,《逻辑学导论》(塔斯基)

Introduction to Logic，*An*（Joseph），**L12**：

420n,《逻辑学导论》(约瑟夫)

Introduction to Metaphysics，*An*（Bergson），**M7**：xiii,《形而上学导论》(柏格森)

Introduction to Semantics（Carnap），**L16**：17-32,《语义学导论》(卡尔纳普)

Introduction to the Principles of Morals and Legislation，*An*（Bentham），**L11**：13,《道德和立法原则导论》(边沁)

Introspection，**M12**：192,227；**L1**：255-256；**L16**：345,内省、反思

method of，**E1**：53-54；**E2**：11-15；**L15**：27-28,64,68,70,74,123-125,136,150,内省法

Harris on，**E5**：375-376,哈里斯论内省

and experience，**M1**：118n,对内省的讨论

defined，**M13**：392,定义内省

Rice on，**L15**：410,428-436,赖斯论内省

Introspective psychology，**M10**：57-58,内省心理学

Intuition，**M7**：286；**M8**：25；**M12**：227,234；**M14**：26,131；**L1**：152,227,256；**L3**：292；**L4**：113,146,149,209；**L5**：249；**L11**：429,431；**L12**：26,28-29,31,93,107,147-148,226-227,498-499；**L13**：xii,256；**L16**：186n,直觉

meaning of，**E2**：205-207；**E4**：207,308,直觉的定义

related to knowledge，**E2**：207-212；**E5**：323；**L17**：371,与知识相关的直觉

male and female，**E4**：209,男性的直觉,女性的直觉

Bergson on，**M7**：3,201-202；**M10**：38；**L14**：101,柏格森论直觉

in *Cyclopedia of Education*，**M7**：260-261,直觉(《教育百科全书》)

in morality，**L7**：238,262,266-268,272-273,道德的直觉

related to rules，**L7**：280,直觉主义者与规则

in esthetics，**L10**：40,41,135,196-197,270-271,295-299,美学中的直觉

as empirical，**L12**：205,467,作为经验的直觉

vs. valuing，**L13**：194,直觉和评价

in mathematics，**L16**：33n,数学中的直觉

related to logic，**L16**：192,直觉与逻辑学相关

Kaufmann on，**L16**：195,198,考夫曼关于直觉

related to memory，**L17**：334,与记忆相关的直觉

method of，**L17**：481,直觉的方法

Intuitionalism，**E4**：148；**L5**：149,150,直觉主义

compared with empiricism，**E3**：284-285；**M2**：31-38,直觉主义与经验主义相比

and ethical theory，**E4**：42,直觉主义和伦理理论

related to morality，**E4**：107-108,114,127,144,310；**M5**：208-209,213-214,279,288-294,作为一种道德理论的直觉主义

history of，**E4**：123-131,直觉主义的发展史

theory of conscience in，**E4**：305-306,直觉主义中的良知论

compared with evolutionary method，**M2**：24-31,把直觉主义与进化论方法对比

and casuistry，**M5**：295,直觉主义和决疑法

Inukai, Ki，**L6**：456,犬养毅

Invariants，**L12**：387-388,不变量

Invention，**M12**：101,103,108,149-150,270,发明

Baldwin on，**E5**：398-399,鲍德温论创造性

influences school，**E5**：451,创造性在学校中的影响，

affects family，**L7**：374,445,446,发明对家庭的影响

social effect of, **L13**：253；**L17**：478，发明的社会影响

as product of science, **L13**：311 - 312；**L17**：435 - 436，发明作为科学的产物

conflict promotes, **L17**：153,158，冲突促进发明

Investigation, **M12**：164 - 165，调查、研究

of valuations, **L13**：245，评价研究

value of, **L17**：481 - 482，探究的价值

Investment：投资

political protection of, **L14**：94，投资的政治保护

Involvement, **L12**：57,60n, 174 - 175,220, 276 - 279,310,329，参与。另见 Inference, **L12**

Ipse dixit method, **M12**：175，独断方法

IQ tests, **M9**：xiii；**M13**：xiii；**M15**：181 - 182；**L5**：18，智商测试

Ireland：爱尔兰

ancient law of, **M5**：30,64,83；**L7**：29, 59,76，爱尔兰的古代法律

Irish, **M11**：71,241,286,293，爱尔兰人

Irkutsk, USSR, **M13**：235，伊尔库茨克，苏联

Irons, David, **E4**：172,177，艾伦斯、戴维

Irrationalism, **M7**：418；**L17**：xx, xxxii，非理性主义

Irrationality：非理性

cultivation of, **M11**：107 - 111，非理性的培植

instinct as, **M13**：243，本能作为非理性

of nature, **L4**：168，非理性的本质

Irreconcilables：不可调和

and outlawry of war, **M15**：113,119,405 - 407，不可调和与战争非法化

Irving, Washington, **M8**：292，欧文，华盛顿

Is："是"

and moral conduct, **E3**：104 - 109，"是"与道德行为

double meaning of, **L12**：137 - 38,289,

307，"是"的双重意义

"Is a Fact a True Proposition? — A Reply" (Ducasse), **L16**：35 - 36，《事实是真命题吗？——一回复》（杜卡斯）

Isaiah, **L7**：83,88,90，以赛亚

Ishii, Kikujiro：石井菊次郎

on Japanese-Chinese relation, **M11**：158, 175,394，石井菊次郎论日中关系

Islam, **L14**：406，伊斯兰

Isocrates, **L17**：182 - 184，伊索克拉底

Isolation, **L4**：140,163,194,245 - 246；**L10**：253,257，孤立

bearing on school problems, **M1**：285 - 299，孤立对学校问题的影响

in *Cyclopedia of Education*, **M7**：261 - 262，孤立（《教育百科全书》）

of cultural factors, **L13**：79，文化因素的孤立化

in philosophy vs. science, **L16**：413，哲学与自然科学的分离

of subject-matter, **L16**：417 - 419，主题的分离

of logic, **L16**：444，逻辑的分离

in science, **L17**：356 - 357，科学中的孤立

moral consequences of, **L17**：457，孤立的道德后果

Isolation in the School (E. Young), **M1**：269n, 272n，《学校中的孤立》（扬）

Isolationism, **M10**：193 - 195；**M12**：xxi, 2 - 7；**L2**：168,169,375；**L3**：351 - 352；**L11**：261 - 264；**L13**：xv, 186，孤立主义

Isolationists：孤立主义者

in politics, **L17**：141,562，孤立主义者所做的否认

educational, **L17**：454，孤立主义者的威胁

Isomorphism, **L12**：396 - 399,407，同构

Israel, Edward L., **L6**：381，伊斯雷尔，爱德华·L

Israel, Harold E., **L16**：170n，伊斯雷尔，哈罗德·E

Israel,以色列。另见 Hebrews

wealth in, **M5**：91，103；**L7**：84，94，希伯来人的财富

religious law in, **M5**：93 - 94，98 - 99；**L7**：86，90 - 91，以色列人的宗教法律

politics in, **M5**：97；**L7**：89，以色列的政治，

Is There a God? A Conversation（Wieman, Macintosh, and Otto），**L9**：xxi-xxiii，213 - 228，417，《有一个上帝吗？一篇对话》（威曼、麦金托什和奥托）

Iswolsky, Alexander P.，**M11**：282 - 283，308，313，伊斯沃尔斯基，亚历山大·P

Italian Letters（Goethe），**M7**：290，《意大利书信》（歌德）

Italy, **M15**：xviiin，146；**L6**：143 - 145；**L8**：20；**L11**：305，355，357；**L13**：180，301，315；**L14**：275，365；**L15**：179，220，245；**L16**：390，意大利

in WWI, **M11**：xiii，136，177，264，274，意大利在第一次世界大战中

politics in, **M11**：120，意大利的政治

on League of Nations, **M11**：140，意大利与国联

Fascist revolution in, **L7**：427 - 428，意大利的法西斯主义革命

art of, **L10**：157，256，315，322，意大利艺术

Ito, Hirobumi, **M11**：170，伊藤博文

Itongo：卡菲尔人词汇，意为祖先的和共同的精神

as aspect of individualism, **M5**：29n；**L7**：28n，*Itongo*，作为个体性的一方面

I Want to Be Like Stalin（Esipov and Goncharov），**L15**：373 - 374，《我要像斯大林一样》（埃西波夫和冈察洛夫）

Jackman, Wilbur S.，**M1**：72，杰克曼，威尔伯·S

Jacks, Lawrence Pearsall, **M15**：85，杰克森，劳伦斯·皮尔萨

Jackson, Andrew, **M13**：303，305；**L17**：347，杰克逊，安德鲁

Jackson, Robert H.，**L15**：348，杰克逊，罗伯特·H

Jaeger, Gustav, **L17**：10，554，杰格，古斯塔夫

Jamblicus, **M2**：167，扬步里柯

James, Alice, **L11**：465，466，詹姆斯，艾丽丝

James, Henry, **M3**：193；**L10**：vii；**L11**：442，465，467；**L17**：40，詹姆斯，亨利

James, Henry, Sr.，**M6**：98；**L11**：442 - 445，464 - 466，老詹姆斯，亨利

James, William（grandfather），**L11**：445，詹姆斯（祖父），威廉

James, William, **E1**：xxviii，199；**E4**：xvii，xxiii，159n；**E5**：xiii，162；**M2**：ix，297；**M3**：xxiii，xxiv，312；**M6**：46n，91，92，94 - 98，101 - 102；**M7**：142；**M8**：22，94；**M9**：xx，xxii；**M10**：12，439；**M13**：xxi，418，488；**M15**：226，227，333，335；**L1**：299；**L2**：3，40，126，231；**L5**：501；**L6**：xiii，283；**L8**：227，228；**L10**：365；**L12**：316n，510n；**L13**：363；**L14**：ix，x，xviii，5，301，399；**L17**：xxxiii，詹姆斯，威廉

influences Dewey, **E2**：xxvi，5；**E4**：xiv-xv，xxiii；**M1**：xiii，xxiii；**L4**：ix，xvii；**L5**：xxii，157 - 159；**L6**：xii，500；**L10**：vii，xi-xiv，xxv，詹姆斯对杜威的影响

and afferent theory, **E2**：54，詹姆斯和传入神经理论

on integration, **E2**：86，詹姆斯论统一

meaning of essence in, **E4**：46 - 47，詹姆斯的本质含义

on free will, **E4**：94n，詹姆斯论自由意志

and ego, **E4**：95n，詹姆斯和自我

on conscience, **E4**：109，詹姆斯论良知

on emotions, **E4**：153，160 - 163，170 - 172，174 - 175，177，178n，184n；**M5**：232；**L7**：188，190，詹姆斯论情绪；**L10**：

221,361,詹姆斯论情感

on thought, **E4**：157n, 183n；**M1**：70；**M6**：299,詹姆斯论思维；**L11**：xiii, 69, 82,444,470 - 477；**L16**：51n, 468,詹姆斯论思想

and principle of antithesis, **E4**：165,詹姆斯和对立原则

on affect, **E4**：180,182,詹姆斯论情感

on effort, **E5**：152,詹姆斯有关努力的理论

on child-study, **E5**：210,詹姆斯论儿童研究被引用

on philosophy and psychology at University of Chicago, **M1**：ix；**M5**：ix-x,詹姆斯论芝加哥大学哲学和心理学工作

on metaphysics, **M1**：115；**M13**：498；**L15**：3 - 8,456,詹姆斯论形而上学

on pluralism, **M2**：204,詹姆斯论多元论

on psychological logic, **M3**：66,詹姆斯论心理逻辑

on idea, **M3**：72；**M4**：102 - 103,詹姆斯论观念

on belief, **M3**：98n,詹姆斯论信念

on consciousness, **M3**：102n, 123, 351；**L1**：236,詹姆斯论意识

on experience, **M3**：130；**M4**：295 - 296；**M7**：xvi, 74；**M12**：217, 222；**L1**：18, 19,370；**L5**：228, 254；**L10**：62, 125, 355, 358；**L14**：18n, 21n；**L17**：434, 566,詹姆斯论经验

on continuous transition, **M3**：142n,詹姆斯论连续转化

Dewey on, **M4**：xx-xxii；**M13**：479n；**L3**：147 - 149,杜威论詹姆斯

pragmatism of, **M4**：98 - 115, 248 - 249；**M6**：xi-xii；**M7**：326 - 329；**M10**：xiii, xxiii, 71,87,417；**M11**：90；**M12**：100 - 101；**M13**：447 - 448,457,475；**L2**：xii-xv, 6 - 17,160 - 162；**L3**：xv-xvi；**L4**：90n；**L5**：xxix, 477,478,480n；**L8**：11；

L10：viii, xxiii；**L15**：xxvii-xxviii, 331；**L16**：183n,詹姆斯的实用主义

on significance of object, **M4**：101 - 102,詹姆斯论目的的意义

on truth, **M4**：103, 107 - 112；**M6**：xiii-xiv, xix, xxii,詹姆斯论真理

philosophy of, **M4**：104；**M6**：46n, 92,94 - 97, 101 - 102；**M12**：ix, xxv-xxviii, 91,205 - 220,詹姆斯的哲学观

on design, **M4**：105 - 106,詹姆斯论设计

on self, **M5**：85；**M7**：343；**L7**：77 - 79, 293,詹姆斯论自我

on animal conduct, **M5**：190,詹姆斯论动物行为

on selfishness, **M5**：341,詹姆斯论自私

moral theory of, **M5**：370n；**L15**：19 - 26,詹姆斯的道德理论

on psychologist's fallacy, **M5**：525,詹姆斯论"心理学家的谬见"；**L10**：128,358,詹姆斯论心理学谬误

psychology of, **M6**：93,99；**L14**：39,153 - 167, 337 - 340；**L15**：18, 39, 147, 398n；**L16**：190,詹姆斯的心理学

empiricism of, **M6**：94, 100；**M7**：142 - 148, 297,324；**M12**：xi, 207, 217；**L15**：xxii-xxiii, 10 - 17,詹姆斯的经验主义

on reality, **M6**：99 - 100,詹姆斯论实在

literary expression of, **M6**：100 - 101,詹姆斯的文学表达；**M7**：ix-x,詹姆斯的文风

on knowledge, **M6**：273n,詹姆斯论"知道"；**M12**：xxv, 208 - 209, 215 - 216；**L2**：143n,詹姆斯论知识

and Royce, **M7**：xiv, 423,427,430 - 431；**M10**：xxiv, xxv, 85；**L11**：472,詹姆斯与罗伊斯

on states of mind, **M7**：33 - 38,与詹姆斯的情感理论相关的心理状态

and logical ideal, **M7**：134,詹姆斯与逻辑观念

on individuality, **M7**：238；**M12**：236,詹

文化闭塞

James Arthur Foundation，**L14**：98n，詹姆斯·阿瑟基金会

"Jamesian Datum, The"（A. Bentley），**L16**：xxviiin-xxixn，《詹姆斯的材料》（本特利）

James-Lange theory，**E4**：152，169；**E5**：360n，363，366，詹姆斯-朗格理论；**M7**：xvii，詹姆斯-兰格情感理论

James Lectures，**L10**：7，詹姆斯讲座

Jameson，John Alexander，**E4**：78n，詹姆森，约翰·亚历山大

Janet，Paul，**M4**：77，雅内，保罗

Japan，**M15**：xviiin，217，411；**L8**：13；**L11**：357；**L14**：275；**L15**：348，352 - 353，369 - 370，495；**L17**：140，524，555，日本

customs of，**M5**：24，64；**L7**：23，59，日本风俗

effects of WWI on，**M11**：ix，xvii-xviii，73，113，157 - 158，201，202，229，230，第一次世界大战对日本造成的影响

political situation in，**M11**：xvii-xviii，154 - 161，165 - 174，178；**M12**：66，68 - 69，日本政治局势

Dewey in，**M11**：xvii-xviii，395，杜威在日本

China's relation with，**M11**：xx，174 - 180，183，186 - 204，207 - 208，213，220，224 - 233，394；**M12**：22，27，29 - 40，45 -46，63 - 68；**M13**：77，85，189，193，202 - 203，205，255；**L2**：176 - 178，183，日本与中国的关系

and U. S.，**M11**：150 - 155，191，194 - 195，207，229；**M12**：36 - 37；**M13**：79 - 85，127，173，189，205，212；**M15**：124 - 125；**L2**：179 - 180，日本与美国

economics of，**M11**：161 - 167，206 - 207，214；**M12**：34 - 40，74；**M13**：82，85，91，144，258 - 260，日本的经济

diplomacy of，**M11**：177 - 179，193，206；**M13**：219，日本的外交

psychology of，**M11**：208 - 209，222，日本的心理

and Russia，**M11**：230，271；**M12**：60 - 64；**M13**：214，237，日本与俄国

and Germany，**M11**：230，394 - 395；**M12**：26，29 - 30，34 - 37；**M13**：260，日本与德国

in drug traffic，**M11**：237 - 240，日本的毒品交易

on armaments，**M12**：22，32 - 34；**M13**：205；**L6**：460，日本在军备上的态度

propaganda in，**M12**：45，63；**L6**：203，211，日本的宣传

related to Great Britain，**M13**：77，91，121，125 - 126，177 - 179，191，212 - 215，219，日本与英国

hostile methods of，**M13**：81，82，174，日本的敌对方法

liberalism of，**M13**：84，257，日本的自由主义

blockade of，**M13**：180，日本的封锁

public opinion in，**M13**：256 - 261，日本的公众舆论

invades Manchuria and Shanghai，**L6**：xx，190 - 191，194，204 - 206，217 - 220，日本侵略东北和上海

and Pact of Paris，**L6**：193 - 194，202，204，217 - 218，日本与《巴黎公约》

sanctions and，**L6**：202 - 205，216，453 - 454，456 - 457，465 - 467，469 - 470，475 - 476，制裁与日本

affected by League of Nations to，**L6**：206 -207，458 - 459，国际联盟调解失败影响到日本

foreign interests in，**L6**：209 - 210，外国在日本的利益

art of，**L10**：14，315，336，日本艺术

Japan Chronicle，**M11**：239，《日本记事报》；**M13**：154，257，《今周之日本》

Japanese Kumi，**M5**：24，日本人的团组；**L7**：

23,日本的组

Jaspers, Karl, **M3**：xxiv,雅斯贝尔斯,卡尔

Jaurès, Jean, **L15**：xxix,杰奥莱斯,琼

Jean Arnolfini and Wife (van Eyck), **L10**：213,361,《让·阿诺费尼夫妇》(凡·艾克)

Jeans, James Hopwood, **L9**：242,琼斯,詹姆斯·霍普伍德；**L11**：435,吉恩斯,詹姆斯·H

Jefferson, Thomas, **M5**：142；**M7**：380；**M13**：299,303,338；**L7**：141；**L8**：52；**L9**：162 - 163；**L11**：64,464,574；**L13**：82,108,300,401,403；**L14**：xxiv；**L15**：xiv, xxvii-xxviii, xxxi, 366；**L17**：138,147,473,杰斐逊,托马斯

  social philosophy of, **L11**：251,370 - 371,377,杰斐逊的社会哲学

  on liberalism, **L13**：67,杰斐逊论自由主义

  on human nature, **L13**：68 - 69,杰斐逊论人性

  on commerce, **L13**：81,107,杰斐逊论商业贸易

  on government, **L13**：91,100 - 102,173 - 179；**L14**：201 - 203,209 - 219；**L17**：xxiv,杰斐逊论政府

  on property, **L13**：177,杰斐逊论所有权

  on happiness, **L13**：177 - 179,杰斐逊论幸福

  character of, **L14**：202 - 204,杰斐逊的性格

  moral philosophy of, **L14**：203,212 - 213,215,218 - 220；**L17**：xxvi,杰斐逊的道德哲学

  educational plan of, **L14**：210 - 211,杰斐逊的教育计划

  Locke influences, **L17**：437,洛克影响杰斐逊

Jehovah, **M5**：92 - 97,100 - 101；**L17**：396,耶和华。另见 Yahweh

Jellinek, Georg, **L6**：269,270,耶利内克,格奥尔格

Jena, Germany, battle of, **M8**：172,180,耶拿战役,德国

Jena, University of, **L17**：485,486,568,耶拿大学

Jennings, Herbert Spencer, **L16**：137,詹宁斯,赫伯特·斯宾塞

  on sex and parenthood, **L7**：460 - 461,詹宁斯论性和亲子关系

Jensen, Carl Christian, **L11**：506,詹森,卡尔·克里斯琴

Jespersen, Otto, **L1**：72,73,杰斯珀森,奥托

Jessup, Bertram E., **L16**：346n,杰赛普,伯特伦·E

Jesus, **E4**：5；**M5**：103,104；**L7**：83,94,95,136,140；**L17**：531,532,耶稣

  and religious acts, **E4**：4,耶稣和宗教行为

  teachings of, **E4**：7 - 8,226,367,耶稣的教诲

  and moral motive, **E4**：112,耶稣和道德动机

  Macintosh on, **L14**：286 - 288,麦金托什论耶稣

  philosophy of, **L17**：15 - 16,538 - 539,耶稣的哲学

  Tolstoy on, **L17**：389,托尔斯泰论耶稣

Jevons, Frank Byron, **M5**：410n,杰文斯,弗兰克·拜伦

  on Greek education, **L17**：177 - 180,杰文斯论希腊教育

Jevons, W. Stanley, **L8**：312n,杰文斯,W·斯坦利

  in new logic, **E3**：75,杰文斯论及新逻辑学

  and philosophical courses, **E3**：90,92,杰文斯与哲学课程

  on sense of words, **M6**：324n,杰文斯论语词意义的双重变化

  on scientific observation, **M6**：331；**L8**：318,杰文斯论科学观察

  on experiment, **L8**：257 - 258,杰文斯论实验

on proper names，**L12**：363，364，杰文斯论专名

Jewish Bride，*The* (Rembrandt)，**L10**：117，358，《犹太新娘》(伦勃朗)

Jews，犹太人。另见 Hebrews

customs of，**E4**：87，犹太人的习俗

as minority，**M11**：xiii，241，犹太人作为少数民族

rights of，**M11**：71，137，犹太人的权利

treatment of，**M11**：255，262，264，278 - 280，306，307，犹太人的待遇

organizations of，**M11**：285，犹太人组织

relief fund for，**M11**：309，犹太人救援资金

in Turkey，**M15**：140 - 141，在土耳其的犹太人

in Romania，**M15**：391，在罗马尼亚的犹太人

theology of，**L8**：24；**L10**：340，犹太神学

Job, Book of，**M5**：97 - 98；**L7**：89 - 90，《约伯记》

John, Saint，**L17**：531，533，573，圣约翰

John Dewey：*An Intellectual Portrait* (Hook)，**L6**：xviii，《约翰·杜威：一个知识分子的肖像》(胡克)

John Dewey Labor Research Fund，**L14**：311，约翰·杜威劳动研究基金

John Dewey Lectures in China (Clopton and Ou)，**L15**：369n，《杜威在中国的演讲》(克洛普顿和欧)

Johns Hopkins University，**M4**：xi；**M6**：175n；**M8**：129；**M10**：110；**L6**：xiii，126；**L11**：591，约翰·霍普金斯大学

Dewey at，**L5**：150，杜威在约翰·霍普金斯大学的研究工作

influences graduate schools，**L5**：150 - 152，约翰·霍普金斯大学对研究生院的影响

Bentley at，**L16**：xiii，本特利在约翰·霍普金斯大学

Johnson, Alvin，**L8**：3n，13n，19n；**L17**：558，约翰逊，阿尔文

on fear，**L17**：86，约翰逊论恐惧

as poet，**L17**：147 - 148，作为诗人的约翰逊

Johnson, Edwin C.，**L11**：531；**L14**：355，约翰逊，埃德温·C

Johnson, Francis Howe，**E3**：192 - 193，约翰逊，弗朗西斯·霍尔

Johnson, Hugh S.，**L9**：280 - 281，约翰逊，休·S

Johnson, Marietta L.，**M7**：387；**M8**：208，414，约翰逊，玛丽埃塔·L

educational experiment of，**M8**：222 - 235，约翰逊的教育实验

on physical development，**M8**：390，约翰逊论身体发育

Johnson, Samuel：约翰逊，塞缪尔

on literature，**L10**：85，86，102，约翰逊论文学

Johnson，Willard，**L5**：417n，约翰逊，威拉德

Johnson, William Ernest，**L12**：128n，约翰逊，威廉·恩斯特

on definition，**L16**：166，168，181n，约翰逊关于定义

Johnson's Universal Cyclopaedia，**E4**：xviii，liv；**E5**：347 - 350，《约翰逊通用百科全书》

Johnstone, James，**M8**：449 - 459，约翰斯通，詹姆斯

Joie de Vivre (Matisse)，**L10**：280，《生活的欢乐》(马蒂斯)

Joint Committee on Unemployment，**L9**：81n，253，271 - 272，联合委员会就失业问题

Jones, Henry，**M2**：333n，352；**M7**：345，琼斯，亨利

Jones, Lewis H.，**E5**：xciv-xcvi，琼斯，L·H

Jones, Richard，**E5**：xciv，琼斯，理查德

Jonson, Ben，**L10**：163，359，琼森，本

Jordan, David Starr，**M6**：155，乔丹，戴维·斯塔尔

Joseph, Horace William, **L12**：87n，299n，303，419n-420n；**L16**：165，约瑟夫，贺拉斯·威廉

Joule, James Prescott, **L16**：65，99，焦耳，詹姆士·普雷斯科特

Journalism：新闻工作

objectivity of, **L11**：269-273，新闻工作的客观性

Journal of Aesthetics and Art Criticism，**L16**：395，463，《美学和艺术批评杂志》

Journal of Philosophy, **M15**：xii，20，27；**L14**：16n，387n；**L15**：xxxiii，63，71，136n，326，331，434，473；**L16**：xxxi，200，279，《哲学杂志》

Journal of Speculative Philosophy，**E1**：xxiii-xxiv，xxvi；**L5**：150，《思辨哲学杂志》

Journal of Symbolic Logic，**L16**：xxxi，276，443n，《符号逻辑杂志》

Journals, **L15**：87-88，362，杂志

Jowett, Benjamin, **E5**：262；**L2**：127，乔伊特，本杰明

Joy：喜乐

compared with grief, **E4**：158，168，喜乐与悲痛的比较

Joyce, James, **M12**：xxvi，罗伊斯，詹姆斯

Juárez, Mexico, **L2**：195，墨西哥的华雷兹

Judd, Charles H., **L17**：513，514，572，贾德，查尔斯·哈

Judges, **L13**：300，403，法官。另见 Courts；Critics

for New York City, **L9**：348-353，纽约的法官

Judging：评价、判断

as element of moral conduct, **M5**：375，作为道德行为最重要因素的评价

value of, **L17**：337-338，判断的价值

Judgment, **L8**：124；**L11**：15；**L13**：148；**L15**：12-14，64-65，139，判断。另见 Moral judgment；Valuation-judgment

related to thought, **E2**：178，186-191；**E5**：322-323；**M6**：259-266；**L8**：210-20，思维和判断的关系

and reasoning, **E2**：199-200，推理和判断

esthetic, **E2**：277-278；**L10**：251，253，257-260，329，审美理论中的判断

as statement of action, **E3**：230-233，判断作为行动的陈述

ethical, **E5**：79-82；**M3**：xiii-xvi，3-39；**L13**：xi，伦理判断

standard related to, **E5**：228；**M12**：179-180；**L7**：237-240；**L17**：397，判断的标准

and observation, **E5**：321-322；**L13**：87，判断和观察

Royce on, **M1**：253n，罗伊斯论判断

in logic, **M2**：296-297；**M12**：156-157；**L2**：17-18，逻辑中的判断

as element of character, **M6**：382-385；**L17**：337，347，判断作为性格的要素

in *Cyclopedia of Education*，**M7**：262-264，判断（《教育百科全书》）

of practice, **M8**：xv-xix，实践判断

mechanism and, **M8**：18-20，机械论和判断

related to value, **M8**：23-49；**M13**：4，11，14-15，24；**M15**：xii，20-23，26，231，341；**L4**：207-214，217-219，238，249；**L6**：428；**L7**：216-217，263-265，267-268；**L16**：353-356，价值判断

development of, **M9**：204-205，判断发展起来；**L8**：221-223；**L13**：56，判断力的增长

Locke's successors on, **M9**：277，洛克的继承者们论判断

Ueberweg on, **M10**：86，宇伯威格对于判断的定义

Dewey vs. D. Robinson on, **M10**：98-108，416-430，杜威与罗宾逊关于判断的观点

object of, **M13**：6，9，33，44-47；**M15**：

350 - 352,判断的对象;**L7**：188,204,评价的对象;**L17**：3,5,判断的对象

instrumental and creational, **M13**：6,10n, "工具性的"与"创造性的"判断

retrospective, **M13**：12; **M15**：37,350 - 354,356,358 - 360,369,回顾性判断

nature of, **M13**：15,16,19 - 20,45; **L4**：x,88,170,206 - 208,211 - 212,221,228,230; **L16**：311 - 315; **L17**：333,判断的性质

and prejudice, **M13**：243,437,判断与偏见

scientific, **M13**：434; **L16**：317,科学的判断

motor-affective acts and, **M15**：21 - 22,情感驱动的行为和判断

Prall on, **M15**：23,341 - 342,普劳尔关于判断

past, present, and future facts and, **M15**：28 - 29,37 - 39,355 - 358,369,375 - 377; **L13**：44,过去、现在和未来的事实与判断

Lovejoy on, **M15**：33,39,拉夫乔伊关于判断

subject-matter and object in, **M15**：34,区分判断中的主题和对象

Picard on, **M15**：339 - 340,皮卡德论判断

Aristotle on, **L4**：xxi,亚里士多德论判断

and common sense, **L6**：430,判断与常识

as practical and intellectual, **L7**：204,235 - 237,实际的智力评价

sensitivity in, **L7**：242,268 - 272,评价的敏感性

individual, **L7**：287,297; **L12**：109 - 111,283,评价和个体

of art, **L10**：118,174 - 175,271,艺术的判断

and existence, **L12**：124,165 - 166,判断与存在

and time, **L12**：137,判断和时间

as outcome of inquiry, **L12**：432,462 -

465,483 - 484; **L14**：175,作为探究结果的判断

related to experience, **L14**：153 - 154; **L17**：335,353 - 354,与经验相关的判断

memorizing antagonistic to, **L17**：326,333,牢记与判断相反对

and choice, **L17**：339 - 340,判断与选择

White on, **L17**：481,怀特论判断

Judicial empiricism, **L2**：28,司法上的经验主义

Jugo-Slavs, **M11**：71,263,264,南斯拉夫人

Julius Rosenthal Foundation, **L14**：115n,朱利叶斯·罗森塔尔基金会

Jung, Carl Gustav, **M7**：139; **M11**：360; **M14**：107,荣格,卡尔·古斯塔夫

Jural theory, **M5**：207,法制理论

"Juridical Persons"(Vin ogradoff), **L2**：41n, 《法人》(维诺格拉多夫)

Jurisdiction, **L1**：154 - 156,权限、裁决

Jurisprudence,法学、法理学

concept of personality in, **L6**：268,270,法学中的人格概念

on civil liberty, **L11**：374,法律关于公民自由

Pound on, **L17**：106,庞德论法理学

Jus Naturale, **M3**：49,51,自然法

Jusserand, Jean Jules, **M11**：317,朱斯朗,让·尤利斯

Justice, **E3**：105 - 107; **M14**：17 - 18,138; **L2**：138,正义、公正

Plato on, **M5**：8,116 - 117,122 - 123; **L7**：10,107 - 108,113 - 114,411,柏拉图论正义

in primitive society, **M5**：32,64; **L7**：30 - 33,59,原始社会的正义

Chinese sense of, **M5**：34; **L7**：32 - 33,中国人的正义感

Hebrew idea of, **M5**：96 - 97,104; **L7**：87 -88,96,希伯来的正义观

Greek conception of, **M5**：108,114 - 117;

L7：99，104－107，古希腊的正义概念

in industry，**M5**：150－152，工业中分配正义的运动

distributive and corrective，**M5**：371－372，分配的和纠正的正义

absolutistic notion of，**M10**：xxxviii；**L17**：xxiii，正义观念之绝对性

intelligence applied to，**M10**：281－284，智慧将被应用到正义上

and property，**L2**：292，公正和财产

social，**L7**：84，社会正义

in Roman law，**L7**：130，133，罗马法中的正义

as standard，**L7**：249－252，279；**L17**：397，作为标准的正义

legalistic view of，**L7**：252，正义的法制观

as virtue，**L7**：259，作为美德的正义

problem of，**L7**：406－407，正义的问题

in distribution of wealth，**L7**：434－436，财富分配中的正义

Justinian，Code of，**L7**：132，查士丁尼法典

Just So Stories（Kipling），**M8**：241，《平凡的故事》（吉卜林）

Kafirs，**M5**：65；**L7**：60，卡菲尔人

clanship of，**M5**：25，卡菲尔人的宗族制度；**L7**：24－25，卡菲尔人的氏族制度

concepts of self of，**M5**：29n；**L7**：28n，卡菲尔人的自我观念

marriage customs of，**M5**：511－512，卡菲尔人的婚姻习俗

on women，**L7**：439，卡菲尔论女性

Kahn，Sholom J.：卡恩，施罗姆・J

on Dewey's metaphysics，**L16**：383－389，456－462，施罗姆关于杜威的形而上学

Kallen，Horace M.，**M10**：20n，27n，卡伦，霍勒斯・M；**L2**：159，160；**L3**：92n；**L11**：563－566，598－599；**L14**：224n，235n，357n；**L17**：444，卡伦，霍拉斯・M

Kalokagathos，**M5**：107，110；**L7**：98，101，271，绅士

Kalon，**M5**：124，高尚；**L7**：116，118，238，美好的

Kandel，I. L.，**L9**：208－209，坎德尔，I・L

Kant，Immanuel，**E1**：10，19，166，203，253，271，301，314，326，379，389，392，420；**E3**：158；**E4**：xix，52n，106，193，211，215；**E5**：26；**M3**：54，310；**M4**：42，52，248，254；**M5**：4，155，440，518；**M6**：x，392；**M7**：51，289；**M8**：142，145，177，419，421，423；**M9**：64；**M10**：5；**M11**：38n，94，346；**M12**：xi，xxixn，28，197；**M15**：xiii，348；**L1**：55，81，350；**L2**：15，27；**L3**：3，7，296；**L4**：33；**L5**：148，252；**L6**：17；**L7**：6；**L8**：9；**L9**：xxx，9，217；**L11**：80，403n，480，592；**L12**：86，114，156，189，412，454n，510－511；**L13**：84；**L14**：xi，304－305，331，康德，伊曼努尔

Dewey's criticism of，**E1**：xxvi-xxvii，杜威对康德的批判

philosophic method of，**E1**：34－47，260，277；**E5**：19－20；**M2**：153；**M7**：425；**M12**：136－137；**L4**：47－50，53，229－231；**L6**：269；**L16**：115n，458，康德和哲学方法

on self，**E1**：152－153；**E3**：62－74，159，160；**E4**：256－257；**M5**：328；**M7**：342，344－345，康德关于自我的诸观念

apperceptive unity in，**E1**：190，康德的统觉统一

related to mathematics，**E1**：273，康德和数学

on ideas，**E1**：385－386；**M1**：252，康德论观念的有效性

influence of Leibniz on，**E1**：428－434，莱布尼茨对康德的影响

transcendental deduction of，**E3**：62－74，康德的"先验演绎"

on experience，**E3**：72；**M3**：133－137；**M6**：447；**M10**：358；**M14**：34，37，168－

170；**L1**：376；**L4**：113；**L11**：73,78,
91；**L14**：190,康德论经验

courses on, **E3**：91,92,关于康德的课程

and rules, **E3**：102,103,康德和规则

and individual, **E3**：118；**M5**：86 - 87,
526；**L7**：86 - 87,康德和个体

compared with Hegel, **E3**：134 - 138,康德
与黑格尔相比

on knowledge, **E3**：135 - 136；**E5**：4,14,
19,21；**L4**：xvi, xviii, 137 - 145,康德论
知识

Caird on, **E3**：180 - 183,凯尔德关于康德
的著述

Mahaffy and Bernard on, **E3**：184 - 185,马
哈菲和伯纳德论康德

on good, **E3**：290,康德论善

on desire and will, **E3**：290 - 291；**E5**：
137 - 142；**M5**：287 - 288,康德的欲望和
意志理论

theory of obligation of, **E3**：328, 333 -
335,康德的道义理论；**E4**：319 - 329,
331,康德的义务论

ethics of, **E4**：xiv, 260, 263；**M5**：158；
L5：265,503；**L15**：47,51,129n, 217,
康德的伦理学

influences intuitionism, **E4**：129 - 130,康
德对直觉主义的影响

moral theory of, **E4**：142,145 - 147；**M5**：
156,211,213,280 - 281,387 - 388；**M7**：
295,360；**M8**：147 - 150；**M9**：363 -
364；**L7**：154 - 155,262,315,康德的道
德哲学

and esthetics, **E4**：194；**L10**：xii, xv, xix,
257 - 259,299 - 300,康德和美学

on judging others, **E4**：274,康德论对他人
品行的判断

on virtue, **E4**：352；**M14**：122,康德论
美德

on synthetic judgment, **M1**：171,康德论综
合判断

and logic, **M1**：172；**M7**：438；**M10**：335,
367,康德论逻辑

on reality, **M1**：247,康德论实在

Royce and, **M1**：252 - 253；**M10**：80,83,
84,86,罗伊斯和康德

dualism of, **M2**：x；**L17**：xxx,康德的二元
论

on necessity, **M2**：152,康德论必然性

on noumenon, **M2**：160 - 161,康德论本体

on ontology, **M2**：168 - 169,171,康德论
本体论

on opinion, **M2**：173,康德论意见

on optimism, **M2**：175,康德论乐观主义

on organic, **M2**：178,康德论有机

on permanence, **M2**：187,康德论永恒性

on phenomenon, **M2**：189 - 190,康德论
现象

on phoronomy, **M2**：202,康德论动学

on rationalism, **M2**：217；**M3**：55；**M7**：
220 - 221,335,康德论理性主义

on realism, **M2**：219,康德论实在主义

on object, **M2**：250 - 252,康德论对象

on transcendent, **M2**：257；**M7**：357,康德
论先验

on reason, **M2**：260；**M5**：282；**L1**：48 -
49,53；**L4**：xiii；**L7**：146 - 147,康德论
理性

Whewell and Lotze similar to, **M2**：373n,
惠威尔和洛采对于思想的论述与康德
类似

on man's nature, **M5**：75,177,339；**L7**：
69,449,康德论人的本性

on good will, **M5**：221 - 226；**M9**：359；
L14：73n,康德论善良意志

on ends, **M5**：264,283 - 286,352,康德论
目的

on duty, **M5**：313 - 318；**M8**：162 - 166,
173,474；**M10**：226 - 228,康德论责任

on human dignity, **M5**：466,康德论人的尊
严

related to dialectic, **M6**：422,康德的二律背反理论

on form, **M6**：460；**M7**：252,康德论形式

idealism of, **M7**：138,227,232,291,328；**M8**：157；**M10**：xxv；**M12**：108,127；**L2**：14,康德的唯心主义

and intuition, **M7**：261,康德论直觉

psychological mode of thinking of, **M7**：291,康德的心理学思考方式

and phenomenalism, **M7**：297,康德论现象主义

on empiricism and rationalism, **M7**：335,康德论经验主义与理性主义

on value, **M7**：363；**L2**：88-89,康德论价值

on truth, **M7**：413,415,440-441,康德论真理

on activity, **M7**：436,康德论活动方式

influences Germany, **M8**：xxvii-xxxi,146-160,197-198；**M10**：223,康德对德国的影响

on correlation, **M8**：90,康德论相互关系

on principle of personality, **M8**：161,432,康德论人格原则

on civilization, **M8**：167-171,186-187；**L7**：69,79,康德论人类的发展

Fichte continues work of, **M8**：173,费希特作为康德事业的继承者

on church dogmas, **M8**：184,康德论教会的教义

on actual and ideal, **M8**：430,康德对现实与理想的区分

on education, **M9**：101-102；**M13**：401；**L13**：xvii,康德论教育

on Hume's sensationalism, **M10**：12-13,332,康德关于休谟的感觉论

and Peirce, **M10**：71,72,74n,87,366；**L6**：276,康德与皮尔士

G. Morris on, **M10**：112-113；**L5**：152,莫里斯对康德的讨论

Santayana on, **M10**：306,307,桑塔亚那论康德

on perception, **M12**：221；**L10**：131,康德关于感觉

tribute to, **M15**：8-13,致敬康德

on pragmatism, **L2**：3,4,7n；**L14**：11,归诸康德的实用主义

on will, **L2**：31n；**L17**：403,康德的道德意志

on freedom, **L3**：108-109；**L10**：286n,康德论自由

J. Marsh on, **L5**：179,183,185-189,191,马什对康德的讨论

on separation of intellectual and affective, **L6**：331,康德对理智和情感的隔离

reinforces Lockean tradition, **L6**：489,康德强化洛克传统

on good and law, **L7**：155,219-225,229,285,康德论善和法律

on motive, **L7**：173,康德论动机

and German literary criticism, **L8**：361,康德与德国文学批评

on arts, **L10**：221,康德论艺术

on causal necessity, **L13**：120-121,康德论因果必然性

on law, **L14**：120,康德论法律

Cohen on, **L14**：382,394-395,399,科恩论康德

Hocking on, **L14**：412,418,霍金论康德

epistemology of, **L15**：xxix,28,91-94,康德的认识论

Croce on, **L15**：441,克罗齐论康德

Dubislav on, **L16**：161,杜比斯拉夫论康德

Kantianism, **M2**：153,康德主义

and hedonism, **E3**：292-293,康德主义与快乐主义

criticism of conduct in, **E3**：293-300,康德主义对行为举止的批判

Raub on, **M4**：227-228,劳布论康德主义

Kantor, Jacob R., **L16**：130n,468,坎特,雅

各布·R

  on nervous system, **M13**：39n,坎特论神经系统

  logic of, **L16**：187,190 - 192,坎特的逻辑学

  on propositions, **L16**：208,坎特关于命题

Kant's Critical Philosophy for English Readers（Mahaffy and J. Bernard）, **E3**：184 - 185,《写给英文读者的康德的批判哲学》)

Kaplan, Abraham, **L16**：209n,卡普兰,亚伯拉罕

  on *Art as Experience*, **L10**：vii-xxxiii,亚伯拉罕论《经验与自然》

  on definition, **L16**：171 - 173,亚伯拉罕关于定义

Kappa Delta Pi, **L13**：xiv, 375,国际教育荣誉学会

Karlgren, Anton, **L3**：220,卡尔格林,安东

"Karl Marx and the American Teacher"（Brameld）, **L11**：383n,《卡尔·马克思和美国教师》(布拉梅尔德)

Karma, **M5**：100；**L7**：91,佛教的因果报应

Kato, Tomosaburo, **M13**：194,205,214,加藤友三郎

Katuin, Gerald A., **M13**：25n,卡图因,杰拉尔德·A

Katz, David, **L16**：232n,卡茨,戴维

Kaufmann, Felix：考夫曼,菲利克斯

  procedures of, **L16**：157n, 208 - 209,考夫曼的步骤

  logic of, **L16**：187,193 - 198,考夫曼的逻辑学

Kay, Jean, **L14**：240,243,凯,吉恩

Keats, George, **L10**：39；**L11**：504,济慈,乔治

Keats, John, **L10**：138,359,济慈,约翰

  on esthetics, **L10**：26n, 38 - 41,76,149,354,355,济慈论美学

  technique of, **L10**：116,129 - 130,210,

238,259,济慈的技巧

  on poetry, **L10**：220,262,349,362,366,济慈论诗人

"Keep Out of Spain!"（Christian Century）, **L11**：527,《远离西班牙!》(《基督教世纪》)

Keller, Helen, **M7**：396；**L17**：145,凯勒,海伦

Kelley, Earl C., **L15**：xxiii, 310 - 311,凯利,厄尔·C

Kelley, Florence, **M5**：466n,凯利,弗洛伦斯

Kellogg, Frank B., **L5**：353；**L8**：13,凯洛格,弗兰克

  on outlawry of war, **L3**：163 - 168,171,175,415,凯洛格和战争非法化

Kellogg-Briand Pact, **M15**：xviii,《凯洛格-布莱恩条约》；**L5**：349,353,354；**L6**：xx,《凯洛格-百里安公约》(《巴黎公约》)

  power of, **L6**：190 - 191,193,《巴黎公约》的效力

  connected with outlawry of war, **L6**：191 - 192,222 - 223,《巴黎公约》与战争非法化

  Japan's relation to, **L6**：193 - 194,202,204,217 - 218,日本与《巴黎公约》的关系

  allied with League of Nations Covenant, **L6**：195,222,《巴黎公约》与《国际联盟盟约》保持一致

  peace-sanction and, **L6**：219,220,和平制裁与《巴黎公约》

Kemal, Mustapha, **M15**：xix, 137；**L2**：190,凯末尔/科马尔,穆斯塔法

Kempe, Alfred Bray, **M7**：422,肯普,阿尔弗雷德·布雷

"Kennetic Inquiry"（A. Bentley）, **L16**：xxxvii,《认知探究》(本特利)

Kent, Mrs. William, **M1**：317,威廉·肯特女士

Kepler, Johannes, **E1**：262,356；**M4**：7；**M13**：497；**L14**：392 - 393,395,开普勒,

约翰尼斯

Kerensky, Aleksandr F., **M11**：270，295；
L6：468，克伦斯基，亚历山大·F

Kern, Hermann, **E5**：150，科恩，赫尔曼

Kerschensteiner, Georg, **M7**：101，凯兴斯泰纳，格奥尔格

Kettering, Charles F., **L11**：567n，569，570，573，凯特林，查尔斯·F

Key, Ellen, **L7**：461－462，基，艾伦

Keynes, John Maynard, **L6**：xix，凯恩斯，约翰·梅纳德

Keyser, Cassius J., **M8**：109n；**L16**：199n，凯泽，卡修斯·J

Keyserling, Hermann, **L5**：54，凯泽林，赫尔曼

Khayyám, Omar, **M1**：256，海亚姆，欧玛尔

Kiangsu (Jiangsu), China, **M12**：71，73，江苏省，中国

Kiao-Chou, **M8**：169，胶州湾

Kidd, Benjamin：基德，本杰明
  on progress, **E4**：200，210－213，基德论进步

Kidd, Dudley, **L7**：25，28n，37，基德，达德利
  on Kafir clanship, **M5**：25，29n，基德论卡菲尔人的宗族制度
  on primitive morality, **M5**：39；**L7**：37，基德论原始道德

Kiehle, D. L., **E5**：xv，凯尔勒，D·L

Kiel Canal (Germany), **M15**：390，德国的基尔运河

Kierkegaard, Soren, **M3**：xi，克尔恺郭尔，索伦

Kilpatrick, William H., **M6**：xxvii，基尔帕特里克，威廉·H；**L5**：xi，419，克伯屈，威廉·H；**L8**：43n，77n，374；**L11**：548；**L13**：377；**L14**：4；**L15**：326，510，基尔帕特里克，威廉·H
  on economics, **L13**：387，基尔帕特里克论经济
  and progressive education, **L17**：52－56，

基尔帕特里克与进步教育

Kindergarten, **M6**：422，幼儿园
  and child psychology, **E5**：206－207，幼儿园中的儿童心理学研究
  beginning of, **M1**：40，幼儿园的起源
  subject-matter in, **M1**：87－88，幼儿园的主题
  play in, **M1**：341－342，幼儿园的玩耍
  related to activity principle, **M6**：363，387，幼儿园与活动原则相关
  at Columbia University Teachers College, **M8**：278－283，哥伦比亚大学师范学院的幼儿园
  at Pittsburgh School of Childhood, **M8**：283，匹兹堡"儿童学校"幼儿园
  at New York City Play School, **M8**：283－286，纽约市"游戏学校"幼儿园
  techniques of, **M9**：160，幼儿园的技术
  Froebelian, **M9**：205，福禄培尔式的幼儿园

Kindergarten College (Chicago), **M1**：339n，芝加哥幼教学院

Kinds, **L11**：99；**L12**：196－197，357－359，种类、类
  and generic propositions, **L11**：101－104，122，124，种类和通称命题
  vs. classes, **L11**：102，119n，种类与类
  inclusion in, **L11**：103，105－107，125，种类的包含
  and universals, **L11**：108，种类与共相
  determination of, **L12**：111，116－117，133，152－153，164－166，175－176，220，251－252，288－289，331－332，种类的决定
  in Aristotelian logic, **L12**：252－254，亚里士多德逻辑学中的种类
  induction and, **L12**：428－432，归纳种类
  and probability, **L12**：470－473，种类和可能性
  mind and mental as, **L15**：29，心灵与精神

的类性质

King, Irving W., **M3**：299n，金，欧文·W

King, Martin Luther, Jr., **L6**：xxi，金，马丁·路德

King, Willford I., **L7**：408，金，威尔福德·I

Kingdom of God, **M8**：187，上帝的王国

Kingdom of Poland，波兰王国。参见 Russian Poland

King Lear（Shakespeare），**L11**：86，91，94，《李尔王》（莎士比亚）

King's Peace, **L2**：265，国王的平安

Kinship, **M12**：115，亲缘关系

Kipling, Rudyard, **M8**：241，吉卜林，拉迪亚德；**M10**：403，吉普林，罗德亚德；**L5**：73，395，吉卜林，鲁德亚德；**L10**：xvii，吉卜林，拉迪亚德；**L15**：20，22，基普林，拉迪亚德

Kirkpatrick, Edwin Asbury, **M15**：181，182；**L3**：276，277，柯克帕特里克，埃德温·阿斯布里/埃德温·阿斯伯里

Klee, Paul, **L10**：xxiii，克利，保罗

Klein, Julius：克莱因，朱利叶斯

　　on Depression, **L6**：346 - 354，485 - 487，克莱因论萧条

Kline, Max, **L9**：320，345，克莱恩，马克斯

Kluckhohn, Clyde, **M7**：xxv，克拉克洪，克莱德

Klyce, Scudder, **M10**：324n；**M13**：412 - 420，克莱斯，斯卡德/斯科德

Knaap, Anthony A., **M11**：309，克那普，安东尼·A

Knight, Frank, **L6**：xvii，奈特，弗兰克

Knower, **M7**：455 - 460，认知者

　　related to world, **M10**：21 - 24；**L16**：84n，认识者与世界

　　separated from philosophy, **M10**：46，认识者从哲学中摆脱出来

　　role in self-action, **L16**：127 - 128，认知者在自-作用中的作用

　　Kaufmann on, **L16**：197，考夫曼关于认知者

knowledge depends on, **L16**：288，知识依赖于认知者

　　vs. known, **L16**：290，424，认知者相对于所知

Knowing：认知

　　related to acting, **E5**：5 - 6；**L16**：331，知与行的关系

　　related to consciousness, **M1**：119n，与意识状态相关的认知

　　method of, **M10**：36 - 37；**L16**：134，319；**L17**：410，481，认知方法

　　terminates in experience, **L14**：83 - 86，知识终结在经验中

　　common sense vs. scientific, **L16**：252 - 255，305 - 307，常识相对于科学认知

　　as inquiry, **L16**：289，320 - 322，339，454，认知作为探究

　　as mediating, **L16**：323 - 326，认知作为中介

　　as intelligent behavior, **L16**：334 - 337，449 - 451，认知作为知性行为

　　as goal, **L16**：365，认知作为目标

Knowing and the Known（Dewey and A. Bentley），**M1**：x，《认知与所知》（杜威和本特利）

　　Dewey's theory of inquiry refined in, **M1**：xv，杜威在《认知和所知》中所提炼的探究理论

　　related to Dewey's Logic, **L16**：x，55n，77n，92n，116n，160n，268，304n，308n，387，446，《认知与所知》与杜威的逻辑学相关

　　writing of, **L16**：xvii，xxiv，xxvi-xxviii，3 - 7，318 - 320，《认知与所指》的写作

　　arguments of, **L16**：xxix-xxxvii，《认知与所知》的论证

　　articles constituting, **L16**：279，《认知与所知》其中的文章

　　criticized, **L16**：443 - 447，对《认知与所知》的批评

Knowings：认知

    as natural events, **L16**：xxxiv,认知作为自然事件

    knowledge about, **L16**：3 - 4,关于认知的知识

    as observable facts, **L16**：48 - 49,认知作为可观察的事实

    study of, **L16**：55,77,84n,认知研究

    as behaviors, **L16**：73,273,认知作为行为

    in postulations, **L16**：80,假设行为中的认知

    range of, **L16**：82,认知的范围

    logics on, **L16**：185,逻辑学关于认知

    as name, **L16**：265,认知作为名称

Knowings-knowns：认知-所知

    leading names for, **L16**：6,46 - 47,认知-所知的主要名词

    as inseparable, **L16**：52,认知-所知不可分

    required for knowledge, **L16**：53,知识所需的认知-所知

    inquiry into, **L16**：57,74 - 75,110,认知-所知的探究

    namings and named as, **L16**：58,86 - 89,257 - 258,261,认知-所知的命名

    system of, **L16**：63,94 - 97,认知-所知的体系

    considerations in, **L16**：67,275,318,认知-所知的思考

    as behaviors, **L16**：84 - 85,127 - 130,认知-所知作为行为

    in interaction and transaction, **L16**：111,114,122 - 26,273,认知-所知在相互和交互作用中

    science affects, **L16**：252 - 253,337n,338 -339,452,455,科学影响认知-所知

Knowledge, **L1**：158,268,309 - 310,335 - 336,338,341 - 345,349；**L10**：ix；**L12**：153 - 155,知识。另见 Ground, **L12**；Warranted assertibility

    phenomenal, **E1**：6,现象知识

ontological, **E1**：8,本体知识

and feeling, **E1**：20 - 21,23 - 25,知识与感觉；**E2**：25 - 26,260,认识与情感

nature of, **E1**：38,62 - 63,304,384 - 402；**E2**：10；**M1**：130n；**M6**：xix, 111 - 112；**M10**：16；**L4**：14,28 - 30,65,81,144,218 - 219,224,226,235 - 239,247；**L10**：27,39 - 41,120,257,知识的本性；**L15**：29,31,36n, 88,91 - 92,157 - 158；**L16**：xxii, 46 - 47,72,73n, 84,91,131,134,149 - 150,244,257 - 258,265,287 - 288,291 - 292,314,372；**L17**：xviii,xxxi,371n,知识的本质

sources of, **E1**：129 - 130,314；**M12**：213,215 - 216；**L16**：372,知识的来源

methods of, **E1**：185 - 186；**E2**：75 - 136,199；**E5**：257；**M9**：349 - 354；**L16**：96 -97,111,277 - 278,346,获得知识的方法

sensations and, **E1**：325 - 326；**E2**：29 - 74；**E3**：213 - 214；**M9**：346 - 347；**M12**：129 - 131；**L1**：199,知识与感觉

Leibniz on, **E1**：339,莱布尼茨论知识

accidental and demonstrative, **E1**：394,偶然知识与实证知识

empirical vs. rational, **E1**：395 - 402；**M9**：343 - 344,经验知识对比理性知识

as universal, **E2**：10,23；**L1**：28 - 29；**L4**：85,105,143,175,193,232 - 235,237 - 238,知识普遍存在

and consciousness, **E2**：20,22,24,25,知识和意识

and will, **E2**：21,357 - 358,知识和意志

problems of, **E2**：75；**E5**：4 - 5；**M10**：21 -37；**L2**：141,143,151；**L3**：121 - 122；**L4**：96 - 98；**L16**：3 - 4,知识问题

relations in, **E2**：75 - 76,151；**E3**：137；**L16**：44,55,61,知识中的关系

scientific, **E2**：76 - 77,202；**E3**：228 - 229；**M10**：130；**L15**：118 - 119；**L16**：

152,307,338,410,453；**L17**：xxx，372，410，科学知识

development of，**E2**：137 - 138，183 - 184；**L4**：11，30 - 32，知识的发展

perception and，**E2**：137 - 153；**L2**：141 - 142，156；**L12**：73，458 - 459，知觉与知识

stages of，**E2**：154 - 176，204 - 213；**M10**：3，知识的阶段

related to thinking，**E2**：177 - 203；**M9**：304，336，知识与思维相关

logical，**E3**：81 - 83；**M6**：176；**L17**：371n，逻辑理论中的知识

in Kant，**E3**：135 - 136；**L4**：48，康德论知识

related to action，**E3**：230 - 231；**E5**：xv，20；**M7**：5 - 6；**M9**：345；**L1**：285 - 286；**L3**：38；**L4**：15 - 20，30 - 32，38 - 39，155，164；**L8**：86 - 93；**L17**：157 - 159，与行动相关的知识

functions of，**E5**：21 - 22；**M12**：xix，149，150，208 - 209；**L9**：56 - 57；**L13**：44 - 46，376；**L16**：378 - 381，389，知识的功能

unification of，**M2**：261；**L4**：249，知识的统一

absolute in，**M3**：xii，知识中的绝对

as fulfillment，**M3**：112 - 113，115 - 118，作为实现的知识

Greek view of，**M3**：121；**L4**：40，74，希腊观点中的知识

related to experience，**M3**：171 - 183；**M10**：34 - 35，320 - 365，368；**L1**：376 - 377，386；**L4**：125；**L13**：266 - 267；**L14**：32，83 - 86，知识与经验相关

theories of，**M4**：181 - 191，255 - 256；**M9**：275 - 285；**M10**：xiv-xvi；**M11**：342 - 345；**M13**：38 - 41，48，52，58，310，354 - 355，370，373；**M14**：128；**L1**：247 - 250，378 - 379；**L2**：xv-xvii，

46 - 51；**L4**：ix-xxii，5，18 - 19，33 - 36，65，69，71，145 - 146，181 - 184；**L5**：210 -217；**L11**：71，73，149，203 - 204；**L12**：xxiii-xxiv；**L14**：45 - 47，知识理论；**L15**：84 - 87，185，276 - 277，认识的理论

related to science，**M6**：ix；**L1**：129 - 131；**L2**：337 - 338，342 - 343，知识与科学相关

realist-idealist controversy over，**M6**：xvii-xviii，实在论-唯心论的争议

valid，**M6**：80 - 85，有效知识

related to judgment，**M6**：382 - 385，知识与判断相关

related to emotions，**M6**：385 - 386，知识与感情相关；**M9**：345 - 346；**L7**：269 - 270；**L14**：317，知识与情感相关

common-sense，**M7**：3；**L1**：341 - 345，常识知识

social function of，**M7**：113 - 127，认识的社会功能；**L7**：365 - 366；**L11**：193；**L13**：336；**L17**：xxvi，知识的社会功能

in *Cyclopedia of Education*，**M7**：265 - 269，知识《教育百科全书》

Locke on，**M8**：58 - 60，159 - 160，洛克的认识观

Fichte on，**M8**：173，费希特关于知识

Aristotle on，**M9**：271 - 272，亚里士多德关于知识

Plato on，**M9**：271 - 272，287；**L13**：161，柏拉图论知识

classic attitude toward，**M9**：273 - 275，对知识的古典态度

medieval attitude toward，**M9**：275；**M10**：22，中世纪的知识观

related to virtue，**M9**：340，知识与德性相关

dualism between objective and subjective，**M9**：344 - 345，客观的和主观的之间的二元论

effect of evolution on, **M9**：347；**M10**：14，进化论对知识的影响

experimental, **M9**：347 - 349；**L14**：12 - 14，实验性的知识

habit and, **M9**：349 - 350，习惯和知识

related to morality, **M9**：363 - 367；**M14**：127 - 131；**L7**：190,281 - 283；**L14**：62 - 63，知识与道德相关

orthodox view of, **M10**：xiv, 6；**M12**：144 - 147,214,262 - 263，传统的知识观点

spectator theory of, **M10**：23, 26n, 41；**M12**：144；**L4**：x-xviii, 19,163,195,232，知识的旁观者理论

realism on, **M10**：26n；**M15**：361 - 362，实在论关于知识

Spencer on, **M10**：69，斯宾塞论知识

Bergson on, **M10**：69；**M12**：227，柏格森论知识

and philosophy, **M11**：x, 41 - 48；**L4**：246；**L6**：428 - 431；**L13**：256,258,281,320，知识与哲学

and value, **M11**：9；**M15**：449 - 451，知识与价值

related to motivation, **M11**：10 - 17，知识与动机的联系

positive vs. traditional, **M12**：86,88 - 89，积极的与传统的知识

Bacon on, **M12**：95 - 98,103,108；**L11**：141，培根论知识

empirical, **M12**：121 - 122；**L11**：69 - 83,108 - 109；**L17**：434，经验性知识

related to reality, **M12**：141 - 142；**L4**：85，知识与实在相关

James on, **M12**：216；**L15**：11，詹姆斯论认识

Russell on, **M12**：236,238 - 239,243 - 244,246；**L16**：200,202，罗素论知识

Costello on, **M13**：22，科斯特洛论知识

instrumental, **M13**：28,477；**M15**：xii,41,349 - 350；**L14**：48 - 49,172 - 176，工具性的知识

and communication, **M13**：31；**L2**：282 - 284,371 - 372，知识与言语

past, present, and future facts in, **M13**：43,47；**M15**：28 - 29,31 - 32,35,372,374 - 377；**L13**：243，知识中的过去、现在和未来

anticipatory, **M13**：50，预期的知识

mediatism and immediatism in, **M13**：51 - 54,385,392,454，关于知识的"中介论"和"直接论"；**L14**：53 - 54，中介的知识和当下的知识

physical vs. psychical, **M13**：55,477，物理的知识对心理的知识

related to meanings, **M13**：376；**M15**：29 - 30,364；**L17**：362 - 367,369 - 372，知识与意义相关

examination of, **M13**：415 - 416，对知识的检验

Klyce's approach to, **M13**：416，克莱斯对待知识的方法

revolution in, **M15**：12 - 13，知识中的理智革命

as knowing-process, **M15**：16, 31 - 32,373，作为认知过程的知识

Lamprecht on, **M15**：27,28,30 - 31,371 - 377，兰普雷希特论知识

Lovejoy on, **M15**：33,35,37,362 - 363，洛夫乔伊论知识

transcendence in, **M15**：35,350 - 351,355,358,372，知识中的超越性

presentative, **M15**：40，表象的知识

intertemporal, **M15**：369 - 370，跨期的知识

and qualities, **L1**：75，知识与性质

object of, **L1**：87,106 - 111,120 - 128,202,324；**L4**：17 - 18,40 - 59,67,78 - 84,112,193；**L14**：49 - 52,152 - 153，知识的对象

not immediate, **L1**：90,109 - 110,243 -

244,247 - 248,256,非直接、当下的知识

as consummatory, **L1**：97 - 98,圆满的
知识

and art, **L1**：100 - 131,知识与技艺；**L10**：
293 - 94,299,知识与艺术

as acquaintance, **L1**：247 - 248,知识作为
熟识

as contemplation, **L1**：249 - 250,沉思的知
识

and belief, **L1**：315 - 326,知识与信念；
L4：15,17,21 - 24,知识与信仰

as mode of interaction, **L1**：324,知识是交
互作用的一种样式

related to temperance and courage, **L2**：
128 - 131,134,与节制和勇敢相关的
知识

of knowledge, **L2**：132,133,135 - 142,
146；**L14**：17 - 19,知识的知识

correlated with certainty, **L2**：149,153,和
确定性相关的知识

related to ideas, **L2**：152,154,知识与观念
相关

political, **L2**：336 - 337,政治观念

divided, **L2**：344 - 345,区分观念

as tested, **L3**：50,被检验的知识

and opinion, **L3**：51；**L7**：363,知识和意见

two senses of, **L3**：57；**L17**：366n,知识的
两种含义

as subject of Gifford Lectures, **L4**：viii,知
识作为吉福德讲座的主题

related to history, **L4**：5 - 7,知识与历史
相关

effect of, **L4**：52,106,107；**L17**：xxxii,知
识的后果

types of, **L4**：61,72,156 - 160,163,166,
168,171,172,176 - 177；**L6**：80 - 81,
88 -89,知识的类型

attainment of, **L4**：63 - 69,72,136 - 140,
229,230；**L14**：43,46 - 47；**L17**：358,
391,获得知识

concepts of, **L4**：76 - 77,86,103,110 -
111,200；**L16**：53,57,86n,112,136,
147,157 - 160,162,知识的概念

humane, **L6**：52,61 - 62；**L16**：374 - 377,
人文知识

understanding as, **L7**：197,理解作为知道

and religion, **L9**：14 - 15,18 - 19,22 - 25,
28,知识与宗教

rational, **L11**：77 - 79,109,理性的知识

Peirce on, **L11**：86,91 - 92,107 - 109,
422 -423,480 - 481,483 - 484,皮尔士论
知识

theoretical vs. practical, **L11**：183 - 190,
215,理论知识与实践知识；**L15**：90,
164,理论的认识与实际的认识

related to education, **L11**：208；**L13**：282,
389,知识与教育相关

Hutchins on, **L11**：393 - 396,398 - 399,
402 - 407,哈钦斯论知识

and inquiry, **L12**：14 - 17,28 - 29；**L14**：
170 - 171；**L16**：88n,126,188,283 -
284,知识与探究

organization of, **L13**：55 - 56,376,知识的
组织

changes in, **L13**：155,知识上的变化

desire vs. , **L13**：162,172,欲望对知识

gap in, **L13**：250,知识鸿沟

vs. intelligence, **L14**：6 - 9,知识对理智

and futurity, **L14**：60 - 61,知识和未来性

Whitehead on, **L14**：132,怀特海论知识

vs. warranted assertibility, **L14**：169,知识
和有理由的判断性

Cohen on, **L14**：390 - 391,396,401；**L16**：
14,科恩论知识

Hocking on, **L14**：425,霍金论知识

subject-matter of, **L15**：93 - 96,认识的主
题；**L16**：127,知识的主题

physical vs. social, **L15**：222 - 223,251,
254,260,自然的(物理的)认识与社会的
认识

natural vs. spiritual, **L15**：268，自然的认
识与精神的认识

Nagel on, **L16**：14，内格尔关于知识

Comte on, **L16**：97 - 98，孔德关于知识

Hartshorne on, **L16**：166，哈茨霍恩关于
知识

Lewis on, **L16**：193n，刘易斯关于知识

need for, **L17**：48,70,456，对知识的需要

and custom, **L17**：433 - 434，知识与风俗

"Knowledge and Perception" (Bush), **M6**：
103n，《知识与知觉》(布什)

Knowledge and Reality (B. Bosanquet),
M10：427，《知识与实在》(鲍桑奎)

Knowledge for What? (R. Lynd), **L6**：xvii，
《需要什么样的知识?》(林德)

"Knowledge of Good and Evil, The"
(Royce), **E4**：197,199 - 200，《对善与恶的
认识》(罗伊斯)

Knowledge relation：知识关系

ubiquity of, **M6**：113 - 122，知识关系的无
所不在

Known objects, **L5**：xxvii-xxviii，已知对象

Knowns, **L16**：265,288,290,334,449，所知

Knox, Philander Chase, **M15**：85,117，诺克
斯，费兰德·齐思；**L5**：351,352；**L8**：15，
诺克斯，菲兰德·蔡斯

and outlawry of war, **M15**：405 - 406,411
- 412,414，诺克斯和战争非法化

Knox-Levinson plan, **M15**：410,412，诺克
斯-列文森计划

Kobe, Japan, **M11**：239，神户，日本

Koestler, Arthur, **L15**：xi,292,510，凯斯特
勒，阿瑟

Köhler, Wolfgang, **M12**：xxvi，苛勒，沃夫冈

Kokusai news service, **M11**：151，共同通讯
社；**M13**：87,241，国际新闻通讯社

Kolchak, Aleksandr Vasilyevich, **M13**：82,
234,235,237，高尔察克，亚历山大·瓦西
里耶维奇

Komsomols, **L6**：293，共青团

K. O. N. (Polish Committee of National
Defense)：波兰国防委员会

policies of, **M11**：249,296 - 297,304,318 -
322,329,396,400 - 401，国防委员会的
策略

accusations against, **M11**：261,262,291 -
297,396,404，国防委员会遭受谴责

formation of, **M11**：288 - 291，国防委员会
的组织形式

future of, **M11**：326 - 328，国防委员会的
未来

support for, **M11**：403,408，杜威支持国防
委员会

Königsberg, East Prussia, **M8**：156,160，哥
尼斯堡，东普鲁士

Konvitz, Milton R.：康维茨，弥尔顿

on Dewey's 1933 - 34 writings, **L9**：xi-
xxxii，康维茨论杜威 1933 - 1934 年的
著述

Koran, **M15**：131,132，古兰经

Korea, **M12**：6,28,31,33,62,64；**M13**：76,
84,259，朝鲜

national interests in, **M11**：153,154，朝鲜
的国家利益

China's and Japan's relation with, **M11**：
169,179,193,206,210 - 211,215 - 216,
220，朝鲜与中国和日本的关系

poppy-growing in, **M11**：238，朝鲜的鸦片
种植

North invades South, **L17**：140,561，朝鲜
进攻韩国

Korkunov, Nikolai M., **L6**：269，科尔库诺
夫,尼古拉·M

Korzybski, Alfred, **L16**：203，科日布斯基

Kosciusko, Thaddeus, **M11**：269,313，柯斯
丘什科,塔杜兹

Kozicki, Stanislas, **M11**：281，库兹斯基,斯
丹尼斯拉斯

Krabbe, Hugo, **L6**：269,270，克拉伯,许戈

on law-making, **L17**：101,102，胡戈论

立法

on sovereignty, **L17**：103,胡戈论主权

Kraus, Arthur J., **L11**：530 - 531,克劳斯,亚瑟·J

Krause, Karl Christian Friedrich, **M2**：180 - 181,克劳斯,卡尔·克里斯汀·弗里德里希

Kress, Paul, **L16**：xxiin-xxiiin, xxvi,克雷斯,保罗

Krestinsky, Nikolay N., **L15**：346,克雷斯廷斯基,尼古莱·N

Kreuger, Ivar, **L6**：244,克吕格,伊瓦尔

Krikorian, Yervant H., **L15**：xvi, 109,462 - 463,克雷克里恩,耶文特·H

Krivitsky, Walter G., **L15**：xii, 340,克里维斯基,沃尔特·G

Krock, Arthur, **L9**：287,克罗克,亚瑟

Kronstadt sailors, **L13**：400,喀琅施塔的水兵

Kropotkin, Piotr Alekseyevich, **M5**：45n; **L3**：13 - 15；**L7**：43,克鲁泡特金,彼得·阿列克塞维奇

Krug, Philip N., **L9**：348,克鲁格,菲利普·N

Krupskaya, Nadezhda Konstantinovna, **L3**：243；**L17**：494,569,克鲁普斯卡娅,娜杰日达·康斯坦丁诺夫娜

Kucharzewski, Jan, **M11**：271,275,古恰尔卓夫斯基,扬

Kuhn, Thomas Samuel, **L8**：xviii；**L16**：xxiii,库恩,托马斯·塞缪尔

Ku Klux Klan, **M15**：152,三K党

Kulakowski, Bronislaw D., **M11**：294,295,396,400 - 401,库拉科夫斯基,布罗尼斯劳·D

Kulaks, **L7**：427,富农

Kultur, **M10**：45,230,233,287；**L13**：84,150,文化

  compared with civilization, **M8**：168 - 169,文化与文明比较

British misunderstanding of, **M10**：221,英国对于文化的误解

Kumi, **L7**：23,组

Kunitz, Joshua, **L17**：571,库尼茨,乔书娅

Kuomintang, **M12**：254,国民党

Kurtz, Paul：库尔茨,保罗

  on Dewey's 1929 - 30 writings, **L5**：xi-xxxii,库尔茨论杜威 1929—1930 年的著述

Kuryer Polski (Milwaukee), **M11**：315,《波兰信使报》(密尔沃基,威斯康星州)

Kwangsi (Guangxi), China, **M13**：122,125；**L17**：31,556,广西,中国

Kwangtung (Guangdong), China, **M13**：121,122,124,125,128,132,134,广东,中国

Kyoto, Japan, **M11**：171,京都,日本

Laband, Paul, **L17**：101,559,拉邦德,保罗

Labor, **M14**：86 - 87,100；**L1**：69,71,73,78 -79,91,100 - 103,105,146 - 147,275 - 277；**L6**：235,236,251,381；**L8**：365,劳动、工作、劳工。另见 Child labor；Work

  in primitive society, **M5**：44,78；**L7**：41,72,原始社会中的劳动

  attitude toward, **M5**：145 - 146；**L7**：143 - 144,178,386；**L8**：61 - 62,对待劳动的态度

  of women and children, **M5**：483 - 484,528 - 531；**M11**：162,176；**M12**：75；**L7**：378,400,412 - 413,妇女作为劳动者,童工

  vs. leisure, **M9**：259 - 270,332,劳动对闲暇

  organized, **M9**：298,有组织的劳动

  related to capital, **M9**：323；**M12**：189,劳动与资本的关系

  affected by WWI, **M10**：296 - 297；**M11**：84,85,87 - 88,98,104 - 105,130,255,324,330；**M12**：20,第一次世界大战对

劳工的影响

in Japan, **M11**：xvii-xviii，161－166，176－177，日本的劳工

in England, **M11**：59，73，81，87，91，英国的劳工

and vocational education, **M11**：62－65，劳工与职业教育

problems of, **M11**：79－80；**M12**：8－11；**L10**：345－346；**L11**：169；**L17**：315－316，关于劳动的问题

corporations vs., **M11**：134；**L7**：379－380，392，公司与工人

management of, **M11**：142，333－334，劳工管理

in China, **M11**：191；**M12**：75－76，255，中国的劳工

European democracies and, **M12**：6，欧洲民主与劳工

international conventions of, **M15**：400，通过国联召开的劳工大会

laws concerning, **L2**：277，310；**L7**：377－379，394－401，412－422，432－433，有关劳动法

role in politics of, **L6**：172－173，254－255，劳工的政治角色

and Brookwood Labor College, **L6**：327－329，劳工与布鲁克伍德职业学院

and teachers, **L6**：434－445，劳工与教师

freedom of, **L11**：8－10，劳动自由

division of, **L11**：9，349－351，490－492；**L13**：180，劳动分工

influence of Moscow trials on, **L11**：327，333－334，莫斯科审判对劳动的影响

fund in behave of, **L14**：311，代表劳动的基金

manual vs. intellectual, **L15**：234，249，263，277，体力劳动和智力劳动

In USSR, **L15**：295－298；**L17**：501－504，苏联的强迫劳动

Labor, Bureau of Statistics of, **L17**：7－8，554，劳工统计局

Labor, Committee on, **L6**：381，劳工委员会

Labor and Nation, **L15**：249，509，《劳公与国家》

Laboratory：实验室

related to school, **M1**：51－52，实验室与学校其他部门的关系

value of, **L17**：67，68－69，221，实验室的价值

Laboratory methods：实验室方法

in education, **M10**：142－143，教育中对实验室方法的需要

Laboratory School, University of Chicago, **M1**：xviii；**M3**：275－277，279；**M6**：179；**L8**：109，芝加哥大学实验学校

Dewey's work at, **E5**：xiv；**M1**：xvi，xix，杜威在芝加哥实验学校的工作

purposes of, **E5**：xviii-xix，244，433－435，437；**L11**：191－192，实验学校的目的

organization of, **E5**：224－243；**L11**：196－200，实验学校的组织

described, **E5**：244－246，436－441，介绍实验学校

in university pedagogical work, **E5**：288－289，在大学教学工作中的实验学校

teachers in, **E5**：447，实验学校的教师

methods of, **L11**：193－195，200－201，205－206，实验学校的方法

curriculum of, **L11**：207－212，实验学校的课程

Labor Department, **L6**：351，劳工部

Laborers，劳动者。参见 Workers

"Labor Politics and Labor Educa tion," **L5**：387，《劳动政治与劳工教育》

Labor Research Fund, **L14**：311，劳动研究基金

Labor unions, **M10**：207；**M13**：429－430；**L5**：331－345，306；**L7**：393－394；**L9**：317－319；**L14**：375；**L15**：244－245，工会。另见 Teachers Union character of，**M5**：446－447，工会的特征

rights of，**M5**：450－452，工会权利

related to AAUP，**M8**：101－102，工会与
美国大学教授联合会相关

 for teachers，**M10**：ix，xxxiii-xxxiv,
xxxix，171－172，教师参加劳工工会的
需要

in Mexico，**L2**：207，墨西哥的工会

in economic crisis，**L9**：79－80，工会在经
济危机中

related to education，**L9**：125－126，工会
与教育相关

of farmers，**L9**：250,273，农民的工会

situation of，**L9**：333－335,340,341，工会
的处境

and dual unionism，**L9**：335－337，双重工
会制度

in Russia，**L17**：495，俄国的工会

Labour party（Great Britain），**M11**：73,81,
87,91,120；**L6**：172,246；**L9**：289，工党
（英国）

Laches（Plato），**L2**：124,127,130,132n,
134,139n,《拉凯斯篇》

Ladd，George T.：拉德，乔治·T

 on physiological psychology，**E1**：194－
204，拉德论生理心理学

Lafayette Escadrille，**L11**：528，拉法耶特飞
行队

Lafferty，Theodore T.，**L6**：311－312，拉弗
蒂，西奥多·T

La Follette，Robert M.，**M15**：xxivn，317,
拉佛勒特，罗伯特·马里昂；**L6**：381,394,
拉弗莱特，罗伯特·马里恩；**L15**：242，拉
福利特，罗伯特·马里恩

 in 1924 election，**L6**：171,234,356，拉弗莱
特在1924年竞选中

 and progressives，**L6**：355,440，拉弗莱特
与进步人士会议

La Follette，Suzanne C.，**L11**：314,323;
L13：395,404，拉弗丽蒂，苏珊娜·C

on *Mission to Moscow*，**L15**：345－355，拉
福利特论《莫斯科的使命》影片

Pope responds to，**L15**：492－501，波普对
拉福利特的回答

LaGuardia，Fiorello，**L11**：175；**L14**：247,
358,431，拉瓜迪亚，菲奥雷洛/费奥勒拉

Laidlaw，Robert W.，**L11**：530，雷德洛，罗
伯特·W

Laidler，Harry W.，**L6**：xvii，326；**L11**：
517,519；**L14**：262，莱德勒，哈里

Laird，John，**L15**：425n，莱尔德，约翰

Laisant，Charles A.，**M3**：222，莱桑，查尔
斯·A

Laissez-faire，**M5**：151,425,432；**M7**：58;
M10：240－242；**L2**：281,292；**L4**：169;
L7：177,328,333；**L8**：51,57；**L15**：61,
253，自由放任主义、不干涉主义

 origin of，**L7**：250，自由放任主义的起源

 individualism，**L7**：428；**L11**：258,366－
367；**L13**：114,125,157,182，自由放任
的个人主义

 fatalism and，**L8**：63－64，失败主义与自由
放任主义

 repudiation of，**L8**：73,75，对自由放任主
义的否认

 in religion，**L9**：xx，52,54,55，宗教中的自
由放任

 in social conditions，**L9**：52,54，社会现状
中的自由放任

 in economics，**L9**：206,297；**L13**：137，经
济学中的自由放任

 liberalism，**L11**：17－19,26,29,61,63,283－
287,289－291,296－297,365－367,
374；**L13**：81－82,134,146；**L15**：215－
218，自由放任的自由主义

 doctrine of，**L11**：32,270,284,291，自由放
任学说

 and deductive logic，**L12**：499，不干涉主义
与演绎逻辑

Lalande，André，**L16**：20n，43,163，拉朗德,

安德烈

Lamb, Charles, **L5**：394；**L10**：145，288；**L13**：226 - 227，兰姆，查尔斯

Lamb, Mary Ann, **L5**：394，兰姆，玛丽·安

Lambeth Conference, **L7**：460，兰贝斯大会

Lammasch, Heinrich, **M15**：402，拉马西，亨里奇

Lamont, Corliss, **L11**：425 - 427，拉蒙特，柯利斯

Lamont, Thomas W.，**M13**：86，87，89，96，124，拉蒙特，托马斯·W

Lamprecht, Karl, **M8**：474，兰普雷茨，卡尔

Lamprecht, Sterling P.，**M15**：xii，30 - 32；**L14**：306；**L15**：459，兰普雷希特/兰普雷克特，斯特林·P

    on Dewey's theory of knowledge, **M15**：27，28，371 - 377，兰普雷希特关于杜威的知识理论

Lancret, Nicolas, **L10**：133，朗克雷，尼古拉

Land：土地

    ownership of, **M5**：24，29 - 30；**L7**：23，28 -29；**L13**：291，土地所有权

    socialization of, **L11**：256 - 257 土地的社会化

    tenure and taxation, **L14**：94，土地占有与税收

    discovery of new, **L17**：455，新大陆的发现

Landman, Isaac, **L5**：396，兰德曼，伊萨克

Land value, **L9**：277，290，土地价值

    and taxation, **L9**：64 - 65，261，土地与税收

    and farmers, **L9**：250，255，257，258，262 - 263，269 - 270，土地与农民

    in New York City, **L9**：257 - 258，265，纽约的土地

    People's Lobby on, **L9**：263 - 264，人民游说团催促土地改革

    U. S. Constitution and, **L9**：266，美国宪法与土地

    according to George, **L9**：301，依据乔治的土地计划

Lane, Franklin K.，**L6**：370 - 371，504，莱恩，富兰克林·K

Lane School (Chicago), **M8**：380 - 382，莱恩学校(芝加哥)

Lang, Andrew, **L14**：193，朗，安德鲁

Lange, Friedrich Albert, **M8**：176，朗格，弗里德里希·阿尔贝特。另见 James-Lange theory

Langer, Susanne K.，**L10**：xv；**L15**：418 - 419，朗格，苏珊娜·K

Langfeld, Herbert S.，**L16**：170n，朗菲尔德，赫伯特·S

Langford, Cooper Harold, **L16**：193n，209n，朗福德，库伯·哈罗德

Langlois, Charles Victor, **L16**：43，朗格卢瓦，夏尔·维克多

Language, **M14**：43，56 - 57，69；**L1**：72 - 73，132 - 161，198，213 - 217，222 - 223，226 - 228，333 - 334；**L4**：xiii，xviii，xix；**L8**：282 - 283；**L11**：51，70，515；**L12**：21，245，249 - 251，263 - 265，501；**L13**：96，193 - 196，236，语言。另见 Symbols, **L12**

    of idealism, **E2**：xxiv，唯心主义的语言

    in spatial and temporal association, **E2**：91 -93，空间联想中的语言，合成联想中的语言

    and mind, **E2**：185 - 186；**M7**：395 - 397，语言与心智的联系

    impulses related to, **E2**：223 - 224，307；**L17**：307，与语言相关的冲动

    French vs. German, **E3**：209 - 210，法语对德语

    infant, **E4**：66 - 69，婴儿语言

    as tool of communication, **E5**：90；**L2**：82 -85，作为交流工具的语言

    in teaching drawing, **E5**：198，语言在绘画教学中

    study, **E5**：254，257，259 - 260，266，439，语言研究

    references on, **E5**：336 - 337，语言研究的

文献

child's use of，**E5**：439；**M1**：33－36，77－78，儿童对语言的运用

and thought，**M6**：314－318；**L3**：37；**L8**：301－314；**L13**：328，329，语言与思维；**L15**：78－79，211，语言与思想

in education，**M6**：318－327；**M9**：18－20；**L15**：266；**L17**：291，教育中的语言

related to science，**M7**：120－127；**M9**：290－298；**M10**：122，**L13**：249；**L16**：152 语言与科学

fixed by environment，**M9**：21－22，37－38，43－44，81，由环境所确定的语言

history of，**M9**：291，语言史

in China，**M12**：24，中国的语言

and understanding，**M13**：xiv，355，375，383，415，语言与理解

experience in，**M13**：356，语言中的经验

function of，**M13**：384；**L3**：36－37；**L6**：425；**L16**：44－45，139－40，148n，182－83，语言的功能

related to philosophy，**L2**：47－50；**L14**：139，325；**L16**：303，与哲学有关的语言

and meaning，**L3**：84，404－408；**L12**：82，187－188，214，223，284－286，语言和意义

symbols in，**L3**：413－414；**L6**：4－5，语言中的符号

related to context，**L6**：3－4，语言与语境相关

as socializing agency，**L7**：14，43；**L17**：235－237，313，321，语言作为社会交往的工具

art of，**L10**：vii，xv，111，153，219，232，242，291，331，337－338，语言的艺术

in logical theory，**L12**：26－28，45，49－66，105；**L16**：207－209，逻辑理论中的语言

esthetic，**L12**：75－76，89，101，176－179，205，239，372，审美的语言

and definition，**L12**：341－342，语言与定义

technical，**L13**：322，技术语言

general theory of，**L14**：xvi-xix，语言的一般理论

Jefferson and，**L14**：207－208，杰斐逊与语言

of ethics，**L15**：127－130，136－140，伦理学语言

Peirce on，**L15**：143－152；**L16**：10，皮尔士论语言

mathematics as，**L15**：377，数学作为语言

treatment of，**L16**：xxxiii，xxxiv，4，11，语言的处理

necessary to inquiry，**L16**：xxxvi-xxxvii，49－50，55，189，语言对探究来说必要

Carnap on，**L16**：25－26，32，卡尔纳普关于语言

C. Morris on，**L16**：33－35，210－241，莫里斯关于语言

defects in，**L16**：56n，145－146，275，语言的缺陷

in psychology，**L16**：132n，心理学中的语言

nature of，**L16**：134，298，309，344，445－446，语言的本质

as life-process，**L16**：134n，327，语言作为生命过程

form of，**L16**：143－144，语言的形式

Kantor on，**L16**：191－192，坎特关于语言

Kaufmann on，**L16**：196n，考夫曼关于语言

of Russell，**L16**：199－203，罗素关于语言

as name，**L16**：266，语言作为名称

Language，Truth and Logic（Ayer），**L14**：xv，《语言、真理和逻辑》（艾尔）

Language and Reality（Urban），**L15**：425n，《语言与实在》（厄本）

Lankester，Edwin Ray，**M5**：157n，兰克斯特·埃德温·雷

L'Année pédagogique，**M7**：113n，500，《教

育年鉴》

Lansing, Robert, **M11**：264，394；**M12**：13；**M13**：90；**M15**：105，兰辛，罗伯特

Lansing-Ishii agreement, **M13**：83，162，166，191，《兰辛-石井协定》

Lao-tze, **L1**：47，老子

 related to Confucianism, **M13**：221 - 225，老子与孔子

Laplace, Pierre Simon, **M8**：8，458；**L4**：xv，161；**L14**：107，拉普拉斯，皮埃尔-西蒙

Lapp, John, **M10**：303 - 304，拉普，约翰

Larmor, Joseph, **L16**：99，拉莫，约瑟夫

Larrabee, Harold A., **L15**：462，拉腊比，哈罗德·A

Lashley, Karl Spencer, **L16**：117n，拉什利，卡尔·斯宾塞

Laski, Harold J., **L2**：39，40，41n，拉斯基，哈罗德·J

Lassalle, Ferdinand, **E4**：215；**M8**：176，拉萨尔，费迪南德

Last Puritan，The (Santayana)，**L11**：446 - 449，《最后的清教徒》（桑塔亚那）

Lathrop, Julia C., **L17**：517，573，莱斯罗普，茱利·C

Latin, **M1**：297；**L15**：278，拉丁语

Latin America, **L15**：371，拉丁美洲

 U. S. intervention in, **L6**：209，219，364，美国对拉丁美洲的干涉

 disputes in, **L6**：215，拉丁美洲的争论

Latins：拉丁人

 on feelings, **L17**：343 - 344，拉丁人论感情

Latvians (Letts), **M11**：266，拉脱维亚人（列托人）

Laughing Horse（Willard Johnson），**L5**：417n《笑马杂志》（威拉德·约翰逊）

Laughter, **E4**：155，157 - 158，笑

Laurie, Simon Somerville, **E4**：352，劳里，西蒙·S

Lausanne, France, **M15**：78，402，洛桑，法国

 second conference of, **L2**：190，第二次洛桑会议

Lausanne Agency, **M11**：278 - 280，283，284，289，洛桑的机构

Lavine, Thelma Z., **L15**：460 - 461，拉文，塞尔玛·Z

 on *Knowing and the Known*, **L16**：ix-xxxviii，拉文关于《认知与所知》

Lavoisier, Antoine Laurent, **L14**：391，396 - 397，拉瓦锡，安托万·洛朗德

Law, **M12**：114 - 116，法律；**L4**：222，法则；**L11**：35，53，59 - 60，374，538，法（律）；**L13**：150，183 - 184，规律（法律、法则）。另见 Induction, **L12**；International law；Natural law

 and social development, **E3**：220，法则与社会发展；**M10**：154 - 155，法律与社会发展；**L2**：357 - 358；**L13**：352，社会发展规律

 as side of obligation, **E3**：328，作为道义的一方面的法则

 related to morality, **E3**：349 - 352；**E4**：73 - 75；**M5**：180 - 181，207；**L3**：19；**L7**：xxvi；**L17**：101，393，法律与道德

 history of, **E4**：37 - 41；**M1**：158 - 159；**L3**：326 - 329；**L8**：8，法律的历史

 related to sovereignty, **E4**：81 - 88，法律和主权的关系

 teaching of, **M1**：291；**L15**：278，法律教学

 logical method in, **M4**：199 - 200；**M15**：66 - 70，72 - 75，法律的逻辑方法

 in primitive groups, **M5**：61 - 65；**L7**：56 - 60，早期群体中的法律

 Greek conception of, **M5**：106 - 107，114；**L7**：97 - 98，104，古希腊的法律概念

 in *Cyclopedia of Education*, **M7**：269 - 271，法律（《教育百科全书》）

 Dewey's concept of, **M10**：xxviii；**L14**：xxi-xxiv，115 - 122，杜威的法律概念

 related to force, **M10**：211 - 215，244 - 251；**L6**：213 - 214，218，219，451，463 -

465,法律与力量的关系

Kipling on, **M10**：403,吉普林论美国法律

authority of, **M11**：18 - 40；**L7**：182,216,
220,227,法律的权威

and war, **M11**：122 - 126,388 - 392；
M15：92,116 - 117,法律与战争

and League of Nations, **M11**：128,129,法
律与国联

regulates labor, **M11**：162,163,176；**L7**：
377 - 379,386,394 - 401,412 - 422,
432 -433,规范劳工的法律

in China, **M11**：213,219；**M12**：41 - 50,
中国的法律

controlling drug traffic, **M11**：236 - 240,
控制毒品交易的法律

and philosophy, **M11**：349,法律与哲学

reason and, **M12**：136,理性与法律；**L13**：
80,理性与法则

freedom and, **M12**：198；**M15**：202；**L13**：
109,法律和自由

in international relations, **M15**：xiv, 54 -
56,90 - 91,94,108 - 109,111,113 -
114,122 - 123,国际关系中的法律

in social philosophy, **M15**：42,58,62,74 -
75,234 - 235,260 - 261,269 - 271,社会
哲学中的法律

and outlawry of war, **M15**：62 - 64,99,
107 -108；**L3**：354 - 357,法律和战争非
法化

rules of, **M15**：71 - 72,74 - 76,法律的
统治

and World Court, **M15**：89,93 - 94,法律
和永久国际正义法庭

concept of person in, **L2**：22 - 43；**L6**：268 -
270,法律中的人格概念

in Mexico, **L2**：194 - 196,墨西哥的法律

nature of, **L2**：268 - 271；**L5**：10,法则的
本质；**L7**：103,123,152,252；**L8**：357,
法律的本质；**L10**：27,153,154,286,
295,303；**L16**：158,366,379,法则的

本质

Holmes on, **L3**：181 - 182,霍尔姆斯关于
法律

compared with good, **L5**：497 - 503,与善
相比的法则

and Depression, **L6**：345,356,375,377 -
378,440 - 441,立法与经济萧条

and railroad property, **L6**：370,371,法律
与铁路公司财产

and birth control, **L6**：388 - 389,立法和生
育控制

propaganda against, **L6**：393,报纸败坏
立法

of Israel, **L7**：86,90 - 91,以色列的法律
概念

Roman, **L7**：130 - 133；**L8**：35,罗马法

of Renaissance, **L7**：139,文艺复兴的法律

Kant on, **L7**：155,221,229,康德论法律

on conduct, **L7**：278,合法的行为

cultural value of, **L7**：364,法律的文化
价值

contribution of Brandeis to, **L9**：237 - 239,
布兰代斯对法律的贡献

transmits civilization, **L10**：329,332,340,
法则传承文明

common, **L11**：8 - 9,11,普通法律

scientific, **L11**：9 - 10,108 - 11,289,434 -
435；**L12**：352,370 - 371,394 - 395,
428 -432,524；**L14**：104 - 108；**L15**：
312 - 313；**L16**：98n, 99n, 105 - 108,
418,科学规律

Bentham on, **L11**：12,边沁关于法律

Lippmann on, **L11**：494 - 495,李普曼关于
法律

and forms, **L12**：24,105 - 106,187 - 188,
370 - 371,法律与形式

problem of, **L13**：82,法律问题

and culture, **L13**：85,法律与文化

in Marxism, **L13**：119 - 120,124,马克思
主义对法律的见解

国联的支持者

international cooperation through，**M15**：78 - 82，380 - 381，通过国联的国际合作

attitude of Europe toward，**M15**：83 - 85，欧洲对国联的态度

and World Court，**M15**：380，386 - 387，393，395 - 396，国联和永久国际正义法庭；**L2**：170，国联与联盟法院

and Far Eastern conflict，**L6**：194 - 195，202 - 203，454；**L17**：140，国际联盟与远东冲突

failure of，**L6**：196，197，205 - 207，450，457 - 459，466，国际联盟的失败

use of sanctions by，**L6**：197 - 200，208 - 209，471 - 473，484，由国际联盟实施的制裁

Council of，**L6**：452，453n，466，国际联盟理事会

and disarmament，**L6**：459 - 461，国际联盟与裁军

Convention for Financial Assistance under，**L6**：476，国际联盟之下的《财政援助公约》

Balch works for，**L17**：149，巴尔奇为国际联盟工作

League of Nations, Covenant of，**M11**：159；**M15**：95，102，107，116，380，399，403，405，《国联公约》；**L6**：xx，203，204，208，467，472，《国际联盟盟约》；**L8**：13，《国家联盟的协约》；**L17**：561，《国际联盟盟约》

articles of，**L6**：22，194，200，201，222，450，452，453n，455，462，464n，466，471，480，《国际联盟盟约》条款

and Pact of Paris，**L6**：194，195，222，《国际联盟盟约》与《巴黎公约》

and use of sanctions，**L6**：200，452 - 454，《国际联盟盟约》与实施裁军

as means for international law，**L6**：205 - 206，451 - 454，《国际联盟盟约》作为国际法工具

Japan violates，**L6**：450，452，466，日本违背《国际联盟盟约》

League of Nations Association，**L6**：337，国际联盟协会

League to Enforce Peace，**M15**：404，405；**L5**：351；**L6**：473，和平促进联盟

Learner，参见 Students

Learning，**M12**：xv，学习、学问、研究；**L1**：213 - 215；**L13**：6；**L15**：77，学习

psychology of，**E5**：229，学习心理学

directed vs. haphazard，**M1**：24 - 28，偶然学习对有指导的学习

by animals，**M6**：265；**L8**：223，动物的学习

through communicated information，**M6**：335 - 337；**L8**：323 - 325，通过交流信息来学习

methods of，**M7**：xxiii；**M8**：xxxiii，253 - 274；**M9**：176，181 - 182；**L5**：412 - 416；**L17**：213 - 225，学习方法

Rousseau on，**M8**：219 - 221，卢梭论学习

related to knowledge，**M9**：156，340，与知识相关的学习

fifteenth-century revival of，**M9**：290，15世纪的学识复兴

nature of，**M9**：344 - 345，学习的含义；**L8**：176 - 177，264；**L11**：35，238 - 242，学习的本质；**L13**：31，40，51，学习的性质

in and out of school，**M9**：368 - 369；**L17**：55，校内和校外的学习

Bacon's three kinds of，**M12**：95 - 96，培根的三种学习

by experience，**L2**：56；**L13**：8，12，20，22，218 - 219，296，通过经验学习

attitudes toward，**L13**：29，学习态度

aims of，**L17**：56，学习的目标

physical activity in，**L17**：217，学习中的身体活动

eagerness for，**L17**：463，学习的渴望

books for，**L17**：463－464，用于学习的书籍

Learning to Earn（Lapp and Mote），**M10**：303－304，《学会获利》（拉普和莫特）

Lebensanschauung，**M7**：418，《生命直观》

Lebensraum，**M8**：435，生存空间

Leboit, Joseph，**L9**：320，勒布尔特，约瑟夫

Le Bon, Gustave，**M14**：45n，利本，古斯塔夫

Lecky, William E. H.，**L11**：456，莱基，威廉·E·H

Le Conte, Joseph，**M2**：149，孔特

Lecture：演讲

  as system of teaching，**E3**：147，作为教学制度的演讲

  vs. dialogue，**L17**：185，演讲与对话相对

Lectures on the Philosophy of History（Hegel），**M8**：193,441，《历史哲学》（黑格尔）

Lectures on the Relation between Law and Public Opinion in England during the Nineteenth Century（Dicey），**L11**：17,《19世纪英国的法律和公众舆论关系的系列讲座》（戴西）

Lednicki, Aleksander，**M11**：295，列德尼茨基，亚历山大

Lee, Harold N.，**L16**：345,470，李，哈罗德·N

Lee, Ivy，**L6**：60，李，艾维

Lee, Vernon，**L10**：107－109,357，李，弗农

Leeds, Morris E.，**L11**：567n，里兹，莫里斯·E

Lefkowitz, Abraham，**L9**：326,341，莱夫科维茨，亚伯拉罕

Left, political，**L17**：xxiv，左派

  control by，**L16**：362－363,375－376，受左派控制

Legal：法律

  institutions，**M14**：90；**L2**：32,246,265，法律制度

  positivism，**L14**：xxii-xxiii，法律实证主义

realism，**L14**：xxiii-xxiv，法律实在主义

philosophy，**L14**：120－121，法律哲学

freedom，**L14**：247－248，法律自由

Legal Foundations of Capitalism,（Commons），**L16**：101n，《资本主义的法学基础》（康芒斯）

Legalism，**L11**：490,492－493，守法主义

"Legal Personality,"**L2**：22，法人人格

"Legal Status of War, The"（Levinson），**L5**：352，《战争的合法地位》（莱文森）

Legends，**L9**：40；**L10**：321,330，传说

Léger, Alexis Saint-Léger，**L5**：353，勒泽，亚历克西·圣勒泽

Legislation，参见 Law

Legislature，**L11**：59－60，立法机关

Lehigh University，**L6**：49n, 311n, 419；**L17**：527，利哈伊大学

Lehman, Herbert H.，**L14**：370，莱曼，赫尔伯特·H

Leibniz, Gottfried Wilhelm，**E1**：203；**M5**：154；**M7**：276,324；**M8**：167,194，莱布尼茨，戈特弗里德·威廉；**M12**：xiv, 242，莱布尼兹，戈特弗里德·威廉；**L1**：115n；**L2**：70；**L4**：125；**L5**：377,379,381；**L7**：145；**L10**：xiii，莱布尼茨，戈特弗里德·威尔海姆；**L14**：379,394；**L15**：xiii, xxviii, 30，莱布尼茨，戈特弗里德·威廉

  Dewey on，**E1**：xxxii-xxxv；**E4**：xiv-xv，杜威论莱布尼茨

  biography of，**E1**：255－267，莱布尼茨传记

  philosophy of，**E1**：268－283,427－435，莱布尼茨哲学

  on problem of unity，**E1**：284－298，莱布尼茨论统一问题

  on monads，**E1**：292－295,297－298,318,346－351,362－363，莱布尼茨论单子

  opposes Locke，**E1**：299－312,321－322,344－345,373－383，莱布尼茨对洛克的批判

  on sensation and experience，**E1**：313－

326,莱布尼茨论感觉与经验

on impulse and will, **E1**：327 - 341,莱布尼茨论冲动与意志

on relation of matter to spirit, **E1**：342 - 354,莱布尼茨论物质及其与精神的关系

on reality of sensible phenomena, **E1**：355 - 372,莱布尼茨论感觉现象的实在

on knowledge, **E1**：384 - 402,莱布尼茨论知识

theology of, **E1**：403 - 413,莱布尼茨的神学

criticized, **E1**：414 - 426,批判莱布尼茨哲学

and moral philosophy, **E4**：143,莱布尼茨和道德哲学

on necessity, **M2**：150,152,莱布尼茨论必然性

on nisus, **M2**：155,莱布尼茨论奋斗

on optimism, **M2**：175；**M7**：293,296,莱布尼茨论乐观主义

on organic, **M2**：177 - 178,莱布尼茨论有机

on rationalism, **M2**：217；**M10**：18,莱布尼茨论理性主义

on preestablished harmony, **M6**：420,莱布尼茨论前定的和谐

on evolution, **M6**：421,莱布尼茨论进化

Santayana on, **M10**：306,307,桑塔亚那论莱布尼茨

on organic universe, **L10**：208,莱布尼茨论有机的宇宙

vis viva of, **L16**：107,莱布尼茨的动力

insistence on simple, **L17**：415n - 416n, 565,莱布尼茨对简单性的坚持

Leipzig school of psychology, **M1**：xii-xiii,莱比锡心理学学院

Leisure, **L1**：76,空闲、休闲；**L4**：4,6；**L8**：62,86；**L10**：267,346,闲暇

vs. labor, **M9**：259 - 270,332,闲暇对劳动

role of, in citizenship, **M15**：167,在公民权中休闲的作用

education and, **M15**：167 - 169,190,194 - 195；**L6**：112,134 - 135,教育与闲暇

moral problems connected with, **M15**：168 -169,和休闲相关联的道德问题

influence of, **L17**：515,闲暇的影响

Lemaître, Jules, **L10**：308,309,365,勒梅特尔,于勒

Lemberg, Galicia, **M11**：263,281,利沃夫,加利西亚

Length：长度

as scientific unit, **L12**：438,475 - 478,作为科学单位的长度

Lenin, Vladimir Ilyich, **M11**：270；**L6**：264；**L9**：105；**L11**：312,334,592；**L13**：90,134,393；**L14**：371,427；**L15**：339；**L17**：117,502,569,列宁,弗拉基米尔·伊里奇

on education, **L3**：232；**L17**：493 - 494,列宁论教育

philosophy of, **L5**：355 - 358,列宁的哲学

and Dewey, **L7**：xvii,列宁和杜威

Brameld on, **L9**：244 - 245,布拉梅尔德谈及列宁的学说

on seizure of power, **L13**：400,列宁论夺取政权

internationalism of, **L15**：291,373 - 374,列宁的国际主义

power of, **L17**：491,列宁的权力

on illiteracy, **L17**：494,列宁论文盲

on Russian barbarism, **L17**：498,列宁论俄国的野蛮状态

Leningrad, USSR, **M11**：267,275,295；**L10**：319,列宁格勒,苏联

impressions of, **L3**：202 - 216,列宁格勒的印象

contrasted with Moscow, **L3**：208,216,222 - 223,列宁格勒与莫斯科的对比

"Leningrad Gives the Clue," **L7**：xvii,《列宁格勒给出了启示》

Léon, Xavier, **L5**：279n, 496 - 497,

501,503,

Leonardo da Vinci, **M12**：xii；**L1**：124；**L10**：177,294；**L16**：372,列奥纳多·达·芬奇

Lepley, Ray, **L15**：63n；**L16**：344n,357n,470,莱普利,雷

Lerner, Max, **L9**：237－238,勒纳,马克斯

Leroy-Beaulieu, Anatole, **M11**：277,列奥-布留尔,阿纳托利

Lesser Hippias (Plato), **L2**：124,127,《小希庇亚斯篇》(柏拉图)

Lessing, Gotthold Ephraim, **E1**：265,428；**E4**：193,194；**M2**：184；**M6**：409；**M8**：194；**M9**：64；**M10**：226；**L17**：340,565,莱辛,戈特霍尔德·埃弗赖姆

"Lessons from the War — in An thropology" (M. Mead), **L14**：431,《战争的教训——从人类学的角度看》(米德)

Letters of William James, The (H. James), **L15**：20,《威廉·詹姆斯书信》(詹姆斯)

"Letters on the Esthetic Educa tion of Man" (J. Schiller), **L10**：286n,《审美教育书简》(席勒)

Letter to Menoeceus (Epicurus), **L15**：418,《致梅诺塞斯的信》(伊壁鸠鲁)

"Letter to the Liberals" (Tolstoy), **L17**：383,《致自由派的信》(托尔斯泰)

Leucippus, **M7**：275,留基伯；**M15**：337,鲁西帕斯

Leviathan (Hobbes), **M11**：21－23,30,36n,38－39；**L13**：141,401,《利维坦》(霍布斯)

Levinson, Salmon O., **M13**：411；**M15**：xiv-xv, xvi, xviiin, 62,92,103,110,116,119,列文森,萨蒙·O；**L2**：171；**L6**：xx, xxin, 219,223n,莱文森,萨蒙·O；**L8**：14,15；**L11**：xxxin；**L17**：559,列文森,萨蒙·O
  on outlawry of war, **M11**：122,125,388－392,403,莱文森论战争的不合法；**M15**：105,404－405；**L3**：163,353,列文森论战争非法化；**L5**：349－354,莱文森与战

争非法化
  and peace-sanction, **L6**：192,莱文森提出的和平制裁
  on peace movement, **L15**：xxiii, 301－302,莱文森论和平运动

Levitas, Anzia Yezierska, **M11**：260,396,莱维塔,安齐娅·叶捷斯卡

Levy, Hyman, **L15**：507,利维,海曼

Levy-Bruhl, Lucien, **L3**：15,列维-布鲁尔,卢西安；**L5**：499,莱维-布吕尔,吕西安；**L15**：382n,利维-布吕尔,卢西恩；**L16**：310,列维-布留尔,吕西安

Lewes, George Henry, **E3**：20；**M2**：219；**M3**：56；**L8**：34,刘易斯,乔治·亨利
  defines science, **E1**：185,刘易斯定义科学
  career of, **E1**：207,刘易斯的哲学生涯
  on human organism, **E1**：296,刘易斯论人类有机体

Lewin, Kurt, **L16**：125n；勒温,库尔特

Lewinski-Corwin, Edward H., **M11**：314,莱温斯基-科文,爱德华·H

Lewis, C. I., **M7**：xiv；**L11**：592,593,刘易斯,C·I；**L14**：xvii,路易斯,C·I；**L15**：32－33；**L16**：32,209n,刘易斯,C·I
  Kurtz on, **L5**：xxix-xxx,库尔茨论刘易斯
  on Dewey's theory of knowledge, **L5**：216－217,477－486,刘易斯论杜威的知识理论
  on philosophic method, **L5**：235,刘易斯论哲学方法
  on deduction, **L12**：479,刘易斯论演绎
  Bentley on, **L16**：xxx, xxxi,本特利论刘易斯
  epistemology of, **L16**：8－10,刘易斯的知识论
  meanings of, **L16**：36－38,45,刘易斯的意义
  replies to Baylis, **L16**：38n,刘易斯回复贝里斯
  logic of, **L16**：193n,刘易斯的逻辑学

Lewis, David J. , **L6**：381,刘易斯,戴维·J

Lewis, George Cornewall：刘易斯,乔治·科尼沃尔

   and theory of sovereignty, **E4**：70 - 73,75, 90,刘易斯和主权论

Lewis, J. David, **L6**：xiii,刘易斯,J·戴维

Lewis, Mary H. , **L3**：330 - 331,刘易斯,玛丽·H

Lewis, Sinclair, **L6**：329；**L10**：347,刘易斯,辛克莱

Lewis and Clark expedition, **L8**：173,路易斯和克拉克的远征

Leys, Wayne A. R. ,雷斯,韦恩·A·R

   on Dewey's 1893 - 94 writings, **E4**：xiii-xxiv,雷斯关于杜威

Liberal arts, **L15**：188 - 189,自由的技艺

   historical meaning of, **L15**：248 - 249, 257,276 - 277,自由的技艺的历史意义

   curriculum of, **L15**：278 - 280,自由的(文科的)课程

Liberal arts college,参见 College

Liberal education, **L15**：276 - 280,333 - 336, 378,483 - 484,自由教育、人文教育

   in *Cyclopedia of Education*, **M7**：271 - 275,人文教育(《教育百科全书》)

   vs. industrial education, **M9**：259,265 - 266,自由教育对行业教育

   Aristotle on, **M9**：262,亚里士多德论自由教育

   as vocational, **M9**：322,实际上是职业性的自由教育

   meaning of, **M10**：156,自由教育的意义

Liberal Education, Commission on the Function of Philosophy in, **L15**：154 - 155,哲学学会委员会在自由教育方面

Liberalism, **M12**：8,19,23,27,30,48,69 - 70；**M14**：210；**L2**：319；**L12**：511,自由主义

   of Japan, **M13**：84,257,260,日本的自由主义者

allied with irrationalism, **M13**：421,496 - 499,与非理性主义相结合的自由主义

in religion, **M15**：5 - 7；**L9**：xix,24,216 - 218,222；**L14**：288；**L15**：269 - 270,宗教中的自由主义

in politics, **M15**：396；**L6**：184,政治中的自由主义

nature of, **L3**：xxvi-xxviii,97 - 101；**L13**：316；**L14**：150,252 - 254；**L15**：248 - 249,自由主义的性质

Locke on, **L3**：97,102；**L17**：437,洛克论自由主义

Kurtz on, **L5**：xvi-xvii,库尔茨论自由主义

faults of, **L5**：70,346 - 348；**L11**：63,144, 296 - 297；**L15**：168；**L16**：375,379；**L17**：444,自由主义的缺点

Niebuhr on, **L9**：73 - 74,400 - 401,404 - 405,尼布尔谈及自由主义

Macintosh on Dewey's view of, **L9**：418 - 419,麦金塔谈及杜威的自由主义观

social, **L11**：xxv-xxvi,291 - 295,495,社会自由主义

crisis in, **L11**：xxvii-xxxi,23 - 37,39,自由主义的危机

history of, **L11**：5 - 22,136,282 - 285, 289 -291,364 - 367；**L14**：313,自由主义的历史

utilitarianism related to, **L11**：11 - 15,功利主义与自由主义有关

split in, **L11**：21,284 - 288,374,489,自由主义的分裂

values of, **L11**：25 - 41,44 - 45,65,自由主义的价值

renascent, **L11**：41 - 65,新生的自由主义

future of, **L11**：258 - 260,自由主义的未来

humane, **L11**：282 - 88,365 - 367,人道的自由主义

Lippmann on, **L11**：489 - 493,李普曼论自由主义

Spender on, **L11**：496-497, 斯本德论自由主义

Jefferson on, **L13**：67, 杰斐逊论自由主义

laissez-faire, **L13**：81-82, 134, 137, 146; **L15**：215-218, 自由放任的自由主义

empiricism related to, **L14**：192, 与经验主义结盟的自由主义

affect by war, **L14**：250, 战争所影响的自由主义

Mackay on, **L15**：41, 399, 麦凯论自由主义

individualism in, **L15**：213, 231, 自由主义中的个人主义

need for principles of, **L15**：249-250, 自由主义要有原则

in education, **L15**：257, 262-265, 276-280, 333-336, 378, 483-484, 教育中的自由主义

publications espousing, **L15**：362, 支持自由主义的出版物

socialism and, **L17**：116, 社会主义与自由主义

conservatism and, **L17**：430-431, 保守主义与自由主义

Liberalism and Social Action, **M9**：xii,《自由主义和社会行动》；**L1**：viii,《自由主义与社会行为》；**L5**：xvi,《自由主义与社会行动》；**L6**：xvi,《自由主义和社会行动》；**L11**：xiii, xxiv, xxvii-xxxi,《自由主义与社会行动》

"Liberalism as Faith in Intelli-gence"(Randall), **L11**：359,《自由主义即信仰智力》(兰德尔)

Liberal party（Great Britain）, **L11**：496; **L17**：134, 560, 自由党(大不列颠)

Liberals, **L11**：5, 45, 116, 374, 自由主义者
  task of, **M13**：496-497, 自由主义者的任务
  faults of, **L11**：14, 25-36, 63-64; **L15**：242-243, 自由主义者的缺点
  and Trotsky inquiry, **L11**：316-319, 329, 自由主义者与托洛茨基案调查

"Liberating the Social Scientist," **L15**：xxvi,《解放社会科学家》

Liberation: 解放
  of mankind, **L13**：351-353, 人类解放

Libertarianism, **E4**：91-94; **M6**：419, 自由意志论

Liberty, **L9**：87-90; **L15**：170, 自由。另见 Freedom
  Mill on, **M5**：xi, 穆勒论自由
  Enghish constitutional, **M11**：20, 反制度化的控制
  and law, **M11**：39, 自由与法律
  related to philosophy, **M11**：49-50, 349, 自由与哲学的关系
  sacrificed in war, **M11**：184, 战争中舍弃的自由
  of thought, **L2**：277-279; **L7**：358-366; **L13**：316, 思想自由
  as end in itself, **L2**：289, 自由作为目的
  and individuality, **L2**：296-297, 355-357; **L11**：7-8, 76, 132-141; **L13**：321; **L14**：91-92, 自由与个体性
  concept of, **L2**：329; **L7**：305-308, 334, **L11**：12, 35-36, 63, 174, 285-286, 292, 360-362, 368-371; **L13**：80, 自由概念
  intellectual, **L7**：77, 为自由而奋斗
  political, **L7**：138-140, 政治自由
  religious, **L7**：141; **L14**：215, 宗教自由
  economic, **L7**：142-143, 360; **L11**：26-28, 136-140, 365-367, 369-371, 经济自由
  and equality, **L7**：349-350; **L13**：110, 338, 自由与平等
  plea for Cuban, **L9**：311, 古巴自由的请求
  civil, **L11**：5, 372-375, 公民自由
  of contract, **L11**：16, 17, 26, 契约的自由
  as ideal, **L11**：21-22, 167-170, 297; **L13**：99, 自由作为理想

responsibilities of，**L13**：295，自由的责任

Jefferson on，**L14**：209－210，杰斐逊论自由

in U. S.，**L14**：365，美国的自由

guarantee of，**L16**：403，自由的保证

Liberty League，**L11**：26，167，270，286，290－291，362，489，自由同盟

Liberty Loans，**M11**：xvi，327，329，自由贷款

Libraries：图书馆

in Turkey，**M15**：xxi，279，302－303，306，土耳其的图书馆

role of, in education，**L5**：404－406；**L17**：234，图书馆在教育中的作用

Library of Living Philosophers（Schilpp），**L14**：xi，xiii，184n，295，《在世哲学家文库》（席尔普）

Library of Philosophy：哲学文库

plan for series，**E3**：185－186，哲学文库系列之计划

Lies：谎言

as images，**L17**：265，作为想象的谎言

Life，**L15**：353，《生活》

Life，**M12**：132，153，175，185－186，201，生活

as Hebrew ideal，**M5**：81，103－104，希伯来人的"生命"理想；**L7**：75，94－95，作为希伯来理想的生活

Greek conception of，**M5**：118－119；**L7**：109－110，古希腊生活观

Bergson on，**M7**：8；**L14**：101，柏格森论生命

thought connected with，**M8**：143－144，生活和思想的联系

renewal of, by transmission，**M9**：4－7，生活通过传递得以更新

as growth，**M9**：56－57，生活作为成长

education related to，**M9**：254－258；**L14**：346－347，教育与生活相关

environment and，**M12**：128－129；**L13**：

273，环境与生活

moral，**M12**：174；**L7**：12，462，道德的生活

practical，**M12**：240，实践的生活

direction of，**L4**：xviii，223－226，244，248－250，生活的指导

conditions of，**L4**：179，187，188，195，201，生活条件

beliefs about，**L4**：204，218，关于生活的信仰

and theory of values，**L4**：211，212，生活与价值理论

evils in，**L4**：246，生活中的恶

related to philosophy，**L6**：431；**L16**：319，364－368，381，生活与哲学相关

continuity with art，**L10**：xi，xiv，xxx-xxxiii，16，34－35，39，41，180－183，234－237，241－242，247，294，296，307－308，321，324－327，331，342，348－349，生活与艺术的连续性

nature of，**L10**：19－30，42－43，51，139，171，173，177，190，201－202，210－213，260，293；**L16**：116，121，314，370－371，389，464；**L17**：385，387，生活的本性

vs. dreams，**L14**：16，生活与梦想

modern vs. ancient，**L14**：316－317，327－328，现代生活与古代生活

transaction in，**L16**：245－248，生命中的交互作用

related to science，**L16**：255－256，290－292，304－305，317，372－374，生活与科学相关

Tolstoy on，**L17**：384，托尔斯泰论生命

man's command of，**L17**：391，生活的手段

Life-activities：生命-活动

inquiry-behavior in，**L16**：288－289，320－321，325－326，424－425，428，生命-活动中的探究行为

as subject-matter，**L16**：344－346，生命活动作为主题

defined, **L16**：387,被定义的生命活动

indifference to, **L16**：462,对生命-活动不在意

Life and Mind of John Dewey, The (Dykhuizen), **L11**：xxiii, xxxi; **L14**：xx,《约翰·杜威的生平和思想》(戴奎真)

Life and Work of George Sylvester Morris, The (Wenley), **M10**：109n; **M11**：336 - 337,《乔治·西尔维斯特·莫里斯的生平和著作》(威利/温利)

Life in College (C. Gauss), **L6**：259 - 262,《大学生活》(高斯)

Life of Reason, The (Santayana), **M3**：319 -322,《理性的生活》;**M4**：229 - 241,《理性生活》;**M11**：385,《理性的生活》;**L3**：xii, 287,《理性的生命》;**L6**：272,《理性生活》;**L14**：301 - 303,《理性的生命》(桑塔亚那)

Light, **L16**：107 - 108：光

velocity of, **L4**：102, 115 - 117, 147, 162 - 163,光速

as medium, **L10**：122, 126 - 127, 146 - 147, 175, 177, 179, 199, 206, 238, 241, 281, 305, 312, 318,作为媒介的光

Li Hung Chang, **M12**：62,李鸿章

Like-mindedness, **M9**：7, 35, 40 - 41,类似心智

Likeness, **L8**：255 - 256,相似性

Liking, **M15**：344,喜爱。参见 Enjoyment；Satisfaction

theories of, **M13**：5n,各种关于喜好的理论

as preference, **M13**：11; **L13**：333,作为偏好的喜好

logical implications of, **M13**：14,喜好的逻辑蕴涵

as indeterminate, **M13**：25 - 26,并非确定的喜好

related to value, **M15**：20 - 21, 23 - 24, 342; **L2**：70, 71, 80 - 96,喜爱和价值相关

Prall on, **M15**：24 - 25, 342 - 343,普劳尔关于喜爱的观点

impulsive vs. thoughtful, **M15**：26; **L2**：74 - 77,欲望的喜爱对理智的喜爱

Lillie, Frank Rattray, **L16**：117n,利利,弗兰克·拉特韦

Lillie, Ralph S.：利利,拉尔夫·S

on physico-chemical processes, **M8**：3, 449 -459,利利关于物理-化学过程

"Limitations of a Behavioristic Semiotic, The"(M. Black), **L16**：210n,《行为主义符号学的局限性》

Limits, **L12**：207 - 209, 219, 221 - 222, 395, 411, 471 - 472,极限

Lincoln, Abraham, **E3**：258; **M11**：146, 147, 150; **M13**：302, 303; **L7**：148; **L8**：52; **L9**：162 - 163, 176; **L11**：64, 377; **L14**：102, 110 - 111,林肯,亚伯拉罕

on democracy, **L13**：14, 173, 294 - 295, 402 - 403; **L17**：473, 476, 568,林肯论民主

on slavery, **L17**：454,林肯论奴隶制度

Lincoln, cathedral of, **L10**：226,林肯大教堂

Lindeman, Eduard C., **L6**：329,林德曼,爱德华·C

Lindsay, Alexander Dunlop, **L2**：32 - 33,林德赛,亚历山大·邓禄普

Line：线条

rhythm of, **L10**：92 - 100, 236, 281,线条的节奏

expressiveness of, **L10**：105 - 108, 157, 364,线条的表现性

as medium, **L10**：127, 146 - 147, 162, 168, 172 - 177, 206, 209 - 210, 333,作为媒介的线条

Linguistic Analysis of Mathematics (A. Bentley), **L16**：x-xi, xvii-xix, xxviii, 90n, 444,《对于数学的语言学分析》(本特利)

Linguistics：语言学

abuse of, **M6**：318 - 320; **L8**：306 - 308,

的想象力

Russian，**L17**：493，俄国文学

Literature and Dogma（Arnold），**L9**：xiv-xv，xvii-xviii，xxv，《文学和教义》（阿诺德）

Lithuanians，**M11**：255，264，266，306，326，立陶宛人

Little Red School House，*The*（de Lima et al.），**L15**：303 - 304，《小红校舍》（利马等）

Little School in the Woods（Greenwich，Conn.），**M8**：266 - 267，康涅狄格州格林威治的林中小学

Litvinoff，Maksim M.，**L15**：291，509，李维诺夫，马克西姆·M

Liu Tze Shan，**M13**：142，刘则山

Live creature，参见 Organism

Living Philosophies，**L14**：91，《活着的哲学》

Livingstone，David，**M13**：244，列文斯通，大卫

Livingstone，Richard W.，**L11**：592，利文斯顿，理查德·W

Livonia，**M11**：326，利沃尼亚

Li Yuan-hung，**M11**：202，黎元洪

Llewellyn，Karl N.，**L14**：xxiv；**L16**：xii，卢埃森，卡尔

Lloyd George，David，**M11**：120，279；**M13**：345 - 346，劳合·乔治，大卫

Lobbyist for the People（B. Marsh），**L6**：xixn，《人民的游说家》（马什）

Localization，**L16**：91，定位

　　of psycho-physiological functions，**E1**：107 -112，心理生理功能的定位

Locarno，Switzerland，**L2**：169，瑞士的洛迦诺

Locarno Pact，**L6**：197 - 198，461n，《洛迦诺公约》；**L8**：13，《洛迦诺协议》

Locatum，**L16**：216 - 217，位置记号

Lochner v. New York，**L7**：415，洛克纳诉纽约州案

Locke，John，**E1**：xxvii，36，123，125，131，144，145，176，254，271，286，297，299，306，414，425；**E3**：91；**E4**：201，216，217；**E5**：16，352，376；**M1**：115；**M2**：ix；**M4**：254；**M5**：155；**M6**：175；**M8**：142，356；**M10**：223；**M12**：xiv，xxixn，99，108，131 - 132，167；**M13**：307，400；**M14**：76；**L1**：32，37，38，177，349，373；**L2**：ix，xvii，7n，15，48n，51，228；**L5**：232n，252；**L6**：7，17；**L9**：242；**L11**：xvn，592；**L12**：113n，120，153；**L13**：162，173；**L14**：xix，299；**L15**：xiii，xxxii，13，18；**L17**：566，洛克，约翰

related to Leibniz，**E1**：xxxiii，301 - 304，洛克与莱布尼茨的关系

empiricism of，**E1**：35；**M1**：xvii；**M12**：126 - 127；**L4**：92；**L5**：173；**L8**：9，11；**L12**：44，45，洛克的经验主义

on philosophy，**E1**：124，426 - 427，洛克论哲学

on perception，**E1**：177 - 178，洛克认为的知觉

and associating activity，**E1**：190，洛克与互联活动

influence of，**E1**：300 - 301；**M7**：51，241，291；**M11**：43；**L5**：182，183，230，洛克的影响

on consciousness，**E1**：311；**M3**：81，洛克论意识

on knowledge，**E1**：314，384 - 392，395；**M7**：292；**M8**：58 - 60，159 - 160；**M9**：66 - 67，301；**L2**：141 - 142，146 - 157；**L12**：148 - 150，洛克论知识

on sensationalism，**E1**：315 - 316，342；**E5**：15；**M2**：246；**M9**：276 - 277，洛克论感觉主义

on matter，**E1**：320 - 321，342 - 344，洛克论物质

on space and time，**E1**：344，366，洛克论空间和时间

on qualities，**E1**：373 - 374；**M6**：23n；**L2**：

143 - 145；**L12**：75；**L14**：105,洛克论性质

on identity, **E1**：376,洛克论同一性范畴

on finite and infinite, **E1**：379 - 381,洛克论有限与无限

on essence, **E1**：389,洛克论本质

on intelligence, **E1**：394,洛克论理解力

John Watson on, **E5**：353,华生对洛克的评论

on opinion, **M2**：173,洛克论意见

on ethics, **M3**：52 - 53,洛克论伦理学

on idea, **M3**：71,117；**M4**：318；**M7**：222 - 223；**L3**：12 - 13；**L4**：147；**L10**：44；**L12**：519；**L17**：430,洛克论观念

on experience, **M3**：131 - 132；**M9**：277；**L11**：76 - 80,91 - 92,94；**L14**：190；**L17**：430 - 431,438 - 440,洛克论经验

related to logic, **M3**：139 - 141,洛克关于逻辑的思想

on liberty, **M4**：42；**L7**：139,141,洛克论自由

on natural rights, **M5**：142 - 143；**M7**：57；**M11**：20,23,25；**L2**：289,洛克论自然权利

on morals, **M5**：290n；**M11**：32n,洛克论道德

on thought, **M6**：xxiii, 195 - 196；**M7**：345,洛克论思维

on education, **M6**：195 - 196；**L8**：37,129,洛克论教育

on belief, **M6**：198 - 200；**L8**：132 - 134,洛克论信念

on language, **M6**：321；**L8**：308；**L12**：284,洛克论语言

on human nature, **M6**：420,洛克论人性

epistemology of, **M7**：42；**L4**：ix, xii, xvii, 21,洛克的认识论理论

on reason, **M7**：58,洛克论理性

on innateness, **M7**：252,洛克论天赋

as founder of utilitarianism, **M7**：360 - 361,洛克作为功利主义的奠基人

and mathematics, **M9**：66 - 67；**L8**：356,洛克与数学

on generalization, **M10**：12,洛克论一般化

on government, **M11**：27n,洛克论政府

Dewey's departure from, **L3**：76,杜威对洛克的脱离

on liberalism, **L3**：97,102；**L11**：6 - 9,16；**L17**：437 - 438,洛克的自由主义

as disciple of Newton, **L4**：97,洛克作为牛顿的信徒

on universe as organism, **L5**：377,洛克将宇宙视为有机体

dualisms of, **L6**：30；**L10**：x, 340,洛克的二元论

Kant reinforces tradition of, **L6**：489,康德强化了洛克的传统

on power, **L7**：205,279,洛克论权力

on sovereignty, **L8**：35,洛克论主权

on religion, **L9**：15；**L17**：438,洛克论宗教

Santayana on, **L9**：240 - 241,桑塔亚那谈及洛克

vs. Jefferson, **L13**：177,洛克与杰斐逊

Cohen on, **L14**：382,科恩论洛克

on intrinsic value, **L15**：43,洛克论内在价值

on final authority, **L17**：431,洛克论最终权威

"Locke and the Frontiers of Common Sense" (Santayana), **L9**：240 - 241,《洛克与常识的领域》(桑塔亚那)

Lockhart, Earl Granger, **L13**：342n,洛克哈特,厄尔·格兰杰

Locomotion, **L2**：53,运动

Locus, concept of, **L1**：154 - 156；**L16**：138 - 140,242,轨迹的概念

Lodge, Henry Cabot, **M13**：212；**M15**：xv, 404；**L6**：472 - 473,洛奇,亨利·加博特/亨利·卡波特/亨利·卡伯特

Loeb, Harold, **L13**：394，罗博，哈罗德

Loeb, Jacques, **L16**：xiv，勒布，雅克

Logic, **M11**：346 - 347；**L1**：350；**L8**：ix,
xii, xivn；**L11**：81，394，逻辑学。参见
Aristotelian logic; Greek logic

  Hegel on, **E1**：43 - 44，黑格尔逻辑学

  related to philosophy, **E1**：163 - 166；**E3**：
230；**L4**：53 - 54，逻辑学与哲学相关

  Dewey on, **E3**：xxii-xxvi；**M1**：xiv-xvi,
xxiii；**M8**：xiii-xix；**L5**：xxv-xxvii；**L16**：
xvn, xxxiin, 187 - 190，385，杜威的逻辑
理论

  dualism in, **E3**：75 - 82，逻辑学中的二
元论

  courses in, **E3**：90，逻辑学中的各门基础
课程

  and scientific method, **E3**：125 - 127；**M3**：
67 - 68；**M15**：67 - 68，72，逻辑与科学
方法

  related to thought, **E3**：126 - 129，逻辑学
与思想的关系；**M6**：224 - 229；**L5**：
243 -262；**L8**：171 - 176，逻辑与思维的
关系

  formal, **E3**：127；**M2**：304；**M3**：62 - 63；
L11：102，150 - 151，156；**L12**：88 - 93,
183，197 - 198，201 - 202，218，285，364 -
365，372 - 373，502 - 503，形式逻辑

  empirical, **E3**：129 - 132；**M3**：63；**M10**：
335；**L12**：107，114，135，147 - 148,
151 -152，295，350，374，389，435，507 -
511，经验逻辑

  transcendental, **E3**：132 - 134，139 - 140,
先验逻辑

  and esthetic, **E3**：235，逻辑与审美

  Platonic, **M1**：161 - 162，柏拉图的逻辑学

  Socratic, **M1**：161 - 162，苏格拉底的逻
辑学

  pure, **M2**：302；**M7**：438 - 439，纯粹逻辑

  applied, **M2**：303，应用逻辑学

  types of, **M3**：63 - 67；**M10**：331 - 365；

  L4：128 - 129，逻辑的类型

  idealist, **M7**：xv，唯心主义的逻辑

  F. Schiller on, **M7**：131 - 134；**L11**：155 -
157，席勒论形式逻辑

  problem of truth in, **M7**：414，逻辑的真理
问题

  new, **M7**：422；**M12**：99 - 100，新逻辑

  symbolic, **M7**：438，符号逻辑

  Russell on, **M8**：15；**L16**：199 - 203，罗素
论逻辑

  Tarde's contribution to, **M10**：54，塔尔德
对逻辑的重要贡献

  Dewey vs. R. Robinson on, **M10**：98 -
108，415 - 430，杜威与罗宾逊关于逻辑
的交锋

  nature of, **M12**：84 - 85，90 - 91，156 -
158；**M15**：65，66；**L4**：x, xxi, xxii,
16，69，120，逻辑的特征

  Bacon on, **M12**：96 - 98，培根关于逻辑

  as science and art, **M12**：157 - 158，逻辑作
为科学与艺术

  in morals and politics, **M12**：159，道德与
政治的逻辑

  equivalent of syllogism, **M15**：69 - 70，作
为逻辑同义词的三段论

  related to law, **M15**：72 - 73，75 - 77；
L14：xxiii，和法律相关的逻辑

  related to retrospective judgments, **M15**：
359 - 360，与回顾性判断相关的逻辑

  Holmes on, **L3**：180 - 181，霍尔姆斯论
逻辑

  explains universe, **L4**：13，156，158，逻辑
解释了世界

  rational, **L4**：112，113，理性逻辑

  symbols in, **L4**：123，125；**L12**：10，26 -
27，45 - 46，306，359n, 406，逻辑符号

  classic, **L4**：149，古典逻辑

  and social science, **L5**：166 - 172，逻辑学
与社会科学

  Mill's, **L5**：168 - 169，密尔的逻辑学

and existence, **L5**：203 - 209,逻辑与存在

and ontology, **L5**：453 - 460,逻辑学与本体论

as discipline, **L8**：x, xi, xiii-xvii, 161；**L16**：xviii, 90, 236, 287,作为学科的逻辑

ideas in, **L8**：3 - 12,248,逻辑中的观念

method of, **L8**：218 - 219,逻辑方法

of propositions, **L11**：95, 118 - 126,命题的逻辑

subject-matter of, **L11**：108n, 112, 113；**L16**：179 - 183,320,逻辑的题材

Peirce on, **L11**：422 - 423,483；**L15**：143, 150 - 152,皮尔士论逻辑

related to inquiry, **L12**：11 - 16,25 - 29,92 - 93, 106, 132, 158 - 159, 476 - 447；**L14**：42 - 52,逻辑与探究相关

and metaphysics, **L12**：30, 70 - 72,286, 507 - 508,516 - 517,逻辑与形而上学

ancient, **L12**：90,182,古代逻辑

and history, **L12**：230 - 238, 433 - 434, 440,453 - 454,逻辑与历史

analytic and synthetic, **L14**：xii,分析的逻辑与综合的逻辑

Cohen on, **L14**：386 - 390；**L16**：193 - 195,科恩论逻辑

Mackay on, **L15**：393 - 401,麦凯论逻辑学

defects in, **L16**：xi, 7 - 45,49 - 50,58,66, 87n - 88n, 102n, 104n, 112, 145 - 146, 157n, 192,193n, 319,逻辑的缺陷

Bentley's role in, **L16**：xxiv, xxv, xxix-xxxi,本特利在逻辑中的角色

terms of, **L16**：143n, 272,逻辑术语

positions held by, **L16**：150, 268 - 269, 460 - 461,逻辑的地位

accounts of definition in, **L16**：154 - 156, 160 - 162,167 - 168,174,262,逻辑中对定义的描述

development of, **L16**：158 - 160, 184 - 187,逻辑的发展

of Kantor, **L16**：190 - 192,坎特的逻辑

of Kaufmann, **L16**：195 - 198,考夫曼的逻辑

of Moore, **L16**：203 - 207,摩尔的逻辑

related to knowledge, **L17**：371n,与知识相关的逻辑

Logic; or, The Morphology of Knowledge (B. Bosanquet), **M10**：428,《逻辑》(鲍桑奎)

Logic: The Theory of Inquiry, **M1**：x；**M2**：xvi；**M6**：xi；**M8**：ix, xiv；**L2**：xiv, xxiv；**L5**：xxvii；**L6**：xiv；**L8**：xiii；**L9**：xxiv；**L11**：xiv；**L14**：x-xvii, 34, 35n, 41 - 46, 50,53, 55, 56n, 59, 64, 65, 84, 169, 173 - 175,180,181n, 184 - 187,386；**L15**：36, 37, 40, 70n, 332, 393 - 401；**L16**：318, 444,《逻辑：探究的理论》

Dewey's theory of inquiry refined in, **M1**：xv,杜威在《逻辑》一书中提炼的探究理论

Nagel on, **L12**：ix-xxvii,内格尔关于《逻辑》

related to *Knowing and the Known*, **L16**：x, xxxvn, xxxvi, 55n, 77n, 92n, 116n, 160n, 268, 304n, 308n, 387,446,《逻辑》与《认知与所知》的关系

Bentley's role in, **L16**：xin, xix, xxiv, xxv, xxix-xxx,本特利在《认知与所知》中的角色

on postulations, **L16**：47n, 187 - 190,《逻辑》关于假设行为

on object, **L16**：68n, 267,《逻辑》关于客体

transaction in, **L16**：71n,交互作用在《逻辑》中的作用

on demonstratives, **L16**：181n, 183n,《逻辑》关于指示词

Dewey discusses, **L16**：281,284,杜威讨论《逻辑》

Balz on, **L16**：293,423 - 442,鲍茨关于《逻

辑》

on existence，**L16**：385，460 - 462，《逻辑》关于存在

scientific investigation in，**L17**：xxxi，《逻辑》中的科学研究

Logical：逻辑的、逻辑学的

empiricism，**M13**：xi；**L17**：xxx，逻辑经验主义

realism，**M15**：368；**L11**：108n，111 - 112，149，逻辑实在论

positivism，**L3**：xviii；**L9**：303；**L11**：113；**L12**：284，512；**L13**：x；**L14**：xv；**L15**：4，14，49 - 50；**L16**：xxxin，xxxii-xxxiii，xxxvii，98n，193n；**L17**：xxx，逻辑实证主义

and ontological，**L12**：30，42 - 43，91 - 92，131，178 - 179，182 - 183，188 - 189，201，216n，260 - 261，304 - 305，357，386 - 387，394，453 - 457，497 - 498，526，逻辑学的与本体论的

intension，**L12**：200，292 - 293，357 - 360，逻辑内涵

extension，**L12**：200，295 - 296，340 - 341，357 - 360，逻辑外延

and grammatical，**L12**：284 - 285，308，逻辑的与语法的

conjunction，**L12**：333 - 335，352，425，445，447，451 - 452，468，515 - 516，逻辑合取

multiplication，**L12**：336 - 342，359，438 - 439，逻辑倍增

meaning of term，**L14**：175n，逻辑的这一术语的意义

Logical atomism：逻辑原子主义

in generalization theory，**M10**：13，包含在一般化理论中的逻辑原子主义

of Russell，**L16**：104n，159，199，200 - 202，罗素的逻辑原子主义

"Logical Conditions of a Scientific Treatment of Morality," **M3**：xiii，《对道德进行科学

研究的逻辑条件》；**L15**：153，《科学对待道德的逻辑条件》

Logical entities：逻辑实体

three theories regarding，**M10**：89，关于逻辑实体的三种理论

as logical，**M10**：90 - 97，逻辑实体作为真正逻辑的

Logical form：逻辑形式

defined，**L4**：54，71 - 73，117，逻辑形式被定义

Russell on，**L12**：157，罗素关于逻辑形式

correlation as，**L12**：333 - 334，相关性作为逻辑形式

"Logical Foundations of the Unity of Science" (Carnap)，**L16**：28，《科学统一性的逻辑基础》（卡尔纳普）

"Logical Method and Law," **L14**：xxiii，《逻辑方法与规律》

Logical neutrality：逻辑上的中立

compared with ontological neutrality，**M10**：49 - 52，与逻辑上的中立相对的存在论上的中立

Logical theory，**M6**：176，逻辑理论

chaos in，**E3**：126，逻辑理论中的各种混乱

as reflective process，**M2**：300 - 302，作为反省性过程一般化的逻辑理论

related to psychology，**M2**：309 - 313；**L12**：43，72 - 74，110，153，285；**L14**：xvii；**L16**：276，443 - 445，与心理学相关的逻辑理论

value of，**M2**：313 - 315，逻辑理论对于人类的最终价值

Mill's and Whewell's，**M2**：368 - 375，比较穆勒和惠威尔的逻辑理论

language in，**L12**：26 - 28，45，49 - 66，105；**L16**：101n，269n，逻辑理论中的语言

autonomy of，**L12**：28 - 29，158n，逻辑理论的自主性

Logic for Use（F. Schiller），**L11**：156，《应用逻辑》（席勒）

Logicians：逻辑学家

on qualities, **L10**：219,逻辑学家论性质

criticized, **L16**：7,8 - 45,193n,被批评的
逻辑学家

on definition, **L16**：175,177,逻辑学家的
定义

compared, **L16**：207 - 209,被比较的逻辑
学家

"Logicians' Underlying Postulations" (A.
Bentley), **L16**：447,《逻辑学家的基本假
定》(本特利)

"Logic of Judgments of Practice, The," **M8**：
ix, xiv；**M11**：376,《实践判断的逻辑》

Logic of Modern Physics, The (P. Bridgman),
L4：89n,《近代物理之逻辑》；**L5**：482n；
L16：192n,《现代物理学的逻辑》(布里奇
曼)

Logic of Relatives (C. Peirce), **L15**：145,
《关系词的逻辑》(皮尔士)

"Logic without Ontology" (Nagel), **L16**：
16n,《没有本体论的逻辑学》(内格尔)

Logistics, **L16**：299n,300,308,符号逻辑

Logos, **E4**：139；**L1**：134；**L4**：73,74,逻
各斯

as hypostatized discourse, **L12**：63 - 64,具
体化论说的逻各斯

as middle term, **L12**：90,204,逻各斯作为
一个中项

London, Ivan D., **L16**：121n,伦敦,伊凡·D

London, England：英国伦敦

Ito in, **M11**：170,伊藤在伦敦

Polish question in, **M11**：269,279,282 -
284,290,326,伦敦与波兰问题

Long, Huey P., **L6**：394；**L13**：112,朗,休
伊·P

Longfellow, Henry Wadsworth, **M1**：107；
L17：253,朗费罗,亨利·沃兹沃思

Long-run,参见 Continuum of in quiry, **L12**

Looking Backward (Bellamy), **L9**：102,
105 -106；**L15**：xv,《回顾》(贝拉米)

Looking Forward：Discussion Outlines
(LID),《展望：讨论大纲》

introductions to, **L11**：517 - 519；**L17**：44
- 49,《展望》的介绍

Lord, Robert H.：劳德,罗伯特·H

on Polish question, **M11**：402 - 406,劳德
论波兰问题

Lorentz, Hendrik Antoon, **L16**：99,洛伦兹,
亨德里克·安图

Loscalzo, Joseph V., **L9**：360,洛斯卡尔佐,
约瑟夫·V

Lotze, Rudolf Hermann, **E1**：93；**M2**：149；
M3：64；**M4**：52,304,318；**M12**：157；
L2：14；**L5**：257n；**L12**：xii,洛采,鲁道
夫·赫尔曼

and local signs, **E1**：199,洛采和本地印记

Ladd's agreement with, **E1**：200,拉德和洛
采的结论一致

as intuitionalist, **E1**：213,洛采作为直觉主
义者

on logic, **E3**：75,92；**M2**：302 - 303；
M10：331,洛采论逻辑

Dewey criticizes, **M2**：xvi-xvii,杜威对洛采
的批判

on thought, **M2**：317 - 367,洛采论思想

similar to Kant, **M2**：373n,洛采对于思想
的论述与康德类似

as founder of psychology, **M7**：137 - 138,
洛采作为心理学的奠基人

on emotion, **M8**：24,洛采论情感

vs. psychology, **M10**：362,洛采对心理学

Louis XVI, **M8**：171,路易十六

Louvre (Paris), **L10**：14,306n, 316,361,巴
黎卢浮宫

Love, Mary C., **L17**：108 - 109,洛夫,玛
丽·C

Love, **L7**：368,452；**L10**：54,351,爱

as feeling, **E2**：249 - 250,293,爱作为情感

forms of, **E2**：294 - 295,爱的其他形式

as moral motive, **E3**：105 - 107；**E4**：111 -

112；**M5**：379,爱之为道德动机

related to justice, **M5**：372 - 373,爱在正义中的作用

related to family life, **M5**：516 - 521,爱在家庭生活中的作用

as moral ideal, **L7**：88,259,作为道德理想的爱

related to belief in God, **L9**：220,223,与信仰上帝相关的爱

in teaching, **L13**：344 - 345,教学中的爱

constancy of, **L17**：24 - 25,爱的忠贞

Lovejoy, Arthur Oncken, **M8**：98, 410；**M10**：440；**M13**：xi.；**M15**：xii, xvii, 78n；**L3**：396n, 397n；**L15**：xiv, xviii, xxxii,洛夫乔伊,阿瑟·昂肯/亚瑟·安肯/阿瑟·O

on pragmatism, **M13**：40,49,443 - 481,洛夫乔伊论实用主义

on verification, **M13**：42,44,48,洛夫乔伊论确证

on anticipatory thought, **M13**：50,洛夫乔伊论预期的思想

on knowledge, **M13**：51；**M15**：27 - 41, 349 - 370；**L14**：46,洛夫乔伊论知识理论

on monistic realism, **M13**：54,洛夫乔伊论一元论的实在论

on essence, **M13**：55,洛夫乔伊论本质

on prospective judgment, **M15**：33,37,39,洛夫乔伊论预期的判断

on realism, **M15**：35,361 - 370,洛夫乔伊论实在论

on U. S. joining League of Nations, **M15**：83 - 86,378 - 382,洛夫乔伊论美国加入国联

Lovett, Robert Morss, **L14**：262,431,洛维特,罗伯特·摩斯

Low, Matthew, **L15**：350,诺,马修

Lowe, Robert, **L17**：492,568 - 569,劳,罗伯特

Lowell, Abbott Lawrence, **M15**：xvii, 380,罗威尔,阿伯特·劳伦斯

Lowell, James Russell, **E1**：239 - 240,249,洛厄尔,詹姆斯·罗素；**M6**：98,洛威尔,詹姆斯·拉塞尔

Lowie, Robert H. , **L3**：324 - 325,洛伊,罗伯特·H

Loyalty, **M8**：190,忠诚

and right, **L7**：233 - 234,忠诚和权利

allied with regimentation, **L9**：87,与组织化相联系的忠诚

Lubbock, John, **M5**：384,卢伯克,约翰

Lubin, David, **M10**：296,鲁宾,大卫

Lubomirski, Zdzislaw, **M11**：275,卢伯缅斯基,兹吉斯劳

Lucas, Robert H. , **L5**：444,446；**L6**：161,卢卡斯,罗伯特·H

Luck, **L4**：6,9 - 10,82,178,209,241；**L15**：333,335 - 336,474,幸运。参见 Chance

primitive attitude toward, **M5**：55 - 57, 68 - 69；**L7**：51,63,对待运气的原始态度

and freedom, **L3**：104 - 105,107,运气与自由

belief in, **L14**：98,对运气的信念

Lucretius, **M2**：146；**M7**：275；**L2**：133；**L10**：xvii, 294,323；**L14**：193,299,300, 393；**L15**：xiv,卢克莱修

"Lucy Gray"(Wordsworth), **L10**：117,137,《露西·格雷》(华兹华斯)

Luddites, **L5**：xix,勒德分子

Lumholtz, Karl Sofus, **M2**：46n,拉姆荷尔兹,卡尔·索福斯

Lunacharsky, Anatoli Vasilyevich, **L3**：218, 234；**L6**：291,卢那察尔斯基/卢纳察尔斯基,A·V

Lurye, Moissei I. , **L11**：322,602,鲁耶,莫塞·I

Lurye, Nathan L. , **L11**：322,603,鲁耶,那森·L

Lusitania, **M10**：221，242，265，272，273，路西塔尼亚号

Lusk laws, **M13**：426，428，497，拉斯克法令；**M15**：153，鲁斯克法；**L11**：380，卢斯克法案

Luther, Martin, **M4**：42；**M8**：146 - 147，173，181，190，191；**M10**：308；**M11**：25；**L1**：334；**L14**：400，路德，马丁

Lutheran Protestantism, **M8**：151，路德新教

Luxembourg Palace (Paris), **L10**：306，卢森堡博物馆（巴黎）

Luys, Jules Bernard, **E5**：376，路易斯，朱尔斯·伯纳德

Lycidas (Milton), **L6**：497；**L10**：85，《利西达斯》（弥尔顿）

Lycurgus, **L17**：176，莱克格斯

Lydgate, John, **L17**：557，利德盖特，约翰

Lyell, Charles, **M4**：4；**L1**：12，莱尔，查尔斯

Lyman, Eugene William, **M4**：228，莱曼，尤金·威廉

Lynd, Robert S., **L5**：45；**L6**：xvii，林德，罗伯特·S

Lyons, Eugene, **L15**：353，莱昂斯，尤金

Lyrical Ballads (Wordsworth and Coleridge), **L10**：192，《抒情歌谣集》（华兹华斯和柯尔律治）

Lysis (Plato), **L2**：124,127,《吕西斯篇》（柏拉图）

MacArthur, Douglas, **L11**：xi，麦克阿瑟，道格里斯

Macaulay, Thomas B., **M7**：240；**L2**：298；**L8**：10；**L15**：23 - 24，麦考利，托马斯·巴宾顿

Macaulay, Zachary, **L11**：18，麦考利，圣札迦利

Macbeth (Shakespeare), **L10**：199,210,289，《麦克白》（莎士比亚）

MacDonald, Ramsay, **L2**：176；**L5**：359；**L6**：194,197，麦克唐纳，拉姆塞/拉姆齐

MacDonald, William, **M10**：371 - 372,451，麦克唐纳，威廉

Macedonia, **M15**：140,144，马其顿

McAndrew, William, **M15**：190；**L5**：371，372,374，迈克安德鲁，威廉

McCarthy, Charles, **L17**：67 - 69,557，麦克锡，查尔斯

McCarthy, Joseph, **L6**：xxii；**L17**：561 - 562，麦卡锡，约瑟夫

McClure, Matthew Thompson, Jr., **L17**：88 -89,559，麦克卢尔，小马修·汤普森

McClure's Monthly, **L17**：346,《麦克卢尔月刊》

McConn, Max, **L6**：419，麦康恩，马克思

McConnell, Francis J., **L6**：381，麦康内尔，弗朗西斯·J

McCooey, John, Jr., **L9**：380，麦库伊，约翰·H

McCooey, John H., **L9**：346 - 349,351，352,380，麦库伊，小约翰

McCormick, Anne O'Hare, **L6**：162；**L15**：353，麦考密克，安妮·奥黑尔

McCormick, James J., **L9**：357，麦考密克，詹姆斯·J

McDermott, John J., **L14**：xxi，麦克德谟特，约翰

on Dewey's 1935 - 37 writings, **L11**：xi-xxxii，麦克德谟特关于 1935—1937 年杜威的著作 on Dewey-Bentley collaboration, **L16**：xxvi, xxviin，麦克德谟特关于杜威和本特利的合作

McDougall, William, **M10**：54,57，麦克道格尔，威廉

McDowell, Mary E., **L17**：517,573，麦克道尔，玛丽·E

McGeehan, John E.：麦克基汉，约翰·E
and Russell case, **L14**：231,236 - 237,240 - 247,357 - 358，麦克基汉与罗素

McGill, Vivian J., **L16**：233n，麦克吉尔，维维安·J

McGilvary, Evander Bradley, **M4**：xxiv,麦吉尔夫雷,伊万德·布拉德利;**M10**：444,麦基雅维利,伊万德·布拉德利;**L14**：431,迈克杰瓦雷,易凡达·布拉德雷

exchange between Dewey and, **M4**：xxvi-xxviii;**M7**：x, 79 - 84,杜威与麦吉尔夫雷之间的交流

on experience and reality, **M4**：120 - 124, 151 - 155,,295 - 313,麦吉尔夫雷论经验和实在

on consciousness, **M4**：143 - 145,314 - 316,麦吉尔夫雷论意识

on idea, **M4**：146 - 155,317 - 327,麦吉尔夫雷论观念

on ego-centric predicament, **M7**：445 - 451,麦吉尔夫雷论自我中心的困境

on awareness, **M7**：452 - 453,麦吉尔夫雷论意识

on "Brief Studies in Realism", **M7**：454 - 460,麦吉尔夫雷论《实在论研究概要》

McGoldrick, Joseph, **L9**：113,259,麦戈德里克,约瑟夫

McGraw, Myrtle Byram, **L11**：510,麦克洛,迈特尔·拜兰

Mach, Ernst, **M2**：149;**M3**：68;**M7**：427; **M10**：51;**L4**：xiii;**L6**：490,马赫,恩斯特

Machado, Gerardo, **L9**：310,311n,马查多,杰勒德

Machado government (Cuba), **L5**：440,马查多政府(古巴)

Machen, Arthur W. , **L2**：22n - 23n, 37n,梅琴,亚瑟·W

Machiavelli, Niccolò, **M5**：339n,;**M8**：474; **M11**：123;**M15**：60;**L1**：334;**L7**：138; **L10**：332,马基雅维利,尼科洛

Machines：机器、机械

effects of, **M5**：453 - 454;**M9**：268,机械的影响;**L7**：379 - 381,391,394,机器的作用

nature of, **L4**：119,129,197,机器的性质

in industrial revolution, **L7**：149 - 150,工业革命中的机器

vs. art, **L10**：277,344 - 346,机器对艺术

Macintosh, Douglas Clyde, **L9**：213,223,麦金托什,道格拉斯·克莱德

views God, **L9**：xxi-xxii, 214,215,217 - 219,227 - 228,麦金托什的上帝观

replies to Dewey on religion, **L9**：417 - 422,麦金托什对杜威关于宗教的回应

on Christianity, **L14**：286 - 288,麦金托什关于基督教

Macgowan, John, **L3**：418,麦格瓦,约翰

MacIver, Robert M. , **M6**：xii;**L6**：482n,麦基弗,罗伯特·莫里森

Mack, Robert D. , **L16**：457,麦克,罗伯特·D

McKay, Claude, **L17**：58 - 60,麦凯,克劳德

Mackay, Donald S.：麦凯,唐纳德·S

on logic, **L15**：34 - 41,393 - 401,麦凯论逻辑学

Mackenzie, John Stuart, **E4**：xvii, 274,294 - 295;**E5**：25,麦肯齐/麦肯茨,约翰·斯图亚特

McKenzie, William Robert：麦肯齐,威廉·罗伯特

on Dewey's 1895 - 98 writings, **E5**：xiii-xx,,麦肯齐关于1895—1898 年杜威的著作

McKinley, William, **M15**：384 - 385,麦金利,威廉

McLellan, James A. , **E5**：xxiii, xxxiii-xxxiv, xlix, l, lxiii;**L5**：461,麦克莱伦,詹姆斯·亚历山大

McLennan, John, **M5**：29;**L7**：29,麦克莱恩,约翰

McMurry, Charles Alexander, **E5**：147 - 148;**L17**：88,559,麦克默里,查理斯·亚历山大

McMurry, Frank M. , **E5**：148,麦克默里,弗兰克·M;**L17**：88,559,麦克莫力,弗兰

克·M

McNair, John Calvin, **M8**：137,麦克奈尔,约翰·卡尔文

McQuade, James A., **L9**：357 - 360,麦奎德,詹姆斯·A

Maddox, Robert J., **L6**：xxin,马多克斯,罗伯特·J

Madison, James, **M7**：380；**L13**：69；**L14**：203；**L15**：xiv-xv,麦迪逊,詹姆斯

Madonna, **E5**：216,圣母马利亚

Maeterlinck, Maurice, **M6**：123；**L17**：40,梅特林克,莫里斯

　naturalistic mysticism of, **M6**：125 - 129,梅特林克的自然主义神秘主义

　on instinct and intelligence, **M6**：129 - 132,梅特林克论本能与智力的关系

　on experience, **M6**：132 - 135,梅特林克论经验

Magic, **L1**：44 - 45,70,77,148,289；**L4**：3,9,32,有魔力的；**L16**：78,104,328,魔术

　belief in, **M14**：22 - 23,对巫术的信仰

　as esthetic quality, **L10**：200,330,作为审美性质的巫术

Magic Mountain，The（T. Mann）, **L10**：217,《魔山》(曼)

Magistrates'Courts（New York City）：裁判法院(纽约)

　investigation of, **L9**：370 - 377,裁判法院的调查

Magna Carta, **M11**：20；**L10**：329；**L11**：372；**L13**：81,大宪章

Magnitudes,重要性

　function of, in judgment, **L12**：200 - 219,判断中的重要功能

Magnus, Heinrich Gustav, **L6**：317,马格努斯,海因里希·古斯塔夫

Magyars, **M15**：392,马扎尔人

Mahaffy, John P., **E3**：184 - 185,马哈菲,约翰·P

Mahon, William D., **L5**：344,马洪,威廉·D

Mailly, Bertha H., **L9**：306,迈利,伯莎·H

Maine, Henry Sumner, **E4**：37；**M4**：31,梅恩/梅因,亨利·萨姆纳

　on democracy, **E1**：227 - 232,梅因论民主制度的起源

　on sovereignty, **E4**：xxi, 70,71n, 75,梅恩论主权

　and customs of Jews, **E4**：87,梅恩和犹太习俗

　on primitive group life, **M5**：26,62,409n；**L7**：25,57,梅恩论原始群体生活

Maistre, Joseph de, **M7**：357,梅斯特,约瑟夫·德

Maitland, Frederic W., **M5**：65n, 409n, 411n, 412n, 416n**L2**：30n, 34n, 35n；**L7**：59n,梅特兰,弗雷德里克

　on marriage laws, **M5**：514；**L7**：442,梅特兰论婚姻法

　on corporate legal personality, **L2**：23,26,39,41,42,马他伦关于公司法人人格

Major,参见 Premise; Syllo gism, **L12**

Majority rule, **L2**：364 - 365；**L7**：355,362；**L17**：86,少数服从多数原则

Make-believe：假装

　during childhood, **L17**：262 - 263,童年的假装

　end of, **L17**：268,假装的目的

Making of Citizens，The（Merriam）, **L6**：126 - 127,《打造公民》；**L17**：112 - 114,《造就公民》(梅里亚姆)

Maklakoff, Vasell, **M11**：267,马克拉可夫,瓦塞尔

Malade imaginaire，Le（Molière）, **L16**：88n,《奇想病夫》(莫里哀)

Malebranche, Nicolas, **M2**：165 - 166,马勒布朗什,尼古拉斯

Malherbe, E. G., **L11**：238n, 243n,马勒布,E·G

Malinowski, Bronislaw, **M15**：223, 224 - 225,马林诺夫斯基,布罗尼斯拉斯；**L1**：

160n, 363n, 马利诺夫斯基; **L6**：3 - 4, 12, 20 - 21, 马林诺夫斯基, 布罗尼斯拉斯; **L7**：50, 52, 455, 马林诺夫斯基; **L11**：127n, 马林诺夫斯基, 布劳内斯罗

Mallarmé, Stéphane, **L10**：xxii, 马拉美, 斯蒂芬

Mallock, William Hurrell, **M7**：392, 马洛克, 威廉·赫里尔

Malthus, Thomas Robert, **E4**：211; **E5**：51; **M14**：207; **L6**：36, 69; **L17**：411, 马尔萨斯, 托马斯·罗伯特

Malthusian theory of population, **M12**：56; **L17**：411, 马尔萨斯的人口理论

Man, **L16**：11, 445, 人

as material of psychology, **E1**：48 - 49, 作为心理学对象的人类

as self-conscious, **E1**：146 - 147, 自觉的人类

nature of, **E1**：149 - 150; **M3**：xi-xiii; **L11**：84, 139, 246, 279, 586 - 587; **L13**：258, 281, 324, 326; **L15**：267 - 268, 人的本质

spiritual nature of, **E1**：206 - 207; **E4**：5; **L15**：47, 55, 233n; **L17**：102, 人的精神本性

and evolution, **E1**：219 - 221, 人类与进化

and environment, **E5**：37 - 38, 46 - 47; **L17**：467, 人类和环境

universe and, **E5**：53; **L9**：37 - 38, 214, 217, 420 - 421, 435; **L17**：96, 宇宙和人类

related to society, **M5**：75, 85; **L7**：69, 79; **L17**：314 - 315, 391, 459, 个人和社会

and nature, **M9**：286 - 287, 290 - 294, 332; **L10**：39, 152 - 155, 190, 200, 274 - 275, 341; **L14**：127 - 128; **L15**：57, 186, 188, 202, 255 - 256; **L16**：74, 366, 人与自然

savage and civilized, **M12**：81 - 82, 120, 128 - 129, 232, 野蛮与文明的人

perfectibility of, **M12**：107; **L14**：100, 人的完美性

importance of, **M12**：238, 人的重要性

Holmes on, **L7**：453, 霍尔姆斯论人

related to God, **L9**：45 - 46; **L17**：529 - 530, 上帝与人的统一

in Dewey's philosophy, **L9**：295, 杜威哲学中人类的位置

art of, **L10**：31 - 34, 249, 250, 329 - 333, 335, 人类的艺术

common, **L11**：282, 365; **L14**：226 - 227, 396, 普通人

beliefs of, **L11**：554, 人的信念

rights of, **L13**：148, 173 - 174, 人权

Otto's philosophy related to, **L14**：289 - 292, 奥托的与人相关的哲学

Cohen on, **L14**：382 - 383, 科恩论人

scientific study of, **L15**：96, 224, 227 - 228, 对人的科学研究

Peirce on, **L15**：151 - 152, 皮尔士论人

Hook on, **L15**：372, 胡克论人

as subject-matter for philosophy, **L16**：80, 319, 359 - 368, 377, 379 - 381, 412 - 419, 人作为哲学的主题

Russell on, **L16**：199n - 200n, 罗素论人

transactions of, **L16**：243 - 248, 人的交互作用

concepts of educated, **L17**：75 - 76, 受教育者的概念

growth of, **L17**：255 - 268, 人的成长

moral relations of, **L17**：395 - 396, 人的道德关系

Management：管理

vs. labor, **L7**：178, 390 - 401, 管理对劳动

vs. ownership, **L7**：424, 管理对所有权

Man and Society in an Age of Reconstruction (Mannheim), **L14**：293 - 294,《重建时代的人和社会》(曼海姆)

Man and Technics (Spengler), **L6**：280 - 285,《人与技术》(斯宾格勒)

Man and the State（Hocking），**L3**：318 -
320,323,《人与国家》;**L6**：453n,《人和国
家》(霍金)

Manchester，William，**L11**：xi,曼彻斯特,
威廉

Manchester Guardian，**L14**：xxi,《曼特斯彻
卫报》

Manchester New College（London），**L17**：3,
553,曼彻斯特新学院(伦敦)

Manchoukuo，Manchuria，**L6**：458,"满洲
国"

Manchu dynasty（China），**M11**：200,202,
220 - 222;**M13**：98,135,225,满清王朝,
中国

    fall of，**M12**：26,45,65;**M13**：113,127,
      满清王朝的覆灭

    results of，**M13**：97,103,183,满清王朝造
      成的各种状况

    historic parallel of，**M13**：113,147,150,
      152,满清王朝在历史上的平行者

    efforts of，**M13**：154,满清王朝的各种
      努力

Manchuria，China，**M12**：22,23,30,31,39,
45,56,63,65,67;**M13**：143,151,195,满
洲,中国

    national interests in，**M11**：178,204,国家
      在满洲的利益

    railways of，**M11**：230,满洲铁路

    drugs in，**M11**：237,238,满洲的毒品

    Japan and，**M13**：80,81,84,91,144,145,
      199,259;**L6**：xx，191,194,204,205,
      217 - 220,461;**L17**：140,561,日本与满
      洲

    League of Nations Covenant and，**L6**：450,
      454,455,458,《国际联盟盟约》与"满洲"

    and sanctions，**L6**：466 - 469,不承认学说
      与"满洲"

Mandarins，**M11**：217,满清官员

Mandelbaum，Bernard，**L9**：xxixn,曼德尔鲍
姆,伯纳德

Mandeville，Bernard，**E4**：147,曼德维尔,伯
纳德

Manet，Édouard，**L10**：148,180,306,马奈,
爱德华

Mania，**M1**：216,躁狂症

Manifestation：展现

    progressive，**L17**：154,逐步展现

Manifest destiny，**M10**：240,彰显的命运

Manipulation：操控

    as terminology，**L16**：90n，268,操控作为
      术语

Manitou，**M7**：400,神灵

"Manly Heart，The"(Wither)，**L6**：113,《勇
敢的心》(威瑟)

Mann，Horace，**M1**：xvii;**M2**：97,曼,贺拉
斯;**M7**：380,曼恩,霍勒斯;**L9**：167,390,
392,曼恩,贺拉斯;**L11**：232,237,545,
578;**L13**：300,曼,霍拉斯;**L17**：138,曼,
贺拉斯

    on individual growth，**M1**：5,曼论个体
      成长

    on education，**M1**：260;**L11**：181 - 182,
      226 - 227,229,231,388;**L13**：297 -
      298,342,曼论教育

    on democracy in schools，**M1**：288,曼论学
      校民主

    and origin of public schools，**M3**：230;
      L11：387 - 390,409,579,曼与公立学校
      体系的由来

    influences Dewey，**L11**：xvi-xvii,曼对杜威
      的影响

    on government，**L11**：226 - 227,248,387,
      曼论政府

    conference，**L11**：567 - 580,霍拉斯·曼研
      讨会

Mann，Thomas，**L10**：217,289,317,曼,托
马斯

Manners，**M9**：22,举止风格;**L13**：37 - 38,
风俗

Mannheim，Karl，**L14**：xxiv，293 - 294,曼海

姆,卡尔

Man of sentiment,**L11**：282,"多愁善感的
人"

Mansel, Henry Longueville, **M2**：154；**M3**：
62n,曼塞尔,亨利·朗格维尔

Man's Supreme Inheritance（F. Alexander）,
M11：350 - 355,359 - 360,《人的高级遗
传》（亚历山大）

Mantegna, Andrea, **L10**：147,曼特尼亚,安
德烈亚

Manual of Ethics（Mackenzie）, **E5**：25,《伦
理学手册》（麦肯茨）

Manual of Greek Antiquities, A（Gardner
and F. Jevons）, **L17**：177 - 180,《希腊古物
手册》（加德纳与杰文斯）

Manual training, **M2**：68,手工训练；**M3**：
273,275,278,279,工艺培训、工艺训练；
M9：204 - 207,手工训练

in school, **E5**：66,90,267；**M1**：295 - 299,
326 - 327,333 - 334,学校中的手工训练

teaching of technique in, **E5**：200,手工训
练的教学技术

references on, **E5**：337 - 338,关于手工训
练的文献

Dewey's emphasis on, **M1**：xxi,杜威对手
工训练的强调

as part of new education, **M1**：6,261 -
282,作为新教育组成部分的手工训练

takes place of household occupation, **M1**：
9,取代家庭职业的手工训练

social significance of, **M1**：10,12；**M7**：
125 - 127；**L17**：316 - 317,手工训练的
社会意义

related to motor activity, **M1**：230 - 232,
与动力活动相关的手工训练

related to recapitulation theory, **M1**：232 -
235,与复演理论相关的手工训练

impression and expression in, **L17**：218,手
工训练中的印象和表达

value of, **L17**：278 - 279,313 - 314,手工
训练的价值

Manual Training School（Chicago）, **E5**：
446 - 447；**M2**：68；**M3**：273,275,278,
279,芝加哥工艺培训学校

Manufacturers, National Association of, **L3**：
280 - 284；**L5**：392,；**L9**：125,制造商协会

Manufactures, Committee on, **L6**：381,制造
委员会

Many-many relation, **L12**：333 - 334,多对多
关系

Many-sided interest：多方面的兴趣

in *Cyclopedia of Education*, **M7**：275,多
方面的兴趣（《教育百科全书》）

Marcantonio, Vito, **L15**：349,马坎托尼奥,
维托

Marcel, Gabriel, **M3**：xxiv,埃尔马塞尔,加
布里

Marco Polo, **M1**：168,波罗,马可

Marcu, Valeriu, **L5**：358,马库,瓦列留

Marcy, Mount, **L6**：99,马西山

Marden, Orison Swett, **L2**：207,马登,奥里
森·斯韦特

Margenau, Henry, **L16**：121n, 165 - 166,马
杰诺,亨利

Marginal utility, **M15**：264,边际效用

Margins, principle of, **L17**：63 - 66,边际
原理

Margolis, Joseph, **L16**：xxxviii,马格里斯,约
瑟夫

Maritain, Jacques, **L15**：xiii, 51n,马里顿,雅
克

Marking system, **E5**：88,332,评分制度；
M1：271；**M3**：241 - 248,评分体系

Marot, Helen, **M11**：333 - 335,393,马罗,
海伦

Marriage：婚姻

customs of, **M5**：30, 66, 100 - 101；**L7**：
31,60 - 61,91 - 92,129,440,婚俗

woman's position in, **M5**：510 - 516；**L7**：
457 - 459,婚姻中妇女的地位

undermining of，**L5**：74，婚姻的削弱

church's influence on，**L7**：441-443，教会对婚姻的影响

individualism in，**L7**：448-452，婚姻中的个人主义

social viewpoint of，**L7**：452-456，社会婚姻观

Russell on，**L14**：245-246，罗素论婚姻

free selection in，**L17**：24，婚姻中的自由选择

Marriage and Morals（B. Russell），**L14**：235-241,244，《婚姻和道德》（罗素）

Marsh, Benjamin C.，**L6**：xviii-xix, 399n, 400,504，马什，本杰明·C

Marsh, James，**E1**：112，马什，詹姆斯

philosophy of，**L5**：148,178-196，詹姆斯的哲学

Marshall, Alfred，**M4**：243；**M5**：401，马歇尔，阿尔弗雷德

Marshall, John，**E4**：40，马歇尔，约翰

Marshall Plan，**L15**：243，马歇尔计划

Mars in Civilian Disguise！（E. Johnson），**L14**：355，《以平民作伪装的战神》（约翰逊）

Martello, Il（New York City），**L15**：xxiv，《锤》（纽约市）

Martin, John，**L10**：208,361，马丁，约翰

Martineau, Harriet，**L5**：154，马蒂诺，哈丽雅特

Martineau, James，**E4**：238；**M6**：392，马蒂诺，詹姆斯

on religious feeling，**E1**：91，马蒂诺论宗教情感

on motive and character，**E4**：346-348，马丁努论动机和品格

retirement of，**L17**：3,553，马廷诺的退休

Marvin, Walter T.，**M6**：473-475，马文，沃尔特·T

Marx, Karl，**E4**：215；**M8**：140,192n,474；**M12**：20,26,244；**M13**：315；**M14**：107,

187,207；**L2**：xxxv, 378；**L7**：427；**L8**：10,26；**L9**：75,91,298；**L10**：xi；**L11**：54,190,259,293,400；**L12**：236；**L14**：xix, 319-320,371,427；**L17**：502，马克思，卡尔

Kurtz on，**L5**：xvii, xix-xx，库尔茨论马克思

predictions of，**L5**：90-91,367，马克思的预言

on religion，**L5**：355，马克思论宗教

Dewey and，**L7**：xvii，杜威和马克思

writings of，**L7**：426，马克思的作品

Bellamy compared with，**L9**：103-105，贝拉米与马克思比较

Brameld on，**L9**：244-245，布拉梅尔德谈及马克思

social theory of，**L11**：27, 33, 59, 292, 334-335,439,485，马克思的社会理论

compared with Hegel，**L13**：119-121, 354,401，马克思与黑格尔

dialectic materialism of，**L13**：120，马克思的唯物主义辩证法

on British industry，**L13**：122，马克思论英国工业

on human nature，**L13**：134，马克思论人性

on philosophy，**L14**：415，马克思论哲学

economics of，**L15**：60-61,233n，马克思的经济学

internationalism of，**L15**：291,373-374，马克思的国际主义

faith in working class，**L17**：xxvii-xxviii，马克思对工人阶级的信念

on contradictions，**L17**：444，马克思论矛盾

Marxism，**M8**：xxvi, 435-436；**M11**：91, 161；**L6**：xix, 265-266；**L11**：594；**L13**：85, 144, 184, 347, 349；**L15**：250；**L16**：xxxviii, 254；**L17**：xxxii，马克思主义

in Japan，**M11**：166，马克思主义在日本

in Russia，**L3**：205,222-223,245,246；

equivalent to monism, **M7**：284, 彻底唯物主义属于一元论

vs. spiritualism, **M13**：264, 266, 268, 270, 物质性与精神性相对

ideal factors of, **M13**：270, 物质主义中的观念因素

of science, **M13**：433；**L16**：372, 375, 科学的唯物主义

compared with theism, **L2**：9, 唯物主义对有神论

as American philosophy, **L5**：45 - 49, 55 - 57, 74, 物质主义作为美国哲学

dialectical, **L5**：358；**L13**：120, 351；**L14**：75 - 76；**L15**：24, 辩证唯物主义

characteristics of, **L8**：46, 71, 88；**L14**：99, 唯物主义的特征

vs. naturalism, **L14**：86 - 88；**L15**：47 - 50, 57, 109 - 117, 190, 唯物主义对自然主义

psychology of, **L14**：156, 唯物主义心理学

in Santayana's philosophy, **L14**：303 - 304, 307, 桑塔亚那哲学中的唯物主义

economic, **L15**：60 - 61, 89, 222 - 223, 233 - 234, 经济的唯物主义

Sheldon on, **L15**：454 - 458, 468 - 469, 谢尔登论唯物主义

politics based on, **L16**：362, 基于唯物主义的政治

Materialism and Empirio-Criticism (Lenin), **L7**：xvii,《唯物主义和经验批判主义》(列宁)

Materialistic-mechanistic philosophy, **L16**：335, 唯物论-机械论哲学

Materialistic reasoning, **E1**：4 - 8, 唯物论的推理

Material objects：物质对象

in Bergson, **M12**：222, 225 - 226, 228, 234, 柏格森著作中的物质对象

Material-physical, **L1**：348 - 349, 物质的-物理的

Maternal family, **M5**：28；**L7**：27, 母系家庭

Mathematical：数学的

form, **M7**：422, 数学形式理论

number, **M10**：95, 数学上的数字

-mechanical, **L1**：107 - 113, 208, 数学-机械的

physics, **L12**：18 - 19, 61, 352, 395, 439, 数理物理学

Mathematical Knowledge (M. Steiner), **L6**：xvn,《数学知识》(斯坦纳)

Mathematical Principles of Natural Philosophy, The (Newton), **L4**：95,《自然哲学的数学原理》(牛顿)

Mathematics, **M12**：158 - 159, 165 - 166, 217；**L1**：54, 117, 128, 129, 150, 157, 201 - 202, 223；**L4**：22；**L12**：79, 84, 97, 108, 239, 285, 316, 329, 334, 350, 355, 359, 388 - 389, 数字。另见 Discourse, **L12**

applied to nature, **E1**：275, 278 - 279, 数学用于自然

teaching of, **E5**：73 - 74；**M4**：212, 283 - 284；**L8**：204 - 205；**L11**：214, 395, 数学的教学

references on, **E5**：337, 关于数学研究的文献

in education, **E5**：428 - 429；**M9**：66 - 67, 教育中的数学

validity in, **M1**：248, 数学中的有效性

pure, **M7**：420, 437 - 439；**L4**：120 - 129, 纯粹数学

related to rationalism, **M10**：18, 数学科学与理性主义

in Russell's philosophy, **M12**：236 - 239, 241 - 242, 244, 245；**L16**：38, 167, 199, 201n, 罗素哲学中的数学

importance of, **L4**：xv, 46, 112, 203, 数学的重要性

function of, **L4**：48, 67, 71, 74, 76, 78, 85, 102, 235；**L13**：55, 数学的功能

nature of, **L4**：53 - 54；**L15**：228, 376 -

377,507 - 508；**L16**：63，98n，109，165n，180，236，266，数学的性质

in Newtonian system, **L4**：92 - 97，148，牛顿体系中的数学

in physics, **L4**：112 - 117，物理中的数学

leads to knowledge, **L4**：156，158，162，163，166，169，173 - 176；**L16**：258，数学导向知识

terminology of, **L4**：193；**L16**：143n，数学术语

methods of, **L4**：199；**L11**：77 - 78，98，150，153；**L16**：275，数学方法

Descartes uses, **L5**：167 - 168，笛卡儿对数学的使用

related to philosophy, **L6**：xv，425；**L14**：333 - 334，与哲学有关的数学

Cohen on, **L6**：302 - 303，柯恩的数学观；**L14**：386 - 387，397，科恩论数学

growth of, **L6**：427，数学的发展

related to logic, **L8**：5，7，8；**L16**：12，185，189，逻辑中的数学

Whitehead's philosophical, **L8**：356；**L14**：136 - 140，怀特海的哲学数学

esthetic quality of, **L10**：xxi，36，89，154，174，211，321，数学的审美性质

Greek concept of, **L11**：70，75，希腊的数学概念

and inquiry, **L12**：391 - 394，数学和探究

symbols in, **L12**：395 - 396；**L16**：5，69 - 70，90，110n，148n，159，173，266，309n，数学中的符号

data in, **L12**：401 - 403，数学中的与料

transformation in, **L12**：406 - 409，412 - 414，数学中的转化

point in, **L12**：411，463 - 464，数学观点

relations in, **L12**：425 - 426，数学关系

and probability, **L12**：471 - 473，数学与可能性

in science, **L14**：151 - 152，数学在科学中的角色

Bentley on, **L16**：xviii-xix，xxiv，xxv，本特利关于数学

intuitionists in, **L16**：33n，数学的直觉论者

Tarski on, **L16**：40n，塔斯基关于数学

definition in, **L16**：65，154，167 - 168，数学中的定义

of Maxwell, **L16**：99，278，麦克斯韦的数学

abstraction in, **L16**：276，431，数学中的抽象

subject-matter of, **L16**：284 - 287，387，460 - 461，数学的主题

on doctrine of possibility, **L16**：432 - 435，数学关于可能性的原则

operational account of, **L16**：440，数学的操作描述

as social, **L17**：237 - 238，作为社会事物的数学

Mathematics for the Million（Hogben），**L13**：55，《大众数学》（霍格班）

Matisse, Henri：马蒂斯，亨利

as artist, **L10**：xxi，xxx，123n，134，178，280，306，356，作为艺术家的马蒂斯

on painting, **L10**：89，111，118，141，358 - 359，马蒂斯论绘画

Matrix：母体

concept of universe as, **L9**：56，295，431，438 - 439，宇宙作为母体的概念

Matter, **M12**：120 - 121，200 - 201，事情，物质；**L1**：65 - 66，95 - 96，346，353，事件、问题、物质；**L15**：163，202，234，质料

and mind, **E1**：3 - 6，8，17，物质和精神；**E3**：227 - 228；**M9**：137 - 139，171，264 - 265，332，333；**L1**：200 - 201，348 - 349，物质与心灵

Locke on, **E1**：321 - 322，343 - 345，莱布尼茨的物质论

Bergson on, **M7**：203；**M12**：224，234，柏格森论物质

Aristotle and Plato on, **M7**：292，柏拉图论

物质

and spirit, **L1**：192 - 194,物质与精神

as inferior, **L4**：4 - 5,215,216,物质低于

Descartes on, **L4**：74,笛卡尔论物质

meaning of, **L4**：77,247；**L14**：86 - 87；
L16：266,物质的含义

Eddington on, **L4**：89,艾丁顿论物质

esthetic, **L10**：xxi-xxiii, xxvi, xxvii, 280,
283,292,295,298,302 - 303,329 - 330,
343,审美的质料

concept of, **L10**：12, 28, 34；**L16**：246,
358 -359,370,414,质料的概念

and form, **L10**：108 - 112,120 - 121,128,
136,138,142,174,195 - 196,364；**L12**：
106,132,158 - 159,285 - 286,质料与
形式

critic's appreciation of, **L10**：315, 317,
322,325,批评家对质料的欣赏

in Aristotelian logic, **L12**：91, 96, 418 -
419,亚里士多德逻辑学中的质料

in Santayana's philosophy, **L14**：303 -
304,桑塔亚那哲学中的物质

Maxwell on, **L16**：100,麦克斯韦关于物质

Matter and Memory（Bergson），**M7**：202,
《物质与记忆》(柏格森)

Matter and Motion（Maxwell），**L16**：99 -
100,277 - 278,468,《物质和运动》(麦克斯
韦）

Maturity, **M13**：ix-x；**L13**：21,57,219,成熟
responsibilities of, **L13**：30,36 - 37,217,
与成熟相联系的责任
meaning of, **L13**：218,成熟的意义
vs. ageing, **L14**：347 - 348,成熟与老年化

Maugham, Somerset, **L13**：363,毛姆,萨默
塞特

Maurer, James H., **L6**：250,254,326,莫勒,
詹姆斯·H

Maurice, Frederick Denison, **M3**：55,莫里
斯,弗雷德里克·丹尼森

Maurras, Charles, **L15**：387,390,毛拉斯,查
尔斯

Maxwell, James Clerk, **L4**：xvii, 198 - 199；
L10：202；**L11**：279；**L16**：61,麦克斯韦,
詹姆斯·克拉克

on transaction, **L16**：98 - 100,麦克斯韦关
于交互作用

theory of, **L16**：108,277 - 278,麦克斯韦
的理论

Dewey praises, **L16**：468,杜威称赞麦克斯
韦

May Drive, **M11**：310,312,五月筹款行动

May Fourth Movement, **M11**：xx, 186 -
191；**M12**：41,五四运动

effects of, **M12**：22 - 27；**M13**：111,116,
118 - 119,五四运动的影响

progress of, **M12**：51,255；**M13**：128,五
四运动的推进

leaders within, **M12**：253,五四运动的领
导者

background of, **M13**：xxi-xxii, 107,110 -
111,115 - 116,五四运动的背景

journals of, **M13**：116 - 118,五四运动的
杂志

Dewey on, **M13**：119 - 120,杜威对五四运
动的看法

anniversary of, **L17**：29,555,五四运动纪
念日

Mayhew, Katherine Camp, **E5**：436；**M1**：
222,325,335n；**L11**：191n, 193n, 202n,
梅因,凯瑟琳·坎普

Mayr, Ernst, **L16**：120n - 121n,迈尔,恩内
斯特

Mazzini, Giuseppe, **L15**：219, 马奇尼, 朱
塞比

Mead, George Herbert, **M4**：xx, 96n；**M5**：
ix, 153n；**M10**：xxii；**M13**：29n, 34n；**L4**：
80；**L5**：xi, 419；**L6**：421；**L12**：5,413n；
L14：4；**L15**：xxvi, 428,米德,乔治·赫伯
特

philosophy of, **E2**：xxvi；**L6**：24 - 27,

307－312,米德的哲学

related to Dewey, **E3**：xxi；**E4**：xvi；**L6**：xi-xiv,米德对杜威的影响

and emotion, **E4**：167n,米德和情绪

Dewey's eulogy for, **L6**：22－28,杜威在米德追悼仪式上宣读的悼文

writings of, **L11**：xxiv, 450－453,米德的著作

at University of Chicago, **L16**：xiv,米德在芝加哥大学

influences Bentley, **L16**：xxviii,米德影响本特利

"situational" of, **L16**：101n,米德的"情境"

on signal, **L16**：145n,米德关于指号

transactional inquiries of, **L16**：269n,米德的交互作用探究

Mead, Helen Castle, **L6**：22,米德,海伦·卡斯尔

Mead, Henry Castle, **L6**：26,米德,亨利·卡斯尔

Mead, Margaret, **L14**：431,米德,玛格丽特

Mean：中道

    Aristotle's conception of, **M5**：126－127；**L7**：118,亚里士多德的中道观念

Meaning, **M14**：186；**L1**：198, 218－223, 257－265；**L15**：79,意义

    in facts of consciousness, **E1**：179,事实的意义

    and relationship, **E2**：78－79,意义和关系

    Dewey's theory of, **E3**：xxxvi,杜威的意义理论

    determination of, **M3**：4,意义之决定

    Peirce on, **M6**：46n, 175,皮尔士论意义

    in thought, **M6**：271－285；**M13**：xix, 57, 58, 374－376, 384－385, 393,思维中的意义

    related to logic, **M7**：132－133；**L16**：162, 320,意义与逻辑相关

    nature of, **M13**：xix, 369, 372；**L8**：127－128, 243－247, 264, 286, 301－302；**L10**：89；**L16**：xxxiii, 32, 134, 192, 305,意义的性质

    nature and, **M13**：xx,自然与意义

    consummatory, **M13**：xx, 377,终极意义

    referential and immanent, **M13**：xx-xxi, 388－389；**L3**：89－90,"指涉性意义"和"内在意义"

    function of, **M13**：63, ;**M15**：29－30, 364－368；**L14**：xv, ;**L16**：301, 331,意义的功能

    inner and outer, **M13**：390,内在的意义与外在的意义

    social origin of, **M13**：390－391,意义的社会起源

    of acts, **M14**：105, 144,行为的意义

    of aims, **M14**：179,目的的意义

    as relation between existents, **M15**：363－364,作为存在者之间关系的意义

    and tools, **L1**：105, 106, 110, 113, 124－125, 129,意义与工具

    and language, **L1**：132－161；**L3**：84, 404－408；**L12**：82, 187－188, 214, 223, 284－286,意义和语言

    and truth, **L1**：306－307；**L3**：4－5, 8, 393；**L5**：213－216,意义与真理

    as quality of behavior, **L3**：37－38,意义作为行为的质

    as empirical phenomena, **L3**：50,作为经验现象的意义

    instrumental and final, **L3**：86－87,工具性意义和最终意义

    ambiguity in, **L3**：87；**L12**：359－360,意义的含糊

    in *Experience and Nature*, **L3**：401－414,《经验与自然》中的意义

    and belief, **L8**：138,意义与信念

    development of, **L8**：214－215, 228－234,意义的发展

    standardized, **L8**：216, 235－236,标准化的意义

and things，**L8**：225－228，意义与事物

irrelevant in，**L8**：253－254，不相关的意义

and concrete，**L8**：293－294，意义与具体

art expresses，**L10**：xxii, xxvii-xxviii, 90, 97－99, 111, 122, 126, 130, 138, 205, 237, 245－249, 263－264, 272, 307－310, 324－325, 328－329, 350，通过艺术所表现的意义

from experience，**L10**：27, 28, 36, 38, 61, 66, 78, 80, 104，来自经验的意义

imagination's role in，**L10**：276－279, 292－298，想象力在意义中的作用

and signs，**L12**：317, 324, 358n, 468，意义和记号

Cohen on，**L14**：400；**L16**：16，科恩论意义

Hocking on，**L14**：413，霍金论意义

emotive，**L15**：129n, 130－136，情感的意义

Nagel on，**L16**：16，内格尔关于含义

Carnap on，**L16**：22, 23n, 30－31，卡尔纳普关于含义

C. Morris on，**L16**：33，莫里斯关于含义

Lewis on，**L16**：36－38, 45，刘易斯关于含义

Tarski on，**L16**：42，塔斯基关于含义

Dubislav on，**L16**：161n，杜比斯拉夫关于含义

Kaplan on，**L16**：172－173，卡普兰关于含义

Pepper on，**L16**：174，佩普关于含义

Kaufmann on，**L16**：197－198，考夫曼关于含义

Russell on，**L16**：200, 202，罗素关于含义

Moore on，**L16**：207，摩尔关于含义

as name，**L16**：235, 266, 332，含义作为名称

Woodbridge on，**L17**：548－549，伍德布里奇论意义

Meaning and Value of Life，*The* (Eucken)，

M8：165，《生活的意义和价值》（倭铿）

Meaning of Meaning，*The* (Ogden and Richards)，**M13**：xi；**M15**：xxvi, 223－225；**L3**：82；**L6**：3，《意义的意义》；**L16**：9, 218, 300－302, 470，《意义之意义》（奥格登和理查茨）

Meaning of Truth，*The* (W. James)，**M6**：xii, xivn；**M7**：xvi, 144；**L2**：7, 10，《真理的意义》（詹姆斯）

"Meaning of Value, The," **L2**：xix，《价值的含义》

Meaning-relation：意义关系

knowledge as，**L17**：362, 364, 368－370, 371n，作为意义关系的知识

"Meanings of the Term Idea, The," **M3**：xx，《"观念"一词的意义》

Meaning-symbols，意义符号。参见 Conception，**L12**；Consequences，**L12**；Discourse，**L12**

discourse and，**L12**：51－66, 115, 118－119, 155－157, 421，论说与意义符号

in mathematics，**L12**：395－396，数学中的意义符号

Mean proportional，**L10**：47，"比例中项"

Means，**M14**：151, 172，手段

inherent value of，**M13**：6, 12，手段的内在价值

habits as，**M14**：22, 24，作为手段的习惯

data as，**L4**：80，与料作为手段

in social conditions，**L4**：106, 220, 247，社会条件中的手段

symbols as，**L4**：121，符号作为手段

experience as，**L4**：123, 125, 189，经验作为手段

in knowledge，**L4**：154, 236, 237，知识中的手段

development of，**L4**：170, 171, 187，手段的发展

perception of，**L4**：222－27, 244，对手段的认知

in science，**L4**：230，科学中的手段

in art, **L10**：xx, xxii, 66, 69, 143 – 146, 176, 181, 201 – 204, 209, 243, 艺术中的手段

vs. medium, **L10**：261n, 手段对媒介

and action, **L10**：278, 283; **L17**：157, 手段与行为

environment as, **L11**：239 – 240, 环境作为手段

material and procedural, **L12**：139, 143, 162, 168, 175, 288, 384 – 385, 402, 513, 实体性的和程序性的手段

measurement as, **L12**：200 – 202, 210, 测量作为手段

freedom as, **L13**：39, 作为手段的自由

determination of, **L13**：56, 57, 183; **L17**：xxxiii, 292, 手段的决定

class struggle as, **L13**：352 – 353, 作为手段的阶级斗争

ideas as, **L14**：85, 理念作为手段

in inquiry, **L16**：322 – 328, 336 – 337, 探究的手段

nature of, **L16**：349 – 350, 361, 366 – 367, 411, 手段的性质

rationality as, **L17**：xx, 作为手段的理性

Means and ends, **E4**：29 – 32, 36; **M5**：xvi-xxvi; **M9**：112 – 113, 333; **M12**：120 – 121; **M14**：23, 27 – 29, 188; **L8**：84 – 85; **L11**：62, 259, 332; **L12**：490 – 491; **L13**：xi, 188, 202, 211 – 216, 228 – 229, 299, 381, 386 – 387, 399; **L14**：72 – 74; **L15**：164 – 167, 178, 216 – 218, 234, 手段和目的

in activity, **M7**：165 – 174, 活动中的手段和目的

in independent thinking, **L2**：57 – 60, 在独立思考中的手段和目的

in philosophy of education, **L5**：28 – 33, 教育哲学中的手段与目的

in democracy, **L11**：217 – 218, 298 – 299, 民主中的手段和目的

in moral choice, **L17**：xxi, 道德选择中的手段和目的

in communism, **L17**：117, 共产主义的手段和目的

habit related to, **L17**：206, 与手段和目的相关的习惯

manipulation of, **L17**：292, 294, 对手段和目的的操纵

Means-consequences, **L1**：101, 102, 107 – 115, 119, 120, 127, 128, 146 – 147, 189 – 190, 199 – 200, 205 – 206, 221, 252 – 253, 264, 274 – 277, 286, 297, 340 – 341, 354 – 356, 手段-后果; **L16**：333, 338, 448, 452 – 453, 手段-结果

educational significance of, **M6**：278; **L8**：233 – 234, 286, 手段-结果在教育上的重要性

as fundamental category of inquiry, **L4**：129 – 130, 238; **L12**：xi, 16 – 18, 23 – 24, 107 – 108, 111, 381 – 382, 440, 作为探究基本范畴的手段-结果关系

predicament of, **L12**：45 – 46, 手段-结果关系的困境

and causal propositions, **L12**：449 – 450, 454 – 457, 手段-结果关系与因果命题

in experience, **L13**：56, 经验中的手段-结果

Measure, **L1**：347, 测量

in Greek morals, **M5**：107, 108, 118, 126; **L7**：98, 99, 109, 118, 古希腊道德中的衡量

Measurement, **L4**：90n, 163, 192, 测量; **L10**：311, 313, 度量。另见 Comparison, **L12**

need for study of, **E5**：358; **L4**：104 – 108, 需要对度量进行研究

related to counting, **E5**：424 – 426, 度量与计数的关系

temporal, **L4**：115 – 116, 时间测量

development of, **L4**：122 – 124, 测量的发展

absent in ancient science, **L12**：94 – 96,

201 -202,古代科学中测量的缺乏

as qualitative and numerical，**L12**：205,219,318,345,性质上和数值上的测量

Mecca Temple（New York City），**L11**：310n,麦加殿(纽约)

Mechanical：机械的

philosophy，**M9**：293,机械哲学

in education，**M10**：118-120,教育中的机械因素

relations，**L1**：81,108,111,机械关系

mathematical-，**L1**：107,113,数学的-机械的

world，**L1**：109-110,208-209,机械的世界

reality，**L1**：151,机械的实在

vs. esthetic，**L10**：344,机械的对审美的

Mechanicalism，**L9**：37,机械论

Mechanics，**M12**：119,力学

Greeks and，**M12**：117-118,希腊人与力学

Mechanism，**M12**：120-121,200-201,229-230,机械论、力学；**L2**：223-225；**L4**：xvii,167,196-198,机械作用

concept of, in teaching，**M1**：139-144,教学中的机械主义概念

and nature，**M8**：8,机械论与自然；**L14**：64,机械主义与自然

and judgment，**M8**：18-20,机械论和判断

in German thought，**M8**：152-160,德国精神中的机械论

related to philosophy，**M13**：417,机械主义与哲学相关

fixed reality of，**L14**：99,机械主义的固定实在

Bergson and James on，**L14**：101,伯格森和詹姆斯论机械主义

Mechanism, Life and Personality（J. Haldane），**M8**：449,《机械论、生命与个性》(霍尔丹)

Mechanization，**M14**：100,机械程式/机制

and habit，**M14**：50-52,70,机械程式/机制与习惯

Media，**L13**：xvi,媒体

Mediated experience，**M9**：240,间接的经验

Mediation，**M3**：169-170,中介。另见 Ground，**L12**

by ideas，**L10**：xxviii,283,观念的中介

in art，**L10**：125,127,137,204,中介在艺术中的作用

as necessary，**L12**：190,217-218,248,321,508,522-524,必要的中介

Mediatism，**M13**：453-454,458,464,中介论

Medical Psychology（Lotze），**M7**：138,《医学心理学》(洛采)

Medicine，**L15**：278,医学

taught in college，**M1**：291,学院中教授的医学

social responsibility of，**M10**：155,认识医学对人类影响的需要

and philosophy，**L3**：26,医学和哲学

socialization of，**L14**：95,医学的社会化

advances in，**L14**：341-342,医学的进步

Medieval：中世纪

philosophy，**E5**：20；**M7**：215；**M9**：300-302；**M11**：342,344；**L4**：220；**L13**：290,中世纪哲学

scholasticism，**M15**：329,中世纪经院哲学

religion，**L10**：37-38,340,中世纪宗教

art，**L10**：336,中世纪艺术

Meditation，**L10**：269,冥想

Meditations（Descartes），**L16**：423,《沉思录》(笛卡尔)

Medium：媒介、中介

nature and role of，**L10**：xxii,xxiii,xxvii,69-70,81-82,91,110,122,139,162,177,199-209,212,216,264,277,281,291-292,322-324,媒介的本性和作用

art as，**L10**：111,129,330,作为媒介的艺术

artist's use of，**L10**：151,156,艺术家对媒

介的使用

distinctive qualities of, **L10**：218，226，229
－238，241，243，246－248，媒介的独特
性质

vs. means, **L10**：261n，手段对媒介

environment as, **L16**：244，环境作为中介

Megan, Charles P., **M8**：123n，梅根，查尔
斯·P

on parochial school education, **M8**：416－
417，471－472，梅根论教会学校教育

Megarian school of philosophy, **M7**：349；
M10：90；**L2**：124，125，128，麦加拉哲
学学派

Meiklejohn, Alexander：米克尔约翰，亚历
山大

on experimental college, **L6**：295－298，米
克尔约翰论实验学院

on liberal education, **L15**：333－337，474－
486，米克尔约翰论文科的教育

Mein Kampf（Hitler），**M8**：425；**L15**：367，
《我的奋斗》（希特勒）

Meinong, Alexius, **M10**：430，美侬，阿莱克
修斯；**M11**：371，迈农，阿历克赛；**L16**：18，
迈农，阿雷克西斯

Melancholia, **M1**：216，抑郁症

Meland, Bernard E.：米兰德，伯纳德·E

Dewey's critique of, **L11**：xv，84－85，杜
威对米兰德的批评

on mystical naturalism, **L11**：583－587，米
兰德论神秘自然主义

Melanesia, **M7**：400，美拉尼西亚

Melchizedek, **M12**：15，麦基洗德（撒冷的国
王及祭司）

Meliorism, **M7**：294，世界改良论；**M12**：
181－182，改良主义；**M15**：333，社会改良
学说

Melissus, **M2**：144，墨利索斯

Mellon, Andrew William, **L6**：157，160，179，
梅隆，安德鲁·威廉

Melting-pot metaphor, **M10**：184，289，熔炉

比喻

Melville, Herman, **L10**：321，梅尔维尔，赫
尔曼

Memories and Studies（W. James），**L15**：
21n，《回忆与研究》（詹姆斯）

Memorizing：牢记

opposed to understanding, **L17**：161，188，
326，与理解相反的牢记

Memory, **M6**：263；**M12**：80－84，139；**L8**：
215；**L11**：71，73，148，记忆

related to perception, **E2**：133；**M7**：22n，
28n，与知觉相联系的记忆

as stage of knowledge, **E2**：154－167，记忆
作为知识的发展阶段

imagination in, **E2**：169；**E5**：318，记忆中
的想象

Cattell on, **E5**：349，卡特尔论记忆

in child, **M1**：204－205，儿童记忆的成长

organic, **M7**：369，有机体的记忆；**L17**：
324，329，有机记忆

Bergson on, **M10**：36n，柏格森论记忆

related to judgment, **M15**：358－360，369；
L17：333－334，337，记忆与判断相对

expression's relation to, **L10**：24n，76，95，
128，268，记忆与表现的关系

use of, **L13**：41，50，51；**L17**：325－326，
333－335，记忆力的作用

related to psychology, **L17**：187，与心理学
相关的记忆

phases of, **L17**：324－326，记忆的阶段

varieties of, **L17**：326－328，记忆的不同种
类

motor, **L17**：327，运动的记忆

educative value of, **L17**：335，记忆的教育
价值

Mencius, **M13**：225，孟子

Mencken, H. L., **L6**：186－187，门肯，H·L

vs. Dewey on educational "frills," **L9**：
141－146，406－411，门肯与杜威谈及教
育的"虚饰"

Mendel, Gregor Johann, **L6**：13,孟德尔,格雷戈尔·约翰

Mendelism, **L13**：158,孟德尔主义

Mendelssohn, Frans von, **L6**：358,门德尔松,弗兰斯·冯

Menger, Karl, **L16**：32n - 33n,门格,卡尔

Meno（Plato）, **L2**：130；**L16**：157n,《美诺篇》(柏拉图)

Men's clubs, **M5**：36 - 37, **L7**：35,男人俱乐部

Mental, **L12**：39 - 40,42 - 43,63n, 86,107, 110,161,164,185 - 186,286 - 287,516 - 521,精神的。另见 Intellectual

  powers, **E5**：61；**M3**：122 - 124,心理能力

  perspective, **E5**：81,心理的视角

  and physical, **L3**：27 - 29,39 - 40,45 - 49, 50；**L15**：xvii-xix, 87n, 110 - 117,202, 219,365,精神和物理状态

  hygiene, **L11**：543,心理卫生学；**L17**：146,心智保健

  knowledge of, **L15**：27 - 33,对精神状态的认识

  privacy of, **L15**：64,65,68 - 79,117 - 126, 136,150,431 - 434,463,469,精神状态的私密性

  as name, **L16**：266,心灵的作为名称

Mentalism, **M6**：4,心灵主义

Mental life：精神生活

  emotional and rational, **M7**：397 - 399,感性精神生活和理性精神生活

  James on, **L14**：158 - 159,詹姆斯论精神生活

  balance affects, **L17**：81,平衡影响心智活动

  habit and attention in, **L17**：207,心智生活中的习惯和注意力

  physical activity in, **L17**：217,心智活动中的身体活动

  determining unit of, **L17**：292,心智活动的决定性单元

Mental-material：精神-物质

  related to concept of neutrality, **M10**：49 - 52,与中立概念相关的精神-物质的区分

Mercantilists, **E4**：216,重商主义派

Meriam, J. L., **M8**：414,梅里安,J·L

  and University of Missouri Elementary School, **M8**：236 - 247,梅里安在密苏里大学附属小学的教育实验

Merion, Pa., **L14**：xxi, 357,梅里奥,帕

Merit, **E3**：381,功德

Merriam, Charles Edward, **L6**：126 - 127； **L17**：112 - 113,梅里亚姆,查尔斯·爱德华

Merrill, Jenny B., **M7**：377n,梅里尔,珍妮·B

Mersenne, Marin, **M11**：31,梅森,马林

Merz, John Theodore, **E1**：262,默茨,约翰·希欧多尔

Meta-ethical questions, **M5**：xii-xxxiv,元伦理学问题

Metaphor, **E3**：190,隐喻

Metaphysic of Morals, *The*（Kant）, **L2**：3,《道德形而上学》(康德)

Metaphysics（Aristotle）, **M15**：336n；**L5**：185,《形而上学》(亚里士多德)

Metaphysics, **M12**：89, 151, 152；**L1**：45, 49 - 50,62 - 63,67,78,88 - 89,194,209, 308；**L13**：222,248；**L14**：xii；**L16**：277, 形而上学。另见 Ontological, **L12**

  and logic, **E3**：131 - 132；**L12**：30,70 - 72,286,507 - 508,516 - 517,形而上学和逻辑

  scientists on, **E3**：141,科学家论形而上学

  ethics as, **E3**：155 - 156,作为形而上学的伦理学

  Bradley on, **E4**：65；**M13**：498,布拉德雷论形而上学

  in D'Arcy, **E5**：31,33,达西理论中的形而上学

  James on, **M1**：115；**M13**：498；**L15**：3 -

284,方法(《教育百科全书》)

essentials of，**M9**：159－170,方法的基本
要素

as general and as individual，**M9**：177－
186,一般的和个体的

theory of，**M9**：349－354；**L17**：480,方
法论

true，**M12**：97,真方法

philosophy of，**M12**：190；**L1**：3－59,哲学
的方法

related to knowledge，**M12**：245；**L1**：
121－124,324－325,与知识相关的方法

denotative，**L1**：16,61,62,168,指示方法

in creativity，**L2**：114－115,创造性的方法

problem of，**L2**：355－362；**L17**：442,方
法的问题

development of，**L4**：29,172－173,236,
249,改善方法；**L17**：442－443,482,发
展方法

supremacy of，**L4**：160,178－202,222；
L14：65－69,75,方法至上

intelligence as，**L4**：175－176,智慧作为
方法

in social practice，**L4**：201,211,社会实践
中的方法

rationalistic and empirical，**L4**：204－205,
理性主义与经验主义

in morals，**L7**：329－331,338,343－344,
350；**L14**：147,道德中的方法

united with attitude，**L8**：136－139,方法
与态度的结合

logical，**L8**：179－180,218－219,逻辑方法

Whitehead on，**L14**：127－129,136－140,
怀特海论方法

Cohen on，**L14**：386－389,科恩论方法

hypothetico-inductive，**L15**：63,69,73n,假
设归纳法

naturalistic，**L15**：117－126,自然主义的
方法

of science and common sense，**L16**：246－

250,373,科学和常识的方法

of inquiry，**L16**：338－339,379,探究的
方法

for study of value，**L16**：343－357,价值研
究的方法

related to technic，**L17**：294－297,与技巧
相关的方法

Method of Freedom，*The*（Lipp mann），
L11：258,《自由的方法》(李普曼)

Methodology：方法论

and logic，**L12**：12－13,方法论与逻辑

of history，**L12**：230－231,历史的方法论

Methodology of the Social Sciences
（Kaufmann），**L16**：157n,195－198,《社会
科学方法论》(考夫曼)

Metric measurements，**L4**：105,108,109,
158,162,192,193,度量测量

Metropolitan Tower（New York City），**L10**：
140,359,大都会塔,纽约市

Metternich-Winneburg, Clemens Lothar
Wenzel, Fürst von，**M11**：114,梅特涅-温
内伯,克莱门斯·洛塔尔·文泽尔,菲尔斯
特·冯；**L15**：207－208,梅特涅-温纳伯
格,福斯特·冯

Mexico，**M15**：126,385,墨西哥

religion in，**L2**：194－198,200－201,208,
墨西哥的宗教

education in，**L2**：199－205,墨西哥的教育

relation of U. S. with，**L2**：201－202,205,
209－210；**L3**：158－162,美国和墨西哥
的关系

public health in，**L2**：206－210,墨西哥的
公众健康

imperialism in，**L3**：158－162,帝国主义在
墨西哥

Mexico City, Mexico，**L2**：206－208；**L11**：
310,墨西哥,墨西哥市

Meyer, Adolf，**L1**：117,迈耶,阿道夫；**L16**：
117n,,迈耶尔,阿道夫

Meyer, Agnes E.，**L11**：330n,迈耶,艾格尼

丝·E

Meyer, Max, **L1**：139n,迈耶,马克斯

Meyerson, Émile, **L6**：13,299,梅叶尔森,埃米尔；**L15**：xviii,迈耶森,埃米尔

Mezes, Sidney E., **M11**：401-402,梅齐,西德尼·E

Miami, University of, **L17**：451n,迈阿密大学

Micah, **L7**：88,弥迦

Michelangelo, **M12**：xii；**L10**：237,362,米开朗琪罗

Michelson, Albert, **L16**：xiv,米歇尔森,阿尔伯特

Michelson-Morley experiment, **L1**：38,米切尔森-莫利实验；**L4**：102,116,迈克尔逊-莫勒实验

Michigan, University of, **E3**：xxi-xxii, xxxvii-xxxviii；**E4**：10；**M1**：55；**L5**：393, 424；**L15**：321,324；**L17**：8,213,密歇根大学

    Students'Christian Association, **E1**：61n, 90,密歇根大学学生基督教协会；**E4**：3n, 96n, 365n, 369n,密歇根大学基督教学生联合会

    courses at, **E3**：48,91,92,密歇根大学的课程

    F. Scott at, **E4**：120-122,司各特在密歇根大学任教

    Dewey and Tufts at, **M5**：ix,杜威和塔夫茨在密歇根大学

Michigan School-Masters'Club, **E1**：81n；**L11**：171n,密歇根校长俱乐部

Michoud, Léon, **L2**：26,30,利昂,米修德

Middle Ages, **M12**：x, xiii, 106, 116, 156；**M15**：196；**L2**：112；**L6**：504；**L13**：290；**L14**：313,327,中世纪。另见 Feudalism; Medieval

    individual in, **E4**：213；**E5**：11-13,中世纪的个人

    universities of, **M1**：40,289,中世纪的大学

    attitude of, toward truth, **M1**：165,对中世纪固有真理的态度

    customs in, **M5**：33,37；**L7**：32,36,中世纪风俗

    philosophy of, **M9**：301；**M10**：22,38,40-41；**L13**：264,中世纪哲学

    revival of interest in, **M10**：231,中世纪兴趣的复苏

    German mind of, **M10**：232,德国具有的那种中世纪的精神

    Christian supernaturalism in, **L3**：6,基督教超自然主义在中世纪

    human nature in, **L6**：34-35,中世纪的人性

    classes in, **L7**：132,138,中世纪的阶级

    authority and unity in, **L7**：135-137,413,中世纪的权威和统一

    trade in, **L7**：142,中世纪贸易的控制

    art in, **L7**：147,中世纪艺术

    thought of, **L15**：46,48,52,155-156, 264-265,268-269,334,336,中世纪的思想

    intellectual authority in, **L15**：235,265-267,中世纪理智的权威

    civilization in, **L17**：228,中世纪文明

Middle term：中项

    as logos, **L12**：90,204,作为逻各斯的中项

Middletown: A Study in Ameri can Culture (H. Lynd and R. Lynd), **L5**：45,《米德尔顿；当代美国文化研究》(林德夫妇著)

Miles, H. E.：迈尔斯,H·E

    on industrial education, **M7**：104-105,461-468,迈尔斯论工业教育

Militarism, **M13**：151,黩武主义

    of Germany, **M11**：61,152,158,德国的军国主义

    of U. S., **M11**：71,美国的军国主义

    as effect of war, **M11**：104,388,军国主义是战争的产物

    of Japan, **M11**：153,160,163,168,170,

173,174,177,178,193,197；**M13**：205,
257－261,日本的黩武主义

of China, **M11**：187－190,194,197－204,
212,229,230；**M13**：139；**L3**：423－
428,中国的黩武主义

evils of, **M13**：163,黩武主义的罪恶

and schools, **L3**：346－347；**L14**：355－
356,军国主义和学校

Militarizing Our Youth（R. Barnes）, **L3**：
346,《武装我们的青年》(巴尼斯)

Military, **L13**：187,302,军事；**L15**：220,军
事的

vs. democracy, **L14**：367－368,军事对民主

dictation by, **L16**：255,独裁

operations of, **L17**：543－544,军事行动

Military Intelligence Bureau：军事情报局

on Polish question, **M11**：xv, 248, 259,
262, 295, 320, 396, 400, 401n, 406－
407,军事情报局论波兰问题

Military training, **M10**：xxxv-xxxvii, 183－
195,296－300,377－393；**L6**：124,军事
训练

characteristics of, **M11**：60－62,66,军事
训练特色

in China, **M11**：180,中国的军事训练

for Poles, **M11**：286,287,324,397,波兰人
的军事训练

opposition to, **L17**：122,124,反对军事
训练

Miliukov, Paul, **M11**：263,米留柯夫,保尔

Mill, James, **E4**：215,276；**M2**：36；**M3**：
54；**M6**：392；**M7**：144,212,345,361；
M10：111；**L2**：148；**L6**：7；**L12**：157,
498,穆勒(又译密尔),詹姆斯

and moral philosophy, **E4**：147,穆勒和道
德哲学

and industrial democracy, **E4**：284,穆勒和
工业民主

on democratic government, **L2**：293－294,
密尔论民主政府

Dewey's departure from, **L3**：76,杜威对密
尔的脱离

influences liberalism, **L11**：11,19,穆勒对
自由主义的影响

as empiricist, **L11**：78,81,穆勒作为经验
主义者

Mill, John Stuart, **E3**：xxiii；**E4**：106,215,
217；**E5**：352,353；**M1**：115；**M2**：295；
M3：56,穆勒,约翰·斯图亚特；**M4**：254,
密尔,约翰·斯图亚特；**M5**：4,388；**M6**：
392,穆勒,约翰·斯图亚特；**M7**：144,212,
357,361；**M8**：144,密尔,约翰·斯图亚
特；**M9**：349；**M10**：335,穆勒,约翰·斯图
尔特；**M12**：156；**M13**：64,401；**L1**：123,
323；**L2**：7n, 357；**L6**：7；**L7**：6,密尔,约
翰·斯图亚特；**L9**：xxvi, xxxi, 299；**L12**：
157,436,498；**L13**：173,穆勒,约翰·斯图
尔特；**L14**：xi, 186；**L15**：13,399,423,密
尔,约翰·斯图亚特

important in psychology, **E1**：49,145,密尔
作为重要的心理学家

logical theory of, **E3**：92；**M2**：368－375；
M3：63；**L4**：90n, 125,145n,穆勒的逻
辑理论；**L5**：168－169；**L8**：10－11；
L11：30,95,99－101,118,126,128,
601,密尔的逻辑理论；**L12**：xi, 12,86,
160,427n,穆勒的逻辑理论

and ethics, **E3**：100；**E4**：xix；**M5**：xv,
xxiiin,穆勒和伦理学

syllogism theory of, **E3**：129－131；**L12**：
323－325,穆勒的三段论

moral theory of, **E4**：147－148,278；**M5**：
217n, 227－240,穆勒的道德理论

and happiness, **E4**：284；**M5**：242－243,
264,穆勒和幸福

on pleasure, **E4**：284－285；**M5**：255－
256,267－268；**L7**：191－192,196－
197,穆勒论快乐

as sensationalist, **E5**：15,穆勒作为感觉
论者

on mind，**M1**：160，穆勒论心智；**M4**：91，密尔论心灵

on reasoning，**M1**：163，穆勒论推理

on laws，**M1**：171，穆勒论法律

on judgment，**M1**：171；**M6**：261－262；**L8**：213－214，密尔论判断

opposed to intuitionalism，**M2**：27，穆勒对于直觉主义的反对

on analysis，**M2**：36，穆勒论分析

on acceptance of ideas，**M2**：58，穆勒论对于新观念的接受性

on necessity，**M2**：150，穆勒论必然性

on positivism，**M2**：209，穆勒论实证主义

on utilitarianism，**M3**：55；**M15**：59；**L7**：155，241－245，密尔对功利主义的批判

on copula，**M4**：80n，密尔论系动词

influences Sidgwick，**M4**：244，密尔对西季威克的影响

on liberty，**M5**：xi，密尔论自由

social theory of，**M5**：261，268－270；**L11**：11，19，30－32；**L13**：138，穆勒论社会现象

on secondary ends，**M5**：298－299，穆勒论二级目的

as democratic individualist，**M5**：469，536，穆勒作为民主个人主义者

on private property，**M5**：495，穆勒论私有财产

on thought，**M6**：195，穆勒论思维；**L8**：128－129，密尔论思想

on induction，**M7**：241－242；**M13**：65，483，486，密尔论归纳

G. Morris on，**M10**：111，莫里斯对穆勒的评价

on British philosophy，**M10**：224，穆勒论英国哲学

eclipse of，**M10**：225，穆勒的陨落

political psychology of，**M10**：271，穆勒的政治心理学

on drawing inferences，**M10**：342，穆勒论抓住推论

on Bentham and Coleridge，**M15**：59；**L5**：180－183，密尔论边沁和柯尔律治

denies identity of form，**L5**：259，密尔否认形态的同一性

on wisdom，**L7**：208，209，密尔论智慧

on conduct，**L8**：26，密尔论行为

influences education，**L8**：38，密尔影响教育

on art，**L10**：53，密尔论艺术

life of，**L11**：23－24，30，密尔的生平

empiricism of，**L11**：80，81；**L12**：ix，44，45，147－148，374，389，密尔的经验主义

on generalization，**L12**：20n，265－266，穆勒论一般性

on attributes，**L12**：150，259n，穆勒论属性

on abstract terms，**L12**：257－258，穆勒论抽象词汇

on connotation，**L12**：354－355，穆勒论涵义

on proper names，**L12**：363－364，穆勒论专名

on sequence，**L12**：437，446，穆勒论序列

on scientific laws，**L12**：451，464，穆勒论科学定律

procedures of，**L16**：158，密尔的步骤

on definition，**L16**：181，密尔关于定义

compared with C. Morris，**L16**：218n，密尔与莫里斯比较

Millay, Edna St. Vincent，**L7**：200，默蕾，埃德娜·圣文森特

Miller, David Hunter，**L6**：473n，米勒，戴维·亨特

Miller, Herbert A.，**L6**：118，503，米勒，赫伯特·A

Millerand, Alexandre，**M13**：316，米勒兰，亚历山大

Millet, Jean François，**L17**：245，米勒，让·弗朗索瓦

Mill on the Floss, The（G. Eliot），**L10**：

23n-24n，354，《费罗斯河上的磨坊》（艾略特）

Mills, Ogden L., **L6**：390，米尔斯，奥格登·L

Milne-Edwards, Henri, **E1**：296，米厄恩-爱德华兹，亨利

Milner, Alfred, **M11**：120，米尔纳，阿尔弗雷德

Milton, John, **M12**：xxii；**M15**：326 - 327；**L6**：497，弥尔顿，约翰

　　on natural rights，**M5**：142,143，弥尔顿论自然权利

　　on sovereignty，**M11**：27，弥尔顿论君权

　　on liberty，**L7**：139，弥尔顿论自由

　　on power，**L7**：207，弥尔顿论权力

　　as artist，**L10**：xxx，85，115，130，158，294，322 - 323，357，作为艺术家的弥尔顿

Milwaukee, Wis.，**M7**：462，密尔沃基，威斯康星州

Mind，**M3**：102；**M6**：xxiii-xxiv，18 - 19；**L11**：77，79，88，156，心灵。参见 Body；Mental

　　nature of，**E1**：3 - 8；**M7**：214 - 217；**M9**：326；**M10**：28；**L1**：222；**L13**：385；**L14**：6，48；**L16**：358 - 359，384，393；**L17**：330，精神、心灵的本质

　　existence of，**E1**：16；**M10**：58 - 60，心灵的实际存在

　　and consciousness，**E1**：135 - 137；**L1**：230 -234，心灵与意识

　　activity of，**E1**：190，精神活动；**E2**：82，150 -152，156，心理、心灵的活动；**E3**：229 - 230，心灵的活动；**M7**：195 - 197，心智活动；**M9**：76，110，356 - 360，心灵活动；**L17**：214，281，305，心智活动

　　and matter，**E1**：320 - 322；**E3**：227 - 228；**L1**：200 - 201，348 - 349，353 - 354，心灵与物质

　　and psychology，**E2**：7，心理、心灵与心理学；**M1**：69 - 72；**M9**：325；**L16**：136，心灵与心理学

　　knowledge of，**E2**：15，对心理、心灵的认识；**L15**：27 - 33，150，对心灵的认识

　　memory and，**E2**：159 - 160，165 - 166，记忆和心理、心灵

　　related to language，**E2**：186，心理、心灵和语言的关系；**M7**：395 - 397，心智与语言的联系；**L1**：135，心灵与语言

　　as passive，**M4**：181 - 191；**M9**：276，被认作被动的心灵；**L17**：439，心智的被动性

　　Dewey's theory of，**M7**：xii，杜威的心智理论

　　states of，**M7**：31 - 33，心态

　　social-moral influence on，**M7**：38 - 40，对心灵的社会道德影响

　　and art，**M7**：40 - 43；**L10**：xvii，276n，277，281，291 - 96，299，301，314，心灵与艺术

　　Perry on subcutaneous，**M7**：54，佩里的"皮下"心智观

　　realists on，**M7**：455 - 460，实在论者对心智的定义

　　related to social behavior，**M9**：38，127；**M14**：44 - 46，225 - 226；**L16**：326，334，449，心灵和社会行为相关

　　objective，**M9**：64 - 65，"客观的"心灵

　　related to education，**M9**：76，137 - 145，心灵和教育相关

　　related to judgment，**M9**：150 - 151，心灵和判断相关

　　quality of, vs. quantity，**M9**：179，心灵的质对量

　　Locke's conception of，**M9**：277，洛克有关心灵是白板的观念

　　changing historical attitudes toward，**M9**：300 - 302，对心灵的历史态度的改变

　　theories of，**M10**：45，关于精神的理论；**M14**：123；**L1**：135，207；**L17**：xxix，心智理论，关于心灵的理论

　　Spencer on，**M10**：69，斯宾塞论精神

代》(卓别林)

Modes：样式

in Spinoza's *Ethics*，**E1**：11,12,16,斯宾诺莎《伦理学》中的样式

"Modes of Meaning, The"(C. Lewis)，**L16**：36－38,《含义的模式》(刘易斯)

Modes of Thought（Whitehead），**L11**：xv,《思想方式》(怀特海)

Modulation：转调

in education，**L13**：56,教育中的转调

Mohammedanism，**M15**：128,伊斯兰教

Molecular propositions，**M10**：94,罗素论分子命题

Moley, Raymond，**L6**：xviii,莫利,雷蒙德

Moliére, Jean Baptiste Poquelin，**L10**：244,362；**L16**：88n,莫里哀,让·巴蒂斯特·波克兰

Molinos, Miguel de，**M2**：216,莫利诺斯

Molotov, Viacheslev M.，**L15**：298,347－348,莫洛托夫

Mommsen, Theodor，**M8**：186,蒙森,特奥多尔

Monads，**M7**：293；**M12**：242,单子

universal content of，**E1**：292－295,单子的普遍内容

souls as highest，**E1**：297－298,318,作为最高级单子的灵魂

as conditions of matter，**E1**：346－351,单子作为物质条件

impenetrability of，**E1**：362－363,单子的不可入性

Leibniz on，**L1**：115n；**L15**：30,单子论

Monet, Claude，**L10**：306,莫奈,克劳德

Money：货币

control of，**L6**：73－74；**L9**：296－297,货币的控制

circulation of，**L6**：379－380,货币流通

Mongolia，**M11**：204；**M12**：66；**M13**：199,235,蒙古

Chinese subjugation of，**M13**：135,中国人对蒙古的征服

Russian control of，**M13**：195,俄国对蒙古的控制

government of，**M13**：240－241,蒙古政府

Monism，**M8**：176；**M12**：208,211；**M13**：313；**L2**：xiii, 8－10；**L10**：xii；**L13**：72；**L15**：3－4,221,一元论

idealistic，**M3**：311,唯心主义一元论

epistemological，**M4**：80,82n；**M10**：64,66,439－449；**M15**：362,认识论的一元论

in *Cyclopedia of Education*，**M7**：284－285,一元论(《教育百科全书》)

as dialectics，**M10**：11,作为辩证法一面的一元论

on social psychology，**M10**：55,一元论的社会心理学概念

problems of，**L14**：29,一元论问题

Monist，**E4**：xviii；**M15**：227；**L11**：421,《一元论者》

Monistic：一元论的

idealism，**M8**：178,一元论唯心主义

realism，**M10**：64；**M15**：361－362,一元论的实在论

Monopoly, economic，**L9**：63,垄断影响经济

Monroe, James，**L14**：203,门罗,詹姆斯

Monroe, Paul，**M6**：359n,门罗,保罗

Monroe Doctrine，**M11**：193,232；**M12**：xxi,4；**M13**：167,274；**M15**：411；**L5**：440；**L6**：209,364,473,门罗主义

Montagu, M. F. Ashley，**L16**：119n,蒙塔古,M·F·艾什利

Montague, William Pepperell，**M4**：x, 133n；**M6**：xii, 473,蒙太古,威廉·佩珀雷尔；**M7**：23n,蒙塔古,威廉·佩珀雷尔；**M10**：326n, 437,445,蒙特奇,威廉·派珀雷尔；**M13**：445n；**L3**：391, 392n；**L5**：147n；**L9**：xiin,蒙塔古,威廉·佩珀雷尔；**L14**：7,蒙特奇,威廉·佩珀雷尔

on realism，**M6**：475－477,蒙太古论实

在论

Montaigne, Michel Eyquem, **M2**：233；**M7**：295；**M9**：301；**L11**：77，蒙田，米歇尔·E

Montenegro, **M15**：390，黑山

Montessori, Maria, **M7**：187,378,381；**M8**：xxxii；**M9**：205；**M15**：176，蒙台梭利，玛丽亚

　teaching methods of, **M8**：253,300-313；**M9**：160，蒙特梭利教学方法

　on physical development, **M8**：390，蒙台梭利论身体发育

Moody, William Vaughn, Lectureship, **L17**：488,568，威廉·沃恩·穆迪讲师

Mooney, Thomas J. , **L11**：305,306,317，穆尼，托马斯·J

Moore, Addison W. , **M3**：115n，摩尔，艾迪生·W；**M5**：ix，摩尔，爱迪生·W；**M8**：48，穆尔，A·W；**M10**：xxii，摩尔，爱迪生·威斯特；**M13**：450,486，摩尔，阿迪森·韦伯斯特；**L14**：4，摩尔，埃迪森·W；**L16**：xiv，摩尔，爱迪逊·W

Moore, E. C. , **M1**：325，摩尔，E·C；**M8**：129,130；**L5**：419，穆尔，E·C

Moore, Eliakim H. , **M3**：216n，摩尔，伊莱基姆

Moore, Frederick F. , **M13**：240，穆尔，弗雷德里克·F

Moore, G. E. , **M5**：xxvn；**M6**：xiii；**M7**：422,455；**M10**：xxvii；**M14**：166n；**L2**：71,77；**L3**：xiv；**L4**：xiii；**L10**：vii；**L14**：xv；**L15**：43，摩尔，G·E

　and scientific ethics, **E4**：xix, xx，摩尔和科学的伦理学，

　on value, **M11**：381,383，摩尔论价值

　on definition, **L16**：166，摩尔论定义

　logic of, **L16**：187,193,199,203-207，摩尔的逻辑学

　on propositions, **L16**：208，摩尔关于定义

　procedures of, **L16**：209，摩尔的步骤

Moore, John Bassett, **M15**：388,393,395，摩尔,约翰·巴塞特

Moore, Merritt H. , **L11**：452，摩尔,梅里特·H

Moral, **L15**：167，道德

　ideal, **E3**：xxviii-xxix, 163-166,312-314,368-371，道德理想

　conduct, **E3**：xxxiii-xxxiv, 315-316,320-321,325,368-371，德行

　rules, **E3**：100-103,366-368，道德法则、道德规则

　meaning of, **E3**：241-242；**L15**：236n，道德的意义

　end, **E3**：268-270,,315,323-327,340；**E5**：131，道德目的

　functions, **E3**：304-306；**E4**：232-233，道德的功能

　order, **E3**：322；**E5**：46，道德秩序

　community, **E3**：326-327；**L7**：257,335,345,347，道德共同体

　freedom, **E3**：340,342-344，道德自由

　responsibility, **E3**：341-342，道德责任

　relations, **E3**：345-346，各种道德关系的实在性

　institutions, **E3**：346-349，道德制度

　law, **E3**：349-352,386；**E4**：73-75,77；**M14**：74，道德法律

　life, **E3**：373-381；**E4**：115-118；**L3**：52-53；**L7**：462，道德生活

　education, **E4**：54,55,106-113；**E5**：66,75,82-83,88，道德教育

　condemnation, **E4**：295-299，道德谴责

　knowledge, **E4**：308-310；**L7**：281-283；**L16**：377，道德知识

　vs. natural, **E5**：48-49，道德的与自然的相对立

　training, **E5**：62-65,79-80,119；**M4**：269-274，道德训练

　personality, **M5**：130-132，古希腊的道德人格观念

　situation, **M5**：187-195，道德情景

individualism, **M9**：306,道德的个人主义

democracy as, **L2**：325 - 326；**L7**：348 - 350,民主作为道德

significance of groups, **L7**：36 - 37,49 - 52,97 - 98,151 - 52,299 - 300,群体的道德意义

good, **L7**：207,道德的善

authority, **L7**：215 - 216,226 - 227,329 - 330,道德权威

re-armament,**L13**：74,"道德再武装化"

vs. material, **L15**：60 - 61,230,255,306,道德的对物质的

Bentley on, **L16**：xxviii,本特利关于道德的

knowing as, **L16**：253 - 254,道德认知作为

subjects, **L16**：292,413,道德学科

subject-matter, **L16**：337 - 340,452,455,道德主题

nature of, **L16**：356,367,371 - 372,379,396 - 397,417 - 418,道德的本质

philosophy as, **L16**：365 - 366,375 - 377,道德哲学作为

related to science, **L16**：370,378,道德与科学相关

" Moral Deficiencies as Determining Intellectual Functions "(Simmel), **E4**：197 -200,《道德缺陷决定智力功能》(席美尔)

"Moral Equivalent of War, The"(W. James), **L13**：290,《战争的道德等价物》；**L15**：21n,《道德与斗争》(詹姆斯)

Moral Experience (Rauh), **L5**：502,《道德经验》(胡)

Morality：道德

related to character, **E3**：246 - 247；**L17**：336 - 337,道德与性格相关

end of, **E3**：386 - 388；**L17**：xxiii,道德的目的

motives for, **E4**：59 - 60；**L7**：64 - 65,93,164 - 165,173,209,220 - 221,道德动机

and children, **E4**：115 - 117；**M1**：208；**L7**：40 - 41,道德和儿童

primitive, **E4**：132；**M5**：43,160 - 179,原始社会的道德

in Royce and Simmel, **E4**：198 - 199,罗伊斯和席美尔的道德

Socrates on, **E4**：225；**L2**：93,苏格拉底论道德

affected by history, **M2**：xi-xii, 20 - 21,道德受历史的影响

evolution of, **M2**：3,16；**M4**：219 - 221；**M5**：13 - 14,22；**L7**：xii-xiii, 12 - 14,22；**L17**：393,396 - 401,道德的演化

validity of, **M2**：20 - 23,道德的有效性

infanticide as example of, **M2**：28 - 31,杀婴用作道德例示

vs. moral ideas, **M4**：267 - 268,道德对道德观念

derivation of, **M5**：7, 52；**L7**：9, 39, 48,163 - 164,166 - 168,178 - 180,道德的起源

types of, **M5**：8；**L7**：10,162,道德的类型

genetic study of, **M5**：8 - 10；**L7**：11 - 12,道德的发生研究

characteristics of, **M5**：10 - 17,道德的特征

reflective, **M5**：41 - 42,160 - 178；**L7**：162 - 166,235 - 237,253 - 255,反思道德

influence of arts on, **M5**：44 - 45；**L7**：41 - 42,147 - 148,道德对艺术的影响

socializing agencies of, **M5**：45 - 49；**L7**：43 - 47,道德社会化的机制

social, **M5**：74；**M9**：367 - 370；**L7**：xiv,68,259,308,327,社会道德

group, **M5**：76 - 87；**L7**：x, xiv, 70 - 80,253,群体道德

science related to, **M5**：78 - 80；**L7**：72 - 73,145 - 146,150 - 151,179 - 180,282 -

151,道德哲学之为伦理理论的起源

Moral pressure：道德压力

 as sanction，**L6**：220－221,455,457,465－467,道德压力作为制裁

Morals，**M12**：152,172,174－177,诸道德；**M14**：xiv,33,38,225；**L11**：11,72,75,77－78；**L12**：169－170,217,489－491,道德

 science of，**E1**：408－409；**M14**：xvii,5,10－11,18－19,41－42,154－155,164,167－168,204－205,220－222,道德科学

 theories of，**E3**：170－171；**M9**：363－370；**M14**：204；**L14**：232；**L17**：3－4,道德理论

 and environment，**M5**：8；**L7**：10,340－344,道德和环境

 standard in，**M5**：37－39,75,93,99－100；**L7**：12,36－37,69,82,85－86,90－91,道德标准

 Kant on，**M8**：161；**M15**：12,康德论道德

 Hobbes on，**M11**：x,21,31－40,霍布斯论道德

 logic of，**M11**：9,道德的逻辑

 philosophy related to，**M11**：44；**L1**：49－52,121；**L4**：48,49,54；**L14**：147－150；**L17**：xxxii,道德与哲学的关系

 politics and，**M11**：122－126,131－134,152,236；**M12**：192－193,政治与道德

 T. Roosevelt on，**M11**：147－149,罗斯福论道德

 traditional，**M12**：261,272,传统的道德

 related to science，**M12**：265,267－269,272－273；**L3**：19,27；**L4**：34,81；**L5**：156；**L13**：171－172；**L14**：62,66－72,道德与科学

 nature of，**M12**：270－271；**L17**：115,道德的本质

 separated from human nature，**M14**：6－9,23,31,131,道德与人性的分离

 custom and，**M14**：54－59,风俗与道德

 related to action，**M14**：193－194；**L4**：15,25,26,道德与行为的关系

 metaphysics related to，**M15**：15－18；**L1**：45,形而上学与道德之间的关系

 and laws of nature，**M15**：54－56；**L4**：194,道德和自然法

 in social philosophy，**M15**：60－61,238,242－243；**L9**：229；**L13**：73,社会哲学中的道德

 related to law，**M15**：62,道德律

 related to war，**M15**：63,111,战争中的道德

 subject-matter of，**M15**：237－238,道德的对象

 Greek，**L1**：81；**L5**：497－499,希腊的道德

 and criticism，**L1**：304,322,道德与批判

 and good，**L1**：388,道德与善

 anthropology and ethics and，**L3**：11－13,18－22,人类学、伦理学和道德

 related to religion，**L3**：19,27；**L9**：xiv-xv,5－6,15－17,28－29,218－219,227－228,426,道德与宗教

 Aristotle on，**L4**：xxi,亚里士多德论道德

 perception of，**L4**：5,90,200,240,245,对道德的认知

 values in，**L4**：31,206,209－212,216－222,225,226；**L9**：417－418,道德价值

 related to intelligence，**L4**：32；**L17**：397－399,与智力相关的道德

 Fichte on，**L4**：50,费希特论道德

 knowledge related to，**L4**：92,149,157,173,238,知识与道德的关系

 opposing systems of，**L5**：281－288,对立的道德体系

 study of，**L5**：398－399,道德研究

 in *Human Nature and Conduct*，**L5**：501－502,《人类本性与行为》中的道德

 British，**L5**：503,英国的道德

reflective，**L7**：179，反思道德

individuality in，**L7**：209,317 - 318,348 - 350,个人的道德

related to progress，**L7**：326,328,道德与进步的关系

related to production，**L7**：374 - 375,382, 385 - 386,道德与生产的关系

education for，**L9**：186 - 193,道德教育

Santayana on，**L9**：241；**L14**：301 - 302, 305 - 308,桑塔亚那谈及道德

related to art，**L10**：xxiii,xxxi,133,186, 193,204,304,323 - 324,331,347 - 352, 道德与艺术的关系

quality of，**L10**：26,27,31,46,202,道德的性质

consequences and，**L14**：73,74n,结果与道德

Jefferson on，**L14**：203,212 - 213,219 - 220,杰斐逊的道德哲学

related to democracy，**L14**：225,228 - 230, 与民主相关的道德

liberalism and，**L14**：252 - 253,自由主义和道德

Macintosh on，**L14**：287 - 288,麦金托什的道德原则

related to Russell case，**L14**：358 - 359,道德与罗素案件的关系

influences on，**L17**：393 - 394,对道德的影响

Moral sense：道德感

in *Cyclopedia of Education*，**M7**：285 - 286,道德感(《教育百科全书》)

Moral theory：道德理论

related to moral conduct，**E3**：93 - 109； **E4**：225 - 227,道德理论和实践的关系

utilitarian，**M5**：221 - 240,功利主义的道德理论

Kantian，**M5**：221 - 240；**L15**：217,康德的道德理论

James's，**L15**：19 - 26,詹姆斯的道德理论

on good，**L15**：44 - 45,道德理论中"善"的意义

Christian，**L15**：46 - 47,54 - 55,60,基督教的道德理论

function of，**L15**：138,道德理论的作用

compartmentalization of，**L15**：229,232, 235 - 236,道德理论的划分

More, Hannah，**L11**：18,摩尔,汉娜

More, Henry，**E4**：127,144；**M2**：153,163； **M3**：53,莫尔,亨利

More, Paul Elmer，**M10**：197；**L5**：xxx, xxxi,264,265；**L9**：xxxn,莫尔/摩尔,保罗·埃尔默

Mores，**M5**：7；**L7**：9,12,49,习俗

defined，**M5**：54 - 55；**L7**：49 - 50,习俗的定义

authority of，**M5**：55 - 56；**L7**：50 - 52,习俗的权威

enforcement of，**M5**：57 - 59；**L7**：52 - 54, 习俗的实施

Morgan, Arthur Ernest：摩根,阿瑟·欧内斯特

on liberal arts college，**L6**：84 - 85,419 - 422,503,摩根论文学学院

Morgan, Barbara，**L10**：8,摩根,芭芭拉

Morgan, Conwy Lloyd，**L5**：171,摩根,康韦·劳埃德

Morgan, John Pierpont，**M13**：165,217,摩根,约翰·皮尔蓬特

Morgan, Joy Elmer，**L11**：567n,摩根,乔伊·埃尔默

Morgan, Lewis Henry，**L7**：62,摩尔根,路易斯·亨利

Morgan, Thomas Hunt，**L14**：391,摩根,托马斯·汉特

Morgan, Willard，**L10**：8,摩根,威拉德

Morley, John，**M8**：160；**L17**：430 - 431,莫莱/莫利,约翰

Morning Notes of Adelbert Ames，Jr.，The (Cantril)，**L15**：510,《小阿德尔伯特·艾

姆斯德早期笔记》(坎特里尔)

Morocco, **M15**：388 - 389,摩洛哥

Morphia, **M11**：239,吗啡

Morphological, **L10**：177 - 178,形态学的

Morrell, Ottoline, **M8**：xx；**L14**：xx,莫雷尔,奥托琳

Morris, Charles W., **L7**：vii；**L16**：10n,莫里斯,查尔斯

  on signs, **L15**：136n, 141 - 150,331 - 332, 473,莫里斯论符号

  Dewey on, **L16**：xxxin, xxxii,杜威论莫里斯

  logic of, **L16**：8,9,38,193n,莫里斯的逻辑学

  semiotic of, **L16**：32 - 35,45,210 - 241,莫里斯的符号学

Morris, George Sylvester, **E1**：xxxiii；**M3**：xxiii, xxv；**M6**：94；**M11**：336 - 337；**L5**：xxii；**L15**：xxix,莫里斯,乔治·西尔维斯特

  influences Dewey, **E1**：xxiv；**E3**：xxi；**L5**：152,莫里斯对杜威的影响

  philosophical method of, **E2**：xxiii,莫里斯的哲学方法

  career of, **E3**：3 - 10,莫里斯的职业生涯

  as teacher, **E3**：11 - 13,作为教师的莫里斯

  and esthetics, **E4**：195 - 196,莫里斯和伦理学

  tribute to, **M10**：xxx, 109 - 115,杜威向莫里斯致敬

Morris, William, **E3**：202,莫里斯,威廉

Morrison, Charles Clayton, **L5**：353；**L6**：457n；**L8**：16；**L9**：216,莫里森,查尔斯·克莱顿

  on outlawry of war, **L3**：348 - 358,莫里森论战争非法化

Morris R. Cohen and the Scientific Ideal (Hollinger), **L6**：xivn,《莫里斯·R·柯恩和科学的理想》(霍林格)

Morse, Wayne, **L15**：281,509,莫尔斯,韦恩

Mort, Paul R., **L9**：119,129,莫特,保罗·R

Mort Committee, **L9**：119 - 120,129,莫特委员会

Mortgage debts, **L9**：249,250,255 - 257, 269 - 270,277,抵押债务

Mosaic form, **L10**：322,马赛克形式

Moscow, USSR, **L15**：289 - 291,345,348, 苏联莫斯科

  contrasted with Leningrad, **L3**：208,216, 222 - 223,莫斯科和列宁格勒的对比

  impressions of, **L3**：215 - 216,莫斯科的印象

Moscow trials, **L11**：306,309 - 311；**L13**：347 - 348,394 - 395,404；**L14**：xx,莫斯科审判

  as frame-ups, **L11**：315,321 - 325,330 - 331,莫斯科审判作为陷害

  Cowley on, **L11**：318,考利论莫斯科审判

  significance of, **L11**：326 - 329,331 - 336, 莫斯科审判的意义

  film depiction of, **L15**：xxv, 345 - 355, 492 - 501,影片对莫斯科审判的描述

  Davies on, **L15**：338 - 340,351,353,戴维斯论莫斯科审判

Moses, **M5**：82；**M12**：xxiii；**L7**：75,摩西

Moses（Michelangelo）, **L10**：237,362,《摩西》(米开朗琪罗)

Moslems, **M15**：128 - 130,135,146 - 148；**L2**：178,穆斯林

  art of, **L10**：333,334,穆斯林艺术

Mote, Carl, **M10**：303 - 304,莫特,卡尔

Mother Goose, **M8**：241,鹅妈妈

Motion,参见 Correlation, **L12**,相关性

  primacy of, **E1**：279 - 281,283,运动的重要性

  force as element in, **E1**：358,361,作为运动中实在要素的力

  characteristics of, **E2**：30 - 31,运动的特性

  and matter, **E3**：228,作为对世界之解释的

物质与运动

as response, **E5**：107 - 108,作为反应的行动

laws of, **L4**：xv,运动定律

Galileo on, **L4**：77,78,伽利略论运动

theories of, **L4**：102,107,114 - 117,120,运动理论

and science, **L12**：212,475 - 476,变动和科学

absolute, **L14**：105,绝对运动

as principle, **L16**：67,98 - 99,104 - 106,370,410,414,运动作为原则

Motion pictures：电影

influence children, **L9**：188,电影影响孩子们

Motivation, **M7**：xxii；**M11**：10 - 17,动机

in education, **M7**：181 - 182,473 - 474,教学中的动机

social, **M7**：379 - 381,社会动机

related to interest, **M9**：131,184,动机与兴趣相关

as outgrowth of school activities, **M9**：202 -203,213 - 214,动机作为学校活动的结果

related to vocations, **M9**：319,动机与职业相关

in philosophy, **M15**：14 - 17,19,325 - 337,哲学的动机

Motive, **M14**：xv-xvi, 148 - 149,159；**L13**：147,动机

and ideal, **E2**：315 - 316；**E4**：287 - 291,动机和理想

realization of, **E2**：316 - 318,动机的实现

and conduct, **E3**：243 - 244,250 - 251,动机和行为举止

and consequences, **E3**：262；**M14**：33 - 36；**L7**：173 - 176,192 - 193,221 - 223,249,274,295,337；**L13**：85 - 87,动机和后果

moral, **E4**：111 - 113；**M5**：69 - 71,101；

M9：356 - 360；**L7**：64 - 65,93,164 - 165,173 - 175,209,220 - 221,道德动机

development of, **E4**：252 - 253,动机的发展

pleasure and, **E4**：271 - 276, ；**L7**：194 - 195,快乐和动机

Bentham on, **E4**：279,边沁论动机

to expression, **E5**：193,表达的动机

child's, **E5**：227 - 228,儿童的动机

as incentive, **E5**：256；**M14**：83 - 86,诱因和动机

Baldwin on, **E5**：348,鲍德温论动机

and intention, **M5**：227 - 230；**L7**：166 - 168,动机和意向

nature of, **L7**：288 - 292,动机的性质

self-love as, **L7**：292 - 298,300,以自爱为动机

profit as, **L7**：403 - 406,425,432,以利润为动机

inner, **L13**：70,74,内在动机

complexity of, **L13**：140 - 141,230,动机的复杂性

for attention, **L17**：273 - 275,278,283,注意力的动机

taboos as, **L17**：398,作为动机的禁忌

well-being as, **L17**：427,作为动机的幸福

Motor：运动的、运动肌的

response, **E5**：97,99,101 - 102,肌肉反应；**L16**：140,326,运动的反应

development, **E5**：181；**M1**：210 - 213,动力发展

activities, **E5**：205,206,运动肌活动

as aspect in valuing, **L16**：354,运动的与作为评价的方面

Motor-affective relation, **M15**：21, 22, 25,339 - 340,343,348,情感驱动关系

Motor dispositions：运动倾向

in perception and expression, **L10**：103 - 107,161,180,260,261,运动倾向在感知和表现中的作用

Mottoes and Commentaries of Friedrich Froebel's Mother Play, *The*（Froebel），**M1**：83－84，《母育游戏》（福禄培尔）

Motz, Boleslaw, **M11**：279，282，莫兹，布列斯劳

Moufet, Thomas, **L16**：147，穆菲特，托马斯

Mount Morris Baptist Church（New York City），**L17**：393n，芒特莫里斯山基督教浸信会教堂（纽约市）

Movement, **E5**：106，320，运动

　　unified, **E3**：128，218，统一运动

　　centralized, **E3**：215－217，聚焦运动

　　qualitative, **L4**：74，75，定性的运动

　　in art, **L10**：29，182，188，200，207－208，211－214，227－228，238，241；**L13**：365，艺术中的运动

　　in education, **L13**：3－4，教育中的运动

　　related to sensation, **L17**：217，与感觉相关的运动

Movements of Thought in the Nineteenth Century（G. Mead），**L6**：xii，《十九世纪的思想运动》；**L11**：451－453，《19世纪思想运动》（米德）

Mozart, Wolfgang Amadeus, **M7**：xviii，莫扎特，沃尔夫冈·阿马迪厄斯

Mudge, Isadore Gilbert, **M7**：201n，马奇，伊萨多·吉尔伯特

Mufson, Thomas, **M10**：162，穆法森，托马斯

Muirhead, John Henry, **E4**：189，穆尔海德，J·H；**E5**：25，姆尔海德，J·H；**M10**：225，穆尔哈德，J·H

Mukden（Shenyang），China，**L6**：202，450，456，沈阳，中国

Mulford, Elisha, **E4**：4，穆尔福特，以利沙

Mulford, Prentice（Dogberry），**L9**：176，马尔福德，普伦蒂斯（道格贝里）

Müller, F. Max, **E5**：342n，343，345，缪勒，马克斯

Müller, Johannes Peter, **L16**：124n，缪勒，约翰内斯·彼得

Muller v. Oregon, **L7**：415，马勒诉俄勒冈州案；**L9**：237，穆勒诉俄勒冈案

Multiplication：倍增

　　logical, **L12**：336－342，359，438－439，逻辑倍增

Mumford, Lewis：芒福德，刘易斯

　　criticizes James, **L3**：xxix，145－149，芒福德对詹姆斯的批评

　　criticizes Dewey, **L3**：146－147，芒福德对杜威的批评

Munich, Germany, **L15**：353，慕尼黑，德国

Municipal Civil Service Commission（New York City），**L9**：381，384，市政公务服务委员会（纽约）

Munitions, **L11**：263，军需品

Munitz, Milton K., **L14**：301－302，穆尼茨，弥尔顿·K

Munn v. Illinois, **L7**：415，426，穆恩诉伊利诺伊州案

Munro, William Bennett, **M15**：85，381，门罗，威廉·博内特

Münsterberg, Hugo, **M3**：xxii，151，明斯特贝格；**M10**：52，闵斯特伯格；**L2**：77，孟斯特伯格

　　Dewey's disagreement with, **M1**：xiii-xiv，杜威认为明斯特伯格关于儿童学习的想法是错误的

　　on scientific method, **M1**：132，明斯特伯格论科学方法

　　on teaching methods, **M1**：135，明斯特伯格论教学方法

　　on psycho-physical mechanism, **M1**：142，明斯特伯格论心理-生理机制的病理运用

　　on St. Louis Congress of Arts and Science, **M3**：352－373，374－381，明斯特贝格论圣路易斯艺术和科学大会

　　on will, **M6**：167－171，明斯特尔贝格对"意志"这个术语的使用

Muralov, Nikolai I. ，**L11**：322，603；**L15**：352，穆拉洛夫，尼克莱•I

Murchison, Carl，**L5**：218n，默奇森，卡尔

Murillo, Bartolomé Estéban，**L10**：97，牟利罗，巴托洛梅•埃斯特万

Murphey, Murray G. ：墨菲，默里•G
on *Human Nature and Conduct*，**M14**：ix-xxiii，墨菲论《人性与行为》

Murphy, Arthur E. ，**L6**：307，310，莫菲，阿瑟•爱德华；**L14**：5，7，11，墨菲，奥瑟•E；**L15**：335n，莫菲，阿瑟•爱德华
Dewey replies to，**L14**：41 - 52，83 - 86，杜威回复墨菲

Murphy, Arthur H. ，**L9**：372 - 373，墨菲，亚瑟•H

Murray, Gilbert，**M15**：380，穆雷，吉尔伯特；**L1**：104；**L5**：165；**L6**：34，默里，吉尔伯特；**L8**：24；**L10**：296，穆雷，吉尔伯特；**L15**：184，默里，吉尔伯特

Murray, James Edward，**L15**：281，509，莫里，詹姆斯•爱德华

Mursell, James L. ，**M13**：32，36，缪塞尔，詹姆斯•L

Muscles，**E5**：162，肌肉

Museums，**L11**：521 - 525，博物馆
art in，**L10**：12 - 15，343n，博物馆艺术
cooperation between schools and，**L17**：234，学校与博物馆的合作

Music，**E2**：62 - 63，275 - 276；**M5**：48；**L7**：46；**L10**：222，284；**L13**：70，359；**L16**：397；**L17**：309，音乐
in school，**M1**：52 - 53，261；**L17**：288，音乐教学
Norton on，**M4**：227，诺顿论音乐
Plato on，**M6**：376 - 377，柏拉图对音乐的论述
Helmholtz on，**M7**：140，赫尔姆霍茨对音乐审美的贡献
value of，**M9**：267，音乐的价值
and judgment，**M15**：22 - 23，341 - 343，音乐和判断
nature of，**L10**：xiii，13，14，37，45，70，193，200 - 204，265，271，音乐的本性
distinctive quality of，**L10**：80，102n，111，113，225 - 227，232 - 233，237 - 238，241，243，246 - 247，300 - 301，音乐的独特性质
rhythm in，**L10**：160 - 163，169 - 177，207 -208，211 - 212，音乐中的节奏
as spatial and temporal，**L10**：186 - 189，210，213 - 216，作为时空的音乐
transmits civilization，**L10**：330 - 332，336，338，音乐传承文明

Mussolini, Benito，**L11**：190，259，276，293，400，601；**L13**：294，402；**L15**：179，386n，墨索里尼，班尼托

Muste, A. J. ，**L5**：331，332，344；**L6**：251，327，马斯特，A•J

Muzzey, David Saville，**L14**：371，马齐，大卫•塞维尔

My Heresy（W. Brown），**L2**：164，《我的异端思想》（布朗）

"My Philosophy of Law," **L14**：xxii-xxiv《我的法哲学》

Mysteries of the Soul（Freienfels），**L5**：51n，《灵魂的秘密》（弗赖恩弗尔斯）

Mystical experience，**L9**：xvi，xxx，25 - 28，35，426，神秘体验

Mystical naturalism，**L11**：84 - 85，583 -587，神秘自然主义

"Mystical Naturalism and Religious Humanism"（Meland），**L11**：583 -587，《神秘自然主义和宗教人本主义》（米兰德）

Mysticism，**M2**：182；**M11**：46；**M12**：227，228；**L9**：25 - 27；**L15**：118 - 119，122 -123；**L16**：127，412，神秘主义
Catholic church and，**E4**：125，天主教会和神秘主义
on idea and fact，**M1**：244 - 245，神秘主义对观念和事实的解释

Royce on, **M1**：246n,罗伊斯论神秘主义

on nature, **M2**：147,神秘主义者论自然

of Maeterlinck, **M6**：125 - 129,梅特林克神秘主义

in esthetic experience, **L10**：197,200,297,357,审美经验中的神秘主义

in art, **L11**：85,艺术中的神秘主义

Mysticism and Logic（B. Russell）,**L16**：200n,201n,《神秘主义与逻辑学》（罗素）

Myth, **E5**：252；**L5**：173n,神话

My Vocation, By Eminent Americans（Lockhart）,**L13**：342n,《我的职业：杰出美国人的故事》（洛克哈特）

Nagel, Ernest, **L6**：xviin；**L12**：5,293n；**L15**：xvi,461；**L16**：447；**L17**：xxxi,内格尔,欧内斯特

Kurtz on Dewey's debate with, **L5**：xxiv-xxvii,库尔茨论杜威与内格尔的辩论

on excluded middle, **L5**：198 - 199,205 - 207,内格尔论排中律

on relation of logic to ontology, **L5**：203 - 209,453 - 460,内格尔论逻辑学与本体论的关系

on logic, **L12**：ix-xxvii；**L16**：39,193n,内格尔论逻辑学

on *Theory of Valuation*, **L13**：x-xi,内格尔论《评价理论》

responds to Sheldon, **L15**：109 - 126,内格尔答谢尔登

Dewey on, **L16**：xin,469,杜威论内格尔

Bentley on, **L16**：xxx,xxxi,本特利论内格尔

epistemology of, **L16**：8 - 10,内格尔的知识论

on propositions, **L16**：12 - 17,35,45,内格尔关于命题

on language, **L16**：25,159n,内格尔关于语言

vs. Tarski, **L16**：40,内格尔相对塔斯基

on Russell, **L16**：167,202n,内格尔关于罗素

on definition, **L16**：171,173,内格尔关于命题

on Kantor, **L16**：192n,内格尔关于坎特

on C. Morris, **L16**：239n,内格尔关于莫里斯

Naimska, Zofia, **M11**：314,纳依姆斯卡,索菲娅

Naïverealism, **M7**：456,朴素实在论

Named, **L16**：146,162,被命名者

as event, **L16**：77,110,132,被命名者作为事件

postulations for, **L16**：86 - 89,被命名者的假设行为

related to namings, **L16**：96,127,180,258,被命名者与命名的关系

function of, **L16**：129,141 - 142,被命名者的功能

as name, **L16**：266,被命名者作为名称

Names：名称

magic in, **M7**：396 - 397,名字的魔力

proper, **L12**：354 - 355,363 - 364,专名

search for firm, **L16**：xxxv-xxxvi,6 - 7,75n,445 - 446,寻找固定的名称

Carnap on, **L16**：19,卡尔纳普关于名称

in logic, **L16**：49 - 50,102,逻辑学中的名称

nature and function of, **L16**：56,113,283,328,名称的本质和功能

rejected status of, **L16**：60,111 - 112,133 - 135,160,名称被摒弃的地位

as process of designation, **L16**：62,307 - 308,名称作为指称的过程

related to symbol, **L16**：66,173,名称与符号有关

related to sign, **L16**：69 - 70,名称与记号有关

as name, **L16**：72,266,名称作为名称

related to description, **L16**：146 - 147,名

称与描述的关系

Dubislav on，**L16**：161，杜比斯拉夫关于
名称

Pepper on，**L16**：178，佩珀关于名称

related to theory of knowledge，**L16**：257 -
273，名称与知识理论的关系

words as，**L16**：327,332，词作为名称

Namings：命名

nature of，**L16**：xxxvi，47 - 52,92n，93，
104n，命名的本质

as name，**L16**：7,266，命名作为名称

of Carnap，**L16**：32，卡尔纳普的命名

Lewis on，**L16**：37，刘易斯关于命名

scientific and practical，**L16**：46，111n，
159,307,309，科学的和实用的命名

firm，**L16**：46,275，固定的命名

as knowings，**L16**：57 - 58,77,96 - 97，
110,127,131 - 132,257 - 258,273，命名
作为认知

experimental，**L16**：58,70 - 73，实验的
命名

accuracy in，**L16**：65,66，命名的准确性

function of，**L16**：67,113,129,141 - 142，
149，命名的功能

aspects of，**L16**：81n，90,180,308，命名的
方面

postulations for，**L16**：82n，86 - 89，命名
的假设行为

as behavioral process，**L16**：133 - 135，命
名作为行为过程

types of，**L16**：143,148，命名的种类

characterization as，**L16**：145 - 146，刻画
作为命名

related to description，**L16**：146 - 147,154
- 155，命名与描述的关系

Mill on，**L16**：158，密尔关于命名

inquiry into，**L16**：162，命名的探究

Nagel on，**L16**：173n，内格尔关于命名

Nanking（Nanjing），China，**M11**：xviii，189；
M12：31,43,253；**M13**：112，南京，中国

Nansen，Fridtjof，**L5**：395，南森，弗里德
约夫

Napoleon，**M10**：237；**L10**：14,46；**L11**：
290；**L13**：84；**L15**：219，拿破仑

and Germany，**M8**：171,176,189,194，拿
破仑与德意志

Napoleonic wars，**M9**：100；**M11**：58,59，
114；**L8**：37，拿破仑战争

Nash，Walter，**L17**：543 - 544，纳什，沃尔特

Nathanson，Jerome，**L15**：251n，内桑森，杰
罗姆

Nation，**M11**：ix；**L6**：328,439；**L9**：66,305 -
306，《国家》

National Advisory Council on Radio in
Education，**L6**：90n，231n，美国广播教育
咨询委员会

National Association for the Advancement of
Colored People，**L6**：224，美国有色人种协
进会；**L15**：356，国家有色人种进步委员会

National Association of Community Chests
and Councils，**L6**：374 - 375，全国社区福
利基金与理事会协会

National Association of Manufacturers，**L3**：
280 - 284；**L5**：392；**L9**：125，全国制造商
协会

National Association of Science Writers，
L11：127，美国科学家协会

National Broadcasting Company，**L6**：341，全
国广播公司

National Bureau of Economic Research，**L6**：
343,349,360；**L7**：409，美国国家经济研究
局

on national income，**L9**：81 - 82,267,287 -
288，美国国家经济研究局关于国民收入

National Civic Federation，**L5**：342,343，全国
市民联合会

National Conference of Social Work，**M15**：
150n，全国社会工作会议

National Conference on Universities and
Public Service，**L17**：67n，关于大学与公共

服务的全国大会

National Consumers' League, **L3**：280n, 全国消费者联盟

National Council of Education, **M2**：80n, 国家教育协会；**L5**：326n；**L6**：142n, 445, 国家教育理事会

National Education Association（NEA），**M1**：260, 国家教育协会；**M10**：130n, 196, 国家教育学会；**M15**：185, 192, 全国教育联合会；**L5**：299n, 317；**L6**：123n, 445n；**L9**：127, 167；**L11**：217n, 247n, 345, 533 – 534, 548, 全国教育协会

National Grange, **L9**：250, 273, 国家农庄

National Industrial Recovery Act, **L9**：160 – 161；**L14**：95, 国家工业恢复法案

Nationalism, **M13**：249, 439；**L2**：341；**L8**：73 – 75；**L11**：252, 459 – 460, 574 – 575；**L13**：316, 民族主义；**L15**：195, 208 – 209, 219, 373 – 374, 国家主义

in education, **M7**：379, 教育中的国家主义；**M10**：203 – 210, 教育在发展国家主义积极方面的作用

problems of, **M10**：202 – 203；**L3**：154 – 157, 351 – 352；**L7**：366 – 371, 民族主义的问题

related to nationality, **M10**：232, 285 – 291, 294, 民族主义与民族性的内在关系

development of, **L3**：152 – 153, 民族主义的发展

characteristics of American, **L5**：50 – 57, 美国民族主义的特点

during Renaissance, **L7**：138, 文艺复兴时期的民族主义

power of, **L7**：149, 民族主义的力量

and patriotism, **L7**：367 – 369, 民族主义和爱国主义

German, **L13**：84, 88, 德国的民族主义

and science, **L13**：159, 民族主义与科学

one-sided, **L13**：302, 片面的民族主义

value and status of, **L17**：113, 民族主义的价值和状况

Nationalism, New, **M11**：146, 新国家主义

National Morale, Committee on, **L15**：353, 民心委员会

National Negro Conference, **M4**：156n, 全国黑人大会

National Peking University（China），**L14**：xx, 中国国立北京大学

National Press Club, **L11**：319, 美国记者俱乐部

National Recovery Administration（NRA），**L9**：84, 280 – 281, 297, 387, 388, 全国复兴总署

National Self Government Committee, **L11**：516, 美国自治委员会；**L17**：523, 全国自治委员会

National Service Handbook（Committee on Public Information），**M10**：315 – 316,《国家服务手册》（公共信息委员会）

National Socialism, **M8**：xxx, 421, 432 – 446, 国家社会主义。另见 Nazism

National Socialist Party of Germany, **M8**：424 – 426, 德国国家社会主义党

National Society for the Promotion of Industrial Education, **M7**：85n, 国家工业教育促进协会

National Society for the Study of Education, **L9**：169n；**L13**：255n, 281n, 全国教育研究会

National Society of College, 全国高校联盟 Teachers of Education, **L17**：138 – 139, 561, 全国高校教育教师联盟

National Students' Union（China），**M11**：190, 全国学生联合会（中国）

Nations：民族

education as function of, **M9**：99 – 106, 教育作为民族国家的功能

organization of, **L15**：195 – 198, 204；**L16**：400, 国家机构

Nativism：先天论

Natural law, **M3**：49，51，自然法则；**M5**：205，自然规律；**M7**：56－63，288，自然法；**M15**：57；**L1**：173，357；**L2**：291，294，299，332；**L8**：36；**L10**：154，自然法则；**L11**：7，10，111－112，552－553；**L13**：136，178，自然法；**L14**：xxii-xxiii，自然规律

  Grotius on, **M4**：41，格劳秀斯论自然法

  and morals, **M14**：204－207，自然规律与道德

  related to human nature, **L6**：35，与人性相关的自然法

  theory of, **L14**：100，115－116，120，自然规律理论

  Pollock on, **L17**：98－99，博洛克论自然法

  benefits of, **L17**：99，自然法的好处

  Pound on, **L17**：106，庞德论自然法

Naturalness, **L13**：109，自然状态

Natural realism：自然实在论

  in *Dictionary of Philosophy*, **M2**：142，自然实在论（《哲学辞典》）

Natural resources, **L6**：351，356，364，365；**L8**：50，51，自然资源

  economic advantage of, **L6**：485，拥有自然资源的经济上的好处

  use of, **L7**：405－406；**L13**：388；**L17**：451，自然资源的使用

  human connection with, **L8**：60，人类与自然资源的关系

  People's Lobby on, **L9**：289－290，人民游说团谈及自然资源

Natural rights，参见 Rights

Natural science，参见 Science

Nature, **L13**：136，350，自然、本性

  ends in, **E1**：222；**L13**：192，299，自然的目的

  mechanistic view of, **E1**：275，278－279，对自然的机械解释；**M8**：8；**M11**：379；**M12**：120－121，229－230；**M13**：365－366，机械论自然观

  Leibniz on, **E1**：345，莱布尼茨论自然

  in D'Arcy, **E5**：27，达西理论中的自然

  related to education, **E5**：89；**M9**：100－101，自然与教育

  related to science, **M2**：4－5；**M9**：290－294；**L13**：163；**L16**：372，409，自然与科学

  Royce on, **M2**：124－125，罗伊斯论自然

  in *Dictionary of Philosophy*, **M2**：142－149，自然（《哲学辞典》）

  different views of, **M4**：15－30，不同的自然观点

  Greeks on, **M4**：35；**M5**：120－121，123，128；**M9**：287，289；**M13**：370－371；**L1**：80－81；**L4**：43，73；**L7**：111－112，114，119；**L12**：87，94－98；**L15**：265，古希腊的自然观

  social goals related to, **M5**：55；**L7**：39，50；**L15**：253，257，自然与社会目标的关系

  convention vs. , **M5**：106，112，118；**L7**：97，103，109，习俗对自然

  custom vs. belief in, **M6**：23－24，惯例与对本性的信念的比较

  Newton on, **M6**：420；**L4**：89，92－96，102，114，牛顿关于自然

  in humanism and naturalism, **M7**：214－217，人文主义和自然主义中的自然

  classic idealism on, **M7**：224，古典唯心主义对自然的解释

  in *Cyclopedia of Education*, **M7**：287－290，自然（《教育百科全书》）

  Pestalozzi on, **M7**：378，裴斯泰洛齐论自然

  Locke on, **M8**：59，洛克关于自然

  Rousseau on, **M8**：183，188，卢梭关于自然

  eighteenth-century attitude toward, **M9**：98，18世纪对自然的态度

  vs. nurture, **M9**：124，自然对教养

  Socrates on, **M9**：286；**M13**：367，苏格拉底论自然

87,自然这一术语的含义

contingency in, **L14**：82－83,自然中的偶然性

Hocking on, **L14**：152,422－423,霍金论自然

Cohen on, **L14**：408；**L16**：195,科恩论自然

naturalists vs. anti-naturalists on, **L15**：55,60,119,463－467,自然主义者与反自然主义者论自然

vs. natural, **L16**：74n, 97,自然相对自然的

quality of, **L16**：75,254,379,398,412,自然的性质

Descartes on, **L16**：106,笛卡儿关于自然

Bridgman on, **L16**：192n,布里奇曼关于自然

Kaufmann on, **L16**：195,考夫曼关于自然

as name, **L16**：266－267,447,自然作为名称

Russian study of, **L17**：502,503,俄国人对自然的研究

"Nature and Reason in Law," **L14**：xxiii,《法律中的自然和理性》

"Nature in Experience," **L14**：x, xii,《经验中的自然》

Nature of the Physical World, The (Eddington), **L4**：90n,《物理世界的性质》（艾丁顿）

Nature study, **M9**：218,221；**M10**：132,自然研究

in school, **E5**：199,267；**M1**：8－9,261, 328；**M8**：266－267,269－274,学校中的自然研究

child's interest in, **M1**：97－99,234,儿童对自然研究的兴趣

Naturrecht, **M3**：51,自然法

Naval Blockade, The (Guichard), **L6**：476n,《海军封锁》（吉夏尔）

Nazism, **M8**：xxx, 421,426；**L11**：296,344,

400；**L13**：132,141,150,153,158；**L14**：264,277；**L15**：xi, 196,220,297,340；**L16**：xxxii,纳粹主义

doctrine of, **M8**：432－446,纳粹主义的信条

appeals by, **L13**：88,纳粹诉诸

and democracy, **L14**：226；**L16**：401,纳粹主义和民主

Mannheim and, **L14**：293,曼海姆和纳粹主义

philosophy and, **L14**：313,320－323,331－332,哲学与纳粹主义

morality of, **L15**：175－177,180,纳粹的道德

Davies on, **L15**：290,戴维斯论纳粹主义

Benda on, **L15**：385,本德论纳粹主义

defeated, **L16**：391,失败的纳粹主义

Balch reacts to, **L17**：150,巴尔奇对纳粹的反抗

domination by, **L17**：524,纳粹的统治

tactics of, **L17**：525,纳粹的策略

opposes Russians, **L17**：543,纳粹反对俄国人

Near East, **M15**：xviii,近东

Nearing, Scott, **M8**：407；**M10**：165,尼尔林/尼埃林,斯科特

Necessitarian theory, **E4**：21,必然论理论

Necessity, **M14**：214－215；**L13**：235,必然性（必要性）。另见 Contingency, **L12**；Implication, **L12**；Universal proposition, **L12**

meaning of, **E4**：19－20,27,35－36,48n, 必然性观念的含义

and reality, **E4**：28－29,必然性和实在

and chance, **E4**：29－36,必然性和偶然性

logical, **E4**：33；**M2**：150；**L11**：106,124－125；**L12**：90,201,277－278,312,317－318,339,377－378,419,437－440,471,逻辑的必然性

in *Dictionary of Philosophy*, **M2**：149－

153,必然性(《哲学辞典》)

vs. freedom，**L10**：284，286，必然性对自由

Aristotle on，**L10**：288 - 289，亚里士多德论必然

Whitehead on，**L11**：147，怀特海论必然性

causal，**L13**：120 - 121，123，因果必然性

for valuation-propositions，**L13**：238，价值-命题的必要性

Necessity of Pragmatism，*The*（Sleeper），**L14**：xxivn；**L16**：xxxiin，《实用主义的必然性》(斯里珀)

Need，**L1**：58 - 59，73 - 74，194，264，272，276 -277；**L12**：33 - 34；**L13**：223，需要。另见 Conflict，**L12**，争论

art's relation to，**L10**：108，235，236，260 - 261，284 - 285，291，336，344，需要与艺术的关系

function of，**L13**：232 - 234，需要的功能

physical and non-physical，**L13**：286 - 287，物质需要与非物质需要

as constant in human nature，**L14**：260 - 261，需要是人类本性中的常量

in semiotic，**L16**：232，239 - 240，符号学中的需要

"Needed — A New Politics，" **L11**：xxiii，《需要——一种新政治》

"Need for a New Social Concept，The，" **M13**：323，《对一种新的社会观念的需求》

"Need for a Recovery of Philosophy，The，" **M15**：ix，14，15n，17，18，333；**L14**：401，《哲学复兴的需要》

Negation，**L12**：172，196，198，305 - 307，340，442，451 - 452；**L13**：122，否定。参见 Comparison，**L12**；Elimination，**L12**；Exclusion，**L12**

in ancient logic，**L12**：90，182，古代逻辑中的否定

change and，**L12**：188 - 193，改变和否定

theory of，**L12**：220 - 221，263，否定的

理论

-affirmation，**L12**：427，459，否定-肯定

Negroes，**L13**：301，黑人

national conference of，**M4**：156n，全国黑人大会

rights of，**M5**：32；**L7**：31，黑人的权利

illiteracy of，**M10**：127 - 129；**L5**：313 - 315，黑人中的文盲

art of，**L10**：171，175，236，256，314，333 - 337，黑人艺术

discrimination against，**L15**：356 - 357，歧视黑人

McKay on，**L17**：59 - 60，麦凯论黑人

Neill，Thomas P.，，**L15**：50，尼尔，托马斯·P

Neilson，William Allan，**M15**：316；**L11**：509，尼尔逊，威廉·艾伦

Nelson，Leonard，**M8**：xxviii，内尔逊，莱昂纳德

Nemesis，**L7**：106，122，复仇女神

Neo-criticism：新批判主义

in *Dictionary of Philosophy*，**M2**：153，新批判主义(《哲学辞典》)

Neo-Hegelianism，**M2**：x，333；**M6**：167；**L6**：269，新黑格尔主义

Neo-humanism：新人文主义

in *Cyclopedia of Education*，**M7**：290 - 291，新人文主义(《教育百科全书》)

Neo-Kantian idealism，**M3**：130，133；**M7**：328，新康德主义的唯心主义；**M10**：xxv，新康德主义观念论；**L2**：14，新康德主义理念论

Neo-Kantianism，**E5**：19 - 20；**L6**：269，新康德主义

in *Dictionary of Philosophy*，**M2**：153，新康德主义(《哲学辞典》)

Neo-Platonism，**M7**：260，292；**M12**：143 - 144；**L8**：24；**L9**：25 - 26；**L10**：296，新柏拉图主义

in *Dictionary of Philosophy*，**M2**：153，新柏拉图主义(《哲学辞典》)

on noetic, **M2**：156，新柏拉图主义关于
理智

on nous, **M2**：156，163，新柏拉图主义关于
奴斯

on non-being, **M2**：157，新柏拉图主义关
于非有

on theory of One, **M2**：167，新柏拉图主义
关于太一理论

as pantheistic, **M2**：183，新柏拉图主义作
为泛神论

Neo-Pythagoreanism：新毕达哥拉斯主义

in *Dictionary of Philosophy*, **M2**：153，新
毕达哥拉斯主义(《哲学辞典》)

on theory of One, **M2**：167，新毕达哥拉斯
主义关于太一理论

Neo-realism, **M7**：223，348，新实在主义；
M15：335，新实在论

subject and object in, **M10**：25-42，新实
在论关于主体和客体的看法

related to idealistic dialectic, **M10**：107，新
实在论与观念论辩证法相关

classification of, **L3**：398-400，新实在论
者的分类

Neo-scholasticism, **M15**：329；**L12**：17，新经
院哲学

Nervous activity：神经活动

as process of adjustment, **E1**：97-98，神
经活动作为调整过程

coordination of organs in, **E1**：104，神经活
动中器官间的合作

physiological phenomena of, **E1**：107，神经
活动的生理心理学现象

Nervous system, **L13**：327，神经系统

functions and structures of, **E5**：304-306，
308-309，神经系统的功能和结构

as element of behavior, **M7**：53，作为人类
行为因素的神经系统

connection of learning with, **M9**：346-
347，学习与神经系统的关联

Nescience：无知论

in *Dictionary of Philosophy*, **M2**：153-
154，无知论(《哲学辞典》)

Netherlands, **L10**：117，358；**L11**：59n；
L15：245；**L16**：403，荷兰

Neurath, Otto, **L13**：x；**L16**：10n，187n，
469，纽拉特/诺伊拉特，奥托

Neutral：中立的

as logical and ontological, **M10**：49-52，逻
辑和存在论上的中立的

Neutral monism, **L14**：126，163，中立一元
主义

New Atlantis （F. Bacon），**M5**：154；**L7**：
145，《新亚特兰蒂斯》(培根)

New Britain, Conn., **M7**：466，新不列颠，康
涅狄格州

Newcastle, Earl of, **M11**：33n，纽卡斯尔
伯爵

New culture movement，参见 May Fourth
Movement

New Deal, **L5**：xvii，xx；**L6**：xviii，xix，
253，254；**L9**：166，259，280-281，296，
297；**L11**：xii，256-257，491；**L13**：316；
L14：364，新政

New education, **E5**：268-269，新教育

development in, **L9**：199-200，新教育中
的发展

Mencken on, **L9**：408—410，门肯谈及新
教育

New Education Fellowship, **L14**：278-279，
新教育联谊

New England, **M11**：80，336，337；**L15**：
322，新英格兰

"New England Reformers"（Emerson），**L9**：
xxvi，《新英格兰改革派》(爱默生)

New England transcendentalists, **M7**：358，
新英格兰的超验主义者

New Era, **M11**：112，114，新时代

Newer Ideals of Peace （Addams），**L15**：
194，《新的和平理想》(亚当斯)

Newfang, Oscar, **L6**：463n，纽范，奥斯卡

New Guinea，**L6**：3，新几内亚

New Haven Teachers Association，**L9**：465，纽黑文教师协会

New History Society，**L6**：149，503，新历史学会

New Humanist，**L11**：84，436，583n，《新人本主义》

New Leader，**L15**：295，335n，350；**L17**：543，《新领袖》

"New Leaven in Chinese Politics，The，" **M12**：xxiii，《中国政治中的新催化剂》

New Left，**L17**：xxiv，新左派

"New Logic，The"（Menger），**L16**：33n，《新逻辑》（门格）

Newman，John Henry，**E3**：53；**L4**：42，240；**L11**：403n，592；**L15**：46 - 47，60，纽曼，约翰·亨利

New Masses，**L15**：352，《新大众》

"New Method of Presentation of the Theory of the Syllogism"（M. Black），**L16**：186n，《表述三段论理论的新方法》（布莱克）

New Minds：New Men?（Woody），**L6**：291 - 294，《新的心灵：新的公民?》（伍迪）

New Nationalism，**M11**：146，新国家主义

New Organon，The（F. Bacon），**L13**：166，402，《新工具》（培根）

New pedagogy，参见 New education

New peripatetics，**M2**：186 - 187，新逍遥学派

New Realists，**M6**：xiii，新实在论者

"New Reformation，"**L8**：357，"新的宗教改革"

New Republic，**M11**：ix，xvii，xviii，404；**M12**：5；**M13**：421；**M15**：xiii，xvii，xixn，xxv，115，339n，378；**L6**：xvii，xx，161，165，439，488；**L8**：x，14；**L9**：293；**L11**：318，530；**L14**：xviii，365 - 366；**L15**：xxv，《新共和》

News，**L2**：347 - 348，新闻

New School for Social Research（New York City），**L11**：155n，303n，563n；**L15**：9n；**L17**：147n，442n，社会研究新学院（纽约市）

Newspapers，参见 Press

New Student，**M15**：198n，《新学生》

New Systematics，The（J. Huxley），**L16**：121n，《新分类学》（赫胥黎）

Newton，Isaac，**E1**：272，303；**E2**：125；**M7**：220，398，427，428；**M8**：10，455；**M10**：359；**M11**：219；**M12**：264n；**M13**：311，313；**L1**：14，15，37，38，330，348；**L2**：xxxii，20，142，366；**L6**：15，428；**L7**：145；**L8**：xvi，28，33；**L9**：242；**L10**：302；**L15**：xiii，xxxii，235，312；**L16**：130，292；**L17**：406，443，牛顿，艾萨克/伊萨克

importance of，**E1**：49；**M4**：40，牛顿的影响

vs. Leibniz，**E1**：262，267，牛顿对莱布尼茨

on hypotheses，**M1**：170 - 171，牛顿论假设

on nature，**M2**：147；**M6**：420；**M7**：288，牛顿论自然

on universe，**M4**：47，牛顿论宇宙

on analysis of forces，**M5**：154，牛顿论力的分析

existence of，**M7**：67 - 73，牛顿的存在

and theory of induction，**M7**：241，牛顿和归纳法

on gravitation theory，**M7**：354；**L8**：243，牛顿的万有引力理论

on primary qualities，**L12**：120，牛顿关于第一性状

atomic theory of，**L12**：130n，牛顿的原子理论

contradicted，**L12**：197，204，395，对牛顿的反对意见

scientific laws of，**L12**：450，牛顿的科学法则

influence of，on cosmology，**L14**：126 - 128，牛顿对宇宙论的影响

Nexus：连结

in *Dictionary of Philosophy*，**M2**：154，连结（哲学辞典）

Nicaea, Second Council of, **L10**：332，第二次尼西亚会议

Nicene Creed, **L2**：165，《尼西亚信经》

Nicholas, Grand Duke of Russia, **M11**：267，尼古拉，俄罗斯大公

Nicholas Cusanus（Nicholas of Cusa），**M2**：147，163 - 164，库萨的尼古拉斯

Nichols, Herbert, **E5**：342，345，尼科勒斯，赫伯特

Nicias, **L2**：130 - 131，135，139，尼西亚斯

Nicolaevsky, Boris I.：尼古拉耶夫斯基，鲍里斯·I

on forced labor, **L15**：295 - 298，尼古拉耶夫斯基论"强迫劳动"

Nicolson, Marjorie H., **L5**：184，尼克尔森，马乔里·H

Nicomachean Ethics, *The*（Aristotle），**M10**：416；**M12**：xvii；**L4**：xxi；**L11**：515；**L15**：417，《尼各马可伦理学》（亚里士多德）

Niebuhr, Reinhold, **L5**：xvii；**L6**：439；**L9**：71，73 - 74，110，尼布尔，莱茵霍尔德

on illusions, **L9**：108，尼布尔论幻觉

on capitalism, **L9**：399 - 405，尼布尔论资本主义

on liberalism, **L9**：404 - 405，尼布尔论自由主义

Nietzsche, Friedrich Wilhelm, **E4**：xxiv；**M3**：xi；**M4**：44；**M5**：81，115；**M7**：414，417，420，433；**M8**：47，151，166，423；**M10**：226；**M11**：156；**M15**：330，331；**L7**：75，106；**L13**：75；**L15**：xiv，387，389，尼采，弗里德里希

on sympathy, **M5**：333n，尼采论同情

used to justify war, **M10**：220，221，223，尼采的哲学被用来为战争辩护

Santayana on, **M10**：306 - 308，桑塔亚那论尼采

ethics of, **L5**：398 - 400，尼采的伦理学

vs. Dewey, **L10**：xi，xxv，尼采对杜威

Nihilism, **L10**：xi，虚无主义

in *Dictionary of Philosophy*，**M2**：154 - 155，虚无主义（哲学辞典）

Nike（Winged Victory），**L10**：238，胜利女神

Nin, Andrés, **L11**：324，603 - 604，宁，安德烈斯

Nine-Power Treaty, **L6**：192，218，457，《九国公约》

Nirvana, **M2**：155；**M14**：122 - 123，198，涅槃

Nishihara loans, **L2**：183，403 - 404，西原龟三

Nisus：奋斗

in *Dictionary of Philosophy*，**M2**：155，奋斗（《哲学辞典》）

Nobel Committee, **L17**：149 - 150，诺贝尔委员会

Noble, Edmund, **L3**：299 - 304；**L4**：197n，诺布尔，埃德蒙德

Noble savage, **L11**：282，"高贵的野蛮人"

Noblesse oblige, **M15**：87 - 88，位高任重

Noble State Bank v. Haskell, **L7**：414，诺布尔国家银行诉哈斯克尔案

Nock, Albert Jay：诺克，艾伯特·杰伊

on U. S. education, **L6**：286 - 290，诺克论美国教育

Noetic：理智

in *Dictionary of Philosophy*，**M2**：155 - 156，理智（《哲学辞典》）

No Friendly Voice（Hutchins），**L11**：592，《不友好的声音》（哈钦斯）

Nominal definition, **L16**：163 - 164，168，170，174 - 175，180，唯名定义

Nominalism, **M7**：348，360；**L1**：145 - 146，148；**L2**：7；**L11**：89，112；**L12**：261 - 262；**L16**：158，唯名论

in *Dictionary of Philosophy*，**M2**：156，唯名论（《哲学辞典》）

Nomos，**L7**：255，律法

-physis controversy，**M6**：x，规范－自然
争议

Grote on，**M6**：17－18，格罗特论规范

Non-being，**M7**：292，非存在；**M12**：141，无、
非存在；**L12**：89,417,420,521，非存在

in *Dictionary of Philosophy*，**M2**：156－
158，非有（《哲学辞典》）

Greek idea of，**M10**：12，希腊关于非－存在
的观念

defines realm of change，**L4**：15－16，"非
有"定义了变化的领域

Non-ego：非我

in *Dictionary of Philosophy*，**M2**：158，非
我（《哲学辞典》）

Non-esthetic，**L10**：xxii, 47, 55, 107，非审
美的

Non-Euclidean geometry，**M7**：423－424，非
欧几里得几何学

Non-existential，**L16**：429－430，非存在的。
另见 Hypothesis; Idea; Possibility;
Universal proposition，**L12**

Non-recognition doctrine：不承认学说

as international sanction，**L6**：219－220，
467－471，作为国际制裁的不承认学说

Non-resistance doctrine，**M10**：249，非抵抗
性的教条

Non-valuable worth，**M15**：338－339，非价值
的价值

Non-violence，**L6**：xxi，非暴力

Non-Violent Coercion (Case)，**L6**：451n，《非
暴力强制》(凯斯)

Noology：精神论

in *Dictionary of Philosophy*，**M2**：158－
159，精神论（《哲学辞典》）

Norbeck, Peter，**L6**：394，努尔贝克，彼得

Norm，**L12**：11－14,17－18,68,107,179,
498－499，规范

in *Dictionary of Philosophy*，**M2**：159－
160，规范（《哲学辞典》）

for judging behavior，**L13**：209，评价行为
的规范

Normal，**L17**：483,484，正常

Normal schools，**E5**：288，师范学校。另见
College; University

origin of，**M1**：42，师范学院的起源

conference of instructors in，**M15**：xxiii,
158－189，师范学校教师会议

in Turkey，**M15**：286－287,305－306，土
耳其师范学校

Normative，**M10**：xxii，规范性的

in *Dictionary of Philosophy*，**M2**：159－
160，规范性的（《哲学辞典》）

theory，**L16**：338－339,453,455，规范化
理论

philosophy as，**L17**：xix-xx, xxxi，作为规
范分析的哲学

Norris, George W.，**L6**：161；**L14**：370，诺
里斯，乔治·W

and third-party movement，**L5**：xvii, 444－
449，诺利斯与第三党派运动

LIPA and，**L6**：xvii, 149－151,436,504，
LIPA 与诺里斯

as member of progressives，**L6**：355,394,
440，诺里斯作为进步人士

Norris, Jean H.，**L9**：371，诺里斯，吉恩·H

Norris-Sinclair bill，**L9**：249，《诺里斯-辛克
莱法案》

North American Indians，参见 Indians, North
American

North American Review，**L5**：178,183，《北
美评论》

"North and South" (McKay)，**L17**：58，《北方
和南方》(麦凯)

North Carolina, University of，**M8**：137，北
卡罗来纳大学

Northcliffe, Alfred Charles，**M11**：120；
M13：177，诺思克利夫/诺斯克利夫，阿尔
弗雷德·查尔斯

North German Confederation，**E4**：83，北德

意志联邦

Norton, Edwin Lee, **M4**：227，诺顿，埃德温·李

Norway, **M15**：385；**L15**：289，挪威

Noss, Theodore B.：诺斯，希欧多尔

  on child-study, **M2**：102 - 104，379 - 382，诺斯论儿童研究

Notation, 参见 Symbols, **L12**

"Note on Professor Dewey's Theory of Knowledge, A"（S. Lamprecht），**M15**：27，28，371 - 377，《关于杜威教授知识论的评论》（兰普雷希特）

Notes and Queries, **L16**：112n，《备忘和查询》

Notes d'un Peintre（Matisse），**L10**：141n，《画家手记》（马蒂斯）

Not Guilty（Dewey, S. La FolIette, et al.），**L11**：326，330；**L15**：510，《无罪》（杜威、拉福利特等）

"Notion de personnalitémorale, La"（Michoud），**L2**：26n，《道德人格的概念》（米修德）

Notre Dame, cathedral of, **L10**：60，巴黎圣母院

Not-self, **L17**：155，非我

Noumenal reality, **M12**：92，148，221，226 - 227，本体实在

Noumenon, **M6**：26 - 27，本体

  in *Dictionary of Philosophy*, **M2**：160 - 161，189，本体（《哲学辞典》）

Noun, **L16**：346，349n，名词

Nous, **E4**：130，努斯；**M13**：369，370，努斯、心；**L1**：193，心灵

  in *Dictionary of Philosophy*, **M2**：161 - 163，奴斯（《哲学辞典》）

Novack, George, **L11**：303，602，603，诺维科，乔治

Novels：小说

  English criticism of, **L13**：363 - 364，英国小说评论

Novelty, **L4**：146，151，167，新奇

esthetic use of, **L10**：171 - 174，178 - 179，292 - 293，336，新颖性的审美使用

  in reasoning, **L12**：313 - 314，推理的创新

Novo-Nikolaievsk（Novosibirsk），USSR，**M13**：234，新尼古拉耶夫斯克（新西伯利亚），苏联

Novum Organum（F. Bacon），**L15**：93，《新工具》（培根）

Nozick, Robert, **L2**：xxxv-xxxvi，诺齐克，罗伯特

Nudes, **L10**：101，182，裸体

Null class, **L12**：377 - 379，空类

Nullibrists：取消主义者

  in *Dictionary of Philosophy*, **M2**：163，取消主义者（《哲学辞典》）

Number, **L4**：103，124，127，193；**L12**：201，205，318，360 - 361，394，402，数字

  theory of, **E5**：xxiii-lxxxv，177 - 191；**M7**：424，439 - 440，数论

  teaching of, **E5**：182 - 183，440；**L17**：285 -286，302，数字教学

  child's use of, **E5**：190 - 191；**M1**：77 - 78，237，儿童对数字的使用

  interest in, **E5**：355 - 356，对数字的兴趣

  in *Dictionary of Philosophy*, **M2**：163 - 164，数（《哲学辞典》）

  forms, **M6**：219n；**L8**：160n，数字形式

  relations, **M6**：289；**L8**：297，数字关系

  measurement and, **L12**：210 - 219，测量与数

  infinitude of, **L12**：408，410，数的无穷性

  Galton on, **L17**：244，高尔顿论数学

Number Concept, *The*（L. Conant），**E5**：355 -358，《数字概念：它的起源和发展》（科南特）

Nunn, Thomas Perry, **M4**：148n，努恩，托马斯·佩里

Nursery, **M1**：40，托儿所

Nurses, **L17**：68，护士

Nurture, **M7**：286 - 287；**M9**：124，教养

Nye，Gerald P.，**L6**：347,355,394，奈，杰拉尔德•P

Nystrom，Paul H.，**L6**：352，奈斯特龙，保罗•H

Oaxaca，Mexico，**L2**：208，瓦哈卡州，墨西哥

Obata，Yukichi，**M12**：39 - 40，小幡谕吉

Obedience，**L10**：268，服从

  and government，**E4**：73,74,88 - 89，顺从与政府

  habit of，**E4**：75，顺从的习惯

  learning value of，**E4**：107 - 108，顺从的学习价值

Object，**L1**：170,198 - 199,240 - 241,244 - 246,257 - 258,274,297 - 326，物体；**L2**：86,87，对象。另见 Thing

  absolute，**E1**：25 - 29，绝对客体

  knowing of，**E4**：21 - 26，认知客体

  responsibility of，**E4**：38 - 39，为犯罪负责的客体

  and subject，**E4**：131 - 135；**E5**：26；**L4**：97；**L10**：251 - 255,281,284,288；**L12**：88 - 89；**L14**：132 - 135；**L15**：70 - 72,87,93,96,165，客体和主体

  in teaching drawing，**E5**：197 - 198，在绘画教学中物体的运用

  in *Dictionary of Philosophy*，**M2**：164 - 165，对象(《哲学辞典》)

  real，**M6**：23 - 24，实在对象

  nature of，**M6**：194,287；**L1**：114 - 118，物体的性质；**L4**：89 - 90,98,99,101 - 105,107 - 110,191 - 192,207,210,214；**L8**：127,264,297；**L12**：123,132,513 - 518；**L14**：27；**L16**：45,49n,54,55,96,144,147,225 - 226,231,288,308,348；**L17**：372,420，对象的性质

  in neo-realism，**M10**：25 - 42，新实在论关于客体的看法

  and objectivism，**L1**：182 - 190，物体与客观主义

well-being of，**L2**：81 - 82，对象的幸福

word reference to，**L2**：83 - 84，单词参考对象

and value，**L2**：88 - 91，对象和价值

related to mind，**L2**：141 - 142；**L5**：246 - 247,255 - 258；**L17**：278，对象与心智相关

knowledge of，**L4**：xii-xvii,123,129,156 - 159,172 - 176,230 - 231,235,236；**L5**：xxvii-xxviii；**L14**：49 - 52,67 - 70,187，关于对象的知识

data substituted for，**L4**：79 - 82，与料代替对象

judgment of，**L4**：212 - 213,238,239,241；**L10**：312 - 313,319；**L12**：72，关于对象的判断

and motive，**L7**：290 - 291，对象和动机

esthetic quality of，**L10**：xxv,xxvii,103,120 - 121,131 - 135,138,150 - 151,157,175 - 182,197 - 198,207,211,223 - 224,239,341 - 345，对象的审美性质

expressive，**L10**：xxviii,88 - 108,258 - 264,273,277 - 284,290,295 - 299，表现性的对象

logical vs. existential，**L11**：126，逻辑的对象与存在的对象

social origin of，**L12**：49 - 51，对象的社会起源

and substances，**L12**：130 - 133，对象与物质

scientific，**L14**：20 - 25,28,61 - 62,80 - 83,103 - 105,151 - 152,196 - 197，科学对象

natural，**L14**：86，自然对象

in James's psychology，**L14**：155,163 - 166，詹姆斯心理学中的客体

assumed in epistemology，**L14**：178，认识论中假设的客体

of signs，**L15**：148，符号的客体

as name，**L16**：xxxvi,72,84n,101n,111,

160,259,267,对象作为名称

study of，**L16**：6,83,149 - 151,190,对象
的研究

in triangular scheme，**L16**：9 - 11,300 -
302,三角图示中的对象

in Peirce，**L16**：11,皮尔士的对象

Carnap on，**L16**：22,30,31,卡尔纳普关于
对象

C. Morris on，**L16**：35,莫里斯关于对象

Tarski on，**L16**：40,42,塔斯基关于对象

as form of event，**L16**：62,68 - 69,132,对
象作为事件的形式

in Greek philosophy，**L16**：159,希腊哲学
中的对象

Kantor on，**L16**：191 - 192,坎特关于对象

Cohen on，**L16**：194,科恩关于对象

Russell on，**L16**：200 - 203,罗素关于对象

Moore on，**L16**：209,摩尔关于对象

in semiotic，**L16**：214,232,符号学中的
对象

determination of，**L16**：304 - 305,对象的
确定

Object and subject：客体和主体

in *Cyclopedia of Education*，**M7**：291,客
体和主体(《教育百科全书》)

Objective：客观的

thought，**E3**：136 - 139,客观思维

reality，**E5**：169,客观现实

idealism，**M1**：xvii-xviii；**M9**：309；**M10**：
19；**L1**：xvii；**L16**：115n,客观唯心主义

applied to value judgment，**M8**：32 - 36,将
"客观的"用于价值评估

relativism，**L1**：xx,客观相对主义

vs. subjective，**L1**：380 - 382；**L14**：25 -
28,189,192 - 193,196 - 200,客观的与
主观的

reference，**L2**：xx,78,82 - 85,87 - 89,91,
94 - 97,客观参考

conditions，**L13**：26 - 27,"客观条件"

as name，**L16**：267,客观的作为名称

Objectivism：客观主义

in *Dictionary of Philosophy*，**M2**：165,客
观主义(《哲学辞典》)

"Objectivism-Subjectivism of Modern Philos-
ophy, The," **L15**：72n,《现代哲学的客观
主义与主观主义》

Objectivity，**L10**：xiii, xxv, xxvii,客观性

subjectivistic definition of，**M13**：450,客观
性的主观论定义

in art，**L10**：151,156,29,艺术中的客观性

in art criticism，**L10**：308 - 312,317,327 -
328,艺术批评中的客观性

of values，**L15**：63,66 - 70,价值的客观性

vs. subjectivity，**L15**：64 - 65,87,165,客
观性与主观性的比较

of qualities，**L15**：74,76,质的客观性

Rice on，**L15**：402 - 412,426 - 434,赖斯论
客观性

"'Objectivity' in Value Judgments"（Rice），
L15：63n, 413n, 426,《价值判断的客观
性》(赖斯)

Object lessons，**M9**：206,278,280,344,实物
教学课

Obligation：道义

moral，**E3**：xxxiii-xxxiv,道义观

conflicts with pleasure，**E3**：289,道义与快
乐的冲突

theories of，**E3**：328 - 331,道义理论；**E4**：
319 - 336,义务论

source and nature of，**E3**：336 - 337,359 -
361,道义的来源与本性

psychology of，**E4**：311 - 318,义务心理学

O'Brien, John P.，**L9**：383,奥布莱恩,约
翰・P

Observation，**E5**：322；**M12**：160 - 161；
M13：352；**L1**：169 - 170；**L12**：22,44；
L15：27,49,120,观察。参见 Data，**L12**；
Experiment，**L12**

and perception，**E3**：77 - 82,概念中的观察
与知觉

related to thought, **M6**：328 – 335；**L8**：252,315 – 325,351,观察与思想的相互关系

used in education, **M6**：331 – 337,观察在教育中的使用

for studying knowings-knowns, **L4**：xi, xiv-xviii, 67, 68, 163 – 167, 171；**L16**：84n, 85,91 – 92,观察在认知中的作用

methods of, **L4**：114 – 117,161,162,184；**L13**：145,218；**L14**：181,观察方法

in science, **L4**：139 – 142,149,193,230 – 231；**L8**：273；**L14**：151,198,科学中的观察

isolated from function, **E5**：227,观察与功能分离

and reflection, **L8**：188 – 189,196 – 197,观察与反思

guided by hypothesis, **L8**：250 – 251,假设指导的观察

experience as, **L11**：76 – 77,经验作为观察

related to propositions, **L11**：101, 122 – 123,观察与命题有关

function of, **L12**：76,112 – 118,136,153, 167 – 168,374 – 375,379 – 380,420 – 421,441 – 442,516 – 517,观察的功能

in inquiry, **L12**：207 – 208；**L14**：172 – 174；**L16**：53,82 – 83,322 – 328,观察在探究中的角色

in history, **L12**：230 – 231,历史的观察

significance of, **L13**：41,44 – 46,50,57, 91,125,201,211,285,观察的重要性

and valuation, **L13**：204 – 205；**L16**：349, 355,观察和评价

centered in organism, **L15**：75 – 79,聚焦有机体的观察

influences Carnap, **L16**：32,观察影响卡尔纳普

as criteria for namings, **L16**：47 – 48,51 – 52,77,86,88,267,作为命名的标准

use of, **L16**：49 – 51,55 – 56,105,111n,观察的使用

transactional, **L16**：67,90,97,113 – 115, 127 – 128,352,交互作用的观察

related to postulation, **L16**：74 – 75,79, 94,观察与假设行为的关系

superficial, **L16**：129 – 130,表面的观察

related to memory, **L17**：328,329,与记忆相关的观察

Russian views on, **L17**：504,俄国人对观察的看法

Occamism：奥康主义
  in *Dictionary of Philosophy*, **M2**：165,奥康主义(《哲学辞典》)

Occasionalism：机缘论
  in *Dictionary of Philosophy*, **M2**：165 – 166,机缘论(《哲学辞典》)

Occasions of experience：经验的条件
  Whitehead on, **L14**：127 – 128,132 – 134, 怀特海论经验的条件

Occidental art, **L10**：335,西方艺术

Occult, **M14**：10,秘术

Occupations, **L13**：319,职业
  child's participation in, **E5**：259；**M1**：xxi, 92 – 96,儿童参与职业

  used to classify mental type, **M2**：41 – 42, 行业用于划分精神类型

  qualities needed in, **M5**：43；**L7**：41,职业所需品质

  constructive, **M6**：312 – 313,建设性的作业；**L8**：154,290 – 292,建设性的职业

  science as outgrowth of, **M9**：208 – 210,科学作为职业产物

  changed nature of, **M9**：284,改变的本性

  related to education, **M9**：318 – 321,363；**L17**：167,职业影响教育

  differentiation of, **M15**：251 – 253,职业的区分

  economic restrictions on, **M15**：253 – 254, 对工作的经济限制

  choosing, **L13**：342 – 343,职业的选择

related to memory, **L17**：326，与记忆相关的职业

Occurrence：发生

as name, **L16**：62，68 - 72，132，259，发生作为名称

Occurrent values, **L16**：346n，353，发生的价值

Octobrists, **M11**：278；**L6**：293，十月党人

"Ode on a Grecian Urn"(J. Keats), **L10**：40，41，210，354，《希腊古瓮颂》(济慈)

Odium theologicum, **L13**：128，(因神学问题而引起的)神学家之间的憎恨

Odyssey (Homer), **E3**：193 - 194；**M8**：292；**L5**：394；**L10**：173；**L17**：173，226，《奥德赛》(荷马)

Oedipus Tyrannos, **M7**：xix，《俄狄浦斯王》

Oersted, Hans Christian, **L5**：179，奥斯特，汉斯·克里斯蒂安

Office，参见 Function

Officers：官员

as agents of public, **L2**：246 - 247，256，257，277 - 278，282，官员作为公众的代理人

selection of, **L2**：283 - 286，官员的选举

Of Human Bondage (Maugham)，**L13**：363，《人性的枷锁》(毛姆)

Ogburn, William Fielding, **L3**：11n，奥格本，威廉·菲尔丁

Ogden, C. K., **M15**：xxvi，223 - 225；**L1**：160n；**L3**：82；**L6**：3；**L12**：59n，奥格登，C·K

theory of, **L16**：xxxii，218n，305，奥格登的理论

triangular scheme of, **L16**：9，300 - 302，470，奥格登的三角图示

Ohio State University, **L6**：118，503，俄亥俄州立大学

Oil City, Pa., **E1**：xxin，石油城，宾夕法尼亚州

Oken, Lorenz, **M2**：148，奥肯，洛伦兹

Okuma, Shigenobu, **M11**：158；**M13**：76，112，大隈重信

Olberg, Valentine P., **L11**：312，322，602，奥伯格，瓦伦丁·P

Old China，参见 China

Oldham, Joseph H., **L15**：184，奥尔德姆，约瑟夫·H

Old Testament, **L2**：165；**L14**：288，《旧约》

Oligarchy, **M14**：5，寡头政治

Olvany, George W., **L9**：362，欧梵尼，乔治·W

Omsk, USSR, **M13**：82，234，235，鄂木斯克，苏联

"On a Certain Blindness in Human Beings" (W. James), **M12**：206，207，《关于人类的一个盲目性》

"On a Certain Vagueness in Logic" (A. Bentley), **L15**：146n；**L16**：297n，《论逻辑中的模糊性》(本特利)

"On Certain Psychological Aspects of Moral Training"(Royce), **E4**：197 - 199，《论德育的若干心理问题》(罗伊斯)

One, **L12**：198 - 199，太一

in *Dictionary of Philosophy*, **M2**：166 - 167，太一《哲学辞典》

"One Current Religious Problem," **L11**：xv，《当今的一个宗教问题》

O'Neill, Eugene, **L10**：185，奥尼尔，尤金

One-to-one correspondence, **L12**：59，333 - 334，388，410，一一对应

"One-World of Hitler's National Socialism, The," **M8**：xxx,《希特勒国家社会主义的世界大同思想》

Only, **L12**：189 - 190，239，263，271 - 272，308，425 - 427，仅仅。另见 Conjunction, **L12**；Disjunction, **L12**

"On Some Hegelisms" (W. James), **L16**：468，《关于某些黑格尔主义》(詹姆斯)

"On Some Omissions of Introspective Psychology"(W. James), **L16**：468，《论反省心

理学的某些遗漏》(詹姆斯)

"On the Character of Philosophic Problems"
(Carnap), **L9**：303,《哲学问题的性质》(卡
尔纳普)

"On the Function of Cognition"(W. James),
L16：468,《论认识的功能》(詹姆斯)

"On the Nature of Things-in-Themselves"
(Clifford), **L17**：554,《论事物自身的本
性》(克利福德)

*On the Sensations of Tone as a Physiological
Basis for the Theory of Music*
(Helmholtz), **M7**：139,《声调的感觉》(赫
尔姆霍茨)

OntologicalI：本体论
　idealism, **M7**：448,本体论的唯心主义
　neutrality, **M10**：49 - 52,存在论的中立性
　and logical, **L12**：30,42 - 43,91 - 92,131,
　　178 - 179,182 - 183,188 - 189,201,
　　216n, 260 - 261,304 - 305,357,386 -
　　387,394,453 - 457,497 - 498,526,存在
　　论的和逻辑的
　possibility as, **L12**：396 - 401,可能性的本
　　体论解释

Ontological argument：本体论证明
　in *Dictionary of Philosophy*, **M2**：167 -
　　169,本体论证明(《哲学辞典》)

"Ontological Relativity"(Quine), **L14**：xv,
《本体论的相对性》(奎因)

Ontologism：存在学
　in *Dictionary of Philosophy*, **M2**：169 -
　　170,存在学(《哲学辞典》)

Ontology, **M1**：241,本体论
　in *Dictionary of Philosophy*, **M2**：170 -
　　172,本体论(《哲学辞典》)
　related to logic, **L5**：xxv-xxvii, 203 - 209,
　　453 - 460,本体论与逻辑学的关系
　vs. psychology, **L6**：489,本体论对心理学
　modern problem of, **L14**：197,现代本体论
　　问题
　Cohen on, **L14**：386 - 390,科恩论本体论

vs. inquiry, **L16**：281,287 - 293,309,本体
　论对探究
immutable in, **L16**：334 - 335,449 - 450,
　不变者在其中的角色
related to science, **L16**：337n - 338n,452,
　本体论与科学的关系
Balz on, **L16**：432 - 433,438,鲍茨关于本
　体论

Open Door, **M11**：228,231;**M12**：4,6,34,
　62,278;**M13**：90,121,191;**L2**：174,门户
　开放
　U. S. and, **M13**：83,161,167,174,美国与
　　门户开放
　violation of, **M13**：167 - 168,195,对门户
　　开放政策的违反
　need for, **M13**：172,门户开放的必要
　Japanese conception of, **M13**：233,日本人
　　对门户开放的概念

Open-mindedness, **M6**：202,开明;**L8**：136 -
　137,开放心态
　in dealing with subject-matter, **M9**：182 -
　　183,心灵开明作为处理主题材料的有效
　　方法
　means of evoking, **M9**：241 - 242,引起心
　　灵开明的手段
　as philosophic disposition, **M9**：335,思想
　　开明作为哲学倾向
　as moral trait, **M9**：366,思想开明作为道
　　德特点

Open shop, **M5**：500 - 501,开张营业的商店

Open universe, **L1**：xx,开放的宇宙

Operability, **L16**：427,可操作性

Operational：操作的
　as name, **L16**：267,操作的作为名称

Operationalism, **L16**：307n,操作主义
　in Dewey's propositions, **L14**：xvi,杜威的
　　命题的操作主义
　defined, **L14**：151 - 152,对操作主义的
　　定义
　Hocking on, **L14**：420,霍金论操作主义

Operational logic, **L16**：460，操作逻辑

Balz on, **L16**：435，438 – 441，鲍茨关于操作逻辑

"Operational Principle in the Physical and Psychological Sciences, The"（Kantor），**L16**：192n，《在物理和心理科学中的操作性原则》（坎特）

Operations, **L4**：18 – 19；**L12**：18 – 19，54，63 – 64，106，操作。另见 Action, **L12**；Experiment, **L12**

consequences of, **L4**：xi，103，110 – 113，116 – 120，132 – 134，168，207，211 – 216，230 – 232，235 – 236，241，244，247，248，操作后果

direction of, **L4**：xvii-xviii，87 – 111，157 – 160，164，172，173，176，240，操作的指导

function of, **L4**：68，100 – 101，137 – 139，142，144，147 – 155，181 – 185，189，192 – 194，198，199，操作的功能

physicists on, **L4**：89，90n，物理学家关于操作

origin of, **L4**：95，99 – 100，操作的起源

types of, **L4**：122 – 130，146，操作的类型

instrumental, **L12**：22 – 23，165 – 166，178，197 – 198，225 – 226，251，339 – 340，396 – 399，420 – 421，450 – 451，513 – 514，526，工具性操作

facts and meanings as, **L12**：116 – 118，事实与意义作为操作

combined, **L12**：404 – 408，共同操作

logic involves, **L16**：190 – 191，逻辑涉及操作

vs. use, **L16**：329 – 330，操作相对于使用

related to ideas, **L16**：436，操作与观念的关系

Opinion, **M13**：59，意见；**L1**：124，意见、看法、主张；**L2**：345，347，观点；**L12**：125，意见；**L13**：93，159，166，舆论（意见、观念）；**L15**：84 – 85，意见

in *Dictionary of Philosophy*, **M2**：172 – 174，意见（《哲学辞典》）

in *Cyclopedia of Education*, **M7**：292，意见（《教育百科全书》）

and knowledge, **L3**：51；**L7**：363，看法和知识

defined, **L4**：xx，17，66，67，76，216，意见被定义

pseudo-public, **L13**：xvi，"虚假的公共意见"

forming, **L13**：70，153，形成舆论；**L17**：427，形成意见

and habits, **L13**：96，意见与习惯

incompatible, **L13**：132，135，144 – 146，无法调和的观念

and ideas, **L13**：169，182，观念和理念

in Greek philosophy, **L16**：157n，古希腊哲学中的意见

need for enlightened public, **L17**：46，47，对于开明公共意见的需要

Opium, **M13**：142，143，鸦片

Oppenheim, James, **M12**：15 – 16，奥本海姆，詹姆斯

Oppenheimer, Franz, **L13**：73，奥本海默，弗里茨

Opportunism：机会主义

British, **M13**：177，200，英国的机会主义

consequences of, **L17**：xxiv，机会主义的后果

Opportunity, **L13**：110，295，机会

to work, **L13**：306，312 – 313，318，工作机会

vocational, **L13**：342，职业机会

intellectual and social, **L13**：343，智力机会与社会机会

equality of, **L13**：388，机会平等

for specialization, **L17**：75，专业化的机遇

offered by peace, **L17**：131，和平带来的机遇

need for, **L17**：400，461，对机遇的需要

Opposites：对立面

in education，**L13**：5,9,10,教育中的对立面

in economics，**L13**：114,125,经济学中的对立面

in dialectic idealism，**L13**：119,辩证唯心主义中的对立面

Opposition：反对

square of，**L12**：190 - 191,对当方阵

Oppression，**L13**：68,111,127；**L16**：362,402 - 403,压迫

Optics (Hobbes)，**M11**：31,《论光学》(霍布斯)

Optimism，**M5**：370 - 371；**M8**：19；**M12**：181 - 182；**M14**：197 - 200；**M15**：326；**L14**：100；**L16**：391,393,乐观主义

in *Dictionary of Philosophy*，**M2**：174 - 177,乐观主义(《哲学辞典》)

in *Cyclopedia of Education*，**M7**：292 - 294,296,乐观主义(《教育百科全书》)

Dewey's，**L14**：407,杜威的乐观主义

Or，**L12**：336 - 339,或者。参见 Disjunction，**L12**

Oracle，**E4**：119n,《神谕》

"Oration delivered before the Authorities of the City of Boston, July 4,1842, An"(H. Mann)，**L11**：226,《1842 年 7 月 4 日对波士顿市当局发表的演说》(曼)

Order,次序。另见 Series，**L12**

vs. progress，**M5**：75；**L7**：69,秩序对进步

in Greek morals，**M5**：107；**L7**：98,古希腊道德中的秩序

sequential，**L1**：64 - 65,74,81,84,95,150,202,213,连续的次序

temporal，**L1**：92,119,暂时的次序

law and，**L1**：185,法律与秩序

inner and outer，**L1**：215 - 216,内在的与外在的

esthetic，**L10**：20,22,26,31,60,84 - 87,131 - 132,153 - 154,158,161,165 - 166,170,173 - 179,186 - 189,248,283 -

287,329,审美的秩序

as logical category，**L12**：220 - 221,236 - 237,374,385,391,413 - 414,448 - 449,454,477,逻辑范畴的次序

Orderliness：秩序、有序性

related to reflective thinking，**M6**：212 - 215,秩序和反思性思维相关；**L8**：150 - 155,174 - 176,有序性与反思性思维的关系

Oregon：俄勒冈州

Constitutional amendment in，**M15**：153,俄勒冈的宪法修正案

Orestes，**M5**：28,64；**L7**：27,58,俄瑞斯忒斯

Organic：有机的

evolution，**M2**：x；**M10**：25,有机体进化论

in *Dictionary of Philosophy*，**M2**：177 - 178,有机的(《哲学辞典》)

releases，**M7**：80 - 81,453,有机体的释放

unity，**M7**：138,有机统一体

memory，**M7**：369,有机体的记忆

Organic-environmental process，**L16**：97,260,270,417,462,有机-环境的过程

designation as，**L16**：140 - 142,指称作为有机-环境的过程

Organicism，**L14**：34 - 35,37n,有机主义

Organism，**M12**：129；**L2**：223 - 225；**L12**：66,109 - 110,161,187,有机体

related to experience，**E1**：42；**L16**：384,456 - 457,462；**L17**：367,与经验相关的有机体

in Leibniz，**E1**：277,莱布尼茨认为的有机体

psycho-physic，**E5**：304 - 309,心理-生理机制

in *Dictionary of Philosophy*，**M2**：178 - 179,有机体(《哲学辞典》)

in *Cyclopedia of Education*，**M6**：437 - 440,机体(《教育百科全书》)

behavior and nature of，**M7**：80 - 81,453；

M10：14,16；**L14**：102 - 103；**L16**：112,129 - 130,133,136,141 - 142,195,275,331 - 332,348,有机体的行为和本质

related to environment，**M13**：378 - 379,381；**L2**：105 - 108；**L7**：xxvi；**L10**：xv,xvi,19 - 25,34,61,136 - 138,152,155,162,165,217；**L12**：32 - 47；**L14**：15 - 21,28,40,64,158,161,167,185 - 186,有机体与环境有关

complexity of，**L10**：28 - 31,59 - 60,64 - 66,127,171,173,181,186,196,231,242 - 243,有机体的复杂性

as force，**L10**：251 - 255,260,267,276,281 - 285,292,307,323,345,作为力量的有机体

events centered in，**L15**：29 - 30,75 - 79,集中于有机体的事件

concepts of，**L16**：80,87 - 88,94,127 - 128,256n,259,267,有机体的概念

in interaction and transaction，**L16**：103,114,412,417,有机体在相互和交互作用中

evolution of，**L16**：114n,184,有机体的演化

study of，**L16**：116 - 126,149,190,445,有机体的研究

in semiotic，**L16**：138 - 140,144,213 - 214,228,231 - 233,236 - 237,符号学中的有机体

Kantor and Dewey on，**L16**：191 - 192,坎特和杜威关于有机体

C. Morris on，**L16**：212,221 - 224,莫里斯关于杜威

in inquiry，**L16**：288 - 289,326 - 328,探究中的有机体

Balz on，**L16**：425 - 427,鲍茨关于有机体

"Organismic Achievement and Environmental Probability"（Brunswik），**L16**：144n,《机体的成就与环境可能性》（布伦斯威克）

Organization，**M12**：197 - 198；**M14**：211 - 212；**L1**：145,196,217 - 218,230,组织、机构、团体

need for，**M5**：80；**L7**：74；**L13**：181,284,对组织的需要

social，**L2**：214 - 215；**L13**：139,234,236,372,379,386 - 387；**L17**：552,社会组织

for bargaining power，**L7**：392 - 393,提高协商力量的组织

in art，**L10**：31,60,75,87,131,217,243,316 - 317,艺术中的组织

of energies，**L10**：174 - 183,189 - 190,195,能量的组织

of education，**L13**：5,15 - 16,35,55 - 58,376；**L17**：513,教育组织

freedom related to，**L13**：110,与组织相关的自由

in war，**L13**：289,战争中的组织

vs. system，**L16**：271,组织相对系统

Kilpatrick on，**L17**：53,基尔帕特里克论组织

influences mankind，**L17**：393,组织影响人类

of Russian schools，**L17**：496 - 497,501 - 502,俄国学校的组织

in Christianity，**L17**：531,基督教中的组织

Organization of Knowledge and the System of the Sciences，*The*（Bliss），**L5**：404 - 406,《知识组织与学科体系》（布利斯）

Organon（Aristotle），**M10**：368；**L15**：93,《工具论》（亚里士多德）

Organum，**M10**：367,工具论

Orient，参见 Far East

Oriental art，**L10**：252,335,336,东方艺术

Origen，**M2**：153,奥利金

Origin：起源

nature of，**M2**：6 - 7,有关起源的特定本性

ultimate，**M8**：3,5 - 6,终极起源

relativity of，**L12**：220 - 221,453 - 454,起源的相对性

Original sin, **M8**：151,167；**L16**：412,414，416,原罪

Origin and Evolution of Life, The (Osborn)，**L16**：116n,《生命的起源与进化》(奥斯本)

Origin of Species, (Darwin)，**M4**：3,7,14；**M6**：x；**M12**：208,221；**M15**：47；**L10**：xiii；**L11**：33；**L12**：97；**L16**：120,《物种起源》(达尔文)

Origin of the State, The (Lowie)，**L3**：324 - 325,《国家的起源》(洛伊)

Ormond, Alexander, **E5**：342,345 - 346,奥蒙德,亚历山大

Orphanages (Turkey)，**M15**：292 - 293,土耳其的孤儿院

Orr, Samuel, **L5**：443,奥尔,塞缪尔

Orthodoxy, **M15**：xxiv, xxv, 正统
Santayana's, **L9**：240 - 241,243,桑塔亚那哲学的正统性

Osborn, Henry Fairfield, **L16**：116,奥斯本,亨利·费尔菲尔德

Oshkosh, Wis., **M7**：462,奥什科什,威斯康星州

Oslo, Norway, **L11**：312, 322, 326, 330；**L15**：339,奥斯陆,挪威

Ostensive definition, **L16**：175 - 179,181 - 183,实指定义

Ostrowski, Jozef, **M11**：275,奥斯特洛夫斯基,约瑟夫

Ostwald, Wilhelm, **M2**：149；**M4**：102,奥斯特瓦尔德

Osuchowski, Anthony, **M11**：312,397,奥苏乔乌斯基,安东尼

Oswego (N. Y.) normal school pattern, **M3**：252,奥斯威戈师范学院模式

Ota, **M11**：192,394,太田

Othello (Shakespeare)，**L17**：12,554,《奥赛罗》(莎士比亚)

Other：异
in *Dictionary of Philosophy*, **M2**：231,异（《哲学辞典》）

Plato on, **M7**：292,柏拉图论他者

Other-worldliness, **L17**：13,554,彼世

Otto, Max C., **L2**：161,162；**L9**：xxi, 213；**L16**：407n；**L17**：89,奥托,马克斯·C
and existence of God, **L9**：214,215,224,227,奥托与上帝的存在
relates philosophy to mankind, **L14**：289 - 292,奥托把哲学和人类联系起来

Ottoman Empire, **M15**：xix, 129, 139；**L2**：192,奥斯曼帝国

Our Changing Civilization (Randall)，**L17**：522,《我们变化中的文明》(兰德尔)

Our Democracy (Tufts)，**L15**：322 - 323,325,《我们的民主制》(塔夫茨)

Our Knowledge of the External World as a Field for Scientific Method in Philosophy (B. Russell)，**M8**：83 - 93,《我们关于外部世界的知识》(罗素)

"Our National Dilemma," **M12**：xxi,《我们国家的困境》

Our Notions of Number and Space (Nichols and Parsons)，**E5**：342,345,《数字和空间观念》(尼科勒斯和帕森斯)

"Our Obsolete Market Mentalky" (Polanyi)，**L15**：225,361,《陈腐的市场心理》(波拉尼)

Outcome：结果
attained vs. intended, **L13**：211 - 212,已经获得的结果与想要达到的结果

Outer：外在性
in moral theory, **M9**：356 - 360,道德理论中的外在性

Outer Mongolia, **M11**：178,外蒙古

Outlawry of War (Levinson)，**M13**：411,《战争的非法性》(列文森)

Outlawry of war, **M11**：122 - 126,388 - 392,战争不合法；**M13**：411,战争的非法性；**M15**：xi, xiii, xv, xvi, xvii, xviii, 101 - 103,317,398 - 399,战争的非法化；**L2**：167 - 172；**L5**：349 - 354；**L6**：xx, 209,

218,219,364,457；**L7**：136,370 - 371；**L8**：13 - 18；**L17**：559,战争非法化

and international relations, **M15**：xiv, 63 - 64,90 - 91,99,108 - 121,战争非法化对国际关系的影响

relation of law to, **M15**：62,99,107 - 108, 113 - 114,116 - 117,120,127；**L3**：354 - 357,战争非法化与法律的关系

Borah on, **M15**：88 - 89,412 - 413；**L3**：165,博哈关于战争非法化

origin of idea for, **M15**：105,404 - 406,战争非法化观念的起源

economic considerations of, **M15**：111 - 112,对战争非法化的经济考虑

Lippmann on, **M15**：115 - 118,404 - 417, 李普曼论战争非法化

France and U. S., agree on, **L3**：163, 168 -169,171,175,法国和美国同意战争非法化

Levinson on, **L3**：163,353,列文森论战争非法化

as power for good, **L3**：350 - 352,354, 358；**L6**：221 - 222,战争非法化作为好的力量

opposition to, **L3**：354,356,415 - 416,对战争非法化的反对

and Pact of Paris, **L6**：191 - 192,222 - 223,战争非法与《巴黎公约》

Outlawry of War, The（Morrison），**L3**：348；**L6**：457n,《宣告战争为非法》(莫里森)

Outlines of a Critical Theory of Ethics，**E3**：xxxii-xxxv, 239,240；**E4**：xiii, xxii, 48n, 221；**M5**：x, xxvii；**L6**：xii, xiii,《批判的伦理学理论纲要》

Outlines of a Philosophy of the History of Man（Herder），**M8**：194,《人类历史哲学大纲》(赫尔德)

Outness：外在性

in *Dictionary of Philosophy*，**M2**：179 - 180,外在性(《哲学辞典》)

Overpopulation, **L7**：454,人口过剩

OversouI：超灵

in *Dictionary of Philosophy*，**M2**：180,超灵(《哲学辞典》)

Owen, Robert, **M5**：151；**L11**：xxviil, 18, 欧文,罗伯特

Oxford English Dictionary，**L10**：53,339, 355,366；**L11**：105,601；**L15**：42,134 - 135；**L16**：137n, 155 - 156,209n, 246 - 247,256n, 265n, 474,《牛津英语词典》

Oxford University, **M7**：133 - 134；**M11**：23；**L11**：157；**L14**：334,牛津大学

Pacific Conference,参见 Washington Conference

Pacific War Council, **L17**：544,太平洋战争理事会

Pacifism, **M10**：261；**M15**：408；**L15**：192 - 194,和平主义

future of, **M10**：xxxvii-xxxviii, 265 - 270, 和平主义的将来

failure of, **M10**：213 - 214,和平主义的失败

Addams on, **M10**：266 - 267,亚当斯对和平主义的说明

in WWI, **M11**：xi-xii, xvi, 180 - 181,一战中的和平主义

of China, **M11**：199,216,中国的和平主义

Pact of Paris,参见 Kellogg-Briand Pact

Paderewski, Helene：帕岱莱夫斯基,海伦

as Polish leader, **M11**：xv, 253,257,262, 306 - 318,325,328 - 329,帕岱莱夫斯基作为波兰领导人

Paderewski, Ignace Jan：帕岱莱夫斯基,依格纳斯·扬

as Polish leader, **M11**：xiv, xv, 256,257, 261,262,279,300,328 - 329,405 - 406, 帕岱莱夫斯基作为领导人

at Detroit Convention, **M11**：243,305,帕岱莱夫斯基与底特律大会

represents Paris Committee，**M11**：251 - 254,281,291,404,帕岱莱夫斯基作为巴黎委员会代表

policies of，**M11**：269,271,275,294 - 296, 299,302,321 - 323,帕岱莱夫斯基的策略

relief work of，**M11**：282 - 283,290,310 - 316,319,帕岱莱夫斯基的救援工作

publicity for，**M11**：303,325,为帕岱莱夫斯基作宣传

criticized，**M11**：307 - 312,316,317,帕岱莱夫斯基被批评

Dewey meets，**M11**：401,帕岱莱夫斯基与杜威会见

Page-Barbour Foundation（University of Virginia），**L11**：3,佩基-巴博基金会（弗吉尼亚大学）

Paget，Violet，**L10**：107 - 109,357,佩吉特,维奥莱特

Pain，**L13**：74,痛苦

elements of，**E1**：330,痛苦的要素

and pleasure，**E5**：359 - 362,痛苦和快乐

equality of，**L13**：333,痛苦的同等性

physical，**L13**：334,身体的痛苦

Paine，Thomas，**L9**：298,潘恩,托马斯

Painters：画家

nature of，**L10**：52,69,71,80,81 - 89,93,画家的本性

technique of，**L10**：148,204,239,304,画家的技巧

Painting，**E2**：275；**L13**：363；**L16**：397,绘画

transmits civilization，**L10**：13,37,332 - 336,342 - 345,绘画传承文明

expressiveness of，**L10**：75,80,91 - 93, 96,107,111,116 - 118,126 - 127,157, 255 - 257,260,264,271 - 274,绘画的表现性

Matisse on，**L10**：89,358 - 359,马蒂斯关于绘画

process of，**L10**：133 - 134,141,146 - 147, 162,280 - 281,291 - 292,312,318 - 323,绘画的过程

response to，**L10**：150,304 - 307,对绘画的回应

movements in，**L10**：155 - 156,163,165, 287 - 290,314 - 315,绘画中的运动

rhythm in，**L10**：168,174 - 186,绘画中的节奏

distinctive traits of，**L10**：188,189,219, 222,225,233 - 234,238 - 239,242,245, 247,300,绘画的独特性质

substance of，**L10**：191 - 192,195,199 - 216,绘画的主旨

Abell on，**L11**：487 - 488,阿贝尔论绘画

Barnes on，**L11**：487 - 488,501,巴恩斯论绘画

Paléologue，Maurice，**L17**：490,568,帕莱奥洛格,莫里斯

Palestine，**M11**：101,巴勒斯坦

Paley，William，**M3**：53；**M5**：319n,320n；**L5**：183；**L7**：155；**L17**：94,佩利（又译佩里）,威廉

Palingenesis：轮回

in *Dictionary of Philosophy*，**M2**：180,轮回（《哲学辞典》）

Palladium，**E3**：3n,《帕拉狄昂》

Pallas Athene，**L10**：115,雅典娜,帕拉斯

Palmer，Frederick，**M12**：11,帕尔默,弗雷德里克

Palmer，George Herbert，**L6**：271,帕尔默,乔治·赫伯特

Panama，**L6**：468 - 469,巴拿马

Panama Canal，**M15**：411；**L6**：468,巴拿马运河

Pan-Asianism，**M13**：xxiv,178,184,泛亚细亚主义

Pancosmism，**E1**：18,泛宇宙论

Panentheism：万有在神论

in *Dictionary of Philosophy*，**M2**：180 -

181,万有在神论(《哲学辞典》)

Pan-Islamism，**M15**：130,泛伊斯兰主义

Panlogism：泛理主义

  in *Dictionary of Philosophy*，**M2**：181,泛理主义(《哲学辞典》)

  Royce's rejection of，**M10**：80,罗伊斯对泛逻辑主义的拒斥

Panpneumatism：泛灵论

  in *Dictionary of Philosophy*，**M2**：181,泛灵论(《哲学辞典》)

Panpsychic idealism，**M7**：18n,泛灵论的唯心主义

Panpsychism，**M7**：276,284；**L15**：76 - 77,泛心论

  in *Dictionary of Philosophy*，**M2**：181,泛心论(《哲学辞典》)

Pantheism，**E5**：27,28,；**M8**：176,泛神论

  Spinoza's，**E1**：9 - 18,斯宾诺莎的泛神论

  Green on，**E3**：23,格林论泛神论

  in *Dictionary of Philosophy*，**M2**：181 - 185,泛神论(《哲学辞典》)

  in *Cyclopedia of Education*，**M7**：284,294,353,泛神论(《教育百科全书》)

  of Fichte，**M8**：178,费希特的泛神论

  in Germany，**M8**：179 - 180,德国的泛神论

  H. Torrey on，**L5**：148,托里论泛神论

Panthelism：唯意志论

  in *Dictionary of Philosophy*，**M2**：185,唯意志论(《哲学辞典》)

Pantomime，**L10**：13,哑剧

Papists，**M11**：22,25,天主教徒

Paradise Lost（Milton），**M15**：326 - 327；**L10**：115,322,《失乐园》(弥尔顿)

Paradox，**L10**：86,263；**L12**：97,悖论

  of reflexive collections，**L12**：361 - 363,自反性的集合悖论

  origin of，**L12**：380,悖论的起源

Parallelism，**M7**：276,383,平行论；**L1**：194,205,216,257,平行对应

Parents：父母

  instincts of，**M5**：50 - 51；**L7**：40,父母本能

  Jennings on，**L7**：460 - 461,詹宁斯关于父母

  and teachers，**L17**：233,234,父母与教师

  successful，**L17**：513,成功的父母

Paris, France，**M15**：390,405；**L11**：326,330,巴黎,法国

  Polish activities in，**M11**：265,278,279,282,290,301,313,402,404,在法国巴黎的波兰人的活动

  art in，**L10**：305 - 306,巴黎的艺术

Paris, Pact of. ,参见 Kellogg-Briand Pact

Paris Committee（Polish National Committee）：巴黎委员会(波兰国家委员会)

  status of，**M11**：251 - 253,292,299 - 302,306,326,328,401 - 404,巴黎委员会(波兰国家委员会)地位

  members of，**M11**：269,275,276,280 - 284,291,316,405,巴黎委员会(波兰国家委员会)成员

  formation of，**M11**：278 - 280,巴黎委员会(波兰国家委员会)的形成

  policies of，**M11**：297,317,320 - 323,326,327,395,巴黎委员会(波兰国家委员会)的策略

Paris Peace Conference，**M12**：5,18；**M15**：391；**L6**：473,巴黎和会。另见 Versailles, Treaty of

  preparation for，**M11**：xvi,100,182,401,巴黎和平会议筹备

  propaganda at，**M11**：110,巴黎和会上的鼓噪之声

  issues at，**M11**：130,135 - 138,196,240,巴黎和会的议题

  publicity about，**M11**：151,有关巴黎和会的宣传

  Japanese success at，**M11**：152,158 - 159,177 - 180,183,186,189,198,199,203,日本在巴黎和会的胜利

Polish question at, **M11**：246，268，276，284，293，300，312，405，巴黎和会上的波兰问题

as menace to China, **M12**：32，巴黎和会对中国的威胁

Parity：平价

AAA report on, **L9**：84 - 85，3A 机构关于平价的报告

Park, Richard, **L17**：72，558，帕克，理查德

Parker, A. K.：帕克，A·K

letter on coeducation to, **M2**：108 - 116，杜威致帕克博士的信

Parker, Alton Brooks, **L6**：234，帕克，奥尔顿·布鲁克斯

Parker, Francis Wayland, **M3**：325；**M8**：414；**L5**：320，374，帕克，弗朗西斯·W

role in education, **E5**：423；**M2**：67，97 - 101；**M3**：273 - 275，278，帕克上校的教育工作

school, **M3**：240n；**M8**：262 - 263，288 - 290，弗朗西斯·帕克学校

on attention, **L17**：278，563，帕克论注意力

Parker, William Stanley, **L9**：262，帕克，威廉·斯坦利

Parkhurst, Helen H., **L10**：228，362；**L11**：244，帕克斯特/帕克赫斯特，海伦·H

Parhamentarianism, **L17**：117，议会制

Parmelee, Maurice F., **L6**：476n，帕米利，莫里斯·F

Parmenides, **M2**：144，156，172，267；**M13**：364，巴门尼德；**L5**：495，帕梅尼德斯；**L14**：398 - 399，巴门尼德

Parochial schools, **M8**：416 - 417，471 - 472，教会学校

Parodi, Dominique：帕罗迪，多米尼克

on Dewey's theory of truth, **L14**：5，56n，帕罗迪论杜威的真理理论

Dewey replies to, **L14**：80 - 83，杜威对帕罗迪的回复

Parousia：再临

in *Dictionary of Philosophy*, **M2**：185，再临(《哲学辞典》)

Parsons, Wilham E., **E5**：342，帕森斯，维尔哈姆

Parthenon, **L13**：358；**L14**：255，帕特农神庙

as art, **L10**：10，113 - 117，226，231，作为艺术的帕台农神庙

Participants：参与者

in transaction, **L16**：242，243，交互作用中的参与者

Participation, **L1**：132，140，145，158，159，163，189，248，259 - 260，分享、参与；**L13**：33，43，53，参与

as social, **M1**：xxiii；**L4**：169，246，作为特定社会范畴的参与

in knowledge, **L4**：163，195，232，参与认识

Particularism：特殊论

of traditionalists, **M10**：xii-xiii，传统主义的特殊论

empiricism's commitment to, **M10**：6，12，13，经验主义对特殊论的评价

thought in, **M10**：17，特殊论中的思想

Particularity：特性

of events, **L15**：29 - 30，事件的特性

Particulars，殊项。另见 Problem, **L12**

in Aristotle, **L12**：88 - 89，93 - 94，183，亚里士多德使用的殊项

in Mill, **L12**：147 - 148，穆勒使用的殊项

in Locke, **L12**：149，洛克使用的殊项

sense-data as, **L12**：157，感觉与料作为殊项

change of, **L12**：190，201 - 202，212 - 213，217，220，296 - 297，340，417，殊项的改变

as propositions, **L12**：289 - 290，作为命题的殊项

of Russell, **L16**：199 - 203，罗素的个体物

Partisan armies (USSR), **M13**：235，236，游击队(苏联)

Partisan Review, **L15**：xxiv；**L16**：390，471，

《党派评论》

Partisanship：党派性

evils of，**L17**：443，党派性的坏处

pressure for，**L17**：448，党派性的压力

Pascal，Blaise，**M2**：233；**M4**：248；**L16**：161n，帕斯卡（又称帕斯卡尔），布莱斯

Passion，**M14**：135－138；**L10**：85，160，激情。另见 Emotion

in *Dictionary of Philosophy*，**M2**：185－186，遭受（《哲学辞典》）

Plato on，**M5**：123－124；**L7**：114－115，柏拉图论激情

Hume on，**M8**：24，休谟论情感

James on，**L7**：188，190，詹姆斯论激情

Passive：被动

in child development，**E5**：91，被动在儿童本性的发展上

in *Dictionary of Philosophy*，**M2**：185－186，被动的（《哲学辞典》）

resistance，**M10**：249，被动的抵抗原则

Passivist party（Polish），**M11**：265－267，275，277，298，消极主义的政党（波兰）

Passivity，**M6**：175，消极主义的失败

and activity，**E1**：338；**M9**：345，被动性对主动性

evils of，**L8**：327，被动性的邪恶

of Russians，**L17**：491－492，俄国人的被动性

Past，**M12**：201，过去

in Dewey's theory of truth，**M6**：xxii-xxiii，过去在杜威真理理论中的功能

knowledge of，**M13**：469－470；**L10**：304，327；**L11**：52－53；**L13**：6，44；**L15**：333，336；**L17**：456，关于过去的知识

involved in perception，**L10**：xx，xxiv，xxxii，23－25，30，78，180－181，187，276，283，287－288，包含在感知中的过去

art conveys，**L10**：235－236，239，244－245，330，340－343，348，艺术传达过去

and future，**L13**：9，过去与未来

and present，**L13**：9，51－53，57，97；**L14**：131，135，过去与现在

related to philosophy，**L14**：312－315；**L16**：361－362，382，过去对哲学的影响

Chinese idea of，**L17**：172，中国人对过去的观念

Past and Present（T. Carlyle），**M5**：151，《过去与现在》（卡莱尔）

Pasteur，Louis，**L6**：45；**L11**：279；**L14**：342；**L17**：40，巴斯德，路易

Pater，Walter，**L17**：11，帕特，沃尔特

humanism of，**L5**：xxx，263－264，佩特的人文主义

on esthetics，**L10**：37－38，233，288，354，362－363，佩特论美学

PaternaI family，**M5**：28，父系家庭；**L7**：27，父权制家庭

Paternalism，**M12**：75；**L2**：274，家长式统治

Pathology：病态

of beliefs，**L4**：181，信仰的病态

Patriotism，**L3**：154；**L7**：367－369；**L17**：455，爱国主义

Fichte on，**M8**：187，费希特论爱国主义

Japanese，**M13**：257，258，日本人的爱国主义

in education，**L9**：161，教育中的爱国主义

in U. S.，**L14**：250，美国的爱国主义

Patterns：范例范型

of experience，**L10**：22，31，50，155，经验的范例

esthetic use of，**L10**：93，122，178－179，327，330，范型的审美使用

Patterns of Culture（R. Benedict），**L6**：xvi，《文化模本》（本尼迪克特）

Patton，George，**L11**：xi，巴顿，乔治

Paul，Francis J.，**M10**：161，保罗，弗朗西斯·J

Paul，Saint，**E1**：114－115；**M2**：141，203；**M4**：42；**M5**：104，297；**L7**：95，279；**L15**：

47,54 – 55；**L17**：532,533,圣保罗

Paulsen, Friedrich, **M15**：337,保尔逊,弗里德里希

Pauses,参见 Intervals

Pavlov, Ivan Petrovich, **M13**：xiv；**L6**：319,巴普洛夫,伊万·彼得洛维奇

 on signal, **L16**：69,139 – 140,144,巴普洛夫关于指号

Pawlowski, Wenzel A. , **M11**：316,波洛夫斯基,文泽尔·A

Pax Romana, **M15**：61；**L6**：221 – 222,罗马帝国统治下的和平

Peace, **M15**：380,396,；**L6**：xx, xxin, 198；**L11**：252, 和 平；**L13**：303,平 静；**L16**：365,372,391,400,和平

 movement, **M10**：213 – 214,260,和平运动

 means for achieving, **M11**：ix, xii, 119, 135 – 138,142,150 – 151,404,力争和平；**L6**：211 – 213,220 – 223,454,461 – 462；**L15**：301 – 302；**L17**：396,实现和平

 education for, **M11**：67 – 69,有关和平的教育

 ideals, **M11**：112, 181 – 183；**L7**：95；**L17**：529,和平的理想

 enforcement of, **M11**：127,129,130,实行和平

 U. S. responsibility for, **M15**：87,美国对和平的责任

 Pact of Paris related to, **L6**：190 – 195,《巴黎和约》与和平相关联

 and international sanctions, **L6**：483 – 484,和平与国际制裁

 and war, **L7**：369 – 371,和平与战争

 conditions for, **L15**：171,192 – 198,206 – 209,和平的条件

 after WWII, **L15**：342 – 344,368 – 370,二战后的和平

 opportunity offered by, **L17**：131,和平带来的机遇

assurance of, **L17**：453,462,和平的保证

Peace and Bread in Time of War（Addams）, **L15**：192 – 198,《战争时期的和平与生计》（亚当斯）

Peace Conference,参见 Paris Peace Conference

Peace Mobidization, American, **L15**：348,美国和平动员会

Peace Pact,参见 Kellogg-Briand Pact

Peace-sanction, **L6**：192,219,220,和平制裁

Pearl, Raymond, **L14**：391,佩尔,雷蒙德

Pearl Harbor, Hawaii, **M8**：xxx；**L6**：xx；**L15**：349,夏威夷珍珠港

Pearson, Karl, **L4**：xiii；**L6**：490,皮尔逊,卡尔

Peasantry, **E3**：178 – 179,农民阶层

"Pedagogics of the Kindergarten"（Froebel）, **M1**：341,《幼儿园教育学》（福禄贝尔）

Pedagogy, **M4**：158,教学、教 育 学；**M15**：173,教育思想

 Baker on, **E3**：191,贝克尔对教育学的处理

 as discipline, **E5**：280 – 289,433,446,作为学科的教育学

 principles in, **E5**：443 – 445,,453 – 454,教育学的原则

 in Dewey's writings, **M1**：xix,教学在杜威著作中

 Kant's treatise on, **M9**：101,康德论教育学的专著

 disrepute of, **M9**：176 – 177,教育学理论的坏名声

 related to psychology and ethics, **L17**：485,与心理学和伦理学相关的教育学

 developing department of, **L17**：486,对教育学系的发展

"Pedagogy as a University Discipline," **L11**：202n, 203,《作为一门大学学科的教育学》

Pedantry：卖弄学问

 in *Cyclopedia of Education*, **M7**：294 – 295,卖弄学问（《教育百科全书》）

Pedology，**L17**：571，教育学

  Russian study of，**L17**：507，俄国人对儿童学的研究

Peiping（Beijing），China，**L6**：205，中国北平，另见 Peking

Peirce, Benjamin，**M3**：65，皮尔士，本杰明

Peirce, Charles Sanders，**M3**：xxiv；**M4**：100；**M7**：422，423；**M8**：x，xxiii；**M9**：xx，xxi；**M10**：xiii；**M12**：x；**M13**：307，393；**M14**：xii，xix，xxii；**M15**：xxvi，226－228；**L1**：xvii；**L3**：xvii；**L5**：215；**L6**：xii-xiv；**L8**：xiv，xvi，11；**L11**：xiv，xvi，xxiv；**L12**：x，xii，xv，5；**L14**：x，xiii，xiv，xviii，5，390；**L15**：72，273；**L17**：51，皮尔士，查尔斯·桑德斯

  compared with Dewey，**E3**：xxii-xxiii；**M1**：xvi；**L4**：ix，xviii；**L10**：vii，viii，xii，xiii，xvi，xxviii；**L14**：387，皮尔士与杜威的比较

  response to，**E4**：19，对皮尔士的回应

  on Hegelian system，**M2**：x，皮尔士论黑格尔体系

  on tychism，**M2**：259，皮尔士论偶成论

  on continuity，**M3**：19n－20n；**L12**：3，17n，皮尔士论连续性原则

  on logic，**M3**：66；**L16**：187，皮尔士论逻辑

  on experience，**M3**：130；**L14**：21n，皮尔士论经验

  on pragmatism，**M6**：xi，；**M7**：326－327；**M10**：71－78，87，366；**L2**：xii-xiv，3－7，28－29；**L5**：477－479；**L11**：421－424；**L16**：33，183n，皮尔士的实用主义

  on truth，**M6**：xxii；**L12**：343n，皮尔士论真；**L14**：56－57，57n；**L16**：459，皮尔士关于真理

  on meaning，**M6**：46n；**M10**：73－74；**L16**：174n，皮尔士论意义

  "How to Make Our Ideas Clear，"**M6**：175，皮尔士的《如何使我们的观念变得清晰》

  on practical，**M10**：xxiii，xxv，皮尔士论实践的

  on fixation of belief，**M10**：74－75，77，皮尔士论"信念的确定"

  influences Royce，**M10**：84n，皮尔士对罗伊斯的影响

  on conceptions，**L4**：90n，117，皮尔士论概念

  on reality，**L5**：470，皮尔士论现实

  philosophy of，**L6**：273－277，皮尔士的哲学

  compared with Mead，**L6**：309，皮尔士与米德相比较

  on knowledge，**L11**：86，91－92，107－109，422－423，480－481，483－484，皮尔士论知识理论

  metaphysics of，**L11**：86－94，423，482－483，皮尔士的形而上学

  psychology of，**L11**：93，481，皮尔士的心理学

  writings of，**L11**：479－480，皮尔士的著作

  on guiding principles，**L12**：19－21，158，皮尔士论指导原则

  on fallibilism，**L12**：46－47；**L14**：171，皮尔士的可错主义

  on abstract，**L12**：462－463，皮尔士论抽象

  on form and method，**L12**：464－465，皮尔士论形式与方法

  on effect of social factor on science，**L12**：484n，皮尔士论社会性事实对科学的影响

  on signs，**L15**：136n，141－152，331；**L16**：51，297－299，皮尔士论符号

  C. Morris on，**L15**：473，莫里斯论皮尔士

  as forerunner，**L16**：xxviii，xxix，193，194，238－239，299n，皮尔士作为先驱

  epistemology of，**L16**：8－11，皮尔士的知识论

  development of，**L16**：10n，51n，皮尔士的

发展

on interpretant, **L16**：34n,皮尔士关于解释倾向

on precept, **L16**：66,皮尔士关于先例

on observation, **L16**：88n,皮尔士关于观察

"Peirce's Theory of Linguistic Signs, Thought, and Meaning," **L15**：331,《皮尔士论语言符号、思想及意义》；**L16**：239n,《皮尔士论语言记号、思想与含义》

Pei-Yang party (China), **M12**：66,北洋系(中国)

Peking (Beijing), China, **M12**：23,25,27,30,39,43,56,61,205n；**M13**：72,105,122,139,153,210,495；**L2**：181,184；**L6**：205；**L14**：xx,xxi,北京,中国

Dewey and, **M11**：xviii；**M13**：136－137,杜威与北京

Japanese students in, **M11**：173,日本学生在北京

student revolt in, **M11**：187－189,学生在北京示威

May 4th movement in, **L17**：29,555,北京的五四运动

protests sent to, **M11**：194,224,送交抗议书到北京

Imperial Court at, **M11**：211,216,北京的皇宫

police of, **M12**：26,42,44,北京的政治

government in, **M12**：67－68；**M13**：130,131,134－135；**L17**：33,北京政府

bolshevism in, **M12**：253,254,布尔什维克主义在北京

Bland in, **M13**：100－101,濮兰德在北京

schools in, **M13**：112,116,北京的学校

Lamont in, **M13**：124,拉蒙特在北京

opposes Canton, **M13**：125,127－128,北京对待广州政府的立场

revolutionary movement against, **M13**：132,151,反对北京政府的革命运动

foreign support of, **M13**：136,154,北京的外国支持

effect of consortium on, **M13**：169,银行团对北京的影响

teachers' strike in, **L17**：30,556,北京教师罢工

Peking University, **M12**：23,41－43,北京大学

revolt at, **M11**：186－191,北京大学示威

Pellegrini, Angelo M., **L11**：515,佩勒格林尼,安吉罗·M

Penal measures,参见 Punishment

Pendennis, **L10**：289,潘登尼斯

Penmanship, **L17**：286,书法

Pennsylvania:宾夕法尼亚州

Polish activities in, **M11**：293,303,318,波兰人在宾夕法尼亚州的活动

Pennsylvania, University of, **M10**：165,宾夕法尼亚大学

Pennsylvania Museum of Art (Philadelphia):宾夕法尼亚艺术博物馆

art exhibition at, **L17**：128－129,560,宾夕法尼亚艺术博物馆的艺术展

Penrose, Boies, **M11**：287,396,彭罗塞,博伊西

Peoples Church (Chicago), **L11**：274n,人民教堂(芝加哥)

People's Houses:人民之家

as Russian centers, **L17**：494,作为俄国中心的人民之家

People's Lobby, **L6**：xvii-xix,322,335,400,404,440,504,人民游说团

registration of, **L5**：429－430,人民游说联盟的注册

on national income, **L5**：431,人民游说联盟论全国收入

on child relief, **L5**：432－433,人民游说联盟论儿童救济

on unemployment, **L5**：434－439；**L6**：339－340,372－380,384,390－391；**L9**：

253,人民游说联盟论失业

related to taxation，**L6**：337－338,344,392；**L9**：256－260,266,273－274,282－284,人民游说团与所得税

on special session，**L6**：345,355－356；**L9**：269－270,人民游说团关于特别会议

on Depression，**L6**：346－354；**L9**：261－264,人民游说团关于大萧条

queries Hoover on speech，**L6**：357－363,人民游说团质疑胡佛演讲

pueries Borah on interallied debts，**L6**：364－367,人民游说团就盟国间的债务质疑博拉

criticizes Interstate Commerce Commission，**L6**：368－371,人民游说团批评州际商务委员会

criticizes F. Roosevelt，**L6**：395－396,人民游说团批评罗斯福

on needs of farmers，**L9**：249－251,人民游说团谈及农民的需要

urges solution to banking crisis，**L9**：254－255,人民游说团催促解决银行危机

lists programs for Congress，**L9**：276,287－288,人民游说团为国会列出计划

urges appraisal of New Deal，**L9**：280－281,人民游说团催促评估新政

advocates public ownership program，**L9**：285－286,人民游说团主张公有制计划

advocates socialization system，**L9**：289－290,人民游说团主张社会化制度

People's Lobby Bulletin，**L6**：xviii,341－383,386－394,397－398；**L9**：249－290,《人民游说团公告》

People's party，**L6**：233－234,人民党

Pepper, Claude，**L15**：281,509,佩珀,克劳德

Pepper, Stephen C.，**M15**：347,佩普,史蒂芬·C；**L14**：5,306,佩珀,斯蒂芬·C；**L16**：42n,佩珀,史蒂芬·C

criticizes Dewey，**L14**：15,佩珀对杜威的批评

Dewey replies to，**L14**：34－38,杜威对佩珀的回复

on truth，**L16**：83n,佩珀关于真理

on definition，**L16**：171,174－179,181n,佩珀关于定义

on C. Morris，**L16**：239n,佩珀关于莫里斯

on value，**L16**：343,佩珀关于价值

Percept：感知

related to concept，**E3**：143－145,218－219,感知与概念的关系

as name，**L16**：93n,267－268,感知对象作为名称

Perception，**M3**：137－141；**M7**：xiii,知觉；**M8**：87,感知；**L1**：85,143,230－231,233,235,239,240－244,250－255,259,283,339,感知、感觉；**L11**：71,421,知觉；**L16**：140,感知

agreement of，**E1**：35－36,知觉的一致

interpreted，**E1**：54；**L4**：viii,xvii,229,231,235,知觉的解释

in consciousness，**E1**：173,有意识的知觉

in Locke，**E1**：177－178,洛克认为的知觉

as meaning，**E1**：180－181,知觉中的意义

Leibniz on，**E1**：317,莱布尼茨论知觉

in knowledge，**E2**：137－153,知觉在知识的发展阶段；**L4**：xxii,66,136,137,140－143,213,214,知觉在认识中的作用

memory in，**E2**：154－157,164－166,知觉中的记忆

temporal，**E2**：161－164,时间的知觉；**L10**：179－180,187－188,感知的瞬时方面

imagination in，**E2**：168－169,知觉中的想象

and conception，**E2**：180；**E3**：77－82；**E5**：321；**L12**：72－73,162,507－511,知觉和概念

impulses in, **E2**：302 - 303,知觉中的感觉冲动

Dewey's views of, **E3**：xxv,杜威关于知觉的观点

achievement of, **E5**：154 - 155,知觉中的努力；**L10**：30,48,328,感知的达成

in animals, **M6**：194；**L8**：129,动物的知觉

Bergson's theory of, **M7**：3,8,10 - 12,18 - 30,柏格森知觉理论；**M12**：225,柏格森论感觉

rational, **M7**：260 - 261,理性知觉

McGilvary on, **M7**：454 - 460,麦吉尔夫雷论杜威的知觉观

relativity in, **M10**：29 - 30,感知的相对性

Drake's theory of, **M10**：64 - 66,德拉克的感知理论

and classification, **M12**：215,感知与分类

Russell ignores, **M12**：239,罗素忽视感知

nature of, **M12**：242；**L4**：72,113,165,184,192,221,239,知觉的性质；**L10**：29,53 - 58,113,118,126,129,134 - 135,157 - 158,222 - 224,229,239,258 - 263,276,294,299,感知的本性；**L16**：232n,307n,331,感知的本质；**L17**：425,知觉的性质

Klyce on, **M13**：418,克莱斯论知觉

and epistemology, **L2**：45,51；**L12**：518 - 520,知觉和认识论

subject-matter of, **L4**：73,80,97,98,知觉的材料；**L10**：154,知觉的素材

artistic, **L10**：38,40 - 41,93 - 96,100,103 - 104,107,140 - 142,181 - 182,195 - 196,204 - 205,216；**L16**：352,398,艺术感知

rhythms of, **L10**：161,165 - 168,174,感知的节奏

limitations on, **L10**：194,208,230,对感知的限制

discrediting of, **L17**：420,知觉不被信任

supplies material for judgment, **L10**：302 - 304,感知为判断提供材料

Santayana on, **L11**：78,92,桑塔亚那论知觉

privacy of, **L11**：461 - 462,知觉的私人性

psychological theory of, **L12**：152 - 153,知觉的心理学理论

not directly cognitive, **L12**：458 - 459,476 - 477,非直接认知的知觉

behavior's role in, **L14**：20 - 21,24 - 25,行为在知觉中的角色

and observational propositions, **L14**：54,170 - 171,知觉和观察性命题

James on, **L14**：160 - 161,詹姆斯论知觉

Ames on, **L15**：310 - 311,艾姆斯论知觉

Langer on, **L15**：419,朗格论知觉

Rice on, **L15**：431 - 434,赖斯论知觉

Wertheimer on, **L16**：106n,维特默关于感知

characteristic of cue, **L16**：143 - 144,线索的感知特征

in inquiry, **L16**：322 - 325,328,探究中的感知

of dramatist, **L17**：381,剧作家的知觉

"Perception and Epistemology"(Woodbridge), **M6**：103n,《知觉与认识论》(伍德布里奇)

Perception-manipulation：感知-操纵

as name, **L16**：90,258,268,感知-操纵作为名称

Perceptual, **L16**：11,感知的

Perfectibility：完善

human, **L13**：160,人类完善

Perfection, **M14**：122 - 123,完满

Periclean Age, **L5**：100,伯利克里统治时期

Pericles, **L11**：6,佩里克利斯；**L17**：177,伯利克里

Peril：危险

escape from, **L4**：x, 26,226,243,逃避危险

attitude toward, **L4**：3 - 20,62,对危险的

态度

source of, **L4**：27,67,178,187,194,危险的根源

Periodicity, **L12**：220 - 221,407 - 408,周期性

Peripatetic philosophy, **L4**：75 - 78,逍遥学派的哲学

Peripatetics：逍遥学派

in *Dictionary of Philosophy*, **M2**：186 - 187,逍遥学派（《哲学辞典》）

on pneuma, **M2**：205,逍遥学派论普纽玛

Permanence：永恒性、永恒

in *Dictionary of Philosophy*, **M2**：187,永恒性（《哲学辞典》）

attitude toward, **L10**：325 - 327,对待永恒的态度

related to knowings-knowns, **L16**：85, 160,与认知和所知相关的永久

essential to Aristotle, **L16**：157,永恒对于亚里士多德是必要的

Permanent Court of Arbitration, 参见 Hague Tribunal

Permanent Court of International Justice, 参见 World Court

Perry, Arthur, **M10**：174,佩里，亚瑟

Perry, Harry C. , **L9**：356,佩里，哈里·C

Perry, Ralph Barton, **M6**：473,培里，拉尔夫·巴顿；**M10**：440,佩里，拉夫·巴顿；**M13**：11n, 12, 20, 22；**M15**：335,339, 343；**L1**：365；**L2**：xx, 80；**L3**：396；**L5**： xi, 419；**L15**：414,420,佩里，拉尔夫·巴顿

on ego-centric predicament, **M6**：89 - 90, 113,117n；**M7**：79 - 80,445 - 451,佩里论自我中心困境

on consciousness, **M6**：477 - 478,佩里论意识

on James, **M7**：x, 144,148；**L11**：441 - 445,464 - 478,佩里论詹姆斯

on subcutaneous mind, **M7**：54,佩里论"皮

下"的心智观

on value judgments, **M11**：3 - 7,361 - 377,381 - 383,培里论价值判断

defines value, **L2**：86,90,92,佩里界定价值

on philosophy, **L6**：271 - 272,佩里论哲学

Perry Movement：佩里运动

and mathematics, **M3**：227,佩里运动与数学

Perseity：独己性

in *Dictionary of Philosophy*, **M2**：187 - 188,独己性（《哲学辞典》）

Persia, **M15**：136,波斯

art of, **L10**：256,314,336,波斯艺术

Person, **L12**：87 - 89,109 - 110,517 - 518, 个人

vs. thing, **M2**：127n,个人与"事物"相区分

as legal conception, **L2**：22 - 43,作为法律概念的人格

defined, **L14**：27 - 28；**L15**：49,对个人的定义

judgment of, **L17**：3,对人的判断

Personal：个人、人格

idealism, **M7**：418,个人唯心主义

identity, **L14**：156 - 157,165 - 166,人格统一性

Personalism, **L15**：221,人格主义

Personality, **M12**：105 - 106,188,199 - 200,；**L11**：504,568 人格、个性；**L13**：26, 人格（人格性）；**L15**：174,316 - 317,人格

in democracy, **E1**：244,民主制度中的个性

in aristocracy, **E1**：246,贵族制中的个性

Baldwin on, **E5**：387 - 389,393 - 395, 397 - 398,417 - 418,鲍德温论人格

concept of, in teaching, **M1**：139,教学中的个性概念

in adolescence, **M1**：216,青少年阶段的个性困扰

Greek conception of, **M5**：130 - 132；**L7**：

121,古希腊的人格概念

in *Cyclopedia of Education*，**M7**：295 - 296,人格(《教育百科全书》)

Kant on,**M8**：161,432,康德论人格

Hitler's reverence for,**M8**：431 - 432,希特勒尊重人格

related to law,**L6**：268 - 270,与法律相关的人格

as end,**L7**：223 - 224,作为目的的人格

development of,**L11**：221,538 - 540,544,548,个性的发展；**L17**：77,人格的发展

primacy of,**L13**：149,人格的至上性

respect for,**L13**：385,对人格的尊重

theory of,**L14**：40,人格理论

Martineau on,**L17**：4,马廷诺论人格

"Personality of Associations, The"(Laski),**L2**：40n,《社团的人格》(拉斯基)

Personification,**L17**：254,320,拟人

Personnel Research Federation,**L5**：236n,人事研究会

Perspective：透视、视角

in art,**L10**：146,147,艺术的透视

philosophical,**L14**：141 - 142,154,哲学视角

Persuasion,**M12**：96 - 97,规劝；**L13**：153,说服力

role of,**L16**：356 - 357,380,诱导的角色

reasonableness of,**L17**：xx-xxi,信念的合理性

Peru,**L15**：371,510,秘鲁

Pessimism,**M2**：174 - 176；**M5**：370 - 371；**M12**：181 - 182,240；**M14**：37,53,198 - 199；**M15**：256,326；**L15**：59,悲观主义

in *Cyclopedia of Education*，**M7**：296 - 297,悲观主义(《教育百科全书》)

toward science,**L16**：365,373,393,对于科学的悲观主义

Pestalozzi, Johann Heinrich,**E5**：xiv；**M7**：115,185,289；**M8**：xxxii,275,319,356,裴斯泰洛齐,约翰·海因里希；**M9**：99,

123,206,佩斯特拉齐,J·H；**M13**：401,裴斯塔洛齐,约翰·海因里希

educational theories of,**M1**：xvii,260；**M7**：378 - 379,381 - 382,;；**M8**：251 - 252,裴斯泰洛齐的教育理论

on games,**M1**：342,裴斯泰洛齐论游戏

on stages of growth,**M6**：xxiv,xxvi,裴斯泰洛齐论个体成长的各阶段

applies Rousseau's theories,**M8**：248 - 249,裴斯泰洛齐对卢梭的理论的应用

on social development,**M8**：249 - 250,裴斯泰洛齐强调社会发展

on sense perception,**L17**：217,裴斯泰洛齐论感官知觉

Peter of Spain,**M2**：222,西班牙的彼得

Peter the Great,**L3**：203,彼得大帝

Petrograd(Leningrad),USSR,**M11**：267,275,295,彼得格勒,(苏联)。另见 Leningrad

Pfleiderer, Edmund,**M8**：190,普夫莱德雷尔,埃德蒙德

Phaedo(Plato),**L2**：133,《菲多篇》(柏拉图)

Phänomenologie des Geistes(Hegel),**M7**：413,《精神现象学》(黑格尔)

Phantom Public，The,(Lippmann),**L2**：xxii, xxiii, 213 - 220,《幻影公众》(李普曼)

Phariseeism,**M12**：180 - 181,法利赛主义；**L7**：278,法利赛派

Pharisees：法利赛人

Tolstoy on,**L17**：385 - 386,565,托尔斯泰论法利赛人

Phase：相位

in *Dictionary of Philosophy*,**M2**：188,相位(《哲学辞典》)

as name,**L16**：5n, 59,73n, 259,268,相位作为名称

Pheidias,**L10**：147,175,菲迪亚斯

Phelps, Elizabeth Stuart,**L17**：12 - 13,554,菲尔普斯,伊丽莎白·斯图亚特

Phenomenal，**L1**：55，60，95，126，显著的、现象的、能直觉的

　reality，**M12**：92－93，148，221，226－227，现象的实在

Phenomenalism，**M13**：417；**L4**：154，现象主义；**L15**：4，现象学

　in *Dictionary of Philosophy*，**M2**：188，现象主义《哲学辞典》

　in *Cyclopedia of Education*，**M7**：297，现象主义《教育百科全书》

　growth of，**M10**：24，由于主客关系问题而导致的现象论的发展

　vs. pragmatism，**M10**：73，现象论对实用主义

Phenomenology，**L11**：86，434，现象学

　in *Dictionary of Philosophy*，**M2**：188－189，现象学《哲学辞典》

Phenomena，**L4**：48，49，118，193；**L10**：299，现象

　mental and material，**E1**：5，7；**L17**：422－423，精神现象和物质现象

　Kant's theory of，**E1**：41，康德的现象理论

　in *Dictionary of Philosophy*，**M2**：189－190，现象《哲学辞典》

　Plato on，**M6**：26-27，柏拉图论现象

　nature of，**L4**：83-4，240，现象的本性

　laws of，**L4**：161，165，现象的法则

　 separated from substance，**L16**：103n；**L17**：95，与实体分离的现象

　Einstein on，**L16**：108，爱因斯坦论现象

　C. Morris on，**L16**：212n，莫里斯论现象

　as name，**L16**：268，现象作为名称

Phidias，**M7**：xxviii，菲迪亚斯

Philadelphia, Pa.：费城，宾夕法尼亚州

　Polish study in，**M11**：xiv，xv，242，259，260，287，292，303，306，312，318，320，396－399，403－407，宾夕法尼亚州的波兰研究

　morphia in，**M11**：239，吗啡制品

　"Philadelphia Martyr, The"（New York Times），**M8**：407，《费城殉难者》《纽约时报》

Philanthropy，**L13**：75，慈善

　related to school，**M7**：379－380，学校与慈善

Philebus（Plato），**L2**：133n，《斐列布篇》（柏拉图）

Philippines，**L15**：20－22，309，菲律宾

Philipson, Raphael，**L9**：320，345，菲利普森，拉斐尔

Phillips, Daniel Edward：菲利普斯，丹尼尔·爱德华

　on psychology of number，**E5**：xxviii-lxxxv，177－191，菲利普斯关于数字及其在心理学上的应用

Phillips, Harry Irving，**M15**：45，菲利普，哈里·欧文

Philo，**M2**：206，费罗

Philology，**E3**：174，；**M8**：186，语言学

"Philosopher as Poet and Critic, The"（Rice），**L14**：300－301，《作为诗人和批评者的哲学家》（赖斯）

Philosophers：哲学家

　as social beings，**E4**：62－63，哲学家之为社会存在

　rivalry of，**L2**：124－126，哲学家的对手

　as part of history，**L3**：4，作为历史的一部分的哲学家

　oppositions of，**L10**：27，38，88，哲学家的对立

　on intuition，**L10**：40，41，196，哲学家论直觉

　vs. artists，**L10**：80，262，哲学家对艺术家

　on classification，**L10**：230，哲学家论分类

　nature of，**L10**：253－254，270，273，308，哲学家的本性

　positions of，**L16**：137，163－164，281，402，哲学家的立场

　situation of，**L16**：250，286，294，368，377－378，哲学家的处境

381,对哲学的定义

related to psychology, **E3**：228；**M1**：121 -
130；**M10**：362；**L5**：158 - 159；**L17**：
43,哲学与心理学相关

types of, **E3**：230；**M9**：293；**M13**：xvii,
352 - 354,375 - 376；**L1**：46 - 47；**L3**：
12 - 13,53 - 54；**L6**：xii, xiii, 269,321；
L13：257,269,281 - 282；**L14**：xvii,
xix,哲学的分支

Scotch school of, **E4**：129；**M7**：201,苏格
兰学派；**L5**：148,149,182,183,苏格兰
哲学流派；**L12**：68,苏格兰学派

related to morals, **E4**：143,；**M15**：15,18；
L14：148 - 150,哲学和道德相关

positions of, **E4**：366 - 367；**M11**：10 - 11；
L4：195 - 198,205 - 206；**L6**：425 -
426；**L10**：40, 120 - 121,136；**L14**：
147n；**L16**：42,250,269,330,哲学的
地位

medieval, **E5**：20；**M7**：215；**M9**：300 -
302；**M11**：342,344；**L4**：220；**L13**：
290,中世纪哲学

method of, **E5**：22；**L1**：3 - 59；**L4**：63 -
64,69,哲学的方法

role of, **E5**：23 - 24；**M11**：x, xvii；**M12**：
xi-xii, 89 - 91,93,143 - 144,149 - 151,
260,270 - 277；**L1**：ix；**L8**：19 - 39；
L14：89,136 - 140；**L15**：15 - 17,154 -
169；**L17**：409,466 - 467,哲学的功能

in *Dictionary of Philosophy*, **M2**：190 -
202,对哲学进行界定（《哲学辞典》）

related to democracy, **M3**：73 - 78；**M11**：
43 - 45,48 - 53,与民主相联系的哲学

true problem of, **M3**：171；**M15**：14 - 15,
333 - 334；**L4**：xviii, 37,61 - 62,134 -
135,201 - 204,216,246 - 250；**L5**：
174 -177,哲学的真正问题

literature's relation to, **M3**：186 - 187；
L8：360 - 363；**L10**：323 - 326；**L17**：
381,哲学与文学的关系

pragmatism's relation to, **M4**：257；**M10**：
xv-xxxix,实用主义与哲学的关系

metaphysical problem of, **M8**：3, 449；
M15：18 - 19,327,331；**L4**：239；**L16**：
292,383 - 388,哲学的形而上学问题

related to social conditions, **M8**：144,哲学
与社会事务的关系；**M11**：342 - 345,348
- 349,398；**L3**：xxi-xxii, xxviii, 7 - 9；
L6：18 - 21；**L9**：236；**L11**：130,258；
L15：274 - 275,哲学与社会条件相关

German, **M8**：176,179 - 180,183；**M9**：
309 - 310；**L2**：27；**L5**：148,149,181,
182,190,191,196,德国哲学

European, **M8**：200 - 204；**M11**：94；**L11**：
76 - 80,155,597,欧洲哲学

American, **M8**：200 - 204；**L3**：9 - 10,116
- 118,120；**L5**：45 - 49,美国哲学

related to education, **M9**：338 - 341；**L5**：
289 - 298；**L6**：xxii, xxiii；**L8**：77 -
103；**L9**：194 - 204,390；**L11**：177,
203 -204,哲学与教育相关

a priori and *a posteriori* in, **M10**：14；
L13：268 - 269,先天的和后天的作为哲
学的主题

related to intelligence, **M10**：46 - 48；
M12：258,哲学与理智

Dewey's place in, **M11**：ix, x, xx, 404；
L4：ix, x, xix；**L8**：ix-xviii；**L10**：vii-
viii；**L16**：187,319 - 320,杜威的哲学
立场

in Japan, **M11**：156 - 157,哲学在日本

reconstruction in, **M12**：x, xix, 77 - 201,
256 - 277,哲学的改造

future of, **M12**：94,107,266,270,272,
275 -277；**L5**：159 - 160；**L16**：xxxvii-
xxxviii, 358 - 369,375 - 377,380 - 382,
404,407 - 419；**L17**：467,469,哲学的未
来

criticized, **M12**：237,257 - 258,哲学的批判

and religion, **M12**：237 - 238,264 - 266；

L4：13,42-44,哲学与宗教

value of, **M13**：314,353,哲学的价值

experiential, **M13**：359-360；**L1**：331-332,365-392；**L4**：66,79；**L5**：267-278；**L10**：42,44,337-338；**L14**：123-126,138；**L16**：397-398；**L17**：429-441,经验的哲学

modern, **M13**：372-373,近代哲学；**L1**：107,109,121,162,174,354-356,361-364；**L4**：20,21-40,53-55,58-59,83-86,105,156,163-164,175,176,226-228；**L14**：8-12,190-195,199-200,315-317,327,现代哲学

motivation in, **M15**：14,15,17,19,325-331,哲学的动机

problems in, **M15**：17-19；**L11**：115,433,436,451；**L16**：255,289-290,294,哲学的问题

scholastic, **M15**：421-422；**L5**：166,经院哲学

Cartesian, **L1**：14,27,255,笛卡尔哲学

false, **L1**：51；**L17**：382-383,哲学中的谬误

as criticism, **L1**：298-300,302,304-326；**L6**：19,作为批判的哲学

Holmes on, **L1**：312-313,霍尔姆斯论哲学

schools of, **L2**：124,125,134-137；**L3**：116,131,哲学学派

totalitarian, **L2**：379；**L14**：275,313,317-23,330-331,极权主义哲学

related to other fields, **L3**：3,4,8,46；**L5**：141-143,哲学和其他领域的关联

contempt for, **L3**：4,对哲学的轻视

on knowledge and action, **L4**：4-7,11,12,16-20,136,140,149,154,238,哲学对知识和行动的态度

peripatetic, **L4**：75-78,逍遥派哲学

on conceptions, **L4**：87-89,112,113,117,120,概念在哲学中的作用

Dewey's, **L5**：xi,148,150,152-155；**L9**：295；**L14**：ix-x,xxiii,xxiv；**L17**：85,杜威的哲学

J. Marsh's, **L5**：178-196,马什的哲学

related to context, **L6**：5-10,14-17,20-21,与哲学相关的语境

related to law, **L6**：268-270,与法律相关的哲学

Perry on, **L6**：271-272,佩里论哲学

and knowledge, **L6**：428-431,哲学与知识

and idealism, **L6**：431-432,哲学与唯心主义

and communism, **L9**：92,244-245,哲学与共产主义

esthetics experience challenge to, **L10**：ix-xvii, xxxii-xxxiii, 126,153,203,274,278-279,288-301,审美经验对哲学的挑战

dualisms in, **L10**：165,340；**L14**：167,421-423；**L15**：145-146,152,165,201-202,230,275,306,336,365；**L16**：246-249,339,哲学的二元论

related to art, **L10**：191；**L16**：464,哲学与艺术相关

Whitehead on, **L11**：147,150-151,怀特海论哲学

Hutchins on, **L11**：406,596-597,哈钦斯论哲学

James on, **L11**：470-473；**L15**：6-8,詹姆斯论哲学

Peirce on, **L11**：480-481,皮尔士论哲学

and logic, **L12**：10,15-16,71-72,哲学与逻辑

subject-matter of, **L14**：148-150,哲学的内容材料

related to human nature, **L14**：289-290,324-325,333-334,哲学与人性相关

Cohen on, **L14**：394-395,398-410,科恩论哲学

Marx on，**L14**：415,马克思论哲学

Chinese，**L14**：421,中国哲学

Present state of，**L15**：14,87,162,305 -
307,313,335,哲学的现状

Tufts's place in，**L15**：322 - 325,塔夫茨对
哲学的贡献

Bode's place in，**L15**：326 - 327,博德对哲
学的贡献

Sheldon on，**L15**：470 - 472,谢尔登哲学

terminology of，**L16**：266,332,334,449 -
450,哲学术语

conception of，**L17**：xix,387,466,哲学的
概念

revision of，**L17**：40,467 - 468,哲学的
修正

Kilpatrick on，**L17**：53,基尔帕特里克论哲
学

Philosophy：*An Introduction*（Randall and
Buchler），**L15**：457,466,468,《哲学导论》
（兰德尔和布克勒）

"Philosophy and American National Life,"
M3：xi,《哲学和美国的国家生活》

Philosophy and Civilization，**L6**：53n,493,
500；**L14**：383n,《哲学与文明》

"Philosophy and Democracy," **L17**：xix,《哲
学与民主》

Philosophy and Phenomenological Research，
L16：279,《哲学和现象学研究》

*Philosophy and Political Economy in Some
of Their Historical Relations*（Bonar），
E4：214 - 217,《哲学与政治经济学的若干
历史关系》（鲍纳尔）；**L5**：172n,《哲学和政
治经济的一些历史联系》（博纳）

"Philosophy and Public Policy"（Hook），
L17：xxn,《哲学与公共政策》（胡克）

*Philosophy and the Concepts of Modern
Science*（Reiser），**L11**：432 - 437,《哲学与
现代科学概念》（瑞泽）

Philosophy in American Education（Blanshard
et al.），**L15**：154 - 156,《美国教育哲学》

（布兰沙德）

Philosophy in a New Key（Langer），**L15**：
418,《哲学新解》（朗格）

Philosophy in Liberal Education, Commission
on the Function of，**L15**：154 - 155,委员会
关于哲学在自由教育中的作用

Philosophy of art,参见 Esthetic theory

Philosophy of Bertrand Russell, The
（Schilpp），**L16**：202n,204n,《伯特兰·罗
素的哲学》（席尔普）

Philosophy of Biology, The（Johnstone），
M8：449 - 459,《生物学的哲学》（约翰斯
通）

Philosophy of education：教育哲学

in *Cyclopedia of Education*，**M7**：297 -
312,教育哲学（《教育百科全书》）

as source of science of education，**L5**：26 -
31,教育哲学作为教育的源泉

means and ends in，**L5**：28 - 31,教育哲学
中的目的与手段

Philosophy of George Santayana, The
（Schilpp），**L14**：295 - 308,《乔治·桑塔亚
那的哲学》（席尔普）

Philosophy of Henry George, The
（Geiger），**L9**：299,《亨利·乔治的哲学》
（盖革）

Philosophy of John Dewey, The（McDer-
mott），**L14**：xxi,《约翰·杜威的哲学》（麦
克德谟特）

Philosophy of John Dewey, The（Schilpp），
L11：xvn,《约翰·杜威的哲学》（施尔普）；
L14：xii, xiii, 418n,《约翰·杜威的哲学》
（席尔普）

Philosophy of John Stuart Mill, The
（Marshall Cohen），**L9**：xxxin,《约翰·斯
图亚特·穆勒的哲学》（科恩）

"Philosophy of Logical Atomism, The"（B.
Russell），**L16**：200 - 202,《逻辑原子主义
的哲学》（罗素）

Philosophy of Logics（Haack），**L6**：xvn,

《逻辑哲学》(哈克)

Philosophy of Right（Hegel），**M8**：192，193，《法哲学》(黑格尔)

Philosophy of Science，**L16**：279，《科学哲学》

Philosophy of the Act，*The*（G. Mead），**L6**：xii，《行动哲学》(米德)

Philosophy of the Present，*The*（G. Mead），**L6**：xii，307，《今日哲学》(米德)

Philosophy of the Spirit（Croce），**M12**：xxx，《精神哲学》(克罗齐)

Phoebe Thorn Experimental School（Bryn Mawr College），**M8**：263，布林莫尔女子学院菲比·索恩实验学校

Phoronomy：动学
　　in *Dictionary of Philosophy*，**M2**：202－203，动学(《哲学辞典》)

Photographs，**L10**：xxi，xxx，8，157，200，照片

Phronesis，**L2**：132n，135，实践智慧

Phusis，**L12**：88，自然

Physical，**L16**：344，352，物理的
　　vs. psychical，**E1**：94－98，100，103，179，物质对精神；**M9**：356－360，身体的对心理的；**L15**：230，306，自然的对精神的
　　vs. ideal，**E3**：228，自然的对理想的
　　and action，**E3**：229－230，自然与行动
　　education，**M1**：50，体育教育
　　concept of，in experience，**M7**：146，经验中的物质概念
　　conditioning，**M11**：60－63，77，103，350－360，身体的调适
　　defined，**L4**：17，52，98，149，173－176，190－193，215，物理的被定义
　　in perception，**L10**：220，223，235，251，254，277，340－341，身体/物理在感知中的作用
　　and mental，**L12**：42－43；**L15**：xvii-xix，87n，112－17，202，219，365，物理的与精神的

in Aristotle，**L12**：88，亚里士多德的物理学
　　as name，**L16**：268，物理的作为名称

Physical development：身体生长、身体发育
　　Rousseau on，**M8**：214－217，卢梭论身体生长
　　importance of，**M8**：389－390，身体发育的重要性

Physical energy：身体能量
　　F. Alexander's control of，**L6**：315－320，亚历山大论对身体能量的控制

Physical-material，**L1**：348－349，自然物质

Physical science，参见 Science

"Physical Science and Philosophy"（R. Tolman），**L16**：103n，《自然科学和哲学》(托尔曼)

Physicians，**L13**：331－332，336，医生

Physico-chemical science，**M8**：3－5，449－459，物理-化学科学

Physics（Aristotle），**L11**：395，《物理学》(亚里士多德)

Physics，**M12**：122－123，217，239，262，264；**L11**：60，149，434，461；**L13**：272；**L15**：305，物理学。另见 Newton，Isaac
　　scientific habit of mind formed by，**M4**：199－200，通过物理教学形成的科学习惯
　　teaching of，**M10**：134－136，高中的物理学教学
　　mathematical，**L12**：18－19，61，352，395，439，数学化的物理命题
　　field theory in，**L14**：28－29，物理学中的场观念；**L16**：121n，264，物理学中的场理论
　　influences Whitehead，**L14**：131，135，影响怀特海的物理学
　　atomicity in，**L14**：134，物理学的原子性
　　Cohen on，**L14**：384－385；**L16**：194，科恩论物理学
　　Bentley on，**L16**：xviii，本特利关于物理学

uses transaction，**L16**：xxxiv，96－100，104－109，121，139，物理学使用交互作用

as discipline，**L16**：63，116n，126，物理学作为学科

rise of，**L16**：65－67，289，338－340，355，369，453，455，物理学的兴起

Einstein on，**L16**：68n，76n，爱因斯坦关于物理学

techniques of，**L16**：125，148－149，366，372，物理学的技术

principles of，**L16**：165n，316，363，414，物理学的原理

vs. Greek philosophy，**L16**：303－307，物理学对希腊哲学

impact of，**L16**：408－410，物理学的影响

imaging power in，**L17**：251－252，物理学中的想象力

as subject-matter，**L17**：467，作为主题的物理学

Physiocrats，**M15**：256，重农主义者

Physiological：生理的

science，**L16**：64，70，生理科学

vs. behavioral，**L16**：136－137，270，生理的相对行为的

as name，**L16**：268，生理的作为名称

activities，**L16**：288，304，生理活动

Physiological Optics（Helmholtz），**M7**：139，《生理光学》（赫尔姆霍茨）

Physiological psychology：生理心理学

as new science，**E1**：xxxii，195，作为新兴科学的生理心理学

errors of，**E1**：52，生理心理学的错误

facts of，**E1**：94－98，生理心理学的事实

misconceptions concerning，**E1**：194－195，对生理心理学的误解

criticism of Ladd's，**E1**：200－203，拉德对生理心理学的批判

course in，**E3**：91，生理心理学课程

Dewey's work in，**M1**：xi-xiv，杜威著作中的生理心理学论述

Physiology：生理学

and psychical events，**E1**：52，生理学与精神事件

importance to psychology，**E1**：55－56，，94，生理学对心理学的重要性

educational，**E5**：443，教育生理学

method in，**L16**：63，126－127，326，356－357，366－367，378－379，生理学的方法

subject-matter of，**L16**：88，271，309，生理学的主题

uses transaction and interaction，**L16**：110，116－118，138，生理学使用相互和交互作用

as discipline，**L16**：122－123，221n，344，412，生理学作为学科

study of behavior in，**L16**：135－139，生理学中的行为研究

rise of，**L16**：289，292，338，340，368－369，375－376，414，453，生理学的兴起

Piancastelli，Giovanni，Collection（Cooper Union Museum），**L11**：520，皮安卡斯特里，乔万尼，藏品集（库珀联合会装饰艺术博物馆）

Piatt，Donald A.，**L14**：3，4，14，23－24，派亚特，多纳德·A

Picard，Maurice，**M13**：4n，5n，7n，12n，20n；**L2**：80，皮卡德，莫里斯/毛里斯

on worth and value，**M15**：338－340，343－347，皮卡德关于值得和价值之间的区分

Picasso，Pablo，**L10**：xx；**L17**：129，毕加索，巴勃罗

Picture：图画

as object，**E5**：198－199，作为客体的图画

Pierce，Arthur Henry，**M4**：228，皮尔斯，亚瑟·亨利

Pillon，Francois Thomas，**M2**：153；**L15**：20，毕雍/皮隆，弗兰克斯

Pilsudski，Joseph：毕苏斯基，约瑟夫

as Polish leader，**M11**：269，273－275，

288,291,293,295,313,327,毕苏斯基作为波兰领导人

Piltz, Erasme, **M11**：280 - 281,皮尔兹,埃拉斯姆

Pinchot, Gifford, **L9**：286,平肖,吉福德

Pindar, **M5**：116；**L7**：107,品达

Pinkevitch, Albert P.,**L17**：570,平科维奇,阿尔伯特·P

on Russian education, **L17**：492,569,平科维奇论俄国教育

Pioneers：先驱、先锋队队员、先锋

conditions of, **L2**：304 - 305,先驱条件

in Russia, **L6**：266,293,俄国的先锋队队员

value of, **L17**：317,先锋的价值

Pious Fund Case, **M15**：385,虔敬献金案

Pistrak, Moisei Mikhailovich, **L3**：247 - 248,皮斯特拉克,M·M

Pitkin, Walter Boughton, **M4**：295；**M6**：473,478 - 480,皮特金,沃尔特·B

Pitney, Mahlon, **L7**：396,皮特尼,马伦

Pittsburgh, Pa.,**M11**：288,305,匹兹堡,宾夕法尼亚州

Pittsburgh School of Childhood kindergarten, **M8**：283,匹兹堡"儿童学校"幼儿园

Pity, **L13**：289,同情

Place of Industries in Elementary Education, The (Dopp), **M3**：307 - 309,《工业在初等教育中的地位》(多普)

Plan,另见 Design

ends-in-view as, **L13**：238,所期待的结果作为计划

Planck, Max, **L12**：461；**L16**：99,普朗克,马克斯

Planning：规划

in education, **L13**：36,46 - 47,68 - 70,教育规划

social, **L13**：321,388,社会规划

in inquiry, **L16**：329 - 330,336,探究中的筹划

responsibility for，**L17**：452,做出计划的责任

attitude toward，**L17**：457,459,对计划的态度

Plan of Organization of the University Primary School，**L11**：204,《(芝加哥)大学附属小学组织计划》

Plastic arts, **L10**：98,122,134,242,造型艺术

Plasticity, **M6**：361,可塑性

as condition of growth, **M9**：49 - 50,51n,54,可塑性作为成长条件

in human nature, **L13**：68,292,人性的可塑性

Plato, **E1**：xxxiii, 257,314；**E3**：91；**E4**：130,171n, 215 - 216；**E5**：141,212 - 214；**M3**：310；**M4**：16,20；**M5**：182；**M6**：x；**M7**：299,306；**M8**：68,207,275；**M10**：90,364；**M11**：12,34,46；**M12**：xii, xxvii, xxixn, 26, 187, 197, 221；**M13**：3, 362, 364；**M14**：37；**M15**：19,184,335 - 337；**L1**：104, 192；**L2**：ix, 70, 71, 165；**L3**：295；**L5**：252, 289, 297；**L6**：297；**L7**：163；**L9**：xiii；**L11**：xxii, xxvi, 107,538；**L13**：401；**L14**：x, 140,299；**L16**：157n；**L17**：173,402,403 - 404,406,柏拉图。另见 Neo-Platonism

on state, **E1**：xxxii, 239 - 241,247 - 248；**M5**：122 - 123,128,426；**M7**：406 - 407；**M8**：144；**L7**：113 - 114,120,柏拉图论国家

matter of, **E1**：166,柏拉图的物质

cosmology of, **E1**：281 - 282；**L14**：193,柏拉图的宇宙论

on mathematics, **E1**：281 - 282；**M9**：268,柏拉图论算术；**L1**：37,柏拉图论数学

compared with Leibniz, **E1**：339 - 340,364,柏拉图与莱布尼茨比较

G. Morris on, **E3**：8,莫里斯论柏拉图

ideas of, **E3**：226；**M7**：221 - 222,230；

L1：53 - 55；L10：293,298,300,柏拉图
的理念

Laws of，E4：38 - 39,柏拉图的《法律篇》

conception of good，E4：124；M5：118 -
119,125,128；M7：292；L2：129n,
132n；L7：109 - 110,117,119,柏拉图关
于善的概念

moral system of，E4：136 - 137；M4：31 -
32；M5：131 - 132,165；L5：497 - 499,
502 - 503；L7：10,209；L17：177,柏拉
图的道德体系

on ethics，E4：138；M3：46 - 48；M14：
55 -56,柏拉图论伦理学

on relation of citizen to community，E4：
139,柏拉图论公民与共同体的关系

on art and esthetics，E4：191, 192, 196；
M5：45,107；M6：376 - 377；L1：77,
78,90,166；L7：42,98；L10：vii, x,
xvii, xx, xxii, xxviii, 13,31,295 - 300,
321,331 - 332,363 - 364,柏拉图论艺术
和美学

on reason，E4：327n；M2：260；M5：
123 -124；M7：260 - 261；M9：271 -
272,275,276；L7：114 - 115,柏拉图论
理性

on virtue，E4：353；M4：170 - 171；M5：
439；M9：364 - 365；L2：130 - 131,
135 -138,柏拉图论美德

on discussion，M1：161 - 162,柏拉图论
讨论

on man and nature，M2：145；M9：286 -
287,柏拉图论自然和人

on necessity，M2：151,柏拉图论必然性

on noetic，M2：156,柏拉图论理智

on non-being，M2：157,柏拉图论非有；
M6：104n；L3：288,柏拉图论非存在

on noumena and phenomena，M2：160；
M6：26 - 27,柏拉图论本体和现象

on nous，M2：162,柏拉图论奴斯

on theory of One，M2：166 - 167,柏拉图
论太一理论

on opinion，M2：172 - 173；M7：292；L7：
363,柏拉图论意见

on optimism，M2：174 - 175,柏拉图论乐
观主义

on organism，M2：178,柏拉图论有机体

on reality，M2：219；M7：225,；M12：
140 -141,柏拉图论实在

on subject，M2：249,柏拉图论主体

on vacuum，M2：268,柏拉图论虚空

on experience，M3：141n；M9：271 - 272,
275,276；M11：345；M12：125,132 -
133；L11：70 - 75,柏拉图论经验

on classes，M4：33,柏拉图论种差；M9：
xiv；L10：252,柏拉图论等级

on justice，M5：8,114 - 117；L7：10,107 -
108,411,柏拉图论正义

on hospitality，M5：68；L7：63,柏拉图论
好客

on propriety，M5：110,柏拉图论礼节；L7：
101 - 102,柏拉图论礼貌

on inequality，M5：114 - 115；L7：105 -
107,柏拉图论不平等

on life，M5：118 - 119；L5：291 - 292；
L7：109 - 110,柏拉图论生活

on individualism，M5：120,123 - 128；L7：
111,114 - 119,152,366,柏拉图论个人
主义

on pleasure，M5：125；L7：116 - 117,柏
拉图论快乐

on self，M5：131 - 132；L7：122 - 123,柏
拉图论自我

on guilt of objects，M5：411n,柏拉图论无
生命物体之罪

on truth，M6：15,24 - 25,31 - 32；M7：
359,柏拉图论真理

educational philosophy of，M6：308,363,
386；M9：94 - 97,102,105,127,,318 -
319；M13：400；L8：37；L17：263,柏
拉图的教育哲学

on similarity，**M6**：388,柏拉图论相似性

on change，**M6**：443-444；**M12**：141；**L12**：189,柏拉图论变化

in *Cyclopedia of Education*，**M7**：312-318,柏拉图(《教育百科全书》)

on play，**M7**：322,柏拉图论游戏

on original traits，**M7**：393,柏拉图论原始特性

on knowledge，**M9**：203,287；**L4**：ix，x，214；**L7**：363；**L13**：161；**L17**：xxv-xxvi,柏拉图论知识

and Aristotle，**M12**：87,89,90,柏拉图与亚里士多德

dramatic sense of，**M12**：88,柏拉图的戏剧性的感觉

social thought of，**M12**：133-134；**L11**：563,564,柏拉图的社会思想

fundamental point of，**M13**：17,柏拉图的基本观点

and Socrates，**M13**：367-368,柏拉图与苏格拉底

on soul，**M14**：94,柏拉图论灵魂

Socratic Dialoguesof，**L2**：ix，124-140,柏拉图的"苏格拉底对话录"

adapts to Athens，**L3**：6,柏拉图适应雅典

structure of，**L4**：xxi，13,74,柏拉图的结构；**L5**：154-155,柏拉图的体系

Marsh influencedby，**L5**：184,马什受柏拉图的影响

on slaves，**L6**：431；**L13**：43；**L17**：315,柏拉图论奴隶

on love，**L7**：452,柏拉图论爱

and Dewey，**L8**：xviii；**L13**：xvii-xviii,柏拉图与杜威

opposes Sophists，**L8**：4-5,21,柏拉图反对智者

evolution of doctrines of，**L8**：22-24,26,30,32,柏拉图理论的演化

on economics，**L8**：36,柏拉图论经济

Whitehead on，**L8**：356-359,怀特海论柏拉图

Hutchins on，**L11**：391,393,394,401,405,407,592,593,哈金斯论柏拉图

on human nature，**L13**：139-140,143,柏拉图论人性

"seven notions" of，**L14**：136-137,柏拉图的"七观念"

Cohen on，**L14**：398-399,科恩论柏拉图

on artisans，**L16**：471,柏拉图关于工匠

on growth and reform，**L17**：183,柏拉图论成长和改革

compared with Tolstoy，**L17**：386,柏拉图与托尔斯泰相比较

particular and universal of，**L17**：420,柏拉图的殊相和共相

Platonic idealism，**M5**：129；**M11**：342,柏拉图的理想；**M14**：200-201,柏拉图的观念论；**L4**：xx，112,120,125,145,219；**L7**：120,262,柏拉图的理想

affects education，**M7**：229-231,柏拉图对教育的影响

Platonic philosophy，**E5**：8-9；**M1**：xi；**M2**：81,195-196,柏拉图哲学

Platonic transcendentalism，**M7**：201,柏拉图的先验论

Play，**M1**：231；**M14**：110-113,游戏

psychologists on，**E5**：206,心理学家对游戏的研究

related to work，**E5**：229；**M9**：212-213,325；**L8**：287-288,346-348,游戏与工作相关

educational value of，**M1**：82-84；**M8**：278-283；**L8**：153-154,181,289,游戏的教育价值；**L17**：263,284-285,玩耍的教育价值

significance of，**M1**：194-210；**L8**：284-285,289,394,游戏的意义；**L11**：209,244-245,玩耍的意义

vs. games，**M1**：211-212,玩耍和游戏的区分；**L17**：268,285,与玩耍相关的游戏

defined，**M1**：339－340,游戏的界定

as thought activity，**M6**：307－313,作为思维活动的游戏

Froebel on，**M6**：308,福禄培尔论游戏

Plato on，**M6**：308,363,柏拉图论游戏

in *Cyclopedia of Education*，**M7**：318－324,游戏(《教育百科全书》)

imagination in，**M9**：245,游戏中的想象；**L17**：263－264,与想象力相关的玩耍

art as，**L10**：281－286,295,作为游戏的艺术

Play School（New York City），**M8**：272－273,283－286,纽约市"游戏学校"

Pleasure，**M14**：109－110,139－142,172,快乐/愉快；**L13**：74；**L15**：417－418,423,快乐

as criterion，**E3**：250－251,272－273,作为标准的快乐；**E4**：276－281,快乐之为准则

related to desire，**E3**：251－257,268；**E4**：264－269；**M5**：249－250,快乐与欲望

and motive，**E3**：252；**E4**：271－276,快乐和动机

as standard of conduct，**E3**：260－274,作为行为举止之标准的快乐

quality of，**E3**：270－273；**E4**：284,快乐的质；**L7**：244－245,快乐的性质

private，**E3**：276－283,私人快乐

in hedonism，**E3**：283－284；**L7**：191－199,快乐主义的快乐理论

vs. obligation，**E3**：289,道义与快乐的冲突

esthetic，**E4**：190－191,审美的快乐

two types of，**E5**：120；**M7**：158－159,快乐的两种类型

theories of，**E5**：136－137,快乐理论

among Hebrews，**M5**：103；**L7**：94,希伯来人的快乐

Plato on，**M5**：125；**L7**：116,柏拉图论快乐

in Greek theory，**M5**：125－128；**L7**：116-118,古希腊理论中的快乐

Epicurean doctrine of，**L7**：200－202,伊壁鸠鲁快乐学说

in utilitarianism，**L7**：240－244,功利主义的快乐

Plenty，**L9**：81,富裕

vs. poverty，**L9**：61－62,富裕与贫穷

Plenum：充实

in *Dictionary of Philosophy*，**M2**：203,充实(《哲学辞典》)

Pleroma 充满性

in *Dictionary of Philosophy*，**M2**：203,充满性(《哲学辞典》)

Plexus：编结

in *Dictionary of Philosophy*，**M2**：203,编结(《哲学辞典》)

Plotinus，**M12**：140,普罗提诺

on art，**E4**：192,普罗提诺论艺术

on nature，**M2**：146,普罗提诺论自然

on theory of One，**M2**：167,普罗提诺论太一理论

on opinion，**M2**：173,普罗提诺论意见

on parousia，**M2**：185,普罗提诺论再临

on esthetics，**L10**：xxii,296,普罗提诺论美学

Pluralism，**M12**：196－197,207,211,236－237,243,多元论；**M14**：xxi；**L2**：xiii,8－9；**L5**：502,503；**L12**：524；**L13**：131,多元主义；**L15**：221,多元论

in *Dictionary of Philosophy*，**M2**：203－204,多元论(《哲学辞典》)

in *Cyclopedia of Education*，**M7**：285,324,多元论(《教育百科全书》)

atomistic，**M7**：349；**M10**：107,原子论多元主义；**L14**：29,原子多元主义

empirical，**M10**：xxv,64,经验的多元论

eleatic，**M10**：32n,爱利亚学派的多元论

in social psychology，**M10**：56,社会心理学的多元概念

in mathematics，**L12**：411，463，数学意义
上的点

Pointillism，**L10**：127，点彩派

Pointing，指。另见 This，**L12**

at and out，**L12**：127，150 - 151，242，指向
和移开

Poland，**M15**：xviiin，390 - 392，394，波兰

persecution in，**M10**：288；**L11**：530，发生
在波兰的迫害

future of，**M11**：xiii，xiv，101，136，242，
246 - 247，250 - 253，263 - 277，286，
287，298，300，320，325 - 328，400，405 -
406，波兰的未来

partitions of，**M11**：xiv，xv，255，262 -
267，271，分割波兰

patriotism in，**M11**：222，波兰的爱国主义

relief funds for，**M11**：245 - 246，250，286，
290，309 - 319，给波兰的救济资金

army of，**M11**：250，268 - 269，273 - 274，
283，288，292，294，305 - 306，321，波兰
军队

represented by Paris Committee，**M11**：
251 - 253，278 - 284，299 - 302，328，巴黎
委员会的波兰代表身份

economic conditions in，**M11**：263 - 266，波
兰的经济状况

regarding German border dispute，**L6**：
461 - 462，波兰与德国的边境争议

music of，**L10**：193，波兰音乐

occupied，**L15**：295 - 296，342，347，350，
352，占领波兰

Polanyi，Karl，**L15**：215，225，361，510，波拉
尼，卡尔

Polarity，**L5**：179；**L10**：161，极性

Poles：波兰人

rights of，**M11**：71，波兰人的权利

in WWI，**M11**：242，319 - 325，330，395，在
第一次世界大战中的波兰人

dissension among，**M11**：245 - 262，284，
286，296，298，300，303 - 322，327，329，

405，波兰人之间的纠纷、争吵

Americanization of，**M11**：290，328，波兰
人美国化

Police power，**L7**：394，414，治安权、警察权

Polish Activist party，**M11**：265，275，298，波
兰激进党

Polish Army Corps，First，**M11**：321，波兰第
一军

Polish Associated Press，**M11**：251，256 -
257，295，302，325 - 328，波兰联合新闻社

Polish Catholic church，**M11**：305，波兰天主
教会

Polish Central Relief Committee，**M11**：312 -
313，波兰中央救援委员会

Polish Committee of National Defense，参
见 KON

Polish Democrats，Union of，**M11**：279，282，
波兰民主主义者联合会

Polish Falcons，Alliance of，**M11**：287 - 288，
313，322，波兰之鹰联盟

Polish Legions，**M11**：269，273 - 275，305，
313，321，325，波兰军团

Polish Military Commission，**M11**：300，308，
311，315，317，322 - 323，波兰军事委员会

Polish National Alliance，**M11**：242，286 -
289，296，312，322，403，波兰民族联盟

Polish National Army，**M11**：256，257，301，
310 - 312，317 - 325，395，397，波兰国民军

Polish National Committee，参见 Paris
Com-mittee

Polish National Council，**M11**：xv，267，269，
272，279，289 - 290，313，波兰国家会议

Polish National Democratic party：波兰民族
民主党

policies of，**M11**：267，269，275，289，291，
301，306，308，320，321，波兰民族民主党
的政策

forms Paris Committee，**M11**：277 - 284，
波兰民族民主党形成巴黎委员会

status of，**M11**：326 - 327，波兰民族民主

党的地位

Polish National Department，**M11**：242 -
243,248 - 249,279,290 - 291,296 - 297,
301 - 305,395,波兰国家部

Polish Parliamentary Club，**M11**：272 - 273,
280,波兰议会党团

Polish Passivist party，**M11**：265 - 267,275,
277,298,波兰消极主义政党

Polish press，**M11**：290,波兰新闻舆论

reports of，**M11**：244,248,249,284,303,
310,317 - 322,波兰新闻舆论的报道

in Poland，**M11**：280,281,波兰本土的新
闻舆论

in U. S. election，**M11**：287,波兰新闻舆
论关于美国选举

management of，**M11**：305,管理波兰新闻
舆论

Polish Press Bureau，**M11**：251,256 - 257,
295,302,325 - 328,波兰新闻社

Polish Progressives，**M11**：267,波兰进步
党人

Polish Roman Catholic Alliance，**M11**：242,
286 - 289,296,303,312,波兰罗马天主教
联盟

Polish Sanitary Commission，**M11**：315,波兰
公共卫生委员会

Polish Socialist party，**M11**：262,265 - 267,
272,273,396,波兰社会党

Polish study：波兰研究

discussed，**M11**：xiv-xvi,395,398 - 408,
波兰研究有关讨论

Dewey on，**M11**：242,259 - 262,306,318,
杜威关于波兰研究的观点

Polish Victims' Relief Fund，**M11**：290,300,
308,309,312,波兰难民救援基金会

Polish White Cross，**M11**：250,306,316 -
319,329,波兰白十字会

Polish Women's League，**M11**：314,316,波
兰妇女同盟

Polish Young Men's Alliance，**M11**：288,波

兰青年联盟

Political：政治的

interest，**E5**：212,政治兴趣

rights，**M5**：423 - 424,政治权利

psychology，**M10**：271,政治心理学

theories，**L2**：238 - 239,241,288,政治
理论

pluralism，**L2**：280 - 281,政治多元主义

attachment，**L2**：322,368 - 369,政治的
依恋

apathy，**L3**：135,政治的冷漠

institutions，**L6**：126 - 127；**L17**：167,政
治制度

Political History of Poland，*The* (Corwin)，
M11：314,《波兰政治史》(科文)

Political Ideals (B. Russell)，**M12**：244,
《政治理想》(罗素)

"Political Interference in Higher Education
and Research," **L6**：xxii,《高等教育和研
究中的政治干预》

Political Myths and Economic Realities
(Delaisi)，**L5**：173n,《政治神话与经济现
实》(德莱西)

Political parties，**L2**：309 - 311；**L11**：xxiii,
50 - 551,266,274 - 275,412,496,526；
L14：203；**L15**：242,244,政党

state of，**L6**：149 - 152,156 - 161,政党的
国家

business alliance with，**L6**：156 - 159,163 -
165,177,企业与政党的联盟

and third-party program，**L6**：167 - 173,
185 - 186,324 - 325,政党与第三政党的
纲领

related to Congress，**L6**：227,250,与国会
相关的政党

history of, in U. S.，**L6**：231 - 240,313 -
314,美国政党的历史

British，**L6**：246,英国的政党

Farmer-Labor，**L6**：251,254,农工党

Political science，**M15**：234 - 235；**L9**：299 -

300；**L14**：362，政治科学

and philosophy，**E4**：214－217，政治科学和哲学

teaching of，**E5**：279，政治科学教学

psychology as，**M1**：xii，作为政治科学的心理学

Catlin on，**L3**：321－323，卡特林论政治科学

Bentley's role in，**L16**：xxv，本特利在政治学中的角色

Political Theories，Ancient and Mediaeval (Dunning)，**L2**：33n，《古代和中世纪的政治理论》(邓宁)

Political Theories of the Middle Age (Gierke)，**L2**：26，《中世纪的政治理论》(吉尔克)

Politics (Aristotle)，**L4**：xxi；**L7**：132；**L14**：394，《政治学》(亚里士多德)

Politics，**M12**：151－152；**M15**：ix，xi，xxiv；**L15**：159，170，229；**L17**：35－36，政治

as art，**E3**：206－208；**L10**：31，323，政治作为艺术

morals and，**E4**：371－373；**M12**：192－193；**L17**：101，道德与政治

constituent groups in，**M5**：31－34，62－63，；**L6**：172－175，355－356，392－394，440；**L7**：30－33，57－58；**L17**：112，有选举权的政治团体

in Israel，**M5**：97；**L7**：89，以色列的政治

beliefs about，**M5**：112－117；**L4**：5，136，200，207，218，221；**L7**：103－108，政治信仰

characteristics of，**M8**：144，；**M11**：x，9，21，；**L2**：356－361；**L6**：xvi，128，448－449；**L9**：74－75，312；**L10**：26；**L11**：xxx，51，219－220，362，368－371；**L13**：136；**L14**：74－76；**L16**：360，366，369，390－391，396－397，417－418；**L17**：44，47，112－113，117－118，政治的特征

philosophy related to，**M10**：3－4；**M11**：

42－53，344，349，哲学与政治相关

and democracy，**M10**：137－138，政治与民主

in China，**M11**：xix-xx，174，177，186，190－196，205，206，212，215－229；**M12**：28－40，65－70，73－74，中国的政治

Hobbes on，**M11**：18－40，霍布斯论政治

as social science，**M11**：31－35，89，93－97；**L4**：15，81，169，194，225，226；**L9**：71－72；**L14**：362，政治学作为社会科学

related to education，**M11**：54－57；**M15**：158－159，190；**L6**：xxiii，118－121，411，437；**L9**：406－408，政治与教育相关

affected by war，**M11**：70－72，98－106；**M15**：100，106，112，119－120，政治受战争的影响

in New York City and State，**M11**：94，394；**L9**：346－385，政治与纽约政府

international，**M11**：127－130，133；**M13**：90，161－162，210；**L15**：195，219－220，国际政治

European，**M11**：137；**M13**：164－166，345，欧洲政治

T. Roosevelt's role in，**M11**：146－149，罗斯福在政治中的作用

in Japan，**M11**：152－167，171，174，177，日本的政治

of Polish question，**M11**：261－262，287，297，298，307，311－312，322，326，398－408，波兰问题中的政治

problems in，**M12**：66－69，74；**L6**：438；**L7**：352－357；**L13**：82，107，政治问题

change in，**M12**：103－106；**L9**：296，298；**L11**：xxiii-xxiv，274－281；**L16**：319，370，政治变化

as career，**M13**：314，政治作为职业

propaganda in，**M13**：330－331，政治中的宣传

in Turkey，**M15**：128－130，土耳其的政治

individualism and, **M15**：243；**L7**：331,个
人主义和政治

related to culture, **M15**：271；**L6**：40－48；
L9：231,234－235；**L14**：343,政治与文
化相关

liberalism in, **M15**：396,政治中的自由
主义

importance of consequences to, **L2**：243－
247,250－251,255,260,262,265,276－
278,313,333,后果对于政治的重要性

related to economics, **L2**：290－326,332,
344,348－349,378－379；**L6**：150－
152,156－158,161－163,170－171,
236,239－240,249,324－325,441；**L9**：
163,360－361；**L13**：69,101,112,129－
130,338；**L14**：94,政治与经济学相关

political parties and, **L6**：156－161,246－
255,403－406,412－413,436－439；**L9**：
66,79,80,297,政党与政治

and citizenry, **L6**：174,182－188；**L15**：
246－247,政治与普通公民

and prohibition, **L6**：183－84,249－250,
政治与禁酒

and minorities, **L6**：224,230,政治与少数
人族群

and crime, **L6**：242,政治与犯罪

and 1932 election, **L6**：326,政治与1932
年选举

and liberty, **L7**：138－140,政治与自由

Dewey's role in, **L8**：x-xii, xviii,杜威在政
治中的作用

LIPA and, **L9**：67－70,307,独立政治行动
联盟与政治

power of, **L9**：76－77；**L13**：75,102;
L16：243n, 255,权力与政治

unions and, **L9**：318－319,333－334,338,
339,教师工会与政治

Niebuhr on, **L9**：399－401,尼布尔谈及
政治

attitude toward, **L11**：189,233,对政治的

态度

Aristotle on, **L13**：73,118,亚里士多德论
政治

campaigns in, **L13**：294,政治运动

of bolshevism, **L13**：399,布尔什维克主义
的政治

Jefferson on, **L14**：211－213,217－218,杰
斐逊论政治

LID and, **L14**：262－265,工业民主联盟与
政治

C. and M. Beard on, **L14**：284,比尔德论
政治

movements in, **L15**：156－157,177－178,
213,217；**L16**：362－363,375,404－
407,政治中的运动

T. V. Smith on, **L17**：115－118,史密斯论
政治

"Politics and Culture," **L6**：xvi,《政治和文
化》

Pollak, Walter, **L6**：323,波拉克,沃尔特

Pollock, Frederick, **M5**：65n；**M7**：56；
M12：ix；**M15**：55；**L7**：59n, 442,波洛
克,弗雷德里克

on legal and judicial matters, **M5**：409n,
411n, 412n, 416n, 424n, 514n,波洛克
关于法律和法庭事务

on law of nature, **L17**：98－100,波洛克论
自然法

Poll tax, **L15**：357,人头税

Polyadic terms, **L12**：311－312,多元词项

Polygamy, **L17**：25,多配偶制

Polynesia, **M7**：400；**L10**：337,波利尼西亚

Polytheism, **M7**：353,多神论；**L9**：294,多
神教

Pomponatius, **M2**：187,滂波那齐作

Poor Richard's Almanack（Franklin）, **L15**：
xxx,《可怜的理查德的年鉴》(富兰克林)

Pope, Arthur Upham, **L11**：488,波布,亚瑟

on Soviet situation, **L15**：351－355,492－
501,波布为苏联辩护

Popocrats, **L6**：231,民众党人

Popper, Karl, **L4**：xv,波普尔,卡尔

Popular Front, **L13**：132,人民阵线

Popular Science Monthly, **M15**：227,《通俗科学月刊》

Population：人口

  in U. S. , **L6**：361,美国的人口

  age make-up of, **L14**：342,人口的年龄构成

  growth of, **L17**：73,人口增长

  Malthus on, **L17**：411,马尔萨斯论人口

Populist party, **L6**：231 - 234,人民党

Populus, **L2**：246,民众

Pornography, **L10**：101,182,色情画

Port Arthur (Lüshun), China, **M13**：145,旅顺,中国

Porter, Russell, **L9**：310 - 311,波特,拉塞尔

Porto Rico, **L15**：20 - 22,波多黎各

Port Royal *Logic*, **M2**：217,波尔·罗亚尔的《逻辑》

Portsmouth, Treaty of, **M12**：38 - 39,62 - 63；**M13**：492,《朴茨茅斯条约》

Posen (Poznan), Poland, **M11**：280,283,396,波兹南,波兰

Po-shan (Boshan), China, **M12**：37 - 38,博山,中国

Posit：设定

  in *Dictionary of Philosophy*, **M2**：207 - 208,设定(《哲学辞典》)

Position：位置

  in art, **L10**：216 - 17,312,艺术中的位置

Position of Foreign Corporations in American Constitutional Law, The (G. Henderson), **L2**：31n,《美国宪法中外国公司的地位》(亨德森)

Positive, **L1**：172 - 173,实证的；**L16**：97 - 98,肯定的

  law, **E4**：73 - 75,83,实在法(实证法)

  in *Dictionary of Philosophy*, **M2**：208,实证(《哲学辞典》)

stress on, **L17**：267,对肯定的强调

Positive proposition,肯定命题。另见 Agreement, **L12**；Comparison, **L12**；Conjunction, **L12**

  in Aristotle, **L12**：90,亚里士多德的肯定命题

Positivism, **M2**：142；**M15**：333；**L12**：511 - 512；**L16**：310,实证主义

  on relativity of knowledge, **E1**：19,实证主义论知识相对性

  in *Dictionary of Philosophy*, **M2**：208 - 210,实证主义(《哲学辞典》)

  in *Cyclopedia of Education*, **M7**：324 - 326,415,实证主义(《教育百科全书》)

  agnostic, **M10**：38,不可知的实证主义

  revolt against, **L16**：xiv-xv, xxxiiin,反对实证主义

Possession：占有

  connected with enjoyment, **L13**：224 - 225,占有与享受

  importance of, **L17**：63 - 64,占有的重要性

Possibility (Buchanan), **L3**：311,《可能性》(巴克南)

Possibility, **L4**：xx；**L12**：113 - 115,134, 264 - 265,269 - 270,279,288 - 289,301 - 302,338 - 339,341,392,423,436,可能性

  in *Dictionary of Philosophy*, **M2**：210 - 212,可能性(《哲学辞典》)

  in Bergson's theory of perception, **M7**：15 - 16,柏格森知觉理论中的可能性观念

  esthetic, metaphysical, scientific, **L3**：312 - 313,美学的可能性、形而上学的可能性、科学的可能性

  defined, **L4**：239 - 248,可能性被定义

  pure, **L12**：10,54 - 55,纯粹可能性

  as ontological, **L12**：396 - 401,本体论的可能性

  of human values, **L13**：263,人类价值的可

能性

    use of, **L16**：282 - 283，使用"可能性"这样的词

    Balz on, **L16**：423 - 442，鲍茨关于可能性

Possible：可能

    in *Dictionary of Philosophy*，**M2**：210 - 212，可能（《哲学辞典》）

Post, Albert, **L7**：58，波斯特，艾伯特

Post-impressionism, **L10**：xx, 307, 314, 365，后印象派

Post-Kantian idealism, **M7**：291，后康德唯心主义

Postulates, **M10**：84；**L14**：123，公设

    axiom as, **L11**：155，公理是假定

    and logic, **L12**：23 - 26，假定与逻辑

    and mathematics, **L12**：401 - 404，假定与数学

    scientific, **L12**：477 - 480，科学假定

    vs. postulations, **L16**：75 - 80，假设相对于假设行为

    of Lewis, **L16**：193n，刘易斯的假设

    arbitrary, **L16**：306 - 307, 333, 448，任意的假设

    for value, **L16**：343，假设的价值

Postulational method, **L16**：3, 4，假设方法

"Postulation for Behavioral Inquiry"（A. Bentley），**L16**：47n，《行为探究的假设》（本特利）

Postulations：假设行为

    of Dewey and Bentley, **L16**：47n, 48, 58, 187 - 190, 257 - 258, 273 - 275，杜威和本特利的假设行为

    role in inquiry, **L16**：74 - 79，假设行为在探究中的角色

    for behavioral events, **L16**：80 - 85, 333, 448，为行为事件的假设行为

    for namings and named, **L16**：86 - 90，为命名和被命名者的假设行为

    orientation for, **L16**：92 - 94，假设行为的定向

    in logic, **L16**：184 - 187，逻辑中的假设行为

    of Kantor, **L16**：190 - 192，坎特的假设行为

    in mathematics, **L16**：287，数学中的假设行为

Potentiality, **M12**：112, 113；**L1**：51, 102, 109, 143, 147, 192 - 193, 201, 282，潜能、潜力；**L2**：47 - 48；**L11**：110；**L12**：94n, 111, 132, 164, 238, 288 - 289, 332, 385 - 388, 476，潜在性。另见 Interaction, **L12**；Kinds, **L12**

    vs. actualization, **E1**：319，可能对现实；**L16**：434 - 435，潜能对实现

    role and nature of, **M7**：16 - 18，潜力的角色和本质；**L16**：282 - 283, 427 - 428, 460 - 461，潜能的角色和本质

    Peirce on, **L11**：86 - 89, 481 - 482，皮尔士论潜在性

    as category of existence, **L14**：109 - 110，作为存在范畴的潜能性

    related to possibility, **L16**：424 - 426，潜能与可能性的关系

Potocki, Count, **M11**：318，波托斯基伯爵

Pound, Roscoe, **M7**：56；**M15**：70；**L7**：xxix；**L17**：100, 102, 106，庞德，罗斯科

Poussin, Nicolas, **L10**：115, 256，普桑，尼古拉

Poverty, **L3**：359；**L9**：81；**L15**：252，贫穷、贫困

    in Leningrad, **L3**：206，列宁格勒的贫困

    vs. plenty, **L9**：61 - 62，贫穷与富裕

    abolition of, **L17**：453，贫困的消除

Powell, Thomas Reed, **L11**：603，鲍威尔，托马斯·里德

Power, **L6**：150, 178 - 179；**L13**：54, 86, 109, 140, 143；**L17**：293, 309，力量、权力

    concept of, **M10**：xxviii, 48,，246；**L13**：68, 74 - 75, 91, 285, 312，权力的概念

    will to, **M14**：97 - 99，权力意志

spiritual，**L2**：33－34，精神权力

Locke on，**L2**：141,146－148,150－152；**L7**：205,279，洛克关于权力

state as，**L7**：149；**L13**：128；**L16**：402－403，国家权力

Milton on，**L7**：207，密尔顿关于权力

distribution of，**L7**：347－348；**L17**：115－116，权力的分配

politics and，**L9**：76－77；**L13**：75,102；**L15**：177－178，政治与权力

in social affairs，**L9**：109，社会事务中的权力

purchasing，**L9**：277,280,281，购买力

of media，**L13**：xvi，媒体的力量

freedom as，**L13**：41，自由作为力量

of habits，**L13**：96,162，习惯的力量

of laborers，**L13**：107，劳动者的权力

quality of，**L13**：128,163,180,321，权力的特性

of rabblerouser，**L13**：176，暴民煽动者的力量

of man over nature，**L13**：179－180,350，人控制自然的力量

of prediction，**L13**：243，预言的力量

of art，**L13**：367，艺术的力量

Lenin on，**L13**：400，列宁论权力

increase of，**L17**：292－293，力量的增加

of ideas，**L17**：332,338，观念的力量

Power：A New Social Analysis（B. Russell），**L13**：160n,402，《权力》（罗素）

Power Trust，**L6**：118，权利信托

Practical：实践的

activity in teaching，**E5**：182－183；**M8**：391－395，教育中的实践活动

interest，as source of childstudy，**E5**：212－215，实践兴趣，作为儿童研究的起源

pragmatism on，**M10**：xxiii-xxv，对实用主义者而言实践的意义

vs. esthetic，**L10**：26－27,45－47,61,265－268,351，实践的对审美的

vs. intellectual，**L15**：258－259，从事实际工作的人与知识分子

Practicalism，**M10**：87，实际主义

Practical judgment：实践判断

nature of，**M8**：14－23，实践判断的性质

and value judgment，**M8**：23－49，实践判断在价值判断中的应用

reply to D. Robinson on，**M10**：98－108，答复罗宾逊论实践判断

Practice，**L1**：70，实践、实际；**L10**：xii；**L17**：408，实践。另见 Experiment，**L12**；Operations，**L12**

vs. theory，**M9**：142,235－237,269,271－281,300,303,316,329,333,340,346；**L1**：237－238,267,269－270；**L7**：xxxiii-xxxiv；**L12**：63－65,78－80,432－435,455－457,487－489,492－493,504－505；**L15**：190,228－329；**L17**：67－69,85，实践相对理论

political，**L1**：171，政治的实践

and recognition，**L1**：247，实践与辨识

related to knowledge，**L4**：ix, x, xiii, xvi, xvii, xix, 157,163,204,223－227，实践与知识的关系

depreciated，**L4**：4－7,11,14,16,22,24,28,30,41,56,58,65,69,85,171，被轻视的实践

meaning of，**L4**：25－26，实践的意义

modes of，**L4**：203，实践方式

experimental method in，**L4**：219，实践中的实验方法

value of，to educational science，**L5**：16－23，时间对于教育科学的价值

in forming habits，**L7**：204，形成习惯的实践

related to logical theory，**L16**：92n, 134n, 190，实践与逻辑理论相关

in inquiry，**L16**：323－324，探究中的理论

related to repetition，**L17**：304－305，实践与重复相关

deviation of moral，**L17**：398－399，对道德

实践的违背

Pragmatic，**L16**：183n，实用主义的

　defined，**M10**：xi-xiii，5 – 13；**L12**：4，实用主义的定义

　Peirce on，**M10**：366，皮尔士论实用主义

　method，**M13**：27，实用主义的方法

　knowing，**M14**：127 – 131，实用主义式的认知

　C. Morris on，**L15**：142 - 143，莫里斯论实用主义者

　as name，**L16**：268，实用主义作为名称

Pragmaticism：实用主义

　Peirce and James on，**M7**：327；**M10**：72 - 78，皮尔士与詹姆斯关于实用主义

Pragmatisch，**M10**：72，实用的

Pragmatism（W. James），**M4**：98；**M7**：144，；**M10**：417；**M15**：335；**L2**：161；**L5**：157，478n；**L11**：82，465；**L15**：11，12，19，《实用主义》（詹姆斯）

Pragmatism，**M7**：x，xi，416，444；**M8**：152；**M9**：353 – 354；**M11**：xi，361，376，383；**M15**：226，227，333 – 334，357 – 360，368 – 369；**L5**：497，503；**L8**：x；**L13**：131；**L14**：xviii；**L15**：xxvii-xxviii，3 – 6，实用主义

　Dewey's，**M2**：xvi-xvii；**M4**：xi-xii；**M6**：xi；**M10**：ix-xxxix；**L4**：vii-ix，xvii-xix，xxii，杜威的实用主义

　on intelligence and knowledge，**M3**：153 - 156；**M4**：61n，，128 – 132，181 – 191；**M10**：21，45，与实用主义相关的理智和知识

　ethical idealism involved in，**M3**：156 - 157，与实用主义相关的伦理唯心主义

　F. Schiller's，**M3**：317 – 318；**L11**：156，席勒的实用主义

　James's，**M4**：98 – 115；**M6**：94 – 97；**M10**：71；**M12**：x，100 – 101，205，212，217，219，227，246；**L2**：xiii-xiv，6 – 11，13 – 17，160 – 162；**L5**：xxix，477 – 479，

480n；**L8**：11 – 12；**L14**：160；**L15**：12 - 13，詹姆斯的实用主义

　on science and morals，**M4**：132 – 133；**M10**：14，实用主义对科学和道德的态度

　disputed，**M4**：245 – 249；**L3**：145 – 147；**L15**：19 - 26，对实用主义的驳斥

　movement of，**M4**：253 – 257；**M6**：xi-xii；**M13**：307，445 – 446；**L16**：xxxvii-xxxviii；**L17**：51，实用主义运动

　in education，**M6**：xi；**L15**：167 – 168，教育中的实用主义

　and theory of truth，**M6**：3 – 11，33 – 52，实用主义与真理理论

　perception of，**M6**：86 – 90；**M10**：42 - 44，关于实用主义的看法

　affects philosophy，**M6**：175 – 176，**M10**：xxv-xxxix，实用主义如何影响哲学

　related to experience，**M6**：447；**L11**：82 - 83，实用主义与经验相关

　in *Cyclopedia of Education*，**M7**：326 - 330，实用主义（《教育百科全书》）

　Russell on，**M8**：22 - 23，罗素论实用主义

　on reality，**M10**：39，实用主义关于实体

　Peirce's，**M10**：71 – 78，87；**L2**：xii-xiii，6 - 9，28 – 29；**L4**：117；**L5**：477 – 479；**L11**：421 – 424；**L15**：142；**L16**：238，239n，皮尔士论实用主义

　theory of，**M10**：366 – 367；**M13**：477 - 481；**L3**：25；**L4**：xiii，30n，90n；**L11**：565 – 566；**L14**：55；**L15**：97 – 98，161 - 163；**L17**：39 – 40，实用主义的理论

　and instrumentalism，**M10**：367 – 369；**L3**：340 – 341，实用主义和工具主义

　Lovejoy on，**M13**：40，49，443 – 481，洛夫乔伊论实用主义

　American，**M13**：306 – 310；**L2**：3 – 21；**L14**：12 - 13，美国的实用主义

　Santayana on，**L3**：370，382 – 383，桑塔亚那论实用主义

　Hocking on，**L5**：461 – 476，霍金的实用

主义

Lewis on, **L5**：477 - 486，刘易斯论实用主义

on esthetics, **L10**：vii-xi, xiv, xvii, xxiii, xxxii-xxxiii；**L14**：34 - 35,38，实用主义关于美学

on social problems, **L11**：563,564，实用主义对社会问题的反应

attributed to Kant, **L14**：11，归之于康德的实用主义

C. Morris's, **L15**：331 - 332；**L16**：33 - 35，莫里斯论实用主义

in Dewey-Bentley collaboration, **L16**：xxv, xxviii-xxix，杜威-本特利合作中的实用主义

Stein on, **L17**：39，施泰因论实用主义

Wiener on, **L17**：50 - 51，维纳论实用主义

Pragmatism and Pragmaticism (C. Peirce)，**L11**：421 - 424，《实用主义与原实用主义》

"Pragmatism of Peirce, The,"**L6**：xiv，《皮尔士的实用主义》

Praise, **L10**：303,315,351，赞扬

Praktisch, **M10**：72，实践的

Prall, David Wight, **M13**：8, 11n, 12, 20, 22；**M15**：xii；**L2**：xix-xx，普劳尔，大卫·怀特

on value, **M15**：20 - 26,,338 - 348；**L2**：69 - 77,82,83,85 - 86,393 - 402，普劳尔论价值

on judgment, **M15**：23,341 - 342，普劳尔论判断

Pratt, Caroline, **M8**：272 - 273,283 - 286，普拉特，卡罗琳

Pratt, Carroll C., **L16**：170n，布拉特，卡罗尔·C

Pratt, James Bissett, **M4**：xx，普劳特，詹姆斯；**L3**：396,397；**L15**：454，普拉特，詹姆斯

Pratt Institute (New York City), **E5**：xcvi, 436，普拉特学院

Praxagoras, **M2**：205，普拉克萨哥拉斯

Prayer, **L9**：433 - 434，祈祷

Precedent, **L7**：275,329 - 330，先例。参见 Tradition

Precept, **L16**：66,299，先例

Preceptorial system (Princeton University), **L11**：591,605，教学辅导员体系（普林斯顿大学）

Preconceptions：成见

limit esthetic experience, **L10**：118,165, 204,293,299，成见限制审美经验

Predestination, **L13**：292，宿命论

Predeterminism, **E4**：94n；**M8**：18，预定论

Predicables, **L12**：94,139 - 141，可谓述的

Predication, **L5**：252 - 255；**L12**：96,127 - 130,134 - 135,139 - 141,151,168,239 - 240,252,273 - 275,284 - 285,307 - 309，谓项

Prediction, **L8**：208 - 209，预见；**L12**：113 - 114,450 - 451,468 - 469；**L13**：243；**L15**：138 - 139，预言

Pre-established harmony, **M7**：276,293，先定和谐；**L5**：377，前定和谐

in *Dictionary of Philosophy*, **M2**：212，先定和谐（《哲学辞典》）

Preface to Logic, *A* (M. R. Cohen), **L16**：184n, 194，《逻辑学序言》（科恩）

Preface to Morals, *A* (Lippmann), **L6**：499n，《道德的序言》；**L10**：332n，《道德序论》（李普曼）

Preference, **L7**：286，偏好

Prehension, **L14**：132，理解

Prejudice, **M6**：185, 201, 262,,；**M12**：238, 268；**M13**：xxvii-xxviii, 174；**L3**：185；**L4**：211, 212；**L7**：267 - 268；**L8**：116, 136,214；**L13**：xv, 88,153；**L14**：367，偏见。另见 Race discrimination

Yellow Peril as, **M7**：407，黄祸作为偏见

factors in, **M13**：243 - 251,253,437,439, 440，偏见中的各种因素

effects of, **M13**：251,261,偏见的后果

alleviation of, **M13**：251 - 254,439；**L9**：203 - 204,偏见的减轻

in Teachers Union, **L9**：316 - 318,322,326,教师工会中的偏见

countered by art, **L10**：xxxi, 101, 328, 337,艺术所反对的偏见

regarding Chinese government, **L17**：30,对中国政府的偏见

Preliminary Commission of Inquiry,参见 Commission of Inquiry into the Charges Made against Leon Trotsky in the Moscow Trials

Prelude, The（Wordsworth）, **L10**：138, 169 -170,359,360,《序曲》(华兹华斯)

Premise, **L1**：283 - 284,前提

nature of, **M15**：65 - 66；**L12**：145,166 - 167,310 - 311,322 - 323,420,前提的本质

supplied by syllogism, **M15**：70,三段论所提供的前提

in law, **M15**：71 - 72,法律中前提的发展

and logical principles, **L12**：21,158 - 159,前提与逻辑原则

in Aristotle, **L12**：90,亚里士多德使用的前提

vs. observation, **L16**：48,前提相对观察

Preparation, **M13**：402 - 403,准备

meaning of, **L13**：28 - 30,预备的含义

inflexible, **L13**：36,不可改变的预备

Preparatory-stimulus, **L16**：233,准备的-刺激

C. Morris on, **L16**：210n, 211, 213, 220,莫里斯关于刺激

Presbyterians, **M11**：22 - 25,长老会教友

Presence：在场

Royce on, **M10**：80,罗伊斯论在场

Present：当下、现在

importance of living in, **M9**：59 - 61,79,81 -82,320,生活在当下的重要性

involved in perception, **L10**：xx, xxiv, 78, 128,181,276 - 277,283,287 - 288,327, 342,348,感知中包括的现在

and past, **L13**：9,51 - 53,57,97；**L14**：84,131,135,现在和过去

and future, **L13**：30,59,现在与未来

Presentation：表象、表现

Herbart's theory of, **M9**：75 - 78,赫尔巴特的表象理论

as act of knowing, **M10**：36 - 37,作为建构认知行为的表现机制

Presentationism：表象论

in *Dictionary of Philosophy*, **M2**：213,表象论(《哲学辞典》)

Presentative realism, **M7**：82 - 83,454 - 460,表象实在论；**M10**：26n, 41,表现的实在论

Present-Day Thinkers and the New Scholasticism, **L2**：388n,《当今的思想家和新经院哲学》

President's Organization on Unemployment Relief, **L6**：374,总统的失业救济组织

President's Research Committee on Social Trends, **L9**：133,229 - 231,235,社会趋势总统研究委员会

Pre-Socratics, **M2**：150,前苏格拉底哲学；**L8**：32,前苏格拉底思想

Press, **L2**：219；**L11**：269 - 273,307,343 - 344,新闻(报刊)。另见 Publicity

reports social issues, **M11**：87,88,159,社会问题报道

reports WWI, **M11**：114,119,一战停战报道

regulation of, **M11**：118 - 121,新闻审查制度

anti-Americanism in, **M11**：150 - 155, 177,179,反美主义

reports peace conference, **M11**：151,159,199,203,和会报道

opposes League of Nations, **M11**：163,报纸反对国联

reports on Japan, **M11**：166,报纸对日本

reports on Siberia，**M11**：167，报纸对西伯利亚的报道

reports on China，**M11**：191，228，239，报纸对中国事件的报道

reports Polish question，**M11**：243 - 244，248 - 249，256，268，277，280 - 284，287，290，297，300，301，303，305，308 - 310，315，317 - 322，397，报纸对波兰问题的报道

influence of，**L13**：92，168；**L16**：402，报刊的影响

Press Club，National，**L11**：319，美国记者俱乐部

Preyer，William，**M3**：299，普赖尔，威廉

child psychology of，**M1**：175 - 177，186 - 187，皮瑞尔的儿童心理学

Price，Richard，**E4**：123，128，129；**M3**：53，普里斯，理查德

Price system，**M15**：262，264，价格体系

Pride，**E2**：287；**L4**：245 - 246，骄傲

Priestley，Joseph，**M7**：276；**L14**：205；**L15**：xxx，普里斯特利，约瑟夫

Primary：首要

in *Dictionary of Philosophy*，**M2**：213，首要《哲学辞典》

Primary school，参见 Elementary school

Prime Ministers and Presidents（Sherrill），**M13**：345 - 346，《首相们与总统们》（谢里尔）

Prime numbers，**M7**：439 - 440，素数

Primer of Philosophy（Carus），**E5**：342，347，《哲学入门》（卡洛斯）

Primitive，参见 Postulates，**L12**

credulity，**E3**：85，原始误信

mind，**M1**：155，原始观念；**M2**：39 - 40，43，原始心灵

man，**M1**：234；**M2**：46n；**M5**：28n；**M12**：81 - 82，128 - 129，180 - 181，246；**L7**：28n，原始人

woman，**M2**：46；**L7**：27，30，31，438 - 444，原始妇女

in *Dictionary of Philosophy*，**M2**：213，先初《哲学辞典》

art，**L10**：200，330 - 331，336，原始艺术

propositions，**L12**：151，157 - 158，314 - 315，403 - 404，初始命题

esthetic element in，**L16**：397，原始的审美因素

Bentley vs. Church on，**L16**：445 - 446，在原始问题上本特利对邱奇

Boas on，**L17**：404 - 405，博厄斯论原始人

Primitive life，**M1**：31 - 32，223；**M5**：27n，36 - 37，48 - 49，原始生活；**M14**：68，72，74，野人生活；**L3**：11，14，17 - 18，335 - 337；**L7**：26n - 27n，35 - 36，45 - 47；**L13**：22，291，原始人的生活

justice in，**M5**：31 - 34，64；**L7**：30 - 33，59，原始社会中的法律

commerce in，**M5**：77；**L7**：71，原始社会的商业

crises in，**M7**：399 - 402，原始人生活中的危险

beliefs of，**L4**：3，10 - 12，原始人类的信仰

compared with modern，**L4**：8 - 9，81，原始人类与现代人的对比

impotency of，**L4**：26，203，226，原始人类的无能状态

desire for knowledge of，**L4**：30，欲求关于原始人的知识

Primitive Man as Philosopher（Radin），**L3**：335，《作为哲学家的原始人》（兰丁）

Primogeniture，**L13**：81，长子继承权

Primordial：原始

in *Dictionary of Philosophy*，**M2**：213，原始《哲学辞典》

Primum mobile：原动天

in *Dictionary of Philosophy*，**M2**：213，原动天《哲学辞典》

Princeton University，**L11**：591，605，普林斯

顿大学

Principia Mathematica（ B. Russell and Whitehead），**L5**：483；**L14**：xiv，xv；**L16**：xviii，《数学原理》（罗素和怀特海）

Principle：原则

    in *Dictionary of Philosophy*，**M2**：214，原则（《哲学辞典》）

Principles，**M12**：106，126，173，240 - 241，243，原则、原理；**M14**：4，原则

    and tendencies，**M14**：36 - 37，原则与趋向

    nature of，**M14**：164 - 169，原则的本性；**L7**：232，275 - 283，330，原则的性质

    vs. rules，**L7**：xxv，276 - 280，原则对规则

    derived from habits，**L11**：107 - 108，从习惯得出的原则

    Hutchins on，**L11**：395，400，406 - 407，596，哈金斯论原则

    eternal，**L11**：405，407，永恒的原则

    first，**L12**：19；**L14**：123，第一原则

    leading，**L12**：19 - 21，158，316，336，465，主要原则

    authoritative，**L16**：338，453，权威的原则

Principles of Behavior（Hull），**L16**：125n，《行为原理》（赫尔）

Principles of Literary Criticism（Richards），**L6**：499，《文学批判原理》（查理兹）

Principles of Philosophy（C. Peirce），**L6**：273 - 277，《哲学原理》（皮尔士）

Principles of Philosophy，*The*（Descartes），**M8**：24，《哲学原理》（笛卡尔）

Principles of Physiological Psychology（Wundt），**M7**：140，141，《生理心理学原理》（冯特）

Principles of Political Economy（J. S. Mill），**L11**：601，《政治经济学原理》（密尔）

Principles of Psychology，*The*（ W. James），**M1**：xxiii，，321，；**M6**：273n，299；**M7**：142；**M10**：50，53；**M12**：xxv，205，214；**L2**：xiii，15 - 16；**L5**：xxii，157 - 159；**L8**：227，228，275；**L11**：xiii，69，82；**L12**：510n；**L13**：363；**L14**：x，155 - 167；**L15**：11，12，18；**L17**：434，《心理学原理》（詹姆斯）

Principles of Social Reconstruction（ B. Russell），**M12**：244，《社会改造原理》；**L14**：236，《社会重构原则》（罗素）

Principles of Sociology，*The*（H. Spencer），**M2**：39 - 40，《社会学原理》（斯宾塞）

Principles of Systematic Psychology（Griffith），**L16**：63n，《系统心理学诸原则》（格里菲斯）

Pringle，Henry Fowles，**L17**：524，573，普林格尔，亨利·福尔斯

Pringle，R. W.，**M1**：xv；**M6**：xxv，普林格尔，R·W

Prinkipo（Büyükada），Turkey，**L11**：311，普林基波岛，土耳其

Printing：印刷

    affects education，**M9**：189，印刷的发明对教育的影响

Prior Analytics（Aristotle），**L8**：xivn，《前分析篇》（亚里士多德）

Pritchett，Henry Smith，**M15**：190，普理切特，亨利·史密斯

Privacy，**L1**：148，171，181，187，秘密、隐私；**L15**：30 - 31，私密性

Private，**L2**：245；**L16**：170n，私人的

Privilege，**L7**：347 - 348，特权

Privy Council，**M11**：168，枢密院

Prizing，**L13**：195，珍视

    variants of，**L13**：203，208，珍视的不同变体

    appraising related to，**L13**：213，与珍视相关的鉴赏

    meaning of term，**L15**：101 - 105，珍视的词义

    related to valuing，**L16**：311 - 312，347 - 352，赏识与评价相关

    as subject-matter，**L16**：315 - 316，赏识作为主题

in judgment，**L16**：354 – 355，判断中的
赏识

Probability，**M12**：91，可能性；**L12**：222n，
225 – 226，255，318 – 319，379，389，408 –
409，426 – 427，概率。另见 Contingency，
L12

Condorcet on，**M10**：57，孔多塞关于可
能性

as nature of experience，**L4**：6，21，概率作
为经验的本性

theory of，**L4**：162，165，166，198 – 199，概
率论

and frequency distribution，**L12**：465 –
473，概率和频率分配

of distribution of kinds，**L12**：470 – 473，种
的分布概率

in science，**L13**：123；**L14**：106 – 107，111，
科学上的可能性

and induction，**L14**：58，可能性与归纳法

Problem，**M12**：xviii，问题

in reflective thought，**E5**：34，反思性思维
中的问题

related to child's interest，**E5**：145，与儿童
兴趣相关的问题

nature of，**M6**：190，191，236，困难的本质；
L8：121，123，201 – 202，问题的性质；
L12：193 – 194，疑问的性质

in *Cyclopedia of Education*，**M7**：330 –
331，问题（《教育百科全书》）

important in philosophy，**L4**：67，80 – 84，
98，99，107，139 – 144，147，151，152，
155，200；**L16**：255，290，294，407，问题
在哲学中的重要性

resolution of，**L4**：158，159，172，173，176 –
189，194，195；**L17**：150，279 – 280，
317 –318，469，问题的解决

in art，**L10**：21，143，艺术中的问题

and conflict，**L12**：14 – 15，33 – 38，177 –
178，186 – 187，218 – 219，疑问与冲突

in common sense and science，**L12**：71 –

72，84 – 85，420 – 422，在常识和科学中
的疑问；**L13**：376，科学研究的问题

formation of，**L12**：111 – 115，123 – 124；
L13：249，283，疑问的形成

and data，**L12**：127，167 – 168，172 – 174，
196 – 197，202，205 – 206，222，250 –
251，327，331，420，453 – 454，疑问和
与料

and existential propositions，**L12**：288，
299 –300，373 – 374，422 – 423，445 –
446，疑问与存在性命题

epistemological，**L12**：456 – 457，认识论
疑问

in inquiry，**L12**：487 – 489，492 – 506；
L16：281 – 283，325，探究中的疑问

as stimulus to thinking，**L13**：52 – 53，激励
思考的问题

regarding freedom，**L13**：147，162，185，自
由问题

troubles as，**L13**：233，麻烦作为问题

artificial，**L13**：273 – 274，伪问题

subject-matter of，**L16**：285，288，301，问
题的主题

treatment of，**L16**：291，问题的处理

need of identifying，**L17**：85，274，446，识
别问题的需要

self-set，**L17**：446 – 447，自我设立的问题

Problematic situation：疑问情形

as basis of inquiry，**L12**：3，41 – 42，231，
245，279 – 280，疑问情形作为探究的
基础

in mathematics，**L12**：401 – 402，数学中的
疑问情形

Problem of China，*The*（B. Russell），**M15**：
215 – 218，《中国问题》（罗素）

Problem of Conduct，*The*（Taylor），**M11**：
10，《行为问题》（泰勒）

"Problem of Counterfactual Conditionals，
The"（Goodman），**L14**：xvi，《反事实条件
句问题》（古德曼）

Problems of Ageing（Cowdry），**L14**：xxiv，341，《老龄化问题》（考德里）

Problems of Men，**L15**：xxviii，xxix，153，《人的问题》

Proceedings of the Sixth International Congress of Philosophy，**L14**：382，400，《第六届国际哲学大会会议记录》

Proceedings of the Tenth International Congress of Philosophy，**L16**：358n，《第十届国际哲学会议纪要》

Procès de Socrate，Le（Sorel），**L15**：387，《苏格拉底的审判》（索列尔）

Process，**M12**：260，过程

　of education，**E5**：91，过程和教育目标

　study of，**E5**：231，257 - 258，过程研究

　emphasis on，**E5**：232，对过程的强调

　in *Cyclopedia of Education*，**M7**：331，过程（《教育百科全书》）

　and product，**M14**：99 - 100，过程与产品

　in study of society，**M15**：247，248，254，社会研究中过程的功能

　economic and biologic，**M15**：248 - 251，经济和生物的过程

　as name，**L16**：268，过程作为名称

Process and Reality（Whitehead），**M12**：xxx；**L5**：375 - 381；**L6**：301；**L8**：355，358，《过程与实在》；**L11**：147n，《过程和实在》；**L14**：136n，，《过程与实在》（怀特海）

Process of Government，The（A. Bentley），**L16**：xii，xvxvi，xix，xxviii，101n，318，《治理的过程》（本特利）

Proclus，**M2**：167，普罗库卢斯

Procrastination，**L17**：297，拖延

Procrustes，**M12**：220，普朗克拉斯提

Prodicus，**L2**：132，普罗迪科斯

Produce，**L16**：230，产生

Producer：生产者

　compared with consumer，**L9**：64，83 - 86，生产者与消费者相比较

　artist as，**L10**：15，55 - 56，60，127 - 128，265 - 266，作为生产者的艺术家

Product，**L16**：190，产品

　related to act，**L16**：155，157，160，产品与行为的关系

　Kantor on，**L16**：191 - 192，坎特关于产品

Production，**M12**：183；**L9**：134，289；**L13**：104，生产

　and consumption，**L6**：160 - 161；**L9**：232 - 233，生产与消费

　and politics，**L6**：161 - 163，生产与政治

　control of，**L6**：341 - 342，354；**L7**：431；**L11**：46，278，367，控制生产；**L13**：319，限制生产

　and economics，**L6**：346 - 347，358 - 361，生产与经济

　problems of，**L7**：374 - 375，382，385 - 386，389 - 390；**L13**：320，生产问题

　industrial，**L7**：423；**L15**：89，工业生产

　and distribution，**L9**：250，285，生产与分配

　farm，**L9**：287，生产与农场

　artistic，**L10**：280，285，294，344 - 347，艺术生产

　social effects of，**L11**：28，54，57，62，552 - 524，生产的社会后果

　improvement in，**L11**：52，159，208，365，生产的改进

　Marxism on，**L13**：71，118 - 119，133，马克思论生产力

　machine vs. power，**L13**：159，机器生产与电力生产

　efficiency of，**L13**：311 - 312，生产率

　government restriction of，**L14**：94，政府对生产的限制

　purpose of，**L17**：21，生产的目的

Productive Thinking（Wertheimer），**L16**：7n，76n，102n，105，109n，《生产性思维》（韦特海默）

Professionalism，**M15**：42，职业

　in education，**M15**：xxiv，193 - 197，教育

中的职业精神

Professional school，**L11**：172，176，188 - 189，191 - 216，538 - 539，职业学校

  vocational education's effect on，**M10**：151 -157，朝向职业教育的专业学习趋向产生的结果

Profit，**L6**：395，利润

  as business motive，**L6**：73 - 74，利润作为企业动机；**L7**：403，406，425，431 - 432，作为商业动机的利润

  defects of，**L7**：433 - 434，436 - 437，利润的缺陷

  related to unemployment，**L9**：65，289，与事业相关的利润

Pro-Germanism，**M10**：261，265，278，拥护德意志主义

Progress，**M12**：103，106，146，200 - 201；**M14**：9，19 - 20，67 - 68，73，75n，182，进步

  Kidd on，**E4**：210 - 212，基德论进步

  in Renaissance，**E5**：13，文艺复兴时期的进步观念，

  nature of，**M5**：75；**M10**：234 - 236；**M14**：194 - 199；**L7**：69；**L17**：153，进步的本性

  in *Cyclopedia of Education*，**M7**：331 - 333，进步（《教育百科全书》）

  concept of，**M10**：xxvii-xxviii，杜威的进步概念

  intelligence applied to，**M10**：238 - 243，应用理智以获得进步

  Bacon and，**M12**：97，98，培根与进步

  economic and moral，**M12**：151 - 152，经济的与伦理的进步；**L7**：326，328，经济的与道德的进步

  in science，**M14**：104，科学的进步

  prospect for，**L14**：112 - 113，过程中的期望

  possibility of indefinite，**L17**：439，无限进步的可能性

Progress and Poverty（H. George），**L3**：359；**L9**：61 - 62，300，《进步与贫困》（乔治）

Progressive education，**M8**：xxxii，进步教育；**M9**：xv，进步的教育；**L3**：xxiv-xxvi，257 - 268，330 - 331；**L9**：147，151，153 - 157，194，198，先进的教育；**L11**：175，181，190 - 216；**L13**：378 - 379；**L15**：303 - 304，进步教育

  Kurtz on，**L5**：xv-xvi，库尔茨论进步教育

  evaluation of，**L5**：319 - 325，进步教育的评估

  foresight and planning in，**L17**：52，进步教育中的预见和计划

  Kilpatrick and，**L17**：52 - 56，基尔帕特里克与进步教育

  origin of，**L17**：55，进步教育的起源

Progressive Education Association，**L3**：257n；**L11**：181n，593；**L17**：558，进步教育协会

Progressive integration，**L9**：432，439，逐步整合

Progressive party，**M11**：146，149，267；**L6**：xvii，175，393 - 394，405，进步党

Progressives：进步人士、先进团体

  conference of，**L6**：173 - 174，355 - 356，440 - 441，进步人士会议

  and Revenue bill，**L6**：392，进步人士与税收法案

  in Teachers Union，**L9**：323，324，335，337，340，342，教师工会中的先进团体

Progressivism，**L6**：234 - 235，进步主义

  reception of，**L13**：17，18，接受进步主义

  weakness of，**L13**：100 - 101，进步主义的弱点

Progress of the Human Mind（Condorcet），**M10**：57，《人类精神进步》（孔多塞）

Prohibition，**M15**：101，禁令；**L2**：317 - 318；**L3**：184 - 185；**L6**：65，231，239，禁酒

  and politics，**L6**：183 - 184，249 - 250，禁酒

与政治

Projection：投射

    psychological，**M10**：314，心理的投射机制

    in esthetic vision，**L10**：254 - 255，审美视觉中的投射

Project method：计划方法

    in USSR，**L17**：54 - 55，计划方法在苏联

Projects，**L8**：291 - 292，计划

Prokofiev, Sergei Sergeyevich，**L10**：xxi，普罗科菲耶夫，谢尔盖·谢尔盖耶维奇

Prolegomena to Ethics（T. Green），**E3**：17，21 - 24；**E5**：25，《伦理学导论》；**L17**：5，《伦理学绪论》（格林）

Proletarian art，**L10**：194, 303, 319, 332n, 346 - 347，"无产阶级艺术"

Proletariat，**L11**：5, 60；**L13**：126, 133 - 134，无产阶级

    Communists on，**L11**：331, 383, 498，共产主义者论无产阶级

Promised Land，The（Antin），**M10**：184，《允诺之地》（安廷）

Promise of American Politics，The（T. V. Smith），**L17**：115 - 118，《美国政府的承诺》（史密斯）

Promotion：升级

    school，**E5**：88, 332 - 333；**M1**：271，学校分班升级

Proof，**M12**：91；**L4**：98, 247；**L8**：182；**L12**：352 - 357, 416 - 417，证明。另见 Consequences；Test as type of thinking，**M1**：163，作为特定思维类型的证明

    as ideal，**L4**：xx, 113, 133, 242，证明作为理想

    of reflective thought，**L4**：88, 90, 145 - 147，反省思考的结果的证明

    determination of，**L12**：112 - 118，证明的确定

    Mill's theory of，**L12**：147, 389，穆勒的证明理论

    nature of，**L12**：160, 228 - 229, 242, 316 - 317, 323 - 324, 454 - 455, 479 - 480，证明的本质

    and inference，**L12**：424，证明和推理

    in logics，**L16**：187，逻辑中的证明

Propaganda，**M13**：331；**L2**：348 - 349；**L6**：130, 216, 322；**L7**：360 - 361；**L11**：51, 344, 576 - 578；**L13**：145, 167 - 168, 297, 301；**L15**：345, 352 - 353，宣传。另见 Press

    dangers of，**M11**：108, 110；**L6**：178，宣传活动的危险

    during WWI，**M11**：118 - 120, 150, 151, 257, 395, 408；**L13**：289；**L14**：364，第一次世界大战中的宣传

    opposing U. S.，**M11**：153, 329，反美国的宣传

    in Germany，**M11**：158, 268, 394；**L15**：26, 297, 350, 367，德国的宣传

    in Japan，**M11**：178 - 179, 194, 195；**L6**：203, 211，日本国内的宣传

    in China，**M11**：189；**L3**：199 - 200；**L17**：30 - 31，中国的宣传

    about Polish question，**M11**：245, 249, 268, 286, 306, 311, 330，有关波兰问题的宣传

    in U. S.，**M12**：6, 32 - 33，宣传在美国

    student，**M12**：69，学生的宣传作用

    in education，**M15**：xxiv, ；**L6**：434；**L14**：373，教育中的宣传

    for League of Nations，**M15**：81, , 105，对国联的宣传

    for outlawry of war，**M15**：408，宣传战争非法化

    Russian definition of，**L3**：221 - 22, 237, 249；**L17**：495，俄国人对宣传的定义

    against legislation，**L6**：393，反对立法的宣传

    use of radio for，**L9**：309，利用无线电政治宣传

    in art，**L10**：186，艺术中的宣传

    effect of，**L13**：89 - 90, 95, 96，宣传的影响

and totalitarianism，**L14**：275,宣传与极权
主义

for military projects，**L14**：355 - 356,为军
事计划作宣传

science used in，**L16**：393,科学被用于
宣传

exposure to，**L17**：45,46,暴露在宣传之中

Proper names，**L12**：354,363,364,专名。另
见 Singular；This，**L12**

Properties：性质

as predicable，**L12**：140 - 141,可谓述性质

logics on，**L16**：162,164,逻辑学关于属性

Cohen on，**L16**：194 - 195,科恩关于属性

Kaufmann on，**L16**：198,考夫曼关于属性

C. Morris on，**L16**：217,莫里斯关于属性

in semiotic，**L16**：219,238,符号学中的
属性

produce stimuli，**L16**：225 - 226,属性产生
刺激

nature of，**L16**：278,346,356,属性的本质

Property，**M12**：183 - 184,188,财产,特性；
M14：82 - 83,169,财产,所有物

in *Dictionary of Philosophy*，**M2**：215,特
性(《哲学辞典》)

in primitive groups，**M5**：29 - 31,50,82,原
始部落的财产；**L7**：28 - 30,76,129,早
期群体中的财产

related to happiness，**M5**：435 - 437,和幸
福有关的财产

social aspects of，**M5**：439 - 443,财产的社
会方面

ownership and use of，**M5**：492 - 495,财产
的所有权和使用

in Germany，**M8**：174 - 175,财产在德国

and individualism，**L2**：274,财产和个人
主义

and government，**L2**：292 - 293,财产和
政府

and capitalism，**L6**：364 - 365,368；**L7**：
375,394,429,财产和资本主义

and medieval church，**L7**：136 - 137,财产
和中世纪教会

courts on，**L7**：415 - 417,425 - 426,法院
关于财产

private，**L11**：7,8,53 - 54,549,私有财产

significance of，**L13**：104,291,财产权的重
要性

Jefferson and Locke on，**L13**：177,杰斐逊
和洛克论财产权

physical vs. psychological，**L15**：112 -
117,物理特性与心理特性

sacredness of，**L17**：398,财产的神圣性

Prophets：先知

as moralizing agents，**M5**：90 - 91,96 - 97,
100 - 101,104；**L7**：83,87 - 88,91 - 92,
95,先知作为道德力量

Proportion：比例

esthetic，**L10**：76,202,296,审美的比例

Proposals：倡议

vs. assertions，**L9**：304,倡议与主张

Proposition，**L10**：139；**L14**：xvi,命题。另
见 Universal proposition，**L12**；Valuation-
judgment

Dewey on，**M6**：xv-xvi；**L16**：188 - 189,
208,杜威关于命题

in *Cyclopedia of Education*，**M7**：333 -
334,命题(《教育百科全书》)

Peirce on，**M10**：73 - 74,皮尔士论命题

Russell on，**M10**：415；**L16**：38,200 -
202,罗素论命题

hypothetical，**L11**：95 - 97,99,101 - 104,
118 - 120,122,124,126；**L12**：298 -
305,假言命题

singular，**L11**：101 - 103,122 - 123；**L12**：
249,255 - 256,267 - 268,290 - 293,单
称命题

generic，**L11**：101 - 104,119 - 120,124 -
125,种类命题

existential，**L11**：103,存在命题；**L12**：373
- 374,422 - 423,445 - 446；**L14**：61,存

在性命题

general, **L11**：118 - 123, 通称命题

nature of, **L12**：24 - 25, 114 - 118, 309, 364 - 365；**L13**：211, 321；**L14**：178, 187 - 188；**L16**：xxxiii, 11 - 12, 192, 353, 446, 命题的本质

positive, **L12**：90, 肯定命题

and symbols, **L12**：123, 137 - 139, 207n, 214, 245, 261, 340, 423 - 424, 命题与符号

operational, **L12**：144, 167 - 168, 182, 197 - 198, 204, 206, 219, 231；**L14**：181, 命题的操作性质

simple, **L12**：150 - 153, 335, 340, 简单命题

primitive, **L12**：151, 157 - 158, 314 - 315, 403 - 404, 基本命题

declarative, **L12**：162 - 164, 238 - 243, 陈述命题

and sentence, **L12**：174, 284 - 289, 命题与句子

impersonal, **L12**：190 - 191, 客观命题

contrary, **L12**：191 - 192, 反对命题

subcontrary, **L12**：193 - 194, 下反对命题

subalternate, **L12**：194 - 195, 特称命题

contradictory, **L12**：196 - 198, 矛盾命题

particular, **L12**：289 - 290, 特称命题

disjunctive, **L12**：305 - 307, 析取命题

relational, **L12**：307 - 309, 关系命题

compound, **L12**：335, 340, 复合命题

reflexive, **L12**：360 - 363, 反身代词

causal, **L12**：449 - 450, 454 - 457, 因果命题

about valuations, **L13**：201 - 202, 212 - 213, 217 - 218, 242 - 243, 246, 关于价值的命题

matter-of-fact, **L13**：208, 事实问题

appraisal of, **L13**：222, 237, 鉴定命题

scientific, **L13**：236, 科学命题

grounded, **L13**：242, 有根据的命题

instrumental character of, **L14**：46 - 47, 57, 174 - 179, 182 - 183, 命题的工具性价值

observational, **L14**：54, 170 - 171, 观察命题

verification of, **L14**：55, 59, 命题的证实

Cohen and Nagel on, **L16**：13 - 17, 科恩和内格尔关于命题

Carnap on, **L16**：17 - 32, 卡尔纳普关于命题

treatments of, **L16**：32, 208 - 209, 命题的处理

Ducasse on, **L16**：35 - 36, 杜卡斯关于命题

Tarski on, **L16**：40, 塔斯基关于命题

logics on, **L16**：45, 162, 逻辑学关于命题

status of, **L16**：180, 命题的地位

Lewis on, **L16**：193n, 刘易斯关于命题

Kaufmann on, **L16**：196 - 198, 考夫曼关于命题

Moore on, **L16**：203 - 207, 摩尔关于命题

as name, **L16**：268, 命题作为名称

forming, **L17**：482 - 483, 形式命题

de facto, **L17**：483 - 484, 事实上的命题

Propositional function, **L11**：122, 命题函项

"Propositions, Truth, and the Ultimate Criterion of Truth" (Ducasse), **L16**：36n, 《命题、真理和真理的最终标准》(杜卡斯)

"Propositions, Warranted Assertibility, and Truth," **L14**：x, xv-xvi,《命题、有理由的断言和真理》

Propriety, **M5**：107, 110 - 111, 礼节；**L7**：98, 101 - 102, 礼貌；**L10**：202, "得体"

Proprioceptor nerves, **L15**：78, 体内感觉神经

Prose, **L10**：91, 244 - 246, 散文

Prosser, C. A., **M7**：465, 普罗瑟, C・A

Protagoras (Plato), **L2**：127, 130n, 133, 134,《普罗塔哥拉篇》(柏拉图)

Protagoras, **E4**：134；**M2**：245；**M3**：383；**M4**：20；**M5**：8；**M11**：12；**L2**：135；**L5**：

264；**L7**：10,163；**L8**：xin；**L17**：177,普罗泰戈拉

Protestantism，**M8**：151,184 - 185；**M9**：301；**M11**：24,26n,123 - 124,286；**M12**：105；**M15**：47,318；**L2**：163,166；**L8**：357；**L11**：116,474；**L15**：95 - 96,189,216；**L17**：438,新教

　　vs. Roman Catholicism，**M7**：216；**L9**：45 -46,新教对罗马天主教

　　as movement，**L7**：140 - 141,新教运动

　　and family，**L7**：443,新教和家庭

　　in art，**L10**：115,322,艺术中的新教神学

　　and individualism，**L17**：19,380,新教与个人主义

Protestant Reformation，**M7**：134,新教改革；**M8**：155,宗教改革；**M9**：291,新教改革；**L1**：334；**L7**：75,140 - 141,145,443；**L16**：408,宗教改革

Proudhon，Pierre Joseph，**M12**：188,蒲鲁东,皮埃尔·约瑟夫

Proust，Marcel，**L10**：xvii,普鲁斯特,马塞尔

Providence：天意

　　related to politics，**L6**：157,158,240,与政治相关的天意

Prudence，**E3**：306 - 307,慎虑

Prussian：普鲁士人的、普鲁士的

　　philosophy，**M11**：xvii,普鲁士人的哲学

　　education，**M11**：54 - 57,61；**L17**：27,普鲁士的教育

　　science，**M11**：99,普鲁士的科学

　　nationalism，**M11**：110,普鲁士的民族主义

　　Silesia，**M11**：286,普鲁士的西里西亚

　　future，**M11**：326,普鲁士的未来

　　state，**M12**：188 - 189,195,普鲁士国家

Prussianism，**M10**：159,179,普鲁士主义

Prussian Poland，**M11**：xiv,266,281,普鲁士控制下的波兰

Pseudo-idealism，**M13**：418,伪观念论

Pseudo-intellectualism，**M13**：418,伪理智主义

Pseudo-time，**M12**：223 - 224,伪时间

Psyche，**M1**：xiii,精神；**L5**：158,生命；**L16**：122,124,灵魂

Psychiatry，**L5**：35 - 36,238；**L16**：412,精神病学

Psychical：精神的、心理的

　　vs. physical，**E1**：94 - 98,100,103,179,精神的对生理的；**M9**：356 - 360,心理的对身体的

　　as form of action，**E3**：230,作为行动之形式或方法的心理

　　related to educational psychology，**E5**：173 -174,309 - 319,心理的与教育心理学相关

　　Sidgwick on，**M4**：244,西季威克对心理研究的兴趣

　　distance，**L10**：xxix,262 - 263,心理距离

Psychical states，**M7**：xvii,心理状态

　　nature of，**M7**：34 - 38,心理状态的本质

　　treatment of，in psychology，**M7**：50 - 55,心理学对心理状态的描述

Psychic Factor，*The*（Van Norden），**E5**：342,345,《心灵因素》(冯·诺顿)

Psychic Factors of Civilization，*The*（L. Ward），**E4**：200 - 210,《文明中的心理因素》(沃德)

Psychoanalysis，**M14**：27,61,93,106,173,心理分析

Psychoanalytic art criticism，**L10**：viii,319 - 320,心理分析的艺术批评

Psycho-epistemology，**M15**：17 - 19,心理学-认识论

Psychological：心理学的、心理的

　　point of view，**E2**：xxiii,心理学观点；**E5**：xvii-xviii,169 - 170,心理观

　　science，**E3**：228；**E5**：94,377,心理科学

　　ethics，**E5**：54 - 55,伦理心理学

　　process，**E5**：85,294,心理过程

　　factors，**E5**：165,224,229,心理因素

　　in *Johnson's Cyclopaedia*，**E5**：347 - 350,

在《约翰逊百科全书》中的心理学话题
Conant on, **E5**：356－358,科南特的心理学观点

analysis, **M3**：27－32,心理分析

Royce on, **M7**：66－67,72,罗伊斯论心理学的观念

adaptation, **L2**：223－225,心理适应

ecology, **L16**：125n,生态心理学

"Psychological Atomism"（Münsterberg）, **M10**：52,《心理学原子论》（闵斯特伯格）

Psychological Review, **L17**：548,《心理学评论》

Psychologic Foundations of Education（Harris）, **E5**：372－385,《教育的心理学基础》（哈里斯）

Psychologies of 1930（Murchison）, **L5**：218n,《1930年心理学》（默奇森）

Psychologism：心理主义
in *Dictionary of Philosophy*, **M2**：215,心理主义（《哲学辞典》）

Psychologists, **M12**：210；**L10**：xi, 27, 73, 210,心理学家

vs. biologists, **E5**：366－367,心理学家对生物学家

on sign, **L16**：137n, 212,心理学家关于记号

on habit, **L17**：204－205,心理学家论习惯

Psychologist's fallacy, **M1**：118；**L10**：128－129,358；**L14**：164,心理学家的谬误

Psychology, **E1**：xxiv；**E2**：5；**E4**：xviii；**L6**：xii, xiii,《心理学》

Schneider on, **E2**：xxiii-xxvi,施耐德论《心理学》

Psychology（W. James）, **M7**：327,369,《心理学》（詹姆斯）

Psychology, **M12**：157－158；**L1**：42,181－184, 224, 231, 242, 252, 284, 319－320, 365；**L3**：9；**L4**：27；**L10**：346,364；**L11**：14,461；**L13**：162, 222, 247；**L14**：379；**L16**：4,105n, 117n, 233n,心理学

Dewey's use of, **E1**：xxx-xxxi,；**E2**：xxiii, xxvi；**M1**：xi-xiii, 119n, 130n；**M10**：xxxiv-xxxv；**M11**：ix；**L4**：x；**L7**：x, xxii；**L14**：38－41,杜威对"心理学"一词的使用

physiological, **E1**：xxxii, 52,94－98,194－195,200－203；**E3**：91；**M1**：xi-xiv,生理心理学

old and new, **E1**：48－51,58－60；**E2**：xxiii, xxiv；**M1**：68－72；**M10**：58－63；**M12**：128, 206, 209；**M14**：95, 102, 107－108；**L5**：237－238；**L11**：83,187, 434,506,511,新旧心理学

teaching and study of, **E1**：82－88,**E3**：90；**E5**：277－280；**M1**：ix；**M2**：56－57；**L17**：14,187,心理学教学与研究

related to philosophy, **E1**：122－125,144－167,174－175,183－184；**E2**：3,4；**E5**：22－23；**M1**：121－122；**M10**：362；**M12**：205；**L4**：xiii-xiv, xvi；**L6**：489；**L14**：11,心理学与哲学相关

task of, **E1**：130－131；**M13**：392,心理学的任务

related to logic, **E1**：174－175；**M2**：309－313；**L12**：28－29,43,72－74,110,153,285；**L14**：xvii；**L16**：xxxiin, 167, 193n, 276,443－445,心理学与逻辑学相关

as science, **E2**：3,7－17,25－26；**E4**：200－202；**E5**：22－23；**M14**：35,104,221－222；**L4**：viii；**L8**：xi, xv-xvii；**L17**：43,心理学作为科学

related to perception, **E2**：140－141；**L15**：310－311,心理学与知觉相关

methods and subject-matter of, **E2**：362－363；**M10**：314；**L5**：410－411；**L12**：419－420,508；**L16**：63, 67, 78, 82n, 122－126,136,269,275,心理学的方法及主题

Scotch, **E3**：191－192,苏格兰心理学

mechanistic，**E5**：xvi，机械心理学

educational，**E5**：77，372－385，443，445，446；**M9**：x-xii，33，202，325；**L5**：31－36；**L9**：150－151，155，179，183，191，409；**L11**：203－204，580，教育心理学

concepts in，**E5**：96；**M12**：245－246；**L6**：xii，7，3；**L13**：329，心理学概念

Van Norden on，**E5**：345，冯·诺顿论心理学

of feeling，**E5**：358－367，感觉心理学

rational，**E5**：376；**M1**：128n，理性心理学

in mathematics，**E5**：428－429，数学心理学

schools of，**M1**：xii；**L5**：34－35，222－230，心理学学派

child，**M1**：xxi，132－133，175－177；**M3**：210－215；**M9**：180，202，325，儿童心理学

individual vs. social，**M1**：113－114；**M10**：55，个体心理学

analytic，**M1**：120－122；**L17**：422，分析心理学

dynamic，**M1**：130n，动态心理学

social，**M1**：131，146－150；**M8**：178；**M10**：xxxiv-xxxv，53－58；**M14**：3，44－46，60－62，95，102，107－108；**L2**：458-459；**L5**：238；**L14**：40；**L17**：422－428，社会心理学

Witmer on，**M2**：118，魏特默关于心理学

as method of ethics，**M3**：59－61，作为伦理学之必要方法的心理学

in 1910 *How We Think*，**M6**：xxiii-xxiv，《我们如何思维》中的心理学理论

James's，**M6**：93，99；**M12**：221；**L4**：xviii；**L5**：158－159；**L14**：39，155－167，337－340；**L15**：10－15，18，39，147，398n，詹姆斯的心理学

behavioristic，**M7**：52－55，390－408；**M13**：39，行为主义心理学；**L5**：218－228，234－235，483，行为心理学

associational，**M7**：136，；**L5**：169；**L10**：104－107；**L11**：32，76－81，联想心理学

in Germany，**M7**：137－141，德国心理学

concepts of，**M7**：414，心理学的概念

introspective，**M10**：57－58；**L5**：230－233，内省心理学

of war，**M10**：271－280；**M11**：xvi-xvii，107－116，120，360，战争心理学

of Japan and China，**M11**：xviii-xix，174－176，195，206－212，日本和中国的心理学

of motivation，**M11**：10－17，动机心理学

of industry，**M11**：333－335，工业心理学

sensationalistic，**M11**：345，346；**L5**：169，感觉心理学

of crowd，**M12**：53－58，大众心理学

malicious，**M12**：126－127，恶意的心理学；**L9**：241，蓄谋心理学

evolutionary hypothesis of，**M12**：208－209，心理学的进化论的假设

Bergson's，**M12**：221，柏格森的心理学

as basis of Russell's theories，**M12**：245，心理学作为罗素理论的基础

defects in，**M12**：259；**L16**：88n，149，247，249，366，心理学的不充分性

and environment，**M13**：381，心理学与环境

of meaning，**M13**：393，意义心理学

related to morals，**M14**：10－11，66，心理学与道德理论；**L9**：241，与道德相关的心理学

of habit，**L2**：273，334－336，习惯心理学

of individualism，**L2**：290，个人主义心理学

of private consciousness，**L2**：297，个人良知心理学

related to religion，**L4**：244；**L9**：3，57，心理学与宗教相关

of work，**L5**：236－242，工作心理学

experimental，**L5**：238，实验心理学

functional，**L5**：479，功能心理学

of experience，**L6**：330－332，经验的心
理学

related to esthetics，**L10**：37,80,109,127,
199,252－253,260－267,心理学与美学
相关

Peirce's，**L11**：93,481；**L15**：150,皮尔士
的心理学

related to ageing，**L14**：343－344,348－
350,与老年化有关的心理学

dualism in，**L15**：365,心理学中的二元论

as basis for values，**L15**：445－447,作为价
值基础的心理状态

Bentley on，**L16**：xx,xxv,本特利关于心
理学

positions held by，**L16**：83n,111,115,243n,
心理学所持立场

terminology of，**L16**：93n,132n,266,
270,307,347,心理学的术语

of Kantor，**L16**：190－191,康德心理学

divisions of，**L17**：42,54,心理学的分类

Hughes on，**L17**：42－43,休斯论心理学

Psychology and Life（Münsterberg），**M1**：
135,《心理学与生活》（明斯特伯格）

Psychology and Logic（Kantor），**L16**：190－
192,《心理学和逻辑》（坎特）

"Psychology and Philosophic Method," **M1**：
xii,《心理学和哲学方法》

"Psychology and Social Practice," **M1**：xii,
《心理学和社会实践》

Psychology of Child Development，*The*（I.
King），**M3**：299n,《儿童发展心理学》（金）

Psychology of Number，*The*（Dewey and
McLellan），**E5**：xxiii-xxvii, xxxiii-xxxiv,
l-li, lxiii,《数字心理学》（杜威和麦克莱伦）

Psycho-physical，**L1**：134－135,190,198,
201－206,239,264,心理的-身体(物理)的

parallelism，**M7**：136,身心平行论

dualism，**M15**：367,身心二元论；**L17**：
xxix-xxx,心理物理二元论

Psycho-physic organism，**E5**：304－309,心

理-生理机制

Psycho-physics，**M7**：139,心理-物理定律

Ptolemaic theory，**M8**：xix,,**M15**：48,314,
托勒密的理论

Ptolemy，**L8**：34,128；**L14**：393,托勒密

Pubescence，**M1**：215－217,思春期

Public：公共、公众

attitudes of，**M5**：57；**L7**：52；**L16**：393,
408,410,公共态度

welfare，**L2**：167,公众的幸福

Lippmann on，**L2**：213－220,李普曼论
公众

and private，**L2**：243－247,265－268；**L7**：
336－337,公众和私人

government and，**L2**：252－256,275－279,
283,政府和公众

and political agencies，**L2**：257,259－260,
277,公众和政治代理人

designation of，**L2**：260－275；**L7**：xx,公
众的形成

and ownership，**L2**：273－274,公众和所有
权

inchoate，**L2**：303,未充分发展的公众

education of，**L2**：305－306,公众的教育

eclipse of，**L2**：307,311,316－317,320,
351,公众的消失

problem of，**L2**：313,330,351,365,370,公
众的问题

publicity and，**L2**：339－342,371－372,公
开性和公众

Bridgman on，**L16**：170n,布里奇曼关于
公共

Public agency and control：公共机构和控制

ethical aspects of，**M5**：480－504,公共机
构和控制的伦理方面

Public and Its Problems，*The*，**E4**：xxii；
M1：xxi；**M9**：xii；**L5**：xvi；**L7**：xv,xix；
L13：176；**L17**：xxiv,《公众及其问题》

Gouinlock on，**L2**：xix,xxiii-xxxv,古安洛
克论《公众及其问题》

1946 introduction to, **L2**：375 - 381,《公众及其问题》1946 年导言

Publications, **M12**：5,10,73,出版、出版物；**L15**：87 - 88,362,出版物

  in U. S. , **M12**：12 - 14,美国的出版物

  Chinese language reform in, **M12**：24,中国在出版物方面进行的语言改革

  suppression of, **M12**：46,69,抑制、镇压出版

Public Buildings Administration, **L14**：255 - 257,公共建筑管理局

Public Education Association, **M10**：144n,公共教育协会

Public Information, Committee on, **M10**：315 - 316,公共信息委员会；**M11**：150,151,257,394,395,公共信息署

Publicity,公众性、公开性、公开、宣传。另见 Press

  Baldwin on, **E5**：395 - 397,鲍德温论公众性

  as deterrent, **M5**：465 - 466,公开作为阻止的手段

  T. Roosevelt's use of, **M11**：145,罗斯福运用宣传

  about U. S. , **M11**：150 - 155,有关美国的宣传

  for Polish affairs, **M11**：255 - 259,306,309 - 312,325 - 328,波兰事务的宣传

  about Washington Conference, **M13**：171 - 172,197,203 - 206,209,有关太平洋会议的公开

  and business, **M13**：285,公开的效果

  and public, **L2**：339 - 342,371 - 372,公众与公开性

Public Opinion (Lippmann), **M13**：337 - 344,《公众舆论》(李普曼)

Public opinion, **L2**：345 - 346,公众舆论

  on Far East treaties, **M13**：85,关于远东的各项条约的公众舆论

  Japanese vs. Chinese, **M13**：256,日本人

的公众舆论对中国人的公众舆论

  control of, **M13**：330,对公众舆论的控制

  analysis of, **M13**：339 - 340,对公众舆论的分析

  effect of press on, **M13**：340 - 341,出版对公众舆论的影响

  Dewey on, **M13**：343 - 344,杜威论公众舆论

Public schools,参见 Schools

Public School 26 (Indianapolis)：印第安纳波利斯公立 26 中

  social settlement work at, **M8**：340 - 352,印第安纳波利斯公立 26 中的街坊文教工作

Public School 45 (Indianapolis)：印第安纳波利斯公立 45 中

  learning by doing at, **M8**：255 - 260,印第安纳波利斯公立 45 中的做中学

Public works, **L6**：379,384 - 385,396,404,公共工程

  program for, **L6**：353,486 - 487,公共工程规划

Public Works Administration, **L9**：286,公共工程管理局

Puerto Rico, **L15**：20 - 22,波多黎各

Puffendorf, Samuel, **E1**：408,普芬多夫,塞缪尔；**E4**：143,普芬道夫,塞缪尔

Pugnacity, **L13**：289,好斗

Punch, **M15**：208,《笨拙周报》

Punishment, **L10**：351,惩罚

  Bain on, **E3**：329,贝恩论惩罚

  related to morality, **E4**：110 - 111,114；**M5**：94；**L7**：86,惩罚与道德相关

  reform in, **M5**：420 - 421,惩罚的改革

  force related to, **M10**：248,惩罚和力量的关系

  Tolstoy on, **L17**：382,托尔斯泰论惩罚

Pupils,参见 Students

Pure：纯、纯粹

  in *Dictionary of Philosophy*, **M2**：215,纯

《哲学辞典》）

mathematics，**M7**：420，437 - 439；**L4**：120 - 129，纯粹数学

logic，**M7**：438 - 439，纯粹逻辑

thought，**M8**：143 - 144；**L4**：67，112，113，120，纯粹思想

reason，**M12**：124 - 125，217，235，238，240，243；**M14**：25；**L10**：257；**L12**：18，31，64，78，92；**L13**：256；**L16**：386，纯粹理性

Purists，**L16**：310，纯化论者

Puritan Evangelicism，**M11**：336，清教徒的福音主义

Puritanism，**M5**：328；**M13**：277，278，303，306；**M14**：6，109；**L6**：271；**L7**：143 - 144，204，278；**L11**：446，清教主义

Purpose，**M12**：245；**L8**：84，目的。另见 Aims；Ends

regulates thinking，**M6**：189；**L8**：122 - 123，125 - 126，目的规范了思维

in art，**M13**：363；**L10**：31，56，61，65，68，120 - 122，235，268，278，280 - 283，298，323，334，350，352，艺术的目的

defined，**L4**：180 - 181，195，250，目的被定义

change of，**L4**：186，目的的改变

in nature，**L4**：196 - 197，200，201，自然中的目的

beliefs about，**L4**：203 - 205，目的的信仰

and habit，**L7**：185 - 186，目的和习惯

and desire，**L7**：186，247，308，目的和欲望

formation of，**L13**：43 - 46，87，223，258，376，目的的形成

teacher and learner share common，**L17**：54，教师与学生分享共同的目的

theory of，**L17**：96，目的理论

Purpose of History，The（Woodbridge），**M15**：375，《历史的目的》(伍德布里奇)

Purposive Evolution（Noble），**L3**：299 - 304；**L4**：197n，《目的的宇宙》(诺布尔)

Purposiveness：有意性

as animal characteristic，**L16**：136，有意性作为动物的特征

Putilov，Aleksei Ivanovich，**L17**：490 - 491，568，普提洛夫，阿列克赛·伊万诺维奇

Putnam，Hilary，**L14**：xvin，普特南，希拉里

Pyatakov，Yuri L.，**L11**：311，312，322，603，皮达可夫，尤里·L；**L15**：338 - 339，普雅塔科夫，尤里

Pyramidal forms，**L10**：184，椎体形式

Pyrrho，**L4**：x，xix，xx，皮浪

Pyrrhonism，**L8**：xvii，皮浪主义

Pythagoras，**M4**：37；**L3**：26；**L4**：74；**L14**：392，425，毕达哥拉斯

Pythagoreans，**M2**：153，163，167，267；**M7**：313；**L8**：26，毕达哥斯拉主义者、毕达哥拉斯学派

Quadrivium，4：314，(中世纪)的四门学科

Qualification，**L16**：474，限制

Qualitative：性质上的、本性的、本质的

and common sense，**L12**：69 - 72，性质与常识

science and，**L12**：71，248 - 249，科学与本性

situations as，**L12**：74 - 76，190 - 191，350 - 351，364 - 365，441，作为本质的情形

as individual，**L12**：201 - 202，211，218 - 219，525，个体性质

"Qualitative Thought，" **M7**：xviiin，《定性思考》；**L6**：332，495；**L10**：126n，197n，，《质化思维》

Qualities，**L1**：75，81 - 82，86 - 87，89，92 - 96，107 - 108，115，120，133，198 - 199，202 -206，226 - 227，253，质量、品质、特性；**L3**：85，品质；**L6**：426；**L12**：519，性质

primary，secondary，tertiary，**M6**：x，20 - 21；**L4**：97，98，191；**L14**：25 - 28，第一性质与第二性质、第二性质与第三性质

quaternary, **M6**：21，第四性的质

related to values, **M7**：45，质与价值相关；
L4，207，212 - 214，性质与价值相关

constituent related to, **M15**：24 - 25，342 -
343，345，构成性质

Locke on, **L2**：143 - 146，154，156 - 157，
洛克论性质

related to power, **L2**：150，性质和权力
相关

in science, **L4**：43，99，105 - 106，127，239；
L12：83 - 84，119 - 120，151 - 152，215 -
216；**L14**：80 - 83，近代科学中的性质

static, **L4**：101，静止的性质

control of, **L4**：110，控制性质

subjectivity of, **L4**：185 - 191，220，性质的
主观性

and common sense, **L6**：430，性质与常识

as material for art, **L10**：xiii，45，52，55，
56，80，99，101，104，131 - 132，174，196 -
197，211，217 - 220，227 - 228，239，280，
297，341，作为艺术材料的性质

sensory, **L10**：xxviii，107，126 - 128，263 -
264，感觉的性质；**L14**：162，感觉性质

judgment of, **L10**：312，319，性质判断

as signs, **L12**：76 - 77，132，149 - 150，
240，248 - 249，252，268 - 269，475，作为
标记的性质

and change, **L12**：136 - 137，295 - 296，性
质与改变

and magnitude, **L12**：207，质与量

common, **L12**：248 - 249，261 - 262，265，
268，350，平常的性质

unique, **L12**：294 - 295，319，350 - 351，独
特性质

immediate, **L15**：29 - 32，66 - 70，直接
的质

indeterminateness as, **L15**：39，40，质的不
确定性

intrinsic, **L15**：42 - 44，直觉的质

objectivity of, **L15**：74，76，质的客观性

logics on, **L16**：162，逻辑学关于性质

Quality：性质、特质

Peirce on, **L11**：xiv，86 - 94，皮尔士论
性质

nature of, **L11**：95 - 101，性质的本质

in universals, **L11**：107，113，共相包含的
性质

of experience, **L13**：12 - 13，经验的特质

inherent, **L13**：214 - 215，与生俱来的（内
在的）特质

significance of, **L13**：330，特质的重要性

relational treatment of, **L14**：22，把性质作
为关系

in nature, **L14**：63 - 64，144 - 145，自然中
的性质

metaphysical status of, **L14**：105，性质的
形而上学

sensible, **L14**：171，"可感觉的"性质

Quantity, **E5**：189 - 190；**L4**：74，108，数量；
L10：311，量

concepts of, **L8**：261，量的概念

as accident, **L12**：94，201，作为偶性的量

role of, in science, **L16**：370 - 371，数量在
科学中的角色

Quantum mechanics, **L15**：305，量子力学

Quarrel, **L13**：140，争执

Queens County, N. Y. , **L9**：346，350 - 353，
360 - 361，378，纽约昆斯县

Quest for Being（Hook），**M8**：xiv，《探究存
在》（胡克）

Quest for Certainty，*The*，**M1**：xi；**M5**：xi；
M8：ix；**M12**：ix；**M15**：x；**L3**：ix；**L5**：
460，471n，473，475n，486n，490，491，
494；**L6**：496；**L7**：xxiv；**L8**：ix；**L10**：
xviii，323n；**L12**：xxi；**L14**：x，xviii，7，9，
10，21 - 22，25 - 26，30，35，48 - 49，51，52，
65 - 67，69，147n，148，395n，；**L15**：400，
《确定性的寻求》

Toulmin on, **L4**：vii-xxii，图尔敏论《确定
性的寻求》

Kurtz on, **L5**：xi，xxv，xxvii，库尔兹论《确定性的寻求》

Questioning：提问

art of, **M6**：339，342；**L8**：331 - 332，335，提问的艺术

Quest of the Ages，*The*（Haydon），**L11**：583 -584，《时代的寻求》（海东）

Quick, Herbert, **L9**：262 - 263，奎克，赫伯特

Quietism, **M2**：216，静寂主义

Quincy, Mass.：昆西，马斯

educational experiment at, **M2**：97，101，昆西教育实验

Quine, Willard V. , **L4**：xviii；**L14**：xv，xvii，奎因，威拉德；**L16**：18，49 - 50，150，蒯因，威拉德

Quis custodiet ipsos custodes, **L6**：481 - 482，谁来看守看守者

Rabbi Ben Ezra（R. Browning），**L14**：348，《本·埃兹拉·拉比》（布朗宁）

Rabelais, Francois, **M7**：295，拉伯雷，弗朗索瓦

Race, **L16**：372，种族

development, **E5**：248：250，种族发展

in Germany, **M8**：187 - 188，种族在德国

attitude toward, **M11**：222 - 223；**L7**：66，对种族的态度

cultural factors in, **M13**：438，439，种族中的文化因素

differences in, **L13**：76，种族的差异

relations, **L15**：171，196，种族关系

Race discrimination, **L13**：xv，153；**L15**：282，356 - 357，种族歧视。另见 Prejudice

affects Japanese-U. S. relations, **M11**：151 -154，172，222，种族歧视对日美关系的影响

discussed at peace conference, **M11**：158，159，和会上对种族歧视的讨论

U. S. accused of, **M11**：177，美国的种族歧视受到指责

Racine, Wis. , **M7**：461，462，拉辛·威斯康星州

Radcliffe College, **L17**：7，553，拉德克利夫大学院

Radek, Karl B. , **L11**：312，318，322，603，雷戴克，卡尔·B

trial of, **L15**：338，345 - 347，审判雷戴克

Radford, William, **L5**：xv，雷德福，威廉

Radical empiricism, **M7**：x，297，彻底经验主义；**M12**：xi，207，217，激进的经验主义；**M15**：335，彻底的经验主义

James's, **M6**：94，100；**M7**：142 - 148，詹姆斯类型的彻底经验主义

Radicalism, **E4**：103 - 104；**M12**：89 - 90，137，239，255；**M13**：429；**M14**：115 - 116；**L7**：337；**L13**：142，291 - 292，激进主义

aided by reactionaryism, **M12**：10 - 11，19 - 20，激进主义受到反动主义的帮助

Dewey's, **M14**：xxii，杜威的激进主义

in U. S. , **L9**：297，298，美国的激进主义

ends of, **L11**：xii，298 - 299，激进主义的目的

and liberalism, **L11**：287，293，激进主义和自由主义

sources of, **L13**：86，激进主义的根源

Radin, Paul, **L3**：335 - 337，兰丁，保罗

Radio：广播

Dewey's broadcasts over, **L6**：90 - 98，231：238，341 - 344；**L9**：61 - 65，81 - 86，309；**L11**：158 - 161，167 - 170，256 - 257，261 - 264，326 - 329，杜威的广播讲话

related to political convention, **L6**：248 - 249，与政治性的代表大会有关的广播

Radio in Education, National Advisory Council on, **L6**：90n，231n，美国广播教育咨询委员会

Radio Manufacturers' Association, **L6**：346，

无线电制造商协会

Rafton, Harold Robert, **L17**：560，拉夫顿，哈罗德·罗伯特

　　on religion at Harvard, **L17**：135，545 - 547，拉夫顿论哈佛的宗教

Railroads, **M12**：29 - 30，37，61，65，72 - 74；**L6**：166，233，356，361，铁路公司

　　and government, **L2**：318，铁路和政府

　　cases involving, **L6**：165，370 - 371，504，涉及铁路公司的案例

　　economics of, **L6**：368 - 371，铁路公司的经济状况

Railway Economics, Bureau of, **L6**：370，铁路经济局

Ramus, Petrus, **L8**：xvii，拉莫斯，皮特鲁斯

Randall, John H. , Jr. , **L11**：359；**L14**：4，6，8，75n，88；**L17**：522，小兰德尔，约翰·H

　　on naturalism, **L15**：457，464 - 468，小兰德尔论自然主义

Rand School of Social Science（New York City），**L6**：40n；**L9**：305 - 306，社会科学的兰特学校；**L15**：378，社会科学兰德学校；**L17**：429n，兰德社会科学学校（纽约市）

Rank, **M12**：115 - 116，地位等级

Rank and File Group：会员团体

　　in Teachers Union, **L9**：323；329，334 - 337，340 - 342，教师工会中的会员团体

Ranke, Leopold von, **M8**：186，兰克，利奥波德·冯

Raphael, **L10**：117，315，335，拉斐尔

Raskob, John J. , **L6**：158，161，拉斯科布，约翰·J

Rasquin, Almon G. , **L9**：348，拉斯金，阿尔蒙

Rates：价格

　　control of, **L7**：415 - 417，控制价格

Ratiocination, **L1**：152，165，推理、推论

Ration idea：比率观念

and series idea, **E5**：184 - 185，188 - 191，比率观念和系列观念

related to number, **E5**：426 - 427，比率与数字的关系

Rational, **L12**：26：理性的

　　idealism, **M6**：175，唯理论唯心主义；**M7**：227，理性唯心主义

　　perception, **M7**：260 - 261，理性知觉

　　deism, **M7**：293，理性主义的自然神论

　　ego, **M8**：154，理性自我

　　knowledge, **M9**：343 - 344，理性知识

　　and empirical, **L12**：17 - 18，44，78，80，194，251n，277 - 278，304 - 305，420，426，理性的对经验的

Rationalism, **E4**：263；**M2**：216 - 218；**M4**：323n；**M5**：213 - 214，理性主义；**M12**：xiv，129 - 131，唯理论；**L1**：372，理性主义、唯理论；**L8**：8，21，359；**L11**：77 - 79，109，146，147，150；**L12**：114，134，142，162，436，497，508 - 513；**L13**：123；**L15**：94；**L17**：446，理性主义。参见 *A priori*，**L12**

on feelings and objects, **E4**：264，理性主义论感情和对象

on knowledge, **E5**：15；**L4**：137，144，理性主义的认识论

and sensationalism, **E5**：16 - 18，唯理论和感觉论；**L4**：91，92；**L16**：334 - 335，理性主义与感觉经验主义

role of, **E5**：21，唯理论的作用

on idea and fact, **M1**：244 - 245，理性主义关于理念和现实

transcendental, **M4**：181 - 191；**L2**：77，先验的理性主义

in *Cyclopedia of Education*, **M7**：334 - 335，357，理性主义（《教育百科全书》）

attitude of, toward individualism, **M9**：307 - 308，理性主义对待个人主义的态度

its emphasis upon particular and general,

M9：352－353,理性主义对特殊性和一般性的强调

continental,**M10**：xxv,大陆理性主义

vs. empiricism, **M10**：5－23; **L4**：21,67, 98; **L14**：394－395; **L16**：92n,148n, 284,411,理性主义对经验主义

effect of Kantianism on, **M10**：13,康德主义对理性主义的影响

its view of thought, **M10**：16,17,理性主义对思想的看法

related to mathematics, **M10**：18,理性主义与数学相关

rigidity of, **M12**：135－136,理性主义苛刻

in Russell's philosophy, **M12**：239,罗素哲学中的理性主义

faults of, **L4**：92,211,理性主义的不正确; **L14**：151,理性主义的错误

logic of, **L4**：112－115,123－124,132, 133,204－206,理性主义的逻辑

reaction against, **L8**：xiii,xiv; **L13**：169, 对理性主义的反动;**L14**：387,反对理性主义

Piatt on, **L14**：23－24,派亚特论理性主义

James on, **L14**：156,158,詹姆斯论理性主义

formalistic, **L17**：445,形式主义的理性主义

study of, **L17**：546,理性主义研究

Rationality, **L17**：xviii,xx,xxii,合理性

emotion influences, **M7**：397－399,情感对理性的影响

in esthetics, **L10**：174,176,263,美学中的合理性

freedom and, **L13**：80,自由和合理性

reasonable vs. arbitrary, **L13**：225－226, 合理的合理性对任意的合理性

need for, **L16**：314; **L17**：15,17,538,对合理性的需要

of Dewey's philosophy, **L17**：xxxii,杜威哲学的合理性

"Rationality, Activity and Faith" (W. James), **L11**：473,《理性、活动和信仰》(詹姆斯)

Rationalization, **M12**：135,138; **M13**：421, 合理化

as stage of moral development, **M5**：15; **L7**：13,作为道德发展阶段的理性化过程

as response to change, **L11**：41－42,作为对变化的反应

Ratner, Joseph, **L5**：217; **L12**：5,405n; **L14**：4,拉特纳,约瑟夫

on new introduction to *Experience and Nature*, **L1**：329－330,361,拉特纳关于《经验与自然》再版导论

contributes to Dewey's work, **L10**：7; **L16**：5,拉特纳对杜威著作的贡献

on Dewey's theory of knowledge, **L14**：6, 48,拉特纳论杜威的知识理论

edits Dewey's typescript, **L16**：448,拉特纳编辑杜威的打字稿

Ratner, Sidney：拉特纳,西德尼

on Dewey's 1931－32 writings, **L6**：xi-xxiii,拉特纳关于杜威 1931 至 1932 年著述的导言

on Dewey-Bentley collaboration, **L16**：xvn, xvi, xixn, xxvii, xxxvn-xxxvin,拉特纳关于杜威与本特利的合作

Ratzel, Friedrich, **M13**：311,拉策尔,弗里德里希

Raub, William Longstreth, **M14**：227－228,

Rauh, Frédéric, **L5**：502,胡,弗雷德里克

Raup, R. Bruce, **L11**：385,劳普,R·布鲁斯

"Raven, The" (Poe), **L10**：80,《乌鸦》(坡)

Rawls, John, **L2**：xxxv-xxxvi,罗尔斯,约翰

Reaching：抓

related to seeing, **E5**：98,看与抓的关系

Reaction, **M14**：109,反作用力/反动

elements in, **L13**：333,反应中的各种要素

as name, **L16**：90,269,反应作为名称

Maxwell on，**L16**：100，麦克斯韦关于反应

Osborn on，**L16**：116n，奥斯本关于反应

C. Morris on，**L16**：220－221，莫里斯关于反应

Reactionaries，**L11**：xii，63，反动派

use of force by，**L11**：294，379，反动派使用武力

respond to change，**L11**：409，412－413，反动派对变化的回应

criticize education，**L15**：257－261，264，269－275，反动分子批评教育

Reactionaryism，**M12**：5，10－11，17－21，反动主义

Reading：阅读

ability, as tool for advancement，**E5**：255－256，阅读能力作为进步的工具

teaching of，**E5**：262－266；**M10**：117；**L11**：213，240；**L17**：329－330，阅读教学

in Greece，**L17**：180，希腊的阅读

skills，**L17**：188，阅读技能

oral，**L17**：219，口头阅读

mechanical vs. spiritual，**L17**：304，306，机械阅读与精神阅读相对

imitation in，**L17**：308－309，阅读中的模仿

social value of，**L17**：321，阅读的社会价值

in Russia，**L17**：494，495，俄国的阅读

Reading circles：读书会

in Turkey，**M15**：278，287，301：302，土耳其的读书会

Readjustments：再适应

occurringin school，**E5**：453，发生在学校中的再适应

Real：实在、实在的、真实的

object，**M6**：23－24，实在对象

time，**M10**：68－69，真实的时间

conceptions of，**M12**：139，传统观念

and ideal，**M12**：153－154，真实的与理想的；**L1**：310－311，实在的和理想的

meaning of term，**L14**：25－26，实在这个术语的含义

definition，**L16**：163－170，175，180，实在的定义

Real Business of Living，*The*（Tufts），**L15**：322，325，《生活的真谛》（塔夫茨）

Realism，**M2**：218－223，实在主义；**M4**：116－117；**M7**：223，348，360，422；**M10**：xxv，107，**M14**：123－124，176，206；**M15**：335，337，实在论；**L1**：62，127，166，233，260，285，现实主义；**L3**：398－400，实在论；**L14**：xiii，xiv，实在主义

transfigured，**E1**：132－133，以新面目出现的实在论

naturalistic，**M1**：130n，自然主义实在论

on idea and fact，**M1**：244－245，实在论对观念和事实的解释

on correspondence，**M6**：xiv，xx-xxi，实在论关于符合

related to truth，**M6**：xiv-xvi，33－52，实在论的真理概念定义

vs. idealism，**M6**：xvi-xvii，80－85 113－122，实在论对唯心论；**M10**：48，336－337，实在论对观念论；**L4**：235，实在论对唯心论；**L16**：411；**L17**：418，实在论对观念论

naive vs. presentative，**M6**：103－111；**M13**：459，素朴实在论对表象实在论

epistemological，**M6**：111－113；**M13**：372；**L14**：188；**L15**：146，认识论的实在论

external and internal relations in，**M6**：138－145，484－511，实在论中的外在关系和内在关系

Montague on，**M6**：475－477，蒙太古论实在论

Pitkin on，**M6**：478－480，皮特金论实在论

Spaulding on，**M6**：480－511，斯波尔丁论实在论

on knowledge，**M7**：82－83，实在论的知识

观；**M10**：26n；**L4**：xi，18，53，实在论中的认识论；**L16**：288，实在论关于知识

in education，**M7**：229－233，教育中的实在论

and ego-centric predicament，**M7**：445－451，实在论和自我中心困境

McGilvary on，**M7**：454－460，麦吉尔夫雷论实在论

analytic，**M8**：68；**M10**：90；**M13**：419，分析实在论

growth of，due to problem of relation of subject and object，**M10**：24，由于与主客关系问题而发展的实在论

its denial of intervention of consciousness in experience，**M10**：25－26，拒斥经验中意识的干涉

monistic，dualistic，pluralistic，**M10**：64；**M13**：54，55，460－461；**M15**：361－362，一元论的实在论、二元论的实在论与多元论的实在论相比较

compared with instrumentalism，**M10**：338－365，实在论与工具主义相比

Drake on Dewey's theory of，**M10**：431－439，德拉科论杜威的实在论理论

logical，**M15**：368；**L11**：108n，111－112，149，逻辑实在论

school of，**L3**：385－388，实在论学派

on sense data，**L4**：141，142，实在论中的感觉与料的主张

nature of，**L4**：147，191，219，实在论的性质；**L14**：99；**L17**：454，实在论的本质

on values，**L4**：206；**L13**：191，实在论关于价值

political，**L9**：404－405，政治现实主义

religious，**L9**：422，宗教现实主义

knowledge in，**L12**：16，261，实在论的知识

atomic，**L12**：150－153，原子实在论

apprehension in，**L112**：168，493－494，实在论的理解

theories of，**L12**：513－518，实在论的理论

influence of，on Dewey，**L14**：7－8，实在论对杜威的影响

social，**L15**：253，社会的现实主义

on word and thing，**L16**：158，实在论关于词和事物

"Realism without Monism or Dualism,"**M15**：27，349n，371，《并无一元论或二元论的实在论》

Realistic：实在论的、现实的、现实主义的

idealism，**M8**：68，实在论的唯心主义；**L14**：290，现实理想主义

vs. imitation，**L10**：157，279，288，现实主义对模仿

Realists，**M6**：xiii；**M8**：191，实在论者；**M11**：267，275，现实党人

failure of，**L17**：451－452，实在论者的失败

Reality，**M2**：296；**M4**：254；**M13**：413；**M15**：18，实在；**L1**：52，53，56－57，60，112－113，119－120，126，325，344，372，现实、实在；**L10**：284，292，真实

order and harmony of，**E1**：292，现实的秩序与和谐

concepts of，**E1**：321，现实的概念；**E4**：xiv；**L13**：255，实在的概念；**L16**：151，181，255，358－359，414－415，实在性的概念

classes of，**M11**：342，实在的类别

related to experience，**M1**：126－130；**M3**：102；**M4**：120－124，实在与经验相关

vs. belief，**M3**：83－100，实在对信念

attitude of scientist toward，**M3**：102－106，科学家对于实在的态度

absolute，**M3**：124；**M12**：92，94，绝对的实在

Bradley on，**M4**：50－75，布拉德雷论实在

McGilvary on Dewey on，**M4**：297－313，麦吉尔夫雷论杜威对实在的论述

James on，**M6**：99－100，詹姆斯论实在

related to knowledge and action，**M7**：5－

6,实在与知识和行动的联系

Pestalozzi on，**M7**：378 - 379，裴斯泰洛奇论实在

ultimate，**M10**：38 - 42，最终实在；**M12**：140 - 144，终极的实在；**L14**：314 - 315，最终实在；**L17**：17，终极现实

related to pragmatism，**M10**：39，实在论与实用主义相关

related to philosophy，**M10**：46；**M11**：42，47，50，51，364；**L14**：289 - 291；**L15**：156 - 162，实在与哲学相关

Spencer on，**M10**：67 - 68，斯宾塞论实在

Peirce on，**M10**：75 - 78；**L5**：470，皮尔士论实在

and democracy，**M11**：48，实在与民主

Bush on，**M11**：375 - 378，布什论实在

noumenal vs. phenomenal，**M12**：92，本体的与现象的

super-empirical，**L13**：264，超验实在

withdrawal from，**L13**：328，"脱离现实"

and appearance，**L14**：25，26，196 - 197，实在和表象；**L17**：367n，现实与表象

and time，**L14**：98 - 101，实在和时间

and causality，**L14**：146，实在和因果性

and thought，**L14**：152 - 153，实在与思想

Hocking on，**L14**：415 - 420，423，霍金论实在

relations of，**L16**：43，44，286，359，实在性的关系

rejected，**L16**：102，111，摒弃实在性

as name，**L16**：104，258，269，实在性作为名称

Einstein and Bohr on，**L16**：108 - 109，爱因斯坦和波尔关于实在性

Hartshorne on，**L16**：166，哈茨霍恩关于实在性

Moore on，**L16**：203，摩尔关于实在性

and self，**L17**：155 - 156，现实与自我

Realize：实现

McGilvary on Dewey's lack of knowledge of the term，**M4**：300，麦吉尔夫雷论杜威关于"实现"这个语词的知识的缺乏

Realm of Essence，The（Santayana），**L3**：287 - 293，《本质的领域》（桑塔亚那）

Realpolitik，**M8**：419，475，现实政治

Reals，**M2**：223 - 224，实有

as name，**L16**：xxxvi，269，实体作为名称

in postulates，**L16**：78 - 79，假设中的实体

rejected，**L16**：82n，83，89，94，摒弃实体

in interaction，**L16**：114，127，相互作用中的实体

vs. terms，**L16**：159，实体相对于术语

organized，**L16**：261，实体的组成

Reason，**M12**：97，127，179，理性、原因；**M15**：56 - 58，理性；**L1**：61，98，263，324 - 325，原因、推理；**L13**：139，理性（理由）；**L15**：12，90 - 91，307，理性

Kant's theory of，**E1**：34 - 35，40 - 41；**E3**：333；**L7**：146 - 147，222 - 223，康德的理性理论

nature of，**E1**：45；**M9**：275 - 285；**M11**：345 - 347；**L4**：227；**L7**：xxiii；**L11**：565 - 566；**L13**：91；**L16**：312，326，355，386，理性的本质

principle of sufficient，**E1**：282，415 - 418，充足理由律

connected with freedom，**E1**：337338，理性与自由的关联

truths of，**E1**：392，398 - 402，属于理性的真理

related to sense，**E3**：227 - 228，333 - 335，理性与感性相关；**L17**：157，理性与感受相关

related to knowledge，**E5**：5，6；**M9**：353；**L4**：71，72，136，140，154，理性和认知相关

in judgment，**E5**：323，判断中的理性

and understanding，**M2**：259 - 261，理性和知性

Grotius on，**M3**：51，格劳秀斯论理性

Greeks on，**M4**：35；**M5**：108 - 112,118 - 119,123 - 128；**M9**：260 - 263；**L7**：99 - 103,109 - 110,114 - 119,古希腊人论理性

Santayana on，**M4**：233 - 234,桑塔亚那论理性

Plato on，**M5**：123 - 124,柏拉图论理性；**M9**：271 - 72,275,柏拉图论理智；**L7**：114 - 115,柏拉图论理性

Bergson on，**M6**：130,柏格森论理性

Locke on，**M7**：57,58,洛克论理性

Fichte's formula for，**M8**：173,188,费希特的理性公式

absolute，**M8**：188；**L13**：148 - 149,绝对理性

Aristotle on，**M9**：271,272,亚里士多德论理智；**L4**：145n,亚里士多德论理性

classical attitudes toward，**M9**：273 - 275,对理性的古典态度

related to action，**M9**：340,理性与行动相关；**L17**：383,理性与行为相关

rationalism on，**M10**：12,理性主义者将理性看作超-经验

related to experience，**M10**：15 - 18；**M12**：134,理性与经验相关

idealism on，**M10**：19 - 21,观念论者对理性的看法

perception of，**M12**：124；**L4**：35,44,231,235,对理性的认知；**L7**：217；**L11**：7,9,17,20,72 - 76,282,403,理性的观念；**L14**：191 - 192,理性的洞见

and intelligence，**M12**：134 - 135；**L7**：xxiv-xxv,理性和智力

pure，**M12**：217,235,238,240,243；**M14**：25；**L12**：18,31,64,78,92；**L13**：256,纯粹理性

as element in change，**M12**：259,作为变化中的元素

of J. Robinson，**M13**：421，J·鲁滨逊的理性

in belief，**M15**：51,理智与信仰

and science，**L2**：221 - 225；**L7**：145；**L16**：365,409,理性和科学

and state，**L2**：248,理性和国家

and law，**L2**：270 - 272,理性和法则

debates about，**L4**：x, xiii, xix-xxii；**L6**：304,488 - 491,关于理性的争论

forming of，**L4**：14,40 - 43,理性的形成

function of，**L4**：21, 22, 28, 43, 88, 90, 169 -170,205,229 - 230,235,241；**L7**：386,401,理性的功能

related to morals，**L4**：47,49；**L7**：13,41 - 43,64,146,155,理性与道德相关

J. Marsh on，**L5**：183,185 - 189,马什论理性

related to law，**L7**：130 - 133；**L13**：80,理性与法则

and desire，**L7**：187,191；**L14**：323 - 324,理性与欲望

related to esthetics，**L10**：xii, 39 - 41,257 - 258,263,265,278,293 - 299,324 - 325,337,342,348,理性与美学相关

Hogben on，**L11**：391 - 392,霍格本论理性

Hutchins on，**L11**：391 - 392,402,404 - 405,哈钦斯论理性

vs. cause，**L13**：17 - 18,理由与原因

Hume on，**L13**：161,休谟论理性

in Enlightenment，**L14**：100；**L16**：372,在启蒙中的理性

Cohen on，**L16**：195,科恩论理性

value of，**L17**：334 - 335,理性的价值

Reasonableness，**M14**：48 - 49, 55, 134 - 138,149,合理性

Reason and Goodness（Blanshard），**L13**：xi,《理性与善》(布兰夏德)

Reason and Nature（M. R. Cohen），**L6**：xiv-xv, 299 - 304,488,《理性和自然》(柯恩)

"Reason and Nature"（Hook），**L6**：xvn,《理性和自然》(胡克)

"Reason and Violence —— Some Truths and

Myths about John Dewey"（Hook），**L17**：xxviiin，《理性与暴力——关于约翰·杜威的一些真相和神话》（胡克）

Reason in Art（Santayana），**M11**：385；**L10**：231n，《艺术中的理性》（桑塔亚那）

Reasoning，**L11**：215，推理。参见 Discourse，**L12**；Meaningsymbols，**L12**；Symbols，**L12**

and meaning，**E1**：180 - 181，推理与意义

as aspect of thinking，**E2**：178,192 - 201；**M1**：163，作为思维特定类型的推理

and knowledge，**M6**：239 - 41；**L8**：203 - 205，推理与知识

in childhood，**M7**：369 - 376，幼儿的推理

defined，**M13**：64n；**L17**：253，推理的定义

and reflection，**M13**：487 - 488，推理与反思

intellectual and affective，**L2**：105 - 107，理智的和情感的推理

control of，**L8**：259 - 267，对推理的控制

as ordered discourse，**L12**：60,115 - 116,164,276 - 277,379,428，作为有序论说的推理

by disjunction，**L12**：193，析取推理

circular，**L12**：264，循环推理

novelty in，**L12**：313 - 314，推理的新方法

image needed for，**L17**：246,253 - 254，推理所需的形象

Rebellion，**M14**：114，反叛

Recapitulation theory：复演理论、再现理论

of education，**E5**：248；**M1**：xv，教育的复演理论；**M9**：78 - 82,209，教育的再现理论

in "Some Stages of Logical Thought"，**M1**：xiv，《逻辑思维的几个阶段》中的复演理论

related to manual training，**M1**：232 - 235，与手工培训相关的复演理论

Recent Social Trends in the United States（President's Research Committee），**L9**：229 - 236，《美国最近的社会趋势》（总统调查委员会）

Receptivity，**L10**：51 - 52,58 - 59，接受；**L14**：118，接受性

Recht，**L17**：102，权利

Reciprocity，**L14**：118，互动性；**L16**：115n，相互性

Recitation：背诵、复述、讲课

conduct of，**E5**：339，背诵行为；**L8**：333 - 337，讲课行为

in education，**M1**：33 - 35；**M3**：347，教育中的背诵

Herbart's formal steps of instruction used as a method of，**M6**：338 - 347，赫尔巴特用作复述方法的教导的形式步骤

Rousseau on，**M8**：228，卢梭论背诵

negative aspects of，**L8**：154 - 155；**L17**：282，背诵的消极方面

false ideas about，**L8**：326 - 327，关于讲课的错误观念

functions of，**L8**：327 - 333,340 - 341，讲课的功能

teacher's role in，**L8**：337 - 340，教师在讲课中的作用

power of，**L17**：313,342，背诵的力量

Recognition，**M8**：25，认识；**L1**：247 - 248，再认；**L12**：154 - 155，承认

desire for，**M5**：85 - 86；**L7**：78，渴望承认

as cognition，**L4**：148，作为认识的再认识

vs. perception，**L10**：xxiv, 29,58 - 59,118,150,180,182,258,261,263,279,感知

value of，**L17**：68，认可的价值

Recollection：回忆

as distinct from perception in Bergson，**M7**：8,柏格森理论中作为与直觉相区别的回忆

as mediated，**L12**：223 - 227，作为中介的回忆

Reconciliation，**L10**：190，和解

Reconstruction，**M3**：169 - 170，重构

in religion, **E4**：97,99 - 100,103,105,宗教中的重建

of society, **M5**：87 - 88；**L7**：xi, xix, 80,社会的重建

of education, **M9**：82 - 86,325,341,教育的重构；；**L9**：393 - 395,教育中的重建

after WWI, **L13**：314,第一次世界大战后重建

of experience, **L13**：380,经验重建

Reconstruction Finance Corporation, **L6**：386,397 - 398,复兴金融公司计划；**L9**：125,253,262,286,复兴银行公司；**L11**：286,339,复兴金融公司

Reconstruction in Philosophy，**M11**：ix, xvii, 341 - 349,；**M12**：ix-x, xiv, xviii, xx-xxi；**M13**：xviii；**M15**：x；**L7**：xviii, xix, xxi-xxii；**L8**：ix；**L10**：ix, xxxii；**L11**：596 - 597；**L14**：x, 386 - 389,394 - 396,398, 401 - 402,405,408 - 409,《哲学的改造》

anticipated in *New Psychology*，**E1**：xxxi, 在《新心理学》一文中的预示

1948 introduction to, **M12**：256 - 277, 1948年《哲学的改造》再版导言

reason in, **L7**：xxiv-xxv,《哲学的改造》中的理性

Reconstruction in philosophy, **M12**：x, xix, 哲学(中)的改造

historical factors of, **M12**：95,哲学改造的历史因素

problems of, **M12**：103 - 104,260,265 - 277,当前哲学改造的问题

as essential, **M12**：108,哲学的改造作为本质的

scientific factor in, **M12**：110,改造中的科学的因素

function of, **M12**：137 - 138,哲学改造的功能

in moral conceptions, **M12**：172,在道德观念上的哲学改造

social philosophy and, **M12**：187,社会哲学与哲学改造

intelligence in, **M12**：258,哲学改造中的理智

Recreation, **L16**：366：娱乐

importance of, as social function, **M2**：91 - 92,娱乐作为社会功能的重要性

in Russia, **L3**：214,苏俄的娱乐

affects character, **L9**：191 - 192,娱乐活动影响性格

in art, **L10**：60,66,113,艺术中的再创造

Recurrence：重现

esthetic, **L10**：175,审美的重现

nature of, **L12**：246 - 252,再现的本质

Red-baiting：政治迫害

and Teachers Union, **L9**：316,322,326, 330,339 - 341,政治迫害与教师工会

Red Cross, **M11**：231,393,红十字会

involved in Polish question, **M11**：xvi, 250,316 - 319,327,329,波兰问题中涉及的红十字会

French, **M11**：250,法国的红十字会

Redintegration, **E2**：88,再整合

Rediscovery of America，*The*（W. Frank）, **L5**：72,《美国的再发现》（弗兰克）

Reductio ad absurdum, **L12**：301, 503, 归谬法

Reductionism, **L14**：xiii；**L15**：231n,还原主义

Reductive fallacy, **L10**：319 - 320,化约的谬误

Reed, Charles L., **L5**：506,里德,查尔斯·L

Reenforcement：加强

as esthetic quality, **L10**：103,151,165, 172,181,186,235,作为审美性质的加强

Rees, J. R., **L14**：245,瑞斯,J·R

Reference, **M13**：380,关联,指涉

existential, **L12**：59 - 60,80,137 - 138, 174 - 175,188,254 - 255,283 - 284, 313,353 - 354,374 - 375,378,411 - 414,417,423 - 424,475,513 - 514,517 - 518,实存性指涉

of signs, **L15**：132 - 135,148,150,符号

所指

as name, **L16**：269,303n,308,指涉作为名称

References：参考

on history of education, **L17**：162 - 164,169,174 - 175,181,186,对教育史的参考

on psychology for teachers, **L17**：188 - 190,192,196,200,204,207,对教师用心理学的参考

Referent：所涉及的事物

Ogden and Richards on, **L16**：300 - 302,奥格登和理查兹关于所涉及的事物

determination of, **L16**：303 - 305,308,所涉及的事物的确定

Reflection, **L1**：303 - 304,340 - 341,387 - 389,反思、沉思、反映；**L13**：285,反思；**L16**：320,反射

involved in logical theory, **M2**：300 - 302,参见逻辑理论

in pragmatism, **M10**：xvii-xix；**M13**：480,486 - 490,实用主义中的反思

related to experience, **M10**：322 - 365,368,反思与经验相关

as instrumental, **M13**：27,工具性的反思

in representation, **M13**：51,再现中的反思

stages of, **M13**：58,445,490 - 491,反思的各个阶段

philosophic, **M13**：413,哲学反思

and cognitive process, **M15**：338 - 339,反思和认知的过程

as reconstructive, **L7**：xi,重建的反思

development of, **L7**：xiii, xxiii,反思观念的发展

and ends, **L7**：184 - 186,反思与目的

role in esthetics, **L10**：21,151,198,263 - 264,269,295,297,316,反思在美学中的作用

observation and memory as, **L13**：41,作为反思的观察与记忆

meaning of, **L13**：59,反思的含义

free, **L13**：321,自由反思

Reflections on Violence（Sorel）, **L15**：387,《暴力论》（索列尔）

Reflective：反思性的、反思的

approbation, **E4**：292；295,反思性的嘉许

interest, **E5**：311,反思的兴趣

inquiry, **M4**：xvi, xviii-xix,反思性探究

morality, **L7**：162 - 166,235 - 237,253 - 255,反思性道德

Reflective thinking, **M2**：298 - 300,反省性的思想；**L12**：28 - 29,反思性思维；**L16**：339,深思。另见 Inquiry, **L12**

nature of, **L4**：88,90,112,117,174 - 177,反省思维的性质；**L8**：114 - 115,117 - 120,171 - 176,193 - 195,反思性思维的性质

role of, **L4**：98,137,144 - 150,反省思考的作用

analysis of, **L8**：xii-xviii, 196 - 209,对反思性思维的分析

vs. belief, **L8**：116 - 117,反思性思维与信念

phases of, **L8**：120 - 123,200 - 208,反思性思维的阶段

as educational aim, **L8**：125 - 139,176 - 182,作为教育目的的反思性思维

illustrations of, **L8**：187 - 190,反思性思维的例证

judgment in, **L8**：210 - 220,反思性思维中的判断

control of, **L8**：344 - 345,对反思性思维的控制

Reflex action：反射活动

in perception, **M7**：25 - 26,知觉中反射活动的功能

Reflex arc, **E3**：212 - 214；**M1**：xiii；**L6**：xii,9,反射弧

as concept in psychology, **E5**：xviii-xix,96 -109,反射弧作为心理学的概念

unit, **E5**：305，反射弧单位

"Reflex Arc Concept in Psychology, The,"
M6：xi; **L5**：479; **L7**：ix; **L14**：xii; **L16**：
101n, 221n,《心理学中的反射弧概念》

Reflexes, **L11**：513，反射

Reflexive proposition，**L12**：360 - 363，自反命题

Reform, **M12**：182,183,192，改革

meaning of, **L7**：251，改革的含义

monetary, **L9**：296 - 297，货币改革

in Canton, **L17**：32 - 33，广东的改革

as stimulus, **L17**：66，作为激励的改革

Reformation，**M5**：82; **M7**：134; **M8**：155;
M9：291; **L1**：334; **L7**：75,140 - 141,
145,443; **L16**：408，改革

Reform Bill of 1867（Great Britain），**L17**：
492,568 - 569，改革法案（英国）

Refugees, **L17**：150，难民

Regency：统治
governs Poland, **M11**：268 - 271,274 -
277,292 - 295，对波兰的统治

Regeneration, **M2**：180，再生

Regimentation：组织化
allied with loyalty, **L9**：87，组织化与忠诚
相联系
in government，**L9**：88，政府中的组织化
economic, **L9**：89 - 90,206 - 207，经济组
织化

Reichenbach, Hans, **L13**：ix; **L14**：5,15,61,
赖欣巴哈/瑞彻巴赫,汉斯
Dewey replies to, **L14**：19 - 28,58 - 59，杜
威对瑞彻巴赫的回复
on Dewey's theory of knowledge, **L14**：63,
瑞彻巴赫论杜威的知识理论

Reid, Herbert A. , **L11**：487，里德，赫伯特·A

Reid, John R. , **L16**：169,175，里德，约翰·R

Reid, Thomas, **E1**：271; **E3**：191; **M2**：
180; **L12**：68，里德，托马斯

Reify, **M2**：224，具体化

Rein, Wilhelm, **L17**：568，赖因，威廉

Reinsch, Paul Samuel, **L3**：200，雷恩什,保
罗·萨缪尔

Reiser, Oliver L. ：瑞泽,奥利弗·L
on science and philosophy, **L11**：432 -
437，瑞泽论科学和哲学

Relation, **M2**：224 - 230; **L2**：156 - 157;
L8：225 - 226,264; **L15**：79n，关系。另
见 Connection
as ideal, **E1**：185 - 186，作为理想的关联
principles of, **E5**：246; **L4**：164,165，关系
的原则
internal and external, **M10**：12n，内在关系
与外在关系的混淆
of Brogan, **M13**：25n，布洛根的关系
discovery of, **L2**：141 - 143; **L4**：67,74,
82,84,144,214,216,219,235,239，关系
的发现
substances in, **L2**：144 - 146，关系中的实体
connection as distinct from, **L2**：148,149,
作为和区别相联系的关系
as scientific subject-matter, **L4**：74,197 -
199; **L12**：119，关系作为科学的题材
measurement of, **L4**：100 - 107，关系的
测量
formal, **L4**：118,119，形式关系
vs. individuality, **L4**：189,190,193，关系
相对个别
necessary to value, **L4**：207,212 - 213，关
系对价值是必要的
as interaction, **L10**：31,155 - 157，作为相
互作用的关系
in art, **L10**：106 - 107,121,139,142,158,
205 - 206,216 - 217,287; **L14**：37 - 38,
艺术中的关系
ambiguity of term, **L12**：60 - 62,328 -
329,397 - 399，词项关系的模糊性
in Greek logic, **L12**：96，希腊逻辑中的
关系
of meanings, **L12**：115 - 116,137 - 138,意
义关系

whole-part，**L12**：203 - 206，整体部分关系

propositions as，**L12**：307 - 309，命题作为关系

terms as，**L12**：332 - 333，347 - 348，项作为关系

mathematical，**L12**：391 - 414，425 - 426，数学关系

empirical vs. rational，**L14**：20，23，经验的关系对理性的关系

Carnap on，**L16**：30，卡尔纳普关于关系

Tarski on，**L16**：41 - 42，塔斯基关于关系

as name，**L16**：93n，140n，102，269，关系作为名称

prerequisite for intercultural，**L17**：35，跨文化关系的先决条件

need for philosophical，**L17**：36，对哲学关系的需要

Relational theory：关联性理论

applied to valuing，**L16**：348 - 351，关联性理论应用于评价

in physics，**L16**：363，物理学中的关联性理论

"Relation of Sense Data to Physics, The" (B. Russell)，**M8**：xx，《论感觉材料与物理学的关系》（罗素）

"Relation of Theory to Practice in Education, The," **M3**：xvii，《教育学中理论与实践的关系》

Relationship，**L12**：396 - 401，407，463，关系
human，**L7**：xxviii；**L13**：335 - 336，人类关系

Relativism，**M7**：435；**M10**：24；**M13**：417；**L1**：xx；**L7**：336；**L15**：162 - 163，相对主义

Relativity，**L1**：347，相对性
of knowledge，**E1**：19 - 22；**M4**：133 - 134，知识的相对性

of feeling，**E1**：22 - 25，29，31 - 33，感觉的相对性

in perception，**M10**：29 - 30，感知的相对性
theory of，**L4**：102，116，117；**L13**：158；

L15：235，305，507；**L16**：xxxiv，76n，286，340，414，454，相对论

in history，**L11**：291 - 292，历史相对性

Relativity in Man and Society (A. Bentley)，**L16**：318，《人与社会中的相对性》（本特利）

Relevance，**L12**：115，235，相关性。另见 Data，**L12**，

of Dewey，**L17**：xvii-xxxiii，杜威的相关性

Relief：救济
farmers' need for，**L9**：249 - 251，农民需要救济

government role in，**L9**：253 - 254，259 - 260，268，271 - 272，政府在救济中的角色

Religion，**M11**：337；**M12**：139，200，201；**M14**：6 - 7，180 - 181，226 - 227；**L1**：41，133；**L8**：xvii，45；**L11**：xv，283，549；**L15**：171，334，宗教。另见 Christianity；Church；Protestantism；Roman Catholic church

Green on，**E3**：34 - 35，格林对宗教的看法
Science and Philosophy of, University of Michigan course in，**E3**：91，密歇根大学的科学和宗教哲学课程

Hegel's philosophy of，**E3**：187 - 190，黑格尔的宗教哲学

fundamentals of，**E4**：3，5 - 6，365；**M10**：22；**M15**：3 - 7；**L9**：xv-xvi，3 - 8，23，27，45 - 46，215 - 216，220，221，228，414 -417，423；**L13**：71，宗教原理

conflicts with science，**E4**：6，15；**M12**：264 - 266；**L3**：19，27；**L4**：33 - 34，247；**L9**：xv-xvi，3，22 - 23，27，37，42 - 43，221，418 - 420；**L11**：135，141 - 142，552；**L13**：123，152，182；**L15**：56，93，157，184 - 185，189，271 - 272，376 - 377，507 - 508；**L16**：371，408 - 409，418；**L17**：13 - 14，412，宗教与科学

redirection of，**E4**：96 - 105；**L4**：242 -

248,宗教的转向

and society, **E4**：211；**M5**：81；**M11**：x,
21；**M13**：257；**L2**：261 - 262,266,340
- 342；**L5**：71 - 72；**L7**：74 - 75；**L9**：
xviii-xix, 3,6,38 - 42,43 - 46,53 - 58,
295,424,427,428,431,宗教与社会

in D'Arcy, **E5**：30 - 31,达西理论中的宗教

in Baldwin, **E5**：408 - 409,鲍德温理论中
的宗教

related to education, **M4**：165 - 175；**L17**：
167,宗教影响教育

Santayana on, **M4**：236 - 237；**M10**：311；
L9：13,桑塔亚那谈及宗教

philosophy's relation to, **M4**：257；**M11**：
44,51,341,344,349,383；**M12**：237 -
238；**L4**：13,42 - 44,54,61 - 62,宗教与
哲学的关系；**L8**：25 - 26,宗教与哲学的
联系

primitive, **M5**：34 - 36；**M15**：240；**L4**：3,
9 - 12,原始人类的宗教；**L7**：33 - 35,
50,早期群体的宗教

quality of, **M5**：84；**M15**：42,43；**L2**：
223；**L4**：128,186,188,194,200,203 -
207,216,219 - 221,226,233,234,238；
L7：77；**L9**：xiv, xxiv, 43；**L10**：xv,
12,13,26,36 - 38,79,114 - 115,274 -
275；**L16**：396 - 397,417,471；**L17**：
16,375,533,宗教的性质

Greek, **M5**：108 - 110,129；**L7**：99 - 101,
120 - 122,古希腊宗教

morality's relation to, **M5**：181 - 183；**L7**：
74 - 75,82,85 - 86,90,92 - 95；**L9**：
xxvii-xxviii, 5 - 6,16 - 17,28 - 29,宗教
与道德

medieval, **M9**：301；**L7**：135 - 137,中世纪
宗教

controversies and wars in, **M11**：58；**M15**：
x, xiii, 47 - 50；**L2**：163 - 166；**L15**：
51 -52,宗教中的争论和战争

in U.S., **M11**：124,241,美国的宗教

in Japan, **M11**：170 - 172,日本的宗教

in China, **M11**：211,中国的宗教

of Poles, **M11**：260,263,277,285 - 287,
398,波兰人的宗教

development of, **M12**：105 - 106；**L1**：43 -
45；**L7**：140 - 141；**L9**：xv, xviii-xix,
xxix, xxxi, 3 - 6,40 - 41,43,45,48 -
49,216；**L14**：77 - 80；**L17**：93,379,宗
教的发展

related to art and esthetics, **M12**：248；
L9：17,29 - 30,54,431,436,437；**L10**：
157,199,296,329 - 332,338,340,350；
L13：70,169 - 170,宗教与艺术和美学
的关系

in Turkey, **M15**：128 - 130,132,土耳其的
宗教

in Mexico, **L2**：194 - 201;208,墨西哥的宗
教

guides conduct, **L4**：25,31,46,57,86；**L9**：
12 - 13,宗教指导行为

environment and, **L4**：45,186；**L9**：17 -
19,224 - 225,227,环境与宗教

two-realm scheme in, **L4**：47,76,186,在
宗教中的两重领域思想体系

Kant's relation to, **L4**：48,49,康德与宗教
的关系

authority of, **L4**：52；**L15**：230 - 231,235,
宗教的权威

Kurtz on, **L5**：xxxi-xxxii,库尔茨论宗教

attitude toward, **L5**：47 - 49；**L13**：xv；
L16：390 - 394,对待宗教的态度

Dewey's view of, **L5**：149 - 150,153 - 154；
L9：xii-xiii, xxiii-xxiv,杜威的宗教观

Russian treatment of, **L5**：355 - 362,俄国
对宗教的处理

Whitehead on, **L8**：357 - 358,怀特海论
宗教

vs. religious experience, **L9**：xi-xii, xiv-
xv, xxvi, 4,12 - 13,16 - 17,19 - 20,29
- 31,56,423 - 425,429 - 430,434,436；

L16：465－466,宗教与宗教经验

supernatural in, **L9**：xvi-xviii, xx, xxviii-
xxix, 3－5, 25, 27, 30－32, 44－45, 53－
54, 295, 428－430；**L17**：378, 427,与宗
教相关的超自然

liberalism in, **L9**：xix, 24, 216－218, 222,
宗教中的自由主义

laissez-faire in, **L9**：xx, 52, 54, 55,宗教中
的"放任自由"

symbolism in, **L9**：5, 28－29, 215,宗教中
的象征主义

adaptation related to, **L9**：11－14,与宗教
相关的适应

and knowledge, **L9**：14－15, 18－19, 21－
25, 28, 38－39, 56－57,宗教与知识

Otto on, **L9**：214, 215,奥托的宗教观

Macintosh on, **L9**：421－422,麦金塔谈及
宗教

Guterman on, **L9**：423－425,古特曼谈及
宗教

Wieman on, **L9**：426－434,威曼谈及宗教

function of, **L9**：434；**L17**：529,宗教的
功能

humanism in, **L11**：84－85, 583n, 584－
587,宗教中的人本主义；**L15**：269－
270,宗教中的人道主义

problem in, **L11**：115－117,宗教中的问题

Lamont on, **L11**：425－427,拉蒙特论宗教

Bergson on, **L11**：428－431,柏格森论
宗教

Reiser on, **L11**：435, 436,瑞泽论宗教

Russell on, **L11**：455－456, 459－460,罗
素论宗教

James on, **L11**：474－476；**L13**：367,詹姆
斯论宗教

Jefferson on, **L14**：215, 218－219,杰斐逊
论宗教

Cohen on, **L14**：406,科恩论宗教

heresy in, **L15**：53, 58,宗教异端

freedom of, **L15**：172－175, 183；**L16**：

402,宗教自由

source of individualism, **L15**：212－217,宗
教作为个人主义的来源

subsidy for, **L15**：282－285,对宗教的补助

impact of, **L16**：243, 254－255, 407；**L17**：
530,宗教的影响

universality of, **L17**：374－377,宗教的普
遍性

ethical factor of, **L17**：375－376,宗教的伦
理因素

at Harvard, **L17**：545－547,哈佛的宗教

Religion and Science（B. Russell）, **L11**：
xxiv, 454－63,《宗教和科学》（罗素）

Religion in the Post-War World（Ferris）,
L17：545,《战后世界的宗教》（弗里斯）

Religion Today and Tomorrow
（Macintosh）, **L14**：286,《宗教的今天和未
来》（麦克托什）

Religious：宗教的

education, **M3**：210－215,宗教教育

art, **L10**：134, 146, 156, 191－192, 256,
319－322,宗教艺术

Religious Aspect of Philosophy, The
（Royce）, **M6**：xivn；**M10**：82－83,《哲学
的宗教方面》（罗伊斯）

Religious experience：宗教经验

as epiphenomenon, **L9**：xiv, xxiv,宗教作
为偶发现象

Arnold on, **L9**：xiv-xv, xvii-xviii, xxiv-
xxv, xxvii,阿诺德谈及宗教经验

Bosanquet on, **L9**：xxv,鲍桑奎谈及宗教
经验

Royce on, **L9**：xxviii,罗伊斯谈及宗教
经验

concept of, **L9**：xxviii-xxix, 3－4, 8－11,
13－14, 23－24, 26, 426,宗教经验的
概念

vs. religion, **L9**：4, 8－9, 29,宗教经验与
宗教相对

Macintosh on, **L9**：418,麦金托什谈及

宗教

Remains of the Rev. James Marsh，*The*（J. Torrey），**L5**：195，《詹姆斯·马什的遗产》

"Remarks at a Peace Banquet"（W. James），**L15**：21n，《论和平盛宴》（詹姆斯）

Rembrandt，**M5**：145；**L10**：60,98,117,209 - 210,286,355,358,伦勃朗

Remembering：记忆

    compared with reminiscencing，**L17**：325，与回忆相比较的记忆

    related to thinking，**L17**：326,332 - 333，与思考相关的记忆

Reminiscence，**L1**：273，回想

    defined，**M13**：42；**L17**：325，经过定义的回忆

    development of，**M13**：43，回忆的发展

    Lovejoy on，**M13**：53，洛夫乔伊论回忆

Renaissance，**M9**：290；**M12**：xii, 95 - 96；**M15**：196；**L1**：334；**L5**：166；**L8**：25,30,32；**L16**：408,文艺复兴

    individual in，**E5**：13；**L17**：437,文艺复兴中的个体

    growth of freedom of thought during，**M1**：167,文艺复兴中思想自由的兴起

    higher schools of，**M1**：289,文艺复兴中的高等学校

    philosophy，**M7**：215 - 216,文艺复兴时期的哲学

    nationalism during，**L7**：138,文艺复兴时期的民族主义

    law in，**L7**：139,文艺复兴时期的法律

    liberty and religion in，**L7**：140 - 141；**L9**：xix,文艺复兴中的自由与宗教

    economic development in，**L7**：141 - 144,文艺复兴中的经济发展

    science in，**L7**：144,文艺复兴中的科学

    art in，**L7**：147 - 148,艺术；**L10**：146,256,332 - 334,文艺复兴时期的艺术

Renaissance of Physics，*The*（Darrow），**L13**：272,《物理学的复兴》（达罗）

Renan，Ernest，**E3**：37,39,勒南,恩斯特

    and Dewey，**E3**：xxv-xxvi；**E4**：xix-xx,勒南与杜威

    on science and civilization，**E3**：174 - 179；**E4**：11 - 18,勒南论科学和文明

Rendt，David S.，**L9**：346 - 348,351,伦特,大卫·S

Renoir，Pierre Auguste，**L10**：101, 133 - 134,172,182,305 - 306,359；**L11**：501；**L13**：361,雷诺阿,皮埃尔·奥古斯特

Renouvier，Charles Bernard，**M2**：153；**M7**：297,雷诺维埃/勒努维耶,查尔斯·伯纳德

Rent：地租

    socialization of，**L11**：xxiv, 256 - 257,地租的社会化

Renunciation：放弃

    Tolstoy teaches，**L17**：389,390,托尔斯泰教导放弃

Reorganization：重建

    after WWI，**L13**：309,312 - 315,战后重建

Repetition：重复

    evils of，**L17**：205,220 - 221,301 - 302,328,重复的坏处

    related to habits，**L17**：299 - 300,304,307,与习惯相关的重复

    value of，**L17**：304 - 305,重复的价值

"Reply to Criticisms"（B. Russell），**L16**：200 - 202,《对批评的回复》（罗素）

"Reply to John Dewey，A"（Meiklejohn），**L15**：333,《答约翰·杜威》（米克尔约翰）

"Reply to My Critics，A"（G. Moore），**L16**：204 - 207,《对我的批评者的回复》（摩尔）

Report and Recommendation upon Turkish Education，**M15**：xixn, xx-xxiii,《关于土耳其教育的报告和建议》

Representation，**L12**：58,118,121,177,292,432,473 - 475,516 - 520,再现

    function of，**M13**：50 - 52,456n, 464,再现的功能

    Lovejoy on，**M13**：53,洛夫乔伊论再现

esthetic vs. cognitive，**M13**：54，与认知的再现相对的审美的再现

meaning as，**M13**：58，作为再现的意义

in art，**L10**：88 - 89，92 - 96，99，107，189，200，204 - 205，225 - 227，258，288，292，295，319，356；**L14**：37，艺术中的再现

determination of，**L16**：301，表征的决定

behavioral，**L16**：473 - 474，行为的表征

Representation and Form （Abell），**L11**：487 -488，《表现和形式》(阿贝尔)

Representatives：代表

words as，**L16**：297 - 299，词作为代表

Republic，*The* (Plato)，**E1**：239 - 241；**M7**：312 - 314；**M8**：144；**M9**：286；**M12**：xxvii；**M15**：19；**L2**：129 - 138；**L8**：23，37；**L11**：72，《理想国》(柏拉图)

Republicanism，**M13**：140，151，联邦主义

Republican party，**L6**：xviii，405，412；**L9**：290；**L11**：526；**L15**：239 - 242，245，共和党

Poles vote for，**M11**：242，287，396，波兰人的选票

identified with prosperity，**L5**：91 - 92，将共和党等同于繁荣

failure of，**L5**：444 - 447，共和党的失败

blocs in，**L6**：152，235 - 236，共和党中集团的作用

related to industry，**L6**：157，158，168，172，与企业相干的共和党

compared with Democratic party，**L6**：167 -168，184，236，248，与民主党相比较的共和党

and third-party program，**L6**：185，247，250 - 251，254，504，共和党与第三政党的纲领

related to minorities，**L6**：227 - 229，与少数人族群相关的共和党

history of，**L6**：231 - 234，240，共和党的历史

in New York City，**L9**：349 - 353，355，379，382，384，纽约的共和党

Res，**M7**：37，事件；**M10**：322，323，345，物体

Research，**M12**：100，102，研究

in Russia，**L17**：507，俄国的研究

Research in the Social Sciences （Gee），**L5**：161n，《社会科学研究》(吉)

Resistance：抵抗

esthetic role of，**L10**：21，22，29 - 31，51，59，65 - 67，71，143，152，154，159 - 166，171，184，187，265，267，286，341 - 342；**L14**：36 - 37，抵抗在美学的角色

Resources，资源。另见 Natural resources use of，**L13**：388，使用资源

Respectability，**L7**：253，可尊敬

Response，**L12**：36 - 38，反应

and stimulus，**E1**：106；**E5**：98，100 - 109；**M9**：29 - 30，52，67 - 68，反应和刺激

centrality of，**E5**：359 - 360，反映的集中性

effective，**M9**：161，有效的反应

three types of，**M13**：37 - 38，三类回应

as name，**L16**：90，269，反应作为名称

C. Morris on，**L16**：213，220 - 223，莫里斯关于反应

disposition，**L16**：231 - 235，反应倾向

in semiotic，**L16**：239 - 240，符号学中的反应

Responsibility，**M12**：173；**M14**：xv，18，216 -217；**L8**：137 - 138；**L14**：17n，402 - 406，责任

ethics of，**E4**：342 - 344，责任伦理学

collective，**M5**：32 - 33，46 - 47，62，63；**L7**：31 - 33，44 - 46，57，58，集体责任

individual，**M5**：33 - 34，100；**L7**：32，91 - 92，300，个人责任

in role in the social order，**M5**：390 - 394，责任在社会秩序中的作用

in dealing with subject-matter，**M9**：185 - 186，责任作为应对主题对象的有效方法

basis of，**M9**：346 - 347，责任的基础

as prospective，**L7**：xxv，预期的重任

nature of，**L7**：303 - 304，责任的性质

and consequences，**L7**：304 - 305，责任和后果

and freedom，**L7**：305 - 306；**L17**：342 - 343,462，责任与自由

for labor conditions，**L7**：378 - 379；**L13**：317，就劳动条件而论的责任

of education，**L13**：26 - 27，教育的责任

active，**L13**：277，积极的责任

need for intellectual，**L17**：80，对理智负责的需要

for children，**L17**：518，对孩子的责任

Responsiveness：反应能力、热诚

training in，**E5**：82,202 - 203，教反应能力

in art，**L13**：366 - 367，艺术中的热诚

Rests，参见 Intervals

Result，**L16**：344，结果

"Results of Child-Study Applied to Education，" **L11**：212n，213 - 214，《儿童研究的结果应用于教育》

Resuscitation：复活

Tolstoy on，**L17**：386，托尔斯泰论复活

Retention，**M13**：352，保存

nature of，**E2**：132 - 133，保持的本质

Retirement，**L11**：529，退休

Retreat from Reason，*The*（Hogben），**L11**：186,391 - 396，《远离理性》；**L12**：451n；**L17**：447，《从理性的撤退》（霍格本）

Retribution：报复

in wartime，**M10**：281 - 284，战争时期的报复欲望

Retrospection：回顾

in education，**M9**：78 - 82，教育的回顾理论

importance of，in knowledge，**M13**：467 - 472，回顾在知识中的重要性

"Return to Normalcy，" **L13**：315，"回到常态"

Reuter news service，**M11**：151；**M13**：241，路透社

Revcoms（USSR revolutionary committees），**M13**：235，革委会

Revelation：启示

conditions of，**E4**：4 - 7，启示的条件

in art，**L10**：274，艺术中的"启示"

Revenue Act，**L9**：259,260,274,282，税收法案

Revenue bill（1932），**L6**：385,392,1932 年税收法案

Reverence：敬畏

religious，**M5**：34 - 35,55,131；**L7**：33,50,122，宗教敬畏

for ancestors，**M5**：36,61；**L7**：34 - 35,56，对祖先的敬畏

for duty，**M5**：71；**L7**：65，对责任的敬畏

Reverie，**L1**：27,69,77,98,174 - 175,220,235,257 - 259，幻想、空想

in esthetics，**L10**：224,277 - 280,295，空想在美学中的作用

important in understanding nature，**L14**：144 - 145,384，想象在理解自然中的作用

Review：评论

as educational method，**L8**：267，评论作为教育方法

Revival：复兴

enjoined by church，**L14**：214 - 215，教会所获得的复兴

Revolt against Dualism，*The*（Lovejoy），**L15**：xviii，《反二元论》（洛夫乔伊）

Revolution，**L11**：5,7,170；**L13**：86,135；**L16**：370,390，革命。另见 French Revolution；Industrial revolution；Russian Revolution

vs. revolutionary，**E4**：83，革命性的与革命的比较

Marxist theory of，**M12**：20，马克思的革命学说；**L11**：59,334 - 335,439,485，马克思主义的革命理论

in China，**M12**：65,253,255；**M13**：135，

470,理查德的三角图示

Rickert, Heinrich, **M11**：361,李凯尔特,亨利希

Rickover, Hyman George, **L5**：xv,里科弗,海曼·乔治

Ridicule, **M5**：57；**L7**：52,嘲笑

Rieber, Clara, **L9**：320,321,里伯,克莱拉

Riehl, Wilhelm Heinrich, **M5**：530 - 531,里尔,威廉·海因里希

Rifle practice, **L17**：121,560,步枪训练

Right, **M14**：xv；**L16**：376,权利

  and duty, **M12**：198,权利与义务

  authority of, **M14**：222 - 225,权利的权威

  in moral theory, **L5**：281 - 288,道德理论中的正确

  and good, **L7**：xi,正当和善

  interpretation of, **L7**：xxviii,对正当的解释

    Tufts on, **L7**：xxix-xxx,塔夫茨论正当

  as basic concept, **L7**：214 - 217,308,正当作为基本概念

  Kantian theory of, **L7**：221 - 222,康德的正当理论

  justification of, **L7**：224 - 231,对正当的辩护

  and loyalty, **L7**：233 - 234,正当和忠诚

Right-and-duty-bearing unit, **L2**：23, 25 - 27,29,权利-义务-承担者的单位

Righteousness, **M5**：99 - 100；**L7**：90 - 91,正直

Rights, **M11**：196；**L15**：179；**L16**：400,权利。另见 Civil rights

  natural, **E1**：410 - 411；**M5**：143 - 144；**M7**：57；**M11**：20, 23, 25；**L2**：289, 294,299；**L3**：99 - 100；**L7**：138 - 140, 143, 331 - 332, 334；**L9**：301 - 302；**L11**：xxvii, 7, 15, 26, 289, 373, 598；**L13**：85,136,174,178；**L14**：212 - 213；**L16**：402 - 403,自然权利

  defined, **M5**：12 - 13；**L9**：89,权利的定义

  Negro, **M5**：32；**L7**：31,黑人的权利

  types of, **M5**：394 - 402,不同类型的权利

  voting, **M5**：423 - 424,选举权

  French principle of, **M8**：165 - 166,法国的权利原则

  of man, **M8**：166；**L13**：148, 173 - 174,人权

  of minorities, **M11**：71,少数人的权利

  British theory of, **L6**：35 - 36,英国的权利理论

  of children, **L7**：29,30,儿童的权利

  development of, **L7**：31 - 32,75 - 77,131 - 133,权利的发展

  labor, **L7**：395 - 396,劳动权

  divine, **L11**：549,神圣权利

  federal vs. states', **L13**：175,联邦权与州权

  personal vs. property, **L13**：177 - 178,个人权利与财产权

Rignano, Eugenio, **L6**：330 - 31,里尼亚诺,欧金尼奥；**L14**：64n,瑞格纳诺,尤格里欧

  on reasoning, **L2**：105 - 106,里格纳诺论推理

  on thinking, **L12**：34 - 35,瑞格纳诺论思维

Riichiro, Hoashi, **L17**：57,557,帆足理一郎

Rijksmuseum（Amsterdam）, **L10**：117,358,阿姆斯特丹国立博物馆

"Rime of the Ancient Mariner, The"（Coleridge）, **L10**：115,116,322,《古舟子咏》（柯尔律治）

Rip Van Winkle, **M8**：292,温克尔,瑞普·凡

Rise of American Civilization，*The*（C. Beard and M. Beard）, **L14**：283,《美国文明的兴起》（C·比尔德和 M·比尔德）

Rising Temper of the East, *The*（F. Hunt）, **M13**：345 - 347,《东方人增长着的怒气》

Ritchie, David G. , **M11**：25,里奇,大卫·G

Rites, **M14**：227,仪式

  role of, **L9**：40 - 41,427；**L10**：v, 330,

332,仪式的角色

Ritter, William Emerson, **L16**：117n, 里特尔, 威廉·埃莫森

Rituals, **L10**：xv, 330, 332, 仪式

 enforce customs, **M5**：58, 66 - 67, 95；**L7**：53, 61, 87, 仪式作为推行习俗的手段

 death, **M5**：65；**L7**：60, 死亡仪式

Rivera, Diego, **L11**：311, 里维拉, 迭戈

Riverside, Ill., Cottage School grammar experiment at, **M8**：262 - 263, 伊利诺伊州里弗赛德市木屋学校

 nature study at, **M8**：266, 木屋学校的自然课

 dramatization at, **M8**：290 - 291, 木屋学校的戏剧表演

 social ideals of, **M8**：352, 木屋学校的社会理想

Roads to Freedom（B. Russell）, **M12**：244, 《自由之路》（罗素）

Robbins, Hayes, **M5**：464n, 罗宾斯, 海斯

Robert Elsmere（Mrs. H. Ward）, **E3**：14, 罗伯特·埃尔斯梅尔（H·沃德夫人）

Roberts, George W., **L6**：xvn, 罗伯茨, 乔治·W

Robert Schalkenbach Foundation, **L3**：359n；**L9**：61n, 罗伯特·沙尔肯巴赫基金会

Robertson, George Croom, **E2**：xxiii；**M11**：21 - 22, 30, 罗宾逊, 乔治·克鲁姆

Robins, Raymond, **L5**：353；**L8**：16, 罗宾斯, 莱蒙德

Robinson, Daniel Sommer, **M13**：11n, 12, 鲁滨逊, 丹尼尔·索默；**M15**：xii, 鲁宾逊, 丹尼尔·萨玛

 Dewey's reply to, **M10**：98 - 108, 杜威对鲁滨逊的回应

 on logic, **M10**：415 - 430, 鲁滨逊关于逻辑学

 on philosophic reflection, **M15**：14 - 19, 323 - 337, 罗宾逊论哲学问题

Robinson, James Harvey, **M5**：419n；**M6**：xii, 鲁宾逊, 詹姆斯·哈维；**M13**：421 - 422, 497 - 499, 鲁滨逊, 詹姆斯·哈维；**M15**：192, 罗宾逊, 詹姆斯·哈维；**L2**：217；**L6**：xvi；**L17**：517, 572, 鲁滨逊, 詹姆斯·哈维

 at curriculum conference, **L6**：414 - 419, 504, 鲁滨逊在课程研讨会上

Robinson Crusoe（De Foe）, **M1**：106 - 107；**M4**：194 - 195；**M10**：91；**M15**：178 - 179, 《鲁滨逊漂流记》（笛福）

Rockefeller Foundation, **L15**：154, 洛克菲勒基金

Rodbertus, Karl Johann, **M8**：176, 罗德贝尔图斯, 卡尔·约翰

Rodin, Auguste, **L17**：40, 罗丹, 奥古斯特

Rodman, Selden, **L9**：296, 罗德曼, 塞尔登

 on Trotsky, **L13**：347 - 348, 391 - 400, 罗德曼论托洛茨基

Roentgen, Wilhelm C., **L11**：279；**L16**：99, 伦琴, 威廉·C

Rolland, Romain, **L6**：272, 罗兰, 罗曼

Rollins College：罗林斯学院

 curriculum conference at, **L6**：404, 414 - 423, 503, 504, 罗林斯学院举办的课程研讨会

Roman：罗马

 law, **E5**：10；**L2**：31n, 35, 41, 罗马法律

 school of painting；**L10**：191, 192, 304, 315, 333, 罗马画派

 civilization, **L10**：330, 332, 340, 罗马文明

 education for, **L17**：228, 罗马人眼中的教育

Roman Catholic church, **E4**：142；**M7**：216；**M8**：416；**M11**：73；**M15**：142, 146, 318；**L4**：57；**L11**：116；**L13**：148, 罗马天主教会

 and mysticism, **E4**：125, 罗马天主教会与神秘主义

 doctrine of, **E4**：126；**L15**：xii-xiii, 46 - 47, 50 - 55, 95, 189, 235, 罗马天主教会

280,287,288,296 - 297,罗斯福的政策

letters to, **L9**：265 - 266,269 - 270,273 -
274,277 - 278,致罗斯福的信

related to Seabury investigation, **L9**：355,
356,369,罗斯福与西伯里调查

and Democratic party, **L9**：400 - 401,罗斯
福与民主党

on fear, **L17**：476,568,罗斯福论恐惧

Roosevelt, Theodore, **M7**：115；**M10**：186,
254,290；**M12**：63；**M13**：302,498；**M15**：
404；**L6**：229,231,234,472,罗斯福,西
奥多

assessment of, **M11**：xix, 143 - 149,评价
罗斯福

on WWI, **M11**：127,罗斯福与一战

on China, **M11**：199,罗斯福与中国

on education, **L17**：72,罗斯福论教育

Roosevelt Corollary, **L6**：473,罗斯福推论

Root, Elihu, **M10**：164,279,卢特,埃利胡；
M15：406,407,鲁特,伊莱休

principles of, **M13**：198, 207, 215,路特
原则

role of, in creating Permanent Court of
International Justice, **M15**：386, 387,
393,鲁特在创建永久国际正义法庭中的
作用

and diplomacy, **M15**：415,鲁特和外交

Rorty, Richard, **L4**：xiin；**L6**：xi；**L14**：
xvii,罗蒂,理查德

on Dewey's 1933 writings, **L8**：ix-xviii,罗
蒂论冲突的杜威形象

Roscelin, **M2**：221,罗瑟林

Rosch, Eleanor, **L4**：xiii,罗许,依莲娜

Rosen, N., **L16**：109,罗森,N

Rosenberg, Alfred, **M8**：439,罗森贝格,阿
尔弗雷德

Rosenheck, Charles, **L11**：530,罗森海客,查
尔斯

Rosenkranz, Johann Karl Friedrich, **E4**：
195,罗森克兰兹

Rosenthal, Henry M., **L14**：307,罗森塔尔,
亨利 · M

Rosenthal, Julius, **L14**：115n,罗森塔尔,朱
利叶斯

Rosmer, Alfred, **L11**：323,罗斯默,阿尔弗
雷德

Ross, Edward Alsworth, **M5**：465；**M10**：
54；**L11**：323,罗斯,爱德华 · A

Ross, Ralph：罗斯,拉尔夫

on Dewey's 1912 - 14 writings, **M7**：ix-
xxix,罗斯论杜威 1912 至 1914 年的
著述

on Dewey's 1920 writings, **M12**：ix-xx,罗
斯论杜威 1920 年的著述

on Dewey's 1921 - 22 writings, **M13**：ix-
xxix,罗斯论杜威 1921 至 1922 年的
著述

Rouen, cathedral of, 224,鲁昂大教堂

Roumania, **M11**：xiii, 137, 307；**M15**：390,
391,罗马尼亚

Round Table, **L6**：198,《圆桌》

Rousseau, Henri (le Douanier), **L10**：239,
卢梭,亨利(关税员)

Rousseau, Jean Jacques, **E3**：91；**E4**：62,
214；**M4**：248；**M5**：142；**M7**：293,377；
M8：xxxii, 275, 356, 389；**M11**：27n；
M12：xxiv；**M13**：298,400；**M15**：9,244；
L2：31n, 332；**L6**：495；**L7**：155, 326；
L8：26, 37；**L9**：195；**L11**：282；**L13**：
156；**L14**：xxii；**L17**：230,430,501,卢梭,
让-雅克/让 · 雅克

on theory of sovereignty, **E4**：76n, 89,90,
146,卢梭主权论

influence of, **E4**：193 - 194；**M8**：222,
248 -249；**L10**：193,卢梭的影响

and economic forces, **E4**：216 - 217,卢梭
和经济力量

on education, **M1**：xvii, 288；**M8**：211,
213 - 214, 219 - 221, 228；**M9**：119 -
125,卢梭论教育

on nature, **M2**：148；**M7**：288-289；**M8**：183,188,卢梭论自然

on optimism, **M2**：175,卢梭论乐观主义

on natural rights, **M5**：143,卢梭论自然权利

on goodness of man, **M5**：205,卢梭论人的自然的善

German reaction to his return to nature, **M6**：405-406,408-409,德国人对卢梭的"返归自然"的反映

Kant on, **M8**：168,康德论卢梭

on physical growth, **M8**：214-217,卢梭论身体生长

on senses, **M8**：217-218,卢梭论感官与知识之关系

on discipline, **M8**：295,卢梭论纪律

his notion that social conditions are not natural, **M9**：65,卢梭认为社会条件不是自然的

Plato's influence on, **M9**：97,柏拉图对卢梭的影响

on formation of citizen, **M9**：100n,卢梭论塑造公民

on consciousness，**M14**：125,卢梭论意识

on primitive simplicity, **M14**：197,卢梭论原始的简单性

on liberty, **L7**：139,359-360,卢梭论自由

on arts and sciences, **L13**：84,卢梭论艺术与科学

political writings of, **L13**：149,卢梭的政治作品

on law, **L14**：120,卢梭论法律

on habits, **L17**：298,299,303,564,卢梭论习惯

on feelings, **L17**：390,卢梭论感情

Tolstoy compared with, **L17**：391,与卢梭相比较的托尔斯泰

Routine, **M14**：48,52,74,146-147,159；**L1**：270-271,常规；**L13**：13-14,361-362,例行公事(常规)

habit and, **M14**：32,50,71,164,习惯与常规

vs. philosophy, **L13**：259,常规与哲学

Royce, Josiah, **E4**：xxiii；**M3**：311；**M4**：254；**M6**：xiii, xiv；**M7**：x, xii, 228；**M8**：xx；**M15**：319, 329；**L1**：174, 176；**L2**：19, 126；**L5**：477；**L6**：xiii；**L11**：472, 476；**L14**：301；**L17**：366n, 559,565,罗伊斯,约西亚/乔赛亚/约塞亚

on morality, **E4**：xvii, 199-200；**M5**：370n,罗伊斯论道德

on conscience, **E4**：197-198,罗伊斯论良知

on Being, **M1**：242-256；**M2**：120-137,罗伊斯论绝对存有

on meaning, **M2**：360n-361n,罗伊斯论含义

on logic, **M3**：65,罗伊斯论逻辑

and absolute truth, **M7**：xiv-xvi, 413-444,罗伊斯与绝对真理

Dewey criticizes, **M7**：xvii, 64-78,杜威批评罗伊斯

voluntarism and intellectualism in, **M7**：418,423,435,444；**M10**：xxiv, 79-88,在罗伊斯早期哲学中唯意志论与理智主义的关系

on Kant, **M10**：80,罗伊斯论康德哲学

on religion and philosophy, **M10**：82-83；**M15**：19；**L9**：xxvii；**L15**：168-169,罗伊斯论宗教和哲学

influences on, **M10**：84n, 85,罗伊斯被影响

on Santayana, **M15**：219,罗伊斯论桑塔亚那

on hedonic motivation, **M15**：325-326,罗伊斯论享乐主义之动机

Rozwadowski, Jan J., **M11**：281,罗兹瓦多夫斯基,扬·J

Rubens, Peter Paul, **L10**：210,鲁本斯,彼得·保罗

Rubinow，I. M. ，**L7**：432，鲁宾诺，I·M

Rucker，Darnell：拉克，达内尔

on Dewey's 1903－6 writings，**M3**：ix-xxv，拉克论杜威 1903 至 1906 年著述

Ruehle，Otto，**L11**：312，314，323；**L13**：395，404，鲁尔/吕勒，奥托

Rugg，Harold：鲁格，哈罗德

investigation of，**L14**：371，373，对鲁格的调查

Hart on textbooks of，**L14**：427－429，哈特论鲁格的教科书

Rugged individualism，**M12**：243，极端的个人主义；**L9**：205－208，231，238，强烈的个人主义；**L11**：29－31，270，286，291，371，直率的个人主义

Ruhr，Germany，**M15**：xviiin，78，109，123；**L6**：453，鲁尔区，德国

Rulers，参见 Government；Officers

Rules，**L13**：5，166，规则

of conduct，**M12**：174，行为规则

in science of education，**L5**：14－15，原则在教育科学中的作用

and principles，**L7**：xxv，276－280，规则和原则

restrict art，**L10**：208，229－230，283，304－305，308，313，317，332n，规则约束艺术

need for，**L13**：32，139，209－210，242，需要规则

maintenance of，**L13**：82，维护规则

as products of interaction，**L13**：86，规则作为交互作品的产物

propositions as，**L13**：211，321，规则命题

Kaufmann on，**L16**：196，198，考夫曼关于规则

Rules for the Direction of Mind（Descartes），**M10**：90，《探求真理的指导原则》（笛卡尔）

Rumford，Benjamin Thompson，**L16**：65，99，拉姆福德，本杰明·汤普森

Runes，Dagobert D. ，**L16**：42n，163－164，258n，鲁内斯，达葛贝特·D

Ruskin，John，**M12**：71，卢斯肯，约翰；**L5**：105；**L11**：19，罗斯金，约翰

and English esthetics，**E4**：195－196，罗斯金和英伦美学

on industrial civilization，**M1**：149，鲁斯金论工业文明

Russell，Bertrand，**M6**：xiii；**M7**：xiv，455；**M8**：xiv；**M10**：xxiii；**M12**：235；**M13**：258；**M15**：xxv-xxvi，327；**L1**：54；**L2**：13n，71，77；**L3**：xiv-xv，298；**L5**：483；**L6**：xv，428；**L9**：91；**L10**：vii，xiii，xiv；**L13**：ix，401－402；**L14**：5，19，30n，34n，306，402；**L15**：xii-xiii，xxxiii，509；**L16**：469，罗素，伯特兰

on truth，**M6**：xx；**M7**：440－441，杜威与罗素争论真理

contradiction of，**M7**：414，罗素的矛盾

logic of，**M7**：422；**M8**：15；**M10**：415；**L4**：xxi；**L12**：157；**L15**：395－398；**L16**：90n，104n，147，159－160，187，193，199－204，罗素的逻辑学

Dewey's relation with，**M8**：xx；**L11**：xxiv，460－463；**L14**：x-xiii，xvii，xx-xxi，12－15，29－34，44，52－58，168－188，399；**L16**：xxxiin，杜威与罗素的关系

on external world，**M8**：xx-xxv，83－93；**M13**：447，罗素论外部世界

on pragmatism，**M8**：22－23，罗素论实用主义

on sense perception，**M8**：58，60－63；**L4**：xiii，罗素论感觉

on inferential function，**M10**：93－97，罗素论推论功能

mentioned，**M10**：100，415，422，罗素被提及

on value judgments，**M11**：364，371，罗素论价值判断

on philosophy，**M12**：xxvii，236，239；**L6**：

425,罗素论哲学

on impulse and instinct, **M12**：xxix, 244 - 246,罗素关于冲动与天性

compared with Bergson and James, **M12**：xxx, 236, 242 - 243,罗素与柏格森和詹姆斯比较

philosophy of, **M12**：235 - 250；**L14**：xiv-xv,罗素的哲学

on psychology, **M12**：236,罗素关于心理学

on philosophy and political concepts, **M12**：239,罗素论哲学对于政治概念的关系

contributions of, **M12**：249 - 250,罗素的贡献

positions of, **M13**：306；**M15**：198；**L1**：xi, xvi, **L16**：xviii, 167, 186n, 189n, 208,罗素的立场

on China, **M15**：215 - 218,罗素论中国

on education, **L2**：226 - 230,罗素论教育

terminology of, **L4**：xviii；**L16**：38,罗素的术语

on America, **L5**：130 - 131；**L17**：50,557,罗素论美国

on religion and science, **L11**：454 - 461；**L13**：160,罗素论宗教和科学

court case of, **L14**：xxi, xxiv, 236 - 248, 357 - 359, 369,罗素的法庭案例

on sexual ethics, **L14**：231 - 235, 238 - 245,罗素论性伦理

on Santayana, **L14**：308,罗素论桑塔亚那

writings of, **L14**：371,罗素的著作

on morality, **L15**：159 - 160,罗素论道德

influences Carnap, **L16**：18,罗素影响卡尔纳普

procedure of, **L16**：165n, 185, 209,罗素的步骤

Russell, William Fletcher, **L3**：251n,罗素,威廉·弗莱彻

Russia,参见 Union of Soviet Socialist Republics

Russian art, **L10**：321,俄罗斯艺术

Russian Poland（Kingdom of Poland）,俄控波兰地区（波兰王国）

conditions in, **M11**：263 - 267, 281, 290,俄控波兰地区的状况

German occupation of, **M11**：268, 278,德国对俄控波兰地区的占领

future of, **M11**：272, 273, 277, 329,俄控波兰地区的未来

as place of origin, **M11**：285, 322,俄控波兰地区作为人员来源地

Russian Revolution, **M12**：xxi, 254；**L3**：204, 205, 217；**L11**：288, 312, 323 - 325；**L13**：126,俄国革命。参见 Bolsheviks

effects of, **M11**：ix, 98,俄国革命的影响；**L17**：22,俄国革命的后果

affects Polish question, **M11**：262, 264, 269 - 274, 278, 282, 298,俄国革命对波兰问题产生的影响

understanding of, **L5**：409；**L17**：490 - 491,对俄国革命的理解

Russo-Japanese war, **M11**：156,日俄战争

effects of, **M11**：113, 150 - 153, 207,日俄战争的结果

peace terms of, **M11**：159 - 160；**L2**：176,日俄战争的和平条件

Ruthenians, **M11**：xiii, 255,鲁塞尼亚人

Ryan, John A., **L6**：381,瑞安,约翰·A

Rykov, Aleksey I., **L15**：338,李可夫,阿历克塞·I

Ryle, Gilbert, **M6**：xvi；**L10**：vii；**L16**：209n,赖尔,吉尔伯特

Sabin, Henry, **E5**：xcv,萨宾,亨利

Sacco-Vanzetti case, **L3**：xxix,桑柯-凡泽迪案件；**L11**：303, 306, 317, 328,萨科-范塞蒂案

Fuller report on, **L3**：186 - 195,富勒顾问委员会

Sacred：神圣的

days, **M5**：66 - 67,神圣的节日；**L7**：61,神

San Domingo, **M15**：386,圣多明各

Sanford, Edmund Clark, **M11**：85,394,克拉克,桑福德·爱特蒙德

Sanger, Margaret, **L15**：xxiv,桑格,玛格丽特

Sanity, **L10**：198,健全心智

San Jose State Normal School, **L17**：63,圣何塞州立师范学校

Santayana, George, **M2**：xiv；**M3**：118；**M5**：410n；**M7**：ix, x；**M8**：xxvi；**M9**：xxi,桑塔亚那,乔治；**M15**：xxvi,248,329,334,348,桑塔耶那,乔治；**L1**：24,54,177,369；**L2**：19,126,367；**L4**：191；**L6**：271,421；**L7**：211；**L12**：75；**L13**：ix；**L14**：5,193,400；**L15**：xiv, 28 – 29,423,桑塔亚那,乔治

  style of, **M3**：xxii；**M4**：229 – 230；**L3**：290,293,桑塔亚那的写作风格

  on experience, **M3**：103n；**L10**：23,354；**L16**：384 – 385,桑塔亚那论经验

  natural idealism of, **M3**：144n, 319 – 322,桑塔亚那的自然主义的唯心主义

  philosophy of, **M4**：232 – 233；**L3**：288,290 – 291；**L9**：240 – 243；**L14**：295 – 308,桑塔亚那的哲学

  on reason, **M4**：233 – 241,桑塔亚那论理性

  on tertiary qualities, **M6**：20 – 21,桑塔亚那论具有第三性的质的事物

  on art and esthetics, **M6**：375；**L9**：13；**L10**：xvii, xx, 231n,桑塔亚那论艺术和美学

  Egotism in German Philosophy reviewed, **M10**：305 – 309,桑塔亚那评论《德国哲学中的唯我主义》

  on religion, **M10**：311；**L9**：13,桑塔亚那论宗教

  on expression, **M10**：355,桑塔亚那论表达

  on value, **M11**：384,385；**L2**：70 – 72,74,80,92,94,桑塔亚那论价值

  positions of, **M12**：127；**M13**：58,59；**L6**：272；**L17**：xxvi,桑塔亚那的立场

  on essence, **M15**：219 – 222；**L10**：297,364；**L16**：146n,桑塔亚那论本质

  Dewey's relationship with, **L3**：xi-xv, 73 – 81；**L14**：15 – 19,杜威与桑塔亚那的关系

  criticizes Dewey, **L3**：75,76,367 – 384；**L14**：10n；**L16**：456 – 458,桑塔亚那批评杜威

  and American scene, **L3**：117,桑塔亚那和美国景象

  Thilly on, **L3**：398,梯利对桑塔亚那的批评

  on nature, **L10**：144,359,桑塔亚那论自然

  on costliness, **L10**：145,359,桑塔亚那论昂贵

  on perception, **L10**：161,359,桑塔亚那论感知；**L11**：78,92,桑塔亚那论知觉

  criticizes writers, **L10**：324,366,桑塔亚那批评作家

  on Greek civilization, **L10**：332 – 333,366,桑塔亚那论希腊文明

  fiction of, **L11**：446 – 449,桑塔亚那的小说

  scepticism of, **L14**：11,302,桑塔亚那的怀疑主义

"Santayana's Materialism"（Dennes）, **L14**：303 – 304,《桑塔亚那的唯物主义》(丹尼斯)

"Santayana's Philosophical Inheritance"（Sullivan）, **L14**：300,《桑塔亚那的哲学遗产》(沙利文)

"Santayana's Theory of Value"（S. Pepper）, **L14**：306,《桑塔亚那的价值理论》(佩珀)

Sargent, John Singer, **L10**：54,萨金特,约翰·辛格

Sartre, Jean-Paul, **M3**：xii, xxiv；**L14**：xix；**L15**：xxxiii,萨特,让·保罗/让-保罗

Satisfaction, **M14**：97,109 – 110,122 – 123,

146,197,满足；**L1**：158－159,194,197,满意、满足. 另见 Consequences, **L12**；Enjoyment；Liking

defined, **L4**：207－208；**L16**：165,满足被定义

related to value, **L4**：212,214；**L15**：66－72,满足与价值的关系

as objective, **L4**：241；**L12**：33－35,满足作为目标

influence of, **L13**：88－89,满足的影响

interpretation of, **L13**：223,对满足的解释

in inquiry, **L14**：56,183,探究中的满足

Tarski on, **L16**：42,塔斯基关于满足

Satsuma clansmen（Japan）,**M11**：168,169,萨摩藩主(日本)

Saturday Evening Post,**L9**：115,117,《星期六晚报》

Savage mind,**M2**：39－40,43,原始心灵

Savages,**M12**：81－82,128－129,180－181,246,野蛮的、未开化的、原始人；**M14**：68,72,74,野蛮；**L13**：22,291,野蛮人。另见 Primitive life

Savery, Barnett,**L15**：42n,萨弗利,巴尼特

Savery, William：萨弗里,威廉

exchange with Dewey, **L14**：5,30n,59－62,86－88,杜威回复萨弗里

Savigny, Friedrich Karl von,**L2**：41,萨维尼,弗里德里克·卡尔·冯

Savings：储蓄

in U. S., **L6**：359,在美国的储蓄

Scale,**L12**：191,213－215,比例

Scaliger, Joseph Justus,**M2**：187,斯卡利杰

Scaliger, Julius Caesar,**E4**：193,斯卡利哲

Scandinavia,**L15**：245,斯堪的纳维亚

Scepticism,参见 Skepticism

Scepticism and Animal Faith（Santayana）,**M15**：xxvi, 219－222,《怀疑论与非理性信仰》；**L14**：301－302,《怀疑主义和动物信仰》(桑塔亚那)

Schaarschmidt, C.,**E1**：302,沙尔施密特

Schaefer-Simmern, Henry,**L15**：xxiii,谢弗-西门,亨利

on art, **L15**：315－317,谢弗-西门论艺术

Schaeffer, Nathan C.,**E5**：xciv,谢弗尔,南森

Schalkenbach, Robert, Foundation, **L3**：359n；**L9**：61n,罗伯特·沙尔克巴赫基金会

Schall, Thomas D.,**L6**：394,沙尔,托马斯·D

Schapiro, Meyer,**L10**：7,夏皮罗,迈耶

Scharnhorst, Gerhard,**M8**：163,177,474,沙恩霍斯特,格哈德

Schasler, Max Alexander Friedrich,**E4**：195,沙司勒尔,马克斯·亚历山大·弗里德里希

Schaub, Edward L.,**L14**：5,306,肖布,爱德华

Dewey replies to, **L14**：77－80,杜威回复肖布

Schelling, Friedrich Wilhelm Joseph von, **M1**：40；**M2**：148,179,184；**M3**：310；**M6**：168；**M7**：138,357；**M8**：180n,438；**L3**：375；**L5**：148,谢林,弗里德里希·威廉·约瑟夫·冯

Schematism：图式主义

in *Dictionary of Philosophy*, **M2**：235－236,图式主义(《哲学辞典》)

Scherer, Wilhelm,**L8**：362,谢勒,威廉

Schiller, F. C. S.,**M3**：xxii；**M4**：xxi；**M7**：x, 131－134,289,318,327；**M12**：x；**L5**：xxxi, 264；**L11**：422,444；**L14**：295,席勒,F·C·S

on humanism, **M3**：312－322；**M6**：176,席勒的人本主义

on art and morality, **M5**：45；**L7**：42,席勒论艺术和道德

on truth, **M6**：xiii-xiv,xxii,席勒论真理

related to culture, **M6**：406,席勒与相关的文化

on judgment，**M10**：417，418，席勒论实际判断

on value judgments，**M11**：361，席勒论价值判断

logic of，**L11**：155 - 157，席勒的逻辑

Schiller, Johann Christoph Friedrich von, **E4**：194；**M2**：148；**M8**：177；**M9**：64；**M10**：226；**L7**：42；**L8**：360，席勒，约翰·克里斯托弗·弗里德里希·冯

on poetry，**L10**：195 - 196，360，席勒论诗

on art，**L10**：286n，席勒论艺术

Schilpp, Paul Arthur, **L11**：xvn；**L13**：ix；**L14**：xi-xiii, 184n, 295, 306, 418n；**L16**：202n, 204n，席尔普，保罗·阿瑟

Schinz, Albert：欣兹，艾伯特

on pragmatism，**M4**：245 - 249，欣兹关于实用主义

Schleiden, Matthias Jakob, **L16**：117，席尔普，保罗·A

Schleiermacher, Friedrich, **E5**：137，施莱马赫，弗里德里克；**M8**：145, 177；**L4**：244，施莱尔马赫，弗里德里希

Schlesinger, Arthur M., Jr., **L6**：xviin，施莱辛格，小阿瑟·M

Schmoller, Gustav, **M8**：474；**L16**：xiii，施穆勒，古斯塔夫

Schneersohn, Fischel, **L5**：410 - 411，施内尔松，菲舍尔

Schneider, Herbert W., **E4**：xxii；**L2**：32n；**L4**：viii；**L6**：xii；**L11**：3；**L15**：466 - 467，施奈德，赫伯特

on Dewey's *Psychology*，**E2**：xxiii-xxvi，施奈德论杜威的《心理学》

on value，**M11**：375, 376，施奈德论价值

on 1908 and 1932 *Ethics*，**L7**：viiin，施奈德论 1908 年版和 1932 年版《伦理学》

on Dewey-Bentley collaboration，**L16**：xxxvin，施耐德关于杜威-本特利的合作

Schneider, Herman, **L17**：70, 557，施奈德，赫尔曼

Schnitte, **M7**：440，(戴德金)分割

Scholar, **M8**：173；**L13**：345，学者

Scholarship, **L8**：163，奖学金；**L10**：37，学术研究

Scholastici, **M2**：237，经院学者

Scholasticism, **M7**：360；**M12**：96；**M15**：318 - 319, 329；**L1**：32, 192；**L5**：166；**L11**：72, 480；**L12**：17，经院哲学

thought in, **E3**：128 - 129；**M2**：186，经院主义中的思想；**M7**：350 - 351，经院哲学的思想

evolution of, **E3**：148 - 151，经院主义的演化

on moral law, **E4**：125 - 123，经验主义关于道德法

on nature, **M2**：142 - 143, 145, 147，经院学派论自然

in *Dictionary of Philosophy*, **M2**：236 - 244，经院主义(《哲学辞典》)

methods of, in schools, **M9**：289, 352，各学派的方法的用途

attitudes toward, **L2**：388 - 389，对待经院哲学的态度

in Santayana's philosophy, **L14**：298 - 299，桑塔亚那哲学中的经院主义

creates synthesis, **L16**：360，经院哲学创立综合

Scholastics, **M7**：352，经院哲学家

School and Society, **M1**：xviii-xix, 317；**M5**：158n；**M7**：xxi, xxiv, xxv, 380；**L6**：409；**L11**：xviii，《学校与社会》

School and Society in Chicago (Counts), **L5**：371 - 374，《芝加哥的学校与社会》(康茨)

"School as Social Centre, The," **M2**：xvii，《学校作为社会中心》

School Citizens Committee, **L11**：516，学校公民委员会

School Inquiry, Committee on, **M8**：129，学校调查委员会

School of Childhood kinder-garten (Pittsburgh)，**M8**：283,匹兹堡"儿童学校"幼儿园

School of Education Parents' Association (Chicago)，**M3**：273n,芝加哥教育学院的家长联合会

School Review，**M2**：79,《学校评论》

Schools，**L6**：90,学校。另见 Curriculum；Elementary school；High school；Progressive education；Teachers

Vocational education social function of，**E5**：57 – 59,61 – 62,86 – 87,206,269,285 – 286,329 – 333,437 – 438,450；**M1**：46 – 47,287 – 299；**M2**：80 – 93；**M4**：269 – 274；**M10**：196 – 201,203 – 210；**M15**：150 – 151,154 – 157；**L5**：326 – 330,371 – 374；**L9**：127 – 128,142 – 144,167 – 168,183 – 185,192 – 193,200 – 204,207 – 208；**L11**：179,188,192,193,204 – 205,211,234 – 237,254 – 255,345 – 347,408 – 414,541,557 – 559；**L17**：237,239,315,学校职业教育的社会功能

aims of，**E5**：58,60,225,292 – 293；**M2**：90；**L8**：53 – 54,156 – 167,300；**L13**：4 – 8,169,385；**L17**：71,138 – 139,240,476,学校的目标

problems of，**E5**：59 – 60,80 – 81,292 – 293；**L7**：364 – 365,学校的问题

community and，**E5**：62 – 63,75 – 76,87 – 88,224 – 225,232,438；**L6**：242；**L13**：22 – 23；**L14**：351 – 354；**L17**：74 – 75,社区和学校

effect on character of，**E5**：66 – 68,76 – 82,89,383 – 384,448 – 449；**M4**：205 – 213；**L9**：187 – 189,192,203 – 204,对学校特征的影响

grading system of，**E5**：88,332 – 333；**M1**：271；**M3**：241 – 248,学校的评分制度

as institutions，**E5**：224 – 225；**M1**：287 – 290,学校系统

organization and administration of，**E5**：444 – 445；**M1**：267 – 268,283；**M3**：229 –239；**M8**：129；**M9**：104,171,368；**M10**：303 – 304,397 – 411；**L9**：183 – 185,192 – 193；**L11**：222 – 224,345 – 347；**L17**：514,515,学校的组织和管理

change in，**E5**：269,450 – 452；**M1**：5 – 20；**M8**：317 – 320；**L6**：131 – 136,433 – 435；**L16**：371；**L17**：73 – 74,113,学校中的变化

faults of，**E5**：273,学校的缺陷；**L5**：102 – 103；**L9**：406 – 411；**L11**：163 – 166,268,342 – 343,377 – 378,389,502,574 – 575,学校的缺点；**L13**：57,学校的不足；**L17**：239,463,学校的缺陷

Harris on，**E5**：380 – 382,哈里斯理论中的学校

history of，**M1**：42 – 44；**M8**：314 – 316；**L6**：91 – 94；**L11**：181,248,364,535；**L14**：339,学校的历史

Dewey's attitude toward，**M2**：xvii-xviii,杜威对学校的态度

free expression and，**M3**：234 – 239,自由表达的机会与学校

and training of thought，**M6**：216 – 223,学校与思维训练

public，**M7**：xxvi；**M9**：26,100,265；**L11**：350 – 351,356 – 359,376,387 – 390,416,579；**L15**：281 – 282,284 – 285,公立学校

continuation，**M7**：90 – 91,205；**M8**：118,401 – 403,继续教育

Gary，**M7**：96；**M8**：120 – 121,262,320 – 338,351,365 – 378,加里的学校

Chicago，**M8**：124 – 127,260 – 262,269 – 271,351 – 352,芝加哥的学校

Indianapolis，**M8**：255 – 260,268,340 – 352,印第安纳波利斯的学校

methods of，**M8**：286 – 293；**L8**：88 – 89；**L14**：373；**L17**：75,242,学校的方法

on pessimism，**M2**：176－177，叔本华论悲观主义

on palingenesis，**M2**：180，叔本华论轮回

panthelism of，**M2**：185，叔本华的唯意志论

on solipsism，**M3**：385，叔本华论唯我论

esthetic theory of，**L10**：235，243，299－301，362，364，叔本华的审美理论

Schopenhauerism：叔本华主义

in *Dictionary of Philosophy*，**M2**：244，叔本华主义（《哲学辞典》）

Schücking，Walther，**M15**：390，许金，瓦尔特

Schulz，George M. S.，**L9**：372，373，舒尔茨，乔治·M·S

Schurman，Jacob Gould，**E5**：433－434，斯楚尔曼，雅各布·吉尔的

on Darwinism，**M2**：16－17，舒尔曼论达尔文主义

on attitude of professors toward board of trustees，**M10**：165－166，舒尔曼论教授们对董事会的态度

Schurtz，Heinrich，**M5**：37；**L7**：35，舒尔茨，海因里希

Schutz，Alfred，**L16**：xxiii，舒茨，阿尔弗雷德

Schütze，Martin，**L8**：360－363；**L10**：320n，365，舒茨，马丁

Schuyler，George S.，**L6**：226，斯凯勒，乔治·S

Schwab，Charles M.，**M11**：73，87，393；**L9**：63，施瓦布，查尔斯·M

Schwann，Theodor，**L16**：117，舒万，西奥多

Science，**E5**：424，430；**M12**：xiii，87－88，92－93，99；**L10**：267；**L11**：60，科学。另见 Deduction，**L12**；Experiment；Induction，**L12**；Technology

basis of，**E1**：101；**M13**：311－312，433，434；**L4**：xiv-xvii，89，92－105，110，111，125，147－148，163，194，195，222，科学的基础

related to ethics and morals，**E1**：208－209，212－213，225－226；**E3**：104－109，311－312；**E4**：148－149；**M12**：178－179，**M15**：12；**L3**：19，27；**L5**：156；**L7**：xxxiv-xxxv，179－180，282－283，338；**L13**：171－172；**L14**：61－62，66－70；**L15**：127－128，136－139，186－187，458；**L17**：351，458，科学与伦理道德相关

characteristics of，**E1**：223－225；**E2**：76－77；**M9**：232－239；**M12**：218；**L1**：234；**L8**：62，85；**L10**：37，100，187－188，197，210－211，220，253，291，298；**L14**：151－152；**L15**：7，156，160，186，227，235－236，237n；**L16**：xxi-xxii，xxxiii，xxxvi，300，316－317，397；**L17**：407－408，546，科学的特征

and psychology，**E2**：3，9；**E5**：377；**L13**：247－248，276；**L17**：420－421，科学与心理学

physical，**E2**：11，自然科学；**L1**：346－347，352－353；**L2**：47－48，51，54，347，359－360，物理科学；**L6**：xvi-xvii，65－66，自然科学；**L13**：182－183，229，276，物理科学

and philosophy，**E2**：202；**E3**：xxvi，xxxv-xxxvii，211－212；**E5**：14；**M9**：334－335，339；**M10**：3－4，39－42；**M11**：41－48，341－347；**M12**：205－206，260－266；**M15**：335－336；**L1**：366－369，376；**L3**：x，9，10，118－119，121；**L4**：ix-xxii，22－24，40－49，53，57，58，235，247；**L6**：19－20，425－429，489；**L12**：41－42，82－83；**L14**：316－319；329－331；**L16**：157，359，410－411，415，419，425；**L17**：406－407，科学与哲学

Green on，**E3**：xxvii，17，格林关于科学

Taine on，**E3**：40，泰纳关于科学

related to art and esthetics，**E3**：123，317－

320；**E5**：95；**M12**：xx, 152 - 153；**L1**：107, 266 - 270, 275 - 276, 286；**L2**：106 -108,111 - 113；**L4**：61, 128, 165；**L7**：72 - 73；**L10**：ix, xiii, xiv, xxxiii, 33n, 90 - 91,126,143 - 144,148 - 149, 153 -154,174,202 - 203,274,279,285 - 286, 322 - 323, 340 - 344, 348；**L14**：113；**L15**：85 - 89,98,科学与艺术和美学

Renan on, **E3**：177 - 178；**E4**：11 - 18,勒南论科学

concepts and laws in, **E3**：228；**E4**：91；**M2**：5；**M12**：114 - 117,228,262 - 263；**M13**：372；**M15**：48；**L3**：110；**L5**：10 - 12,14 - 15；**L11**：9 - 10,12,97 - 99,108 - 111,149,289,434 - 435,511；**L12**：352, 370 - 371, 394 - 395, 428 - 432, 524；**L14**：59 - 60,87, 104 - 108,111；**L15**：312 -313,科学中的概念和规律

social and political effects of, **E3**：317 - 320；**M10**：199,236；**M11**：33 - 35,67 - 70,98 - 99,103,142；**L3**：111；**L5**：113 - 123；**L6**：49 - 63,417 - 419；**L7**：352；**L8**：46,59 - 61,68 - 71；**L9**：96 - 97, 100,101,108 - 110；**L11**：xiii-xvi, 48 - 49,53,58,81 - 82,141 - 145,186 - 187, 189 - 190, 277 - 279,343,457 - 460, 563 -564；**L13**：53,54,58,85,156,159 - 160,165,167,171 - 172,192,250,262, 269,274 - 275,278 - 279,371；**L15**：17, 158, 166 - 167, 184 - 186, 199 - 203, 251, 260, 273 - 274；**L16**：255, 290 - 292, 319, 364 - 368, 372 - 374, 377；**L17**：xix, xxv-xxvi, xxxi, 238, 411 - 412,科学对社会和政治的影响

religion's relation to, **E4**：6,15；**M12**：264 - 266；**M15**：x, xiii, 47 - 48；**L3**：19,27；**L4**：33 - 34, 204, 206, 242, 243, 247；**L9**：xv-xvi, 3, 22 - 23, 27, 37, 42 - 43, 221, 418 - 420；**L13**：123, 152, 182；**L14**：78 - 79；**L15**：157,230,272；**L17**：13 - 14,17,412,546 - 547,宗教与科学的关系

and truth, **E4**：102 - 103；**M6**：ix；**L3**：307；**L11**：277,551,科学和真理

history of, **E5**：14；**M6**：312；**M10**：240；**M11**：x-xii, 78, 236；**M12**：xiv, 86, 110；**M13**：284；**L4**：71 - 76,141,199；**L8**：290；**L11**：24 - 25,70,74 - 75,79, 117,135,141 - 142,275 - 276,455,552 - 553；**L13**：117, 143 - 144, 170, 181 - 182,263 - 266,275,277,299,370；**L15**：28,84,85,90 - 96,213,268 - 269,305, 307,科学史；**L16**：340,346,349,369 - 371,375,380,417,454 - 455,460；**L17**：411,科学的历史

and individualism, **E5**：20；**M5**：78 - 80；**L5**：88 - 89；**L7**：72 - 73,科学与个人主义

perception of, **E5**：21 - 22；**M5**：109 - 110；**M9**：196 - 199；**M11**：390；**M15**：44；**L3**：308,310；**L4**：13 - 15,17,18, 22,153,157；**L7**：100 - 101；**L8**：66, 67；**L15**：253 - 254,对科学的认知

teaching of, **E5**：89,90,230,440；**M1**：303 - 306；**M6**：69 - 79；**M9**：227 - 229,267, 294 - 298；**M10**：130 - 136,181 - 182；**L11**：34 - 35,128,186 - 187,189,200 - 201,214,503,551 - 554,556,580；**L14**：267 - 270；**L15**：257 - 262, 278 - 280, 479 - 480；**L17**：311 - 312,科学教学

related to experience, **E5**：90；**M12**：134；**L1**：105 - 131；**L17**：434 - 435,科学与经验相关

interest of child in, **E5**：220 - 221,246；**M1**：227,儿童对科学的兴趣

references on, **E5**：338,关于科学研究的文献

classic and modern, **M1**：170 - 171；**M12**：96；**L1**：338 - 340；**L4**：32 - 38,159,

342－345,443－444；**L4**：65,68；**L6**：431；**L13**：54－55,211,261,267－268,272,282－283,320；**L15**：190,228,纯粹的科学与实用的科学

experimental, **L1**：319；**L8**：67－69,102；**L17**：355,实验科学

change in, **L1**：330；**L12**：87,132,137－138,141,183；**L17**：468,科学中的变化

reason and, **L2**：221－225,理性与科学

Holmes on, **L3**：181－182,霍姆斯关于科学

related to values, **L4**：20,76,206,209,226,227,价值与科学相关

and real, **L4**：173－177,196,198－200,科学与实在

Kurtz on, **L5**：xx-xxi,库尔茨论科学

Comte on, **L5**：154,孔德论科学

J. Marsh on, **L5**：179,马什的科学知识

and economics, **L6**：44－45；**L9**：97－98；**L13**：69；**L17**：412,科学与经济

Cohen on, **L6**：299－303；**L14**：389,392－398；**L16**：194,科恩论科学

abstraction in, **L8**：295；**L16**：285－286,科学与抽象

Hogben on, **L11**：391－394；**L12**：483n,霍格本论科学

Hutchins on, **L11**：404－407,594－595,哈钦斯论科学

Peirce on, **L11**：422,423,481,483－484,皮尔士论科学

Reiser on, **L11**：432－435,瑞泽论科学

Bingham on, **L11**：438,宾汉姆论科学

authority of, **L11**：454－463,科学的权威

Russell on, **L11**：455－461,罗素论科学

and qualitative, **L12**：71,248－249,科学与本性

and teleology, **L12**：81－86,96－97,177－178,科学与目的论

ancient, **L12**：94－96,201－202,古代科学

and qualities, **L12**：119－120,151－152,

215－216,科学与性质

and practical, **L12**：163,175－176,180－181,科学的与实用的

units of, **L12**：212,475－478,科学单元

and singular, **L12**：432－434,443－445,科学与单数

understanding of, **L13**：135,258,268,271,273,理解科学

in Great Britain, **L13**：370,英国科学

important to Dewey, **L14**：xiii,xiv,科学在杜威哲学中的重要性

Franklin and, **L14**：205,209,富兰克林和科学

Jefferson on, **L14**：205－206,209,杰斐逊论科学

fund for, **L14**：311,科学基金

Hocking on, **L14**：416－417,霍金论科学

Ayres on, **L15**：359－360,艾里斯论科学

Bentley on, **L16**：xxviii,319,本特利关于科学

related to common sense, **L16**：xxxvii,244－245,249,科学与常识的关系

related to logic, **L16**：45,146－147,160,科学与逻辑相关

naming in, **L16**：46,148－149,159,科学中的命名

as systematic inquiry, **L16**：91,303－307,336,337n－338n,科学作为系统探究

Einstein on, **L16**：105n,爱因斯坦关于科学

as transaction, **L16**：111,242－243,科学作为交互作用

as name, **L16**：111n,269,科学作为名称

as specification, **L16**：150－152,180,270,科学作为详述

definition in, **L16**：167－168,科学中的定义

Kaufmann on, **L16**：195－198,考夫曼关于科学

semiotic as, **L16**：211－213,241,符号学作

为科学

Maxwell on, **L16**：277 - 278,麦克斯韦关于科学

judgments in, **L16**：355 - 357,科学中的判断

related to facts, **L17**：13,294,352,354,与事实相关的科学

Fiske on, **L17**：94,费斯克论科学

accumulation in, **L17**：357 - 358,科学积累

Tolstoy on, **L17**：386 - 387,托尔斯泰论科学

in Russian schools, **L17**：502,俄国学校里的科学

Science：*The False Messiah*（Ayres）,**L3**：305,《科学：假的弥赛亚》（艾尔斯）

"Science and Faith at the Moscow Trials"（H. Loeb）,**L13**：394,《莫斯科审判中的科学与信仰》（罗博）

Science and Method of Politics, *The*（Catlin）,**L3**：321 - 323,《科学与政治方法》（卡特林）

Science and Philosophy and Other Essays（B. Bosanquet）,**L3**：294,297,《科学与哲学及其他论文》（鲍桑奎）

"Science and Society," **L6**：xvi,《科学和社会》

Science and the Modern World（Whitehead）,**L2**：221 - 225;**L5**：265n;**L14**：130,《科学与现代世界》（怀特海）

"Science as Subject-Matter and as Method," **L17**：xvii-xviii,xxi,《作为主题与方法的科学》

Science of education,教育科学

system in,**L5**：10 - 13,教育科学中的体系

rules in,**L5**：14 - 15,教育科学的规则

practices in,**L5**：16 - 23,教育科学实践

content of,**L5**：24 - 26,教育科学的内容

philosophy of education and,**L5**：26 - 31,教育哲学与教育科学

psychology and,**L5**：31 - 36,心理学与教育科学

sociology and,**L5**：36 - 38,社会学与教育科学

Science Writers, National Association of, **L11**：127,科学家协会

Scientific：科学的

applied to education,**E1**：64;**E5**：258,教育中的科学信息

hypotheses,**E3**：86 - 89,科学假设的形成

laws,**E3**：136,各种科学规律

interest,**E3**：315 - 317;**E5**：217 - 218,科学兴趣

definition of,**M3**：xiv, 3 - 5,37,对科学的定义

knowledge,**L1**：341 - 345,科学知识

Scientific Habit of Thought, *The*（Barry）,**L4**：79n,《心灵之科学习惯》（巴里）

Scientific inquiry,参见 Inquiry

Scientific judgment：科学判断

compared with moral judgment, **M3**：6 - 8,与道德判断相比较的科学判断

nature of, **M3**：8 - 20,科学判断的性质

Scientific method, **E3**：92,126;**E5**：209;**M1**：171;**M5**：156 - 157;**L1**：365;**L4**：xvi, xviii, 57,182;**L10**：341 - 343;**L11**：81 - 82,151,155,157,433;**L15**：85;**L17**：448,科学方法。另见 Experimental method

nature of, **M6**：251 - 253;**L8**：xi, 226, 253 - 258;**L14**：65 - 66;**L16**：3,84, 102,386,科学方法的性质

vs. empirical thought, **M6**：296 - 301; **L8**：268 - 278,科学方法与经验思想

in *Cyclopedia of Education*, **M7**：335 - 339,科学方法（《教育百科全书》）

in philosophy, **M11**：x, xvi, xviii, 31 - 32,351,哲学中的科学方法

in education, **M11**：57,教育中的科学方法

in Polish study, **M11**：260,395,波兰研究中的科学方法

in industry, **M11**：334,335,工业中的科学

方法

Cohen on, **L6**：299－304,488－491,科恩论科学方法

applied to human affairs, **L11**：17,51－54,128,175,211；**L15**：60,102,158,161,164－165,255－256,258,272－275,科学方法运用于人类事务

consensus produced through, **L11**：48,142,通过科学方法产生共识

vs. epistemology, **L12**：458－465,科学方法对认识论

vs. prescientific method, **L14**：12,科学方法与前科学方法

for valuation, **L14**：51,价值判断的科学方法

limits of, **L15**：117－126,科学方法的界限

Sheldon on, **L15**：454,459－472,谢尔登论科学方法

as model, **L16**：48,50,55,65,66,72－75,80,127,257－258,314n,362－363,科学方法作为模型

Scientific Research and Social Needs（J. Huxley）, **L11**：344,《科学研究与社会需要》(赫胥黎)

Scientific revolution, **L16**：289,292,319,337n－338n,340,369,408,454,科学革命

impact of, **L4**：22,41,69,74－78,204,科学革命的影响

origin of, **L4**：72,117,206,科学革命的起源

Scientific Thought（Broad）, **L2**：29；**L14**：21n,《科学思想》(布罗德)

Scientism, **L17**：xviii,科学主义

Scientists, **L13**：271－272,376,科学家

vs. artists, **L10**：21,52,80,科学家对艺术家

nature of, **L10**：44,267,270,308,科学家的本性

effect of science on, **L13**：370－371,科学对科学家的影响

work of, **L17**：356－357,科学家的工作

related to philosopher, **L17**：406,与哲学家相关的科学家

Scientists Are Human（D. Watson）, **L13**：369－372,《科学家是人》(华生)

Scotch psychology, **E3**：190－192,苏格兰心理学

Scotch school of philosophy, **E4**：129；**M7**：201；**L5**：148,149,182,183；**L12**：68,苏格兰哲学学派

Scotism, **M2**：186,187,司各脱主义

in *Dictionary of Philosophy*, **M2**：244,司各脱主义(哲学辞典)

Scott, Fred Newton, **E3**：92,斯科特,弗雷德·牛顿；**E4**：119－122,司各特

Scott, Geoffrey, **L10**：133n,斯科特,杰弗里

Scott, Walter, **M10**：310；**L10**：176,287,斯科特,瓦特/沃尔特

Scotten, Robert M.：斯科特,罗伯特·M

on Dewey's visit to Turkey, **M15**：418－420,斯科特论杜威对土耳其的访问

Scribes：文士

Tolstoy on, **L17**：386－387,565,托尔斯泰论文士

Scripta Mathematica（Keyser）, **L16**：199n,《数学手稿》(凯瑟)

Scriptures, **L9**：xxviii-xxix,3,经典

Sculpture, **L16**：397,雕刻

nature of, **L10**：13,37,111,147,162,200,256,270,318－321,雕刻的本性

rhythm in, **L10**：174－175,180,182,222－225,雕刻的节奏

spatial and temporal in, **L10**：189,雕刻中的空间与时间

distinguishing traits of, **L10**：231,234－238,241－242,245,300,雕刻的显著特征

transmits civilization, **L10**：331－336,雕刻传承文明

Seabury, Samuel, **L9**：348,354－355,358,

362,367 - 370,380,西伯里,塞缪尔

Seabury investigation，**L9**：346,362,364,西伯里调查

  origin of，**L9**：354 - 355,西伯里调查的起源

  F. Roosevelt and，**L9**：355,356,369,罗斯福与西伯里调查

  recommendations of，**L9**：377,380 - 385,西伯里调查的建议

  significance of，**L9**：377 - 380,西伯里调查的意义

Seager，Henry R.：西格,亨利·R

  social legislation of，**M5**：505 - 509,西格的社会立法方案

Search for Order，*The*（Wiebe），**L16**：ix,《追寻秩序》（威伯）

Seasons：季节

  rituals of，**M5**：66 - 67；**L7**：61,季节的仪式

Secondary school,参见 High school

Second Coming，**L13**：85,基督再临

Second Reich，**M8**：xxxi,第二帝国

Second Twenty Years at HullHouse，*The*（Addams），**L15**：509,《在赫尔大厦的第二个二十年》（亚当斯）

Secret societies：秘密结社

  among primitive people，**M5**：37；**L7**：35 - 36,原始民族中的秘密结社

Sectarianism，**L14**：78,宗派主义

Section of Fine Arts（Public Buildings Administration），**L14**：256 - 257,艺术部（公共建筑管理局）

Secular humanism,参见 Humanism

Secularism，**L1**：356；**L9**：xviii-xix,43 - 46,55 - 56,世俗主义

"Secularizing a Theocracy," **M15**：xx,《神权国家的世俗化》

Security，**L13**：320,安全

  role of，**L4**：x,149,181,安全的作用

  search for，**L4**：3 - 20,26,163,203,231,

234 - 237；**L13**：106,140,318,寻求安全

  attainment of，**L4**：24,29 - 30,32,44,136,245,获得安全

  locus of，**L4**：41,194,安全的所在

  and international armies，**L6**：210,457,安全与国际制裁

  economic，**L6**：448,经济安全

  and sanctions，**L6**：459,465,安全与国际部队

  in industry，**L7**：381 - 383,390 - 392,412 - 415,431 - 436,企业安全

  compatible with freedom，**L11**：532,安全与自由相容

  atomic bomb threat to，**L15**：199,原子弹威胁安全

  supernaturalism provides，**L16**：392,迷信提供安全感

  as child's birthright，**L17**：518,作为孩子与生俱来权利的安全

Sedgwick，Adam，**M6**：279；**L8**：238,西季威克,亚当

Seebohm，Frederic，**M5**：63；**L7**：58,西博姆,弗雷德里克

  on tribal solidarity，**M5**：34；**L7**：32 - 33,西博姆论部落团结

  on wergeld，**M5**：58 - 59；**L7**：54,西博姆论赎金（买命钱）

Sefa Bey，**M15**：419,贝尔,西法

Seguin，Edouard，**M8**：303,塞甘,爱德华

Seignobos，Michel Jean Charles，**L16**：43,赛涅伯,米歇尔·让·夏尔

Selby，Clarence J.，**L17**：145,赛尔比,克拉伦斯·J

Selden，Charles A.，**L5**：359,塞尔登,查尔斯

Seldes，George，**L15**：375,塞尔迪斯,乔治

Selected Poems of Claude McKay（M. Eastman），**L17**：58 - 60,《克劳德·麦凯诗选》（伊斯特曼）

Selected Writings（G. Mead），**L6**：xiiin,《选

集》（米德）

Selection，另见 Data，**L12**

    in social life，**E5**：49－53，选择与社会生活的关系

    omitted from logic，**M7**：132－133，作为从形式逻辑里省略掉的选择

    necessity for，**L12**：126，129－133，136，151－152，184，203，231－232，267，318－319，364－365，374，391，420，455，462，470，491，493－494，499－502，519－521，选择的必要性

    basis of，**L17**：301，选择的基础

Selection-rejection：选择-摒弃

    related to life-processes，**L16**：344－347，354，选择-摒弃与生命过程相关

Selectivity：选择性

    in art，**L10**：75，100－101，131，151，188－190，193，211，243，283，298，艺术中的选择性

Self，**M6**：175；**M7**：403－405；**M14**：16，40，61－62，82，95－97，150，201－202；**L1**：173－174，179－180，188－190，自我

    as subject of psychology，**E1**：150－153；**E2**：9，自我作为心理学主体

    as consciousness，**E2**：7－8，自我作为意识

    as individual，**E2**：8；**E5**：31，个体自我

    and feeling，**E2**：21－22，216，254－255，自我和情感

    growth of，**E2**：77，78，自我的发展

    in adjustment，**E2**：125－126，调节中的自我

    and perception，**E2**：150－151，自我和知觉；**L10**：168，180，225，251－257，262，269，278，281，284－287，334，自我和感知

    and memory，**E2**：164－166，自我和记忆

    and intuition，**E2**：206，209－211，自我和直觉

    actual and ideal，**E2**：254；**E4**：52－53，256－257，实际的和观念的自我

    and harmony，**E2**：273，自我与和谐

    as will，**E2**：311－312，318－319，357，自我作为意志

    Green on，**E3**：23，24，160－162，格林论人类自我

    Seth on，**E3**：56－62，64－68，赛思的自我概念

    transcendental，**E3**：56－74；**E5**：31，先验自我

    in Kant，**E3**：62－74，康德自我概念的来源

    and desire，**E3**：161－163；**L7**：220，自我的欲求

    unity of，**E3**：169；**E5**：26，自我的统一；**L13**：323，完整的自我；**L17**：155，自我的统一

    social，**E3**：335－336，社会性的自我；**M5**：16，85；**L7**：14，78－79；**L17**：4，59，社会自我

    and universality，**E5**：27，自我和普遍性

    use of，**E5**：28；**L13**：328，"运用自我"

    and impulse，**E5**：123－124，自我和冲动

    moral and ethical，**E5**：396－397，406－408，421，伦理自我和道德自我

    projective，**E5**：404－405，418，投射的自我

    Baldwin on，**E5**：404－408，421－422，鲍德温的自我概念

    Royce on，**M2**：127－129，罗伊斯的自我理论

    theories of，**M5**：28－29；**L7**：28，285－286；**L15**：49，50，94，自我理论

    Kafirs on，**M5**：28n－29n；**L7**：28n，卡菲尔人关于自我

    Greek conception of，**M5**：130－132；**L7**：121－123，古希腊的自我概念

    in *Cyclopedia of Education*，**M7**：339－343，357，自我（《教育百科全书》）

    relation of things and，**M7**：454－455，自我和事物之间的关系

    Fichte on，**M8**：187，费希特论自我

    and method of knowing，**M9**：180－181，自

我与认知的方法

related to interest，**M9**：361 - 362，自我与
兴趣相关

Dewey on，**M14**：xi，杜威关于自我的观点

primacy of，**L5**：72n，弗兰克的自我首位性
学说

and habit，**L7**：170 - 171，205，自我和习惯

and choice，**L7**：274，285 - 289，297，307，
自我和选择

and action，**L7**：288 - 290，292，306，自我
和行动

static and dynamic，**L7**：306 - 308，静态和
动态的自我

nature of，**L11**：84 - 85，452 - 453，586；
L16：248，288，384，自我的本质

in literature，**L11**：506 - 507，文学描写的
自我

absolute，**L13**：148 - 149，绝对自我

formation of，in inquiry，**L14**：70 - 73，自
我在探究中的形成

James on，**L14**：164 - 166，詹姆斯论自我

Hocking on，**L14**：411 - 412，霍金论自我

as name，**L16**：269，自我作为名称

and reality，**L17**：155 - 156，自我与现实

Self-action：自-作用

as name，**L16**：xxxiii-xxxiv，71，269，自-作
用作为名称

vs. transaction，**L16**：4，96，144，自-作用
相对于交互作用

nature of，**L16**：66 - 68，132，135，自-作用
的本质

as stage of inquiry，**L16**：100 - 104，108，
112，123 - 124，127 - 130，自-作用作为
探究的阶段

uses of，**L16**：104 - 105，138，自-作用的
使用

replaced，**L16**：114 - 115，被替换的自-
作用

traces of，**L16**：116，121，自-作用的踪迹

Self-activity，**E5**：374 - 375，自我活动

as ultimate educational ideal，**M7**：183，作
为根本的教育理念的自发活动

influences on，**M7**：185 - 187，对自发活动
概念的影响

related to physical activity，**M9**：311，自我
活动和身体活动相关

Self-assertion，**E5**：42 - 46，自我肯定

tendencies toward，**M5**：81 - 86；**L7**：75 -
78，自我肯定的趋势

criticism of，**M5**：332 - 337，自我肯定理性
的批判

Self-consciousness，**E1**：160；**E2**：16；**E5**：26 -
27；**L17**：4，自我意识

during adolescence，**M1**：216，青少年时期
的自我意识

in *Cyclopedia of Education*，**M7**：343 -
345，自我意识（《教育百科全书》）

Self-control，**E5**：43，自我抑制；**L13**：12，自
我控制

meaning of，**L13**：41 - 42，自我控制的意义

and freedom，**L13**：43，自我控制与自由

Greek idea of，**L17**：172，希腊人对自我控
制的观念

need for，**L17**：343，自我控制的需要

Self-creation，**M12**：xxvii，223，自我创造

Self-criticism，**L13**：276 - 277，自我批判

Self-deception，**M14**：105 - 106，173 - 174，自
我欺骗

Self-defense：自卫

vs. defensive war，**L6**：223，457 - 458，自
卫与防卫性战争的对比

need for，**L17**：525，自我辩护的需要

Self-delusion，**M12**：160 - 161，自欺

Self-denial，**M5**：80；**L7**：74，自我否定

criticism of，**M5**：328 - 332，自我否定学说
的批判

Self-determination，**E5**：29，374，自我决定论

Self-development，**E5**：400，自我发展

Self-discipline，**M5**：80；**L7**：74，自律

Self-education：自我教育

in Russia, **L17**：495 - 496,俄国的自我
教育

Self-evidence, **L1**：73,93,106；**L12**：18,25,
144,148,157 - 159,404；**L15**：28,自明

Self-expression, **M6**：225；**L8**：180,自我
表达

　　vs. expression, **L10**：xxvi, 15, 68, 112,
288,自我表现对表现

Self-government, **L13**：66,95,114,147,177,
自治

　　in China, **M13**：129,150,中国的自治

　　Marxist, **L13**：101,马克思主义的自治
理论

　　means for, **L13**：103,104,自治手段

　　Jefferson on, **L13**：107,175,杰斐逊论自治

　　Rousseau on, **L13**：149,卢梭论自治

　　Carlyle on, **L13**：150,卡莱尔论自治

　　importance and complexity of, **L13**：155,
自治的重要性与复杂性

Self Government and Politics in School
(Welling), **L11**：516,《学校中的自治和政
治学》(韦灵)

Selfhood, **M7**：295,自我

Self-hypnosis, **M15**：45,自我催眠

Self-interest, **M12**：191 - 192,私利,利己
主义

　　as motivation, **M6**：367；**L7**：292 - 298,
300；**L13**：147,利己主义作为动机

　　doctrines of, **L7**：332,利己主义学说

　　English philosophy of, **M9**：308 - 309,英
国利己主义哲学

　　and success, **L7**：202,利己主义和成功

　　consequences of, **L7**：295,322,利己主义
的后果

　　in behavior, **L13**：74,75,140,行为中的利
己主义

　　in Marxism, **L13**：132 - 133,马克思主义
中的利己主义

Selfishness, **E3**：375 - 376,自私

　　Kant on, **M5**：280；**L7**：220,康德论自私

for self-preservation, **L7**：153 - 154,自私
以自我保存为目的

　　nature of, **L7**：226,294 - 296,自私的本质

Self-love, **M6**：367；**M14**：21,92 - 97,202,
自爱

Self-mastery, **L2**：138,自制

Self-negation, **E5**：43,自我否认

Self-preservation, **M6**：366 - 367,自我保存

　　of community, **M5**：62；**L7**：57,群体的自
我保存

　　supported by environment, **M10**：7 - 8,自
我保存只有在环境的支持下才能维持

　　Hobbes on, **L7**：153 - 154,霍布斯论自我
保存

Self-realization, **L7**：302,自我实现

　　Dewey on, **E2**：xxv；**E4**：xvii；**M5**：xii-
xxxiv,杜威论自我实现

　　concept of, **E4**：42 - 44,52 - 53,246,自我
实现的概念

Self-relation, **L2**：131,133,自我关系

"Self-Reliance" (Emerson), **L5**：139,《论自
立》(爱默生)

Self-respect, **L7**：297,自尊

Self-sacrifice, **L7**：189,自我牺牲

Self-satisfaction, **E3**：327,自我满足

Seligman, Edwin R. A., **M8**：410；**L8**：3n,
13n, 19n；**L17**：125,560,塞利格曼,埃德
温·R·A

Sellars, Roy Wood, **M4**：xx；**M7**：x；**L3**：
397 - 398；**L16**：79n, 209n,塞拉斯,罗
伊·伍德

Semantical definition, **L16**：164,169,语义
定义

"Semantic Conception of Truth, The"
(Tarski), **L16**：40 - 42,《真理的语义构
想》(塔斯基)

Semanticists, **L16**：299n,语义学家

Semantics：语义学

　　C. Morris on, **L15**：142 - 145,150；**L16**：
33 - 35,莫里斯关于语义学

Carnap on, **L16**：18,29n, 30 - 32,卡尔纳普关于语义学

logicians on, **L16**：38 - 39,逻辑学家关于语义学

nature of, **L16**：155,160,171,300,446,语义学的本质

terminology of, **L16**：272,语义学的术语

Sembrich, Marcella, **M11**：313 - 314,赛布里切,玛撒拉

Seminal reasons：种子理性

in *Dictionary of Philosophy*, **M2**：244 - 245,种子理性(《哲学辞典》)

Semiosis, **L15**：142,符号代指过程

nature of, **L16**：9,217,222 - 223,表意行为的本质

as sign-process, **L16**：211 - 213,表意行为作为记号过程

problem of, **L16**：230 - 235,270,表意行为的问题

terminology of, **L16**：236 - 240,表意行为的术语

Semiotic：符号学

of C. Morris, **L16**：33 - 35,210 - 241,莫里斯的符号学

disposition in, **L16**：221,231 - 237,符号学中的倾向

Semitic totem group, **M5**：26; **L7**：26,闪语族人的图腾团体

Senate., 参见 United States Senate

Seneca, **M5**：132; **L7**：123,131,132,塞涅卡

Sensa：感觉材料

and observational propositions, **L14**：170 - 171,感觉材料和观察性命题

Sensation, **E3**：213, 214; **M4**：118 - 119, 150,感觉；**M12**：xiv, 128,132,感觉、感情；**L1**：246,339; **L11**：71,73,77,78,83; **L12**：91 - 92,147 - 149,418 - 419; **L15**：49,84,85,90 - 91,感觉。另见 Feeling; Sensori-motor

and knowledge, **E1**：125 - 28; **E3**：213 - 214; **E5**：5, 6, 15 - 16, 18, 21; **M14**：132; **L4**：136,138,154,206,感觉与知识

analyzed by experiment, **E1**：54,借助实验分析的感觉

and stimulus, **E1**：106 - 107; **E2**：30 - 34, 37 - 43; **E5**：97,99,106 - 107,439,感觉与刺激

theories of, **E1**：180 - 183,186 - 188,313 - 319, 324 - 325, 342; **L13**：93; **L16**：103,感觉理论

characteristics of, **E2**：31; **E5**：96 - 97,感觉的特性

as element in consciousness, **E2**：34 - 37,感觉是意识中的元素

differentiation of, **E2**：45 - 47,感觉中的差别

of pressure, **E2**：49,压力的感觉

of place, **E2**：51 - 52,地点的感觉

muscular, **E2**：53 - 55,142,143,肌肉的感觉

of temperature, **E2**：68 - 70,温度的感觉

organic, **E2**：70 - 72,机体的感觉

interest in, **E2**：109 - 110,感觉中的兴趣

psychology of, **E4**：201 - 202,感知心理学

and idea, **E5**：96,感觉与概念

related to mental state, **M7**：34,感觉与精神状态的关联

James on, **M10**：50; **L14**：159 - 163,詹姆斯论感觉

and experience, **M12**：129; **M14**：25,140; **L14**：125,191,197; **L16**：245,263,感觉与经验

relativity of, **M12**：130 - 131,感觉的相对性、相关性

in art, **L10**：xxvii-xxviii, 27, 250, 259 - 260,感受在艺术中的作用

vs. emotion, **L13**：333,感觉对情感

related to physical events, **L14**：80 - 81,感觉与物理事件的关系

as terminology, **L16**：93n,感觉作为术语

in vision, **L16**：114n,视觉中的感觉

related to movement, **L17**：217,301,与运动相关的感觉

as psychical, **L17**：424,作为心理事物的感觉

Sensational empiricism, **E3**：18,感觉主义的经验主义；**M3**：158n；**M6**：175,感觉论的经验主义；**M7**：xvi；**M9**：276；**L5**：149,152；**L10**：136,293,364；**L14**：99；**L16**：335,感觉经验主义

on knowledge, **L4**：88,137,141,144,145n,感觉经验主义中的知识论

failure of, **L4**：90,125；**L16**：326,感觉经验主义的失败

on sensory qualities, **L4**：91,92,感觉性质在感觉经验主义中的作用

vs. rationalism, **L4**：98,感觉经验主义对理性主义

reaction to, **L4**：210,对感觉经验主义的反应

Sensationalism, **M6**：175；**M7**：144,感觉论；**L5**：169,479,感觉主义；**L15**：10 - 11,感觉论

and relativity of feeling, **E1**：25,29,感觉论与感觉的相对性

in empirical logic, **E3**：131 - 132,经验逻辑中的感觉主义

in *Dictionary of Philosophy*, **M2**：245 - 246,感觉论(《哲学辞典》)

Locke's theory of, **M9**：276 - 277,洛克关于感觉主义的理论

of Helvétius, **M9**：277,爱尔维修的感觉主义

related to education, **M9**：277 - 280,感觉主义被应用于教育

affected by particular and general, **M9**：352 - 353,感觉主义特别强调特殊性或一般性

Hume and Kant on, **M10**：12 - 13,休谟和康德的感觉论经验主义

Sensationalists, **L1**：149,感觉论者

Sensation-image, **M10**：65,感觉-影像

Sense, **M8**：87；**L10**：154,感觉。另见 Sensation

experience, **E1**：370,感觉经验

and self, **E3**：73 - 74,感性与自我

and reason, **E3**：227 - 228,333 - 335,感性与理性；**L17**：157,感受与理性

training, **M1**：93 - 96；**M6**：289 - 290,330；**L8**：297,317,感觉训练

illusions, **M8**：53 - 54,感觉的假象

object, **M8**：58,86,感觉对象

Rousseau on, **M8**：217 - 218,卢梭关于感觉

and meaning, **L1**：144,198,200 - 207,221,246 - 247,感觉与含义

qualities, **L2**：45,47,54,感觉品质；**L10**：22,104 - 109,122,319,感觉的性质

role of, **L4**：xix,113,114,125,184,239,感觉的作用

Dewey on, **L4**：xx,杜威论感觉

attitude toward, **L4**：67,71 - 73,对感觉的态度

as source of ideas, **L4**：91 - 94,98,99,101,感觉作为观念的来源

J. Marsh on, **L5**：185 - 189,马什论感性

esthetic role of, **L10**：xxi-xxii,xxiv-xxviii,24 - 28,36 - 40,55,56,180,221 - 223,244,263 - 265,感觉在美学中的作用

in esthetic experience, **L10**：278,294 - 299；**L13**：366,审美经验中的感觉

impression, **L14**：160,感觉印象

appeal to, **L17**：17 - 18,对诉诸感受的需要

Sense data, **M8**：84,感觉材料；**L5**：158,175,感官材料；**L12**：149 - 150,153,157,感觉与料

concepts of, **L4**：xiii,感觉与料论；**L16**：xxxiii,192,334 - 335,感觉材料的概念

character of, **L4**：53,90,感觉与料的性质

function of，**L4**：137－143,150,156,158,
感觉与料的功能

esthetic Value of，**L10**：112,120－133,
136,203,257,感觉材料的审美价值

Cohen and Nagel on，**L16**：15,195,科恩和
内格尔关于感觉材料

Kaufmann vs. Dewey on，**L16**：196n,考夫
曼相对杜威关于感觉材料

Russell on，**L16**：201n,罗素关于感觉材料

Moore on，**L16**：203－207,摩尔关于感觉
材料

Sense of Beauty，The（Santayana），**M11**：
385；**L10**：364,《美感》（桑塔亚那）

Sense-organs，**L2**：47－48；**L14**：171,感觉器
官

as media，**L10**：28,31,58,199－201,作为
媒介的感觉器官

convey qualities，**L10**：123,127－128,131,
220,239－246,254－255,感觉器官传载
性质

Sense perception，**E5**：5,226－227,317－
318,知觉感；**M7**：260－261,感性知觉；
M11：345,感官知觉；**M12**：259；**L1**：250
－255,339,感觉－知觉；**L8**：8,12；**L12**：
290,418－419,感官知觉

and science，**M8**：60－63,感官知觉和科
学；**L16**：306－307,感官－知觉和科学

nature of，**L2**：44－54；**L17**：251,感官知
觉的性质

structure of，**L17**：424－425,感官知觉的
结构

Senses and the Intellect，The（Bain），**M6**：
300－301；**L8**：276,《感觉与理智》（贝恩）

Sensitivity，**L1**：196－197,223,敏感、灵敏
性；**L13**：19,敏感

esthetic，**L10**：203,269－270,287,308,
313－314,327－328,审美的敏感性

art affects，**L13**：366,敏感对艺术的影响

D. Watson on，**L13**：371,华生论敏感

Sensori-motor：感觉-运动、感觉运动

apparatus，**E5**：96,感觉-运动感受器；**M7**：
27－29,感觉运动区域

circuit，**E5**：97,109,感觉-运动回路

process，**E5**：103,感觉-运动过程

coordinations，**E5**：205,感觉-运动的协调；
M2：43－48,感觉-动作协同机制

Sensory，**M8**：85,86,感觉的

quales，**E5**：97－98,108,156,感官的可感
受性

related to motor and perceptional，**L16**：
140,307n,326,感觉与运动和知觉的
关系

in inquiry，**L16**：329,探究中的感觉

Sensualism：享乐主义

in *Dictionary of Philosophy*，**M2**：247,享
乐主义（《哲学辞典》）

Sentence，**M6**：325－326；**L8**：232,313－
314,句子。参见 Language，**L12**

and proposition，**L12**：174,284－289,句子
与命题

Carnap on，**L16**：17,18,21－27,31,卡尔
纳普关于句子

Tarski on，**L16**：39－40,塔斯基关于句子

as name，**L16**：269,句子作为名称

Sentiency，**L1**：199,204,205,知觉、感觉

Sentimentalism，**E5**：93；**M12**：121；**M14**：
17,情感主义

"Sentiment of Rationality，The"（W.
James），**L11**：473,《理性的情感》（詹姆斯）

Sequence，**L12**：437,序列

Serbia，**M10**：269,288；**M11**：xiii,245,255；
M15：93,123,140,塞尔维亚

Serenity：宁静

in art，**L10**：165－166,艺术中的宁静

Serfdom，**L17**：503,农奴制

Series，**L1**：192－193,206－207,212－213,
系列

idea in number sense，**E5**：177－185,188－
191,数字常识的系列观念

parts in，**E5**：191,系列中的部分顺序

organic, **L12**：36－37，41－42，56，385，有
机序列

in Greek logic, **L12**：212－213，希腊逻辑
中的序列

temporal, **L12**：224－225，245，316－317，
330，时间性序列

Service：服务

esteem for, **M9**：323，服务得到尊重

in industry, **L7**：424－425，企业中的服务

Seth, Andrew, **E1**：xxv；**E2**：xxiii，赛斯；
E3：186，赛思，安德鲁

on Hegel, **E1**：164－165，赛斯关于黑格
尔；**E3**：56－62，192，塞思关于黑格尔

on self, **E3**：64－68，塞思关于自我

on philosophy, **M2**：191－192，赛斯论哲学

Settled, **L12**：15－16，123－125，186，189，
220，固定的

Seven Philosophical Problems （Hobbes），
M11：21，《哲学的七个问题》（霍布斯）

Seventy Times Seven （Jensen），**L11**：506－
508，《七十乘以七》（詹森）

Seward, William H., **M11**：206，西沃德，威
廉·H

Sewing：缝纫

taught as part of history of mankind, **M1**：
13－15，将缝纫作为人类历史组成部分
来教授

Sex, **M14**：93，104，106－107，114；**L10**：
194，243，性、性别

and psycho-physic activity, **M2**：43，性与
心理生理活动

in coeducation, **M2**：115－116，男女同校
的性别问题

groups based on, **M5**：36；**L7**：35，52，60－
61，75，87，以性为基础的群体

in primitive societies, **M5**：36－37；**L7**：
35－36，原始社会中的性别区分

in family life, **M5**：49－50，家庭生活中
的性

attitude toward, **L7**：447，对待性的态度

significance of, **L7**：447－448，性的重要性

and marriage, **L7**：450－452，458－459，性
和婚姻

Jennings on, **L7**：460－461，詹宁斯关于性

information about, **L17**：127，关于性的
信息

Sex in Education （E. Clarke），**L17**：7，553，
《教育中的性》（克拉克）

Sex Side of Life, *The* （M. Dennett），**L17**：
127，560，《生命中的性存在》（丹内特）

Sexual ethics：性伦理

Russell on, **L14**：232－235，238－246，罗
素论性伦理

Seyda, Marjan：塞伊达，迈扬

on Polish question, **M11**：276，280，283－
284，301，302，323，塞伊达与波兰问题

Shaftesbury, Anthony Ashley Cooper, 3d
earl of, **E4**：128，144，147，沙夫茨伯利；
M3：53；**M7**：285；**M15**：9；**L7**：154，238；
L11：18，沙夫茨伯里，安东尼·阿什利·
库珀

Shakespeare, William, **E1**：48；**M3**：69；
M5：28，64，94n，145，182，215；**M6**：193；
M7：277；**M8**：191；**M12**：xiii，134；
M13：30－31；**M15**：332；**L3**：5，61；**L5**：
394；**L6**：497；**L7**：27，43，58，147；**L8**：
126；**L9**：225；**L10**：xxx，289；**L11**：86，
91，94；**L13**：358；**L14**：98，111；**L15**：87；
L17：12，554，557，莎士比亚，威廉

on ethical postulate, **E3**：322，莎士比亚对
伦理公设的表述

compared with Dante, **E4**：193，莎士比亚
与但丁的比较

as poet, **L10**：29，102，130，148，163，178，
194，199，209－210，354，作为诗人的莎
士比亚

attitude of, **L10**：39，41，莎士比亚的态度

on judgment, **L10**：303，365，莎士比亚论
判断

criticized, **L10**：318－319，324－325，351，

365,对莎士比亚的批评

on ages of man, **L17**：255,563,莎士比亚论人的年龄

memory in, **L17**：325,564,对莎士比亚的纪念

"Shall We Join the League of Nations?" (Lovejoy), **M15**：xvii,《我们应该加入国联吗?》(拉夫乔伊)

"Shall We Use the Class Dynamic?" (Raup), **L11**：385 - 386,《我们将使用阶级动力学吗?》(劳普)

Shaman, **L9**：26,萨满

Shanghai, China, **M12**：5,31,71 - 72,74, 253,255；**M13**：72,89,105,108,122,124, 144,180；**L6**：207,上海,中国

　　Dewey visits, **M11**：xviii,杜威对上海的访问

　　revolt in, **M11**：189,196,上海的示威活动

　　drugs in, **M11**：236,239,240,上海的毒品交易

　　Japan invades, **L6**：xx,190,205 - 206,日本侵入上海

　　and Pact of Paris, **L6**：194,《巴黎公约》相关的上海

　　sanctions related to, **L6**：202,450,456n, 457,与上海相关的制裁

Shank, George H. , **M13**：410,494 - 495,尚克,乔治·H

Shantung (Shandong), China, **M12**：22,23, 68；**M13**：80,91,199,211；**M15**：126,山东,中国

　　issue of, **M11**：158,山东问题

　　thanks U. S. Senate, **M12**：37,山东感谢美国参议院

　　Japan's control of, **M11**：186,189,194, 198,224,232；**M12**：28 - 40；**M13**：192,日本对山东的控制

　　China claims, **M11**：201,203,中国对山东的主张

　　drugs in, **M11**：238,山东的毒品交易

and Versailles Treaty, **M13**：73,202,山东与《凡尔赛条约》

diplomatic position of, **M13**：77,85,144 - 145,201 - 203,山东在外交上的地位

economic question in, **M13**：81,123,142 - 143,山东的经济问题

Shape：形状

　　artistic use of, **L10**：xxi-xxii, 21,99,107 - 109,119 - 122,231 - 232,333,345,357, 364,形状的艺术使用

Share-the-Work：分担工作

　　committee, **L9**：252 - 253,分担工作委员会

　　campaign, **L9**：307,分担工作运动

Sharp, Frank Chapman：夏普,弗兰克·查普曼

　　on moral judgment, **M4**：221 - 222,夏普论道德判断

Shatsky, Stanislav, **L6**：292,沙茨基,斯坦尼斯拉夫；**L17**：505,571,沙特斯基,斯坦尼斯拉夫

　　experimental programs of, **L3**：247 - 248, 433,夏泽斯基领导的教育实验站

Shaw, George Bernard, **M15**：128；**L2**：227； **L7**：409 - 410；**L14**：95,347,肖,乔治·伯纳德

Sheboygan, Wis. , **M7**：461 - 462,希博伊根,威斯康星州

Sheffield, Alfred Dwight, **L5**：412n, 414,谢菲尔德,阿尔弗雷德·德怀特

Shelburne Essays（P. More）, **L9**：xxxn,《雪伙集》(摩尔)

Sheldon, Wilmon Henry：谢尔顿/谢尔登,维尔蒙·亨利

　　on value, **M11**：375,377,382,谢尔顿论价值

　　on naturalism, **L15**：xvi, 453 - 472,谢尔登论自然主义

　　response to, **L15**：109 - 126,自然主义者对谢尔登的回答

号作为指称的过程

 as stage of sign，**L16**：69 - 70，139 - 140，474，指号作为记号的阶段

 as name，**L16**：72，270，指号作为名称

 postulations for，**L16**：84，90，指号的假设行为

 forms of，**L16**：110n，143 - 147，261，指号的形式

 C. Morris on，**L16**：225，莫里斯关于指号

Sign-behavior，**L16**：212n，223 - 224，记号-行为

Sign-events，**L16**：21n，记号-事件

Sign-family，**L16**：226，记号-家族

Significance，**E1**：178 - 179；**L15**：xxii-xxiii，15 - 16；**L16**：320，331 - 332，意义

Significant Paragraphs from Henry George's "Progress and Poverty"（H. G. Brown），**L3**：359n，《来自亨利·乔治〈进步与贫困〉的重要段落》(布朗)

Signification，**L1**：200，202，207，含义。另见 Meaning

 C. Morris on，**L16**：210n，227，莫里斯关于意指行为

 modes of，**L16**：234，236，意指行为的方式

Significatum：意含物

 C. Morris on，**L16**：213，216 - 217，227，莫里斯关于意含物

 in semiotic，**L16**：232 - 237，符号学中的意含物

Signifying：指示、意指

 function of，**M6**：187；**L8**：119 - 120，指示的功能

 C. Morris on，**L16**：214 - 218，莫里斯关于意指

Sign-process，**L16**：137，144，183，记号-过程

 as semiosis，**L16**：211 - 213，记号-过程作为指号-过程

 C. Morris on，**L16**：212n，220n，226，莫里斯关于记号-过程

 factors in，**L16**：232 - 233，记号-过程中的因素

 in semiotic，**L16**：237，270，符号学中的记号-过程

Signs，**L13**：198 - 200，248n，符号。另见 Evidence，**L12**

 and sensations，**E2**：52，142 - 144，符号和感觉

 linguistic，**M6**：192，314 - 320，语言中的指号；**L8**：127 - 128，166，297，301 - 305，语言指号；**L16**：xxxii，297 - 309，语言符号

 nature of，**M13**：383，389；**L4**：203，记号的本质；**L13**：197，符号的本质；**L16**：5，6，62，86n，225，332，记号的本质

 data as，**L4**：80，140，143，与料作为标志

 numbers as，**L4**：103 - 104，数字作为记号

 role of，**L4**：106，189，237，记号的作用

 judgment of，**L4**：170，记号的判断

 as qualities，**L4**：191，193；**L12**：76 - 77，132，149 - 150，240，248 - 249，252，268 - 269，475，记号作为性质

 artificial，**L8**：126，302 - 303，人工指号

 in art，**L10**：xiii，89 - 91，97，220，艺术中的记号

 and meanings，**L12**：57，317，324，358n，468，记号与意义

 and consequences，**L12**：504 - 505，记号与结果

 and epistemology，**L12**：515 - 516，519 - 520，记号与认识论

 theory of，**L15**：131 - 136，141 - 152，473，符号理论

 in triadic relation，**L16**：9 - 11，三项关系中的记号

 Peirce on，**L16**：11，51，皮尔士关于记号

 Carnap on，**L16**：22，23n，26 - 27，29n，31，卡尔纳普关于记号

 Cohen and Nagel on，**L16**：25，科恩和内格尔关于记号

 behavioral，**L16**：69 - 70，134 - 139，473 -

474,行为的记号

as name, **L16**：72,91,270,记号作为名称

Dubislav on, **L16**：161n,杜比斯拉夫关于记号

C. Morris on, **L16**：210－220,莫里斯关于记号

in semiotic, **L16**：229－231,236－237,符号学中的记号

status of, **L16**：235－236,记号的地位

in inquiry, **L16**：322－325,探究中的记号

Signs, Language and Behavior（C. Morris）, **L15**：473；**L16**：210－241,《符号、语言与行为》(莫里斯)

Sign vehicle：记号载体

C. Morris on, **L16**：9,34－35,45,226－227,莫里斯关于记号

vs. sign；**L16**：134,记号载体对记号

Sigwart, Christoph, **E3**：75,92；**M3**：64；**L12**：xii,188,西格沃特,克里斯琴/克里斯托弗

Sikorski, Wladyslaw, **L15**：295,西科尔斯基,乌拉迪斯洛

Silbermann, Jesse, **L9**：372－373,西尔伯曼,耶西

Silesia, **M11**：266,286,西里西亚

Silhouettes, **L10**：184,剪影

Simeon Stylites, Saint, **M10**：249,在高柱上苦修的圣西门

Similarity, **M6**：388；**L12**：185－186,相似性。另见 Comparison, **L12**

association by, **L5**：256－261；**L17**：330－331,基于相似性的联合

Simkhovitch, Vladimir G. , **L15**：xxvi,西莫克维奇,弗拉迪米尔

Simmel, Georg, **L16**：xiii,xvi,120n,西美尔,格奥尔格

on intellectual and moral, **E4**：197－200,席美尔与智力发展和道德活动

Simmons, Duane B. , **M5**：24,西蒙斯,杜安·B

Simonds, Frank H. , **L6**：468n,西蒙兹,弗兰克·H

Simple proposition, **L12**：150－153,335,340,简单命题

Simples：简单物

of Russell, **L16**：199－202,罗素的简单物

Simplification：简化

in education, **L13**：14－15,教育中的简化

evaluated, **L13**：116,简化的益处与损害

classes of, **L13**：117,简化的类型

Marxist, **L13**：119,马克思主义的简化

of human nature, **L13**：137－138,人性的简化

Simultaneity, **L4**：115－116,同时发生

Sin：罪恶

in Hebrew morality, **M5**：94；**L7**：86,希伯来道德中的罪恶概念

as part of cultus, **M5**：95；**L7**：87,罪恶作为仪式的部分

aspects of, **M5**：100；**L7**：91,罪恶诸方面

Sincerity, **M5**：101；**L7**：93,诚意；**L17**：xxiv,忠诚

Singapore, **M11**：238；**L2**：176,新加坡

Singer, Edgar A. , Jr. , **M11**：13,辛格,爱德加

Singular, **L12**：xvi,351－352,单数。另见 This, **L12**

concept of, **L12**：72－73,126,129,196,201,209,220,242,247,单数概念

propositions, **L12**：249,255－256,267－268,290－293,单称命题

and science, **L12**：432－434,443－445,单数与科学

Singularism：单元论

in *Dictionary of philosophy*, **M2**：247,单元论(《哲学辞典》)

Sino-Japanese conflict. , 中日冲突。参见 China；Japan

Sisto, J. A. , **L9**：366, J·A·西斯托

Sisyphus, **M8**：64,西西弗斯

Situation，**M7**：xviii，状态。另见 Individual，
  L12；Qualitative，**L12**

  related to knowledge，**M6**：xvii-xviii，事况
    与知识

  in judgments of practice，**M8**：xv-xvi，在实
    践判断中使用情景

  function of，in thought，**L5**：246－252,256
    －262，情境在思维中的作用

  problematic，**L11**：152,215，有问题的情境
    L14：44,46,56,69－72,76,81n，问题情
    境；**L15**：36－41,69－71,72n，存疑的
    境遇

  as end of inquiry，**L12**：xx，xxii，108－
    109,163,167－168,203,207,220,440,
    455－456,466－467；**L14**：43,47－48,
    83－85，作为探究目标的情境

  defined，**L12**：72；**L13**：32，对情境界定

  formation of，**L13**：24，情境的形成

  related to interaction，**L13**：25－26,33，与
    交互作用相关的情境

  concept of，**L14**：28－34，情境的概念

  indeterminate，**L14**：180－181,184－187，
    不确定的情境

  doubtful，**L14**：183－187，怀疑性的情境

  Mackay on，**L15**：393－401，麦凯论境遇

  Rice on，**L15**：431－432，赖斯论境遇

  as name，**L16**：6,43,71,270，情境作为
    名称

  as form of event，**L16**：62,68－69,132，情
    境作为事件的形式

  Dewey on，**L16**：92n－93n，281－282，杜
    威关于情境

  uniqueness of，**L17**：xxiii，处境的独特性

Situational：情境的
  of Mead，**L16**：101n，米德的"情境的"

Situs，**L2**：52－54，位置

Sixteenth Amendment，**L7**：420，第十六修
  正案

"Sixth Meditation"（Descartes），**M8**：23，《第
  六个沉思》（笛卡尔）

Scepticism，**E1**：61,6；**M10**：38；**M12**：220；
  M13：68,486，怀疑论；**M15**：326；**L1**：
  378,383；**L9**：xx，怀疑主义；**L11**：79，怀疑
  论；**L15**：63，怀疑主义

  intuitionalism as，**M2**：28，直觉主义成为
    怀疑主义

  in *Dictionary of Philosophy*，**M2**：231－
    234，怀疑主义（《哲学辞典》）

  nature of，**M6**：23；**L4**：176,182，怀疑论
    的性质；**L17**：13,17，怀疑主义的性质

  Dewey on，**L4**：x，xix-xxii；**L8**：xvi-xvii，
    杜威关于怀疑论

  of Hume，**L4**：113，休谟的怀疑论

  sources of，**L4**：154,155，怀疑论的来源；
    L14：199，怀疑主义的来源

  Santayana on，**L9**：242,243；**L14**：11,
    302，桑塔亚那关于怀疑主义

  misconception about，**L17**：xxi，对怀疑主
    义的误解

  regarding Christianity，**L17**：530，对基督
    教的怀疑主义

Skeptics，**E4**：230；**E5**：9；**M5**：127,202；
  L7：118；**L8**：6,24，怀疑论者

*Sketch Book of Geoffrey Crayon, Gent.,
  The*（Irving），**M8**：292，《见闻札记》（欧
  文）

Skill：技能
  related to child，**M1**：213－215,227，儿童
    与技能；**L17**：286,293，孩子与技巧

  studies，**M6**：220；**L8**：162，技艺学习

  transfer of，**M9**：69－70，技能的转变

  limitations of，**M9**：83－84,264－265,
    320,349－350，技能的局限性

  and thinking，**M9**：159，技能和思维

  modes of，**M9**：267－268，技能的模式

  of artist，**L10**：87,145,269,291,333，艺术
    家的技艺

  role in inquiry，**L16**：327－331，技能在探
    究中的角色

  technical，**L16**：362，技术的技能

need for, **L17**：77 - 78,对技巧的需要

command of, **L17**：296,对技巧的掌握

overemphasis on, **L17**：514 - 515,对技巧的过度强调

Skinner, B. F. , **M7**：xxiii；**M13**：xiv,斯金纳,B・F

 on definition, **L16**：167,170 - 171,斯金纳关于定义

 on logic, **L16**：183n,斯金纳关于逻辑学

 praised, **L16**：447,被赞美的斯金纳

Skipped intermediaries, **L12**：316n,被忽略的中介

Skirmunt, Constantine, **M11**：281,斯科蒙特,康斯坦丁

Sklavenwahrheit, **M7**：433,奴隶的真理

Skvirsky, Boris E. , **M13**：240n,斯克维尔斯基,鲍利斯・E

Slavery, **M13**：289；**L15**：277,309；**L17**：315,503,奴隶制

 ideology of, **M5**：76；**L7**：76；**L15**：163 - 164,173,234,奴隶制意识形态

 Roman, **M5**：78；**L7**：72,128 - 129,132 - 133,罗马的奴隶制

 Aristotle on, **M9**：261 - 262；**L13**：287,亚里士多德论奴隶制度

 of Greek social system, **M9**：297,古希腊社会体制的奴隶制

 economic wastefulness of, **M9**：318,奴隶制在经济上的浪费

 origins of, **L3**：20,奴隶制的起源

 Plato on, **L13**：43,柏拉图论奴隶制

Slavs, **M5**：25n, 62, 83；**M11**：xiii, 325, 326；**L7**：25n, 57,76,斯拉夫人

 group ownership of, **M5**：30；**L7**：29,斯拉夫人的团体所有权

Sleeper, Ralph W. : 斯利珀,拉尔夫・W

 on Dewey's 1939 - 41 writings, **L14**：ix-xxiv,斯利珀论杜威1939至1941年的著述

 on Dewey's logic, **L16**：xxxiin,斯里珀关于杜威的逻辑学

Slesinger, Zalmen, **L11**：485 - 486,斯莱辛格,扎尔蒙

Slovaks, **M11**：xiii,斯洛伐克人

Smedley, F. W. , **M1**：325,斯梅德利,F・M

Smell：嗅觉

 as element of knowledge, **E2**：56 - 57,嗅觉作为知识的要素

 and taste, **E2**：59,221 - 222,嗅觉和味觉

Smiley, W. H. , **E5**：xcvi,史密雷,W・H

Smirnov, Ivan N. , **L11**：321,602,斯米尔诺夫,伊万・N

Smith, Adam, **E4**：142,215；**M3**：53；**M5**：155；**M7**：332, 361；**M13**：281；**M15**：255, 256；**L2**：244, 291；**L4**：xxi；**L7**：154,238,411；**L12**：498；**L13**：73,126,斯密,亚当

 moral philosophy of, **E4**：145；**M5**：150,斯密的道德哲学

 on commerce, **M4**：38 - 41,斯密论商业

 on conscience, **M5**：132；**L7**：123,斯密论良心

 as individualist, **M5**：469,472,斯密作为个人主义者

 economic theory of, **M6**：367 - 368；**L7**：143,403,斯密的经济学理论的基础

 influences liberalism, **L11**：9 - 12,283,斯密对自由主义的影响

Smith, Alfred E. , **L5**：336；**L6**：158,史密斯,阿尔弗莱德・E/艾尔弗雷德・E

 Dewey supports, **L3**：184 - 185,杜威对史密斯的支持

Smith, Arthur, **M5**：70；**L7**：64,史密斯,阿瑟

Smith, C. H. , **M13**：240n,史密斯,C・H

Smith, H. B. , **E3**：3,史密斯,H・B

Smith, Henry Preserved, **M5**：102；**L7**：93,史密斯,亨利・P

Smith, J. Allan, **L9**：365,史密斯,J・艾伦

Smith, JamesAllen, **M5**：496n,史密斯,詹姆

斯·艾伦

Smith, John M. P., **L7**：83,史密斯,约翰·M·P

Smith, Munroe, **M5**：496n, 497,史密斯,门罗

Smith, Payson, **L11**：567n, 572,577 - 579,史密斯,派森

Smith, Richard L., **L6**：xiii,史密斯,理查德·L

Smith, Theobald, **L14**：397,史密斯,西奥博尔德

Smith, Thomas Vernor, **L2**：327n；**L15**：321n,史密斯,托马斯·弗诺

    political philosophy of, **L17**：115 - 118,史密斯的政治哲学

Smith, William Robertson, **M5**：33, 35n, 410n；**L7**：32,33n,史密斯,威廉·鲁宾逊

Smith College, **E3**：110n；**M6**：3n；**M11**：70n；**L17**：7,8,史密斯学院

Smoot-Hawley Tariff Act, **L5**：436；**L6**：164 -165,172,237,241,斯穆特-霍利关税议案

Smullyan, Arthur Francis, **L16**：210n,斯穆尔扬,亚瑟·弗朗西斯

    reviews Dewey-Bentley articles, **L16**：xxxi, 276,443 - 447,斯穆尔扬评论杜威-本特利的文章

Smulski, John F.：史穆尔斯基,约翰·F

    as leader, **M11**：256, 257, 261, 262, 287, 299,395,史穆尔斯基作为领导人

    policies of, **M11**：269,295,296,322,史穆尔斯基的策略

Smyth, Herbert C., **M10**：161,史密斯,赫伯特·C

Snedden, David：斯内登,戴维

    on vocational education, **M8**：411 - 413, 460 - 465,斯内登关于职业教育

Snobbery, **L13**：167,自命不凡

Snow, C. P., **L17**：xviii,斯诺,C·P

"Snow-Bound" (Whittier), **L17**：252, 253,《雪界》(惠蒂尔)

Sociability, **M6**：162,366；**L13**：34 - 35,爱好交际；**L17**：427,社会性

Social, **L13**：26,社会的

    satisfaction, **E3**：320 - 322,327,社会性满足

    influence on duty, **E3**：339,对义务的社会影响

    life, **E5**：13,14,89；**L17**：75 - 76,405,社会生活

    ethics, **E5**：22,23,54 - 55,279 - 280,社会伦理学

    role in education, **E5**：68 - 69,85, 214, 220 -221,229, 255 - 256,451；**L17**：226 - 241,170,社会教育的观念

    imagination, **E5**：72,社会想象

    values, **E5**：76,社会价值

    related to psychological, **E5**：85 - 86,社会与心理学的关系

    heritage, **E5**：90,社会遗产

    communication, **E5**：230；**L17**：320 - 322,社会交往

    progress, **E5**：300,411 - 412,社会进步

    sanctions, **E5**：390 - 391,社会制裁

    development, **M8**：249 - 250,社会发展

    vs. individual, **M9**：306；**L2**：xxx-xxxi, 244 - 245,250,274,290,330,351 - 355；**L7**：xiii, xviii, xix, xxviii-xxix, 320 - 328,385,社会对个人

    predestination, **M9**：327,328,社会预定论

    absolutism, **M13**：314,316,社会绝对主义

    commitment, **M14**：xxii,社会承诺

    phenomena, **M15**：231 - 232,235,社会现象

    action, **L1**：149,社会行为

    compact, **L1**：169,社会契约

    consequences, **L1**：199,社会后果

    reform, **L1**：307 - 308,323；**L16**：381,社会改革

    and biological, **L2**：243,330 - 331,357,社

379,社会控制的结果

Social-Darwinism, **M9**：xxii,社会达尔文
主义

Social Democratic party, **L9**：289,社会民
主党

Social efficiency theory：社会效能理论

of education, **M9**：100,125 - 130,教育的
社会效能理论

Social environment, **E5**：67,社会环境

moral significance of, **M5**：16,38 - 39,45 -
49,110；**L7**：14,37,43 - 47,101,222,
233 - 234,283,314 - 320,330 - 331,
340 -344,社会环境的道德意义

problems of, **L7**：351 - 358,社会环境的
问题

Social Evolution（B. Kidd）, **E4**：200,210 -
213,《社会进化》(基德)

Social Frontier, **L13**：304,403,《社会前沿》

Dewey's articles in, **L11**：xiii, xvi,339,
340,342,370,377,380,382,383,386,
399,592,593,杜威在《社会前沿》上的
文章

Social Ideas of American Educators, The
（Curti）, **M1**：xvn,《美国教育者的社会观
念》(科蒂)

Socialism, **M5**：151 - 152,470 - 471；**M10**：
261；**M12**：xxx,247,249；**M15**：245；**L6**：
xviii；**L9**：76 - 77,社会主义

basis of, **E4**：211；**M5**：486；**L7**：426,社
会主义的基础

criticized, **M2**：xx-xxi,对社会主义的批判

Fichte on, **M8**：175,费希特关于社会主义

involved with Polish question, **M11**：xv,
251,262,265 - 267,270 - 273,277,282,
287,293 - 294,326,396,波兰问题中涉
及的社会主义

in industry, **M11**：83,102,104,工业的社
会主义

nature of, **M11**：84,117,120；**L11**：61 -
64,492；**L13**：131,135,社会主义的本质

in Japan, **M11**：165,日本的社会主义

vs. bolshevism, **M11**：246,社会主义对布
尔什维克

international, **M13**：254,国际性的社会
主义

prediction for, **L5**：xx,杜威对社会主义的
预测

vs. individualism, **L5**：80；**L13**：113 -
114,146,260；**L15**：212 - 215,218 -
221,274 - 275,社会主义与个人主义
相对

public vs. capitalistic, **L5**：90 - 98,公共社
会主义与资本社会主义相比较

related to Russia, **L6**：264；**L7**：427；**L17**：
497 - 498,与苏联相关的社会主义

on equal distribution, **L7**：409 - 410,社会
主义关于平均分配

U. S. attitude toward, **L7**：428 - 430,美国
对社会主义的态度

vs. fascism, **L9**：402 - 403,社会主义对法
西斯主义

Lippmann on, **L11**：489 - 490,493,李普曼
论社会主义

ultimate vs. utopian, **L13**：120,社会主义
的终极与"乌托邦"

as collectivist movement, **L14**：92 - 95,作
为集体主义运动的社会主义

and liberalism, **L17**：116,社会主义与自由
主义

Lenin on, **L17**：493,列宁论社会主义

Socialist Call, **L13**：392,《社会主义呐喊》

Socialist Labor party, **L6**：235,社会共产党

Socialist party, **L6**：xix,169 - 170,235,250,
254,326；**L9**：66 - 69；**L11**：xxiii,社会党

Socialists, **L6**：231,232,237,社会党人；**L13**：
113,114,132,社 会 主 义 者；**L14**：365 -
366,社会学家

Sociality, **L13**：78,163,社会性

Socialization, **L2**：279；**L11**：xxiv,188,240,
256 - 257,265 - 266,社会化

as stage of moral development, **M5**：15 -
16；**L7**：13 - 14,社会化是道德发展的阶
段

Social Legislation, Committee for, **L15**：324,
社会立法委员会

Social movements：社会运动

influence philosophy, **L14**：312 - 313,326,
社会运动对哲学的影响

Social order, **E3**：219 - 220；**L15**：209,213,
277,社会秩序

reconstruction of, **M11**：xii, 73 - 92,98 -
99,102 - 106,112 - 114；**L6**：94 - 95；
L7：xix, 80,社会秩序的重建

explanations of, **M11**：19,71,93 - 97,解释
社会秩序

and philosophy, **M11**：43 - 45,48,51 - 52,
342 - 345,348 - 349,社会秩序与哲学

as international bond, **M11**：123 - 126,社
会秩序作为国际的联系

prophet of, **M11**：148,社会秩序的预言者

in Japan, **M11**：166,日本的社会秩序

in China, **M11**：220,中国的社会秩序

education related to, **L6**：xxii, 123 - 124；
L9：127,131 - 132,134 - 135,159,167 -
168,182 - 185,192 - 193,206 - 209,教
育与社会秩序相关

measure of, **L6**：40 - 42,对社会秩序的
衡量

and economics, **L6**：244；**L9**：208,229,
231,232,234 - 235,312,社会秩序与
经济

in Russia, **L6**：263 - 267,俄国的社会秩序

related to legal system, **L6**：268 - 270；
L14：117 - 122,社会秩序与法律制度
相关

churches lag in, **L9**：46,54 - 55,教会滞后
于社会秩序

Bellamy on, **L9**：102 - 106,贝拉米谈及社
会秩序

and history, **L9**：205,社会秩序与历史

Brandeis on, **L9**：237,布兰登斯谈及社会
秩序

development of new, **L9**：297；**L11**：168,
281,550,新的社会秩序的发展

Niebuhr on, **L9**：402 - 404,尼布尔谈及社
会秩序

problems of, **L11**：15,23 - 25,28,32,38 -
41,50,54,64,79 - 82,227 - 237,249,
297,357,517,社会秩序的问题

Spencer on, **L11**：16,29,33,斯宾塞关于
社会秩序

Social Phases of Education (Dutton), **L17**：
233,《教育的社会阶段》(达顿)

Social philosophy：社会哲学

Dewey's work in, **M1**：xii, xxi,杜威在社
会哲学方面的工作

reconstruction of, **M12**：187 - 188,社会哲
学的重建、改造

law in, **M15**：42,58,62,74 - 75,234 -
235,260 - 261,269 - 271,社会哲学中的
法律

morals in, **M15**：60 - 61,238,242 - 243,社
会哲学中的道德

related to social phenomena, **M15**：231 -
232,259 - 260,社会哲学与社会现象
相关

subject-matter of, **M15**：233,社会哲学研
究的主题

contrasted with social science, **M15**：234,
与社会科学相对的社会哲学

problems in, **M15**：237,240 - 241,社会哲
学的问题

function of criterion in, **M15**：238 - 240,社
会哲学中标准的功用

individualism defined in, **M15**：242 - 244,
社会哲学对个人主义的界定

economic, **M15**：254 - 257,经济社会哲学

psychological and actual wants in, **M15**：
263 - 266,社会哲学中作为心理的需求
和现实需求的欲求

Social planning, **L6**：29；**L11**：174 - 175,204
- 207,209,389 - 390；**L15**：223,249 - 250,
254,社会规划

and freedom, **L6**：447 - 448,社会规划与自
由；**L14**：294,社会计划与自由

need for, **L9**：133 - 134,230 - 232,需要社
会计划

characteristics of, **L13**：388 - 390,社会规
划的特征

Social Problems（H. George）, **L9**：62 - 63,
《社会问题》（乔治）

Social problems, **L11**：42 - 44,53 - 54,57,
115 - 116,158,160,165 - 166,484,563 -
565；**L15**：41,170 - 183,203,222,253,
261,264,307,378,社会问题

intelligence applied to, **L14**：74 - 76,应用
到社会问题上的理智方法

related to ageing, **L14**：341 - 350,与老年
化相关的社会问题

Cohen on, **L14**：402 - 410,科恩论社会
问题

Social psychology, **M1**：113 - 114,131,146 -
150；**M8**：178；**M14**：3,44 - 46,60 - 62,
95,102,107 - 108；**L2**：458 - 459；**L5**：
238；**L14**：40,社会心理学

Dewey on, **M10**：xxxiv-xxxv,杜威的社会
心理学观点

development of, **M10**：53 - 54；**L17**：54,
422 - 428,社会心理学的发展

conceptions of, **M10**：55 - 56,社会心理学
的概念

task of, **M10**：56 - 58,社会心理学的任务

"Social Realities versus Police Court Fictions,"
L14：xxi,《社会现实和治安法庭虚构》

Social relations, **L17**：260 - 261,社会关系

supernatural and, **L9**：xix, 49 - 50,52,
53 -55,超自然与社会关系

Brameld on, **L9**：244 - 245,布拉梅尔德的
社会关系观

psychology of, **L14**：40,社会关系心理学

Social Religion（Macintosh）, **L14**：286 -
288,《社会宗教》（麦金托什）

Social science, **E5**：94；**M11**：89 - 93；**L3**：
9；**L11**：33 - 36,392,394,406,555 - 556,
563 - 564,571,595；**L15**：xxvi, 224,社会
科学

science and psychology, **E1**：57,社会科学
与心理学

need for, **M7**：406 - 408,对社会科学的需
要；**L6**：67 - 68,社会科学之必要

related to philosophy, **M15**：234；**L3**：46；
L5：159,161 - 177；**L14**：330,与哲学相
关的社会科学

vs. science, **M15**：235 - 236；**L15**：161,
166 - 167,228 - 229,235 - 238,社会科
学与自然科学对比

in Mill's logic, **L5**：168 - 169,密尔逻辑学
中的社会科学

central issue of, **L5**：174 - 177,社会科学
的核心问题

significance of human nature in, **L6**：xvi,
29,社会科学中人性的意义

development of, **L6**：52,59 - 61,447 -
448,社会科学的发展

physical vs. social facts in, **L6**：64 - 65,社
会科学中自然事实与社会事实的对立

cause and effect in, **L6**：66 - 67,社会科学
中的原因和结果

history of, **L9**：71 - 75,社会科学的历史

affects law, **L14**：xxiv,社会科学影响法律

technology influences, **L14**：318 - 319,受
到技术影响的社会科学

related to democracy, **L14**：320,与民主相
关的社会科学

interdependence of subjects in, **L14**：362 -
363,社会科学中主题的相互依赖性

Cohen on, **L14**：385,407,科恩论社会科学

prejudgment in, **L15**：226 - 228,社会科学
中的预见

methods of, **L15**：231,235,社会科学的

方法

dualism in, **L15**：232－233,社会科学中的
二元论

Bentley on, **L16**：xviii, xxiii,本特利关于
社会科学

Dewey's role in, **L16**：187,杜威在社会科
学中的角色

value-judgments in, **L16**：310－315,社会
科学中的价值判断

inquiry in, **L16**：340,454,社会科学中的探
究

backward state of, **L16**：413－416,社会科
学的落后境地

"Social Science and Social Control," **L6**：xvi,
xvii,《社会科学和社会控制》

*Social Sciences and Their Interrelations,
The* （Ogburn and Goldenweiser）, **L3**：
11n,《社会科学及其相互关系》(奥格本和
戈德韦泽)

Social service, **M11**：60－63,66,76,393,社
会服务

Social settlement, **M5**：150；**L17**：517,573,
社会设置、社会服务社

at Indianapolis Public School 26, **M8**：
340-352,印第安纳波利斯公立 26 中的
街坊文教工作

"Social Significance of Academic Freedom,
The," **L11**：xxin,《学术自由的社会意义》

Social Statics （H. Spencer）, **M3**：201－
204；**L11**：16,《社会静力学》(斯宾塞)

Social struggle：社会斗争

Niebuhr's views on, **L9**：399－405,尼布尔
的社会斗争观

Social studies：社会知识(课)

teaching of, **L11**：184－186,社会知识的教
学

Commission on the Teaching of the, **L13**：
389－390,社会研究教育委员会

"Social Thought of Mr. Justice Brandeis,
The" (Lerner), **L9**：237－238,《布兰代斯

的社会观》(勒纳)

Social trends：社会趋势

President's Research Committee on, **L9**：
133,229－231,235,社会趋势总统研究
委员会

conflict in, **L9**：234－235,社会趋势中的斗
争

Social unity：社会统一

as creed of National Socialism, **M8**：432－
446,国家社会主义信条的社会统一哲学

Social Work, National Conference of，**M15**：
150n,国家社会工作会议

Social workers：社会工人

training of, **L17**：517,572－573,社会工人
的训练

Society, **M12**：103－104,194,社会。另见
Greece; Primitive life

conception of, **E1**：236－237；**M2**：81；
L15：168,221,社会的概念

Green on, **E3**：27－29,格林论社会

and moral ends, **E5**：57；**M9**：367－370；
L7：298－302,436；**L9**：431,社会和道
德目的

and art, **E5**：214；**L6**：493－499；**L10**：xi,
xxxi, 13, 26 － 28, 33, 110, 245, 251 －
252,266,285,303,320,324,329－331,
337,344－347,351,社会与艺术

industrial, **E5**：258－260；**M15**：257－
258；**L14**：341－343,工业社会

Baldwin on, **E5**：412－414,417,鲍德温论
社会

changing of, **M1**：xx-xxiii,社会的变革；
L7：176,178,社会变化

nature of, **M5**：37；**L7**：35－36,323－324,
社会的性质

Kant on, **M5**：75,86－87；**L7**：69,79,康
德关于社会

and economics, **M5**：77；**L6**：xxii；**L7**：
71；**L9**：61－62,286,社会与经济学

Cynics and Cyrenaics on, **M5**：118－119；

L7：109 - 110,犬儒主义者和昔勒尼派论社会

individual related to，**M5**：121 - 122；**M12**：185 - 188；**M15**：245 - 246,个人和社会相关；**L7**：113；**L11**：30 - 31,44,132 - 134,191 - 193,219,291 - 292,297；**L14**：17n；**L17**：4,自我与社会相关

status in，**M6**：214；**L8**：152,社会状况

adjustments to，**M6**：304；**L8**：282 - 283,适合社会

related to imitation，**M7**：234 - 237,与模仿相关的社会概念

philosophy related to，**M8**：144；**M12**：151,190；**L4**：136,149；**L15**：163 - 164；**L16**：381,哲学与社会相关

in German literature，**M8**：170 - 171,德国文献中的社会

related to education，**M8**：351,356 - 364；**L5**：371 - 374；**L6**：xxiii,93 - 98,102 - 104,108 - 111,126 - 127,143,260 - 261；**L9**：127 - 128,132,133,142 - 144,151 - 152,175,180,183 - 185,200 - 204,207 - 208；**L11**：xviii-xix,211,340 - 342,344 - 347,537,541,547,557 - 559,教育与社会相关

welfare of，**M12**：182 - 183；**L11**：7 - 9,174,373 - 375,社会福利

evils of，**M12**：183 - 184,社会诸恶

theories about，**M12**：187 - 188；**M15**：244 - 245；**L17**：101,对社会进行描述的理论

unit of，**M12**：196 - 197,社会统一

defined，**M15**：239；**L5**：82 - 83,社会的界定

study of，**M15**：247 - 248；**L7**：328；**L9**：229 - 230,235,236；**L11**：xxv-xxvi,55 - 56,58,61,64n,145,292 - 293,383,社会研究

and state，**L2**：251 - 254,278 - 281,327 - 329；**L6**：177 - 179,社会与国家

and community，**L2**：296,333 - 334；**L13**：176,社会与共同体

knowledge of，**L4**：xiv,xvi,158,168,170,174,216 - 218,关于社会的知识

direction of，**L4**：xiv,212,219,220,238,249,社会的指导

condition of，**L4**：62,200 - 201,227,244,社会状态

related to science，**L4**：157,159,166,172,173；**L6**：49 - 63,417 - 419；**L9**：96 - 97,100,101,108 - 110,与科学相关的社会

values of，**L4**：207,225,226,248,249,社会价值

religion related to，**L5**：71 - 72；**L9**：xviii-xix,6,38 - 42,44 - 45,52 - 56,295,424,427,428,与社会相关的宗教

Emerson on，**L5**：122,爱默生论社会

and children，**L6**：137 - 141,342；**L9**：233 - 234,社会与儿童

responsible for unemployment relief，**L6**：153 - 155,381 - 382,397 - 400,436,社会对失业救济的责任

and politics，**L6**：188；**L9**：94 - 95,231,234 - 235,社会与政治

history of，**L6**：278 - 279,社会史

stationary vs. progressive，**L7**：x-xi；**L11**：549 - 550,静止的对进步的

demands of，**L7**：224 - 225,社会的要求

utilitarianism and，**L7**：251 - 252,功利主义与社会

Carlyle on，**L7**：327,卡莱尔关于社会

freedom in，**L7**：349 - 350；**L15**：6,170 - 172,175 - 183,社会中的自由

intelligence related to，**L7**：365 - 366,理智与社会相关；**L9**：51 - 53,107 - 111,智力与社会相关

Dewey's role in，**L8**：x-xii,杜威在社会中的作用

influences of，**L8**：134 - 135；**L9**：191，社
会的影响

laissez-faire in，**L9**：52,54，社会中的放任
自由

George on，**L9**：65,300 - 301；**L11**：xxiv,
48,257，乔治谈及社会

Kandel on，**L9**：208 - 209，坎德尔谈及
社会

structure of，**L11**：xvii-xxiii，31，130 -
131,182 - 183，228 - 229，252 - 255,
258,361,370 - 371,563，社会结构

opposing forces in，**L11**：46 - 47,177,227,
339 - 340,342 - 343,378,409 - 414，社
会中的对立势力

classless，**L11**：60,383,497，无阶级社会

Reiser on，**L11**：432 - 433，瑞泽论社会

Bingham on，**L11**：438 - 440，宾汉姆论
社会

Lippmann on，**L11**：489 - 495，李普曼论社
会

Corry on，**L11**：574，考瑞论社会

Mill on，**L13**：138，穆勒论社会

management of，**L13**：315，社会管理

planned vs. planning，**L13**：321，规划好的
社会和规划中的社会

critique of，**L14**：14，对社会的批评

international，**L15**：204 - 205，国际社会

universities reflect，**L17**：110，大学反映
社会

Tolstoy on，**L17**：382，托尔斯泰论社会

Society for Ethical Culture（New York City），
M7：377，纽约市伦理修养协会；**L13**：
294n，伦理文化协会

Socio-cultural，**L16**：309,392,394，社会 -
文化

Socio-Economic Goals of America, Committee
on the，**L11**：548，美国社会-经济目标委
员会

Sociological：社会学的

analysis，**M3**：32 - 39，社会学分析

motivation，**M15**：14 - 15,17,19,325,331
- 335，社会学动机

art criticism，**L10**：320，社会学的艺术批评

Sociology，**M11**：56,89 - 90,398,407，社
会学

and psychology，**E4**：200 - 201；**E5**：402,
社会学和心理学

educational，**E5**：85,224,280,443 - 445,
社会教育学

used by Baldwin，**E5**：386，鲍德温使用的
社会学方法

teaching of，**M2**：56 - 57，社会学教学

important to science of education，**L5**：36 -
38，社会学对于教育科学的重要性

Dewey's philosophy compared with，**L5**：
499 - 501，比较杜威哲学与社会学

related to social conditions，**L9**：229，社会
学与社会现状相关

Comte's idea of，**L13**：121，孔德的社会学
观念

characteristics of，**L16**：63,88n,149,417,
443，社会学的特征

positions held by，**L16**：82n, 83n, 111,
115，所持的社会学观

inquiry in，**L16**：122 - 126，社会学中的
探究

Sociology and Political Theory（H. Barnes），
L2：40，《社会学和政治理论》（巴恩斯）

Socius，**E5**：397；**M10**：53，团体

Socrates，**E3**：170,171,226；**E4**：98,228；
E5：24；**M5**：87,112,118；**M7**：306；**M8**：
xxvi；**M10**：34；**M12**：xii, xxvii, 87,89；
M14：37；**M15**：70,336；**L2**：128；**L5**：
289,297；**L7**：80,103,109；**L8**：26,32；
L11：xxvi；**L14**：xix, 102,390；**L15**：24,
25,169，苏格拉底

on good，**E4**：124；**M5**：200；**L2**：132 -
133；**L5**：291，苏格拉底论善

and moral philosophy，**E4**：134 - 136,138,
198,225，苏格拉底和道德哲学

and knowledge of self, **E5**：6 - 8，苏格拉底
和自我的知识

on realism, **M2**：219，苏格拉底论实在
主义

on ethics, **M3**：45 - 46，苏格拉底论伦理学

on conduct, **M5**：10, 111；**L7**：15, 101,
163，苏格拉底论行为

on wisdom, **M5**：375；**L2**：130，苏格拉底
论智慧

and foundation of dialectic, **M6**：422，苏格
拉底和辩证法的基础

on knowledge, **M7**：265 - 266；**M9**：197,
364，苏格拉底论知识

nature of truth in, **M7**：416，苏格拉底论真
理的本质

on nature and man, **M9**：286，苏格拉底论
自然和人

rational discourse of, **M13**：367，苏格拉底
的理性话语

on custom, **M14**：56，苏格拉底关于风俗

and rational morality, **L2**：93，苏格拉底和
理性的道德

as center of *Dialogues*, **L2**：124 - 126，苏
格拉底作为《对话》的中心

criticized，**L2**：126 - 127，苏格拉底被批评

and virtue, **L2**：130n，苏格拉底与美德

and soul, **L2**：131 - 132, 137 - 139，苏格拉
底与灵魂

and comparison of Protagoras and
Charmides, **L2**：133 - 135, 138，苏格拉
底与普罗泰戈拉和查尔米德斯的对比

discovers induction and definition, **L8**：4 -
5，苏格拉底发现归纳和定义

on philosophy, **L8**：21；**L16**：319, 365,
376 - 377，苏格拉底与哲学

on politics and morals as art, **L10**：31，论
作为艺术的道德与政治

on artisans, **L16**：471，苏格拉底关于工匠

distinguishing features of, **L17**：184 - 185,
苏格拉底的独有特征

significance of, **L17**：185 - 186，苏格拉底
的意义

Socratic Dialogues（Plato），**M15**：336；**L2**：
ix, 124 - 140；**L5**：155,《苏格拉底对话集》

Socratic school on thinking, **M1**：161，苏格拉
底学派论思维

Soddy, Frederick, **L13**：165，索迪，弗雷德
里克

Sokolnikov, Grigory Y., **L15**：346，索科尼
尔科夫，格利高里·Y

Sokols（Alliance of Polish Falcons），**M11**：
287 - 288, 313, 322，索科尔（波兰之鹰联
盟）

Soldan, Frank Louis, **E5**：xciv，苏丹，弗兰
克·路易斯

S. O. Levinson and the Pact of Paris（Stoner），
M15：xvn, xviiin,《列文森和巴黎公约》；
L6：xxin,《S·O·莱文森和〈巴黎公约〉》；
L15：301 - 302,《S·O·莱文森与〈巴黎非
战公约〉》

Solidity：坚实性、可靠性

Locke on, **E1**：342 - 344，洛克论坚实性

Leibniz on, **E1**：359，莱布尼茨论坚实性

tactile, **E5**：430，触觉的可靠性

Soliloquy, **L1**：135, 137，自言自语、独白

Solipsism, **M1**：130n；**L15**：76，唯我论

and speech, **M13**：35 - 36，唯我论与言语

Solon, **M12**：xxiii；**L15**：xxx，梭伦

Solow, Herbert, **L11**：602，索洛，赫伯特

Solution：解答

subject-matter of, **L16**：282 - 283，解答的
主题

abstraction in, **L16**：285，解答中的抽象

in inquiry, **L16**：291，解答中的探究

of Ogden and Richards, **L16**：301 - 302，奥
格登和理查兹的抽象

Some, **L12**：183, 193 - 195, 200, 208, 336，一
些。另见 Particulars, **L12**

"Some Logical Considerations concerning the
Mental"（C. Lewis），**L15**：32,《关于精神

性东西的某些逻辑思考》(刘易斯)

"Some Reflections on the Use of Language in the Natural Sciences" (Nagel), **L16**：173，《对自然科学中语言使用的几点反思》(内格尔)

"Some Stages of Logical Thought," **M1**：xiv；**M6**：xi，《逻辑思维的阶段》；**L14**：xvi，《逻辑思维的几个阶段》

Some Turns of Thought in Modern Philosophy (Santayana), **L9**：240 - 243，《现代哲学中的一些转向》(桑塔亚那)

Song, **L10**：222，226，231 - 232，284，330，332，歌唱；**L16**：397；**L17**：309，歌

　force of, **M5**：48；**L13**：70，歌曲的力量

Song of Hiawatha，The (Longfellow), **M1**：107，《海华沙之歌》(朗费罗)

"Songs for Jamaica" (McKay), **L17**：58 - 59，《牙买加之歌》(麦凯)

Sonnino, Sidney, **M12**：3，松尼诺，悉尼

Sons of the American Revolution, **L17**：561，美国革命之子组织

Sophia (Electress of Hanover), **E1**：266，索菲亚(汉诺威的一个女选举人)

Sophia Charlotte (Queen of Prussia), **E1**：266，夏洛特(普鲁士皇后)

Sophists, **E4**：224，225，智者派；**M7**：305 - 306，416，诡辩派；**M9**：339 - 340，智者派；**M12**：87，88，诡辩派；**L1**：104，诡辩学者；**L2**：124n，140；**L8**：3，4，21，智者

　influence of, **E4**：133 - 135；**L17**：183 - 184，智者的影响

　on ideas, **M1**：159，智者论观念的主观性

　on thinking, **M1**：161，智者论思维

　on nature, **M2**：145，智者派论自然

　skepticism of, **M2**：232，智者派的怀疑论

　on characterizations, **L16**：145，智者关于详述

　meaning of, **L17**：184，智者的意义

　Socrates as one of, **L17**：184 - 185，作为智者的苏格拉底

Sophocles, **E4**：225，索福克勒斯

　on nature, **M2**：145，索福克勒斯论自然

　on group significance, **M5**：38，106 - 107；**L7**：37，97 - 98，索福克勒斯论群体重要性

　on political authority, **M5**：112，131；**L7**：103，122，索福克勒斯论政治权威

　on moral personality, **M5**：130，131；**L7**：121 - 122，索福克勒斯论道德人格

Sophrosyne：节制

　in *Charmides*, **L2**：131 - 132，《卡尔米德篇》中对节制的讨论

　as supreme virtue, **L2**：137，节制作为最高美德

　defined, **L2**：138，139，节制的定义

Sorel, Georges, **L3**：369；**L15**：387，索瑞尔/索列尔，乔治斯

Sorley, William Ritchie, **M3**：42，索尔利，威廉·里奇

Sorokin, Pitirim, **L14**：328，431，索罗金，皮提里门

Sosnowski, George J.，**M11**：294，396，索斯诺夫斯基，乔治·J

Soul, **M12**：247；**M14**：60，68，96，123；**L1**：193，223 - 224；**L10**：28，252；**L15**：75，95，灵魂

　related to body, **E1**：107，112，113，心灵与肉体相关；**M5**：129 - 130；**L7**：120 - 121，灵魂与肉体相关

　Leibniz on, **E1**：297 - 298，311，318，338，莱布尼茨关于灵魂

　and Christianity, **E4**：98 - 99；**M7**：341，灵魂和基督教

　-substance, **M1**：130n，灵魂实体

　conception of, **M10**：22；**L16**：124，136，326，334，449；**L17**：172，灵魂的概念

　Aristotle on, **M10**：109，亚里士多德论灵魂

　Socrates on, **L2**：131 - 132，137 - 139，苏格拉底论灵魂

Freienfels on，**L5**：51n，弗莱恩弗尔斯论灵魂

James on，**L14**：156，詹姆斯论灵魂

ignoring of，**L17**：10 - 11，忽视灵魂

renascence of，**L17**：11 - 14，灵魂复活

Phelps on，**L17**：12 - 13，菲尔普斯论灵魂

existence of，**L17**：17，灵魂的存在

Soule, George，**L6**：180，479n，索尔，乔治

Sound：声音

    as element of knowledge，**E2**：60 - 63，声音作为知识的要素

    sensation of，**E5**：100 - 101，可靠的感觉

    as medium，**L10**：178 - 180，260，291，作为媒介的声音

    distinctive quality of，**L10**：200，203，205，210，213，230，239 - 246，声音的独特性质

Source Book in Ancient Philosophy（Bakewell），**M15**：336，《古代哲学资料集》（贝克维尔）

Sources of a Science of Education，*The*，**L5**：xiI-xiv，《教育科学的源泉》

Souriau, Paul，**L14**：157，苏里奥，保罗

South Africa，**L9**：203，南非

South African Education Conference，**L9**：194n，南非教育会议

Southern Association of Colleges and Secondary Schools，**L6**：120，南部大学和中学联合会

Southern Illinois University（Carbondale），**L16**：xiin，南伊利诺伊大学（卡本代尔）

    supports *Collected Works*，**L17**：xi-xv，南伊利诺伊大学支持《杜威全集》的编纂

Southern Manchurian Railway，**M12**：30，南满铁路

South Sea islands art，**L10**：333，南太平洋岛屿的艺术

South Side Academy（Chicago），**M2**：68，南区研究院（芝加哥）；**M3**：277，南部分院（芝加哥）

Southwestern Normal School（California, Pa.），**M2**：379n，西南州立师范学校（加利

福尼亚）

Sovereignty（P. Ward），**L3**：92，《主权》（保罗·沃德）

Sovereignty，**M12**：39，197，统治、管辖、治理

    theory of，**E1**：235 - 236；**E4**：70 - 90；**M11**：18 - 40；**L8**：35，主权理论

    Dewey on，**L14**：xxii-xxiii，杜威论主权

    as source of law，**L14**：120 - 121；**L17**：102，作为法律源泉的主权

    elimination of，**L17**：101，主权的消亡

    international political，**L17**：103，国际政治主权

    national，**L17**：455，国家主权

Soviet Challenge to America, The（Counts），**L6**：263，265 - 267，《苏联对美国的挑战》（康茨）

Soviet Union，参见 Union of Soviet Socialist Republics

Space，**M12**：147 - 149，214，224，228，260，261；**L12**：217 - 218，238 - 239，311，441，空间

    Locke on，**E1**：344，366，洛克论空间

    Leibniz on，**E1**：364 - 369，莱布尼茨论空间

    perception of，**L4**：75，78；**L14**：103，空间知觉

    theories of，**L4**：77，102，107，113 - 117，120，127，关于空间的理论

    as medium，**L10**：xxi，29，30，179，184，206，210 - 217，255，281，作为媒介的空间

    absolute，**L14**：105，绝对空间

    terms referring to，**L14**：170 - 171，指涉空间的术语

Space，*Time and Deity*（S. Alexander），**M12**：xxx，《空间、时间与神》（S·亚历山大）

Space-time，**E3**：74，时空；**L1**：215，347，空间-时间；**L15**：5 - 6，29，111 - 112，116，163，时空

in theory of perception, **M7**：11, 空间和时间在知觉理论中的作用

in art, **L10**：187 - 188, 210 - 214, 艺术中的时-空

context for inquiry, **L12**：475 - 480；**L16**：300, 306 - 309, 329, 338 - 340, 453 - 455, 探究的空间-时间背景

nature of, **L16**：4, 51 - 52, 83n, 128, 138 - 139, 148, 281, 359, 387, 空间-时间的本质

Cohen and Nagel on, **L16**：15, 194 - 195, 科恩和内格尔关于空间-时间

related to knowings-knowns, **L16**：47, 85, 335, 空间-时间和认知-所知的关系

in event and designation, **L16**：59, 68 - 69, 89, 92, 事件和指称中的空间-时间

in interaction and transaction, **L16**：66 - 68, 113, 278, 相互和交互作用中的空间-时间

characteristic of subjectmatters, **L16**：83, 92 - 94, 417, 空间-时间的主题特征

characteristic of namings-named, **L16**：86 - 87, 命名-被命名者的空间-时间特征

in science, **L16**：98n, 106, 286, 363, 370, 414, 科学中的空间-时间

Frank on, **L16**：149n, 弗兰克关于空间-时间

Mill on, **L16**：158, 密尔关于空间-时间

Moore on, **L16**：207, 摩尔关于空间-时间

C. Morris on, **L16**：216, 莫里斯关于空间-时间

as name, **L16**：270, 空间-时间作为名称

context for valuing, **L16**：316, 345 - 348, 352, 评价的空间-时间背景

Spahr, Charles B. , **M5**：488, 斯帕尔, 查尔斯

Spain, **M11**：101, 140, 255；**L11**：324, 327, 527 - 528, 西班牙

Spanish-American War, **M10**：260；**L15**：20 - 22；**L17**：573, 美西战争

Spargo, John, **M5**：486, 斯帕戈, 约翰

Sparta, Greece, **L8**：20；**L10**：321；**L17**：176, 231, 希腊斯巴达

Spatial: 空间
relationships, **M12**：222 - 24, 空间关系

in art, **L10**：xxiii, 168, 187 - 189, 222 - 226, 236, 艺术中的空间性

Spatiality, **M10**：80, 空间性

Spaulding, Edward Gleason, **M6**：473；**L3**：389, 斯波尔丁/斯伯丁, 爱德华·格利森

on external relations, **M6**：143 - 145, 斯波尔丁论外在关系

on inquiry process, **M6**：146 - 152, 斯波尔丁论探究的过程

on realism, **M6**：480 - 511, 斯波尔丁论实在论

Specialist: 专家
importance of, **L17**：75, 320, 449, 专家的重要性

learned, **L17**：75 - 76, 博学的专家

and ethnologist, **L17**：427, 专家和民族学家

Specialization, **E3**：319 - 320, 专业化
in science, **L13**：275 - 276, 科学的专门化

Species, **M13**：369, 种；**L1**：162, 177, 物种；**L10**：301；**L12**：91 - 92, 130, 139 - 140, 172, 182 - 183, 254, 260, 294 - 295, 416 - 417, 种；**L16**：413, 种类。另见 Kinds, **L12**

history of term, **M4**：4 - 8, 种这个术语的历史

integral part of, **M4**：8 - 9, 作为种的主要部分

of Aristotle, **L10**：289 - 290, 293, 亚里士多德的种

Specification: 详述
as name, **L16**：xxxv, 62 - 63, 71, 181, 270, 详述作为名称

nature of, **L16**：6, 72, 96 - 97, 171, 269, 273, 278, 详述的本质

as naming procedure, **L16**：7n, 65 - 66, 142, 154, 详述作为命名步骤

as form of designation, **L16**：69,111,131 - 132,139,详述作为指称的形式

related to definition, **L16**：133n,174,180, 详述与定义

as method of inquiry, **L16**：146 - 153,详述 作为探究的方法

Kaplan on, **L16**：172 - 173,卡普兰关于 详述

accuracy in, **L16**：257,263 - 264,详述的准 确性

namings for, **L16**：259,261,271,详述的命 名

Specimen, **L12**：432,435 - 436,474 - 475,样 本。另见 Case, **L12**

Spectator theory of knowledge, **M10**：23, 26n,41,知识的旁观者理论

disputed, **L4**：x-xiii, xviii,163,195,有争 议的旁观者式的认识论

origin of, **L4**：xiv-xv,19,认知的旁观者学 说的起源

modified, **L4**：xvi,232,改变的旁观式的 认知

Speculation, **L16**：423,思辨

in *Dictionary of Philosophy*, **M2**：247 - 248,反思(《哲学辞典》)

related to farmers, **L9**：250,256 - 257,与 农民相联系的投机买卖

problems caused by, **L9**：254,由投机买卖 造成的问题

land, **L9**：265,土地投机买卖

Speculations (Hulme), **L10**：83,334 - 335, 《沉思》(休姆)

Speech, **L1**：134,135,141 - 144,217,230,演 说、讲话。另见 Language

function of, **M6**：305；**M13**：38,276 - 279,言语的功能；**L8**：282 - 283,讲演的 功能；**L16**：329,言语的功能

as intellectual tool, **M6**：318 - 327；**L8**： 306 - 314,作为理智工具的言语

freedom of, **M12**：9 - 11,21；**L3**：111 - 114,136；**L7**：358 - 362,言论自由

and action, **M13**：29 - 30,31 - 32,34,语言 与行动

esthetic nature of, **L10**：73,111,129,153, 174,242,245,337 - 338,言语的审美 本性

colloquial, **L16**：249,口头的言语

transformed, **L16**：328,言语的变化

Greek idea of, **L17**：173,希腊人对演说的 观念

beginnings of, **L17**：259,307,演说的开头

Speer, William W., **L17**：328,564,斯皮尔, 威廉·W

Spelling：拼写

methods for learning, **L17**：327 - 328,学习 拼写的方法

Spencer, Herbert, **E3**：100；**E4**：xviii,106, 201；**E5**：xiii,352,353；**M4**：43,47；**M5**： 4,55,70,388,461；**M6**：93,167,392；**M7**： 58,141,276；**M8**：10n,142,194；**M9**： 229；**M12**：213 - 214,221,232,237；**M13**： 311,402 - 403；**M14**：122,205；**M15**：11, 256,333；**L1**：44,49,215,216；**L2**：16, 275,284；**L3**：299,300；**L4**：52 - 53；**L6**： 428；**L7**：6,50,250,292；**L8**：26,38； **L13**：107,121；**L14**：399；**L15**：xv；**L17**： 93,386,405,559,563,斯宾塞,赫伯特

influence of, **E1**：xxvi,145；**E5**：47,斯宾 塞的影响

on relativity of feeling, **E1**：22,30,斯宾塞 论感觉的相对性

on absolute object, **E1**：24,25,斯宾塞论绝 对客体

on sensations, **E1**：183,185,斯宾塞论 感觉

on science, **E1**：224,342,376；**M6**：74； **M7**：121,斯宾塞论科学

Green on, **E3**：20 - 21,格林论斯宾塞的 哲学

on ethics, **E3**：239；**M3**：56,斯宾塞的伦

理观点

on duty, **E3**：330 - 331,斯宾塞的道义理论；**E4**：333 - 36,斯宾塞的义务理论；**M5**：323 - 325,斯宾塞论义务

moral theory of, **E4**：129；**M2**：33；**M5**：190 - 191,208,212,斯宾塞的道德理论

on pleasure, **E4**：285 - 386,斯宾塞论快乐

on evolution, **E5**：47；**M6**：365,444；**M10**：14,98,420 - 421；**M11**：373；**L5**：170；**L14**：100,斯宾塞论进化；**L17**：154,斯宾塞的演化论

on primitive mind, **M2**：39 - 40,斯宾塞论原始心灵

and philosophy of nature, **M2**：149；**M3**：200 - 203,斯宾塞论自然哲学

on organism, **M2**：179,斯宾塞论有机体

philosophical system of, **M2**：184；**M3**：xx-xxii, 193 - 209；**L14**：193,斯宾塞的哲学体系

on positivism, **M2**：209,斯宾塞论实证主义

on realism, **M2**：219,斯宾塞论实在主义

on knowledge, **M2**：261；**M7**：335,斯宾塞论知识

theory of unknowable, **M4**：xiii, 12；**M7**：297；**L17**：94 - 95,斯宾塞的不可知论

on universe, **M4**：23,斯宾塞论宇宙

on goodness, **M5**：215,斯宾塞论善

on happiness theory, **M5**：243n, 263n,斯宾塞论功利主义幸福理论

on esthetics, **M5**：337n,斯宾塞论美学；**L10**：119,358,斯宾塞论美

on freedom, **M5**：350n,斯宾塞论自由

on competition, **M5**：476,斯宾塞论竞争

on altruism and egoism, **M6**：366 - 368,斯宾塞论利他主义与利己主义

on education, **M6**：434；**L17**：338,564,斯宾塞论教育

and theory of play, **M7**：318 - 319,斯宾塞论游戏理论

on utilitarianism, **M7**：361,斯宾塞论功利主义

compared with Bergson, **M10**：67 - 70,斯宾塞的思想与柏格森思想相比较

on government, **M11**：104,斯宾塞论政府

advises Japan, **M11**：170,斯宾塞对日本的劝告

social theory of, **L11**：16,29,33；**L14**：96,斯宾塞的社会理论

psychology of, **L14**：158,斯宾塞的心理学

Fiske compared with, **L17**：94,与斯宾塞相比较的费斯克

Spencer, Ichabod, Lectures, **M7**：390 - 408,伊卡博德·斯宾塞系列演讲

Spencer, Walter Baldwin, **M2**：50n；**M5**：27n, 61；**L7**：26n - 27n, 56,斯宾塞,沃尔特

Spender, Stephen, **L11**：496 - 498,斯本德,史蒂芬

Spengler, Oswald, **M8**：423；**L6**：280 - 285；**L7**：xvi,斯宾格勒,奥斯瓦尔德

Spenser, Edmund, **L10**：285,363,斯宾塞,埃德蒙

Sperry, Willard L., **L17**：545,斯佩里,维拉德·L

Speusippus, **M2**：167,斯珀西波斯；**M7**：313,斯彪西波

Speyer School (Chicago), **M8**：292,芝加哥斯派尔学校

Spinoza, Benedict, **M3**：310；**M5**：81,357；**M7**：293 - 294；**M8**：194；**M9**：xxi；**M10**：5；**M12**：xiv, 140；**M14**：200 - 201,214；**M15**：60,221,335；**L1**：54,55,81,162,373；**L2**：70；**L3**：xiii, 295；**L5**：381；**L7**：75,303；**L8**：8, 26, 32, 35；**L9**：11,240,241,243；**L12**：488；**L14**：299,304,399；**L15**：xiii, xxviii, 46,415 - 416,斯宾诺莎

pantheism of, **E1**：xxiv-xxv, 9 - 18,166；**M2**：184,斯宾诺莎的泛神论

on reason, **E1**：45,339；**M2**：152,217,斯

宾诺莎论理性

on nature，**E1**：222；**M2**：147；**M3**：90，斯宾诺莎论自然

relation of Leibniz and，**E1**：263，271，273，277，377，415，419，425，426，莱布尼茨与斯宾诺莎的关系

on relation of individual to universe，**E1**：286 - 287，291 - 292，斯宾诺莎论个体与宇宙的关系

realism of，**M2**：168 - 169；**M10**：29；**L1**：255，斯宾诺莎的实在论

on good，**M5**：368n，斯宾诺莎论善

on knowledge，**L1**：27，斯宾诺莎论知识

on truth，**L1**：32，斯宾诺莎论真理

presuppositions of，**L1**：37，斯宾诺莎的基本假设

theology of，**L1**：310，312，斯宾诺莎关于神学

on freedom，**L3**：101 - 103，斯宾诺莎论自由

significance of，**L4**：43 - 46，斯宾诺莎的重要意义

vs. Hegel，**L4**：51，斯宾诺莎对黑格尔

philosophy of，**L4**：113，167，230，244，斯宾诺莎的哲学

and mind，**L6**：489，斯宾诺莎与心灵

on emotion，**L10**：xxv，斯宾诺莎论情感

Spirit，**M12**：200，245，249；**L1**：65，192 - 194，223 - 224，精神、灵魂

absolute，**M8**：430；**L13**：148 - 149，绝对精神

in esthetics，**L10**：26，28，296，297，299，美学中的精神

nature of，**L16**：124n，358 - 359，精神的本质

in doctrine，**L16**：326，335，教条中的精神

authority of，**L16**：362，精神的权威

disbelief in，**L17**：17，对精神的怀疑

social，**L17**：75，社会精神

in evolution，**L17**：93 - 94，演化中的精神

of teacher，**L17**：341，教师的精神

in Russia，**L17**：497，510，俄国的精神

Spirit of Modern Philosophy，*The*（Royce），**M15**：326，328，《近代哲学的精神》；**L9**：xxvii，《现代哲学的精神》（罗伊斯）

Spiritual，**L15**：48，精神的

in medieval church，**E3**：227 - 228，中世纪教会的精神

world，**M12**：225 - 226，234，精神世界

vs. material，**M13**：264 - 266，268，270，精神性与物质性相对；**L14**：314，317 - 318，328 - 331；**L15**：200 - 202，217，230，232，235，精神的对物质的；**L16**：366 - 367，心灵主义的相对物质主义的

power，**L2**：33 - 34，精神的力量

esthetic quality of，**L10**：xiii-xiv，12，17，34 -41，83，196 - 199，202，340，精神的审美性质

assignment of，**L16**：371，精神的分配

Spontaneity：自主、自发性

in Leibniz，**E1**：336 - 337，莱布尼茨思想中的自生

in art，**L10**：76 - 79，144，284 - 287，艺术中的自发性

vs. voluntary，**L17**：4，自发的与自愿的相对

Sport，**L10**：69，体育运动；**L16**：366，运动

Sportsmanship Brotherhood，**L5**：390 - 392，体育运动兄弟联合会

Sprachtheorie（Bühler），**L16**：468，《言语理论》（布勒）

Spring（Botticelli），**L10**：174，360，《春》（波提切利）

Square：四元、平方

in cognitive style，**L10**：xii，认知风格中的"四元"

of opposition，**L12**：183，对当方阵

Stability：稳定性

of relationships and ideals，**L3**：22 - 23，关系和理想的稳定性

effected by rhythm, **L10**：22,25,节奏所造成的稳定

and social change, **L11**：131 - 134,136 - 140,144,稳定和社会变化

Stahl, Georg Ernst, **L14**：206,斯泰尔,乔治·恩斯特

Staley, Ellis J., **L9**：369,斯特利,埃利斯·J

Stalin, Joseph V., **M8**：435；**L14**：xx；**L15**：26,296,386,斯大林,约瑟夫·V

vs. Trotsky, **L11**：312,334,598；**L13**：393 - 394,398,斯大林对托洛茨基

methods of, **L11**：331-332,斯大林的方法

purges of, **L15**：xi-xiii, 338 - 340,343, 345,493 - 497,500,斯大林的清洗

defenders of, **L15**：244 - 245,290 - 293, 340 - 342,375,为斯大林辩护的人

Davies on, **L15**：290 - 291,戴维斯论斯大林

collaborates with Hitler, **L15**：340,347 - 348,352 - 353,斯大林与希特勒的合作

Childs on, **L15**：487 - 488,蔡尔兹论斯大林

Stalinists, **L13**：349,396,斯大林主义者

Stalinski, John, **M11**：295,396,斯达林斯基,约翰

Stammler, Rudolf, **L6**：269,施塔姆勒,鲁道夫

Stamp, Josiah, **L7**：381,斯坦普,乔赛亚

Standard, **M12**：179 - 180,标准。另见 Norm

and pleasure, **E3**：260 - 274；**M5**：125 - 126；**L7**：117 - 118,标准和快乐

for action, **E3**：325 - 326,行动标准

related to ideal and motive, **E4**：287 - 291, 与理想和动机有关的标准

moral, **M5**：13,37 - 39,75,89,91 - 92, 99 - 100；**M14**：54 - 58,74 - 75,165；**L7**：12,36 - 37,69,82,85 - 86,90 - 91, 道德标准

custom as, **M5**：63；**L7**：58,64 - 66,作为标准的风俗

reason and nature as, **M5**：117 - 125；**L7**：108 - 116,130 - 133,以理性和自然为标准

of living, **M5**：507 - 509；**L13**：311,313, 423 - 424,生活水平

in instruction, **M6**：222；**L8**：164 - 165,教学中的标准

in value judgment, **M8**：39 - 46；**L1**：317 - 318,价值判断中的标准

source of, **L4**：35,44,205,211,221 - 222, 标准的根源

development of, **L4**：130,134,149,190, 203 - 205,标准的发展

as principle of judgment, **L7**：237 - 240,标准作为判断的原则

in utilitarianism, **L7**：240 - 245,功利主义的标准

and ends, **L7**：245 - 248,281,标准和目的

significance of, **L7**：246,255,265,标准的重要性

justice and benevolence in, **L7**：249 - 252, 279,301,正义和仁慈的标准

for art, **L10**：310 - 313,艺术的标准

as authoritative, **L16**：338 - 339,453,标准作为权威

variety of, **L17**：396 - 397,标准的多样性

Standard Dictionary of the English Language, A, **L16**：155 - 156,《英语语言标准词典》

Standardization：标准化

in education, **M10**：118 - 120,教育中的标准化运动

Standardized material, **L12**：22 - 23,115 - 116,129,170,172 - 173,245,293,382 - 383,427n,475 - 480,标准化的材料

Standards of American Legislation (Freund), **L2**：36,《美国立法的标准》(弗罗因德)

Standard Statistics Company, **L6**：348,标准统计公司

Stanley, Hiram Miner, 斯坦利,海勒姆·

迈纳

on psychology of feeling，**E5**：358 - 367，斯
坦利论情感心理学

"Star Spangled Banner, The"（M. Hill），
L17：346,565，《星条旗永不落》（希尔）

State，**L1**：168 - 169,357，状态，国家；**L16**：
400，国家。另见 Government

and church，**E3**：227；**M11**：18 - 40；**L13**：
70；**L15**：156,281 - 284，国家与教会

defined，**M2**：81，杜威所界定的国家

primitive group as，**M5**：31 - 34；**L7**：30 -
31，像国家的原始群体

moral value of，**M5**：104 - 105,389 - 390；
L7：95 - 96，国家的道德价值

Aristotle on，**M5**：120 - 121,128；**M12**：
104；**L2**：39,40；**L7**：112,120,130，亚
里士多德关于国家

ancient conceptions of，**M5**：120 - 123,
141；**L7**：111 - 114，古代的国家观念

Plato on，**M5**：122；**L7**：113 - 114,120，柏
拉图关于国家

growth of，**M7**：406 - 408，国家的增长

Kant on，**M8**：161，康德的国家哲学

in German thought，**M8**：169 - 182；**M10**：
227 - 228，德国思想中的国家

support of education，**M9**：99 - 106，国家
对教育的支持

organic character of，**M9**：100 - 101，国家
的有机体特征

Hegel on，**M10**：224；**L2**：39,40，黑格尔
的国家概念

adulation of，**M10**：227 - 228；**L2**：39,40，
对国家的过分赞美

Tolstoians on，**M10**：244,248，托尔斯泰的
信徒论国家

as power，**M10**：245；**L2**：35；**L13**：128,
147，国家作为权力

and nationalism，**M10**：285；**L7**：138,
366 - 371，国家和民族主义

American，**M10**：400 - 404；**L5**：193 -

194，美国的政府

theories of，**M12**：104 - 105,116；**L3**：
318 - 320，国家理论

individual and，**M12**：188 - 189，个人与
国家

modern conception of，**M12**：194，国家的
当下观念

importance of，**M12**：195 - 197，国家的重
要性

Russell on，**M12**：247 - 249，罗素论国家

relation between groups and，**L2**：xxiv-
xxviii，40,238 - 239,252,279 - 281，国
家和团体之间的关系

personality of，**L2**：32n, 33n, 38,41 - 42，
国家的"人格"

and causal forces，**L2**：242,246 - 251,258,
259,265,269,276，国家和因果力

and society，**L2**：327 - 329，国家和社会

as ideal，**L2**：377，国家作为理想

origin of，**L3**：324 - 325，国家的起源

Mill on，**L5**：180 - 181，密尔论政府

Roman views of，**L7**：130 - 134，罗马的国
家观

Hobbes on，**L7**：219，霍布斯论国家

political balance in，**L14**：93 - 95，国家中
的政治平衡

bound by law，**L17**：101，受法律约束的
国家

State Conference of Normal School Instructors，
M15：158n, 170n, 180n，全国师范学校教
师大会

State Department，参见 United States Depart-
ment of State

"State in Recent Political Theory, The"
（Lindsay），**L2**：33n，《新近政治理论中的
国家》（林德赛）

Statement：陈述

vs. expression，**L10**：xxviii, 91,96，陈述
对表现

"Statement on Academic Freedom,"**L14**：

xix,《关于学术自由的声明》

Statesman's Manual，*The*（Coleridge），**L5**：178,《政治家手册》（柯尔律治）

States' rights, **L11**：168 - 169,州治权利

Static, **M6**：424；**L1**：55,85 - 86,静态的

Statistics：统计、统计学

    in social psychology, **M10**：56 - 57,统计方法在社会心理学中的应用

    and scientific law, **L14**：106,统计学与科学规律

Statue of Condillac：孔狄亚克雕像

    in *Dictionary of Philosophy*, **M2**：248,孔狄亚克雕像（《哲学辞典》）

Status quo：现状

    related to education, **L6**：125 - 126；**L9**：181,205,206,与教育相关的现状

    related to peace, **L6**：454,与和平有关的现状

    related to disarmament, **L6**：459 - 460,与裁军有关的现状

    in social relations, **L9**：51,社会关系中的现状

Stearns, Alfred E., **M15**：190,斯特恩,阿尔弗莱德·E

Stebbing, L. Susan, **L12**：27n, 462n,斯特宾,苏珊

    on general propositions, **L11**：118 - 123,斯特宾论通称命题

    on experience, **L12**：482n,斯特宾论经验

Stein, Karl, **M8**：174,177,施泰因,卡尔

Stein, Leo, **L2**：113 - 115,斯泰因,列奥

    on art, **L10**：162,209,359,361,斯泰因论艺术

Stein, Ludwig, **L17**：39,40,556,斯坦因,路德维希

Steiner, Celestine J., **M15**：318,421,422,斯蒂纳,塞勒斯汀·J

Steiner, Mark, **L6**：xvn,斯坦纳,马克

Steinthal, Heymann, **M3**：67,斯坦达尔,海曼

Stendhal（pseud. of Marie Henri Beyle），**E3**：37,司汤达（原名马里-亨利·贝尔）

Stephen, Charles, **M11**：277,284,329,斯蒂芬,查理

Stephen, Leslie, **M5**：388,斯蒂芬,莱斯利

    on ethics, **E3**：239,斯蒂芬论伦理学；**M3**：43,斯坦达尔论伦理学

    and conduciveness, **E4**：286,斯蒂芬与有益性

    on Pleasure, **M5**：250,斯蒂芬论快乐

    on sympathy, **M5**：340n,斯蒂芬论同情

    on character, **L7**：172 - 173,斯蒂芬论品格

Stereotypes, **M13**：331,339,陈规

Sterling, John, **M3**：55,斯特林,约翰

Sterrett, J. MacBride, **E3**：187 - 190,斯特雷特,J·迈克布莱德

Stevens, Frederick W., **M13**：86,88,164,斯蒂文斯,弗雷德里克·W

Stevens, Stanley S., **L16**：220n,史蒂文森,斯坦利·S

Stevenson, Charles L., **M15**：x；**L16**：357,470,史蒂文森,查尔斯·L

    on Dewey's 1908 *Ethics*, **M5**：ix-xxxiv,史蒂文森论杜威1908年版《伦理学》

    ethics of, **L15**：xix-xxii, 127 - 141,史蒂文森的伦理学

Stevenson, Matilda Coxe, **M5**：67；**L7**：61,史蒂文森,玛蒂尔达·C

Stevenson, Robert Louis, **M10**：310；**L9**：199,史蒂文森,罗伯特·路易斯/罗伯特·罗伊斯

Stevenson Act, **L5**：441,史蒂文森议案

Stewart, Cora Wilson, **L5**：316,斯图尔特,科拉·威尔逊

Stewart, Dugald, **L12**：68,斯图尔特,杜格尔德

Stillingfleet, Edward, **L2**：146n, 153,斯蒂林弗利特,爱德华

Stimson, Henry L., **L6**：192,193,219,469,史汀生,亨利·L

Stimulation, **E5**：308，刺激

Stimulus：刺激

formation of，**E1**：103 - 106，形成刺激

extra-organic，**E2**：31 - 33，超出机体的刺激

physiological，**E2**：32 - 34，生理的刺激

in sensation，**E2**：37 - 43，感觉中的刺激

in smell，**E2**：56，嗅觉中的刺激

in taste，**E2**：58，味觉中的刺激

in hearing，**E2**：59，听觉中的刺激

in sight，**E2**：63 - 64，视觉中的刺激

in feeling，**E2**：219 - 220，情感中的刺激

in motor impulses，**E2**：325 - 326，运动冲动中的

and control，**E5**：88，刺激和控制

in child's consciousness，**E5**：180 - 181，在儿童意识中的刺激

function of，**M9**：29 - 31；**M13**：33；**L7**：290，刺激的作用

to speech，**M13**：29 - 30，对言语的刺激

in relation to perception，**L1**：250 - 255，与感觉相关的刺激

vs. motive，**L7**：289 - 290，刺激对动机

as name，**L16**：90，270 - 271，刺激作为名称

as sign，**L16**：140n，214，219 - 221，225，刺激作为记号

C. Morris on，**L16**：212 - 215，莫里斯关于刺激

related to object，**L16**：213，219，231 - 232，刺激与对象的关系

in semiotic，**L16**：235 - 240，符号学中的刺激

Stimulus and response，**E5**：96，100 - 109；**M6**：361；**M9**：51n，67 - 69；**M14**：121，139 - 140，144；**L12**：36 38，刺激与反应

in *Cyclopedia of Education*，**M7**：346 - 347，刺激和反应（《教育百科全书》）

in activities，**M12**：208，209，刺激-反应活动

theory of，**L3**：33 - 35，刺激-反应理论

psychology of，**L5**：34 - 35，222 - 228，刺激-反应心理学

Stipulation：规定

and postulate，**L12**：24 - 25，规定与假设

Stirling, Brents，**L11**：515，斯特灵，布伦兹

Stirling, James Hutchison，**M2**：180，斯达灵，詹姆斯·H

Stirner, Max，**M10**：306，施蒂纳，马克斯

Stock Exchange，**L9**：288，证券交易所

Stockholm, Sweden，**M11**：192，293，394，斯德哥尔摩，瑞典

Stock market：股市

1929 crash of，**L5**：xi，xvii，97，1929 年股市崩盘

Stoicism，**E4**：216，263，斯多噶主义；**M9**：335；**M11**：45，斯多葛学派；**M15**：326，斯多葛主义

and intuitionalism，**E4**：125，斯多噶主义和直觉主义

attributes of，**E4**：138 - 139，斯多噶主义的属性

and individual，**E4**：230，斯多噶主义和个人

ethics of，**E4**：318，斯多噶主义的伦理学；**L7**：109 - 110，斯多噶学派伦理学

Stoics，**E5**：9；**M2**：81；**M5**：387；**M7**：288，416；**L5**：497，498，斯多葛学派；**L8**：6，26，斯多亚学派；**L10**：x，xxv；**L11**：134；**L13**：136，斯多葛学派

on nature，**M2**：146；**L7**：50，114，119，130 - 131，斯多葛学派论自然

on necessity，**M2**：151 - 152，斯多葛学派论必然性

on concept of universe，**M2**：179，183，205 -206；**M5**：173，斯多葛学派论宇宙共同体

on subject，**M2**：249，斯多葛学派论主体

cosmopolitanism of，**M5**：118，123；**L7**：109，132，斯多葛学派的世界主义

ethics of，**M5**：118－119；**L7**：109－110，
斯多葛学派的伦理学

on wisdom，**M5**：127；**L7**：118,斯多葛学
派论智慧

moral theory of，**M5**：131－132,202,205,
328；**L7**：123,斯多葛学派的道德理论

on human nature，**L6**：33－34,斯多葛学派
对人性的解释

influence Romans，**L7**：130－134,斯多葛
学派对罗马人的影响

on duty，**L7**：133－134,斯多葛学派论
责任

Stolberg，Benjamin，**L11**：314,323；**L13**：
395,404,斯托尔伯格,本杰明

Stoner，John E.，**M15**：xvn, xviiin；**L6**：
xxin；**L15**：301－302,斯托纳,约翰·E

Stories：故事

important to children，**M8**：241；242,故事
对儿童的重要性

telling of，**L16**：397,讲故事

Story，Joseph，**E4**：40,斯托里,约瑟夫

Story of Philosophy，*The*（Durant），**L2**：
387,《哲学的故事》(杜兰特)

Story of the Odyssey，*The*（A. J. Church），
E3：193－194,《奥德赛的故事》(邱奇)

Stout，George Frederick，**M1**：242；**L8**：
307,斯托特,乔治·弗里德里克

Strachey，John，**L13**：131,斯特雷奇,约翰

Strato，**M2**：186,斯特拉图

Strauss，David Friedrich，**E1**：228,242,施特
劳斯,大卫·弗里德利希

Strayer，George D.，**M15**：190,斯特雷尔,乔
治·D

Stream of consciousness，**M12**：xxvi, xxviii,
210－212,222；**L10**：303；**L11**：506－507,
意识流

"Stream of Thought，The"（W. James），
L14：156,《意识流》(詹姆斯)

Strike：罢工

by students，**M10**：176,学生罢工

force related to，**M10**：244,247,与力量相
关的罢工

of Peking teachers，**L17**：30,556,北京教
师罢工

Strong，C. A.，**M15**：363；**L14**：308,斯特
朗,C·A

Strong，Charles H.，**M15**：100,102,383,
401,斯特朗,查尔斯·H

Strong，Josiah，**L17**：555,斯特朗,乔赛亚

Structuralism，**M13**：xix,结构主义

Structuralists，**L5**：218－221,结构主义者

Structure，**L1**：64－66；**L4**：xxi, 242；**L16**：
105n,结构

modification of，**E5**：50,249,结构的修正

and function，**E5**：96；**L4**：118－119,129－
131,结构和功能

Structure of Science，*The*（Nagel），**L6**：
xviin,《科学的结构：科学解释的逻辑问
题》(内格尔)

"Struggle for Immortality，The"（Phelps），
L17：12－13,554,《为不朽而奋斗》(菲尔
普斯)

Struik，Dirk Jan，**L15**：507,斯特罗伊克,德
克·简

Stuart，Henry Waldgrave，**M3**：27n, 138n；
M13：25n；**M14**：151n,斯图亚特,亨利·
W；**L14**：5,81n,斯图尔特,亨利·W

Dewey replies to，**L14**：62－74,杜威对斯
图尔特的回复

Student movement，参见 May Fourth Move-
ment

Students，**L11**：376,516,557,572,学生

on moral experiences，**E4**：106－113,学生
们对道德经验的陈述

strike in high school，**M10**：176,高中生
罢课

in China，**M11**：xix-xx, 173,186－191；
M12：22－27,41－51,253,255；**L3**：
197,中国的学生

in Turkey，**M15**：xxi-xxii, 293－294,土耳

其的学生

participation by，**L13**：6，35，43，53，学生的
分享

freedom of，**L13**：9，学生的自由

science and，**L13**：54，55，科学与学生

differing capacities of，**L17**：54，学生不同
的能力

directions to，**L17**：161－162，165，187－
188，给学生的引导

Students' Christian Association（University
of Michigan），**E1**：61n，90n；**E4**：3n，
96n，365n，369n，学生基督教协会（密歇根
大学）

Students' Union，National（China），**M11**：
190，全国学生联合会（中国）

Studies：学习、科目

selection of，**E5**：167，266－268，439，学习
的选择

as psychologically determined，**E5**：167－
176，由心理学决定的学习

elementary school，**E5**：245－246，小学
科目

Studies in Character（Bryant），**E5**：350－
352，《对性格的研究》（布赖恩特）

Studies in Education（E. Barnes），**M1**：
214，《教育研究》（巴尼斯）

Studies in Hegel's Philosophy of Religion
（Sterrett），**E3**：187－190，《黑格尔宗教哲
学研究》（斯代尔雷特）

Studies in Logical Theory（Dewey et al.），
M1：ix；**M4**：78，296；**M14**：xiii；**L2**：15；
L12：3；**L14**：x，xii，xv，6，12，50；**L16**：
187，444；**L17**：373，《逻辑理论研究》（杜威
等）

Studies in Philosophy（Lafferty），**L6**：311，
《哲学研究》（拉弗蒂）

Studies in Psycho-Expedition（Schneersohn），
L5：410－411，《心理探险研究》（施内尔
松）

Studies in the Evolutionary Psychology of

Feeling（Stanley），**E5**：358－367，《情感的
进化心理学研究》（斯坦利）

Studies in the History of Ideas（Columbia
University），**M11**：18n；**L2**：3n，124n；
L11：69n，《观念史研究》（哥伦比亚大学）

Studies in the Nature of Facts（S. Pepper et
al.），**L16**：42n，《关于事实本质的研究》
（佩珀等）

Studies of Childhood（Sully），**E5**：367－
372，《儿童期研究》（苏立）

Study：学习

habits of，**L8**：330－332，学习习惯

aids to，**L17**：165－169，170，174－175，
181－186，191－193，195－209，对研究
的辅助

Study of Ethics，The：A Syllabus，**E4**：xiii-
xviii，xxii-xxiv；**L7**：x；**L10**：355，《伦理学
研究（教学大纲）》

Stuhr Museum of the Prairie Pioneer（Grand
Island，Neb.），**L16**：xiin，纪念平原开拓
者的斯图尔博物馆，内布拉斯加岛

Stull，DeForest，**L14**：371，斯塔尔，德福雷
斯特

Stumpf，Carl，**E4**：195，斯达姆普夫；**L11**：
470，斯顿夫，卡尔

Sturzo，Luigi，**L6**：458n，斯图尔佐，路易吉

Subalternation，**L12**：183，194－195，差等

Subcommission of Inquiry，参见 Commission
of Inquiry into the Charges Made against
Leon Trotsky in the Moscow Trials

Subconscious，**M4**：228；**L1**：227，228，239，
下意识的。另见 Unconscious

conscious control and，**M15**：45，有意识的
控制和潜意识

in art，**L10**：71，76－80，118，143，155，
159，161，279，下意识在艺术中的作用

Subcontraries，**L12**：183，193－194，205，下
反对

Subimplication，**L12**：321，隐含意

Subject，另见 Data，**L12**；Existence，**L12**

and object，**E1**：131－135；**E5**：26；**L4**：97；**L10**：251－255,281,284,288；**L12**：88－89；**L14**：132－135；**L15**：70－72,87,93,96,165；**L16**：111,290,297,334－335,449－450，主体与客体

as mode of experience，**E5**：169－174，作为个人经验模式的学科

in *Dictionary of Philosophy*，**M2**：248－252，主体（《哲学辞典》）

in *Cyclopedia of Education*，**M7**：291,347－349，主题（《教育词典》）

in neo-realism，**M10**：25－42，新实在论的主体观念

and subjectivism，**L1**：22－26,85,135－136,168－190,315，主体与主观主义

meaning of term，**L14**：27,39；**L15**：49；**L17**：419，"主体"这一术语的含义

as knower，**L14**：67－70,187，作为认知者的主体

in James's psychology，**L14**：155－167，詹姆斯心理学中的主体

assumed in epistemology，**L14**：178,196－197，认识论中假设的主体

as name，**L16**：xxxvi,271，主体作为名称

role and nature of，**L16**：288,348,384，主体的角色和本质

Subjective，**L12**：40,110，主观的。另见 Mental，**L12**

meaning of，**E3**：219,221；**L14**：19－20，"主观的"一词的含义

and objective，**E3**：223，主观的与客观的；**L1**：380－382，主体-客体；**L14**：25－28,39,189,192－193,196－200，主观的与客观的

applied to value judgment，**M8**：32－36，将主观的用于价值评估

probability as，**L12**：465－469，可能性作为主观的

as name，**L16**：271，主观的作为名称

Subjective idealism，**E1**：xlviii,133－140；

E5：27－28；**M3**：382－389；**M6**：4，主观唯心主义

Subjectivism，**M10**：25－42；**M13**：417；**M14**：16,20,23,38－39,140；**M15**：358；**L17**：366,419，主观主义

and pragmatism，**M1**：130n；**M4**：125,245－246；**M13**：449,468，实用主义与主观主义

in *Dictionary of Philosophy*，**M2**：252，主观主义（《哲学辞典》）

defined，**M8**：162；**M9**：302，主观主义的定义

essence of，**M13**：49，主观主义的本质

in public opinion，**M13**：342，公众舆论中的主观主义

elimination of，**M13**：419，主观主义的消除

and subject，**L1**：22－26,85,135－136,168－190,315，主观主义与主体

problem of，**L14**：11,17－19，主观主义的问题

in philosophy，**L14**：39，哲学中的主观主义

in moral theory，**L14**：73，道德理论中的主观主义

Subjectivistic：主观

psychology，**L16**：347，主观心理学

relativism，**L17**：xxi，主观相对主义

Subjectivity，**E1**：28，主观性，主体性

in knowledge，**M4**：255，知识中的主观性

Dewey opposes，**L4**：xix,xxii，杜威反对主观性

of Kant，**L4**：49,229，康德的主观性

in logic，**L4**：171，逻辑中的主观性

of modern thought，**L4**：185－186,191,193,196,206,219－223，近代思想的主观性

as context in philosophy，**L6**：14－15，作为哲学的语境的主观性

in art，**L10**：xiii,151,280,288,290,292,308,309,327，艺术中的主观性

vs. objectivity, **L15**：64－65，74－75，87，165，主观性对客观性

and values, **L15**：69－70，主观性与价值

Rice on, **L15**：426－434，赖斯论主观性

Subject-matter, **M7**：445－446，论题；**L8**：72，234；**L12**：122，主题

social, **E5**：89，社会中的教学内容；**L13**：338，社会题材；**L17**：449，社会主题

choice and organization of, **E5**：126－127，171，333－338，441，教学内容的选择和组织；**M6**：400－404；**L13**：7－9，35，51，52，55，56，108，376，396，题材的选择与组织；**L16**：259，277，371，396－397；**L17**：469，主题的选择与组织

and method, **E5**：164－166，287，教学内容和方法；**M9**：332，333，教材与方法

psychology of, **E5**：166，175，教学内容的心理学的考虑

related to child, **E5**：174，266－268，教学内容和儿童相关；**M2**：281－288，题材和儿童相关；**L17**：224－225，主题和孩子相关

development of, **E5**：274，教学内容的发展；**M9**：366－367，教材的发展

Harris on, **E5**：381－382，哈里斯论教学内容

misapphcation of, **M2**：288－291，题材的误用

significance of, **M6**：396－399，题材的总的意义

related to experience, **M6**：399－400，题材与经验相关；**M13**：381－382，392－394，主题与经验相关

in education, **M8**：395－399；**M9**：242；**M15**：187，教育的主题；**L6**：xxii，78－80，83，教育中的学科内容；**L9**：179，181，182，184－185，196，199，教育中的教材

Herbart on, **M9**：75－78，赫尔巴特的教材方案

related to mind, **M9**：137－145，教材与心灵相关

philosophy related to, **M9**：334，哲学与主题材料相关；**M13**：52；**L14**：148－150；**L16**：358－361，365，381，411，415－419，464，哲学与主题相关

related to judgment, **M13**：9－11；**M15**：352－354，主题和判断相关

vs. object, **M13**：43－47；**M15**：34，38，350－354，主题与对象相对

of science and common sense, **M13**：388；**L6**：15－16，科学和常识的学科内容；**L13**：53－54，271，284，科学和常识的题材；**L14**：194－199；**L16**：246－253，290－292，305－309，312－317，334，386，449，科学和常识的主题

role in inquiry, **M15**：38，353－355；**L14**：50，147；**L16**：6，88，140，187，282－283，288，335，337，探究和主题

nature of, **M15**：39，70，351，主题的本质；**L6**：14，16－17，学科内容的本质；**L12**：513，主题的本质；**L13**：340－341，题材的本质；**L16**：48－49，82－84，92－93，115，127，144，180，285，308，323－324，458，主题的本质

substance's relation to, **L10**：xxvii，113－118，134，154，素材与主旨的关系

attitude toward, **L10**：54，60，70，71，74，76，115，191－195，230，357，对待素材的态度

important to art, **L10**：80，85－86，94，95，100，109，142，156，159，175－176，183，256，258，261－263，280，287，290，332n，素材对于艺术的重要性

for criticism, **L10**：302，307－311，314，322，批评的素材

problems of, **L13**：28，31，题材问题

form of, **L13**：48，49，59，题材的形式；**L16**：62－64，338－339，356－357，370；**L17**：416n，主题的形式

of propositions，**L14**：181，命题的内容

namings for，**L16**：46，258，主题的命名

behavioral，**L16**：122，344－345，行为的主题

of logic，**L16**：188，320，逻辑的主题

Kantor on，**L16**：191，坎特关于主题

as name，**L16**：271，主题作为名称

of mathematics，**L16**：284－287，数学的主题

of valuings，**L16**：311，343，评价的主题

Dewey's vs. Bentley's，**L16**：318－319，杜威的主题与本特利的主题相对

"Subject-Matter of Metaphysical Inquiry, The,"**M8**：ix-xi，《形而上学探究的主题》

Sublimation，**M14**：98，108，113－114，135，升华

Subordination，**L10**：103，从属

Subsistence，**L17**：417，存活

Substance，**L1**：94－96，126，135－136，263，346，物、物质；**L4**：242，实体；**L12**：86－89，130－133，247－248，285，实质。另见 Object，**L12**

in Spinoza's *Ethics*，**E1**：10－11，14－16，斯宾诺莎《伦理学》中的实体

character of，**E1**：124，322－324，实体的特性；**L16**：108，115n，本体的特性；**L17**：95，实体的特性

Locke's category of，**E1**：375－376，洛克的实体范畴

in *Dictionary of Philosophy*，**M2**：252－253，实体（《哲学辞典》）

Locke on，**L2**：144－146，洛克论实体

constitutes reality，**L4**：96，97，102，103，实体构成实在

in Newtonian system，**L4**：148，164，165，牛顿体系中的实体

of art，**L10**：xxvii，195，205，210－214，217，艺术的主旨

form's relation to，**L10**：111－118，128－129，133－134，142，154，158，175－176，

232－233，322，332－333，艺术中的主旨与形式的关系

as name，**L16**：104，271－272，本体作为名称

"Substance, Power and Quality in Locke,"**L2**：xvii，《洛克论实体、权力和性质》

Substantiality theory（Substantialism），实体论

in *Dictionary of Philosophy*，**M2**：253－254，实体论（《哲学辞典》）

Substitution，替换。参见 Equiva lence，**L12**

in science，**L1**：115，用于科学中的替代

Subsumption，**L12**：417，429，497，小前提

Success，**M12**：182；**M14**：7，174；**L7**：50－51，236，成功

qualities needed for，**M5**：80；**L7**：74；**L17**：278，326－327，成功需要的品质

James on，**M13**：307，詹姆斯论成功

proof of，**M13**：309，成功的证明

as end，**L7**：202－203，以成功为目的

nature of，**L7**：209；**L17**：301，成功的性质

as motive for education，**L9**：177－179，成功作为教育的动机

affects character，**L9**：190－191，成功对性格的影响

habits formed through，**L17**：300－301，304，307，通过成功形成的习惯

Succession，**L12**：33，330，445，连续

origin of，**E5**：181，连续性的起源

Royce on，**M10**：80－81，罗伊斯论相继性

Sudeten，**M11**：xiii；**L15**：289，苏台德

Suffering，**M5**：94，97；**L7**：89，90，苦难；**L10**：47－50，痛苦

Suffrage，**M5**：423－424；**M6**：153－154；**M7**：409，参政权；**M11**：167；**L6**：186，226－227；**L9**：381－382，选举权；**L11**：25，50，51，218，248，535－536，选举制；**L15**：357，投票权利；**L16**：403；**L17**：44，47，选举权

Suggestion，**L10**：253，意见。另见 Formu-

and social relations, **L9**：38，49－55，超自
然与社会关系

related to imagination, **L9**：47，294－295，
与想象相联系的超自然

vs. secularism, **L15**：155－156，160，超自
然主义与世俗主义比较

power of, **L17**：431－432，超自然事物的
力量

related to moral, **L17**：545，与道德事物相
关的超自然事物

related to science, **L17**：546－547，与科学
相关的超自然事物

Superstition, **M13**：224，435；**M15**：330；
L1：45，63，70，129，201，279，287；**L8**：
131；**L13**：76；**L17**：398，迷信

Supply and demand, **M5**：455－456，供给和
需求

Suppression, **L11**：218－219，压制；**L16**：
362，压抑

of liberties, **L13**：316，321，对自由的压制
（镇压）

dangers of, **L17**：477，压迫的危险

"Supremacy of Method, The," **L14**：65，66，
69，《方法的至上性》

Supreme Court, 参见 United States
Supreme Court

Supreme Court and Sovereign States, *The*
(Warren), **L6**：463n,《最高法院与各州的
主权》(沃伦)

Supreme National Committee (Poland),
M11：313，最高国家委员会（波兰）

Survey, **M7**：387,《调查》

Survey of Child Psychiatry, *A* (Rees),
L14：245,《儿童精神病调查》(瑞)

Survival, **L7**：39；**L17**：xxiii，生存

Survival of fittest, **E5**：38－39，适者生存

Susceptibility, **L1**：197，易感性

Suspense：质疑、悬念

value of, **M6**：191，332；**L8**：124，320－
321，332，质疑的价值

esthetic purpose of, **L10**：xx，165，166，
174，悬念的审美目的

Sussex, **M10**：265，苏塞克斯

Sutherland, Alexander, **M5**：50，409n，萨瑟
兰，亚历山大

Suzzallo, Henry，苏赛罗，亨利

on education, **M4**：328－331；**M7**：469－
471，苏塞罗论教育

Swammerdam, Jan, **E1**：272，276，斯瓦姆默
丹，扬

Swan, Mrs. Joseph R., **L5**：418，419，约瑟
夫·R·斯旺女士

Swann, William Francis Gray, **L16**：106n，斯
万，威廉·弗朗西斯·格雷

Sweet, Henry, **M12**：11，斯威特，亨利

Swift, H. S.：斯威夫特

on man's spiritual nature, **L17**：15－17，
537－539，斯威夫特论人类精神本性

Swift, Jonathan, **E3**：208，斯威夫特，乔纳
森；**M10**：119，斯魏夫特，约翰森；**M11**：
122，斯威夫特，乔纳森

Switzerland, **M15**：307，瑞士

Polish activities in, **M11**：261，278，281，
290，293，312，313，波兰人在瑞士的活动

sanctions in, **L6**：463，瑞士的制裁规定

Sybel, Heinrich von, **M8**：177，178，济贝尔，
海因里希·冯

Syllabus of Certain Topics of Logic (C.
Peirce), **L16**：10,《关于某些逻辑学主题
的纲要》(皮尔士)

Syllogism, **L8**：171－173；**L11**：101；**L12**：
90，93，100，417；**L16**：270，三段论

theory in Mill, **E3**：129－131，穆勒理论中
的三段论

in *Cyclopedia of Education*, **M7**：349－
351，三段论（《教育百科全书》）

nature of, **M15**：69－71；**L12**：321－326，
三段论的性质

Symbolic：符号

period, **E5**：310－311，符号阶段

logic，**M7**：438；**L16**：194,199,符号逻辑

formalists，**L16**：xxxin,符号形式主义者

knowledge，**L16**：258,261,符号知识

Symbolic Interaction，**L6**：xiii,《象征互动论》

Symboling，**L16**：84,90,132n,符号化

Symbolism，**L1**：72,288-290,象征主义、符号论；**L15**：418,符号论；**L16**：301,符号主义

Symbolization，**L2**：79,象征

of words，**L2**：83-84,语词的象征

nature of，**L16**：171,183,264,符号化行为的本质

as name，**L16**：181,259,271,符号化行为作为名称

Symbols，**M4**：95,符号；**L3**：90；**L13**：13,322,符号(象征)。另见 Signs

value of，**E5**：92,符号的价值

social import of，**E5**：260,符号的社会含义；**L2**：323-324,330-331,371,象征的社会含义；**L9**：301,符号的社会含义

child's use of，**E5**：260-261；**L11**：241-242,245-246,儿童对符号的使用

as ideas，**L16**：430,432,435-436,符号作为观念

and language，**M6**：314-320；**L6**：4-5；**L12**：53-54,符号与语言

nature and use of，**M9**：23,230-231,278-279；**L10**：36,45,52,89；**L12**：xiv；**L16**：6,76n,110n,159,275,309n,414,符号的性质与使用

Froebel on，**M9**：62-64,73-74,福禄培尔论符号

Herbart's relation to，**M9**：76-77,赫尔巴特和符号的关系

dependent on imagination，**M9**：245-246,符号对想象的依赖

in meaning，**L3**：413-414；**L16**：174,意义中的符号

designate operations，**L4**：120-129,132,

158,173,186,200,230,符号指示操作

in religion，**L4**：234；**L9**：28-29,215,宗教中的符号

in art，**L10**：xiii,xv,97,156,198,317,艺术中的符号

in science，**L10**：154,202-303；**L16**：149n,科学中的符号

in politics，**L11**：xxx,51,政治学中的符号

and logic，**L11**：112,122-123；**L12**：10,26-27,45-46；**L16**：191,逻辑中的符号

defined，**L12**：57-60,对符号做界定

need for，**L12**：80,114,118,218,对符号的需要；**L17**：321,对象征的需要

and propositions，**L12**：123,137-139,207n,214,245,261,340,423-424,符号与命题

in mathematics，**L16**：5,148n,173,180,266,数学中的符号

Peirce on，**L16**：10,皮尔士关于符号

Cohen and Nagel on，**L16**：14,194-195,科恩和内格尔关于符号

Lewis on，**L16**：36-38,刘易斯关于符号

as process of designation，**L16**：62,90,93,131,152,符号作为指称的过程

as name，**L16**：66,72,271,446,符号作为名称

as genera of sign，**L16**：69-70,139,225,符号作为记号的类别

in nominal definition，**L16**：175-178,唯名定义中的符号

Russell on，**L16**：199-203,罗素关于符号

in triangular scheme，**L16**：300-301,三角图示中的符号

related to potentialities，**L16**：428-429,符号与潜能的关系

Balz on，**L16**：437-441,鲍茨关于符号

Symmetry：对称

as esthetic quality，**L10**：168,183-189,222,296,对称作为审美性质

of terms，**L12**：332－333，项的对称

Symonds, John Addington，**L17**：11，西蒙兹，约翰·爱丁顿

Sympathetic resentment，**M5**：71；**L7**：65，同情的愤慨

Sympathy，**L10**：317, 324；**L11**：11, 282，同情

  as feeling，**E2**：283－287，同情作为情感

  as socialization factor，**M5**：16,38,48；**L7**：14,37,45－46，作为社会化因素的同情

  and art，**M5**：48；**L7**：45,147，同情和艺术

  moral concept of，**M5**：150, 272－273, 302－303，作为道德概念的同情

  in human nature，**L7**：238－239,251,270, 300；**L13**：74,78,147,150,289，人性中的同情

  Mill and Bentham on，**L7**：243－244，穆勒和边沁论同情

  in teacher，**L13**：345，教师的同感

  reliance upon，**L17**：401，对同情的依赖

"Symposium on Operationism"（Boring et al.），**L16**：170－171，《关于操作主义的研讨会》（博林等）

Symptoms，**L13**：197－198,248n，表征

Syncretism，**M2**：255，汇合主义

Synechism，**M10**：74；**L10**：xiii；**L14**：x，连续论

Syntactical definition，**L16**：164, 169，句法定义

Syntactics：造句法、句法学

  C. Morris on，**L15**：142－145，莫里斯论造句法；**L16**：33－35，莫里斯关于句法学

  nature of，**L16**：90,93,155,160，句法学的本质

Syntax，**L16**：31,202,309，句法

Synthesis，**M14**：128－129；**L13**：56－57；**L16**：418；**L17**：159，综合

  as key to knowledge，**E1**：36－37，作为知识之钥匙的综合

  in philosophic method，**E1**：40；**L16**：115n，哲学方法中的综合

  and analysis，**E3**：78－80；**M6**：281；**L8**：242－243；**L17**：158，综合与分析

  related to thought，**M6**：266－270，综合与思维相关

  in experiment，**M6**：298－299；**L8**：273－274，实验中的综合

  in *Cyclopedia of Education*，**M6**：370－375，综合（《教育百科全书》）

  in judgment，**L8**：216－220；**L10**：313, 317－318,325，判断中的综合

  in art，**L10**：342，艺术中的综合

  scholasticism creates，**L16**：360，经院主义产生综合

  self as，**L17**：156，作为综合的自我

  in Russian schools，**L17**：502，俄国学校里的综合

Syracuse University，**L17**：8，雪城大学

Syria，**M15**：136，叙利亚

Syski, Alexander，**M11**：295,301,396，辛斯基，亚历山大

System：制度、体系

  educational，**E5**：444，教育制度；**L17**：171，教育体系

  in *Dictionary of Philosophy*，**M2**：255－256，体系（《哲学辞典》）

  in *Cyclopedia of Education*，**M7**：351－352，体系（《教育百科全书》）

  in science，**L5**：10－13，体系在教育科学中的作用

  two forms of，**L12**：55－56,301,312,315, 333－334,421,468,478－479，系统的两种形式

  and inference，**L12**：294，系统与推论

  organism and environment as，**L16**：191，有机体和环境系统

  as name，**L16**：271，系统作为名称

Systematization，**E2**：201，系统化

System of Ethics，A（Paulsen），**M15**：337，《伦理学体系》（保尔逊）

System of Logic，Ratiocinative and Inductive，A（J. S. Mill），**M7**：241；**L5**：168，169；**L11**：30，99n，128；**L12**：510；**L13**：138；**L16**：158n，218n，《逻辑体系》（密尔）

Szechuan（Sichuan），China，**M13**：87，四川，中国

Taboo，**M8**：190，禁忌

enforces customs，**M5**：57；**L7**：52 - 53，作为风俗的禁忌

in inquiry，**L16**：337，452，探究中的禁忌

as motive，**L17**：398，作为动机的禁忌

for savages，**L17**：399，野蛮人的禁忌

Tabula rasa，**M9**：277；**L14**：192，白板

Leibniz rejects，**E1**：310，莱布尼茨反对白板理论

in *Dictionary of Philosophy*，**M2**：256，白板说（《哲学辞典》）

Tacitus，**M8**：189，塔西佗；**L11**：460，塔西陀

Taft，William Howard，**M11**：206，塔夫脱，威廉·霍华德；**M13**：303，塔夫脱，威廉·豪沃德；**M15**：xvii，380，404，塔夫特，威廉·霍华德；**L6**：472；**L7**：398，421，塔夫脱，威廉·霍华德

Taft-Hartley Labor Act，**L15**：245，《塔夫特-哈特莱劳动法案》

Taine，Hippolyte Adolphe，**E3**：37，39 - 40；**M8**：144；**L10**：334，366，丹纳，希波莱特·阿道尔夫/伊波利特·阿道尔夫

Taiping rebellion，**M13**：113，太平天国造反

Talbot，Anna Hedges，**M11**：64，393，泰博，安娜·海奇

Talbot，Winthrop，**L5**：316，塔尔博特，温思罗普

Tales from Shakespeare（C. Lamb and M. Lamb），**L5**：394，《莎士比亚戏剧故事集》（兰姆夫妇）

Talks to Teachers on Psychology（W. James），**L14**：337 - 340，《与教师谈心理学》（詹姆斯）

Talleyrand，Charles Maurice de，**M9**：89，塔列朗，查尔斯·M·德

Talmud，**L9**：xxixn，塔木德

Tammany Hall，**M11**：94，243，394，坦曼尼协会；**L6**：384；**L9**：353 - 355，362，369，372，379，382，384，385，坦慕尼协会

Tammany Society，**L9**：354，坦慕尼协会

Taney，Roger Brooke，**M5**：32；**L7**：31，托尼，罗杰·布鲁克

Tang Shao Yi，**M13**：130，132，唐绍仪

Tantalus，**M8**：64，坦塔罗斯

Taoism，**L10**：134，道教。另见 Laotze

Tarde，Gabriel de，**M7**：234，236，塔尔德，加百利·德

and logic，**M10**：53 - 54，塔尔德与逻辑

on mind，**M10**：59，塔尔德论精神

Tariffs，**L2**：317；**L5**：436；**L6**：183，338，350，353，356，366；**L11**：261，关税；**L14**：94，税收

bill regulating，**L6**：164 - 165，172，237，241，关税法案

on farm products，**L9**：249，250，农产品关税

Tarski，Alfred：塔斯基，阿尔弗雷德

Bentley on，**L16**：xxx，本特利关于塔斯基

positions of，**L16**：8，45，132n，165，193n，塔斯基的立场

terminology of，**L16**：39 - 42，塔斯基的术语

Tartars，**M13**：225，鞑靼人

Taste，**L4**：26，209，210，趣味，嗜好

sense of，**E2**：58 - 59，味觉的感觉

and smell，**E2**：59，221 - 222，味觉和嗅觉

esthetic，**E2**：278 - 279；**L2**：76；**L17**：516，审美趣味

consumer，**L7**：433，消费者的品味

Tate，Allen：塔特，艾伦

on arts，**L6**：330 - 334，492 - 501，塔特论艺术

Tautology，**L12**：313，重言式

Tawney, G. A. ，**M15**：374n，托尼，G·A

Tawney, Richard，**L7**：411,436 - 437，托尼，理查德

Taxation and Democracy in America（S. Ratner），**L6**：xxn，《美国的税收和民主》（拉特纳）

Taxes，**L6**：241,395 - 396，税；**L8**：47,54，税负；**L11**：265 - 267；**L14**：94，税收

distribution of，**L6**：179,337 - 338,345,356,386,387；**L9**：249,254,256，税收的重新分配

income，**L6**：343 - 344；**L7**：420 - 422，所得税

for unemployment relief，**L6**：381 - 382，用于失业救济的税

and Couzens Amendment，**L6**：392，税与库曾斯修正案

and land value，**L9**：64 - 65，税收与土地价值

related to education，**L9**：115 - 122,146,394 - 395,407 - 408,410 - 411，税收与教育相关

changes in，**L9**：146,256 - 258,282 - 284，税收中的变化

and consumption，**L9**：259,266,268,273 - 274,278，税收与消费

Democratic platform on，**L9**：260，关于税收的民主纲领

and farmers，**L9**：273，税收与农民

and Constitution，**L9**：282，税收与美国宪法

in Great Britain，**L9**：284，英格兰与美国税收的比较

George on，**L9**：300,301，乔治谈及税收

in New York City，**L9**：378，纽约的税收

Aristotle on，**L13**：290，亚里士多德论税收

poll，**L15**：357，关于税的民意测验

Taxicabs，**L9**：366，出租汽车

Taxonomy，**L12**：172,253,295，分类学；

L16：120，分类法

Taylor, Alfred Edward，**M11**：10 - 12，泰勒，阿尔弗雷德·爱德华

Tcheka，**L17**：501,570，契卡

"Teacher and the Public, The,"**L11**：xixn，《教师和大众》

Teachers，**M15**：ix, xi；**L11**：162,268,529；**L14**：360 - 361，教师

social responsibility of，**E5**：95；**L6**：129 - 130,136；**L9**：134 - 135,167,206 - 209；**L11**：xviii-xix, 340 - 342,344,537,547；**L13**：389；**L14**：360 - 361；**L17**：512,516，教师的社会责任

success of，**E5**：459 - 460，教师的成功

at University Elementary School，**M1**：65,317，大学初等学校的教师

authority of，**M1**：272 - 274；**M3**：230 - 234；**L13**：xiv, 33 - 34,58，教师的权威

professionalism of，**M1**：274 - 276，专门教师；**M7**：109 - 112，教师的职业精神；**L9**：116 - 117，教育界专家

role and duties of，**M6**：217 - 220；**L5**：23 - 24,326 - 330；**L8**：xiv, xv, 59 - 60,73 - 74,155,158 - 161,181,337 - 338,348 - 349,352；**L9**：123 - 124；**L11**：158 - 160,485 - 486；**L13**：6,13,21 - 23,26 - 27,30,35 - 37,41,46 - 47,49,53,54,59,283,332,342,344 - 345,381,386 - 387；**L17**：216,223 - 225,316,342，教师的角色与职责

participation by，**M6**：341 - 343；**L8**：334 - 336；**L11**：222 - 224,345,358；**L17**：53,54，教师的参与

education of，**M6**：343 - 345；**L8**：144,338 - 340；**L9**：183,185；**L11**：389,544 - 545,580，教师的教育

organization of，**M10**：ix, xxxiii-xxxiv, xxxix, 168 - 172；**L5**：331 - 333,336,401；**L9**：182 - 183,328 - 329,332；**L11**：236,348 - 352,359,380,533；

L14：375,教师的组织

trial of，M10：158 - 163,173 - 177,对教师
的审判

vs. university government，M10：164 -
167,教师与大学管理相对

in Turkey，M15：xxi-xxii，283 - 288,土耳
其的教师

importance of，M15：182 - 184,教师的重
要性

as citizens，L2：115 - 123；L6：433 - 435；
L14：352 - 353,教师与公民身份

quality and kinds of，L6：131 - 132；L13：
50 - 51,307,390,教师的素质与类型

Mencken on，L9：407 - 411,门肯谈及教师

at Laboratory School，L11：196 - 200,教
师在实验学校

status of，L11：348 - 349；L13：343；
L17：179 - 180,教师的经济状态

freedom of，L11：376,378,教师的自由

knowledge of，L13：50,345,教师的知识

psychology for，L14：337 - 340；L17：187
- 209,与教师有关的心理学

in China，L17：30,556,中国的教师

Communists as，L17：136 - 137,作为教师
的共产主义者

and parent，L17：233,234,教师与父母

Russian，L17：495,俄国教师

Teachers College,参见 Columbia University
Teachers College

Teachers' League（New York City），M7：
109n,纽约教师协会

Teachers Union（New York City），M13：
428 -430；L11：349 - 352,380,纽约教师
工会。另见 Grievance Committee

organization of，L9：315,317,320 - 321,
323 -325,329,341 - 343,教师工会组织

communism related to，L9：316,322,326,
330,338 - 342,与教师工会相关的共产
主义

groups in，L9：316 - 319,323 - 329,332,

334 - 339,340 - 342,教师工会团体

and politics，L9：317 - 319,338,339,341,
344 - 345,教师工会与政治

need for unity in，L9：324,337 - 338,343 -
344,教师工会中需要统一

conflict in，L9：330 - 332,教师工会中冲突
的原因

functions of，L9：332 - 333,338,教师工会
的功能

Teacher training，E5：275 - 277,281,447；
L2：204；L9：164 - 166,168；L11：389,
544 - 545,580；L17：138 - 139,教师培训

laboratory method compared to apprentice
method of，M3：249 - 272,实验式方法
与教师培训的学徒式方法对比

Teaching，L10：267,349,教导

methods of，M4：275 - 278；L6：85 - 88,
109；L11：199,213,215,222 - 223,
240 -241,557 - 559,580；L13：31；L17：
81 - 82,166,266 - 267,270,273,276 -
277,341,514,教学方法

philosophy associated with，M10：3 - 4,哲
学与教学的结合

Meiklejohn experiment in，L6：295 - 298,
教学中的米克尔约翰实验

as profession，L11：540 - 546；L13：342 -
346,教学作为职业

Teagle，Walter C.，L9：252,蒂格尔,沃尔
特·C

Technic,参见 Technique

Technical，L16：367 - 368,378,技术的

school，M1：42,技工学校

terms，M6：325；L8：312 - 313,技术语词

trade training，M8：401,技术行业培训

studies，L17：310 - 322,技巧学习

Technique：技巧、技术

in imagination and expression，E5：192 -
200,想象和表达中的技巧

in interest，E5：228,技术在兴趣中的作用

relativity of，L10：87,145 - 149,203,209,

232,306 - 308,315,319,332n,333,技巧的相对性

introduction of, **L17**：288 - 290,296,引入技巧

related to method, **L17**：294 - 297,与方法相关的技巧

of social communication, **L17**：320 - 322,社会交往的技巧

Technocracy, **L9**：62,105,296,297,312,技术专家政治论；**L14**：95 - 96,技术统治论

Technological art, **L10**：xxxii,33,53,121 - 122,146,151,153,176,181,231,347,技术性艺术

Technology, **L3**：142 - 143；**L15**：xxviii,技术

in useful arts, **L1**：101 - 111,119,120,271,282 - 283,290 - 291,有实际用途的技术

and science, **L1**：119,128 - 131；**L12**：77 - 80,98 - 99,132,150 - 151,210 - 211,388 - 389,430 - 431,481 - 486；**L15**：88 -90,270,359 - 360,技术与科学

methods of, **L2**：378；**L4**：xvi,68,107,201,214,218,221,226,249；**L11**：275 - 276；**L15**：158,306 - 307；**L16**：393,技术的方法

social effects of, **L4**：61,65；**L5**：99 - 123,128 - 131；**L6**：280 - 285；**L8**：45,60,61,67 - 71,90；**L11**：42,53 - 54,57 - 58,62 - 63,143,261,343,457 - 460,技术的社会后果

nature of, **L5**：88 - 89；**L6**：282 - 283；**L11**：162 - 163；**L14**：110；**L15**：253 - 254；**L16**：405,技术的性质

in Greece, **L14**：195,希腊的技术

influences social science, **L14**：318 - 319,技术影响社会科学

problems of, **L15**：190 - 191,199 - 203,223,技术的问题

attacks on, **L15**：190 - 191,255 - 256,对技术的攻击

teaching of, **L15**：257 - 264,279,技术的教学

Teleology, **M12**：229 - 231；**M13**：364 - 365；**L1**：83,208,210,264,279,目的论。另见 Consequences, **L12**；Ends, **L12**

theory of, **M5**：207；**L7**：182；**L14**：99,目的论理论

and science, **M9**：293；**L12**：81 - 86,96 - 97,177 - 178,目的论和科学

popular, **L1**：87 - 89,公共的、流行的目的论

event as, **L12**：232 - 233,454 - 456,作为目的论的事件

Telos, **M13**：369,目的

Temperance, **M5**：364 - 365,节制

Temperature, sense of, **E2**：68 - 70,温觉

Temporal：时间

succession, **M2**：123 - 124,时间系列

in art, **L10**：xxiii,168,187 - 189,210 - 214,217,222 - 226,238,技术中的时间性

Temptation, **L7**：164,168 - 169；**L13**：366,诱惑

Tenacity, **M10**：75,77,固执

Tendency, **M14**：xvi-xvii,36 - 37；**L1**：279 - 280,趋势

native, **L8**：140 - 155,天赋倾向

vs. classification, **L10**：227 - 229,233,246,287,趋势对分类

Tenenbaum, Samuel, **L17**：52,特南鲍姆,萨缪尔

Tenison, Thomas, **M11**：20,但尼森,托马斯

Tennessee Valley Authority, **L11**：257,田纳西河流域管理局

Tennyson, Alfred Lord, **M5**：81；**M7**：443；**L7**：75；**L10**：85,197,360；**L13**：19；**L17**：204,丁尼生,阿尔弗雷德/阿佛烈

Tension, **L16**：360 - 361,张力。另见 Conflict, **L12**

as feature of emotion，**E5**：131，作为情绪特征的张力

equilibrium result of，**L10**：xxvii，20，21，29，66，143，149，159 - 167，184，187，张力的平衡结果

Tenure：终身制

academic，**M8**：106 - 108，教授终身制

Ten-year plan（USSR），**L6**：51，61，十年计划（苏联）

Terauchi ministry（Japan），**M11**：152；**M12**：31，寺内内阁（日本）

Teresa，Margarita，**L10**：133，特丽萨，玛格丽塔

Tercentenary Conference in Arts and Sciences（Harvard University），**L11**：127，文理学部三百年庆典大会（哈佛大学）

Terence，**L7**：131，特伦斯；**L14**：204，泰伦斯；**L17**：395，565，特伦斯

Term，**E5**：149；**L11**：97 - 98，100 - 102，词项（词语）

in *Cyclopedia of Education*，**M7**：352 - 353，术语（《教育百科全书》）

defined，**M10**：351n，356 - 357，确定的术语；**L12**：347，对词项作界定

concrete and abstract，**L12**：119，257 - 258，349 - 352，400，具体词项和抽象词项

and words，**L12**：284 - 286，词项和词语

dyadic and polyadic，**L12**：311 - 312，二元词项和多元词项

transposition of，**L12**：320 - 321，词项的置换

relational，**L12**：327 - 329，334 - 335，关系词项

symmetry of，**L12**：332 - 333，词项的对称性

denotative-connotative，**L12**：352 - 357，外延-内涵词项

in extension and intension，**L12**：357 - 360，附加词项和内涵词项

in comprehension，**L12**：359 - 360，非理解词项

collective，**L12**：360 - 363，集体词项

logics on，**L16**：19，21，27 - 29，37，39 - 42，162，172，189，217 - 218，240 - 241，词项的逻辑

as name，**L16**：143，180，271 - 272，词项作为名称

vs. reals，**L16**：159，词项相对实体

related to definition，**L16**：168，171，词项与定义的关系

Terminists，**M2**：165，词项论者

Terminology，**M12**：91，术语、术语学

for knowings-knowns，**L16**：6 - 7，46 - 73，96 - 97，274，认知-所知的术语

of Tarski，**L16**：39 - 42，塔斯基的术语

uses of，**L16**：93n，129，332，386，447，术语的使用

in transaction，**L16**：102，113，121，交互作用中的术语

of semiotic，**L16**：236 - 240，符号学的术语

"Terminology for Knowings and Knowns, A"（Dewey and A. Bentley），**L16**：302n，308n，《有关认知和所知的术语种种》（杜威和本特利）

Terror，**L13**：399，恐怖

Terror in Cuba（Révolutionnaires cubains），**L9**：310 - 311，《古巴的恐怖活动》（古巴的革命者）

Tess of the D'Urbervilles（T. Hardy），**L15**：xv，《德伯家的苔丝》（哈代）

Test，**E5**：332，测试。另见 Consequences，**L12**；Ground，**L12**；Proof，**L12**

uses of，**E5**：89；**M13**：292，490，测试的运用；**L16**：4，48，292，322，355，试验的使用

of knowledge，**L3**：50；**L4**：83，136，知识的验证

in education，**L3**：260 - 262，教育中的测验

of reflective thought，**L4**：88，210，反思思

想的验证

of ideas, **L4**：90n, 91, 92, 103 - 104, 109 - 112, 132 - 133, 142, 147, 观念的检验

of operations, **L4**：100, 128, 149, 150, 操作的验证

of essences, **L4**：129, 本质的检验

of hypothesis, **L4**：152, 231, 247, 248, 假设的验证；**L8**：205 - 206, 322, 假设的测试

of beliefs, **L4**：221, 222, 239, 信仰的验证

of values, **L4**：236, 239, 价值的验证

limits art, **L10**：304, 314, 测试限制艺术

Testing, **L13**：58 - 59, 285, 检验

and inference, **M6**：201 - 202；**L8**：187 - 195, 测试与推论

method as, **M6**：243；**L8**：248 - 251, 测试方法

consequences of, **M13**：291, 测试的结果

two kinds of, **L8**：192 - 193, 两种测试

Textbooks, 另见 Books

role in learning, **E3**：147, 教科书在学习中的角色

criticized, **M10**：194, 批评教科书

investigated, **L14**：370 - 372, 427 - 429, 教科书调查

censored, **L14**：373, 教科书审查制度

Thackeray, William Makepeace, **M5**：145, 萨克莱, 威廉·梅克皮斯

Thales, **L15**：xxx, xxxi, 泰勒斯

Thayer, H. S.：塞耶, H·S

on Dewey's 1910 - 11 writings, **M6**：ix-xxviii, 塞耶关于杜威 1910 至 1911 年的著述

Thayer, V. T.：塞耶, V·T

on Dewey's 1910 - 11 writings, **M6**：ix-xxviii, 塞耶关于杜威 1910 至 1911 年的著述

Theaetetus (Plato), **M11**：12；**M15**：335 - 337；**L2**：124, 130, 133n；**L16**：157n, 471, 《泰阿泰德篇》(柏拉图)

"Their Morals and Ours" (L. Trotsky), **L13**：349, 《他们的道德与我们的道德》(托洛茨基)

Theism, **M2**：182；**L2**：9, 有神论

in *Cyclopedia of Education*, **M7**：353, 有神论、一神论(《教育百科全书》)

Theocracy, **M15**：128, 神权政治；**L2**：261 - 262, 266, 285, 神权政体

Theodicy (Leibniz), **E1**：303；**M7**：293, 《神正论》(莱布尼茨)

Theodore Roosevelt：An Autobiography, **L17**：72, 《西奥多·罗斯福自传》

Theodorus, **M15**：336, 特奥多罗斯；**L7**：110, 西奥多罗斯

Theofel, John, **L9**：346, 347, 360, 361, 378, 379, 提奥菲尔, 约翰

testimony of, **L9**：348 - 353, 提奥菲尔的证词

Theology, **M15**：x；**L15**：159, 神学。另见 Religion

nature of, **E1**：209；**L4**：42, 61, 186, 220；**L16**：410, 412, 神学的性质

history of, **M9**：291；**L15**：269, 334, 神学的历史

related to philosophy, **M10**：3；**M15**：325, 328 - 331；**L4**：12, 23, 神学与哲学相关

related to experience, **M10**：21 - 24, 神学与经验相关

vs. science, **M15**：xiii, 47 - 50；**L15**：56, 93, 157, 184 - 185, 189, 230, 271 - 272；**L16**：372 - 373, 409；**L17**：17, 神学对科学

as topic of Gifford Lectures, **L4**：vii, viii, 神学作为吉福德讲演的题目

teaching of, **L5**：148 - 150, 教授神学

Jefferson's, **L14**：218 - 219, 杰斐逊的神学

Macintosh's, **L14**：286 - 288, 麦金托什的神学

Theophrastus, **M2**：186, 西奥弗雷特斯

Theory, **L10**：xii, 16, 220, 351, 理论。另见 Esthetic theory

depreciation of，**M6**：288；**L8**：295 - 296，对理论的轻视

validity of，**M12**：169 - 170，理论的有效性

growth of，**M12**：219，理论的生长

role of facts in，**L2**：246；**L16**：325，327，事实在理论中的作用

and knowledge，**L3**：51，理论与知识

and individualism，**L7**：xiii，，xv，299，348 - 349，理论与个人主义

as function，**L12**：468，理论作为功能

verification of，**L14**：59 - 60，理论的证实

necessary for warranted assertion，**L14**：169，理论对有理由的断定是必要的

role of，in observation，**L14**：172 - 174，理论在观察中的角色

terminology for，**L16**：46 - 73，理论的术语

abstraction in，**L16**：285 - 286，理论的抽象

as hypothesis，**L16**：292 - 293，理论作为假设

in inquiry，**L16**：323 - 324，328，探究中的理论

fallacy in，**L16**：349 - 350，理论的谬误

Theory and practice，**E3**：227；**M12**：160 - 163；**M14**：50，188；**L4**：ix，xiv，xvi，xvii，4 - 5，11，18，24，56，62，134，154，223 - 227；**L7**：xxxiii-xxxiv；**L8**：87，89 - 90；**L12**：63 - 65，78 - 80，432 - 435，455 - 457，487 - 489，492 - 493，504 - 505；**L15**：190，228 - 229；**L17**：67 - 69，85，理论和实践

in Cyclopedia of Education，**M7**：354 - 356，理论和实践（《教育百科全书》）

Theory of Economic Progress，*The*（Ayres），**L15**：108n，359 - 360，502 - 506，《经济进步理论》（艾尔斯）

Theory of Education in the United States，*The*（Nock），**L6**：286 - 290，《美国的教育理论》（诺克）

Theory of Justice，*A*（Rawis），**L2**：xxxv，《正义论》（罗尔斯）

Theory of Moral Sentiments，*The*（Adam Smith），**M5**：155，《道德情操论》（亚当·史密斯）

Theory of Poetry，*The*（Aber Crombie），**L10**：72n，247，355，《诗论》（艾伯·克朗比）

Theory of Valuation，**M13**：xi，《价值理论》；**L7**：xxxi，xxxii，《评价论》；**L13**：ix-xii，《评价理论》；**L14**：28n，《价值理论》；**L15**：421，《价值评价理论》

These Russians（W. White），**L6**：263，267，《这些俄国佬》（怀特）

Theses on Freedom（National Council of Education），**L6**：445n，《自由诸议题》（美国教育协会）

Thibet（Xizang），China，**M13**：195，西藏，中国

Thilly，Frank：梯利，弗兰克

and naturalism，**L3**：73，梯利和自然主义

criticizes *Experience and Nature*，**L3**：392 - 400，梯利对《经验与自然》的批评

criticizes Santayana，**L3**：398，梯利对桑塔亚那的批评

Thing，事物、东西。另见 Object

vs. person，**M2**：127n；**M7**：454 - 455，与"个人"相区分的事物

and meaning，**M6**：272；**L8**：225 - 228，事物与意义

qualities of，**M9**：150 - 151，事物的性质；**L13**：214 - 215，东西的性质；**L16**：175，事物的性质

as name，**L16**：49n，73n，155 - 158，272，345n，346，事物作为名称

function of，**L16**：66 - 67，102n，133 - 134，事物的功能

concepts of，**L16**：113 - 114，162，182，298，331，337，事物的概念

in transaction，**L16**：243 - 244，247，交互作用中的事物

L9：xxvi；**L10**：320,梭罗,亨利·戴维/亨利·大卫

Thorez, Maurice, **L15**：391,索雷兹,毛利斯

Thorndike, Edward Lee, **M10**：54,57,桑代克,爱德华·李

Thorwaldsen, Albert Bertel, **L10**：147,托尔瓦德森,阿尔贝特·贝特尔

Thought, **E4**：156 - 157；**M8**：175；**M12**：xxix, 147；**M14**：71, 77；**L1**：xvii-xxi, 60 - 63,98 - 99,103,126 - 127,132,171 - 172,178 - 180,212 - 213,227,228,269, 283,326,340 - 341；**L11**：215；**L13**：362；**L15**：37n, 思想。另见 Inquiry, **L12**；Reflective thinking；Training of thought

unity of, **E1**：105,思想的统一；**E5**：313 - 314,思维的统一

knowledge related to, **E2**：177 - 203,知识和思维相关；**E5**：5,认知和思维相关；**M9**：304,336,知识和思想相关

logic related to, **E3**：126 - 130,逻辑和思想相关；**M6**：224 - 229,逻辑与思维的关系；**M12**：157 - 158,逻辑与思想相关

related to experience, **E3**：151 - 152,思想与经验相关；**M6**：353 - 356,思维与经验相关；**M9**：146 - 158；**M10**：6,15 - 18, 322 - 365；**L14**：414 - 415,思想与经验相关

history of, **E3**：224 - 230, 思想的历史；**M1**：161,167；**L3**：4,思维的历史；**L4**：87 - 92,121 - 126,136,203,220,思想史

and action, **E5**：10 - 12,195；**M6**：304 - 313,思维与行为；**M7**：176 - 183；**M10**：108n,思想和行动；**L3**：51 - 52,思维和行动；**L4**：99,101,108 - 110,129 - 130, 133 - 135,178,185,199,213；**L17**：263, 思想与行动

influences on, **E5**：316,318,对思维的影响；**M14**：177,179；**L8**：130 - 135,对思想的影响

function of, **M1**：xii-xiii,思想的功能；**M6**：192 - 195；**M12**：xxii, 122 - 123,134 - 135,248 - 249；**L4**：xviii, 90,117,210, 227,231 - 241,250,思想的功能；**L7**：42 - 43,190,316,思维的功能

origin of, **M1**：93 - 96,思维的起源；**M12**：xvii-xviii, 159 - 160；**L13**：52 - 53；**L15**：78 - 79,211,思想的起源

process of, **M1**：151 - 152,168,思维的过程；**M2**：xvi-xvii,思想的过程；**M6**：188 - 191,212 - 215,266 - 270,350 - 356,思维的过程；**M10**：80 - 81；**M15**：71；**L8**：139；**L13**：91,思想的过程

as discussion, **M1**：158 - 159；**M6**：335 - 337,根据思维进行讨论

antecedents of, **M2**：317 - 336,对思想前情进行讨论

data of, **M2**：337 - 350,对思想与料进行讨论

objects of, **M2**：351 - 367,对思想对象进行讨论

Bradley on, **M4**：60 - 64,布拉德雷论思想

meaning of, **M6**：182 - 188,思维的含义；**L2**：142；**L4**：xiii, xix, xxii, 4 - 7,179 - 184,194,206；**L8**：113 - 118；**L17**：77, 思想的含义

curiosity and, **M6**：204 - 207,好奇心与思维

role of suggestion in, **M6**：207 - 212,思维中联想的作用

freedom of, **M6**：229 - 232,思维的自由；**M10**：xxxvii, 276 - 280,思想的自由；**L3**：111 - 114,136；**L7**：358 - 366,思维的自由；**L11**：xxx, 47 - 48,142 - 143, 220,270,290,344,375,思想的自由

analysis of, **M6**：234 - 241,对思维的分析

induction and deduction in, **M6**：242 - 258, 思维中的归纳和演绎

related to judgment, **M6**：259 - 266,思维与判断相关；**M15**：356,359,369,思想与判断相关

Three Lectures on the Vedanta Philosophy (F. Müller)，**E5**：342n，343，345，《关于吠檀多哲学的三次讲演》(缪勒)

Three Philosophical Poets (Santayana)，**L14**：300，《三个哲学诗人》(桑塔亚那)

"Tick-tock" theory，**L10**：168，171，"滴答"理论

Tientsin (Tianjin)，China，**M11**：189；**M12**：23，30，31，47；**M13**：101，144；**L6**：205，天津，中国

Tigert，John J.，**M15**：190，泰格特，约翰·J

Tilden，Samuel J.，**E1**：234 – 235；**L2**：365，蒂尔登，塞缪尔

Tildsley，John L.，**M10**：160，161；**M11**：55，393，德雷斯勒/蒂尔兹莱，约翰·L

Tillich，Paul，**L14**：xix，蒂利希，保罗

Time，**L15**：353，《时代》

Time，**M8**：15；**M12**：xxviii，214，223，241，260，261；**M15**：267；**L1**：63，91，95，325；**L4**：151；**L13**：187；**L15**：145，时间。另见 Series，**L12**；Space-time；Temporal；Transformation，**L12**

  Leibniz and Locke on，**E1**：344 – 345，364 – 369，莱布尼茨和洛克论时间

  unity and difference in，**E2**：166，时间中的统一性与差异性

  fallacy regarding，**M2**：10 – 11，关于时间的谬误

  Bergson on，**M7**：11，202 – 204；**M10**：68 – 69，柏格森论时间

  Dewey's reply to D. Robinson on，**M10**：99 – 101，杜威回应罗宾逊论时间

  important to China，**M13**：xxvi，154，170，189，223，时间对中国的重要性

  and judgment，**M13**：13；**L12**：137，时间与判断

  and race prejudice，**M13**：252 – 254，时间与种族偏见

  eternal and temporal，**L1**：60，92，274，永恒的和暂时的时间

  role of，**L4**：76，78，81，189，217，时间的作用

  relations involving，**L4**：102，107，116，206，230，231，包含时间的关系

  theories of，**L4**：113 – 117，120，关于时间的理论

  attentiveness to，**L7**：x，关注时间

  in esthetic experience，**L10**：xxi，29 – 30，62 – 63，70 – 71，179 – 181，186 – 189，305，309 – 310，316，时间在审美经验中的作用

  and organic behavior，**L12**：50 – 51，时间与有机体行为

  measurement of，**L12**：217 – 219，时间的测量

  continuum，**L12**：441 – 445，448 – 452，476 – 480，时间的连续体

  history of，**L14**：98 – 101，时间的历史

  and individuality，**L14**：102 – 114，时间和个体性

  Whitehead on，**L14**：131 – 133，怀特海论时间

"Time，Meaning and Transcen dence" (Lovejoy)，**M15**：27，349 – 370，《时间、意义与超越性》(洛夫乔伊)

"Time and Individuality,"**L14**：x，《时间与个体性》

Time and Its Mysteries，**L14**：98n，《时间及其神秘性》

Times (London)，**M13**：177，《泰晤士报》(伦敦)

Tintern Abbey，**L10**：91，155，丁登寺

Tintoretto，**L10**：98，147，304，315，316，丁托列托

Titchener，Edward Bradford，**M1**：xiii；**M7**：141，铁钦纳，爱德华·布拉德福德

Titian，**L13**：363，提香

  technique of，**L10**：97，98，117，133，147，182，213，319，357，358，提香的技巧

Titles：标题

function in art，**L10**：xxx，116 - 117，标题在艺术中的功能

Tlaxcala, Mexico，**L2**：203，特拉斯卡拉，墨西哥

Tocqueville, Alexis de，**L2**：364；**L11**：592，托克维尔，亚历克斯·德

Toennies, Ferdinand，**M11**：21 - 22，托尼耶，费迪南

Tokugawa Shogunate（Japan），**M11**：168，169；**M13**：113，德川幕府（日本）

Tokyo, Japan，**M11**：150，152，161，166，179；**M13**：219，255，东京，日本

　Dewey in，**M11**：xvii，341，杜威在东京

Toland, John，**M2**：184，托兰

Tolerance，**L7**：231；**L13**：277，宽容

　religious，**M12**：105；**L2**：266 - 267；**L15**：172 - 175，183，宗教的宽容

　negative idea of，**L17**：379，消极的包容观念

　Locke on，**L17**：438，洛克论包容

　attack on，**L17**：460，对包容的攻击

Tolman, Edward C.，**L16**：144n，238 - 240，托尔曼，爱德华·C

Tolman, Richard C.，**L16**：103n，托尔曼，理查德·C

Tolstoians：托尔斯泰的信徒

　on violence，**M10**：212 - 213，244，248，托尔斯泰的信徒憎恨暴力

Tolstoy, Leo，**M1**：149；**M5**：145；**M8**：290；**M14**：197，214；**L7**：326；**L17**：565，托尔斯泰，列夫

　on man's relation to universe，**M3**：85n，托尔斯泰论人与世界的联系

　on freedom，**M11**：49 - 50，托尔斯泰论自由

　influences Russian education，**L3**：225，235；**L17**：501，570，托尔斯泰对俄罗斯教育的影响

　ethics of，**L8**：398 - 400，托尔斯泰的伦理学

as artist，**L10**：110，194，204，305，357，360，365；**L17**：381，388，作为戏剧艺术家的托尔斯泰

on science，**L16**：372；**L17**：386 - 387，托尔斯泰论科学

on government，**L17**：382，383，托尔斯泰论政府

on meaning of life，**L17**：382，385，托尔斯泰论生命的意义

on truth，**L17**：384，托尔斯泰论真理

on happiness，**L17**：388，托尔斯泰论幸福

as mystic and ascetic，**L17**：389，作为神秘主义者和禁欲主义者的托尔斯泰

on knowledge and conduct，**L17**：391，托尔斯泰论知识和品行

related to modern thought，**L17**：391 - 392，与现代思想相关的托尔斯泰

Tolstoy and Nietzsche（H. Davis），**L5**：398 - 400，《托尔斯泰和尼采》（H·戴维斯）

Tongues of Men，The（Firth），**L16**：122n，468，《人类的语言》（费斯）

Tools，工具。另见 Instrumental；Means-consequences

related to intelligence，**M7**：188，使用工具对智力的影响

function of，**M14**：168；**L4**：119，123，132，217，221 - 223，工具的功能

defined，**L1**：73，101 - 102，104，105，确定的工具

and science，**L1**：110，128 - 129，134；**L4**：68，70 - 73，99 - 100，185，186，200，工具与科学

nature of，**L1**：121，189；**L4**：8，10，176，193，工具的本质

language as，**L1**：134，146 - 147，作为工具的语言

and meaning，**L1**：145 - 146，227 - 228，261，工具与意义

value of，**L4**：108 - 109，152 - 153，238；**L16**：133 - 134，304 - 305，329，工具的

价值

of thought, **L4**：122,166,思想工具

knowledge as, **L4**：149,150,知识作为工具

in inquiry, **L16**：126,326 - 327,探究中的工具

Topics（Aristotle），**L4**：x, xix, xxi,《论辩篇》（亚里士多德）

Torrey, H. A. P., **M3**：xxv；**L5**：xxii；**L15**：xxix, xxxiii,托里,H·A·P

influences Dewey, **E1**：xxiii-xxiv；**L5**：148 - 150,托里对杜威的影响

Torrey, Joseph, **L5**：195,托里,约瑟夫

Totalitarianism, **L13**：xv, 141, 156, 168, 176,185,187；**L15**：17,59,极权主义

features of, **L13**：70 - 71,160；**L15**：176 - 177,极权主义的特征

rise of, **L13**：73,170；**L14**：91 - 92,95；**L17**：460,极权主义的兴起

German, **L13**：80,85,92,147 - 148,180；**L16**：390,德国极权主义

evils of, **L13**：87 - 88；**L17**：469,极权主义的罪恶

challenge issued by, **L13**：116,151,极权主义的挑战

Russian, **L13**：129,俄国极权主义

contemporary, **L13**：149,同时代的极权主义

philosophy of, **L14**：113, 275, 313, 317 - 320,323,330 - 331,极权主义哲学

vs. democracy, **L14**：275 - 277,293 - 294；**L15**：4,6,248；**L17**：472 - 473,极权主义与民主相对

vs. freedom, **L14**：278 - 279,367 - 368；**L15**：171 - 172,178,182,252,366,极权主义与自由相对

related to Russell case, **L14**：358,与罗素案件有关的极权主义

in Europe, **L14**：365；**L16**：390,欧洲的极权主义

collective, **L15**：215 - 218,246,集体的极权主义

on education, **L17**：477 - 478,极权主义之于教育

Totality：全体性、总体性、总体

of response, **M9**：335 - 336,作为回应的一致性

in art, **L10**：197,324,326,艺术中的总体性

freedom created by, **L17**：154,总体所创造的自由

Totem group, **M5**：26,35；**L7**：26,33,图腾群体

Totemism, **M2**：49 - 50,图腾崇拜

Touch, **E2**：222,触觉

passive, **E2**：48 - 52,被动的触觉

active, **E2**：55 - 56,主动的触觉

and spatial relations, **E2**：143 - 145,触觉和空间关系

Toulmin, Stephen, **L14**：xviii, 图尔明, 斯蒂芬

on *The Quest for Certainty*, **L4**：vii-xxii,图尔明论《确定性的寻求》

"Toward a Perspective Realism"（McGilvary），**L14**：431,《走向视角实在主义》（麦吉尔瓦雷）

To-what：对着什么

of attention, **L17**：272 - 273,注意力的"对着什么"

Tractatus Logico-Philosophicus（Wittgenstein），**L14**：xv,《逻辑哲学论》（维特根斯坦）

Tracy, Frederick, **E4**：66 - 67,69,屈塞

Trade, **L10**：197,344,贸易

in Middle Ages, **L7**：142,中世纪的贸易

European, **L11**：261 - 264,欧洲贸易

as transaction, **L16**：242 - 243,作为交互作用的交易

Trade education,参见 Vocational education

Trade unions,参见 Labor unions

Trade Union Unity League, **L9**：341,公会团

结联盟

Tradition，**M12**：87 - 89,268；**L11**：117,
132 -134；**L12**：55 - 56,68,83,264；**L15**：
100,185,204；**L16**：380,传统。另见
Customs

　in *Cyclopedia of Education*，**M7**：356 -
357,传统(《教育百科全书》)

　revolt against，**M9**：271 - 272,303；**L2**：
288 - 289,对传统的反抗

　authority and，**L2**：58,59,权威与传统

　influence of，**L2**：166；**L6**：128 - 129,
142 -144；**L8**：52；**L13**：102,260 - 261,
293,299；**L17**：459,传统的影响

　European，**L2**：172,欧洲传统

　and morals，**L3**：11,传统和道德

　tribal，**L3**：13 - 14,部落的传统

　emotion supports，**L4**：62,234,246,传统
在情绪上的支持

　Nock on，**L6**：286 - 289,诺克论传统

　related to education，**L6**：446 - 447；**L9**：
175；**L17**：167,传统影响教育

　as restrictive，**L8**：44,67,78；**L10**：304,
306,327,传统作为艺术

　regulates action，**L8**：87,90,传统规范行动

　vs. science，**L8**：95；**L14**：8,10,传统和科
学相对

　artistic use of，**L10**：163,165,251,269 -
270,275,314 - 316,336,340,传统的艺
术使用

　operation in context of，**L16**：329 - 330,在
传统背景下的操作

"Tradition，Metaphysics，and Morals,"**M15**：
32n,《传统、形而上学与道德》

Traditionalists，**M15**：5 - 7,宗教中的传统主
义者

Tragedy，**L10**：xviii,101 - 102,178,192,
198,216,247,悲剧

"Tragic Philosophy"(Santayana)，**L14**：
306,《悲剧哲学》(桑塔亚那)

Training：训练

　vs. education，**M9**：16 - 20；**L13**：292,训
练与教育相对

Training for Group Experience(Sheffield)，
L5：412 - 416,《集体经验的训练》(谢菲尔
德)

Training of thought：思维训练

　reasons for，**M6**：195 - 203；**L8**：129 -
130,思维训练的理由

　and school conditions，**M6**：216 - 223；**L8**：
156 - 167,思维训练与学校情境

　recitation methods in，**M6**：338 - 347,思维
训练中复述方法的作用；**L8**：326 - 341,
思维训练与讲课

　resources in，**L8**：140 - 155,思维训练的资
源

　and activity，**L8**：281 - 292,思维训练与
活动

　language in，**L8**：301 - 314,语言在思维训
练中的作用

　observation and information in，**L8**：315 -
325,思维训练中的观察和信息

Traits，**M8**：4,特性；**L12**：259,269,341,
353,377,386 - 387,425 - 426,439,447 -
448,451 - 452,特征。另见 Kinds，**L12**

Tranquility，**L13**：368,平静

Trans：跨越

　as name，**L16**：258,272,跨越作为名称

Transaction，**L15**：102,交流

　important to Dewey，**M6**：xxv-xxvi,交流
对杜威的重要性；**L16**：xxviii,192,交互
作用对杜威的重要性

　as name，**L16**：xxxiii-xxxiv,71,265n,
272,交互作用作为名称

　vs. interaction，**L16**：4,63,112 - 115,144,
交互作用与相互作用相对

　importance of，**L16**：6,66 - 68,96 - 97,
111,275,278,交互作用的重要性

　establishment of，**L16**：77,131,153,交互
作用的建立

　role of naming in，**L16**：86 - 89,127 - 130,

135，260 - 261，264，270，交互作用在命名中的作用

used in science，**L16**：98 - 100，106 - 109，115 - 121，交互作用在科学中的使用

as level of inquiry，**L16**：100 - 104，146，交互作用作为探究的水平

uses of，**L16**：110，144，149，160，309，交互作用的使用

necessary for behavioral inquiries，**L16**：122 - 126，交互作用对行为探究是必要的

aspects of，**L16**：132，242 - 244，303n，305，308，472 - 473，交互作用的各个方面

sign，signal，and designation as，**L16**：138 - 142，记号、指号和指称作为交互作用

in life，**L16**：246 - 248，255 - 256，生活中的交互作用

Transactional，**L16**：94，348，交互的

point of view，**L16**：3 - 4，交互视角

behavior，**L16**：275 - 276，326 - 328，331，335，352，473，交互行为

valuing，**L16**：355，交互评价

"Transactions as Known and Named"（Dewey and A. Bentley），**L16**：459，《作为被认知与被命名者的交互作用》（杜威和本特利）

Transcendence，**M7**：37，79 - 80，450，超越性；**M15**：35，350 - 351，355，358，372，超越

in knowledge experience，**M3**：173，知识经验中的超验性

attitude toward，**M6**：4 - 7，对超越性的实用主义的态度

and judgment，**M13**：48，超越与判断

Transcendent：先验

in *Dictionary of Philosophy*，**M2**：257 - 258，先验（《哲学辞典》）

Transcendental：先验的

logic，**E1**：37 - 38，先验逻辑

deduction，**E1**：41，43，44，先验演绎

theory of rationalism，**M4**：181 - 191，先验的纯粹理性主义理论

Transcendentalism，**M5**：213 - 214；**M7**：201，先验论；**M14**：38，40，57，超验主义、先验论；**L1**：41，134，174，282，先验说、超越论；**L5**：184，196，超验主义；**L9**：43，先验论

vs. empiricism，**E1**：122，先验论与经验论相对

in *Dictionary of Philosophy*，**M2**：258，先验主义（《哲学辞典》）

in *Cyclopedia of Education*，**M7**：357 - 358，先验论（《教育百科全书》）

German，**L2**：7n，德国先验论

defects of，**L4**：48，207，210，超验主义的缺点

values determined by，**L4**：63，205，206，227，超验价值

in Santayana's philosophy，**L14**：307，桑塔亚那哲学中的先验主义

Transfer：转移

of experience，**L17**：264 - 265，经验的转移

Transfigured realism，**E1**：132 - 133，理想化实在主义

Transformation：转化

by environment，**L12**：34 - 35，48 - 51，环境带来的转化

needed for conclusion，**L12**：108，121，124 - 125，137 - 138，226 - 228，238，245，287，320 - 321，420，428，440，477，484 - 485，492，对于结论的转化的必要性

in mathematics，**L12**：391 - 394，401，406 - 407，409，412 - 414，数学中的转化

by inquiry，**L14**：63，66 - 67，84，探究中材料的转化

Transient：过渡

in *Dictionary of Philosophy*，**M2**：258 - 259，过渡（《哲学辞典》）

Transition，**L14**：80 - 81，转变；**L17**：40，

268,过渡

Transitivity，**L12**：327,329－332,传递性

Transitoriness，**M12**：140－141,暂时性

Transmission，**M9**：6－9,12,331,传递

of culture，**M10**：196－201；**L10**：329－
348,文化的传递

Transportation，**L11**：168－169,261,运输

Transposition of terms，**L12**：320－321,移项

Transsubjective reference，**M7**：37,主体间
关涉

Transylvania，**M15**：390,392,特兰西瓦尼亚

Travel，**M12**：101,理性

Treason，**M10**：292－295,背叛

*Treatise Concerning the Principles of
Human Knowledge*，A（Berkeley），**E1**：
37,《人类知识原理》(贝克莱)

Treatise of Human Nature，A（Hume），
M5：155；**M8**：24n；**L15**：18,《人性论》
(休谟)

Treaty ports，**M12**：37,71－72,条约口岸

Treitschke，Heinrich von，**M8**：423；**M10**：
221,特赖奇克,海因里希·冯/西贝尔·冯

Trendelenburg，Friedrich Adolf，**E3**：3,6－
7；**L5**：152,特伦德伦堡,弗里德里希·阿
道夫

Tresca，Carlo，**L11**：323；**L15**：xxiv-xxv,特
雷斯卡,卡罗/卡洛

Treue，**M8**：190,忠诚

Triadic relation，**L10**：111,三元关系；**L16**：
9－11,34－35,39,49,58,157－160,300－
302,三项关系

Trieste，Italy，**M10**：290,里雅斯特,意大利

Trinitarians，**L10**：xii,三元论者

Trotsky，Leon，**L11**：303,306；**L13**：349,
404；**L14**：xix-xx,366,371,427；**L15**：xi,
346,352,497,510,托洛茨基,列夫。参见
Moscow trials

defense of，**L5**：xix；**L11**：xxvi-xxvii,307
－309,310n,324,598－599,为托洛茨基
辩护

charges against，**L11**：305,307－308,315－
319,321－323,326－330,333－334,
604；**L13**：347－348,针对托洛茨基的指
控

testimony of，**L11**：310－313,托洛茨基的
证词

beliefs of，**L11**：318,319,323,334－335；
L13：350－352,354,391－400,托洛茨
基的信念

Trotsky，Leon Sedov，**L11**：307－309,312,
321－322,326,330,602,托洛茨基,列夫·
西道夫

Trotsky，Natalia I. Sedov-，**L11**：312,托洛
茨基,纳塔莉亚·I·西道夫

Trotskyism，**L11**：324,327,托洛茨基主义

Trotter，Wilfred，**M10**：276,特洛特,威尔弗
雷德

Troubled Philosopher：*John Dewey and the
Struggle for World Peace*（Howlett），
L6：xxin,《忧虑的哲学家：约翰·杜威与
争取世界和平的斗争》(豪利特)

Troubles，**M12**：159－161,麻烦、困难；**L13**：
233,问题

Troy，**L10**：330,特洛伊

Troyanovsky，Alexander A.，**L11**：316,
319－320；**L15**：293,特洛亚诺夫斯基,亚
历山大

True vs. false，**L14**：182－183,真的和假的

Truman，Harry S.，**L15**：xxvii,240；**L17**：
562,杜鲁门,哈里/哈利

Trusts，**L7**：417,信任

Truth，**M6**：176；**M7**：xiv,132－133；**M11**：
42；**L4**：47,55；**L8**：x,xi；**L10**：40－41,
257,271,297；**L13**：x,125,132；**L15**：
xxii-xxiii,28,真理。另见 Validity；War-
ranted assertibility，**L12**

discovery of，**E1**：34－35；**M12**：235,发现
真理

varieties of，**E1**：326；**M8**：59；**M12**：97,
98,213；**L5**：464－472；**L13**：58,321,

真理的不同种类

conceptions of，**E1**：395；**M6**：xiv-xvi，真理概念；**M12**：168－172,174－175,206－207，真理观念；**L2**：6－8,11,12,16；**L14**：5,55－58,71,179－180；**L16**：48,78,112,314n；**L17**：65,272－273,真理概念

and science，**E4**：101－103；**M6**：ix,28－31；**L3**：307；**L11**：277,551；**L14**：60；**L17**：436,真理和科学

related to religion，**E4**：101－103；**L9**：xv-xvi,23,27,423；**L17**：538,与宗教相关的真理

standard of，**E4**：366；**E5**：19,真理标准

absolute vs. pragmatic，**E5**：16；**M3**：118；**M4**：256；**M6**：xxii-xxiii,3－11,31,37－52；**M7**：xv；**L13**：131,257；**L15**：24－26,绝对真理与实用主义的真理相对

in Aristotle，**M1**：164－165,亚里士多德逻辑体系中的真理

mathematical，**M1**：247；**L13**：154,数学真理

correspondence theory of，**M2**：xvii；**M6**：33－36；**M8**：xix-xx；**L14**：187－188,真理的符合理论

Dewey on，**M4**：xiv-xv；**M6**：xiii-xvi,xix-xx,杜威的真理理论

Bradley on，**M4**：54,64－70,布拉德雷论真理

intellectualist theory of，**M4**：76－77,理智主义者的真理理论

attitude toward，**M6**：12－16,21－22；**M13**：22,306,308,481,对真理的态度

Plato on，**M6**：15,24－25,31－32,柏拉图论真理

de facto and de jure views of，**M6**：25－27,对真理的事实的观点和规划的观点

and consistency，**M6**：33－36；**M13**：38,真理与一致性

objective conception of，**M6**：52－68,客观

的真理概念

instrumentalism on，**M7**：64－78,424－429,工具主义关于真理

in Cyclopedia of Education，**M7**：358－359,真理（《教育百科全书》）

and warranted assertibility，**M8**：xviii-xix,真理与有保证的论断；**L14**：85,168－169,176,182,真理和有理由的断定性

Peirce on，**M10**：75－78；**M12**：343n；**L15**：273；**L16**：459,皮尔士论真理

Royce on，**M10**：79,81,罗伊斯论真理

James's theory of，**M12**：217－220,詹姆斯的真理理论

Bacon on，**M13**：307,培根论真理

vs. meaning，**M13**：354；**L3**：4－5,8,393；**L5**：181,213－216；**L14**：400,真理和意义相对

in logic，**L11**：155－157；**L12**：18,144；**L16**：31,36,40－42,45,203,206,逻辑的真理

authority of，**L13**：127,157,真理的权威

social，**L13**：154；**L17**：436,社会真理

self-evident，**L13**：173－174,214,不证自明的真理；**L14**：169n,171－172,自明的真理

allied with force，**L14**：321－322,与强力结盟的真理

moral，**L15**：58,178,道德的真理

related to fact，**L16**：13－16,43,44,真理与事实相关

as name，**L16**：272,真理作为名称

"Truth, Reality, and Behavioral Fact"（A. Bentley），**L15**：72n,《真理、实在与行为事实》（本特利）

"Truth and Knowledge of the Truth"（Nagel），**L16**：17n,《真与关于真的知识》（内格尔）

Tsarism，**M12**：4,61,大沙文主义；**L3**：225,226,沙皇政权；**L5**：99；**L17**：490,沙皇制

Tsinan（Jinan），China，**M12**：29－32,37；

M13：139 - 140,144,济南,中国

Tsing Hua College（Peking），**M11**：xviii,清华学校(北京)

Tsingtao（Qingdao），China，**M11**：187,225,238；**M12**：29,30,32 - 33；**M13**：141 - 144,青岛,中国

Tsuin-chen Ou，**M12**：205n,韦慕庭

Tuan Chi-jui，**M11**：201,202；**M12**：66 - 67,69；**M13**：133,段祺瑞

Tuchuns（China），**M11**：203,204；**M13**：98,130,150,督军(中国)

Tucker，Abraham，**M5**：320n；**L16**：256n,塔克,亚伯拉罕

Tufts，James Hayden，**M4**：xxviii；**M10**：xxii, xxvii；**L7**：vii；**L14**：4,72,73,379,塔夫茨,詹姆斯・H

　　at University of Chicago，**E3**：xxi；**L16**：xiv,塔夫茨在芝加哥大学

　　on moral evolution，**M4**：219 - 221；**L7**：xix, xxix-xxx,塔夫茨论道德演化

　　on individualistic principle of reward，**M5**：488 - 489,塔夫茨论个人主义的奖励原则

　　tributes to，**L5**：424 - 425；**L15**：xxiii,321 - 325,510,致塔夫茨的颂词

　　on intelligence and reason，**L7**：xxiv,塔夫茨论智力和理性

Tugwell，Rexford G.，**L6**：xvii-xix,特格韦尔,雷克斯福德・G

　　on education，**L8**：74 - 75,特格韦尔论教育

　　on industry，**L8**：364 - 366,369 - 373,特格韦尔论工业规律

Tukhachevsky，Marshal Mikhail N.，**L15**：xi, 346,352,495 - 496,图哈切夫斯基

Tunis，**M15**：388 - 389,突尼斯

Turczynowicz，Laura de Gozdawa，**M11**：315,戈兹达瓦,图斯津诺维奇,劳拉・德

Turkey，**M15**：xi,土耳其

　　educational system in，**M15**：xix-xx,275 - 297,301 - 307,土耳其的教育系统

　　Dewey visits，**M15**：xix-xx,418 - 420,杜威访问土耳其

　　Ministry of Public Instruction in，**M15**：xxi,278 - 283,285 - 286,296,307,418 - 420,土耳其的公共教育部

　　libraries in，**M15**：xxi,279,302 - 303,306,土耳其的图书馆

　　religion and politics in，**M15**：128 - 130,132；**L2**：189 - 193,土耳其的宗教和政治

　　foreign schools in，**M15**：132,144 - 149,在土耳其的外国学校

　　construction in，**M15**：136 - 137,土耳其的建设

　　minority problems in，**M15**：139 - 143,土耳其的少数族裔问题

　　foreign relations of，**M15**：149,402；**L6**：468n,土耳其的外交关系

　　reading circles in，**M15**：278,287,301 - 302,土耳其的读书会

　　orphanages in，**M15**：292 - 293,土耳其的孤儿院

Twain，Mark（pseud. of Samuel L. Clemens），**M12**：xxixn, 15；**L10**：320；**L14**：xxi,吐温,马克

Twentieth Century Fund，**L6**：471,484,20世纪基金会

Twenty-one Demands，**M11**：187,193,194；**M12**：22,30 - 31,61；**M13**：130,199,211；**L6**：206,；**L15**：370,《二十一条》

　　cancelled，**M13**：85,《二十一条》的取消

　　treaties connected with，**M13**：85,145 - 146,167,192,与《二十一条》相关的各种条约

　　opposed，**M13**：136,对《二十一条》的反对

　　commemorated，**M13**：140,纪念《二十一条》的签订

　　signed，**L17**：29,555 - 556,《二十一条》的签署

"Two Basic Issues in the Problem of Meaning and of Truth" (Burtt), **L5**：481n,《意义和真理问题的两个基本要点》(伯特)

Two Cultures, The (Snow), **L17**：xviii,《两种文化》(斯诺)

Two Expeditions (G. Grey), **M2**：45n,《两次探险》(格雷)

Two Sources of Morality and Religion, The (Bergson), **L11**：428－431,《道德与宗教的两个起源》(柏格森)

Tychism：偶成论
in *Dictionary of Philosophy*, **M2**：259,偶成论《哲学辞典》)

Tydings, Millard E., **L17**：562,泰丁斯,米拉德·E

Tyler, H. W., **M10**：372,泰勒,H·W

Tylor, Edward B., **M5**：411n；**L1**：42；**L14**：193,泰勒,爱德华·B

Tyndall, John, **E1**：105；**M2**：149,廷德尔,约翰

Types of Ethical Theory (J. Mar tineau), **L17**：3,《伦理学派》(马廷诺)

"Types of Philosophic Thought," **M13**：xvi-xxi,《哲学思想的各种类型》

"Types of Value Judgments" (Rice), **L15**：73n,《价值判断的类型》(赖斯)

Ubication：所在
in *Dictionary of Philosophy*, **M2**：259,所在《哲学辞典》)

Uchida, Yasuya, **M11**：175,177,394,内天康战；**M13**：346,内田康哉

Uebermensch, **M7**：414,超人

Ueberweg, Friedrich, **E3**：3－4,186,宇伯威克,弗雷德里希；**M10**：86,宇伯威格,弗里德里希

Uexküll, Jakob von, **L16**：117n,克斯屈尔,雅各布·冯

Ugliness, **L13**：360,丑陋
esthetic use of, **L10**：xx, 101, 120, 178, 208, 235－236,丑的审美使用

Ukraine, USSR, **M11**：101,263－266,270－275,326；**L11**：509,乌克兰,苏联

Ulpian, **L7**：129,133,乌尔比安

Ultimate：终极、最终
traits, **M8**：3－4,终极特性
origins, **M8**：3－6,终极起源
causation, **M8**：5,终极起因
ideals, **M8**：419,终极理想
ideas, **M8**：419,终极观念
reality, **M10**：38－42,最终实在

Ultimates, **L16**：168,179,181－182,终极

Ulysses, **L7**：45,尤利西斯

Umbrian art, **L10**：304,翁布里亚艺术

Umwertung aller Werte, **M7**：414,重估一切价值

Un-American Activities, Committee on, **L6**：xxii,非美活动调查委员会；**L14**：370,非美国活动委员会；**L17**：137,560－561,非美国行动委员会

Uncertainty, **L10**：xxxiii, 41,50,72；**L16**：375,不确定性
importance of, **M6**：188；**L8**：121－122,不确定性的意义
perception of, **L4**：x, 3, 4, 31, 53, 240, 246,对不确定性的认知
locus of, **L4**：178－185,188,194,199,212,不确定性的所在
principle of, **L14**：32,106－107,384,不确定性原则
as outcome, **L16**：360－361,367,370,381,不确定性作为结果

Unconditional,参见 Universal proposition, **L12**

Unconscious, **L15**：16,无意识的。参见 Subconscious
experience, **M3**：179－180,无意识的经验
in thought process, **M6**：348－350,思维过程中的无意识；**L8**：342－345,反思性思维中的无意识

as entity, **L16**：412,无意识作为实体

Underconsumption, **L6**：347,348,485 - 486,消费不足

Undergoing, **M10**：8 - 9,经历

Understanding, **L10**：xxxiii,274；**L12**：505；**L13**：144；**L16**：376,399,理解

in thought, **M6**：271 - 274,思维中的理解

and language, **M13**：xiv,355,375,383,理解与语言

importance of, **M13**：263 - 264,268 - 269,439；**L3**：342 - 343；**L13**：94,理解的重要性

difficulties in, **M13**：264 - 266,理解的困难

history and, **M13**：267 - 268,272,273,历史与理解

J. Marsh on, **L5**：183,185 - 189,马什论知性

as knowing, **L7**：197,作为认知的理解

creation of, **L8**：221 - 247,理解的创造

as comprehension, **L12**：156 - 160,作为领悟的理解

growth in, **L13**：21,56,理解的生长

related to senses, **L14**：197,与感觉有关的理解

vs. memorizing, **L17**：161,188,与牢记相反的理解

Understanding and Reason：知性与理性

in *Dictionary of Philosophy*, **M2**：259 - 261,知性与理性(《哲学辞典》)

Undertaking, **L13**：146,承担、事业

Undeterminism, **E4**：92,非决定论

Unearned increment, **M5**：503 - 504,不劳而获的增长

Unemployment, **M11**：xii,75 - 76,83,87 - 88；**L6**：337 - 338,341 - 342,360,361,367,411 - 412；**L9**：61,64,256,275,333；**L13**：105,失业

consequences of, **L5**：67 - 68；**L9**：270,307；**L11**：275,失业的后果

People's Lobby on, **L5**：434 - 439,人民游说联盟论失业；**L9**：253,人民游说团论失业

government responsibility for, **L6**：xviii-xix,160,350,372 - 380,386,390,406,440 - 441；**L9**：77,254,259 - 260,262,278,283,政府对失业的责任

social responsibility for, **L6**：153 - 155,179,381 - 382,397 - 400,436,社会对失业的责任

insurance, **L6**：339 - 340,362,404；**L7**：413,失业保险

special session regarding, **L6**：344,345,352,355 - 358,关于失业的特别会议

prevention of, **L7**：382 - 383,432 - 433,防止失业

related to profit motive, **L9**：65,289,与利润目的相关的事业

in April 1930, **L9**：252 - 253,1930 年 4 月的失业

relief for, **L9**：271 - 272；**L11**：257,266 - 267,601,失业救助

suppressed facts about, **L11**：270 - 271,掩盖失业的事实

of youth, **L11**：340,353 - 354,年轻人失业

evils of, **L13**：310 - 311,317 - 318,失业的罪恶

cause of, **L16**：393,失业的原因

Unemployment, Joint Committee on, **L9**：81n,253,271 - 272,失业联合委员会

Unemployment Relief, President's Organization on, **L6**：374,总统的失业救济组织

UNESCO（United Nations Educational, Scientific, and Cultural Organization）, **L16**：399 - 405,471,联合国教科文组织

Unesthetic, **L10**：46,47,84,156,202,267,无审美的

Unfolding of Artistic Activity, *The* (Schaefer-Simmern), **L15**：xxiii,315 - 317,《艺术活动的展开》(谢弗-西门)

Unification：统一、联合、一体

Herbartian theory of, **E5**：297－298,赫尔巴特学派的理论

aspects of, **M13**：412－413,415,417,各个方面

of ideal ends, **L9**：294,理念上目的的统一

Guterman on, **L9**：424－425,古特曼谈及统一

of desire and purpose, **L9**：432,愿望与目的的统一

as function of judgment, **L10**：304,313,317－318,作为判断功能的统一

as esthetic function, **L10**：326,作为审美功能的统一

nature of, **L12**：523,联合的本质

moral, **L17**：453－455,道德一体化

Unification of Knowledge：知识统一

in *Dictionary of Philosophy*, **M2**：261,知识统一（《哲学辞典》）

Uniformity, **L4**：130,166,齐一性；**L5**：170－171；**L13**：89,齐一化

in morals, **L3**：23,道德中的一致性

artificial, **L13**：39,虚假的齐一化

in education, **L13**：40,教育中的齐一化

of Communist thought, **L13**：131－132,218,共产主义思想的齐一化

Union Labor Life Insurance Company, **L5**：387－389,联合会劳工人寿保险公司

Union of Polish Democrats, **M11**：279,282,波兰民主主义者联合会

Union of Soviet Socialist Republics (USSR), **M13**：113,238,240,316；**M15**：80,81,139,141,215,392,412；**L2**：177－178,378,379；**L6**：180,235；**L8**：62；**L11**：xxvi,262,322；**L13**：128,130,180,315,317,394；**L14**：323,365；**L17**：130,140,557,苏维埃社会主义共和国联盟（苏联）。另见 Russian Revolution

Poland's relation to, **M11**：xiv, xv, 262－284,288－295,298,306－309,313,321,326,327,波兰与苏联的关系

as world power, **M11**：101,135,136,192,199,224；**M13**：175－176；**L6**：206－207,458；**L17**：542,543,苏联作为世界强国

government of, **M11**：115,120,191,263,269,280,298；**L11**：296,328；**L14**：275－276,320；**L15**：220,297,苏联政府

and Germany, **M11**：115,270；**L14**：250－251,苏联与德国

and Japan, **M11**：177,178,192,230；**M13**：214,苏联与日本

Jews of, **M11**：241,264,278,苏联的犹太人

immigrants from, **M11**：241,285,来自苏联的移民

tsarist, **M12**：4；**L3**：225,226；**L5**：99,苏联的独裁

foreign relations of, **M12**：6,60－64；**L6**：468；**L11**：328,332；**L15**：239－240,244－246,298,342－344,347－350,353,355,373,488－491,494－495；**L16**：392,401,苏联的国际关系

Siberian situation in, **M12**：64,西伯利亚在苏联的形势

Dewey's impressions of, **L3**：202－207,250；**L5**：xix,杜威对苏联的印象

economics in, **L3**：208－210,221；**L17**：495,502－503,505,苏联的经济

life in, **L3**：212－214,230－232,243－245,247；**L17**：491－492,496－497,507,509,苏联的生活

religion in, **L3**：217－218；**L5**：355－362；**L7**：90；**L13**：70,苏联的宗教

education in, **L3**：218－241,247－248；**L6**：143－145,291－294；**L11**：335－336,356,357,509；**L15**：373－374；**L17**：54,489,493－510,苏联的教育

propaganda in, **L3**：221－222,237,249,苏联的宣传

education in，**M10**：125 - 129；**M11**：54 -
57,60 - 69,335；**L2**：115；**L3**：140 -
141；**L6**：100 - 104,109 - 110；**L8**：43 -
47,53 - 55,75,83,102 - 103；**L9**：393 -
394；**L11**：172 - 173,229 - 235,356 -
359,364,535；**L15**：274,281 - 285,309,
美国的教育

in WWI，**M11**：ix-xiii，xvi-xvii，88,104,
107 - 121,126,127,137 - 138,142,180 -
185,200 - 202,229,282,298,319,329,
394,美国在一战中

immigration in，**M11**：xiii-xvi，228,241 -
247,284 - 330；**M13**：439；**L2**：178 -
179；**L7**：419 - 420,美国的移民

economy of，**M11**：xvi，xix，78；**L2**：161；
L3：142 - 143；**L7**：404,412 - 413；**L8**：
55 - 58,60 - 65；**L9**：284；**L11**：232,
262 -267,美国的经济

Far Eastern policy of，**M11**：xviii，176 -
179,186,190 - 198,201 - 202,209,226 -
234,150 - 160,164,176 - 179,194 -
195,394；**M12**：4 - 6,32,36 - 40,61,
75；**M13**：xxiii，79 - 85,91,102,136 -
137,156 - 158,161,163 - 164,167 -
170,178,184,189,199,202,230 - 232,
261,409 - 410；**M15**：124 - 125；**L2**：
173 - 174,176 - 184；**L3**：200,202,364,
429；**L6**：202 - 203,216,457 - 459,469,
美国的远东政策

foreign relations of，**M11**：70 - 72,127,
129,132,246,279,美国的国际关系；
M12：xxi-xxii，3 - 7,32,36 - 37,61；
M15：xviii，87,88,384,396 - 397,411；
L3：136 - 138,351 - 352；**L5**：440 -
441；**L6**：209,219,364；**L11**：247 -
248,328,527 - 528；**L15**：298,340 -
344,354 - 355,371,373,488 - 491,494,
美国的外交关系

Civil War of，**M11**：116,143,287,337；
L6：232,236,463；**L8**：57；**L9**：77,

176,178；**L13**：186；**L15**：242,341,美
国内战

and League of Nations，**M11**：123,128,
140,151,163；**M15**：xvi，78 - 79,81；
L2：375；**L6**：197,222,美国和国联

T. Roosevelt as representative of，**M11**：
143 - 149,罗斯福代表美国

in drug traffic，**M11**：236 - 240,美国的毒
品交易

on Polish question，**M11**：246,250 - 258,
272,279 - 282,293,296 - 300,302,305 -
307,314 - 330,400,403,404,美国与波
兰问题

James on，**M12**：220；**L2**：158 - 162,詹姆
斯论美国

as world power，**M13**：164,173,174；**L14**：
368；**L15**：194,196；**L16**：402,405 -
406；**L17**：131,140,美国作为世界强国

and Europe，**M13**：164 - 166；**M15**：155；
L2：170,美国与欧洲

and Great Britain，**M13**：165,178,180,
181,218,272,273；**M15**：155；**L2**：177,
美国与大不列颠

thought in，**M13**：306 - 310；**L2**：18 - 21,
美国的思想

and World Court，**M15**：96 - 97,385,393 -
396,402 - 403,美国与国际法庭

schools of，in Turkey，**M15**：144,146 -
149,在土耳其的美国学校

on outlawry of war，**L2**：167 - 172；**L3**：
163,168,169,171,175,美国关于战争非
法化

and Mexico，**L2**：198,201,205,209 - 210；
L3：158 - 162,美国与墨西哥

democracy in，**L2**：304 - 307；**L8**：49 - 55,
64,76；**L15**：367 - 368；**L16**：401,美国
的民主

history of，**L6**：99 - 100；**L11**：230,232 -
233,248 - 249,387 - 389；**L13**：81,美国
历史

on sanctions, **L6**：197 - 198,208 - 209,
463 -464,472 - 473,480,483 - 484,美国
与制裁

attitude toward USSR, **L6**：263 - 267;
L11：316, 326 - 329, 333 - 334, 493,
495,美国对苏联的态度

Niebuhr on, **L9**：399 - 400,尼布尔论美国

ideals of, **L11**：167 - 170, 247 - 255, 261,
535,536,547,美国理想

C. and M. Beard on, **L14**：283 - 285, C·
比尔德与 M·比尔德论美国

in WWII, **L14**：364; **L15**：192 - 193,349,
369 - 370,美国在二战中

in Spanish-American War, **L15**：20 - 22,
美国与西班牙的战争

propaganda in, **L15**：345, 352 - 353,美国
的宣传

"United States and Central American Revo-
lutions, The"(Buell), **L6**：468n,《美国与
中美洲革命》(比尔)

United States Army：美国陆军

vs. Polish National Army, **M11**：242,245,
321 - 325,美国陆军与波兰国民军的
冲突

United States Bureau of Internal Revenue,
L9：267,美国国内税收局

United States Chamber of Commerce, **L2**：
161; **L9**：115,125,130,美国商会

United States Congress, **M11**： 239, 402;
M15：xv, 101; **L9**：81n, 162, 254, 267,
275; **L15**：281 - 285,349,美国国会

and immigration, **M15**：124,国会和移民

and World Court, **M15**：393, 398, 415 -
417,国会和国际法庭

and unemployment relief, **L6**：xviii-xix,
160,339,381,384 - 387,397 - 398; **L9**：
272,国会与失业救济

membership of, **L6**：163, 169, 393 - 394,
438 - 439,国会参议员

and politics, **L6**：227, 235 - 237, 250, 326,

国会与政治

and economics, **L6**：342, 35 3; **L9**：256,
266,270,288,国会与经济

special session of, **L6**：344,345,352,355 -
358,375,国会特别会议

and sanctions, **L6**：472,国会与制裁

on child labor, **L7**：413,国会关于童工

and farmers, **L9**：249,250,273,国会与
农民

People's Lobby and, **L9**：276,人民游说团
与美国国会

letter to, on New Deal, **L9**：280 - 281,致
美国国会关于新政的信

United States Constitution, **M11**：88; **M12**：
xxii; **M15**：159 - 161; **L6**：176,356,393,
463,464; **L7**： 352, 354, 358 - 359; **L8**：
14; **L13**：99, 130, 175; **L14**： xxiv, 219;
L15：xv, 172,357,《美国宪法》

Fourteenth Amendment, **L7**：356,395,《美
国宪法》第十四修正案

Bill of Rights, **L7**：360,《权利法案》;**L11**：
220, 253, 372 - 373; **L13**： 103, 104;
L14：253; **L16**：402; **L17**：473,《人权
法案》

Sixteenth Amendment, **L7**：420,《美国宪
法》第十六修正案

amending, **L7**：426,《美国宪法》修正

and liberty, **L9**：87,《美国宪法》与自由

adoption of, **L9**：161,162,《美国宪法》采
用的历史

related to education, **L9**：181,206,与教育
相关的《美国宪法》

and land value, **L9**：266,《美国宪法》与土
地价值

and taxation, **L9**：282,《美国宪法》与税收

vs. Declaration of Independence, **L13**：
100,《美国宪法》与《独立宣言》

Jefferson on, **L14**：215 - 216,杰斐逊论《美
国宪法》

on suffrage, **L16**：403,《美国宪法》关于选

举权

United States Department of Agriculture, **L6**：361；**L9**：85,美国农业部

United States Department of Education, **L9**：393 - 394,美国教育部

United States Department of Labor, **L6**：351,美国劳工部

United States Department of State, **M12**：253n；**M13**：86,90,160,167,201,202,211,212,410；**L2**：181；**L8**：13,美国国务院

  on Polish question, **M11**：251 - 252,259,306,400,美国国务院与波兰问题

  and Mexico, **L2**：210,美国国务院与墨西哥

  charge of Communists in, **L17**：140,561 - 562,美国国务院对共产主义者的指控

United States Federal Trade Commission, **L7**：408 - 409,418；**L14**：370,美国联邦贸易委员会

United States House of Representatives, **L6**：xxii；**L9**：260,284；**L14**：370；**L17**：137,560 - 561,美国众议院

United States of the World, *The*（Newfang）, **L6**：463n,《世界合众国》(纽范)

United States Senate, **M11**：251,301 - 302；**M15**：85,397,405 - 406,411,414,417；**L6**：173,339,458；**L8**：14 - 16,美国参议院

  on universal military training, **M10**：xxxv-xxxvii,377 - 393,美国参议院反对普遍军事训练法案

  Committee on Banking and Currency, **L9**：288,美国参议院银行和货币委员会

  on international law, **L17**：103,美国参议院论国际法

  Foreign Relations Committee, **L17**：562,美国参议院外交关系委员会

United States Steel Corporation, **L5**：59,美国钢铁公司

United States Supreme Court, **M15**：xvi,398,406,408,415,416；**L2**：179；**L6**：323,463 - 464；**L7**：395,415,418,421,426,美国最高法院；**L8**：15,美国高等法院；**L9**：238,266,282；**L15**：356 - 358,美国最高法院

  World Court modeled on, **M15**：92 - 93,以美国的最高法院为模型的国际法庭

  on railroads, **L6**：371,504,美国最高法院关于铁路

United States War Department, **L6**：118 - 119,125,美国国防部

  on Polish question, **M11**：xv,248,251 - 252,257,259,262,295,320,396,400,401n,406 - 407,美国国防部与波兰问题

Units, **L12**：205,217 - 219,363,475 - 480,单位

Unity, **M12**：141 - 142,211,统一体；**L1**：60,统一性

  spiritual nature of, **E1**：289 - 291；**L9**：xvi-xvii,29 - 30,431,436；**L17**：529 - 530,532 - 533,统一体的精神本质

  concept of, **E1**：291 - 292,统一原则；**E3**：173,统一性原则；**L13**：324 - 325,统一性的含义；**L16**：169,175,281,363,联合的概念

  and existence, **E1**：315,统一体与存在

  organic, **E1**：377；**L9**：220 - 221,226,414 -417,有机统一体

  Green on, **E3**：163 - 164,169,格林论统一性

  of action, **E3**：214,行动的统一；**L17**：157,450,活动的统一

  as centered movement, **E3**：215 - 219,作为聚焦运动的统一性

  social, **E3**：219 - 222,社会统一体

  in Dewey's work, **E5**：xiv-xv,杜威著作中的统一

  Being as, **M1**：250,作为统一性的存在

Unselfishness，**M9**：362，不自私

Unthinkable：不可思议者

   in *Dictionary of Philosophy*，**M2**：266 - 267，不可思议者（《哲学辞典》）

Upanishads，**M7**：417，奥义书

Urban，Wilbur M.，**L15**：425n，厄本，威尔伯·马歇尔

   on value judgments，**M11**：370 - 376，厄本论价值判断

Urbanization，**L11**：55，56，208，249，城市化

Urga (Ulan Bator)，China，**M13**：240，库伦，中国

Urvolk，**M8**：188，189，元民族

Use，**L1**：50，90 - 91，128 - 130，271 - 272，利用、用途

   of art product，**L10**：33 - 34，120 - 122，153，234 - 237，艺术产品的使用

   vs. esthetics，**L10**：144，使用对美学

   influences on，**L10**：265 - 267，使用受到的影响

   adaptation to，**L10**：344 - 345，适于使用

   -enjoyment，**L16**：307，使用-享受

   significance of，**L16**：329 - 330，380，使用的意义

   vs. absolute，**L16**：338，453，使用相对于绝对

Useful art：实用艺术

   vs. fine art，**L10**：x，xxxii，33 - 34，265，277，343 - 344，实用艺术对优美艺术

Use of the Self，*The* (F. Alexander)，**L6**：315，《自我的运用》（亚历山大）

Ushenko，Andrew Paul，**L16**：209n，乌申科，安德鲁·保罗

Usury，**L7**：136，142；**L13**：290；**L16**：370，高利贷

Utah，University of，**M8**：409 - 410，犹他大学

Utah State Insane Asylum（Provo），**L17**：324，325，564，犹他州州立精神病院（普罗沃）

Utensils，**L10**：265 - 266，330，器具

Uterhart，Henry A.，**M11**：259，302，396，406，乌特哈，亨利·A

Utilitarianism (J. S. Mill)，**L15**：423，功利主义（穆勒）

Utilitarianism，**E3**：91；**E4**：xix，145，263；**M4**：40 - 41；**M7**：212；**M9**：359；**M11**：x，348；**M12**：182 - 185；**M14**：37 - 38，132，147，149，153 - 154，200 - 201；**M15**：233 - 234；**L1**：69；**L2**：292；**L4**：25，205；**L10**：202；**L13**：144 - 145，功利主义

   criticized，**E3**：274 - 276，对功利主义的批评

   evolutionary，**E3**：283 - 290，进化论功利主义

   moral theory of，**E4**：42，147 - 148；**M5**：158，226 - 240，功利主义道德理论

   influences intuitionalism，**E4**：128 - 129，功利主义对直觉主义的影响

   concept of happiness，**E4**：282；**M5**：251 - 256，功利主义的幸福观

   of Bentham，**M5**：241 - 242；**M6**：367 - 368，边沁的功利主义

   on rules，**M5**：298 - 303，功利主义的普遍规则观

   theory of duty，**M5**：318 - 327，功利主义的义务理论

   in *Cyclopedia of Education*，**M7**：360 - 362，功利主义（《教育百科全书》）

   on deliberation，**M14**：139 - 145，功利主义论思虑

   formation of，**M15**：57 - 58，功利主义的形成

   in international affairs，**M15**：58 - 61，功利主义在国际道德上的失败

   and natural rights，**M15**：244，功利主义和自然权利

   conception of，**L7**：155 - 156，288，功利主义概念

   value of，**L7**：175，功利主义的价值

standard in, **L7**：237-240，功利主义的标准

confused with hedonism, **L7**：240-245，285，功利主义的和快乐主义的混淆

Carlyle on, **L7**：250-251，卡莱尔论功利主义

and society, **L7**：251-252，315；**L11**：11-15，功利主义和社会

Pollock on, **L17**：99-100，波洛克论功利主义

Utilities, public, **L9**：286，公共事业

Utility, **M12**：170，227，效用，有用；**L4**：32，利用

meaning of, **M6**：310；**M9**：267，效用的意义；**L4**：118，123，利用的定义；**L8**：288-289，功利的含义

of experienced objects, **L4**：84-85，177，190，经验对象的利用

principle of, **L11**：12-13，16，28，50，284，功利原则

"Utility of Religion" (J. S. Mill), **L9**：xxxi，《宗教的效用》(穆勒)

Utopia, **M8**：18，19；**L9**：102，乌托邦

education in, **L9**：136-140，乌托邦中的教育

Baconian, **L14**：407，培根式的乌托邦

Utrillo, Maurice, **L10**：298，郁特里罗，莫里斯

Vacuum：虚空

in *Dictionary of Philosophy*, **M2**：267-268，虚空(《哲学辞典》)

in education, **L9**：127-128，199-200，教育中的真空

in politics, **L9**：288，政治中的真空

Vague：含糊

as name, **L16**：47n，73n，272，含糊作为名称

Vagueness：含糊性、模糊性

consequences of, **M6**：282；**L8**：243-244，含糊性的后果

in propositions, **L14**：176-177，命题的模糊性

"Vagueness in Logic" (A. Bentley), **L16**：xxx，《逻辑中的含糊性》(本特利)

Validity, **L1**：35，93，123-124，128，129，136，219，234-235，304-305，307，合法性；**L4**：79，112，117，157，196，230，有效性。另见 Truth

Royce on, **M1**：248-256，罗伊斯论有效性

application of, **M2**：20-31，有效性的应用

determination of, **M3**：4；**L4**：59，116，132，决定有效性

in knowledge experience, **M3**：176-177，知识经验中的有效性

in *Cyclopedia of Education*, **M7**：362，有效性(《教育百科全书》)

of values, **L4**：34，210，213，价值的有效性

of ideas, **L4**：48，88，90，98，103-104，154，观念的有效性

and consequences, **L12**：20-21，73，80，145，156，176，193，196-197，224，318-320，314-342，399，423-424，有效性与结果

defined, **L12**：287，对有效性作界定

testing of, **L14**：61，有效性的验证

Valid knowledge：有效知识

related to empirical events, **M6**：80-85，有效知识与经验事件的关系

Valley of Fear, *The* (A. Doyle), **L10**：xix，《恐怖谷》(道尔)

Valuation, **M7**：45；**L1**：313，320-321，评价

conditions of, **M9**：242-244；**M13**：26；**L14**：51；**L15**：101，104-106，评价条件

and values, **M13**：xi，10，25；**L16**：310，314，316，评价与价值

subject-matter of, **M13**：19；**L15**：66，68，80-81，评价主旨

in social philosophy, **M15**：231-232，256-257，263-264，社会哲学中的评价

and judgment，**M15**：341 - 342，评价和判断

Marx on，**L13**：120，马克思关于评价

theories about，**L13**：193，219，221，243，关于评价的理论

as appraisal，**L13**：195，209 - 211，213，216，223 - 224，作为鉴定的评价

and desiring，**L13**：204，206 - 207，217，237，240，336，348，评价与欲望

nature of，**L13**：204，212，218；**L14**：28；**L16**：311，317，355，评价的性质

problems of，**L13**：225，240 - 241，245 - 248，评价问题

moral，**L14**：71，道德评价

"Valuation and Experimental Knowledge," **M15**：338，340n，341，344，《评价与实验知识》

Valuation-judgment，**M15**：25，234，343，344，评价-判断

character of，**M13**：15；**L15**：73n，102 - 107，评价特征

definition of，**M13**：16，19，评价的定义

object of，**M13**：17，评价的目标

evidence for，**L15**：80 - 83，139，评价的根据

Rice on，**L15**：407 - 412，431 - 437，赖斯论评价

"Valuation Judgments and Immediate Quality," **L15**：413n，426，《价值判断与直接的质》

Valuation-proposition，**L15**：106，价值评价命题

Value，**L1**：286 - 287；**L11**：461，462；**L12**：83，101，价值

and hedonism，**E4**：262 - 264，价值理论和快乐主义

as subjective，**E5**：124，作为主观的价值

Hebrew conception of，**M5**：96，101 - 102；**L7**：88，93 - 94，希伯来价值观

Greek conception of，**M5**：106 - 108；**L7**：97 - 99，古希腊价值观

Dewey, Perry, Urban, and Bush debate，**M11**：3 - 9，361 - 387，杜威，培里，厄本和布什论价值

and logical empiricists，**M13**：xi，价值与逻辑经验论者

and taste，**M13**：xi-xii，价值与趣味

meaning of，**M13**：3 - 7，18；**M15**：20；**L1**：295 - 326；**L2**：xviii-xx，69 - 97，价值的意义

and interest，**M13**：11n；**L13**：194，价值与兴趣

and liking，**M13**：12n；**M15**：25 - 26；**L2**：70，71，80，82，83，87，89 - 91，95 - 96，价值与喜好

as object，**M13**：20 - 22，价值作为目标

in economic theories，**M15**：268，经济学理论中的价值

Picard on，**M15**：338 - 339，皮卡德论价值

and affecto-motor theory，**M15**：339 - 340，343，344，价值和情感驱动理论

dyadic relation as，**M15**：345，作为价值的双重关系

thought and，**L2**：69，71，73，74，393 - 402，思想和价值

ambiguity of term，**L2**：69 - 71，82，价值这一术语的模糊性

ideational factor in，**L2**：88 - 89，92 - 96，价值中的概念因素

spiritual，**L4**：206，209，226，227；**L9**：xix，xxiv-xxv，29 - 30，47 - 49，57 - 58，225，232，423 - 425，430 - 431，精神的价值

concern with，**L7**：xxxi，价值关注

sense of，**L7**：266，价值感

Wieman on，**L9**：413 - 417，威曼谈及价值

nature of，**L16**：311，313，315，359，价值的本质

field of，**L16**：343 - 357，价值的场

intellectual vs. emotional，**L17**：158，理智价值与情绪价值相对

Value：A Cooperative Inquiry（Lepley），

L16：344n, 351, 357n, 470,《价值：一种合作的探究》（勒普雷）

"Value, Objective Reference and Criticism," **L2**：xx,《价值：客观指称和批评》

Value and Destiny of the Individual, *The* (B. Bosanquet), **M15**：337；**L9**：xxv,《个体的价值和命运》（鲍桑奎）

"Value and Fact" (Vivas), **L15**：404, 406,《价值及事实》（维瓦斯）

"Value and Thought-Process" (Prall), **L2**：xix,《价值和思想过程》（普劳尔）

"Value and Worth" (Picard), **M15**：338, 340,《价值与好处》（皮卡德）

Value-conceptions, **L13**：192, 价值概念

Value-expressions, **L13**：200, 236 - 237, 价值表达

Value judgment, **L2**：78 - 79, 91 - 92, 96 - 97；**L16**：312 - 315, 356 - 357, 价值判断

  practical judgment and, **M8**：23 - 49, 实践判断与价值判断

  objectivity of, **M8**：32 - 36；**L15**：63 - 68, 71, 价值判断的客观性

  choice in, **M8**：33；**M13**：24, 价值判断中的选择

  desire in, **M8**：35, 价值判断中的欲望

  end in, **M8**：36 - 39, 以价值判断为结果

  standard in, **M8**：39 - 46, 价值判断的标准

  D. Robinson on, **M10**：416 - 430, 罗宾逊论杜威价值判断的观点

  analysis of, **L17**：xxxi, 对价值判断的分析

"Value Judgments and the Social Sciences" (Benoit-Smullyan), **L16**：xxxiiin, 310,《价值判断与社会科学》（贝努瓦-斯穆尔扬）

Value-proposition, **L13**：237 - 238, 价值命题

Value-quality, **M15**：20, 21, 24, 25, 价值-性质

Values：价值

  educational, **E5**：334；**M7**：362 - 365；**M9**：252 - 258；**L8**：79；83 - 84, 90 - 91；**L9**：173 - 174；**L13**：270, 375, 教育价值

problem of, **M7**：44 - 46；**L7**：165；**L13**：192, 价值问题

intrinsic vs. instrumental, **M9**：247 - 252；**M15**：339, 345 - 346；**L13**：215 - 216；**L17**：xxiii, 内在价值与工具价值相对

and valuation, **M13**：ix, 23 - 25, 价值与评价

and judgment, **M13**：11 - 12, 16；**M15**：xii, 20 - 21；**L7**：216 - 217, 263 - 265, 267 - 268, 价值和判断

esthetic, **M13**：17；**M15**：347；**L8**：86；**L10**：xx, xxii, xxxii, 16, 73, 122n, 123, 146, 156, 177 - 178, 186, 189 - 190, 193, 199, 203, 211, 225, 228, 233 - 235, 238, 244 - 245, 审美价值

beliefs about, **M13**：19n；**L4**：15, 18, 40 - 48, 56 - 59, 201；**L13**：191, 价值信念

series of, **M13**：20, 各种价值的系列

immanent meanings as, **M13**：380, 作为固有意义的各种价值

of object, **M15**：26；**L10**：101, 对象的价值

criticism and, **L2**：78 - 97；**L10**：310 - 312, 批评中的价值

knowledge's relation to, **L4**：20, 105, 106, 237, 238；**L8**：91, 97, 102；**L14**：47, 价值与知识的关系

security of, **L4**：23 - 38, 106 - 107, 241, 243, 247, 价值的可靠性

realm of, **L4**：52 - 54, 63, 76, 110, 186, 价值的领域

development of, **L4**：83 - 86, 136, 155, 203 - 228, 价值的发展

as possibilities, **L4**：240 - 243, 作为可能性的价值

search for, **L4**：248 - 250, 追求价值

and culture, **L6**：446；**L9**：234, 价值与文化

ideal and material, **L7**：212, 271 - 272；**L10**：297；**L17**：458 - 459, 理想的和物质的价值

in experience, **L7**：344；**L10**：26，36，38，76－80，103，142，254，261，272，283，291，339，341，346－349，经验中的价值

social, **L9**：301；**L14**：149；**L15**：54，108，173，205；**L17**：428，社会价值

imagination's role in, **L10**：276－277，想象力在价值中的作用

confusion of, **L10**：321－324，价值的混淆；**L17**：359，令人迷惑的价值

need for, **L13**：71，134，需要价值

estimate of, **L13**：87，143，价值判断

science related to, **L13**：171－172；**L14**：9；**L15**：7，160，价值和科学的关系

nature of, **L13**：194－195，225，价值的性质；**L15**：63－72，82，103－105，163－164，价值的本质

as feeling, **L13**：223，价值作为感情

final, **L13**：227，236，241；**L14**：77；**L15**：xx-xxii，终极价值

of ends, **L13**：232，价值与目的

etymology of, **L13**：242，价值的词源

vs. facts, **L13**：249；**L14**：323；**L15**：16－17，106，481－482，价值与事实

in democracy, **L13**：379；**L14**：275－279，民主的价值

vs. enjoyments, **L14**：66，价值和享受

in nature, **L14**：144－145，自然中的价值

philosophical treatment of, **L15**：49，159－160，对价值的哲学论述

basis of, **L15**：59，126，445－447，价值的基础

questions concerning, **L15**：101－102，107－108，关于价值的有关问题

Rice on, **L15**：402－426，431－437，赖斯论价值

Geiger on, **L15**：445－452，盖格论价值

pluralism of, **L17**：xxii-xxiii，价值多元主义

waste of, **L17**：451，价值观的荒废

Values, Immediate and Contributory (Picard), **M15**：345n，《价值，直接的与贡献的价值》（皮卡德）

"Values, Valuations, and Social Facts," **L16**：xxxiiin，《价值、评估与社会事实》

Value-situation, **M15**：24，342－343，价值情境

Valuing, **M15**：xii，25－26；**L13**：194；**L15**：73n，103－105，评价

conditions and consequences of, **L16**：6，343－357，评价的条件和结果

nature of, **L16**：310－317，评价的本质

Van Liew, Charles Cecil, **E5**：247，万·李沃，查理斯·塞西尔

Van Norden, Charles, **E5**：342，345，冯·诺顿，查理斯

Vare machine (Philadelphia), **M11**：287，396，瓦雷的党派组织（费城）

Variation：变化

in rhythm, **L10**：29，169－179，节奏中的变化

in repetition, **L17**：304，重复中的变化

Varieties of Religious Experience, The (W. James), **M7**：399，《宗教经验种种》；**L11**：474－475，《宗教经验的多样性》（詹姆斯）

Variety, **L10**：166，230，多样性

Vasconcelos, José, **L2**：203，瓦斯康赛罗，荷西

Vassar College, **L17**：8，瓦萨尔学院

Veblen, Thorstein, **L5**：102，凡勃伦，托尔斯坦；**L7**：379，凡勃伦，索尔斯坦；**L11**：271，维布伦，索斯坦；**L15**：xxvi，维布伦，索尔斯坦

at University of Chicago, **M1**：xxii，凡勃伦在芝加哥大学；**L16**：xiv，威布伦在芝加哥大学

on property, **M5**：437，凡勃伦论私有财产

on leisure, **M5**：460－461，528－529，凡勃伦论休闲

on Germany, **M11**：54－55，凡布伦论德国

Vedic philosophy, **L6**：321，吠陀哲学

Vehm，**M5**：37；**L7**：36，菲默会

Velásquez, Diego Rodrguez de Silva y，**L10**：133，委拉斯凯兹，迭戈・罗德里格斯・德・席尔瓦・叶

Venetian school of painting，**L10**：146 - 147，192,210,315 - 316,319，威尼斯画派

Venn, John，**M3**：63n；**M6**：194，维恩/文恩，约翰

   on logic，**E3**：xxiv, 75 - 82；**E4**：22 - 25，维恩论逻辑

Vera causa，**L12**：106,162,370，真实原因

Verbs：动词

   temporal，**L12**：137 - 138,224,332 - 333，时间性动词

Verification，**E3**：xxiv-xxv，确证；**M12**：169 - 170，证实；**L12**：159 - 160,433 - 434,512；**L15**：63, 69 - 72, 117 - 126，证实。另见 Consequences，**L12**；Hypothesis，**L12**；Test

   analysis of，**E3**：83 - 89，对确证的分析

   view of，**M1**：130n，证明的观念；**M4**：85，证实观

   and truth，**M4**：67；**M6**：xix-xx, 7 - 8，证实与真理；**M13**：23 - 24，确证与真

   necessity of，**M13**：20，确证的必要性

   existence of，**M13**：22，确证的存在

   and thought，**M13**：41，确证与思考

   Lovejoy on，**M13**：42,471 - 473，洛夫乔伊论确证

   vs. meaning of past，**M13**：43 - 44，相对于过去的意义的确证

   indirect，**M13**：48，间接的确证

   as confrontation，**L14**：55,59 - 60，作为直接面对的证明

Verkhne-Udinsk（Ulan-Ude），USSR，**M13**：235,237，上乌金斯克，苏联

Vermont，**M11**：xvii，佛蒙特州

Vermont, University of，**M3**：73n；**M6**：471n；**L5**：178n,191,420，佛蒙特大学

   Dewey at，**L5**：xxii, 147 - 150，杜威在佛蒙特大学学习

education at，**L14**：266 - 270，佛蒙特大学的教育历史

Vernacular，**M12**：25 - 26，本国的

Vernunft，**M8**：184,441，理性

Versailles, Treaty of，**M8**：xxx, 427，《凡尔赛和约》；**M11**：136 - 137,173,194,197,224,232 - 233；**M12**：23,28,36,41；**M13**：179,201,206,208,213,274,313；**M15**：xviii, 79 - 81,91,101 105,116,123,317,378,388,403；**L5**：352，《凡尔赛和约》；**L6**：xx, 194,197,474，《凡尔赛和约》；**L14**：274，《凡尔赛条约》。另见 Paris Peace Conference

   and China，**M13**：73,110,145,166,202,210；**L17**：555《凡尔赛条约》与中国

   disillusionment following，**M13**：146,156,160,261，《凡尔赛条约》之后的幻灭

   connected with League of Nations，**M15**：84 - 85，《凡尔赛条约》和国联的关系

   connected with World Court，**M15**：96,113,390，《凡尔赛条约》和永久国际正义法庭的关系

Verstand，**M1**：156；**M8**：184,441，理解

Vesalius, Andreas，**M13**：497，维萨留，安德里亚斯

Vevey, Switzerland，**M11**：312,316，维维依，瑞士

Vice，**M5**：175 - 176,359，邪恶。另见 Virtue

Victorian era，**L5**：277；**L10**：336；**L13**：362；**L17**：457，维多利亚时代

Viedt, Ernst，**E5**：150，维尔特，恩斯特

Vienna, Austria，**M11**：273；**L15**：367，维也纳，奥地利

Vienna Circle，**L3**：xvii-xviii；**L13**：x；**L16**：xxxii，维也纳学派

Vigilance，**L17**：461,462，警觉

Village cottage reading room（USSR），**L17**：494,495，乡村小屋阅览室（苏联）

Villard, Oswald Garrison，**L5**：xvii；**L6**：xvii, 329，维拉德，奥斯瓦尔德・加里森

Vinogradoff, Paul, **L2**：41n；**L3**：326，维诺格雷道夫，保罗；**L6**：270，维诺格拉多夫，保罗

Violence, **L8**：99；**L10**：186；**L13**：293，暴力
  in classroom, **M8**：xxxvi，课堂里的暴力
  Dewey's concept of, **M10**：xxviii，杜威的暴力概念
    related to force and law, **M10**：211 - 215，与力量和法律相关的暴力
    Tolstoians on, **M10**：212 - 13，244，248，托尔斯泰的信徒论暴力
    energy as, **M10**：246，作为暴力的能量
    as means for social change, **L11**：xxi，45 - 46，55 - 56，58 - 61，65，170，259 - 260，266，287 - 288，293 - 294，378 - 379，作为社会变化的手段
    Bolshevist justification for, **L17**：117，布尔什维克主义对暴力的辩护

Virchow, Rudolf, **M12**：xiii，微尔和，鲁道夫

Virgil, **E3**：118；**L2**：165，维吉尔

Virginia：弗吉尼亚
  constitution of, **L15**：357，弗吉尼亚法律

Virginia, University of, **L11**：3；**L14**：204 - 205，207，221，弗吉尼亚大学

Virtue, **L7**：xi-xii；**L15**：46 - 47，美德
  as wisdom, **M5**：127；**L7**：118，美德作为智慧
  related to knowledge, **M9**：340，美德与知识相关
  Socratic-Platonic teaching on, **M9**：364 - 365；**L2**：130，131，135，137 - 138；**L17**：185，苏格拉底-柏拉图的教义
  conceptions of, **M9**：367 - 368；**L7**：xxx，94，237，253，255 - 260，306，美德概念
  prudence as, **L7**：195 - 196，行为美德的谨慎
  Mann on, **L11**：227，3 88，曼论美德
  speculative vs. practical, **L11**：404 - 405，思辨与实践
  as intelligence, **L17**：xxi，作为治理的德性

Virtues, **M4**：170 - 171，德性；**M5**：212，359，362，美德；**M12**：173 - 174，德性、美德；**M14**：xvi，美德
  defined, **E3**：382 - 383，德性的界定
  cardinal, **E3**：383 - 384，主德
  statement of, **E4**：351 - 353，美德的陈述
  classification of, **E4**：353 - 362，诸美德的分类

Vis aestimativa, **M8**：24，判断力

Vishniak, Mark, **L15**：386，维士尼雅克，马克

Vision, **E5**：106；**M12**：91，206，视觉，想象力，幻想；**L4**：xvii，视觉
  perception in, **E2**：144 - 150，知觉中的视觉
  as knowledge, **L4**：x, 19，157，162，170，195，视觉作为认识
  artistic, **L10**：xxx，57，92 - 95，98，140 - 141，163，165，241 - 242，273，287，294，307，310，316，艺术的视觉
  theories of, **L16**：114n，124，视觉的理论

Visual, **M8**：85，86，视觉的
  language, **E5**：198，视觉语言

Vitalism, **M12**：xxvi，231，232，244，246；**L2**：224，活力论

Vital principle：生命原则
  in biological sciences, **L16**：115 - 116，生物科学中的生命原则

Vivas, Eliseo, **L14**：301，303，305；**L15**：404 -406，维瓦斯，艾利塞欧/埃利斯奥

Vladeck, Baruch Charney, **L5**：443；**L6**：326，弗拉杰克/弗拉德克，巴鲁克·查尼

Vladivostok, USSR, **M13**：235，239，258，符拉迪沃斯托克，苏联

Vocabulaire（Lalande），**L16**：43，163，《词典》（拉朗德）

Vocabulary：词汇
  in education, **M6**：321 - 325，教育中的词汇
  development of, **L8**：309 - 310；**L17**：259，

词汇的培养

precision of, **L8**：311 - 313,词汇的准确

Vocation,另见 Occupations

meaning of, **M9**：316 - 318,职业的意义

place of, in education, **M9**：318 - 321,职业在教育中的地位

and culture dualism, **M9**：322,职业和文化的二元论

Vocational education, **M7**：xxvii, 379；**M8**：xxxv, 117 - 122,365 - 87,411 - 413,460 - 465；**M11**：60 - 69；**M15**：165 - 166,195；**L5**：401 - 403,**L6**：105 - 106,132,288 - 289；**L9**：145 - 146；**L11**：188 - 189,234 - 235,350,392 - 393；**L15**：258 - 259,264,279 - 280,482 - 484,职业教育。另见 Industrial education

related to activity principle, **M6**：363 - 364,职业教育与活动原则相关

policy of, **M7**：85 - 105；**M9**：266,316,关于职业教育的政策

in New York City, **M7**：205 - 206,纽约的职业教育

aims of, **M9**：318 - 321,职业教育的目标

and industry, **M9**：323 - 324,职业教育和工业

reorganization of, **M9**：325 - 329,职业教育的重组

Dewey on, **M10**：xxx-xxxii,杜威对职业教育的看法

in public education, **M10**：144 - 150,公共教育中的职业教育

affects university, **M10**：151 - 157,大学学习中职业教育产生的影响

need for, **M10**：303 - 304,需要职业教育

James on, **L14**：339,詹姆斯论职业教育

Vocational Education, Commission on National Aid to, **M7**：93 - 94,职业教育国家资助委员

Vocational Education Association of the Middle West, **M11**：58n,中西部职业教育协会

Vocational guidance, **L17**：512 - 513,就业指导

Volapük, **E3**：208,209,沃拉普克语

Volga River, **M15**：215,伏尔加河

Volition, **L17**：4,意志。另见 Will

Volitional：意志的

training in education, **E5**：202 - 203,教育中的意志力训练

consciousness and action, **E5**：361,意志力意识和行动

Volks-geist, **M8**：178,民族精神；**M10**：60,民族心理学

Volks-seele, **M8**：178,民族灵魂

Volstead Act, **L6**：184,《沃尔斯特德法案》

Voltaire, François Marie Arouet de, **E4**：193；**M7**：293；**M10**：18；**M15**：89,205,385；**L7**：146；**L17**：430,伏尔泰,弗朗索瓦·马利·阿鲁埃·德

on optimism, **M2**：175,伏尔泰论乐观主义

on sensationalism, **M2**：246,伏尔泰论感觉主义

on reason, **M5**：155,伏尔泰论理性

on lawyers, **M5**：180,伏尔泰论律师

Volume：容量

esthetic, **L10**：186 - 188,216,217,312,审美的容量

Voluntarism, **M1**：xiv, xvii,唯意志主义；**M3**：317；**L11**：156,唯意志论

Royce on, **M7**：418,423,435,444；**M10**：79 - 88,罗伊斯论唯意志论

Voluntary, **L17**：4,200 - 203,自愿的,自愿行动

act, **M5**：188 - 189,210 - 220,自愿行为

Vorstellungen，**M9**：75,《表象》

Voting, **M5**：423 - 424；**M7**：409；**M11**：167,选举。另见 Suffrage

in New York City, **L9**：381 - 382,纽约议会的选举体系

Vyshinsky, Andrei Y., **L11**：308 - 309,311,

323,326,330,603；**L13**：398，维辛斯基，安
德烈・Y；**L15**：24n，维欣斯基，安德烈・Y

Wage earners，参见 Workers

Wages，**L7**：387－389；**L13**：313，工资

Wagner，Adolf，**L16**：xiii，瓦格纳，阿道夫

Wagner，Richard，**M5**：145；**M8**：438；**L13**：
358，瓦格纳，理查德/里夏德

Wagner，Robert F.，**L6**：339，384－385，瓦
格纳，罗伯特・F

Wagner Construction bill，**L6**：387，《瓦格纳
建设法案》

Wagner Free Institute of Science (Philadelphia)，
L6：424，瓦格纳科学自由协会(费城)

Wagner Relief bill，**L6**：384，387，《瓦格纳救
济法案》；**L9**：253，瓦格纳救济资金

Walden (Thoreau)，**L9**：xxvi；**L10**：320，《瓦
尔登湖》(梭罗)

Wales：威尔士

   kin groups of，**M5**：34，62－63；**L7**：33，
     57－58，威尔士宗族

   customs of，**M5**：58－59；**L7**：54，威尔士
     的风俗

Walker，James J.，**L9**：346，364－370，沃克，
詹姆斯・J

Walker，James J.，**L9**：367，沃克，詹姆斯・J

Walker，W. H.，**L9**：368，沃克，W・H

Wallace，Alfred Russel，**M6**：444，华莱士，艾
尔弗雷德・拉塞尔

Wallace，Henry A.：华莱士，亨利・A

   candidacy of，**L15**：xxvii，239－245，总统
     候选人华莱士

Wallace，William，**E1**：xxv；**E3**：186；**E5**：
342n，343－344；**L5**：152，华莱士，威廉

Wallas，Graham，**M10**：54；**L2**：xxii，160，
231－234，295，404；**L11**：13－14，沃拉斯，
格雷厄姆

Waller，Odell，**L15**：xxiv，356－358，510，沃
勒，奥德尔

Wallis，John，**E1**：262；**M11**：32，沃里斯/瓦

利斯，约翰

Walsemann，A.，**E5**：149，爱思曼，A

Walsh，Thomas James，**L6**：161，沃尔什，托
马斯・詹姆斯；**L8**：16，华生，托马斯・詹
姆斯；**L14**：370，沃尔什，托马斯・J

Wants：意欲、需求

   of self，**E3**：161－163，自我的意欲

   socially conditioned，**L2**：299－300，社会调
     节的需求

War，**M12**：196－197；**L6**：322，战争。另见
Outlawry of war；World War Ⅰ；World
War Ⅱ

   positive aspects of，**M5**：45，80－81；**L7**：
     74；**L17**：457，战争的积极方面

   as unifying factor，**M5**：47－48，63，67；
     L7：45，58，61－62；**L17**：542－544，作
     为统一因素的战争

   Germany's justification for，**M8**：197，为战
     争辩护的德国哲学

   characteristics of，**M10**：211－215，244－
     259；**L15**：171，220，战争的性质

   conscience related to，**M10**：260－264，良
     知与战争的关系

   illusions about，**M10**：217，关于战争的
     幻想

   Spanish-American，**M10**：260；**L15**：20－
     22；**L17**：573，美西战争

   psychology of，**M10**：271－280；**M11**：xvi-
     xvii，107－116，120，360；**M12**：4，9，11，
     153；**L2**：168，190；**L7**：xvi；**L13**：290，
     400，**L16**：390，392，战争心理学

   effects of，**M10**：263；**M13**：259－260；
     L11：6，252，459；**L17**：24，25，453－
     455，457，战争的影响

   related to justice **M10**：281－284，战争与
     正义相关

   children and，**M10**：296－300；**L6**：342，儿
     童与战争

   related to human nature，**M14**：78－82，
     88；**L13**：164－165，172，180，288－290，

314 - 315,战争与人性有关

judicial substitute for, **M15**：xvi, 89, 92, 116 - 117, 119 - 120, 407 - 408, 414, 战争的司法替代品

as moral problem, **M15**：63；**L7**：164 - 165, 178, 320 - 321, 作为道德问题的战争

system, **M15**：90, 95, 98 - 99, 113, 397, 412, 战争体制

politics and, **M15**：100, 106；**L2**：284 - 285, 政治和战争

related to economics, **M15**：107；**L6**：365 - 366；**L13**：310 - 311, 战争与经济相关

causes of, **M15**：111 - 112, 125 - 126, 409；**L11**：27, 58 - 59, 363, 367；**L16**：400；**L17**：438, 战争的原因

prevention of, **M15**：124, 阻止战争

modern, **L2**：376 - 378, 现代战争

Wright on, **L6**：xxi, 赖特论战争

related to sanctions, **L6**：201 - 202, 215 - 216, 453 - 458, 477 - 479, 战争与制裁有关

national vs. international, **L6**：207 - 208, 465, 国家间战争与国际战争

defensive, **L6**：210, 218 - 219, 223, 防卫性战争

evils of, **L7**：369 - 371；**L17**：48, 451, 战争的邪恶

resisters, **L7**：370, 战争"抵制者"

threat of, **L11**：276, 328, 517；**L14**：364；**L15**：204 - 205, 战争的威胁

study of, **L13**：262；**L14**：320, 330, 431, 对战争的研究

education related to, **L14**：273 - 274, 355 - 356；**L17**：26 - 28, 与战争有关的教育

philosophical lesson of, **L14**：312, 315, 324, 334, 战争的哲学教训

and democracy, **L14**：364；**L17**：123, 战争与民主

James on, **L15**：21n, 詹姆斯论战争

religious, **L15**：51 - 52, 宗教战争

abolition of, **L15**：192 - 194, 251 - 252, 消除战争

science in, **L16**：393, 科学在战争中

"War and a Code of Law," **M15**：xvii,《战争与战争法规》

Ward, Mrs. Humphry, **E3**：14, 汉弗莱·沃德夫人

Ward, James, **E1**：199；**E2**：xxiii；**E3**：186；**L3**：296；**L11**：471, 沃德, 詹姆斯

Ward, James F.：沃德, 詹姆斯·F

on Dewey-Bentley collaboration, **L16**：xiin, xivn, xxvi xxvii, 沃德论杜威-本特利的合作

Ward, Lester F., **M6**：266n, 沃德, 莱斯特·F

on contributions of psychology to sociology, **E4**：xv, 200 - 210, 沃德论心理学对社会学的贡献

Ward, Nathaniel, **M11**：32, 沃德, 纳撒尼尔

Ward, Paul, **L3**：92, 沃德, 保罗

War Department, 参见 United States War Department

War Industries Board, **M11**：118, 战时实业委员会

Warner, Francis, **M1**：179, 沃纳, 弗兰西斯

Warner Brothers Pictures, Inc., **L15**：353, 华纳兄弟

War Policies Commission, **L6**：365, 战争政策委员

Warranted assertibility, **M8**：xviii-xix, 有保证的论断

as end of inquiry, **L12**：xx, 15 - 18, 29, 108, 122, 142, 146, 156 - 161, 173, 195 - 196, 260 - 261, 328；**L14**：180 - 182, 有担保的可断定性作为探究的目的

meaning of, **L14**：168 - 169, 有理由的断定性含义

Warranted assertion, **L16**：187 - 188, 确证的论断

as truth, **L14**：85,169,176,作为真理的有理由的断定；**L16**：272,作为真理的确证的论断

in postulations, **L16**：87,假设行为中的确证的论断

Warren, Charles, **L6**：463n,沃伦,查尔斯

Warsaw, Poland, **M11**：272,275,279,281,294,华沙,波兰

War Trade Board, **M11**：311,战时贸易委员会

Washington, George, **M11**：70,150,华盛顿,乔治

Washington, D. C. , **M11**：119,203；**M15**：150n；**L6**：224n；**L9**：124,125,129,260,285,287,307；**L11**：530,华盛顿特区

　Polish question in, **M11**：246 - 247,251,253,256,259,261,295,297,301,302,317,325,400,406,407,华盛顿与波兰问题

　political situation in, **L6**：162 - 163,166,华盛顿的政治形势

Washington Conference, **M15**：78,381,405,407,华盛顿会议

　issues of, **M13**：145 - 146,156,166,173,181,186,442,495,华盛顿会议的议题

　effect of, **M13**：157 - 159,172,212,华盛顿会议的影响

　and Great Britain, **M13**：165,273,华盛顿会议与大不列颠

　and China, **M13**：167,181,191 - 196,209 - 211,228,华盛顿会议与中国

　on armaments, **M13**：173 - 174,204,华盛顿会议关于军备

　Dewey on, **M13**：186 - 189,197,208,214 - 216,440 - 442,杜威论华盛顿会议

　publicity regarding, **M13**：197 - 198,203,关于华盛顿会议的宣传

　Japan on, **M13**：205,206,214,257 - 258,日本关于华盛顿会议

　U. S. and, **M13**：206,261,495,美国与华盛顿会议

Washington （D. C.） Dance Association, **L13**：357,404,华盛顿舞蹈协会

Waste：浪费

　prevention of, **L7**：431 - 432,防止浪费

　of human values, **L17**：451,人类价值观的荒废

Watson, David Lindsay, **L13**：369 - 371,华生,大卫·林赛

Watson, Goodwin, **L11**：535,华生,古德温

Watson, James, **L6**：339,沃森,詹姆斯

Watson, John, **E5**：350；**L5**：152,华生,约翰

　criticizes hedonism, **E5**：352 - 354,对享乐主义的批评

Watson, John B. ：华生,约翰·B

　behaviorism of, **M11**：13 - 14；**M13**：xiii,xiv；**L2**：15；**L16**：79n,华生的行为主义

Watt, James, **L11**：169,瓦特,詹姆斯

Watteau, Antoine, **L10**：133,华铎,安托万

Way beyond "Art," The — The Work of Herbert Bayer （Dorner）, **L15**：xxiii, 312 - 314,《超越"艺术"之路——赫伯特·拜尔的作品》（多纳）

Way Out of Educational Confusion, The, **L6**：xxi,《摆脱教育困惑的出路》

Ways and Means Committee, **L9**：260,284,国会赋税委员会

Ways of Worldmaking （Goodman）, **L14**：xvi,《制造世界的方式》（古德曼）

Wealth, **M12**：101 - 103,151 - 152,财富

　in Israel, **M5**：91,103；**L7**：84,94,以色列的财富

　in Greece, **M5**：112 - 117,124 - 125；**L7**：103 - 107,115 - 116,古希腊的财富

　moral principles concerning, **M5**：460 - 467；**L7**：136 - 137,关于财富的道德原则

　in Rome, **L7**：128 - 130,罗马的财富

　increase of, **L7**：149 - 150,404,财富的

增长

corporate，**L7**：392 - 394，共同的财富

distribution of，**L7**：407 - 411，财富的分配

spiritual and material，**L17**：313，精神财富
与物质财富

Weaving：编织

social significance of，**M1**：13 - 15；**L17**：
316 - 317，编织的社会意义

Weber, Ernst Heinrich，**E1**：198；**E2**：49 -
51；**L1**：236，韦伯，恩斯特·亨利希

Weber, Max，**M7**：138，韦伯，马克斯

compared with Bentley，**L16**：xviin，韦伯与
本特利相比

sociology of，**L16**：xxiii，韦伯的社会学

on science，**L16**：372 - 373，韦伯关于科学

Weber's law，**E2**：49 - 51，韦 伯 定 律；**L1**：
236，韦伯原理

*Webster's New International Dictionary of
the English Language*，**L16**：155 - 156，
《韦氏新英语国际词典》

Wedda, Joseph，**M11**：256, 257, 295, 395,
401n，韦达，约瑟夫

Weekly Review of the Far East，**L17**：29，
《远东每周评论》

Weeks, J. H.，**L3**：82，威克斯，J·H

Weeks, Raymond，**L2**：386，威克斯，雷蒙德

Weigel, Erhard，**E1**：259，魏格尔，艾哈德

Weight，**E5**：430，重量

Weihaiwei (Weihai), China，**M13**：125，威海
卫，中国

Weimar Republic，**L14**：293，魏玛共和国

Weismann, August，**E4**：188, 210, 212，魏
斯曼

Weiss, Albert Paul，**L3**：395 - 396，韦斯，阿
尔伯特·保罗

Weiss, Paul，**L11**：87n, 108n, 421, 479,
484；**L15**：144n - 152n，韦斯，保尔

on Peirce，**L6**：273 - 277，韦斯论皮尔士

Weitz, Morris，**L16**：166，韦茨，莫里斯

Welch, William Henry，**L17**：146, 562，威尔

许，威廉·亨利

Welfare：福利

Bentham on，**L7**：240，边沁论福利

public，**L9**：275, 286，公共福利

social，**L13**：159, 164，社会福利

child，**L17**：512, 518，儿童福利

Well-being：幸福

emotions related to，**L17**：514 - 515，与幸
福相关的情绪

Welles, Sumner，**L15**：349，韦尔斯，萨姆尔

Wellesley College，**L17**：7, 8，卫斯理学院

Welling, Richard，**L11**：516；**L17**：523，韦
灵/韦林，理查德

Wells, H. G.，**M8**：476；**M11**：82, 115；
M15：46；**L6**：88, 94；**L14**：95；**L17**：45,
48, 557，威尔斯，H·G

on theology，**M10**：310 - 314，威尔斯论
神学

on U. S.，**M13**：74，威尔斯论美国

on Anglo-Japanese alliance，**M13**：219，威
尔斯论英日同盟

world history of，**M13**：311，威尔斯的世界
历史

on state-mindedness，**M13**：313，威尔斯论
具有国家观念

Weltanschauung，**M7**：418；**M8**：169, 426,
427；**M15**：325；**L14**：x，世界观

Wenley, Robert Mark，**M10**：109n；**M11**：
336 - 337，温利，罗伯特·马克

Wergeld，**M5**：34, 58, 64；**L7**：33, 54, 59，
赎金

Wertheimer, Max，**M12**：xxvi；**L16**：99n，威
特海默/韦特海默，马克斯

positions of，**L16**：7n, 102n, 106n，韦特海
默的立场

on science，**L16**：67n, 76n, 105, 109n，韦
特海默关于科学

Wesley, John，**L11**：283，卫斯理，约翰

West：西方

China's relation with，**M12**：26, 41 - 50，

White, James C. , **M11**：256,295,302,325,401n,怀特,詹姆斯·C

White, Lucia, **M1**：xxi,怀特,路西亚

White, Morton G. , **M1**：xxi；**M14**：xxii,怀特,默顿·G

    on logic, **L17**：480－484,怀特关于逻辑

White, William C. , **L6**：263,267,怀特,威廉·C

White Cross, Polish, **M11**：250,306,316－319,329,波兰白十字会

Whitehead, Alfred North, **M12**：xxx；**L2**：29n；**L5**：483；**L6**：274－275,301,312；**L9**：420,435,438；**L14**：5,327；**L16**：xviii,怀特海,阿尔弗雷德·N/艾尔弗莱德·诺斯/艾尔弗雷德·诺斯

    philosophy of, applied to art, **L2**：111,113,114,怀特海的哲学应用于艺术

    on science, **L2**：221－225；**L12**：388n,怀特海论科学

    as humanist, **L5**：265,怀特海作为人文主义者

    philosophic system of, **L5**：375－381,怀特海的哲学体系

    on social change, **L6**：53－54,怀特海论社会变化

    and creative advance, **L8**：355－356,怀特海与"创新的进步"

    reveres Plato, **L8**：356－359,怀特海颠倒了柏拉图

    cosmology of, **L11**：xiv-xv, 146－154,怀特海的宇宙学

    Reiser on, **L11**：435,瑞泽论怀特海

    on Dewey, **L13**：ix,怀特海论杜威

    on change, **L14**：101,怀特海论变化

    Dewey critiques, **L14**：124－140,杜威对怀特海的批评

    on experience, **L14**：127－135,189－190,怀特海论经验

    Hocking on, **L14**：421－423,霍金论怀特海

    on language, **L16**：50,怀特海关于语言

    organismal theory of, **L16**：117n,怀特海的有机体主义理论

"Whitehead's Philosophy," **L11**：xiv-xv,《怀特海的哲学》

White House Conference on Child Health and Protection, **L6**：92,131－136,139,141,352；**L17**：511－512,550－552,572,关于儿童健康与保护的白宫会议

Whither Mankind：A Panorama of Modern Civilization (C. Beard), **L3**：115n,《人类何去何从：现代文明概论》(C·比尔德)

Whitman, Charles Otis, **L16**：117n,惠特曼,查尔斯

Whitman, Walt, **M6**：135；**M12**：15,207；**L2**：350,惠特曼,沃尔特/沃特

Whittaker, Edmund, **L15**：507,惠特克,埃德蒙

Whittier, John Greenleaf, **L17**：252,惠蒂尔,约翰·格林利弗

Whole,整体。另见 Individual, **L12**；Situation, **L12**

    absolute, **M7**：187；**M9**：62－65,73,绝对整体

    qualitative, **M9**：206－207；**L12**：89,218－219,469－470,定性的整体

    -heartedness, **L7**：256,全神贯注；**L8**：137,全心全意

    -part relation, **L12**：203－206,整体部分关系

    related to elements, **L17**：153－156,与要素相关的整体

Wholeness, **E3**：384,整体性；**L13**：323,完整

Whyte, A. Gowan, **L15**：509,怀特,高恩

Wiebe, Robert H. , **L16**：ix,威伯,罗伯特·H

Wieman, Henry Nelson, **L9**：xxi, 213,435,437,威曼,亨利·尼尔森

    vs. Dewey on religion, **L9**：xxii-xxiii, 214－215,218－228,294－295,412－

417,426-434,438-440,关于宗教威曼相对于杜威

Wiener, Philip Paul, **L17**：50-51,维纳,菲利普·保罗

Wigmore, John H., **M5**：24；**M10**：372,373,威格莫尔/维格摩尔,约翰·H

Wilberforce, William, **L11**：18,威尔伯福斯,威廉

Wilbur, Ray Lyman, **L9**：119-120,威尔伯,雷·莱曼

Wild boys (USSR), **L17**：505,571,"野孩子"（苏联）

Wilkins, Mary, **M12**：15,威金斯,马瑞

Wilkinson, Cyril H., **L11**：592,威尔金森,西里尔·H

Will, **E5**：202-203,361；**M8**：419；**L10**：257；**L11**：20,78,84；**L15**：12；**L17**：4,意志

  doctrine of, **E1**：327-328,意志学说

  nature of, **E1**：330-332；**E2**：328-330,358,362-363；**E3**：214；**E5**：314；**M9**：134-135,140,144-145；**M10**：245；**L2**：30-31；**L4**：171,180,186,199,意志的本质

  freedom of, **E1**：333-334；**E4**：91-92,94；**M6**：419,464-466；**M9**：175；**M14**：8-9；**L3**：93-94,意志自由

  as aspect of consciousness, **E2**：10-11,18-20,22-26,意志作为意识的一个方面

  and feeling, **E2**：21,意志和情感

  in perception, **E2**：151,知觉中的意志

  and sense impulses, **E2**：299-300,意志和感觉冲动

  training of, **E2**：309-310；**E4**：249-250；**E5**：118,146；**L17**：340-342,意志训练

  elements of, **E2**：310-311,314-316,319-320,意志的要素

  and self, **E2**：311-312,318-319,357-358,意志和自我

  realizing activity of, **E2**：320,358-359；**E3**：300,意志的实现

  in physical control, **E2**：329-331；**M14**：24,身体控制的意志

  in morals, **E2**：344-345,359-360；**L7**：175-176,341,道德中的意志

  and character, **E2**：352,353；**L17**：338,意志和性格

  and religion, **E2**：360-362；**L4**：42；**L17**：16,意志与宗教

  Kant on, **E3**：290-291；**L4**：47；**L14**：73n,康德论意志

  cause of, **E4**：91-93；**L17**：200-204,意志的开端

  in D'Arcy, **E5**：29,意志在达西理论中

  Münsterberg on, **M1**：xiii；**M6**：167-171,明斯特尔贝格使用的意志

  divine, **M7**：292-293；**M10**：45,神圣意志

  Royce on, **M10**：82-84,罗伊斯论意志

  compared with Wille, **M10**：229-230,Will 与 Wille 相比

  James on, **M12**：209,217-218,詹姆斯论意志

  Bergson on, **M12**：230-232,柏格森论意志

  free, **M13**：xv,318-319；**L13**：123；**L17**：5,383,自由意志

  and habits, **M14**：21,32-34,178,意志与习惯

  to power, **M14**：97-99,权力意志

  and government, **L2**：248,259-260,269,278,意志和政府

  common, **L2**：331；**L13**：149,共同意志

  related to values, **L4**：214,意志与价值的关系

  in knowledge, **L7**：190,281,认知中的意志

  revolutionary, **L9**：424-425,革命的意志

  esthetic function of, **L10**：79,84,160,299-301,意志的审美功能

social，**L13**：296，社会意愿

spirit in，**L17**：14，意志领域的精神

Willard, Louis H. ，**L9**：363 - 364，威拉德，路易斯·H

Willcox, Walter Francis，**M4**：218，威尔科克斯，沃尔特·弗朗西斯

Willcox, William G. ，**M10**：159，威尔考克斯，威廉·G

Wille，**M10**：229 - 230，意志

William, Maurice，**M14**：187n，威廉，莫里斯

William II，**M10**：229，德国皇帝威廉二世

William E. Borah and American Foreign Policy（Maddox），**L6**：xxin，《威廉·E·博拉和美国外交政策》（马多克斯）

William Heard Kilpatrick：*Trail Blazer in Education*（Tenenbaum），**L17**：52 - 56，《威廉·赫德·基尔帕特里克：教育中的开拓者》（特南鲍姆）

William H. Kilpatrick Award for Distinguished Service in Philosophy of Education，**L15**：326,510，基尔帕特里克·威廉哲学教育领域突出贡献奖

"William James as Empiricist," **L15**：xxii，《经验主义者威廉·詹姆斯》

William James Lectures，**L10**：7，威廉·詹姆斯纪念讲座

William of Champeaux，**M2**：221，香浦的威廉

William of Occam，**M2**：165,222,250，奥康的威廉

Williams, Donald，**L15**：456 - 457，威廉斯，唐纳德

Williams, Eric，**L15**：xxiii, 308 - 309，威廉斯，埃里克

Williams, J. A. ，**L17**：145，威廉姆斯，J·A

Williams, S. G. ，**E5**：xcvi，威廉姆斯，S·G

William Vaughn Moody Lectureship，**L17**：488,568，威廉·沃恩·穆迪讲师

Willkie, Wendell L. ，**L17**：453，威尔基，温德尔·刘

Will to Believe，*The*（W. James），**M7**：142, 327，《信仰的意志》；**M12**：217，《信仰意志》；**L5**：157，《相信的意志》（詹姆斯）

Willy-Nicky letters，**M12**：61，德国皇帝威廉二世与俄国沙皇尼古拉二世之间的书信

Wilson, Dudley，**L9**：360 - 361，威尔逊，达德利

Wilson, Edmund，**L15**：xxv，威尔逊，埃德蒙

Wilson, Edmund Beecher，**L16**：117n，威尔逊，埃德蒙·比奇

Wilson, Woodrow，**M8**：418；**M10**：xxxvii, 102,158,193,260,261；**M12**：13,29,39；**M13**：180,213,274；**M15**：78,81,95,105, 116,404,405；**L2**：295 - 296；**L6**：208, 234；**L11**：591,605；**L15**：195,242，威尔逊，伍德罗

and Hughes campaign，**M10**：252 - 255，威尔逊和休斯的竞选活动

during WWI，**M10**：265 - 266,275；**M11**：201,268，威尔逊在战时

principles of，**M11**：xiii, xiv, 109, 146, 158,184,232,260；**M13**：253,316，威尔逊的原则

on League of Nations，**M11**：128 - 129，威尔逊与国联

Fourteen Points of，**M11**：135,138,139，威尔逊的"十四条方案"

foreign reaction to，**M11**：151,152,177, 207，国外对威尔逊的反响

plans for peace，**M11**：181,183,190,401 - 404，威尔逊的和平计划

on Polish question，**M11**：242,250 - 253, 272,276,279,296,298,299,316 - 317, 401n, 402,405,407，威尔逊与波兰问题

on China，**M13**：115,126,166,210，威尔逊与中国

Winckelmann, Johann Joachim，**E4**：193；**M7**：290，温克尔曼，约翰·约阿希姆

Windelband, Wilhelm，**M7**：216；**M9**：290；**L1**：118；**L5**：424；**L7**：110；**L15**：324，文

德尔班，威廉

Winds of Doctrine（Santayana），**M15**：329，《学说的趋向》（桑塔耶那）

Winged Victory，*The*（Nike；Victory of Samothrace），**L10**：238，《带翼的胜利女神》

Winter Institute of Arts and Sciences（Coral Gables，Fla.），**L17**：451n，艺术与科学动机短训班（佛罗里达州，科勒尔盖布尔斯）

Wirt，William Albert，**M8**：262，320，沃特，威廉·艾伯特

Wirth，Arthur，**M1**：xix，沃斯，亚瑟

Wisconsin：威斯康星州
    industrial education in，**M7**：84 - 86，461 - 468，威斯康星州工业教育体制

Wisconsin，University of，**L15**：3n，335，475；**L17**：8，89，威斯康星大学
    educational experiment at，**L6**：295 - 298，威斯康星大学的教育实验

Wisdom，**L1**：53，智慧
    among Hebrews，**M5**：97 - 98；**L7**：89 - 90，希伯来人的智慧
    attaining，**M5**：111；**L7**：102，208，209，获得智慧
    Epicurean theory of，**M5**：118；**L7**：109，199 - 202，伊壁鸠鲁智慧理论
    Cynics on，**M5**：119；**L7**：110，203 - 204，犬儒主义者论智慧
    as supreme virtue，**M5**：375 - 376；**L7**：117 - 118，智慧作为最高美德
    love of，**L1**：50，305 - 306，308，爱智慧者
    and courage，**L2**：130，智慧与勇气
    and good，**L7**：191，智慧与善
    defined，**L7**：210；**L17**：xix，定义智慧
    philosophy as search for，**L15**：159 - 160；**L16**：365，376，378，388 - 389，哲学是寻求智慧之学
    needed，**L16**：319，所需的智慧

Wise，Stephen S.，**L6**：381，503，怀斯，斯蒂芬·S

Wise man，**M5**：127，智者

Withdrawal，**L13**：328 - 329，脱离

Wither，George，**L6**：113，威瑟，乔治

With-which，"带着什么"
    of attention，**L17**：276，注意力的"带着什么"

Witmer，Lightner，**M2**：119，魏特莫

Wittgenstein，Ludwig，**M6**：xvi；**M8**：xiii；**L6**：xi；**L10**：vii；**L16**：18，维特根斯坦，路德维希
    compared with Dewey，**L4**：ix，xii-xiv，xvii-xix；**L14**：xv-xix；**L17**：xxx-xxxi，维特根斯坦与杜威相比较

Wolfe，Bertram D.，**L9**：320，321，335，乌尔夫，伯特伦·D

Wolff，Christian von，**E1**：34，沃尔夫，克里斯蒂安·冯
    systematizes Leibniz's ideas，**E1**：265，345 - 346，沃尔夫系统化布莱尼茨的理念
    epigenesis theory of，**E1**：278，沃尔夫的胚胎渐成说
    and moral philosophy，**E4**：143，沃尔夫和道德哲学
    on ontology，**M2**：170 - 171，沃尔夫论本体论
    on optimism，**M2**：175，沃尔夫论乐观主义
    on rationalism，**M2**：217，沃尔夫论理性主义

Wolfman，Joseph，**L9**：374，沃尔曼，约瑟夫

Woll，Matthew，**L5**：338n，390n；**L6**：322，404，沃尔，马修
    accuses Brookwood of communism，**L5**：340 - 345，沃尔指责布鲁克伍德奉行共产主义
    and Union Labor Life Insurance Co.，**L5**：387 - 389，沃尔与工会工人人寿保险公司
    accuses Dewey of communism，**L5**：392，沃尔指责杜威奉行共产主义

Wolna Polska，**M11**：309,自由波兰

Women：女性、妇女

health of college，**E1**：64 - 66,70,77 - 79；**L17**：7 - 9,高校女性的健康

in primitive society，**M2**：46,原始社会的妇女；**L7**：27,30,31,438 - 444,早期社会的妇女

as laborers，**M5**：483 - 484,528 - 531；**M11**：162,176；**M12**：75,妇女作为劳动者；**L7**：378,400,412 - 413,作为劳力的妇女

in marriage customs，**M5**：511 - 516,妇女在婚姻习俗中

suffrage for，**M6**：153 - 154,妇女选举权；**M7**：409,妇女参政权；**L6**：186,妇女选举权

education of，**M6**：163 - 164；**M11**：62,66；**M12**：55,75；**L17**：7,妇女的教育

Aristotle's classification of，**M9**：261 - 262,亚里士多德对女性的归类

as philosophers，**M11**：45,妇女作为哲学家

in China，**M11**：196；**M12**：48 - 49,中国的妇女

Polish，**M11**：314 - 319,波兰的妇女

as teachers，**L2**：115 - 22,204,作为教师的女性

social status of，**L4**：7 - 8；**L7**：129 - 130；**L17**：24 - 25,女性的社会地位

Kafir，**L7**：439,卡菲尔妇女

modern problems of，**L7**：444 - 450,461 - 462,现代妇女问题

economic interests of，**L7**：457 - 458；**L17**：24,女性的经济利益

sex life of，**L7**：458 - 459,妇女的性生活

coopcrate for peace，**L17**：149 - 150,女性为和平而合作

Women's Court (New York City)，**L9**：374 - 376,妇女法庭(纽约)

Women's International League for Peace and Freedom，**L17**：149,国际妇女争取和平与自由联盟

Wonder，**L10**：xxxiii, 144,274,惊奇

Wood, Charles W.，**M13**：425,伍德,查尔斯・W

Wood, John S.，**L17**：137,560,伍德,约翰・S

Wood, Leonard，**M10**：184,伍德,雷纳德

Woodbridge, F. J. E.，**M4**：x, xvii；**M6**：103n；**M8**：x, 9,54,55；**M10**：443；**M15**：375；**L3**：390,391；**L4**：viii；**L14**：7；**L17**：371n,伍德布里奇,F・J・E

on pragmatism，**M3**：153,伍德布里奇论实用主义

on experience，**M3**：171 - 177,393 - 397,400 - 402,伍德布里奇论经验

on consciousness，**M3**：178,180；**M4**：222 - 227；**L17**：364 - 366,伍德布里奇论意识

influences Dewey，**M6**：xii,伍德布里奇对杜威的影响

on Dewey's theory of knowledge，**L5**：xxvii-xxviii, 210 - 213,487 - 495,伍德布里奇论杜威的知识理论

on knowledge and existence，**L17**：361,370,伍德布里奇论知识和存在

on fact，**L17**：363,366,伍德布里奇论事实

answers Bode，**L17**：548 - 549,伍德布里奇答复博德

Woodger, J. H.，**L16**：117n, 165,166n,伍德格尔,J・H

Woodrow Wilson and the Rebirth of Poland，1914 - 1920（L. Gerson），**M11**：248n, 255n,《伍德罗・威尔逊和波兰的新生》(热尔松)

Woods, Robert Archey，**M4**：218 - 219,伍兹

Woodward, Frederic，**L15**：321n,伍德沃德,弗雷德里克

Woodworking，**E5**：233 - 237,243,木工制作

Woodworth, Robert Sessions，**M4**：228；**L5**：

types of, **M7**：189－191,各种类型的工作

as curse, **L4**：4,12,工作作为诅咒

psychology of, **L5**：236－242,工作心理学

Clay on, **L7**：378,克莱论工作

art's relation to, **L10**：231,346,工作与艺术的关系

right to, **L13**：306,312－313,318,工作的权利

need for, **L13**：309－310,对工作的需要

spirit of, **L17**：314－315,工作精神

retreat from, **L17**：469,从工作中退出

Russian view of, **L17**：502,俄国人对工作的看法

Workers：工人

protection of, **M5**：505－507,对工人的保护

emancipation of, **L2**：296－297,工人的解放

education of, **L5**：331－345,对工人的教育

defined, **L11**：158,工人的定义

relations among, **L11**：159－161,工人间的关系

regimentation of, **L11**：252,258－259,294－295,对工人的统治

power of, **L13**：107,工人的力量

Workers' Education Bureau of America, **L5**：506,美国工人教育局

Working Man's Programme, The (Lasalle), **M8**：176,《工人纲领》(拉萨尔)

Works of art, **L16**：396,艺术品

nature and meaning of, **L10**：xv-xvi, xxii, xxiii, xxvi-xxxi, 35, 43, 52, 54, 58, 61, 69－73, 76－79, 85－90, 99, 101, 104, 110－112, 121－123, 126, 128, 132－133, 140, 144, 149－151, 165－167, 175－176, 182－186, 195－199, 208－213, 218, 223, 230, 233, 235, 250, 258, 260－265, 271－272, 275,艺术品的本性和意义

esthetic theory based on, **L10**：9－10, 15－18,基于艺术作品之上的审美理论

operation of, **L10**：186－90, 277－300,艺术品的运作

judgment of, **L10**：302－303, 308－313, 317－322, 328,艺术品的判断

transmit civilization, **L10**：332－337, 347－348,艺术品传承文明

Works of Jeremy Bentham, *The* (Bowring), **L14**：xxii,《杰里米·边沁著作集》(鲍林)

World, **M12**：217, 225, 238; **L16**：128, 360,世界

-determination, **E5**：29,世界决定论

in *Dictionary of Philosophy*, **M2**：269,世界(《哲学辞典》)

Dewey vs. Russell on external, **M8**：xx-xxv, 83－93,杜威对罗素关于外部世界

mind and, **M9**：302－305,个体心灵和世界

as problem of empiricism, **M10**：18－21,世界作为经验主义的问题

knower outside, **M10**：21－24,认识者外在于世界

noumenal and phenomenal, **M12**：92－93, 221, 226－227,本体的与现象的世界

conceptions of, **M12**：101, 110－111, 114－116, 145, 226, 260; **L1**：xvii,世界的概念

affects education, **L17**：228－230,世界影响教育

World and the Individual, *The* (Royce), **M1**：x-xi, 241－256; **M2**：120－137,《世界与个体》; **M10**：85; **L11**：472,《世界和个体》(罗伊斯)

World Court, **M13**：411,世界法庭; **M15**：xi, 85, 114, 116, 122, 125－126, 405－407; **L2**：170; **L6**：223, 452; **L8**：17,国际法庭

U. S. relations with, **M15**：xv-xviii, 95, 383－403, 415－417,国际法庭与美国的关系

law related to, **M15**：89－91, 93－94, 123－124, 389,与国际法庭有关的法律

plan for, **M15**：92－93, 386－387,筹建国际法庭的计划

and Treaty of Versailles, **M15**：96, 113, 390,国际法庭和《凡尔赛条约》

World War II（WWII），**M8**：xxx；**L6**：xx-xxi；**L11**：xxxi；**L13**：xv，309，316；**L15**：302，323；**L17**：454－455，471，第二次世界大战

economics and，**L6**：xix，二战与经济

significance of，**L14**：249－251，二战的重要性

causes of，**L15**：61－62，171－172，196，256，二战的起因

U. S. in，**L15**：192－193，349，369－370，二战中的美国

compared with WWI，**L15**：193，二战与一战比较

veterans of，**L15**：283，二战的退伍军人

USSR in，**L15**：340，342，347－348，352－353，494－498，二战中的苏联

peace after，**L15**：342－344，368－370，战后和平展望

China in，**L15**：348，369－370，二战中的中国

affects beliefs，**L16**：390，392，二战影响信仰

Wormser, I. Maurice，**L7**：425，沃姆泽，莫里斯

Worship：崇拜

defined，**E4**：3，定义

of ancestors，**M5**：35；**L7**：34－35，祖先崇拜

of Yahweh，**M5**：92－93，97；**L7**：87，89，崇拜耶和华

object of，**L9**：5，9，28，29，36，221，崇拜的对象

Worth，**M13**：26－27，所值

non-valuable，**M15**：338－339，无价值的

triadic relation as，**M15**：345－347，作为无价值之物的三边关系

of individual，**L7**：449，个人价值

Wren, Christopher，**L17**：148，562，列恩，克里斯托弗

Wright, Carroll Davidson，**L17**：8，554，莱特，卡罗尔·戴维森

Wright, Chauncey，**M6**：99，赖特，昌西

Wright, Quincy，**L6**：xxi，赖特，昆西

Wright, Sewall，**L16**：119n，赖特，西维尔

Writers，**L10**：74，81，162，作者，作家

Writing：书写、写作

affects education，**M9**：189，书写的发明对教育的影响

teaching of，**L11**：213；**L17**：291－292，写作教学

Wrongdoing，**L17**：397，作恶

Wronski, Thaddeus，**M11**：310－311，沃隆斯基，塔杜斯

Wuchang uprising（China），**L17**：555，武昌起义（中国）

Wundt, Wilhelm，**E3**：75，92；**E4**：153n；**E5**：xiii；**M2**：149；**M3**：64；**L3**：16－17；**L5**：225；**L17**：11，冯特，威廉

psychology of，**E1**：xxx，196，202－203；**M1**：xii-xiii；**M7**：137－141，冯特的心理学

on stimuli，**E1**：99－100，冯特论刺激

on function，**E1**：110－111，冯特论功能

on association，**E1**：184－185，冯特论联想

on impulses，**E2**：306－307，冯特论冲动

James on，**L11**：470－471，詹姆斯论冯特

Wu Pei Fu，**M12**：70；**M13**：127n，151－152，吴佩孚

Wyclif（Wycliffe）, John，**M5**：141；**L7**：140-141，威克里夫，约翰

Xenocrates，**M2**：167，色诺克拉底

Xenophanes，**M2**：144，赛诺芬尼

Xenophon，**M5**：182；**L7**：101n，色诺芬

Yagoda, Genrikh G.，**L15**：345－346，348，雅戈达，吉里克

Yahweh，**M5**：92－97；**L7**：82－87，89，耶和华。另见 Jehovah

Yale University，**E1**：119；**L15**：324，耶鲁

大学

Yangtze region (China), **M12**：30,46,62,长江流域(中国)

Yangtze River（Chang Jiang）, **M13**：xxiv, 127,132,178,扬子江（长江）; **L6**：190, 191,205,长江

Yellow Man's Burden, **M13**：80,黄种人的责任

Yellow Peril, **M7**：407; **M12**：35; **M13**：xxvii,249,黄祸

Yezierska, Anzia, **M11**：260,396,叶捷斯卡, 安齐娅

Yokohama, Japan, **M11**：166,横滨,日本

Yokohama Specie Bank, **M13**：85,87,160,横滨正金银行

Young, Ella Flagg, **M3**：263n; **M6**：179,扬, 埃拉·弗拉格; **M10**：390,杨,埃拉·弗莱格; **L8**：109,扬,埃拉·弗拉格

  on school, **M1**：269n,272n; **M10**：380; **M15**：188; **L5**：307,372,374; **L11**： 195,199,扬论学校

Young, Owen D., **L7**：424,杨,欧文·D

Young, Robert, **M13**：154,扬,罗伯特

Young, Stark, **M15**：339n,扬,斯达克

Young China,青年中国

  features of, **M12**：25,49,50,59,75; **M13**： 111,113 - 114,229 - 230,青年中国的特点

  attitude toward, **M12**：53 - 54,59; **M13**： 94,98,113,120,229,青年中国的态度

  origin of term, **M13**：98 - 99,108,青年中国的由来

Young John Dewey（Coughlan）, **L6**：xiin, 《青年约翰·杜威》（库格兰）

Young Men's Christian Association, **M15**： 147,217,基督教青年会

Youth,青年

  Russell on, **M15**：198,罗素论青年

  character of, **L9**：186 - 193; **L17**：463,青年的性格

  effect of Depression on, **L11**：xix-xx, 340, 353 - 355,378,555,大萧条对青年的影响

  opportunities of, **L17**：462,青年的机遇

  education of, **L17**：462 - 463,476,青年的教育

  Russian, **L17**：505,俄国青年

"Youth in a Confused World," **L11**：xxn,《乱世青年》

Youth Outside of Home and School, Committee on, **L17**：515,处理青少年家庭和学校之外闲暇时间的特别委员会

Yüan Shih-k'ai, **M11**：200,202; **M12**：65, 66,69,254; **M13**：88,99,130,133,151, 169; **L17**：555,袁世凯

Yugo-Slavs, **M11**：71,263,26,南斯拉夫人

Zakopane, Poland, **M11**：288,扎克帕涅

Zamora, Francisco, **L11**：323,萨莫拉,弗朗西斯科

Zamoyski, Maurice, **M11**：279,281,扎莫伊斯基,莫里斯

Zelenko, Aleksandr Ustinovich, **L17**：507 - 508,571,泽伦科,亚历山大·乌斯季诺维奇

Zeller, Eduard, **M7**：137 - 138,策勒尔,爱德华

Zeno of Elea, **L12**：97; **L14**：398,埃利亚的芝诺

Zero, **L12**：408 - 409,零

Zionism, **M10**：291,犹太复国主义

Zirkle, Raymond E., **L16**：121n,齐尔克,雷蒙·E

Zitron, Abraham, **L9**：320,齐琼,亚伯拉罕

Zola, Émile, **M3**：193 - 194; **L11**：320,左拉,埃米尔

Zöllner, Johann Karl Friedrich, **M3**：163, 165n,391,策尔纳,约翰·卡尔·弗里德里希

Zook, George, **L9**：387,祖克,乔治

Zuñi Indians, **M5**：66 - 67; **L7**：61,印第安人祖尼族

译后记

写下"译后记"这三个字之前,我做了很长时间的心理建设,与《杜威全集》一起走过的十余年甘苦自知的编辑之路,从译校者到编辑再到译者的身份转换,以及时光流转里的物是人非,都化作难以言传的复杂情感,涌上心头。我希望自己可以把它们束缚在理性的范围内,严谨、清楚、客观地完成这篇文字,一如前 37 卷我的那些可敬可爱的译者老师所做的那样。

2006 年 11 月,我还是初到出版社的实习生,接到的第一个重要任务就是为《杜威全集》第一卷做译校。带教的刘广汉老师告诉我,译校要求对照英文原文,逐字逐句核对中文译文,修改明显的错译和前后不一致,指出漏译和译文可疑之处。我那一点可怜的审稿和翻译经验,在这样高难度的书稿面前不堪一击。为了确定修改合理,要查很多工具书和参考资料,即便用尽"洪荒之力",每天最多也只能校十来页。"译校比重译还痛苦",日后有多位译校者如此评价。可是,我竟然凭着不可思议的热情,用了十个多月的时间,严格按照老师的要求完成了这项任务。交回去的书稿,比刚拿到的时候厚了几乎一倍,每一页上都布满红笔修改和铅笔提疑的痕迹。后来英年早逝的《杜威全集》执行副主编汪堂家老师在提到这本译校稿时,曾温文尔雅地微笑着说:"华师大出版社的编辑很认真,一句一句地看,一句一句地改!"那个笑容常常浮现在我的眼前。

我社非常重视《杜威全集》的出版,前任社长朱杰人和现任社长工焰两位领导都将其列为"一把手工程",并要求专人专职。2009 年,已经陆续有几本书稿到稿,为了更好地推进这个项目,同年 9 月,我调入刚成立不久的社项目部,专职做《杜威全集》的项目编辑。《全集》总计超过 1600 万字,内容涉及哲学、政治、社会、历史、教育、艺术、道德、心理等特别广泛的领域,对编辑加工的要求非常之高。因为书稿内容具有连贯性,为了最大限度地保持译法和体例统一,书稿主要由我和时任主任曹利群老师做一审和二审,阮光页总编负责三审。翻译质量较好的书稿发排前流转 8 个月左右,问题较多的则往往在一年以上,结束三个审次以后,有的纸稿已经开始变黄,上面红、蓝、黑、绿、铅笔、荧光笔的痕迹让它们带上了一些五彩斑斓的魔幻效果。因为改动太多,阮老师的三审意见经常这样结尾:"书稿基本每页'一片红',请编辑、校对务必仔细读校和校对,使重点书达到出版的高质量。"

2004 年,《杜威全集》翻译出版项目立项;2006 年,收到第一本译稿;2010 年,早期 5 卷出版;2012 年,中期 15 卷出版;2015 年,晚期 17 卷出版。在翻译过程中,针对专业术语的译名问题,主编、编委会和译者团队曾多次讨论,最后决定不强求统一,而是在《全集》的《索引卷》中把各种译名都列出来,让读者们可以从不同角度理解。因为我对《全集》各卷都相对熟悉一些,曹利群老师和主编刘放桐老师都建议由我来翻译整理《索引卷》,这个提议也得到了社领导的认可。所以,在推进晚期著作出版工作的同时,我也开始利用有限的业余时间,对早期著作和中期著作的索引先进行整理,然而晚期著作出版时间紧,任务重,所以两年多里这一工作断断续续,拾起放下,进展非常缓慢。

2015 年 8 月,晚期著作的出版接近尾声,读者尤其是专门研究杜威思想的各个专业领域的读者,在不同场合、通过不同渠道向我们表达了对《全集》索引的需求,主编刘放桐老师也催促我尽快完成这项工作。大约从 2016 年初开始,每天晚上 9 点到 12 点成了我的"索引时间"。《索引卷》有三部分,第一部分是《全集》各卷目录汇总,第二部分是《全集》各卷章节标题汇总,第三部分是主题索引(含人名、著作名)。整理难度最大的是第三部分。虽然《全集》各卷都有单独的索引,但《索引卷》并非各卷索引的简单相加,而是增加了很多新的主题词或扩展条目,需要逐条到书中找到相关的内容进行匹配。这说起来似乎也没有什么难度,但对整理者的耐心是极大的考验,新增的条目需要逐条去《全集》查找,大多数条目涉及的范围还不止一卷,不同的译者对这个词的理解不同,因而译法各异,还需要再核对英文原书,确定所对应的中文。这样东翻西找,效率自然低下,有的时候 3 个小时下来,只能做 3 到 5 页,这种时候,我是绝望的。任务的繁重与时间的紧迫带来双重压力,但是一想到 37 卷都已经出版,《索引卷》虽只是一本工具书,但它帮助读者全方位多角度检索《全集》的作用不容小觑,尤其想到这一任务完不成,《全集》的出版就不能画句号,便似有一股巨大的力量推动我继续做下去。18个月以后，我终于完成了初稿。

《索引卷》在翻译整理的过程中，以英文版 Index 原书的宗旨为主要宗旨，力图把英文版索引向读者展现的那些关键词毫无遗漏地提供给读者，与此同时，也对原书中一些矛盾或重复的地方，做了最低限度的处理，并根据中文版的习惯，做了一定的调整。主要有以下几方面：

1. 为了保证英文版索引项中出现的第一个索引词（即关键词）翻译之后仍作为关键词出现在第一位，《索引卷》对姓名的译法进行了调整。例如"Abbey, Edwin Austin"，在分卷索引中按照中文姓在前名在后的习惯译成"埃德温·奥斯丁·艾比"，而在《索引卷》中调整为"艾比，埃德温·奥斯丁"。根据同一原则，中文版索引卷对原索引中个别姓在后名在前的词条做了改动，如将原文中的 Abdul Hamid 调整为 Hamid, Abdul，将该索引词从 A 移至 H。

2. 正如前文已经交代的，《全集》保留了专业术语的不同译法，中文版索引卷在整理的过程中，将条目中各卷的不同翻译都罗列在该关键词的译法中：

Absolutes：绝对体、绝对

　　of Newton, **L4**：115，116，120，牛顿的绝对体

　　……

　　of physics, **L16**：61，346，物理学中的绝对

　　……

3. 在姓名的翻译上，因为外文行文中常常只写姓，不写名，所以中文版索引卷列出了各卷中对该姓氏的所有不同译法，如果姓、名关键词下相邻条目的译法完全相同，则自动合并，直到出现不同的译法：

Barnard, Henry, **M1**：xvii，伯纳德，亨利；**M3**：230；**L9**：167，390；**L13**：297，巴纳德，亨利

Bode, Boyd H. , **M10**：28n，鲍特，博伊德；**M11**：15，博德，鲍埃德；**L11**：548；**L15**：xiin，510；**L17**：363，371n，博德，博伊德

4. 当姓氏译法不同而名字译法相同时，若姓氏关键词下只有两个及以下的条目，姓氏的不同译法之间用/进行分隔，按照出现的顺序排列；若姓氏译法不同且姓氏关键词下有三个及以上的条目，则无论名字的翻译是否相同，都逐一罗列所有姓名译法；若姓氏译法相同而名字译法不同，无论姓氏关键词下有多少条目，都作合并处理，不同名字之间用/进行分隔：

Abelard, Peter：阿波拉尔/阿贝拉德，彼得

    realism of, **M2**：221，阿波拉尔的实在论

    on reason and ethics, **M5**：141，阿贝拉德论理性与伦理学

Adams, Henry, **M12**：13，亚当姆斯，亨利；**M13**：272—274；**L6**：297 亚当斯，亨利；**L10**：37，354，亚当姆斯，亨利

Bacon, Roger, **M5**：153；**M6**：446；**L1**：14，15，81；**L6**：426；**L7**：144；**L8**：xvii；**L11**：76，培根，罗杰/罗吉尔/罗杰尔

5. 在处理著作名时，采用类似的方式，若著作和后缀作者姓氏的译法均相同，则合并为一项；若二者有一处相同，则合并一处，即若著作名译法相同，便合并著作名，姓氏译法相同，便合并姓氏，并罗列出不同的部分；若均不相同，则全部罗列：

Adventures of Ideas（Whitehead），**L8**：355—359，《观念的冒险》；**L11**：147n，148n，152n；**L14**：124—140，189—190，190n，《观念的历险》（怀特海）

Assumption of the Virgin（Titian），**L10**：97；**L13**：363，《圣母升天》（提香/提申）

Collected Legal Papers（O. Holmes），**M15**：68，69，《法律论文集》（霍姆斯）；**L3**：177，《法律文集》（霍尔姆斯）

在翻译整理索引时，因为频繁翻查《全集》各卷，我也发现了一些日常审稿过程中不易发现的编校错误，最常见的是关键词的译法在同一卷中前后文不统一，遇到此类问题时我便举一反三，扩大核对范围，并将有问题的地方逐一记录，待修订再版时改正过来。所以，整理《索引卷》的过程，实际上也成了《全集》编校质量检查和进一步提升的过程。这些编校问题的发现，令我汗颜，也时时警醒我：提高图书质量无止境。

本书的整理翻译，占用了很多本该属于家人的时光，为此我要特别感谢我的先生和儿子对这份工作的理解。华东师大出版社是一个优秀的平台，从不吝啬对员工的爱护和培育，感谢我的领导和同事们在我埋头于这个巨大的项目中以蜗牛速度前行时，给予我的缓慢成长以巨大的包容和源源不断的能量。感谢《全集》的主编和参与《全集》翻译的八十多位译者老师，十余年来，我们一起为这个项目的推进付出了艰辛的劳动，感谢他们在我编辑生涯中写下的那些共同奋斗的美好时光。

谨以此书深切缅怀汪堂家教授和俞吾金教授。

朱华华

2017 年 10 月

图书在版编目(CIP)数据

杜威全集.1882~1953:索引卷/(美)杜威著;朱华华翻译
整理.—上海:华东师范大学出版社,2018
ISBN 978-7-5675-3809-2

Ⅰ.①杜…　Ⅱ.①杜…②朱…　Ⅲ.①杜威(Dewey,
John 1859—1952)-全集　Ⅳ.①B712.51-52

中国版本图书馆 CIP 数据核字(2018)第 074823 号

国家社科基金重大项目资助(项目批准号:12 & ZD123)

杜威全集(1882—1953)

索引卷

著　　者　约翰·杜威
翻译整理　朱华华
特约审读　张文琴
责任校对　张多多
装帧设计　高　山

出版发行　华东师范大学出版社
社　　址　上海市中山北路 3663 号　邮编 200062
网　　址　www.ecnupress.com.cn
电　　话　021-60821666　行政传真 021-62572105
客服电话　021-62865537　门市(邮购)电话 021-62869887
地　　址　上海市中山北路 3663 号华东师范大学校内先锋路口
网　　店　http://hdsdcbs.tmall.com

印 刷 者　上海中华商务联合印刷有限公司
开　　本　787×1092　16 开
印　　张　39.75
字　　数　963 千字
版　　次　2018 年 4 月第 1 版
印　　次　2018 年 4 月第 1 次
书　　号　ISBN 978-7-5675-3809-2/B·961
定　　价　118.00 元

出 版 人　王　焰

(如发现本版图书有印订质量问题,请寄回本社客服中心调换或电话 021-62865537 联系)